KB266967

쇳돌

쇳돌

쇳돌

사라지는 세계, 사라지는 노동, 사라지는 목소리를 채굴하기

초판 1쇄 펴낸날 2026년 2월 20일

지은이 이라영
펴낸이 이건복
펴낸곳 도서출판 동녘

편집 김현정 김혜윤 이심지 이정신 이지원 홍주은
디자인 김태호
마케팅 신연경 임세현
관리 서숙희 이주원

만든 사람들
편집 이정신   **디자인** 김태호

인쇄·제본 영신사   **라미네이팅** 북웨어   **종이** 한서지업사

등록 제311-1980-01호. 1980년 3월 25일
주소 (10881) 경기도 파주시 회동길 77-26
전화 영업 031-955-3000 편집 031-955-3005 **팩스** 031-955-3009
홈페이지 www.dongnyok.com **전자우편** editor@dongnyok.com
페이스북·인스타그램 @dongnyokpub

ISBN 978-89-7297-200-6 (03300)

- 잘못 만들어진 책은 구입처에서 바꿔 드립니다.
- 책값은 뒤표지에 쓰여 있습니다.

쇳돌

이라영
지음

동녘

사라지는 세계, 사라지는 노동,
사라지는 목소리를 채굴하기

일러두기

1. 구술자의 구술 기록을 옮길 때는 국립국어원 표기 기준 또는 공식명칭 등으로 바꾸지 않고 가능한 한 구술자의 표현을 그대로 살렸다.
2. 본문과 연관된 사진은 번호(①, ②, ③……)로 찾아볼 수 있게 본문 중에 표기해두었다.
3. 이 책에 실린 사진 자료는 별도 표시가 없는 경우 모두 저자가 제공한 것이다.

1 민력 16년(1941년) 1월 9일, 만주, 조부모의 결혼식.

② 《민주혁명의 기록》
(동아일보 생산, 부산민주항쟁기념사업회 기증, 민주화운동기념사업회 제공).

POCKET
ENGLISH-KOREAN
DICTIONARY
Y.H. LEE
J.W. KWUN
MINJUNGSUGWAN

③ 아버지의 영어 사전.

4.1 아버지의 옥편.

4.2 옥편을 싼 대한철광 1964년 달력.

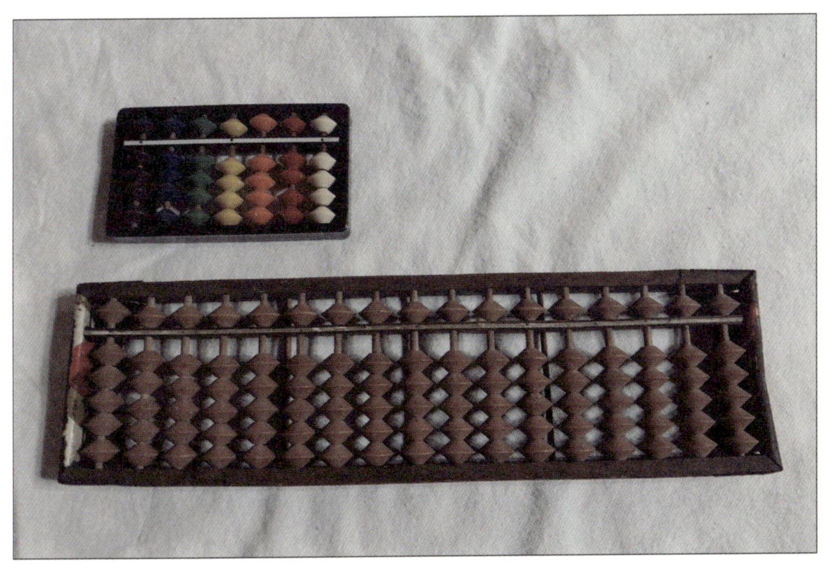

5 어머니가 쓰던 오래된 주판.

6 태백 상장동 벽화 마을의 벽화
('운탄고도1330' 홈페이지 제공).

7 선물 받은 하얀 반코트를 입은 모습.

⑧ 문경 은성광업소 추모비.

⑨ 사북석탄문화제 위령제 모습(사북번영회 제공).

[10] 노천 채굴 중인 백운석 광산.

[11] 채굴된 후 쇄석된 백운석.

12 김기영이 1973년 고한에 처음 왔을 때 가족과 살던 집.
광산 근처 산 중턱에 남아 있다.

13 900항 근처를 돌아보는 김기영.

14 태백 장성동, 일자리쉼터.

15 태백 장성동의 노래방이었던 지하 공간을 전시 공간으로 활용했다.
2024년 10월, 김신애의 기획으로 〈비엔날레 날땅: 스핀오프〉의
청소년 아트 워크숍 전시가 진행 중이었다.

16 고한고등학교에서 〈사북오거리 황금식당〉을 공연한 후
기념 촬영 중인 극단 광부대.

17 정선병원에서 〈탄광촌의 봄〉을 공연 중인 극단 광부댁.

18 사북 정선도박문제회복센터에서
연극 연습 중인 극단 광부댁 단원들.

19 석회석 광산에 그려진 붉은색 화살표.

20 갱도에 세워진 중장비.

21 갱도의 끝, 막장.

22 붕괴 위험이 있어 출입이 통제된 공간.

23 굵은 체인이 감긴 로다.

24 쇄석장 시설을 전시 공간으로 활용한 동해 무릉별유천지.

25 철암탄광역사촌의 까치발 건물. 옛 모습 그대로 보존되어 있다.

26 보령 성주면 폐광촌의 벽에 만들어진 조형물. 김용·황혜진, 〈광부의 미소〉.

27 사북석탄문화제에서 광부들의 넋을 달래는 진혼굿이 진행 중이다.

28 사북석탄문화제에서 〈탄광촌의 봄〉을 공연 중인 극단 광부댁.

29 문경시 가은읍의 이중교.

[30] 텅 빈 시장에는 오래전 붙여놓은 부적의 흔적이 보인다.

[31] 2025년 6월, 폐광을 앞두고 대한석탄공사 도계광업소 본관 앞에서
광업소 노동자들이 농성 중이다.

32 주민들이 떠난 도계의 빈 사택촌.

33 도계 사택촌의 공중화장실.

34 미국 미네소타 히빙의 헐 러스트 마호닝(Hull-Rust-Mahoning) 노천 철광산.

35 미국 미네소타 치좀, 조용한 마을.

36.1 36.2 1979년 4월 초부터 1988년 1월 31일까지 살았던 양양의 집.

차례

5부 '없어질 직업'의 사람들

"저것이 신입니다."
만세! 와! 호루라기 소리!
뭐라고? 디지 씨가 물었다.
"거리의 외침이 말입니다."

· 제임스 조이스, 〈네스토르〉, 《율리시스》 I,
김성숙 옮김, 동서문화사, 2011, 65쪽

"다 죽었지"

고모의 부고

고모가 돌아가셨다. 2021년 1월 19일이었다. 아버지가 곧 강릉에서 출발할 예정이라 했다. 코로나19라는 감염병 대유행으로 면회가 중지된 지 1년 가까이 지났을 때 요양원에서 전해온 소식은 고모의 사망이었다. 고모가 머물렀던 요양원은 김포의 내 집에서 약 1킬로미터 거리에 있다. 80년을 살아온 한 인간의 세계가 조용히 사라졌다. 걸어서 10여 분 거리인 단 1킬로미터의 물리적 거리는 고모의 사라짐을 알아채지 못하기에 충분했다. 물리적으로 가장 가까이 있었지만 조카인 나는 직계가족이 아니라서 아무것도 할 수 없었다. 강릉에서 아버지가 김포로 올 때까지 시신이 된 고모는 병원 안치실에서 홀로 우리를 기다렸다.

고모는 이 집안의 퀴퀴한 존재다. 《제인 에어》의 버사 메이슨 같았다. 숨겨진 광기의 존재. 있지만 없는 사람. 고모는 마지막에 할머니를 돌보던 사람이었지만 할머니 장례식에는 '당연히' 나타나지 않았다. 가족의 어떤 대소사에도 나타나지 않았다. 고모의 비가시화는 너무도 당연해서 아무도 이에 대해 의구심을 갖지 않았다. 고모는 보이지 않는 사람이다. 오직 우리 가족에게만 보이고 우리 가족이 따로 챙길 뿐인 그런 사람이다. 고모는 실제로 아픈 사람이었지만 한편으로는 아파야 하는 사람이었다. 그래서 생물학적으로 소멸해도 행정적인 처리, 사망신고 외에는 정리할 게 없었다. 이미 사회적으로 소멸된 존재였다.

사는 동안은 총기를 넘어 광기까지 보였던 고모는 삶의 마지막 몇 년은 요양원에서 작고 순한 사람으로 살았다. 어쩌면 요양원에 있을 때 가장 '정상적으로 보이는' 사람이 되었을 것이다. 나중에는 치매가 있어서 제대로 대화하기 어려웠다. 고모는 간신히 나를 알아볼 때가 있었지만 거의 알아보지 못했다. 가족 중에서 고모가 가장 마지막까지 알아본 사람은 자신의 올케인 내 어머니였다. 어머니를 알아보던 최후의 순간에 고모가 했던 말은 "고생 많았다"였다. 수십 년간 서울의 반지하에서 살았던 고모는 요양원에 와서야 지상에 거주했다. 그리고 조용히 세상을 떠났다. 살던 집에 있던 물건들은 진즉에 나의 부모님이 업체를 통해 모두 정리한 상태였다. 기초생활수급자로 홀로 살던 고모는 아무것도 가진 게 없었다. 할머니의 유품이 십자가 하나였듯이 요양원에 들어올 때 고모 물건은 성경책 한 권뿐이었다. 요양보호사는 고모가 나중에 성경책마저 찢었다고 전했다.

독신이었던 고모의 장례는 온전히 우리 가족의 몫이었다. 당연하다는 듯 부모님은 고모의 빈소도 마련하지 않았다. 거의 세상에서 고립된 채 살았던 고모에게는 마지막 순간에 부고를 전할 사람조차 없었다. 할머니가 돌아가셨을 때는 대형 병원 장례식장 특실을 사용할 만큼 조문객이 붐볐지만 물방울처럼 투명해진 고모의 삶이 사라졌을 때는 아무도 애도하지 않았다. 그나마 요양원에 들어오기 전에 다니던 성당 사람들에게 소식을 전했고 그들이 기도해줬다.

나는 아버지와 함께 고모의 장례 절차를 밟기 시작했다. 배우자도 자식도 아니기에 고인과의 관계부터 증명해야 했다. 고모의 시신확인부터 사망신고 등에 이르기까지 필요한 절차를 위해서는 아버지가 고모의 동생이라는 사실을 증명하는 제적증명서가 필요했다. 병원과 주민센터 등을 오가며 고모를 공식적으로 사망자로 만드는 과정을 거친 뒤 관을 고르고 화장터와 장지 등을 정했다. 장례 지도사가 기초생활수급자에게 지원이 되는 장지를 알려줬다. 돌아가신 지 사흘째 되는 날 입관을 마친 고모를 마지막으로 보았다. 크지도 않은 관 속에 누워 있는 고모의 몸은 아주 작았다. 작고 마른 몸이 펴지지 않은 채 누워 있었다. 장례 지도사는 이게 최선이라고 했다. 웅크리고 잠든 채로 고모는 사망했다.

"누나, 잘 가!"

아버지의 마지막 인사다. 아버지에게는 같은 부모를 둔 유일한 생명을 보내는 순간이었다.

먹는 치매

요양원에 고모를 보러 갔을 때다. 고모의 생일이었다. 고모를 보러 갈 때는 고모를 정말 '보고만' 올 줄은 몰랐다. 고모가 나를 알아보지 못했다. 다른 사람도 아니고 고모가 나를 알아보지 못하다니. 내가 이제 고모를 돌봐야 하지 않을까 마음을 먹기 시작했는데 고모는 나를 알아보지 못했다. "상태가 더 나빠졌어." 어머니는 울먹인다. 간단한 생일 축하 노래를 부르는 동안 요양보호사가 고모의 손을 꼭 붙들고 있는 모습이 눈에 들어왔다. 노래가 끝나자 고모는 서둘러 손에 든 빵의 비닐 껍질을 벗긴다. 옆에 있던 요양보호사가 말한다.

"먹는 치매가 걸려서……"

"네? 먹는 치매요?"

우리는 모두 요양보호사를 바라봤다. 그의 다음 말을 기다렸다. 요양보호사 말에 의하면 다른 할머니의 침대에 과자가 보이면 고모는 그 과자를 먹기 위해 침대와 침대 사이를 이동했다. 다른 침대로 이동하려 해서 침대 난간도 올려놓았다. 먹는 것에 너무 집착해서 고모에게 식사를 줄 때 제일 나중에 준다. 먼저 먹으면 다른 사람 식사까지 또 먹으려 해서다. 요양보호사가 생일 파티 때 고모의 손을 꽉 잡았던 건 고모가 테이블 위의 빵을 자꾸 먹으려 해서였다. 고모는 부드러운 카스테라를 하나 뜯어 입에 넣으며 행복한 표정을 지었다. "기분이 좋은가 보다. 행복해, 형님? 드셔요, 드셔." 어머니의 말에 고모는 배시시 웃으며 빵을 씹는다. 그렇게 잘난 척하던 고모가 가족 얼굴도 제대로 못 알아보고 오직 손에 쥔 빵을 입에 넣을 때만 웃음 짓는 모습을 보고 우리는 모두 허탈했다.

시간이 갈수록 고모는 그렇게 가족들을 잊어갔고, 가장 오래 알아보던 나의 어머니에게도 아무 반응이 없었다. 우리를 알아보지 못해 황망하게 고모의 얼굴만 바라보고 있을 때 고모는 우리 뒤에 들어오는 요양보호사의 얼굴을 보고 웃음을 지었다. 저 사람이 누군 줄 아느냐고 물으니 "밥 주는 반장 아줌마"라고 했다. 고모의 표정을 환해지게 만드는 사람은 오직 요양원에서 고모를 직접 돌보고 밥을 주는 요양보호사였다. 고모는 표정 없이 앉아 있었고 우리는 모두 고모를 향해 "내가 누구야?" 물었다. 내가 누군지 물으면 고모는 "어른"이라고 했다. 고모에게는 세상 사람이 밥 주는 반장 아줌마와 어른으로 나뉘었다. 그날이 고모를 마지막으로 본 날이 되었다. 우리를 모두 '어른'으로 만들고 떠났다.

고모는 사는 동안 내게 많은 이야기를 들려준 사람이다. 여자가 월경을 한다는 걸 내게 알려준 사람은 고모였다. 열 살 때였다. 내게 부모보다 먼저 2차 성징에 대해 알려주는 것을 부모님은 싫어했다. 하지만 '이상한 사람'인 고모는 이상한 방식으로 내게 이것저것을 전해줬다. 이제 내게 옛날 이야기를 들려줄 사람이 없어졌다. 물론 고모와 제대로 대화하지 못한 지는 오래되었으나 고모는 드문드문 옛날 이야기를 했다. 제정신인 듯이, 혹은 제정신이 아닌 듯이. 할 말이 많았을 인생이지만 들어줄 사람이 없었던 인생이었다.

고모는 과외로 돈을 벌며 살았다. 어린 시절 방학 때 서울 고모 집에 가면 고모는 내게 참고서도 주고 나의 학습 진도를 확인하곤 했다. 1980년대 전두환 신군부가 과외를 금지시켰을 때 고모는 먹고살기 위해 계속 과외를 했는데 오히려 입소문을 타고 아이들이 모여들었다. 고모의 작은 집에는 항상 아이들이 찾아왔고 과일이나 비스킷처럼 학부모들이 주는 소소한 선물이 늘 쌓여 있었다. 고모는 생전에 "강릉사범 다닐 때"라고 말하며 그때를 기억하곤 했다. 아마도 고모에게는 강릉사범학교를 다니던 그때가 인생에서 아주 잠깐이지만 희망을 품었던 시기일 것이다.

장승리에서 태어나다

화장장의 관망실에 앉아 관 속의 고모가 가루가 되어 돌아오길 기다리며 아버지와 이런저런 옛날 이야기를 나눴다. 고모의 장례와 사망 신고 등을 위해 아버지가 챙겼던 호적 등본, 제적증명서 등 여러 서류를 다시 살펴봤다. 이미 알고 있었지만 고모의 출생지는 서류로 볼 때마다 눈에 띈다. 고모는 1941년 만주 지린성에서 태어났다. 일제강점기에 만주로 이동한 한인 중에는 나의 조부모도 있었다. 모두 경북 출신이지만 일제강점기의 탄압을 피해 이주한 조선인 중 하나이다. 1921년생인 조부모는 각각 그들의 부모, 곧 나의 증조부모들을 따라 한민족 디아스포라 2기(1919~1945)에 만주로 이동해 그곳에서 성장한 사람들이다. 만주에서 은행원이었던 할아버지와 정미소 딸이었던 할머니는 그곳 만주에서 결혼했다. 할머니는 중국어°와 일본어를 모두 구사했으며 만주에서 성장했음에도 부모의 영향인지 경상도 방언을 사용했다.[1]

서류들을 살펴보는 과정에서 나의 출생지가 양양군 서면 장승리로 기록된 사실을 발견했다. 나는 장승리에서 태어나지 않았다. 내가 태어난 날의 날씨와 동네 등에 대한 이야기는 수없이 들었다. 어찌나 추웠는지 태를 들고 나가던 외할머니는 손이 금세 얼어붙는 바람에 손에서 태가 떨어진 줄도 몰랐다고 했다. 나는 양양군 성내리의 친척집에서 부모님이 셋방살이를 할 때 태어났다. 부모님이 장승리에서 함께 살았던 적도 없다. 장승리는 양양광업소가 있었던 동네다. 그곳은 아버지의 직장이었지 우리 가족이 살던 곳이 아니다. 왜 나

° 아버지는 할머니가 만주어를 할 줄 알았다고 기억하지만 만주어는 20세기 들어 이미 소멸해가고 있었다. 할머니가 만주에 거주할 당시 만주에서도 중국 표준어를 사용했다. 중국 표준어와 만주어를 아버지는 구별할 수 없기에 할머니의 중국어를 만주어라고 혼동했을 가능성이 높다.

의 출생지가 서류상 장승리로 기록되었는지 아버지에게 물었다. 기억을 한참 더듬던 아버지는 총각 때 주소를 결혼 후에도 옮기지 않은 탓이라 했다. 그러니까 나의 출생지로 기록된 장승리는 아버지가 결혼 전에 살던 집의 주소였다.

처음에는 실제로 내가 태어난 장소와 서류상 주소가 다르다는 게 마음에 들지 않았으나, 그 주소가 옛 광산촌의 주소라고 생각하니 달리 보였다. 내가 살지는 않았으나 가끔 그 동네에 방문했기 때문에 광산촌의 모습을 어렴풋이 떠올릴 수 있었다. 기억 속에 남아 있던 장승리 광산 입구의 경비 초소, 노동조합 사무실, 사택 풍경, 광산 부속 병원, 개천과 다리, 굴, 산처럼 쌓인 돌무더기들, 선광장의 높은 구조물, 소음과 커다란 트럭, 아버지를 보러 갈 때 나도 가끔 타고 다니던 통근버스 등이 생각났다. 오랫동안 가보지 않은 곳이다. 폐광 이후 그 장소는 기억 속에 묻혔다. 광산의 분진과 소음처럼 머릿속에서 먼지가 일고 시끄러워지는 기억이라 쉽게 열지 않았다. 희미하게 잊혀가던 곳이 나의 서류상 출생지로 남아 내게 말을 걸었다.

장승리 이야기를 하다 보니 아버지의 옛날 이야기 속에서 광산은 빠질 수 없었다. 안 본 지 오래된 사람, 얼굴은 몰라도 이름은 익숙한 '아저씨들'의 이름이 줄줄 나왔다. 문득 그들은 지금 어떻게 살고 있는지 궁금했다. "그 아저씨들 다들 어떻게 살아?" 한때는 자주 보았던 '광산 사람들'이다. 내가 그들의 안부를 물었을 때 아버지는 "이제 다 죽었지"라고 했다. 양양을 떠난 후 사느라 정신이 없었기 때문에 아버지와 소식이 끊긴 사람도 많았다. "그나마 알던 사람들도 이젠 다들 죽었어. 이상하게 일찍들 죽었어."

관망실에 있는 동안 80년의 역사를 품은 고모는 한 줌의 하얀 가루가 되었다. 시간이 지나면 흙에 분해가 된다는 유골함에 고모를 담았다. 고모는 똑똑한 과외 선생님에서 정신이 이상한 사람으로 옮겨갔고 끝내 유령이 되었다. 고모의 사망은 마치 증발처럼 느껴졌다. 고모는 내가 아는 사람 중에서 가장 사회적으로 투명한 존재였다. 정신이 이상한 혹은 성질이 나쁜 여자. 사회적 생명은 이미 진작 끊긴 사람. 고모는 왜 저렇게 되었을까. 그리고 아버지의 원가족은 그때, 왜, 장승리에 있었는지 뒤늦게 궁금해졌다. 한 번도 양양을 고향으로 생각하지 않았던 이 사람들은 왜 그곳에 살았을까. 만주에서 자라 경상도 방언을 쓰는 할머니가 왜 양양에 살았을까. 아버지는 왜 자신을 경상도 사람으로 여길까.

장례 지도사의 추천에 따라 김포의 잔디장을 하는 묘지에 고모를 묻기로 했다. 한겨울에 땅이 굳어 공원 관리자가 땅에 삽이 안 들어간다며 다음 날 묻어주겠다고 했다. 고모는 쉽게 떠나고 싶지 않은 모양이었다. 다음 날 흙에 삽이 들어간다고 연락이 왔다. 겨울에 만주에서 태어난 고모를 겨울에 김포에 묻었다. 진저리 치게 감시받던 삶이었으나, 소멸하는 순간에는 아무도 관심 갖지 않았다. 나와 비슷하게 생긴 사람 하나가 사라졌다. 그리고 아버지의 "다 죽었지"라는 말이 맴돌았다.

삶의 경력

애니 프루의 단편소설 〈경력〉˚은 지역 노동계층의 노동이동사 labor mo-

˚　애니 프루, 〈경력〉, 《브로크백마운틴》, 전하림 옮김, f, 2017.

bility history를 문학으로 풀어놓았다. 노동계층의 이주하는 삶을 압축한 문학적 통찰이다. 이 소설은 노동계층의 지역 간 이동과 산업 간 이동, 종단적 이주와 횡단적 이주를 모두 포함한다. 나는 문학이 아니라 자문화기술지 형식으로 한 가정의 노동이동사를 분석하는 글을 쓰기로 했다. 내가 기억하는 광산 사람들에 대해 뒤늦은 안부를 물었을 때 돌아온 답은 "다 죽었지"일 뿐이다. 한때는 가까웠던 어떤 세계에서 나는 멀어졌고, '사회적 거리 두기' 속에서 조용히 사라진 고모처럼, 그 세계도 사라지는 중이다. 하지만 정말 사라졌을까. 정말 다 죽었을까. 혹은 사라짐을 목격이라도 할 수 있지 않을까. 생각이 꼬리를 물었다. 이상한 고모는 역시 이상한 방식으로 내게 숙제를 남기고 떠났다. 나는 우리 가족과 광산의 관계를 생각했다. '나는 누구인가'라는 질문은 어떤 노동이 나를 키웠는가를 품고 있다고 생각해왔다.

아버지는 그들이 '이상하게' 일찍 죽었다고 했다. 기억 나는 사람들을 떠올려봤다. 아무개 아저씨도 죽었고, 아무개 아저씨도 죽었고, 아무개 아저씨도 죽었다. 1947년생의 아버지 곁에는 이제 과거의 동료들이 별로 남지 않았다. 내가 너무 늦게 그들의 안부를 물은 것만 같았다. 직접 내게 목소리를 들려줄 사람들이 많지 않다는 생각이 들었다. 내 질문이 너무 늦었지만, 이 노동을 기록하는 일을 더는 미룰 수 없다고 생각했다. 나의 기억과 타인의 기억, 지역 향토사로 정리된 자료, 지역 언론, 관련 논문, 문학 및 예술 작품을 바탕으로 지역 특정 직업군의 노동이동사를 부족하게나마 정리하고자 한다.

세상이 변화하고 발전하면서 직업도 사라지고 새로 생겨난다. 어떤 직종은 어차피 '없어질 직업'이기에 사라지는 수순으로 가는 게 자연스럽게 여겨진다. 그러나 직업이 사라진다고 해서 그 일을 하는 사람이 사라지진 않는다. 직업은 사라져도 사람들은 사라지지 않고 어딘가로 꾸준히 이동한다. 그들이 다 죽을 때까지 사회가 그들의 이동 경로에 무심할 뿐 사람들 대부분은 사는 동안 꾸준히 일을 바꿔가며 생존한다. 무언가를 '이루는' 삶이 아니라 '견디는' 삶은 이름 없이 소멸하고, 이 삶의 경력은 무수한 노동으로 채워진다.

다른 감정과 관계들은 가급적 배제하고 노동이동사와 노동계층의 목소리를 중심으로 정리하기로 한다. "우리 기성◦ 살 때", "강릉사범 다닐 때", "광산 살 때", "미아리 고개에서", "노량진에서 편물 할 때" 등 고모의 목소리를 떠올렸다. 고모가 찍어준 좌표들이다. 지리적 이동과 계층이동을 포함하여 의식의 이동 등 노동자들의 말을 따라갈 것이다. 변화하는 산업 지형과 소멸하는 직업 속에서 견디고 이동하는 사람에 대한 기록이다. 실제로는 거의 마주하지 않지만 은유 속에서는 풍성하게 존재하는 광산, 광부, 막장 등에 대한 실제 목소리를 들리게 하는 작업이다. 누군가의 삶을 은유 속에 가둘 수 없다. 사회에서 보이지 않았기에 이동과 사라짐도 보이지 않는, 그러나 이 사회를 지탱해온 어떤 존재들의 움직임과 목소리를 추적하기로 한다. 한 사람의 노동이동에는 한 시대와 장소의 변화가 담긴다. 노동자들의 목소리에는 그들의 생각과 감정이 숨어 있다. 노동자의 입과 노동자의 발을 따라갔다.

◦ 경상북도 울진군 기성면.

1부

철광산을 중심으로 살펴본 어느 가정의 노동이동사

가족의 서사와 사회의 서사는
모두 하나다.

아니 에르노, 《세월》,
신유진 옮김, 1984BOOKS, 2019, 32쪽

1장

광산촌

자철 광산, 양양광업소

오늘날 양양이라고 하면 사람들은 대체로 서핑을 말한다. 서핑하기 좋은 해안, 양리단길이라 불리는 인구 해변에서 과거 어촌의 모습은 거의 찾아볼 수 없다. 젊고 활기찬 관광지가 되었다. 2017년 서울-양양 고속도로 전 구간이 개통되면서 서울과 양양의 거리는 더욱 가까워졌다. 양양에서 서울에 가려면 강릉에서 고속버스를 갈아타야 했기에 아침에 집을 나오면 밤중에 서울에 도착하던 시절을 기억하는 나는 격세지감을 느낀다. 양양의 거주 인구는 감소 중이지만 오가는 사람은 늘었다.

　내게 양양은 철광산의 고장이다. 1995년 폐광했으나 그곳에는 철Fe을 함유한 광석인 철광석을 캐는 철광산이 있었다. '국내 최대의 자철 광산'으로 국민학교 시절 교과서에 빠지지 않고 소개되었다.《사회과 부도》에 그려진 자원 매장 지도에서 양양은 철광석으로 존재감을 드러냈다. 양양군 장승리에 있던 양양광업소에는 총 4개의 갱이 있어 한때 수많은 노동자들로 북적였다. 양양에서 태어나 열두 살까지 그곳에서 학교를 다녔던 나는 양양과 철광석의 연결에 익숙하다. 아버지가 바로 그 광업소에 다녔고, 주변에는 위아래로 푸른 작업복을 입고 광업소로 출근하는 사람들이 많았다. 내게 광산은 그다지 특별하지 않았다. 어른들이 일하는 수많은 일터 중 하나였을 뿐이다. 누군가가 군청이나 농협으로 출근하듯이, 광산은 그저 아버지가 다니는 '회사'였다.

장승리는 광산 개발로 형성된 광산촌이다. 광산촌이었던 장승리에 대한 문학의 기억은 신은숙의 시 〈장승리〉로 남았다.[*] 양양 장승리 출신의 시인은 폐광 후 고요해진 마을을 "철 든 동네였지만 철 없어진 지 오래인 장승리"라고 표현했다. 시인의 아버지와 삼촌이 양양 광업소에서 근무했던만큼 시인은 '철 든' 장승리를 기억한다. 한국에서 광산이라 하면 곧 석탄을 캐는 탄광을 떠올린다. 19세기부터 20세기 중반까지 인류에게 석탄은 중요한 광물이었다. 한국에 있는 광산은 석탄광의 비중이 가장 컸지만 금광, 철광, 아연광 등 다양한 금속광이 있었으며, 현재는 석회석이나 백운석 등 비금속 광산이 다수를 차지한다.[**]

양양광업소의 역사는 대부분의 다른 광산처럼 일제강점기 시절로 거슬러 올라간다. 일제는 한국의 자원을 수탈하기 위해 광물을 찾았다. 일제강점기에는 특히 금광이 많이 개발되었다. 1920~1930년대

---

[*] 신은숙, 〈장승리〉, 《모란이 가면 작약이 온다》, 파란, 2020.
[**] 광산은 크게 세 종류로 나뉜다. 석탄을 채굴하는 석탄광, 철광석이나 금, 은, 아연 등을 채굴하는 금속광, 석회석이나 희토류 등을 채굴하는 비금속광으로 분류한다.

에 많이 출간된 광산소설은 이러한 금광 열풍을 반영한다. 금광 외에도 일제는 철광석이 매장된 지역을 탐사했다. 강원도 양양에서 일제는 1933년에 시험 채광을 시작했고 철광석이 대량 매장되었다는 사실을 발견했다. 1938년 광산사업소를 만들어 본격적으로 광산 개발에 들어갔다. 태평양전쟁이 일어난 1941년부터 대량 채광에 들어갔고, 그곳에서 캐낸 철광석을 일본으로 가져갔다. 전쟁 무기를 만드는데 철광석은 필수 자원이다. 하루에 210톤이 넘는 철광석이 기차와 배를 통해 이동했다. 철광석을 나르기 위한 철도가 만들어졌고 그 길을 따라가다보면 수탈의 경로가 보인다. 양양에는 기차가 다녔던 그 당시의 흔적이 거의 사라졌다. 기차역이 있었던 자리는 나이 든 사람들의 기억 속에만 희미하게 남아 있다.

일제강점기 후에 38선이 그어지면서 양양의 대부분이 북한이 되었다가 한국전쟁 후 남한의 수복지역이 되었다. 양양 철광산은 북한 정권하에서도 운영되었다. 전쟁 중에 잠시 가행을 멈췄던 광산은 수복 후 1956년 국유화되어 다시 채굴이 시작되었다. 광산 개발로 지역은 한때 번영했다. 극장, 병원, 목욕탕, 이발소 등이 일찍이 들어섰다. 양양광업소에서 생산된 철광석을 1973년 포항제철이 생기기 전까지는 모두 일본으로 수출했다. 사람들이 모여들었고 양양광업소와 서울 간 직행 버스가 배차될 정도로 장승리와 그 주변에는 인구가 많았다. 1970년대 하루 채굴량은 1,500톤에서 1,700톤이었다. 40년 정도 운영되던 양양광업소는1995년 폐광했고 지금은 번영의 흔적조차 남아 있지 않다. 시간이 지나 노동자들은 차차 세상을 떠났고 '국내 최대의 자철 광산'은 잊혀졌다. 양양광업소만이 아니라 국내의 많은 광산촌이 폐광 후 소멸해갔다.

장승리에 오다

장승리는 양양 시내에서 서쪽으로, 설악산 오색과 가까운 곳이다. 설악산 끝자락에 붙어 있는 장승리는 높은 산에 둘러싸였다. 원래 '장승리長性(牲)里'였던 지명은 일제강점기에 '장승리長承里'로 바뀌어 오늘날까지 그 이름으로 불린다. 마을 입구에 이정표 역할을 하는 장승이 있어서 장승리였다고 전해지는데, 일제강점기에 수호신의 의미인 장승長承으로 바꾸었다고 한다. 양양만이 아니라 전국에 '장승'이 들어가는 지명의 한자가 일제강점기에 바뀌었다.[*] 일제는 창씨개명만 한 게 아니라 창지개명도 했다. 지역의 많은 이름을 음이 같은 다른 한자로 바꾸거나 아예 다른 이름으로 변경했다. 지역을 통합하여 지역 정체성을 없애기도 했다. 《여지도서》 양양부편에 따르면 영조 35년(1759년)에는 장생리로 불렀다는 기록이 있으며, 긴등으로 이어진 마을이라 장승리라 불렀다고도 전해지는 걸 보면 광산 개발 이전에도 마을이 있었다는 걸 알 수 있다.[**]

아버지는 "4·19 나던 해" 가을, 그러니까 1960년 11월 11일에 장승리에 왔다. 아버지는 '1960년'이라 말하기보다 '4·19 나던 해'라고 말한다. 1947년생인 아버지가 열세 살이 되는 해다. 어떻게 날짜까지 정확히 기억하는지 놀라웠는데, 나도 양양에서 강릉으로 이사가던 날이 1988년 1월 31일이라는 걸 기억한다. 열두 살이 되는 해였다.

---

[*] 이정표에서 수호신으로 바뀐 '장승'의 의미 변화에 대해서는 민속학자들마다 의견이 다르다. 일제강점기의 영향이라고 강조하는 입장이 있는가 하면 그렇지 않다는 의견도 있다.

[**] 양양문화원 홈페이지(www.yangyang.or.kr); 양양군 홈페이지(www.yangyang.go.kr); 양양문화원부설 향토사연구소, 《양양철광산의 문화사》, 양양문화원, 2012, 185쪽.

아마도 인생에서 중요한 이동의 순간은 이렇게 선명하게 기억하는 모양이다. 제 인생이 태어난 곳에서 뽑혀 새로운 곳에 의미 있게 이식된 순간이기 때문일까.

홀로 두 자식을 키우던 할머니가 양양 장승리에 온 이유는 돈을 벌기 위해서였다. 나의 본적지는 경상북도 울진인데 그곳이 아버지 고향이기 때문이다. 아버지의 아버지, 그 아버지의 아버지가 대대로 살았던 곳이다. 조부모는 만주에 살다가 해방 후 집안 사람들이 있는 고향 울진으로 돌아왔다. 아버지가 울진에서 태어난 후 조부모는 서울로 이주했으나 할아버지의 '실종' 이후로 할머니는 자식들과 다시 남편의 친족이 있는 울진으로 돌아왔다. 그후 생계와 생존을 위해 삼척으로, 강릉으로, 그리고 양양으로 이동했다. 1960년 할머니가 양양으로 이주할 때 고모는 열아홉 살이었다. 강릉에서 할머니가 보따리 장사를 하며 이곳저곳 다니다가 양양 장승리에 철광산이 있다는 걸 알게 되었다. 양양광업소가 국영 광산으로 운영되던 때였고 다른 지역 사람들도 광산에 일자리를 찾아 모이던 시절이다. 할머니는 그곳에 가면 갓 성인이 된 고모가 들어갈 만한 일자리가 있을 것이라 생각했다. 할머니는 자식들을 데리고 장승리 광산촌으로 이주했다. 고모는 광업소에 취직했다.

양양으로 이주하기 전 고모는 강릉에서 사범학교를 다녔다. 당시 사범학교란 해방 이후 만들어진 초등교원 양성 학교다. 해방 이후 일본 교사들이 떠나자 초등교원의 수가 부족했기에 초등교원 양성 기관이 늘어났고 중학교 졸업자면 입학할 수 있었다. 3년 과정인 이 학교를 졸업하면 국민학교 교사가 될 수 있었다. 박정희 정권이 들어서면서 교육대학이 만들어진 후에는 사라진 교육기관이다. 고모는 교원이 필요하던 1950년대 중반 사범학교에 진학했다. 휴학 후 입주 과외로 돈을 벌고 다시 복학하여 겨우 학업을 이어가던 고모는 마지막 학기 등록금을 내지 못해 끝내 졸업장을 받지 못한 상태였다. "누나가 그때 엉덩이에 빵꾸 난 바지를 입고 다녔"다며 아버지는 생활고가 극심했던 당시 기억을 떠올렸다. 1960년 그해, 열세 살의 아버지도 강릉에서 국민학교를 나온 뒤 중학교에 진학하지 못한 채 '아이스께끼' 장사를 했다.

내가 아는 고모는 늘 과외 선생님이었는데 20대였던 1960년대에 고모가 광산에서 일했다는 사실을 쉽게 상상하기 어려웠다. 생전에 고모는 "광산 살 때"라고 말하거나 광산 사람들 이름을 잘 읊어댔지만, 나는 고모가 광산에서 일했다고는 생각하지 못했다. 광산에서 직접 일하지 않아도 광산촌에 사는 사람들은 '광산 살 때'라고 말하기 때문이다. 나는 스무 살의 젊은 여자가 광업소에 취직한다는 사실이 처음에는 의아했다. 내가 어릴 때 광업소에서 본 여성은 사무실 경리 직원들과 예방접종을 하러 갔을 때 광산 병원°에서 내게 주사를 놓아주던 간호사뿐이었다. 광업소와 여성 일자리를 연결 짓기는 어려웠다. 거기에서 젊은 여자가 뭘 하냐고 물으니 아버지는 당연하다는 듯 "거기 맨 젊은 여자지"라고 대꾸했다. 쇳돌 고르는 작업은 거의 여자들의 일이었다. 바로 선광부다. 광부의 '부'가 '사내 부夫'라면 선광부의 '부'는 '부녀 부婦'다. 광산의 돌 무더기 주변에 모

° 공식 명칭은 '양양광업소 부속 의원'이다. 광산 내에는 복지시설의 하나로 병원이 있어 노동자들의 사고에 초기 대응을 하고 진폐 관리를 비롯해 기본적인 질병을 치료한다. 노동자들의 가족도 이용할 수 있었다.

여 앉아 있는 여자들이 찍힌 사진을 보았던 기억이 희미하게 떠올
랐다.

2장

선광부

땅속의 여자들

"아침이면 제일 먼저 들리는 소리는 돌 깔린 길을 타박타박 걷
는 여공들의 발소리였다."[•]

조지 오웰은 1937년 광산촌에서 광부들과 함께 생활하며 광산
을 직접 취재한 르포 《위건 부두로 가는 길》을 발표했다. 이 책의 첫
문장은 새벽의 고요를 깨는 첫 소리, 흥미롭게도 여공의 발소리를 독
자들에게 들려주며 시작한다. 우리 일상에 투명하게 놓여 있는 누군
가의 노동, 그 노동 현장으로 향하는 발소리를 놓치지 않는 귀가 역
사를 촘촘하게 만든다. 오웰은 광산촌의 하숙집에 머물며 아침마
다 제일 먼저 타박타박 발소리를 듣는다. 그 여공의 발걸음이 향하
는 곳은 어디였을까. '여공'이라고 했으니 어쨌든 공장일 것이다. 당

[•]   조지 오웰, 《위건 부두로 가는 길》, 이한중 옮김, 한겨레출판, 2020, 11쪽.

시 영국 여성들이 많이 일했던 면방직 공장일지도 모른다. 이 발소리의 주인공들이 이 책의 주인공이 아님에도 오웰은 이른 아침에 공장으로 향하는 '여공들의 발소리'를 놓치지 않았다. 같은 시기 지구 반대편에 있는 일제강점기 조선의 많은 여성들도 제사 공장이나 고무 공장으로 향했다. 그리고 적지 않은 여성들이 광산노동자로 일했다. 1943년 조선의 광산노동자는 18만 3,000명으로 이 중 8퍼센트가 '부인'이다.[**]

광산소설을 여러 편 쓴 이기영의 소설 《광산촌》[***]에서 1940년대 일제에 의해 지역 곳곳에 만들어지던 광산촌의 풍속을 엿볼 수 있다. "비단 남자들뿐만 아니었다. 여자도 선광공으로 뽑히어서 돈버리를 곧잘한다"[****]라고 하듯이, 광산이 생기면서 농촌에서 여성들이 집을 떠나지 않고도 임금노동을 할 수 있는 일자리를 얻었다. 《광산촌》에서는 을남이를 비롯해 동네 젊은 여성들이 광산에 취직해 '선광공'으로 일하는데, 이때 선광공이 선광부이다. "선광을 하는 여공"이라 부르며 선광공으로 칭하는 것으로 보아 소설 속 광산은 금속 광산임을 알 수 있다. 일제강점기에 개발된 많은 광산이 금속 광산 중 하나였던 금광이었다.

소설에서는 광산이 개발되며 농촌의 풍속이 변하는데 그중 하나가 여자들의 변화다. 결혼하지 않은 여자들이 집 밖으로 나가 돈을 벌고 직장에서 젊은 남성들과 섞여 있다 보니 기존의 농촌 풍습으로

[**]　　전석담, 《민중조선사》, 범우사, 1947(1989), 130쪽.
[***]　　이기영, 《광산촌》(한국근대장편소설대계), 태학사, 1988.
[****]　　이기영, 같은 책, 8쪽.

는 마뜩지 않아 보인다. 을남이의 아버지는 어떻게 해서든 을남이를 광산에 보내지 않으려 했지만 돈이 궁하니 어쩔 수 없었다. 여자들은 일하러 다니면서 옷차림도 바뀌고 머리 모양도 바뀐다. 나아가 배움의 기회가 없었던 여성들은 광산에서 야학에 참여할 기회를 얻으며 점점 생각이 변화한다. 이기영의 소설은 노동자 입장이 아니라 광산에 와서 을남이처럼 배우지 못한 사람을 계몽시키는 지식인 남성의 입장에서 쓰인 글이다. 그렇기에 여성으로서 배우지 못한 설움은 전달하지만 광산에서 선광노동을 하는 여성들의 고된 노동은 잘 담겨있지 않다.

〈백설공주〉에 나오는 일곱 난쟁이는 곡괭이와 삽을 들고 다니는데, 이들은 금광에서 일하는 광부였다. 동화 속 난쟁이는 실제로 광업이 일찍부터 발달했던 16세기 독일 광산에서 일하던 어린이들을 비유한 것이란 해석이 가능하다. 좁은 갱도 안에서 몸을 굽히고 일하려면 몸집이 작을수록 유리했다. 19세기 유럽의 광산에서는 많은 여성과 아동이 갱 안에서 일했다. 특히 궤도를 만들 수 없는 작은 갱도에는 상대적으로 몸집이 작은 여성과 아동이 들어가 석탄을 날랐다. 산업혁명 시기 늘어난 탄광에서 특히 아동노동 착취는 빈번했다. 19세기 그림에는 좁고 깊은 수직갱도에 어린아이가 밧줄에 묶인 채 내려가는 모습이 담겨 있다. 넓은 갱도에서는 말이 인간과 함께 작업했다. 동물과 인간 모두 심각한 산업재해를 입는 현장이었다. 좁고 더우며 탁한 공기 속에서 기어가고 눕다시피하며 노동하는 이들은 제대로 옷을 입을 수도 없었다. 벌거벗다시피한 몸으로 허리를 제대로 펴지 못한 채 일해야 했다. 19세기 프랑스 광산촌을 세밀하게 그린 에밀 졸라의 《제르미날》에서 힘겨운 노동을 하며 살아가다 끝내 갱 안에서 목숨을 잃는 카트린느는 겨우 열다섯 살이다.

1935년 국제노동기구ILO에서 '여성의 광산 지하노동금지에 관한 협약(1935. 6. 21.)'이 만들어졌다. 한국에서도 공식적으로 여성은 광산의 갱 안에서 일할 수 없다. 근로기준법 제72조에 명시된 금지사항이다. 1953년 근로기준법이 제정될 때부터 여성과 18세 미만인 미성년자에게 갱 안에서의 노동을 금지했다. 여기에는 굴, 터널 등을 만들기 위해 지하 갱도에서 발파, 굴착, 굴진 등을 하는 노동이 포함된다.[*]

이처럼 20세기 중반부터는 갱 안에서 일하는 여성과 아동이 차츰 사라졌지만 갱 밖에서 일하는 여성 광부는 여전히 존재했다. 일반적으로 광부라고 하면 컴컴한 굴 속에서 땅을 파는 노동을 하는 사람으로 떠올리기 쉽다. 광산용 헤드랜턴을 착용한 채 어둠 속에서 착암기를 들고 벽을 뚫거나 낫이나 곡괭이를 들고 돌을 깨는 검은 얼굴의 남성 노동자가 광부의 이미지이다. 하지만 광산에는 여러 직종이 있다. 크게는 직접 작업장에서 일하는 생산직과 사무실에서 근무하는 사무직으로 나뉜다. 이 생산직은 다시 갱 안에서(항내) 일하는 부서와 갱 밖에서(항외) 일하는 부서로 나뉜다. 갱 안에서도 직접 광물을 캐는 채광직과 이 채광을 위해 각종 기술을 지원하는 부서, 채광한 광물을 운송하는 부서 등 여러 부서가 있고, 갱 바깥에서도 전기나 중장비를 다루는 각종 기술직과 운반직, 그리고 채광한 광물을 선별하는 업무를 담당하는 선광과가 있다.

[*] 이 조항이 여성의 직업 선택권을 침해하는 시대착오적인 법이라고 바꿔야 한다는 주장도 있다.

2021년 여름 '선탄부'를 주제로 사진작가 박병문의 개인전 《여성 광부, 선탄부: 검은 장미》가 강릉 한국여성수련원에서 열렸다. 태백 출신의 사진작가인 박병문은 꾸준히 여성 광부를 주제로 다룬다. 아버지가 광부였던 작가는 광부의 발자취를 기록하는 작업을 하면서 여성 광부에 대한 기록도 이어갔다. 흑백사진 속에서 방진 마스크를 쓴 여성들이 컨베이어 벨트를 사이에 두고 마주 서서 돌을 고른다. 이들은 석탄을 고르는 선탄부이다. 광물의 종류마다 이 일을 하는 사람들을 부르는 말이 조금씩 다르다. 석탄 광산에서는 선탄부라 부르지만 금속 광산인 철광산에서는 선광부라 부른다. 광석을 고르는 업무는 광산의 굵직한 일 중 하나다. 분진 속에서 하는 일이라 노동 강도가 세기 때문에 '지상의 막장'이라고도 불렸다.

쇳돌 고르는 여자들, 선광부

"산업 개발의 힘찬 고동 속에 대한철광주식회사 양양광업소에 새로운 선광장이 건설되어 지난 8월 25일 준공식을 거행했습니다. 철광 선광장이란 굴에서 파낸 광석에서 철분을 가려내는 시설인데 이번 완성된 선광장은 처음 건평 263평에 286평의 저광사를 갖추어서 3억 5,200만 원을 들여서 지었으며 앞으로 1일 평균 1,300톤의 철광을 선광한다고 합니다. 이 선광장은 종래에 비해서 철광석의 선광비를 감소시켜 철광의 실소율을 높이는 한편 폐석의 재생 처리도 가능하게 하고 있습니다."

　　1961년 9월 1일 〈대한뉴스〉 329호다. 〈대한뉴스〉°의 영상 속에서는 머릿수건을 두른 여성들이 컨베이어 벨트를 사이에 두고 마주 앉아 분주하게 돌을 고른다. 여성들은 마스크를 쓰지 않은 채 일한다. 선광부들은 철분이 있는 쇳돌, 곧 철광석으로서 가치가 있는 광석과 철광석으로 분류할 수 없는 폐석을 구별해서 골라냈다. 최종적으로 고른 정광精鑛은 제철소에 보내고 폐석은 골재로 출하한다. 골재는 도로 포장이나 건축에 쓰인다. 양양광업소의 선광장 건설이 〈대한뉴스〉에 소개될 정도로 양양의 철광산은 정부 차원에서 관심을 갖는 곳이었다. 국영 광산이었던 양양광업소를 이 즈음 대한철광주식회사에서 인수했다.

　　식민지 시기와 한국전쟁을 거친 후 1950년대 한국 수출품은 대부분 광산물이었다. 1위가 텅스텐이었고, 흑연과 철광석이 그 뒤를 잇는 주요 수출품목이었다. 양양광업소에 3억 5,200만 원이라는 거금을 들여 선광장을 건설했던 1961년 한국의 5대 수출품은 철광석, 중석, 생사, 무연탄, 오징어였다. 아직 경공업과 제조업이 발달하기 전이라 1차 산업이 주요 수출품목이었다. 1970년 5대 수출품은 의류, 합판, 가발, 철광석, 전자제품이 되었다.°° 1970년대부터 경공업이 점차 발전하면서 1차 산업의 비중이 줄었지만 여전히 철광석은 주요 수출품목이었다.

　　이처럼 철광석은 외화 획득에서 중요한 위상을 차지했기에

°　　해방 직후인 1945년 8월 〈조선시보〉로 시작해 1953년 〈대한뉴스〉로 이름을 바꾼 후 1994년까지 매주 제작한 극장용 뉴스 방송이다. 가정용 텔레비전이 보급되기 전에는 극장에서 상영하는 〈대한뉴스〉가 유일한 영상 뉴스였다.

°°　　송병건, 《경제사: 세계화와 세계 경제의 역사》(3판), 해남, 2019, 643쪽.

1961년 5·16 군사정변으로 정권을 잡은 박정희는 정권 초기에 미군 군사고문과 함께 양양광업소 선광장을 시찰했다.[*] 당시에 양양광업소에서 생산된 철광석은 일본으로 수출되었고 생산량을 늘리기 위해 1961년에 기계화된 자력 선광장이 도입되었다. 갱에서 아무리 광물을 많이 캐내도, 그것들을 빠르고 정확하게 선별하는 기술이 동반되지 않으면 품질이 떨어진다. 이윤을 늘리기 위해서는 품질 좋은 광석을 많이, 빠르게 생산해야 한다. 선광장의 기계화로 생산량은 더욱 늘었고 1965년에 양양군의 철광석 수출액은 우리나라 전체 수출액의 10%를 차지할 정도였다.

선광은 대체로 여성들이 했다. 갱도에 들어가 채굴을 하거나 화약이나 기계를 다루는 기술직은 남성이 하지만 돌을 섬세하게 고르는 일은 여성에게 맡겼다. 남성들은 더 높은 임금을 받을 수 있는 갱내부에 많았다. 선광과 직원 중에는 물론 남성도 있지만 감독을 하거나 주로 채굴한 돌을 기계로 부수는 일을 했다. 선광 작업을 관리 감독하는 선광주임이나 선광감독은 보안 자격증을 갖춘 어느 정도 학력이 있는 남성들이다. 1960~1970년대에는 양양광업소 선광장에 여성이 200여 명 있었고 갱내에서 일하는 광부와 마찬가지로 하루 3교대로 일했다. 여자들이 낮에도 밤에도 돌을 골랐다. 여성 노동자들은 정식 선광부가 되기 전에는 주로 폐석장에서 폐석 고르는 일을 했다. 철분 함량이 낮아 쓸모 없는 폐석 중에서 조금이라도 쓸 만한 것을 따로 골라냈다. 기계화가 되면서 '여자 광부'라 불리던 선광부는 차츰 줄어들었다.

1970년대에 새마을운동이 시작되면서 선광과에서는 선광 외에 다른 업무가 추가로 주어졌다. 정확히는 선광과 여성 직원들에게 맡겨진 일이다. 이들은 근무 시간 한두 시간 전에 작업용 면장갑을 만들어서 광업소의 다른 직원들에게 지급했다. 새마을운동의 이름으로 선광부 여성들이 수년간 편물 장갑기계로 면장갑을 짜는 추가 노동을 한 셈이다.

"거기 맨 젊은 여자지"

고모는 선광 작업이 기계화되기 전부터 선광부로 일을 시작했다. 기계화된 선광장이 만들어진 1961년 8월 전까지는 노천에서 선광부들이 수선手選했다. 기계화가 되기 전에는 광석을 일일이 손으로 골랐기 때문에 이 일을 선광수선이라 한다. 선광수선 작업장에는 광차가 들어와 갱에서 채굴한 광석을 바닥에 쏟아놓는다. 폐석장에서도 많은 여성이 돌무더기 앞에 쪼그리고 앉아 수선 작업을 한다. 고모가 일했던 1960년대에 광차 운반부로 근무한 노동자는 당시 얼마나 많은 여성 선광부가 일했는지 알려준다.

> "여자들이 엄청나게 많이 와서 폐석은 폐석대로 철광석은 철광
> 석대로 골라서 두어 시간 지나면 광석은 다 없어졌다. 그만큼
> 여자 인부들이 많았다. 선광하는 여자가 많을 때는 몇 백 명까
> 지 근무하였다."●●

●●　　양양문화원부설 향토사연구소, 같은 책, 208쪽.

아버지가 "거기 맨 젊은 여자"라고 했듯이 광산은 지역에서 젊은 여자들이 정기적으로 임금을 받을 수 있는 일자리를 제공했다. 돈을 벌기 위해 젊은 여성들이 광산에 모여들었다. 고모가 선광부로 광업소에 취직하는 한편, 할머니는 관리직들이 머무는 숙소에서 밥을 했다. 요즘으로 말하면 급식 조리사다.

고모는 광산에서 일하는 동안 노동조합의 부녀부 대의원으로도 활동했다. 1960년대 노동조합 활동에는 한계가 있긴 했겠지만 성질이 불같은 고모가 당시 노조 부녀부에서 어떤 일을 했는지 구체적으로 알고 싶었다. 이미 세상을 떠난 고모에게 물어볼 수도 없었다. 양양광업소의 역사를 정리한 《양양철광산의 문화사》에는 노조 부녀부에 대해서는 소개하지 않아 당시 노조를 조금이라도 기억하는 아버지의 말로 짐작해볼 뿐이다. 부녀부는 노조 지부장이 지명했다. 회의에는 참석하지만 특별히 노조 관련 활동을 한다기보다 형식적인 구성원으로 파악된다. 3월 10일 노동절*에 종업원들에게 빵을 나눠주고 여성 노동자들의 업무를 챙기는 정도의 역할을 했다. 고모는 양양광업소에서 5~6년 일한 뒤 "나이도 차고" 해서 그만두었다. 결혼하지 않았지만 당시에는 서른이 가까워 오는 여성이 계속 일하는 분위기가 아니었다.

선광부 중에는 고모처럼 젊은 20대 여성이 많았지만 남편이 없는 중년 여성들도 간혹 있었다. 남편이 광산에서 사망한 뒤 그의 아내가 일하거나, 광산에서 일하지 않았더라도 남편을 잃은 여성들이

---

* 지금은 노동절이 5월 1일이지만, 1958년부터 1963년까지 반공 성향의 대한독립촉성전국노동총연맹(대한노총) 창립일인 3월 10일이 노동절이었다.

일자리를 찾아 광산에 왔다. 내 어머니의 어머니, 나의 외할머니도 사업을 하던 외할아버지가 돌아가신 후 양양광업소에서 선광부로 일했다. 그래서 어머니가 아버지를 알기 전, 훗날 사돈이 될 외할머니와 고모는 광업소에서 먼저 알던 사이였다. 오래된 사진 속에서 머릿수건을 두르고 몸뻬바지를 입고 쪼그려 앉아 있는 여자들 틈에 젊은 시절의 외할머니가 끼어 있는 모습을 본 적 있다. 그들 주변은 온통 돌이었다.

1960년대 중반 광산에 들어온 외할머니는 1970년대 초반까지 일했다. 1931년생인 외할머니는 일찍 '과부'가 되었기에 30대 중반에서 40대 초까지 광산 선광부로 일하며 홀로 4남매를 키웠다. 허리가 아파서 광산 일을 하기 어렵게 되자 그만두었다. 갓 마흔을 넘긴 할머니의 허리 통증은 꽤 심각해서 강릉에 있는 신경외과에서 결국 척추 수술을 받아야 했다. 그 후 할머니는 양양시장에서 열 살 많은 언니와 함께 부식가게를 시작했다.

어머니의 친구들이나 집안 여자들 중에도 젊을 때 잠깐씩 선광부로 일한 사람들이 많았다. 한 여성은 고등학교를 졸업하기 직전 겨울에 "(부양해야 할) 동생들도 있으니까" 선광부로 일하러 갔다. 1970년대 초였다. 열아홉 살 겨울 한 철 일했다. 그는 "쬐끄맣고 어리다고 안 뽑아줄까 봐" 바지를 두 개 껴입고 갔다. 조금이라도 몸집을 늘려서 일할 수 있는 사람으로 보이고 싶었다. 힘든 일이지만 광산은 남성만이 아니라 지역의 여성들에게도 돈을 벌기 위해 다른 도시로 떠나지 않고 제 집에서 출퇴근하며 월급 받을 수 있는 일자리였다. 여성들은 선광장에서 일하다가 광산에서 남자를 만나 결혼하기도 했다. 그렇지만 여자들은 결혼 전까지만 일했다. 광산은 남편이 없는 여성이나 결혼하지 않은 젊은 여성의 일자리였다.

나이가 차서 광산을 나온 고모는 서울에 갔다. 편물 일을 해보려 했다. 노량진 편물 학원에 취직했다. 나중에는 고모가 학원을 차렸다. 학원이라는 게 그냥 작은 방 하나를 얻어 거주하면서 일하는 공간이었을 뿐이다. 당시 여성들이 편물 산업에 많이 뛰어 들었듯이 고모도 그 흐름에 있었다.

한편 홀어머니에 미성년자 동생 셋이 있는 장녀인 1953년생 어머니는 1971년 고등학교 졸업 후 화장품 판매원을 시작했다. 방문판매원 모집 공고가 양양 시내 대리점에 붙어 있었다. 무작정 신청했다. 간단한 시험을 보고 교육을 받았다. 우선 화장품을 받았고 그 화장품을 팔아야 했다. 실적이 너무 없어서 몇 개월 버티지 못했다. 돈을 벌기는커녕 화장품 값만 물어주고 그만두었다.

어둠 속, 여성의 밝은 노동

양양 향토사학자들이 지역 주민의 구술과 문헌자료를 통해 정리한 《양양철광산의 문화사》에는 당시 선광부들을 바라보는 시선이 어떠했는지 짐작케하는 대목이 있다. 선광부들을 묘사할 때는 유난히 다른 노동자들보다 패션을 언급한다. 여성 노동자들은 화장을 하고 멋을 부리고 출근했다는 점이 강조된다.

　　"선광장에서 일하는 여자들이 버스에서 내려서 올라오면 광차를 돌로 두드리면서 노래를 부르며 퇴근하는 남자들이 히야까

시(희롱)를 하는 그 재미로 밤에 일했던 피로가 확 풀리는데 그때 그 여자들은 대부분 화장을 하고 예쁘게 차리고 출근을 했다."[*]

남성 노동자들이 여성 노동자들을 희롱하는 재미로 "피로가 확 풀리는" 분위기였다고 말하듯이 성희롱에 대해 아무런 인식이 없던 시절이었다. 여성 노동자는 칙칙한 광산에서 피로에 절은 남성 노동자들을 환하게 만들어주는 존재였다. 오래전에는 광산 내에서 미인대회까지 이뤄졌다.

해방 이후 광산을 담은 소설 중에서 여성 광부의 실상을 짧게나마 보여준 작품은 1958년 발표한 전광용의 단편 〈지층〉이다. 이 소설의 배경은 오늘날 태백 지역인 철암이다. 현재는 폐광되어 과거의 흔적만 남아 있지만 규모가 큰 석탄광이 있었다. 영희는 이 소설에 등장하는 유일하게 젊은 여성이다. 영희 역시 광산의 선탄장에서 일하는 선탄부이다. 선탄장은 탄을 고르는 작업을 하는 부서로 여성들이 주로 일하는 곳이다. 소설은 "이따금씩 떠들어대는 젊은 가시내들의 유행가 곡조가 선탄장의 지루한 하루를 아물려주었다"라고 영희의 작업 환경을 묘사한다.[**] 여성들이 모여 있는 작업장은 남성 노동자가 다수인 광산에서 상대적으로 밝은 곳으로 여겨진다. 양양광업소의 경우 한 구술자는 정전이 되었을 때 "다른 데 송전하지 말고 여자들이 한 50명이 작업하는 선광장에만 먼저 송전"[***]한 기억을 떠올렸

[*]   양양문화원부설 향토사연구소, 같은 책, 254쪽.

[**]   전광용, 〈지층〉, 《꺼삐딴 리: 전광용 단편선》, 문학과지성사, 2009, 55쪽.

[***]   양양문화원부설 향토사연구소, 같은 책, 332쪽.

다. 힘든 현장에서 '밝은' 역할을 하는 여성 노동자들은 정작 어둠 속에서 안전하지 않아서다.

여성들은 잠깐씩 일하다가 결혼하면서 떠났다. 내가 만난 선광부로 잠시 일했던 한 여성은 "여자들은 알려지는 걸 싫어" 한다며 "험한 일이잖아. 사무직이 아니잖아"라고 한다. "요즘 시대랑 달라. 거기서 일했다는 걸 말하기 싫어서 거짓말을 하고 결혼한 사람들도 있어. 풍기 문란하다고 생각하거든. 여자들이 거기에서 일했다고 하면 편견을 가지고 무시해."

"사무직이 아니잖아"라는 말에서 특히 육체노동을 하는 여성 노동자들의 취약한 위치를 알 수 있다. 광산만이 아니라 공장에서 일하는 여성 노동자들도 같은 상황에 놓였다. 돈을 벌기 위해 일하러 왔지만 집 밖에서 일하는 여성 노동자는 '문란하다'는 오명을 뒤집어쓰기 쉬웠다. 여성들은 힘든 노동을 하면서도 '발랑 까진', '문란한', '노는' 사람 취급받기 십상이다. 여성/노동자가 겪는 이중의 차별이다. "특히 공순이라는 명칭은 신분상승의 강한 열망을 품고 농촌을 떠나온 젊고 감수성이 풍부한 많은 여성 노동자들을 괴롭혔다"[*]는 사실에서도 알 수 있듯이, 사무직이 아닌 여성 노동자들에 대한 편견은 극심했다. 공장에서 일하는 여성 노동자의 수기를 보자.

"공순이들은 공장 다니는 표시가 난다. 아무리 옷을 잘 입고 화장을 잘 해도 표시가 난다. 그 표시를 안 낼려고 일부러 옷에 신경 쓰고 머리를 하고 화장을 더 한다. 사람들은 돈도 못 벌면서

---

[*] 구해근, 《한국 노동계급의 형성》, 신광영 옮김, 창비, 2002, 189쪽.

사치를 부린다고 하지만 공순이 딱지를 뗄려고 그런다."[**]

　공장노동자의 수기를 보면 이 여성 노동자들의 멋 부리기에는 사회적으로 자신을 보호하는 행위가 숨겨져 있다. 여성 노동자의 멋은 일종의 사회적 보호색이다. 광산에서 일하는 여성들에 대해서도 "선광장에서 일하는 여자 노동자는 멋을 부리기 위해 작업복을 다려 입고 화장을 예쁘게"한다는 점을 강조하며 "멋쟁이 여자 광부"라 부른다.[***] 많은 여성 노동자들이 외모에 신경을 썼던 것으로 보인다.

　하지만 여성 노동자들의 멋 부리기를 '보호색'으로만 본다면 그 또한 차별적 시선이다. 그들은 경제활동으로 눈치보지 않고, 가족 부양이 아닌 오직 자신을 꾸미는 데 돈을 쓰며 최신 유행에 합류하는 기쁨도 누렸다. 어머니는 "양양 시내에 양장점은 아마 그 사람들이 다 팔아줬을 거야. 부츠를 맞추고 그랬다니까"라면서 광산 다니던 여자들이 패션에 관심이 많았음을 강조했고, 아버지는 "그때 광산 다니는 여자들은 대단했지. 얼마나 멋을 부렸다고"라면서 "그때 광업소는 최고였거든"이라는 말을 빼먹지 않았다. 언젠가 고모의 젊은 시절 증명 사진을 보았을 때 세련된 머리 모양이 인상적이었다. 1960년대 흑백 증명사진 속 20대 고모는 당시 유행했던 윗머리를 한껏 부풀린 부팡 스타일을 멋지게 연출한 모습이었다. 그때 고모가 광산에서 일하는 노동자라는 생각은 전혀 하지 못했다. 여성 노동자의 멋 부리기는 노동자로서 보호색이며 동시에 자유로운 자기 표현의 양식이었다.

노동계층 여성의 멋내기는 왜 유난스럽게 언급될까. 중산층 기혼 여성의 멋 부리기와 달리 노동계층 여성에게는 이중적 시선이 존재한다. 그들의 멋 부리기는 돈을 쓸 수 있는 경제력을 드러내는 수단이기에 부러움을 사는 동시에 그것 때문에 '밖으로 나도는 점잖지 않은 젊은 여자'가 된다. 아니 에르노의 어머니가 공장에 다니면서 유행을 따라하고 "활기차고 당찬 여공"으로 살아갈 때 "마을에서는 어머니를 행실이 좋지 않은 사람"으로 봤다.[*] 여성 노동자에 대한 이런 차별적 문화 때문에 여성들은 결혼 후에는 대부분은 '평범한 주부'가 되려고 했다.

보물 같은 정조와 돌봄

결혼을 하면 직장을 그만두는 게 당연하다는 이야기, 여성 노동자에 대한 윤리적 낙인 등이 지금을 살아가는 여성들에게는 낯설게 들릴 수 있다. 그러나 20세기 이후 여성 임금노동자의 증가는 전통적인 가부장 사회에서 조화시켜야 할 '문제'였다. 여성을 경제활동인구로 끌어들이긴 하지만 여성의 전통적 성역할은 유지시켜야 하는 모순 속에서 유난히 순결한 노동자상이 문학 속에서 재현된다.

《광산촌》에서 '선광을 하는 여공'인 을남은 변화하는 광산촌에서 집 밖에 나가 임금노동을 하는 노동자로 일하면서 의식이 깨어나지만 동시에 전통적으로 강요받는 여성의 윤리를 지켜야 했다. 이 소

[*] 아니 에르노, 《남자의 자리》, 신유진 옮김, 1984BOOKS, 2002, 31쪽.

설에는 노동자들을 위문하기 위해 지역을 방문한 극단의 연극이 소
개된다. 소설 속 연극에서 "우리는 광산 로동자다!", "그렇다. 우리들
은 직장에서 싸우는 산업전사다", "결전이다", "다같이 싸우자"와 같
은 구호가 힘차게 등장한다. 노동자의 단결과 계급의식을 각성시키
는 목적으로 만들어진 연극임을 알 수 있다. 그런데 이 연극에서 노
동자의 연대와 동시에 강조되는 또 다른 축은 여성의 정조에 대한 것
이다. "을남이는 이 연극을 본것이 두고 두고 생각이 났"는데 그 이유
는 "정조는 마치 보물과 같이 애껴야 한다"는 깨달음 때문이다.** 《광
산촌》에서 정조에 대해 무려 한 쪽을 가득 채우는 작가의 목소리가
개입되듯이, 여성의 '존중받는 노동자되기'는 순결을 담보로 할 때만
가능해진다.

노동자의 삶과 투쟁을 다루는 소설 속에서 여성들의 위치는 이
렇게 아슬아슬하다. 최초의 광산노동 장편소설인 《활화산》에서는
이 '정숙한 여성'을 그리는 방식이 운동권 여성의 외피를 두르고 변주
된다. 광산노동자인 주인공 재욱은 노동자들의 분노로 터지기 직전
인 광산촌을 떠날 수 없는 상황에서 태백의 어머니가 병원에 입원하
는 상황에 처한다. 이때 그는 어머니를 간호하는 문제 앞에서 갈등을
겪는다. 노동자로서 동료들과 함께할 것인가, 아들로서 어머니를 돌
볼 것인가.

"아무나 착한 여자 만나서 장가라도 가고 싶다. 그렇게 살다 죽
는 것이 인생이 아닌가 싶다. 에이! 쓸데 없는 생각이다. 지금 당

---

^{**} 이기영, 같은 책, 132~137쪽.

장 어머니를 어떻게 간호해야 하는 것이 문제다. 재욱은 또다시 미영을 생각했다. 아직 특별히 다른 일을 잡지 않고 있다면 부탁을 한번쯤 해볼 수도 있을 것 같았다. 게다가 현장 문제가 시급하다고 말한다면 만사를 젖혀두고 달려올지도 모른다. 하지만 그 말은 정말 하기가 싫다. 운동을 핑계로 삼는 것 같아 더욱 싫었다. 그것은 옳지 못하다. 그런 사실을 미영이가 안다면 얼마나 자신을 치졸한 인간으로 보겠는가."[*]

재욱은 돌봄과 투쟁이라는 난감한 상황에서 대학생으로 노동운동에 뛰어들었던 운동권 동지인 혜정/미영을 떠올린다. 영리하게도 이 소설은 혜정/미영에게 남성이 결코 제 어머니의 돌봄을 강요하지 않는다. 운동권 여성인 혜정은 남성 동지의 어머니 병 수발을 스스로 '선택'한다. "이런 일 때문에 형이 휴직계를 낸다는 건 말이 안 돼요. 당분간 제가 어머니를 돌봐드릴 테니 아무 걱정 말고 일에 전념"하라라며 혜정은 재욱 어머니의 돌봄을 맡는다. 혜정/미영은 노동자와 연대하는 운동권 학생 출신인 동시에 남성 동지의 투쟁을 위해 그의 '이런 일', 곧 그의 어머니를 돌보는 일을 자발적으로 맡는 여성이다. 여성은 남성 동지가 걱정 없이 공적 투쟁을 하기 위해 사적 돌봄을 하는 존재가 되어버린다. 게다가 이 돌봄은 학출인 혜정이 애정에 기반해 성역할을 수행하면서 노동자 재욱과의 계층 갈등까지 해소시키는 역할을 한다.

여성 인물들의 전형성은 광산촌의 유흥업소에서 일하는 여성

---

[*]　이인휘, 《활화산》 상, 세계, 1990, 237쪽.

들에게서도 나타난다.《활화산》의 금숙과 이기영의 또 다른 광산소설《동천홍》의 금남은 각각 다방과 술집에서 일하지만 '마지막'까지는 가지 않은 사람이다. 금숙은 '딱지'를 팔지 않으며 금남은 몸을 지키려 한다. 유흥업소에서 일할 수밖에 없는 가난한 여성을 그리지만 이 여성들이 개인적으로 의지를 가지고 '몸을 팔지는 않은' 설정을 통해 인격적으로 존중받을 수 있는 조건을 갖춘다. 이 여성들이 '몸을 팔았다면' 윤리적 공감대를 얻기 힘들기 때문이다.《동천홍》(1943)과 《활화산》(1990)은 50년 가까운 출간 시기의 시차가 있음에도 여성 인물의 '순결한 몸'을 지키려는 의지는 동일하다. 다시 말해 금숙과 금남은 '몸을 망친' 다른 여성들과 구별될 때만 순수하게 서러운 노동계층 여성이 된다. 개인적인 의지로 '몸을 팔지 않는' 사람이 되어야만 순수한 구조적 피해자가 될 수 있다. 한편 혜정/미영과 같은 여성은 아무리 똑똑하고 투쟁 의지가 넘쳐도 남성의 사적 영역을 돌보는 여성의 역할을 잘 수행해야 한다. 그 인물들은 이 모든 역할을 '자발적'으로 '선택'할 수 있다. 여성이 '정조를 보물과 같이' 아끼며 그가 돌봄노동을 수행하는 방식을 그리는 데서는 변화한 세월을 느끼기 어렵다. 여전히 여성의 노동과 투쟁보다 자궁 단속에 더 관심이 많다.

가출하는 여자들 :
영희, 성미, 금숙, 미영 그리고……

광산소설에서 오히려 눈에 들어오는 여성 인물은 흐릿하게 사라지는 여성들이다. 예를 들어 아버지와 같은 광산에서 일하는 〈지층〉의 영희는 어떻게 해서든 광산을 떠나고 싶어서 늘 아버지에게 떠나자고 재촉한다. 청혼하는 남자에게도 "이 석탄굴에서는 죽어두 못 살겠"다며 결혼한 후에 계속 이 광산촌에 살고 싶어하지 않는다. 떠나고 싶어도 쉽게 떠나지 못했던 영희는 아버지 권 노인을 비극적인 사고로 잃은 후에야 그 마을에서 사라진다. 영희는 어디로 갔을까. 사라진 영희는 가고 싶었던 서울로 갔을까.

광산촌을 배경으로 한 소설에는 억세고 생활력 있는 아내와 남성 노동자들을 위한 유흥노동을 하는 여성들 외에 또 다른 한 축을 형성하는 여성 인물들이 있다. 하나의 산업에 집중된 장소를 떠나려고 발버둥치는 젊은 여성들이다. 〈지층〉의 영희와 《활화산》의 성미, 《내 사랑 사북》°의 미영이다. 영희는 소설의 마지막에 사라졌다고 언급되고, 성미는 가출 후에 어디에서 어떻게 살고 있는지 끝까지 재등장하지 않는다. 미영만이 고향 사북으로 돌아온다. 가출은 아니지만 《활화산》에는 떠났다가 돌아오는 또 다른 인물이 있는데 바로 금숙이다. 금숙의 이동 경로는 그의 말을 통해 파악할 수 있다.

"우리 아버지가 막장에서 사고로 돌아가시고 난 다른 아이들처럼 서울로 일하러 갔었는데, 너무 힘들고 돈도 벌지 못하겠더라고요."°°

사고로 아버지를 잃은 후 그 지역을 떠난다는 점에서 금숙은

° 이옥수, 《내 사랑 사북》, 사계절, 2005.
°° 이인휘, 같은 책, 90쪽.

<지층>의 영희와 같은 처지였다. 금숙은 서울에서 일자리를 구했지만 너무 힘들어서 다시 고향으로 돌아온다. 정확히 서울에서 어떤 일을 했는지는 알 수 없으나 "다른 아이들처럼 서울로 일하러" 갔다는 점에서 많은 노동계층 여성들처럼 공단에 취업했을 가능성이 높다. 금숙은 다시 돌아와 다방에서 일하는데, 10대 청소년 성미가 자신과 똑같이 아버지의 사고 후 가출하자 이렇게 말한다.

> "공부를 똑 부러지게 잘 하지 않을 바엔 일찌감치 미싱 같은 거라도 배워서 자기 살 길 찾는 게 낫지."°°°

성미는 어디로 갔을까. 미싱 기술을 배우러 갔다면 잘 살아남았을까. 떠나기 전에 성미는 자신의 가출 의사를 만류하는 재욱에게 동네 언니들도 많이 가지 않았냐고 대꾸한다. 서울 가서 취직해서 돈을 벌겠다던 성미는 그렇게 마을을 떠났고 그 후의 경로는 모른다. 그가 금숙처럼 다시 돌아올지, 서울에 잘 정착할지는 알 수 없다.

떠났다가 되돌아온 또 다른 인물인《내 사랑 사북》의 미영은 조금 더 구체적 이야기를 들려준다. 미영은 서울에서 가발 공장에 다녔다. 아직까지는 시다바리지만 곧 미싱사가 되리라는 기대를 품었다. 잠시 고향에 돌아왔다가 가출에 대한 응징으로 머리가 빡빡 깎였다. 서울에서 몇 달을 보냈을 뿐이지만 그사이 미영은 변했다. 꼭 끼는 청바지에 커다란 귀걸이를 하고 담배를 피운다. "서울은 공순이들이 우글거리를 세상"이라며 자신이 몇 달 체험한 서울에서의 공장 생활

°°°   이인휘, 같은 책, 48쪽.

을 어린 수하에게 털어놓는다. 더 견뎌서 미싱사가 되고 싶다고 하지만 미영도 철야를 밥 먹듯 하는 미싱사들의 생활을 떠올리면 다시 서울로 가기를 주저한다. 서울에서 돌아온 금숙과 미영의 이야기는 많은 부분 겹친다. 광산촌을 떠나 서울에 돈 벌러 갔지만 서울에서 여성 노동자로 사는 삶도 견디기 어려워 고향으로 되돌아온다.

수많은 여성 노동계층의 삶은 대부분 소설 속에서 끝까지 추적하지 못하지만 한 가지는 확인할 수 있다. 노동계층 여성들에게 가출은 삶을 선택하는 하나의 수단이었다. 최초의 노동운동 소설인 강경애의 《인간문제》의 선비도 제 삶을 구하기 위해 가출을 감행했다. 공연예술이나 영화에 대한 갈망을 꾸준히 보였던 내 어머니는 "내가 처녀 때 가출을 해서 충무로에 갔어야 했는데"라는 농담을 하곤 한다. 지극히 규범적인 사람인 어머니는 차마 가출은 생각도 못 했기에 농담처럼 말하지만, 자신이 하고 싶은 일을 하기 위해 어머니가 떠올리는 방식이 '가출'이었다는 게 시대상을 반영한다. 1970년대에는 가출 여성계몽운동이 있을 정도로 10~20대 여성들의 가출이 빈번했다.[*] 가출은 당시 노동계층 여성들이 가부장제는 물론이고 좁은 지역에서 벗어난 경제활동을 하며 새로운 인생을 꾸리는 방식이었다. 희망을 품고 용기 있게 떠나지만 도시의 삶도 결코 쉽지 않아 금숙과 미영처럼 돌아오곤 한다.

[*] 매일경제, 〈가출녀성계몽 각녀성단체서 운동 벌여〉, 《매일경제》, 1975년 4월 28일.

3장

잡역부

폐석장

아버지는 한자를 빨리 익혔다. 형제도 없고 다른 놀거리도 없는 터라 집에 있는 책들을 읽었다. 여섯 살 손위 누나가 가끔 사주는 책을 주로 읽었다. 고모가 수학여행이라도 다녀오면 《아동 상식》 같은 책들을 전해줬다. 국민학교 졸업 후 중학교에 입학하지 못했던 아버지는 양양 장승리로 이주한 후 고모의 경제활동 덕분에 늦게나마 중학교에 진학할 수 있었다. 그즈음 고모가 어딘가에서 가져온 "에이스리A3 정도의 4·19 화보집"을 뜯어서 교과서를 싸는 데 사용했다. 그때 화보집을 보면서 "서울에서 이런 일이 있었구나, 하고 알게 되었"고 "김주열도 알게" 되었다. 막연하게나마 세상에서 벌어지는 일을 그때 알게 되었고, 화보집에서 본 사진과 글이 인상적으로 남았다. 아버지가 말한 '4·19 화보집'은 1960년 동아일보사에서 발행한 《민주혁명의 기록》이다.[2]

　"한 해 꿇고" 학교에 들어간 아버지는 동기들보다 나이도 한 살

많은 데다 책을 꽤 읽은 편이었다. 자신의 독서 경력을 남의 연애편지를 대필해주는 데 활용했다(이것은 어머니의 폭로이고 아버지는 "엄마 말 믿지 마"라고 했다). 아버지는 고등학교도 다닐 수 있었다. 중고등학생 시절 "공부는 안 하고" 신문을 열심히 봤다는 아버지는 신문에 연재되는 역사소설을 즐겨 읽었다. 할머니는 빠듯한 살림 속에서도 항상 《동아일보》를 구독했다. 아버지는 "그때는 '동아'랑 '경향'이 야성이 있는 신문"이라면서 할머니가 "만주에서 살았기 때문에 거기서 목격한 게 많고, 그래서 역사의식이 강했"다고 기억했다. 70대 후반에 녹내장으로 시력을 잃기 전까지 내 기억 속에서도 할머니는 신문을 매일 꼼꼼히 읽었다.

고등학교 1학년이었던 1964년 여름방학 때 아버지는 돈을 벌기 위해 광업소를 찾았다. 열일곱 살에 처음 광산노동자로 돈을 벌었다. 열일곱 살 청소년은 폐석장에서 쇳돌 찾는 일을 했다. 선광장에서 철광석과 폐석을 고르면 다시 그 폐석 중에서도 철분 함량이 높은 쇳돌을 찾았다. 아버지는 한 달 동안 일해서 번 돈으로 서랍 두 개가 있는 책상과 영어 사전을 샀다. 이 영어 사전을 아직도 가지고 있다. 수없이 이사를 다니며 우리 가족은 잃어버린 물건이 많고 늘 짐을 줄이기 위해 버리면서 살았다. 수집이 가장 사치라는 생각을 갖게 될 정도로 무언가를 모으는 행위는 우리 집에서 물리적으로 불가능했다. 그런데 아버지는 다 버리면서도 열일곱 살에 산 영어 사전을 안 버렸다.[3] 영어 공부를 하는 사람도 아니며 영어를 쓸 일도 없는데 말이다. 그 시절에 쓰던 옥편도 여전히 가지고 있는데 1964년 달력으로 표지를 쌌다. 달력에는 '대한철광개발주식회사'라고 적혀 있다. [4.1] [4.2]

그렇게 돈 벌어서 책상을 사고 영어사전도 샀지만 아버지는 "하지 말았어야 해. 그런 거 하는 거 아니야" 하고 고개를 저었다. 노동의 강도보다 현장의 분위기 때문이었다. "회식하고 술 먹고 그러잖아"라며 고등학생이 성인 남성들 틈에 끼여 일하기에는 부적절한 환경이었음을 암시했다. 실제로 스무 살이 되기 전에 광산에서 일했던 사람의 이야기를 들어보면 고참들이 미성년자인 노동자들도 술집에 데려가 술을 마시게 했다는 걸 알 수 있다.

"고참들이 젊은 사람들을 술집에 데리고 다니며 술 마시는 법을 가르쳤다. 월급을 타면 술집에 많이 다녔는데 일을 같이 하던 동료가 나를 데리고 가는 거야. 그러니까 그때 나는 20살도 안됐는데 술집 여자들이 나보고 동생 동생 그러더라고. 그래서 얼마나 창피했는지 나도 남자인데. 그 형뻘 되는 사람들과 다니면서 술 마시는 법도 배웠지."[*]

광산노동자의 이야기에서 술은 빠지지 않는다. 월급날은 으레 술 마시는 날이다. 남성 노동자들이 밀집한 광산촌의 특별하지 않은 풍속이다. 미성년자라고 해서 술자리에서 빼주거나 혹은 술이 아닌 다른 음료를 마시게 하는 분위기도 아니었다. 1980년대 이후에는 만 18세 이하의 직원은 없었지만 그 이전까지는 10대 후반의 노동자들이 간혹 있었다. 이 젊은 노동자들이 모두 아버지처럼 고등학교를 다니다가 방학 때 잠시 일용직으로 일했던 것은 아니다. 관리직이나 기

---

[*] 양양문화원부설 향토사연구소, 같은 책, 222쪽.

술직이 아닌 광산의 생산직 노동자 가운데 고등학교를 나온 사람은 소수였다. 절반 가까운 노동자들이 국민학교만 졸업했고 그다음으로는 중학교 졸업자가 많았다.[*] 스무 살도 안 되어 생계를 위해 광산에 들어와 정착한 노동자들이 적지 않다. 이들은 성인인 고참들과 어울리며 일찍부터 술을 배운다.

아버지가 "하지 말았어야 해"라고 부정적으로 말하는 데는 청소년이라는 위치 외에도, 잠시 왔다 가는 임시직 노동자에 대한 당시의 열악한 처우도 한몫한다. 광업소에서 일했던 사람들의 구술에서는 과거에 임시부로 일했던 사람들에 대한 차별이 곧잘 등장한다. 광산의 고용형태는 크게 임시부와 상시부로 나뉘었는데 임시부 중에서도 오늘날로 치면 단기 아르바이트와 계약직처럼 급이 나뉘었다. 상시부는 고입이라 부르는 정규직이다. 임시직 노동자들은 상당히 차별받았다. 월급의 차이만이 아니라 각종 복지 혜택에서도 차이가 컸다. 임시부는 통근버스를 타지 못했고, 당시 광산노동자에게 지급하던 쌀도 받을 수 없었으며, 심지어는 작업복도 '한 벌'을 제대로 주는 게 아니라 바지만 주거나 윗도리만 주는 식이었다. 게다가 정규직인 상시부 노동자들이 임시부 노동자들을 인격적으로 많이 차별했음을 알 수 있다.

"그 당시 임시부는 인간 대접을 받지 못했다. 하물며 밥을 먹을

---

[*] 1982년 조사된 양양광업소 노동자 학력별 현황은 다음과 같다. 국졸 234명, 중졸 191명, 고졸 97명, 전졸 8명, 대졸 26명(1982년 삼미광업개발주식회사 양양철산 개발계획서 자료). 양양문화원부설 향토사연구소, 같은 책, 84쪽.

때도 고입[상시부]들은 의자에서 먹는데 고입들이 밥 먹으러 와
서 '임시부가 의자에서 밥을 먹어!?' 하면서 쫓아내면 임시부들
은 구석에서 하이바를(안전모) 깔고 앉아 밥을 먹었다. 임시부는
고입들의 기분을 맞추어주어야 한다."[**]

밥 먹는 자리까지 나뉠 정도였으니 임시부와 상시부는 하나의
신분제도나 다름없었다. 임시직으로 일하는 사람들은 이런저런 설
움도 많았지만 '빽이 있어야' 상시직이 될 수 있었다. 인권의식도 부
족하고 노조가 제대로 활동하지 못했던 1960년대 광산 폐석장에서
방학 때 임시로 일하는 '잡부' 청소년이 어떤 대접을 받았을지 조금이
나마 짐작할 수 있다.

광석이 다니는 길

아버지는 사관학교에 가고 싶어 해군사관학교에 지원했다. 배를 타
는 군인이 괜찮아 보여 육군보다 해군을 동경했다. 하지만 입시에서
떨어졌다. 공부 안 한 걸 후회했다. 책을 많이 읽었다고 말하면서 "공
부를 그렇게 했어야 했는데"라며 공부 안 한 자신을 탓했다. 다시 돌
아가 직업을 선택할 수 있다면 여전히 군인을 선택할 것이다. 왜 군
인이냐 물으면 딱히 정확하게 말하진 못하지만 막연히 군인이 잘 맞
을 것 같다고 스스로 생각한다. 그러면서 "우리 때는 군인이 최고였

[**] 양양문화원부설 향토사연구소, 같은 책, 341쪽.

어”라고 덧붙인다.

군인에게 필요한 능력을 내가 잘 모를 수 있고 특정 직업에 대한 좁은 이해에 바탕을 두었겠지만, 내가 보기에도 아버지는 군인이 어울린다. 평생 규칙적으로 생활하며 규율과 원칙을 중요하게 여긴다. 융통성이 없어 보일 정도로 원칙적이고 소심해 보일 정도로 꼼수를 부릴 줄 모른다. 창조적인 개인 활동보다는 조직 안에서 올바른 길 찾기를 선호한다. 물론 ‘연애편지 대필’ 같은 의외의 ‘이력’이 있는 걸 보면 내가 아버지를 아는 데는 한계가 있을 것이다.

그러나 군인이 되고 싶었던 아버지의 마음을 나는 단지 규칙과 원칙을 잘 지키는 개인의 성향으로만 여기진 않는다. 또한 가난한 집 아들이 돈을 많이 들이지 않고 공부할 수 있었던 선택지로만 보지도 않는다. 이 두 가지 외에도 “우리 때는 군인이 최고”라고 말하듯이 아버지는 사회 분위기의 영향을 받았다. 군인은 통제력을 가진 남성성을 가장 잘 드러내는 직업이며, 아버지에게도 그러한 열망이 있었다. 군인 출신이 독재정치를 하는 1960년대는 독재를 싫어하는 사람에게도 군인이 최고로 보였던 시대이기도 했다. 독재를 하는 군인이냐, 독재를 저지시키는 군인이냐의 차이일 뿐이다.

1967년에 고등학교를 졸업하고 성인이 된 아버지는 광산에 잡역부로 들어갔다. 대입에 실패하자 “그런 거 하지 말았어야 했다”고 말한 일자리에 제 발로 다시 찾아갔다. 이때도 임시직이었고 그마저도 광산에 할머니와 고모를 통해 아는 사람이 있었기에 가능했다. 그때는 아는 사람 소개로 광산에 취직하는 사람이 많았다. 같은 고향 출신이거나 앞서 일했던 집안 사람을 통해 소개받아 자리를 얻곤 했다. 양양광업소에 입사하기 어려워 지인을 통해 입사했다는 다른 사

람들의 이야기를 참고하면 광산 일자리에 여전히 많은 사람이 몰렸음을 알 수 있다.[*]

1976년 출간된 서동익의 소설《갱》에는 광산에서 일자리를 얻는 이런 문화가 잘 나타난다. 광산에 일자리를 찾아온 외지인 석바우는 신원보증이 되는지, 지역 친척이라도 있는지 질문을 받는다. 누구든지 광산에 쉽게 들어갈 수 있다고 하지만 여기저기에서 찾아오는 일자리인만큼 막상 그 '누구'에 대한 경계심도 있었다. 아는 사람이 없으면 쉽지 않았다.《갱》에서 석바우의 광산 취직을 도와준 사람은 그가 밥을 사먹은 식당인 경주집의 주인이었다. 동향 사람인 경주집 주인은 "석바우의 고향이 경북 월성군이라는 것, 그리고 형산강 어귀에 포전을 갖고 있었는데, 사라호 태풍 때 잃어버렸다는 것"[**]에 공감하여 그를 도와준다.

마찬가지로 아버지도 할머니와 고모가 아는 사람을 통해 광산에 들어갔다. 철광석을 실어 나르는 트럭이 다니는 길을 정비하는 잡역부다. 광산의 일 중 하나는 캐낸 광석을 운반하는 것이다. 광석을 지하의 깊은 갱도에서부터 지상으로 옮기고, 지상에서는 다시 도로나 철로를 통해 항구로 이동시키고, 항구에서 배로 이동시키는 과정이 필요하다. 아버지는 광업소에서 매일 철광석을 실어 나르는 트럭이 오가는 길에서 잡다한 일을 했다. 우선 일이 필요해서 광업소에 들어오긴 했지만 여전히 광산에서 계속 일할 생각은 없었다. 다른 일

[*]　"그 당시 양양광업소에 입사하기는 어려웠다. 그래서 울산에 지인을 통해 입사하게 되었다." 양양문화원부설 향토사연구소, 같은 책, 236쪽.
[**]　서동익,《갱》, 도서출판 JMG, 1996, 41쪽.

을 찾아보려 했다. 한 달만 일했다.

장승리는 양양에서 서쪽에 있는 마을로 설악산이 멀지 않은 위치다. 남대천과 해변에서 먼 산골 구석에 있는 마을이다. 아버지가 도로를 보수하는 데 잡역부로 일했다는 말을 들으며 나는 어릴 때 지나갔던 광산 주변의 몇몇 굴들을 떠올렸다. 이 구석진 동네에 크고 작은 굴이 꽤 여러 개다. 단지 마을 주민의 이동을 위한 것이 아니라 큰 트럭이 다닐 수 있도록 만든 굴의 역사는 1944년까지 거슬러 올라간다. 일제강점기에 광산에서 나온 철광석을 실어 나르기 위해 여기저기에 길을 내고 굴을 만들었다. 전쟁 물자를 나르기 위해서였다. 어떤 굴은 꽤 길어서 손전등 없이 걸어가기에는 무리일 정도로 아주 컴컴했다. 어느 해 추석에 성묘를 다녀오는 길에 당숙이 그 굴을 함께 지나면 용돈을 주겠다며 장난을 쳐서 도전했지만 당숙의 손을 잡고도 도저히 지나지 못해 중도에 돌아왔다. 장승리와 거마리 사이에 있는 그 굴은 '광산 큰 굴'이라 불렸다. 길이가 400미터 정도이니 조명 없이 걸어가기에는 꽤 길었고 어린아이에게는 더 무서웠다. 예전에는 마을 사람들이 걸어 다니던 길이다.

또 다른 굴은 굴 두 개가 나란히 붙어 있어서 '안경굴'이라 불린다. 이 굴도 일제강점기에 철광석 수송을 위해 만들어졌다. '안경다리'라 부르는 철로 밑에 주민들이 다닐 수 있는 굴을 만들었는데 두 개가 붙어 있는 모습이 안경처럼 보인다고 해서 사람들이 안경굴이라 불렀다. 동해북부선 철로가 지나가는 길이었지만 분단으로 동해북부선이 사라지면서 안경다리는 그저 사람이 다니는 다리로만 쓰였다. 당시를 기억하는 양양 주민들은 이 안경다리 공사에 전라도 사람들이 보급대원으로 왔다고 증언한다.[°] 일제의 강제동원으로 만들어진 길이다. 안경굴은 2002년 태풍 루사 피해로 철거되었다. 지금도 남아 있는 굴들은 자원 수탈의 이동 경로를 보여주는 흔적이다. 이 크고 작은 굴들은 대부분 폐쇄되거나 굴의 윗부분을 없애 일반 도로가 되었다.

과거 광산촌이었던 마을에서 비슷한 길을 발견한다. 정선 신동읍에도 똑같은 안경다리가 있다. 이 주변 마을을 안경다리 마을이라 부른다. 자원의 이동을 위해 만들어졌던 길은 자원의 이동이 멈추면 사라진다. 일찍이 기차역, 굴과 다리가 만들어진 지역은 대부분 광물의 이동과 관련 있다. 태백 이중교와 문경 이중교는 모두 광산의 산물이다. 위에는 광차가 다니고 아래에는 일반 차량이 지나갔던 이중교는 이제 근대문화유산이라는 이름으로 남았다. 전주와 군산을 이으며 한국 최초의 신작로가 된 전군가도가 전북 곡창 지역의 쌀을 수탈하기 위한 길이었듯이, 양양 장승리의 철도와 굴, 신작로 등은 철광석 반출을 위해 만들어진 길이었다. 그 길을 만들기 위해 많은 사람들의 노동이 동원되었다.

<hr>

◦　양양문화원부설 향토사연구소, 《동해북부선종착지 양양역》, 양양문화원, 2020, 63쪽.

4장

채광과 궤도부

아버지는 광산에 정착하지 않으려고 한 달만 일한 후 다른 일자리를 찾으려 했다. 그러나 역시 다른 일자리를 찾지 못했고 결국 광산으로 다시 돌아왔다. 이번에도 할머니의 인맥을 통해서다. 할머니가 광업소 간부들의 식사를 준비하는 일을 했기 때문에 알음알음 아는 사람들이 있었다. 할머니는 아무개 항장을 찾아가라고 했다. 광산에 웬만한 간부들은 다 할머니 밥을 먹은 사람들이라 아버지는 할머니 이야기를 하면서 취업을 부탁했다. 항내를 감독하는 항장은 아버지에게 일자리를 주었다. 아버지는 그렇게 스물한 살이 되는 1968년 갱내에서 일하는 채광과에 취업했다. 여전히 상시부는 아닌 임시부로 취직했다.

힘든 일이라 다른 일자리를 기웃대면서도 계속 광산으로 돌아오는 데에는 그럴 만한 이유가 있다. 양양광업소는 양양을 비롯해 그 일대에서 가장 큰 일터였다. 사람들은 "공무원 아니면 광업소지"라고 말했다. 많은 사람들이 잠깐이라도 광산을 거쳐갔다. 누구네 아버지는 옛날에 노조에서 급사를 했고, 누구네 아버지는 광업소 필경사였

다. 당시 그 지역 사람들에게 양양광업소가 어떤 일자리였는지 알 수
있는 일화가 있다. 군복무 중 땅굴을 발견한 사람이 일종의 포상으로
양양광업소에 취직한 사례다. 아버지도 이 땅굴을 발견했던 사람을
기억했고 그의 이야기는 자료를 통해 확인할 수 있었다. 김 모 씨는
1971년 땅굴을 발견해서 을지무공훈장을 받았다.

> "최초 북한 땅굴을 발견한 공로로 제대하면서 가고 싶은 직장
> 을 말하라고 하여 그때 양양에는 좋은 직장이 없어 여기저기 알
> 아보다가 양양광산이 제일 나은 것 같아서 입사하게 되었다."[•]

을지무공훈장을 받은 사람이 포상으로 광산에 들어간다는 게
언뜻 낯설었지만 당시에 그만한 월급을 받는 다른 일자리가 없었다.
번창할 때는 어느 광산촌이나 '개도 만 원짜리를 물고 다닌다'는 상
투적인 말이 있을 정도로 광산은 돈이 흐르는 곳이었다. 꼬박꼬박 월
급 받는 일자리가 귀한 시골에서 광산에 취직하기 위해 사람들이 몰
려들 수밖에 없다. 노동 강도가 세고 위험한 일자리이니 오래 버티지
못하고 떠나는 사람들도 많지만 당장에 돈이 필요한 사람들은 어쨌
든 광산에 몰려들었다.

아버지는 채광과에 궤도부로 들어갔다. 채광과는 광산에서 가
장 노동 강도가 높은 부서다. 화약으로 발파를 하고 땅속으로 수백
미터를 이동해 매장된 광물을 채굴하여 땅 위의 선광장까지 운반하
는 모든 과정이 채광과에서 이루어진다. 흔히 떠올리는 광부의 노동

[•] 양양문화원부설 향토사연구소, 《양양철광산의 문화사》, 양양문화원, 217쪽.

이다. 채광과의 일은 여러 종류로 나뉜다. 화약을 다루고 발파를 하는 발파공, 착암기로 벽을 뚫으며 착암을 하는 착암공, (항내에서는 전기가 필요한 장비를 많이 사용하기 때문에) 전기 설비 기술자, 갱도가 무너지지 않게 천장과 벽면에 지주를 세우는 동발 작업을 하는 지주부, 채굴한 광물을 운반하는 운반부, 그 운반을 위해 레일을 까는 궤도부 등으로 채광과가 구성된다.

갱도에서 화약으로 발파하기 위해 대형 드릴로 암반에 구멍을 낸다. 이 작업에는 숙련된 기술이 필요하다. 우리 기술자들이 처음에는 구멍을 뚫지 못해 양양광업소에 독일 기술자들이 와서 착암 시범을 보였다. 착암만이 아니라 대형 콤프레셔처럼 처음 설치하는 기계는 독일이나 영국 기술자들이 와서 시범을 보이곤 했다. 광업 초기에는 독일이나 미국 등 서구의 자본과 기술이 적극적으로 개입되었다. 양양광업소 조사과에서 탐사 작업을 할 때도 종종 독일인들이 있었다. 탐사 작업은 정밀 지표지질 조사를 통해 광체부의 존재를 조사하고 매장량을 추정하는 일이다. 근대 산업에서는 광업의 역할이 중요하기에 20세기 초 공업고등학교나 대학교에는 광산 관련 학과가 있었다. 광업소의 고위 간부들은 대학에서 광산학과를 나온 사람들이었다.

전문 기술자나 관리직이 아닌 채광과 대부분의 노동자들은 현장에 들어와서 일을 배운다. 처음부터 막장으로 향하지는 않는다. 광물을 캐는 중요한 노동의 최전선인 막장은 갱도의 가장 마지막 부분이다. 암석을 부수며 직접적으로 채굴이 이루어지는 장소라서 가장 깊숙한 곳에 위치한다. 막장은 언제나 갱도의 끝이며 채굴의 시작점이다. 채굴의 최전선인 막장은 중요한 장소이며 그만큼 위험한 장소다. 처음 들어간 사람이 아무런 훈련도 받지 않고 곧장 채굴을 하진 않는다. 발파 작업은 당연히 아무나 할 수 없고 채광공은 낙반 사고의 위험이 크다. 보통 3년 정도 경험을 쌓은 후 채광 시험을 보는데 시험 당락은 현장감독의 재량에 따라 달라진다. 처음에는 주로 운반 업무를 맡는다. 채굴한 철광석을 실은 광차를 갱도 끝의 막장에서 갱 밖의 선광장까지 나르는 일이다. 갱도는 수평으로만 되어 있지 않고 이리저리 기울어 있다. 경사가 있는 갱도는 사갱이라 부르고 수직으로 된 갱도는 수갱이라 부른다. 광산 갱도를 단면으로 만들어보면 수많은 갱도가 개미굴처럼 복잡하게 얽혀 있다. 채굴만큼이나 운반은 강도 높은 노동이며 사고가 날 위험도 높은 업무다. 갱 안에서 일어나는 사고 중 하나가 바로 광차 추돌 사고다. 경사진 갱도에서 광차의 탈선이나 추돌 사고가 발생해 노동자가 다치거나 숨치는 일이 발생한다.

궤도부는 발파를 해서 새로 만들어진 갱도에 광차가 이동할 수 있도록 철로를 만들고, 고치고, 다시 뜯는 일을 하는 부서다. 채광과 업무 중에서 상대적으로 난도가 낮았다. 아버지는 궤도부에서 "쫄병으로" 따라다니며 허드렛일을 했다. 갱도 안에 통로가 하나씩 생길 때마다 광차가 다닐 수 있는 철로를 놓아야 했다. 2인 3개 조로 이루어진 궤도부는 하루종일 땅속에서 광차가 이동할 철로를 만든다. 길이 반듯하지 않고 이리저리 휘어 있기 때문에 안전하게 철로를 까는 일은 중요했다. 철로가 조금이라도 잘못 놓이면 광차가 이동하다 사고가 날 수 있기에 견고하게 만들어야 한다. 특히 경사로(사갱)에서는 무거운 자재를 이용해 더욱 단단하게 만든다. 이 철로는 갱도의 끝, 막장까지 이어진다. 궤도부 업무에서 무엇보다 힘든 일은 무거운 목재나 철근 등을 가지고 수백 미터 땅속까지 나르는 일이다. 게다가 새로 궤도를 만드는 길은 이제 뚫은 지 얼마 안 된 길이라 천장이 낮고 좁다. 노동자들은 몸을 낮춰 일해도 이리저리 머리를 부딪치기 마련이다. 채광과의 다른 부서보다 상대적으로 덜 어렵다지만 역시 힘든 일이었다. 한 궤도부 노동자는 좁고 구불거리고 울퉁불퉁한 갱 안에서 일하는 어려움을 토로한다.

> "굴 안이 꾸불꾸불하니 레일이 이쪽으로 부치고 저쪽으로 부치고 머리다가 쓴 화이바가 벽에 막 부딪치기 때문에 애로사항이 많았다."•

무거운 레일을 나르고 굴 속에 엎드려서 꼼꼼하게 일해야 하는 궤도부의 노동은 위험하고 힘든 일이었지만 채광과의 다른 부서와 다른 점이 하나 있다. 궤도부는 교대 근무를 하지 않고 낮에만 일한다. 광산 생산직에서 교대 근무를 하지 않는다는 건 큰 차이다. 아버지에게 일자리를 준 항장은 할머니 밥을 먹어서 그랬는지 아버지를 운반부가 아니라 교대 근무가 없는 궤도부에서 일하게 했다. 교대 근무가 아닌 부서는 생활이 규칙적일 수 있다. 생산직 광산노동자들은 대부분 8시간씩 하루 3교대로 일한다. '1번, 2번, 3번' 혹은 '갑방, 을방, 병방'이라 부른다. 그래서 광산노동자와 가족들은 "오늘 갑방이야?" 하는 식으로 출근 시간을 묻곤 한다. 갑방은 오전 8시, 을방은 오후 4시, 병방은 밤 12시 출근이다. 노동자들은 1주일씩 근무 시간을

• 　양양문화원부설 향토사연구소, 같은 책, 308쪽.

바꿔가며 일한다. 광산은 24시간, 365일 쉬지 않고 광물을 캐내는 노동이 돌아가는 곳이다. 해가 뜨고 지는 것과 무관하게 컴컴한 땅속에서는 쉬지 않고 채굴노동이 이어진다.

채광과는 광산에서 가장 위험하고 힘든 부서이지만 그만큼 다른 부서보다 임금이 높았다. 북한 땅굴을 발견한 공로로 양양광업소에 취직한 사람은 처음에는 갱내에서 근무하지 않는 경비실로 들어왔지만 더 높은 임금을 받을 수 있는 생산직으로 옮겨 선광과에서 일하다 다시 채광과로 옮겼다. 더 많은 돈을 벌기 위해 점점 더 강도 높은 노동 현장으로 옮겨간 것이다.

주간에만 일하는 궤도부에서 철로 놓는 일을 하다가 아버지는 항내 사무실에서 일하게 되었다. 갱도 안, 항내에도 전화로 연결된 사무실이 있었다. 땅속에서 일하긴 하지만 사무실에서 근무하니까 노동 강도는 약해졌다. 대신 3교대다. 오전 8시부터 오후 4시까지는 정직원이 일했다. 아버지와 다른 임시부 직원이 을방과 병방으로 나눠서 교대로 일했다. 어느 날은 오후 4시에서 밤 12시까지 일하고 어느 날은 밤 12시에서 아침 8시까지 일했다. 그렇게 1969년 4월까지 아버지는 항내에서 일했다. 스물두 살, 영장이 나왔다. 아버지는 군대에 가야 했다.

5장

진짜 일을
구할 때까지만

아버지는 군대 3년을 채우지 못하고 상병으로 일찍 제대했다. 부선
망 의가사 제대였다. 아버지 없는 3대 독자였기 때문이다. 제대 후 다
시 일을 찾아야 했다. 1971년 3월이었다. 그 사이에 고모와 할머니는
모두 서울로 이주했다. 한동안은 고모와 할머니도 흩어져 살았다. 고
모는 친구와 살며 편물 일을 했고, 할머니는 병원이나 여관 등에서
밥하는 노동자로 숙식을 해결하며 돈을 벌었다.

아버지도 양양을 떠나 고모와 할머니가 있는 서울에 갔다. 서울
에서 일을 찾아볼 생각이었다. 다시 광산에 들어가고 싶지는 않았다.
이미 광산에서 많은 사고를 목격했고 떠날 수만 있다면 떠나야 한다
고 생각했다. 게다가 양양이 원래 고향도 아니고 아무 친인척도 없었
기에 굳이 양양에 남으려고 하지 않았다. 아버지는 일을 찾아 서울에
서 이리저리 떠돌았다. 그러나 서울에는 안정적으로 거처할 곳도 마
땅치 않고 아는 사람도 없는 처지에 일을 찾기란 쉽지 않았다. 군대
도 다녀왔으니 스물네 살이었다. 그동안은 어머니와 누나가 경제적
으로 가족을 부양해왔다면 이제는 자신이 누나와 어머니를 부양해

야 한다는 부담도 있었다. 아버지는 군대 가기 전에 벌었던 것보다는 더 안정적인 임금이 필요했다. 광산보다 안전할지는 몰라도 딱히 더 높은 임금을 주는 곳을 찾기는 어려웠다. 서울에서 취직에 실패한 아버지에게는 선택지가 없었다. 아버지는 양양으로 돌아왔다. 그곳에는 그래도 열악하지만 거주할 공간이 있었다.

아버지는 광산에 찾아갔다. 군대에 가기 전에 항내에서 일했던 아버지는 제대 후에는 선광과를 찾아갔다. 여전히 아는 사람을 통해 들어가는 문화가 있었다. 군대 가기 전에 아버지를 채광과에 취업시켜줬던 항장이 회사를 떠났기에 채광과에 부탁할 사람이 없었다. 그 대신 선광과에 아는 사람이 있었다. 광산학과를 나온 간부 권씨였다. 할머니는 아버지에게 권씨를 찾아가라고 했다. 사교적이며 잘 베풀고 음식 솜씨 좋고 적당히 '문자 좀 쓰는' 할머니는 어디에 가도 인연을 잘 만들었다. 선광과 간부인 권씨는 이북 강원도 사람으로 한국전쟁 때 피난 내려왔다가 울진에 머무른 적이 있다. 당시 울진에 살았던 할머니는 피난민들과 교류했는데, 피난민 중에 권씨를 같은 안동 권씨라는 이유로 각별히 더 챙겨줬다. 그 인연으로 권씨는 나중에 양양광업소에 취직하려는 아버지를 도와줬다. 1971년 4월 27일부터 아버지는 광업소 선광과에서 일을 시작했다. 이제 정직원이다. 친인척과 지연으로 일을 얻는 게 흔했던 당시에 친인척이 없었던 아버지에게 할머니의 친화력은 다행스러운 점이었다.

광산에서 일하면 월급 받고 일하니 보릿고개는 모른다며 아버지는 '그때는 광업소가 최고'였다고 강조한다. "그때는 군인이 최고"라는 말은 "그때는 광업소가 최고"라는 말로 바뀌었다. 먹고살 데가 없는데 지역에 광산이 있어 먹고살았다. 전직 광산노동자와 광산촌에서 성장한 사람들의 공통된 말이다. "한때는 밥이 되어준 탄광 막장에서"[*] 일했던 수많은 노동자들은 말 그대로 먹고살기 위해 힘든 일을 하러 온다. 인생이 추락한 지점으로 은유되는 막장이지만 실제로 노동자들에게는 인생을 시작할 수 있는 지점이었다.

> "그때 밥도 못 먹을 때인데 광산을 다니니 밥을 먹으니 별천지지."[**]
>
> "쌀밥 먹으려고 몰려온 데가 태백."(전 장성광업소 광부)[***]
>
> "옛날에는 벌어먹을 데가 없으니까 이런 광산 지대에 오면 일만 하면 월급 주고, 쌀도 주고, 배급도 주고, 특히 강원도 같은 데는 감자나 옥수수 이런 거 먹는데 광산에 오면 전부 쌀밥을 먹어요. 쌀 배급을 주니까."(영월 모운동, 아버지가 광부였던 주민)[****]

많은 전직 광산노동자들이 '쌀밥을 먹을 수 있어 좋았다'는 점을 강조한다. 아버지가 어릴 때 장승리에는 광산에서 운영하는 큰 공급소가 있었다. 오늘날의 대형 마트다. 시내와 떨어져 있는 광산촌 주민들은 이곳에서 생필품을 구입했다. 광산 사람들이 공급소에서 쌀을 사면 나중에 월급에서 제한다. 인감증명을 이용해 거래하는 이 방식은 오늘날 신용카드를 사용하는 방식과 비슷하다. 광산 사택에 사는 사람들이 주로 이용했지만 광산 종업원이 아닌 주민들도 이 공급

---

[*] 성희직, 〈우리는 산업폐기물이 아니다〉, 《광부의 하늘이 무너졌다》, 푸른사상, 2022.

[**] 양양문화원부설 향토사연구소, 같은 책, 335쪽.

[***] EBS, "거친 삶의 위로 태백 광부 밥상", 〈요리비전〉, 2014년 2월 10일 방영.

[****] KBS 강원, "구름도 쉬어 가는 마을, 영월 주문리", 〈지명수배〉, 2023년 10월 7일 방영.

소를 이용할 수 있었다. 또한 광산촌에 주기적으로 들르는 보따리장수가 고기를 가지고 오면 사람들은 쌀과 바꾸기도 했다. 화장품을 비롯해 각종 생필품을 가지고 오는 '박물 장사 아줌마'가 있었고, 그 아줌마가 오면 동네 주민들이 모여서 외상으로 물건을 사고 함께 밥을 먹었다. 아버지가 광산에 정식으로 취직했던 1970년대에 회사에서 운영하던 장승리의 공급소는 사라졌다. 그사이 가게들도 많이 생겼고 장승리 주민들이 양양 시내로 장을 보러 다닐 수 있는 교통편도 좋아졌기 때문이다. 강원도 태백의 장성광업소가 있던 곳에는 2024년 6월 장성광업소가 폐광할 때까지 대한석탄공사의 인감 거래처인 '석공마트'가 남아 있었다.

한편 화장품 판매원으로 일하는 데도 실패한 어머니는 그 즈음 아버지와 교제 중이었다. 어머니는 일을 찾기 위해 아버지의 누나인 고모가 있는 서울 노량진에 갔다. 미래의 시누이와 함께 기거하며 편물 일을 했다. 옆집에는 전라도에서 온 사람이 가구점을 했다. 어느 날 옆집에서 전라도식 팥칼국수를 만들어서 나눠줬다. 그때 팥칼국수를 처음 먹어보았다. 서울에 있을 때 서점을 다니며 새로 나온 책들을 찾아봤다. "교양을 위해" 여성지 읽기를 즐겼다. 《여성동아》에서 박완서의 글을 읽었다. 1년 정도 고모와 함께 편물 일을 하던 어머니는 서울 생활을 버티다가 할머니의 척추 수술 소식에 양양으로 돌아왔다.

아버지는 광산에서 다시 일을 시작하긴 했지만 여전히 광산을 떠날 생각만 했다. 교도관 시험을 준비했다. 강릉에 교도소가 있었고, 교도관은 공무원이라 당시 지역에서 사람들이 꽤 선호하는 일자리였다. 우선은 가까운 곳에서 아버지가 가장 쉽게 안정적인 일자리를 얻는 방법이 교도관이 되는 것이었다. 광산에서 일하는 건 '진짜 직업'을 찾을 때까지 어쩔 수 없이 하는 일이라 생각하며 견뎠다.

아버지와 결혼을 앞둔 어머니는 강릉을 드나들며 아버지의 시험 접수 등을 도왔다. "빨간 구두를 신고 걸어서 교도소를 갔어. 옛날 강릉터미널에서 내려서. 비포장이니까 걸어오는데 구두 굽이 날아가 버렸잖아. 내 빨간 구두가!" 강릉을 드나들며 빨간 구두의 굽이 떨어지는 와중에 어머니는 서점에 들렀다. 주로 서점이나 라디오를 통해 책 정보를 얻을 때라 기회가 있을 때마다 서점에 들렀다.《에티켓》이라는 책을 친구들과 열심히 읽었다. "커피 마시는 법, 대화할 때 자세, 미니스커트 입고 앉는 자세, 양식집에서 칼질하는 방법, 스프 떠먹는 방법. 뭐, 안에서 바깥으로 떠야 한대. 지금 생각하면 너무 웃겨. 그때는 그런 걸 책으로 읽었다니까."

어머니는 굽이 떨어지도록 강릉터미널과 교도소 사이의 비포장 길을 오갔고 아버지는 교도관 시험에 합격했다. 신문의 합격자 명단에서 분명히 확인했다. 아버지는 드디어 광산을 떠날 수 있게 되었다. 교도관이 되어 광산을 벗어나면 그다음에는 법원 서기관에 지원할 계획이었다. 어머니는 "그때는 나도 좀 희망이 있었지"라고 했다. 아버지가 교도관이 되면 어머니와 결혼도 하고 드디어 '광산 탈출'이 가능해졌다고 생각했다. 그때가 1975년이었다. '4·19 나던 해'에 광산촌에 들어와 그곳에서 성장하고 성인이 되어서도 광산에 발을 들여놓고 그곳을 통해 생계를 해결하며 살았지만 아버지는 늘 떠나려고 했다. 당연히 떠나야 하는 곳이라고 생각했다. '내가 여기 있을 사람이 아니지'라는 생각도 했다. "네 아빠가 사실 실력은 있지"라고 말하는 어머니는 광산에 다니는 사람들과 아버지는 다르다는 점을 강조한다.

　합격을 확인했지만 신원조회 이후로 아무 소식이 없었다. 영문을 알 수 없었다. 신원조회에서 문제가 생겼다는 것만 알 수 있었다. 아버지는 법무부에 편지를 보냈다. 상황은 달라지지 않았다. 시험에 합격했지만 임용되지 않았다. 아버지는 차츰 연좌제 때문에 공무원이 될 수 없다는 걸 알게 되었다. 할아버지가 호적에 행불자로 되어 있었다. 아버지는 얼굴도 전혀 기억하지 못하는 할아버지의 행방불명이 가족들의 발목을 붙들고 있다는 걸 그제야 알았다. 아버지는 직업 선택의 자유가 없는 위치에 있었다. 어머니는 아버지를 알기 전에는 몰랐던 연좌제를 알게 되었다. 잠시 가졌던 희망은 두려움과 억울함을 넘어 분노로 바뀌었다. "그때는 연좌제가 무서웠어. 아무것도 할 수 없었어. 네 아버지가 이제 연좌제 때문에 아무것도 할 수 없다는 걸 알게 된 거야. 그때부터는 사는 게 사는 게 아니야."

6장

연좌제,
비국민 만들기

"다 지켜보고 있어"

할머니와 고모는 자주 말했다. "아무리 이사를 다녀도 소용 없었어. 계속 우리를 감시하는 사람들이 있었지." 1941년생인 고모는 아버지가 잘 기억하지 못하는 이야기도 많이 들려주었는데 그중에서 무엇보다 감시받았던 일상의 고충을 수시로 토로했다. 어릴 때는 고모가 하는 말이 무슨 말인지 이해하기 어려웠고, 나는 고모의 말을 온전히 믿지도 않았다. 왜냐면 고모는 사람들과 잘 어울리지 않았고, 학생들을 가르칠 때를 제외하고는 내 눈에도 약간 이상한 사람으로 보였기 때문이다.

젊을 때 연탄가스 중독으로 죽다 살아난 고모는 그 후유증으로 "깜빡하는" 증상이 생겼다고 했으며, 그래서 정상적인 사회활동이 어렵다는 말을 들었다. 실제로 고모는 가끔 까무라치거나 알아들을 수 없는 혼잣말을 주절주절 늘어놓았다. 연탄가스 중독으로 뇌가 손상되어 정신이 들락날락한다는 것이다. 고모는 '헛소리'를 하는 사람으로 취급받곤 했다. 고모 스스로도 늘 "나는 바보잖아", "나는 아무것도 모르잖아"라고 말했다. 게다가 남자 없이 살아가는 고모를 어른들은 더욱 비정상적인 사람으로 바라보았다. 똑똑한 사람이 어쩌다가 저렇게 되었냐고 혀를 끌끌 차고 불쌍하게 여겼다. 그럼에도 학생들을 가르치는 과외 선생님일 때는 신들린 듯이 총명해진다. 그래서 나는 고모가 이상한 사람으로 보였다. 총명한 고모와 헛소리를 하는 고모 중 어떤 모습이 고모의 진짜 모습일까. 모두 고모의 진짜 모습일 것이다. 1997년 여름, 병원에 입원한 고모를 잠시 돌본 적이 있다. 그때 고모는 병원에서 정신질환 검진을 받았다. 여러 장의 질문지를 고모는 모두 꼼꼼하게 작성했다. 의학적으로 특별한 소견을 받지 않았다.

한국전쟁 이후 고모의 감시받은 기억은 몸서리처지게 남아 있었다. 고모가 20대 후반에 양양 광산을 떠난 이유를 아버지는 단순히 "나이가 차서"라고 말하지만, 나이 든 여자를 바라보는 사회적 통념에서 아버지도 자유롭지 않다는 걸 감안해야 한다. 고모는 광산에서도 끈질기게 따라붙는 정보과 형사의 존재를 지겨워했다. 상대적으로 나이가 어렸던 아버지는 이 감시를 고모보다 늦게 알아챘다. 고모는 불안정한 주거 환경과 사기를 당해 돈을 잃는 등 각종 사건 사고를 겪으면서도 어떻게 해서든 서울에 살려고 애썼다. 대도시 서울에서는 조금이라도 감시에서 벗어날 수 있으리라는 기대를 품지 않았을까. 고모는 자신의 젊은 시절을 회상할 때 "어디를 가든 다 지켜보고" 있다는 말을 빠뜨리지 않았다. 《아버지의 해방일지》의 '아버지'는 정보과 형사도 사람이라며 함께 술을 마실 정도로 잘 지내는 친화력을 발휘한다. 이건 개인의 성격이라기보다 남성이 누릴 수 있는 특권이다. 젊은 여성인 고모가 1960년대에 자신을 감시하는 형사와 술잔을 기울이며 잘 지낸다는 상상은 하기 어렵다.

고모와 할머니의 '옛날 이야기' 속에 할아버지가 자주 등장하지만 할아버지가 우리 가족 바깥으로는 드러나면 안 되는 존재라는 사실을 나도 어릴 때부터 막연하게 느낄 수 있었다. 아버지는 이문열이나 김성동의 작품을 이야기하며 "나랑 똑같아"라고 수시로 말했다.[*] 나는 성장하면서 아버지에게 할아버지가 왜 사라졌는지 조금씩 묻곤 했다. 고모와 할머니를 통해 파편적으로 듣는 할아버지 이야기를 제대로 연결하기 위해서였다. 그럴 때마다 제 아버지가 누구인지를 설명하기 위해 아버지는 해방공간의 역사를 읊어댄다. 세 살에 부친과 이별해 실체를 기억하지 못하기에 역사와 문학의 인물로 제 아버지를 알려고 한다. 예를 들면 이런 식이다. "할아버지는 왜 서대문형무소에 갔어?"라는 질문 한마디에 박헌영, 김일성, 주세죽, 여운형이 등장하고 심지어 스탈린까지 언급되며 미군의 엑스선 작전 등 아무리 들어도 해방공간의 역사가 나올 뿐 할아버지 이야기는 나오지 않는다.

"아니, 할아버지가 왜 서대문형무소에 갔냐니까?"라고 재차 물어보면 "그게 다 관련이 있는 거야"라며 거대한 역사 속에서 제 아버지의 위치를 해석하려 애쓴다. "다 관련이 있는 거야"라는 말은 결국 "그러니까 그때 똑똑한 사람들은 다 사회주의자였어"로 향하며 복잡한 이념 지형 속에서 할아버지가 어떤 인물과 가장 가까운 노선인지

[*] 이 작가들은 남로당 출신 부친의 실종이나 처형으로 연좌제 피해자가 되었고 그로 인해 어린 시절 잦은 이사를 하고 감시를 받았으며, 성인이 된 후 직업을 갖기 어려웠던 개인사가 있다. 이들의 소설에서 좌익 부친과 연좌제로 인한 남은 가족의 고통이 주요 모티브로 작용한다. 김성동의 《만다라》와 《황야》, 이문열의 《영웅시대》가 대표적이다.

를 설명한다. 긴 설명 끝에 '다 똑똑해서 빨갱이가 되었다'로 마무리 되는 서사는 아버지 자신에게 필요해 보였다. "다 관련이 있는 거야" 는 틀린 말은 아니다. 그러나 개인의 삶을 역사 속에서 해석하고 이 해하는 방식이 아버지에게는 꽤 익숙해 보인다. 나는 이 점이 남성 중심의 역사와 문학적 서사를 다양하게 접한 개인이 체득한 말하기 방식이라고 생각한다. 고모나 어머니는 상대적으로 그렇지 않았다. 고모는 숨으려 했으나 흘러넘치는 분노의 말을 주체하지 못해 끝내 붕괴되고 미쳐버렸다. 어머니는 지금도 "옛날 이야기 하기 싫다"라며 외면하는 선택을 한다.

고모의 사망 후 아버지는 내게 할머니에게 들은 이야기를 다시 전해주었고, 그 과정에서 역시 이문열을 언급했다. 이문열의 아버지 는 북한에서 생사 확인이 되었다. 아버지는 이 사실을 몹시 부러워했 다. 2000년대 이후 아버지는 납북자 명단에서 할아버지를 찾아보았 으나 없었다. 할아버지의 생사 확인조차 안 된 것이 아버지에게 한이 되었다. 기억하지 못하기에 할아버지를 향한 아버지의 마음은 '보고 싶다'가 아니다. 어디에서 어떻게 사라졌는지 '알고 싶다'이다.

미아리고개

고모가 감시받은 기억을 수시로 털어놓았다면 할머니는 할아버지 시신을 찾으려 여기저기 헤매었다는 말을 수없이 했다. 방학마다 만 나는 할머니와 고모에게서 미아리고개의 즐비한 시신들 이야기는 빠지지 않았다. 전쟁 중 총살된 사람들의 시신이 가득했던 곳이라면

다 찾아다녔다. 아무리 찾아도 할아버지의 시신은 찾을 수 없었다. "없어. 아무리 찾아도 없어. 내가 그 시신들 다 찾아봤는데."

1921년생인 할아버지는 남로당 당원이었다. 해방 후 만주에서 돌아와 고향인 울진에서 활동했다. 연설로 사람들을 끌어모았다. 1948년 즈음 울진에서 남로당 관련자들을 검거할 때 체포되어 할아버지는 한동안 교정 시설에 수감되었다. 풀려난 후 서울에 가서 생업을 위해 할머니와 장사를 하면서 여전히 남로당 활동을 했다. "사실은 할머니도 같이 했어"라는 말은 할머니가 돌아가신 후 어머니에게 들었다. 장사로 위장해 할머니는 정보를 전달하는 역할을 하곤 했다. 해방공간 속에서 좌익 활동을 활발하게 했지만 이승만 정권이 세워지면서 할아버지는 다시 좌익사범으로 서대문형무소에 수감되었다. 1950년 6월 25일 한국전쟁이 발발하고 서울이 사흘 만에 함락되었다. 북한 지배에 들어가자 서대문형무소에 갇혀 있던 사상범들이 석방되었다. 형무소에서 나온 뒤 인민군이 서울을 점령한 석 달 동안 할아버지는 서울 어느 지역의 인민위원장이었다.

할아버지가 실종되기 전에 살던 곳이 서울 돈암동이었다. 1950년 9월 28일 서울이 수복되면서 인민위원장이었던 할아버지의 상황은 달라졌다. 공산당의 시절은 생각보다 짧았고 석 달 만에 할아버지는 다시 위험해졌다. 할아버지는 할머니에게 월북을 제안했지만 할머니가 거절했다. 아버지는 이를 다행으로 여긴다. 비록 제 아버지의 생사도 모른 채 '애비 없이' 자랐으나 그래도 남한에서 산 걸 천만다행이라 생각한다. "나는 그쪽이 아니야. 나는 김일성, 이런 쪽은 아주 싫어한다고. 전쟁 일으키고."

서울이 육군에게 수복된 후 다시 북으로 쫓겨가던 인민군은 수많은 남한 사람을 끌고 갔고 할아버지도 그때 끌려갔다. 많은 사람이 미아리고개에서 인민군에게 처형되거나 북으로 납북되었다. 할아버지는 반공 인사가 아니라 인민위원장이었기에 처형의 대상이 아니라 납북의 대상일 수 있지만 확실하지 않다. 그래서 여전히 할아버지가 처형되었는지 납북되었는지 전혀 알지 못한다. 여든을 앞둔 아버지가 지금도 알고 싶은 인생의 숙제는 할아버지가 그래서 어디로 갔냐는 것이다. 다만 인민군이 집으로 찾아와 할아버지를 데려가던 마지막 순간 할머니와 고모의 기억 속 인민군의 말투는 다급하고 고압적이었다. "애미나이 빨리 나오라우!" 할아버지는 자신의 운명을 아는 사람처럼 양말을 신고 제 자식을 한 번 안아보고 떠났다. 수십 번도 더 들은 고모의 기억 속에 남은 할아버지의 마지막 모습이다. 할아버지를 기억하는 고모는 제 아버지를 원망하고, 기억하지 못하는 아버지는 원망 없이 생사를 궁금해한다. 갑작스럽게 할아버지와 생이별한 할머니는 미아리고개에서 수많은 시신들 사이를 헤집고 다녔다. 1956년 발표된 가요 〈단장의 미아리고개〉는 이러한 역사적 비극을 담은 노래다.

이 "한 많은 미아리 고개" 근처를 할머니는 마지막까지 떠나지 않았다. 할머니가 울진으로 돌아갔다가 삼척 – 강릉 – 양양을 거친 후 고모와 다시 서울에서 살게 될 때 자리 잡은 곳은 역시 돈암동이었다. 할머니는 늘 서울 돈암동 언저리에서 살았다. 할머니가 돈암동 근처를 떠나지 않은 이유는 그곳이 1950년 할아버지와 헤어진 곳이기 때문이다. 처음에는 혹시라도 할아버지가 돌아올 수 있다는 기대로 그곳을 떠나지 않았지만 나중에는 돌아올 수 없는 현실을 알고도 떠나지 못했다.

제 아버지를 사망자로 만들기

분단국가에서 행방불명은 때로 사망보다 무서웠다. 한국전쟁 중에 실종되었기에 월북을 의심받아 남은 가족들이 감시받았다. 시신을 찾지 못했기에 어딘가에 살아있을지 모른다는 실낱같은 희망이 있지만 이 희망 때문에 가족들은 철저하게 고통받는다. 혹시 실종된 이가 월북했다면 가족과 은밀히 내통하고 있진 않은지, 가족이 실종된 사람의 소재를 파악하고 숨겨주고 있진 않은지 의심받는다. 이웃도 친척도 믿을 수 없었다. 그들도 자신이 '빨갱이'가 되지 않으려면 감시에 동참해야 한다. 비단 감시만이 아니다. 1950년 가을 할머니, 고모, 아버지는 고향인 울진으로 돌아왔지만 인민군 점령 시기의 부역자를 처단한다며 경찰과 군인에 의해 민간인 학살이 벌어졌다. 고모는 "사람들이 와서 우리 집을 다 때려 부쉈는데 거기에 우리 친척들도 있고"란 말을 수없이 했다. 인민군 점령 시기 다행히 울진에 살지 않았기에 아버지 가족은 간신히 희생은 면할 수 있었다.[•] 할머니가 자식을 데리고 울진 - 삼척 - 강릉 - 양양으로 이동한 이유는 살기 위해서였다. 그러나 북쪽으로 이동할수록 의심을 받았다. 고향 사람들은 "그래, 아버지를 만났나?"라고 물어보곤 했다. 북쪽으로 올라갈수록 할아버지를 찾으러 갔다는 의심을 산 것이다. 어디를 가도 감시망을 벗어날 수 없었고 담당 형사가 늘 따라붙었다.

[•] 2008년 진실·화해를위한과거사정리위원회(진실화해위원회)의 조사로 '울진 부역혐의 희생 사건'이 밝혀졌다. 1950년 가을에서 1951년 초까지 울진에서 최소 256명이 군인과 경찰에게 살해되었다.

연좌제는 어떤 범죄를 저지른 사람과 특정한 관계에 있는 이, 곧 가족에게 제도적으로 처벌 또는 불이익을 가하는 제도이다. 냉전 시대에 분단국가로서 남한의 연좌제는 대체로 '빨갱이'에게 적용되었다. 빨갱이라는 낙인은 당사자만이 아니라 그의 가족까지 사회에서 뿌리 뽑아야 할 존재로 만든다. 해방 후 좌익 경력이 있는 할아버지의 실종은 남은 가족을 모두 위험하게 만들었다. 단지 경제적 이유만이 아니라 연좌제로 인한 감시에서 벗어나기 위해 계속 이사를 다녔다. 아버지에게 평생 지겹도록 들었던 말은 "나는 동창 관계도 없고, 고향 친구도 없고"이다. 지연, 학연이 없는 것을 그토록 한탄했다. 3대 독자로 친인척이 없는 아버지는 부친의 실종으로 '빨갱이 자식'이라는 위기 속에서 살아야 했고, 감시망을 피하기 위한 잦은 이사로 인해 안정적으로 이어갈 수 있는 관계가 없었다. 지연과 학연, 집안 관계로 끈끈하게 묶인 사회에서 아버지는 늘 소외감을 느꼈다.

연좌제란 곧 시민권 박탈이다. 직업 선택의 자유가 없으며 늘 의심받는다. 아버지는 자라면서 막연히 어떤 문제를 느끼긴 했지만 고모보다 상대적으로 상황의 심각성을 덜 인식했다. 어린 아버지보다 고모가 더 감시를 받았기 때문이다. 게다가 사범학교를 다녔던 고모는 동년배 여성 중 많이 배운 편에 속했기에 더 눈에 들어왔다. 아버지는 교도관 시험에 합격한 후 신원조회에 걸리면서 비로소 연좌제 문제를 본격적으로 인식했다. 이미 할아버지가 실종된 지 무려 20년이 넘은 시점이었다. 그런데도 아버지는 그 영향을 받고 있었다. 할아버지가 호적에 계속 행불자로 있는 한 상황이 나아지지 않을 것임을 알아차린 아버지는 할아버지의 사망신고를 하기로 마음먹었다.

　　결혼사진 속의 아버지는 볼살이 쏙 들어간 얼굴이다. 아버지의 불안은 이제 아버지의 문제로 머물지 않았다. 어머니와 결혼 후 1976년에 내가 태어났다. 아버지는 하루빨리 할아버지 문제를 정리하기 위해 고향인 울진을 오갔다. 할아버지 사망신고를 위해 여러 차례 오갔지만 역시 소용 없었다. 시신을 찾지 못했기에 사망의 근거를 댈 수 없었다. 할 수 있는 일이 제한되고 인생이 막혔다는 생각에 젊은 아버지는 더욱 예민해졌다. "네 아빠가 주저앉았잖아. 광산에." 그토록 벗어나려고 발버둥쳤던 광산에 아버지는 '주저앉았다'. 광산을 떠나지 못함은 주저앉음이었다. 그것은 정말 '막장 인생'이 되는 것이었다. "네 아버지가 잠을 못 자. 목까지 다 파였어. 그때는 스트레스라는 말이 없었어. 홧병!" 어머니는 아버지가 할아버지 사망신고 문제로 얼마나 정신적으로 고통받았는지 회상했다. 아버지는 입안이 헐고 몸에 백선이 생겼다. 어머니는 무슨 풀뿌리가 좋다고 해서 그걸 캐러 다녔다. "내가 널 업고 한여름에 약초 캐러 다니고, 부채질하면서 약을 달여 먹였다고." 광산 선광과에서 갑을병 3교대 근무를 하는 것만으로도 힘든 와중에 정신적으로 고통받으니 한여름에 약을 달여 먹어야 할 정도로 아버지는 계속 몸이 아파왔다.

　　군인이 되고 싶었다는 점을 상기하면 아버지의 상황은 더욱 어처구니가 없다. 연좌제가 적용되는 사람들은 공무원이 될 수 없음은 물론이요 아버지 또래들이 많이 지원했던 베트남 파병도 갈 수 없었다. 군인은 나라를 위해 싸우는 사람이다. 그러나 나라는 아버지를 비국민화했다. 자신을 비국민으로 만드는 나라에서 군인을 꿈꿨던 것이다. 아버지는 사관학교에도 갈 수 없다. 그걸 모르고 사관학교에 지원했다. 다행인지 모르겠으나, 아버지는 사관학교에 떨어진 것은 본인의 실력 부족으로 여긴다. "그건 그냥 내 실력이 부족해서, 그렇게 생각해."

1978년, 수차례 울진을 오간 끝에 드디어 할아버지의 사망신고가 이루어졌다. 새로 부임한 공무원이 처리해줬다. 이제 자식들은 신원조회에서 피해를 입지 않을 것이라 생각하니 마음이 놓였다. 생사 확인도 안 되고 사망했다 해도 사망 날짜를 알 수 없어 생일날 제사를 지냈다. 할아버지 생일날 첫 제사를 지내며 드디어 할아버지는 망자가 되었다. 그날 할머니는 통곡했다. 이제 정말 죽었으므로. 반면 할아버지의 사망신고 후 아버지는 묵은 체증이 내려가듯이 후련함을 느꼈다. "네 아빠가 엄청 좋아했"다고 어머니는 말한다. 아버지는 태어난 자식을 위해 제 아버지의 공식적 사망을 반겼다. 연좌제는 기억에 없는 사람과도 완전한 단절을 위해 노력하도록 몰아갔다. 살아 있는 사람들의 삶을 위해 제 아버지를 확실하게 '사망자'로 만들어야 했다. 비국민 혹은 반국민으로 낙인찍힌 연좌제 피해자는 가족과의 단절을 적극적으로 지향해야 국민이 될 수 있다. 실종을 사망으로 바꾸는 것은 할아버지가 빨갱이가 아니었다는 것을 말해주진 못하지만 적어도 '빨갱이'는 죽었으므로 더 이상 그 빨갱이와 만날 일이 없다는 것은 증명할 수 있다.

연좌제라는 부당한 제도는 오래전부터 존재했다. 1894년 갑오경장 때 부분적으로 폐지되었으나 한국전쟁 이후 반공 이데올로기에 따라 연좌제는 더욱 강화되었다. 1980년 전두환 신군부가 들어서면서 연좌제를 공식적으로 폐지한다고 발표했다. 1987년 개정을 거쳐 "모든 국민은 자기의 행위가 아닌 친족의 행위로 인하여 불이익한 처우를 받지 아니한다"(현행 헌법 제13조 제3항)라고 명시한다.

연좌제 피해자들은 국가폭력 피해자로 인정받지도 못했다. 빨갱이라는 원죄를 가진 존재다. 많은 국가폭력 피해자가 우리 사회에서 잊혔다. 2023년 진실화해위원회는 한국전쟁 당시 월북한 이 모 씨의 가족이 장기간 겪은 사찰과 직업 제한 등을 인권침해로 판단하고 국가가 피해자들에게 사과하라고 권고했다. 이 가족 중 한 사람은 지독한 감시와 사찰 속에서 고통받다가 자살했다. 일상이 곧 감옥이었다. 국가폭력은 보이지 않게 이 사회를 촘촘하게 휘감고 있다. 셀 수 없이 많은 사람들이 '빨갱이 가족'으로 고통받으며 삶을 박탈당했다. 연좌제 피해자는 무려 100만 명 정도로 추정된다.

연좌제가 폐지되고 몇 년 후, 1985년에 아버지는 우리 가족을 데리고 울진을 방문해 드디어 친척들을 만났다. 군대 가기 전 신체검사를 받기 위해 방문했던 1968년 이후 아버지는 처음 친척들을 만났다. 아버지에게 양양이 아닌 다른 고향이 있다는 사실을, 고모와 할머니 외에도 나에게 아버지 쪽으로 먼 친척들이 있다는 사실을 그때 처음 알았다. 오래된 기와집 마당에 들어서며 아버지가 "선권이 왔습니다. 돼지가 왔어요"라고 하자 그야말로 버선발로 어떤 여성이 뛰어나왔다. "누가 왔다꼬? 돼지가 왔다꼬?" 아버지는 '돼지'라 불렸다. 동네 할머니, 할아버지 들이 흥분한 채 모여들었다. 그들은 내 할아버지에 대해 하나같이 "살아있으면 면 서기를 했을 텐데"라고 말했다. '면 서기'가 그들이 생각하는 가장 괜찮은 위치인 듯 했다. 아버지의 8촌 형님이 우리 가족을 경운기에 태우고 나의 고조부모 산소에 데리고 갔다. 고조부모의 산소가 아버지 쪽으로는 내가 만날 수 있는 가장 가까운 산소였다. 나의 증조부모의 산소는 이미 개발로 유실된 지 오래였다. 산 사람들이 먹고살기 힘든 시절 죽은 사람들의 자리도 챙기기 어려웠다. 신문에 난 광고를 보지 못한 틈에 무연고자 묘지가 되어 사라졌다.

비국민 희생자 서사

연좌제의 존재는 간첩 조작도 가능하게 만들었다. 문학에서 다뤄진 연좌제는 어떨까. 4·19 이후 길지 않은 시간 동안 진보적 목소리들이 많이 생산되었다. 1960년 4·19 이후 독재정권이 자리 잡기 전인 1961년 5월 사이, 이 짧은 기간에 다른 세계를 갈망하는 소설들이 여럿 출간된다. 1960년 10월 《새벽》을 통해 발표한 최인훈의 〈광장〉이 대표적이다. 주인공 이명준은 분단 상황에서 남과 북 어디에도 발 붙이지 않고 중립, 혹은 제3국을 선택했지만 끝내 자살한다.

특히 종합교양지였던 《사상계》에 반공 이데올로기를 비판하며 연좌제 피해자를 다룬 소설이 등장한다. 1960년 7월 김동립의 〈연대자〉와 같은 해 8월 김이석의 〈흐름 속에서〉가 《사상계》를 통해 발표되었다. 두 작품 모두 연좌제로 앞길이 막혀 절망하고 방황하는 젊은 남성의 좌절을 그린다. 이들은 사회적으로 좌절된 자아를 4·19에 헌신하며 죽음으로 향한다.

김동립의 〈연대자〉에서는 대학을 졸업한 주인공 홍태가 미국 유학을 준비하는 과정에서 신원조회를 통해 아버지와 형에 대해 알게 된다. 아버지는 보도연맹에 가입했었고 형도 행방불명이었다. 홍태는 언뜻 보기에 4·19에 참여하여 시대의 피해자인 자신의 위치를 정권에 저항하는 동력으로 삼는 듯하다. 연좌제 피해자라는 사회문제와 시대의 희생자가 권력에 저항하는 사람으로 향해가는 모습을 보여준다는 점에서 당대의 고민이 보인다. 이러한 고민은 시위 도중 부상을 입고 홍태와 같은 병실에 입원한 고등학생의 발언에서 잘 드러난다. 그 고등학생은 현재 시민들이 큰소리로 말도 못 하는 현실을 직시하며 4·19혁명을 이러한 현실을 '고발'하는 행위로 정의한다.

김이석의 〈흐름 속에서〉는 조금 더 구체적인 실상을 그린다. 서울의 한 하숙집에 거주하는 다양한 인물들을 통해 당시의 현실을 보여준다. 대학을 다녔지만 마지막 등록금을 내지 못해 졸업장이 없어 실업자로 전전하거나 직장에서 임금 차별을 겪는 '나', 가난한 환경에서 사관학교 진학을 꿈꾸지만 월북한 가족 때문에 진학이 좌절되는 고등학생 상철을 통해 사회문제를 드러낸다. 상철은 4·19에 가담했다가 불행히도 죽게 된다.

두 작품에서 모두 연좌제 피해자들은 개인의 자아실현이 좌절되자 사회에 저항하다가 끝내 죽음을 맞는다. 〈흐름 속에서〉에 등장하는 '나'와 상철의 사례는 나의 고모와 아버지가 겪은 일과 매우 흡사했다. '4·19 나던 해'에 광산에 취직한 고모는 '나'처럼 등록금을 내지 못해 졸업장을 받지 못했지만, 설령 졸업장을 받았다고 해도 연좌제 때문에 교사 임용이 보장되지 않았을 것이다. 고모의 '헛소리'와 아버지의 '신경질'은 우리 사회 곳곳에서 발견할 수 있다.

그런데 이 작품들에서 시대의 피해자는 모두 엘리트 남성이다. 이들은 1960년에 미국 유학을 가려다 좌절되거나 최소한 대학에 다녔다. 다시 말해 불합리한 제도가 아니었다면 전도유망하게 성장할 수 있는 엘리트 남성의 좌절된 꿈을 애도한다. 빨갱이 혹은 빨갱이 가족이라고 낙인찍혀 감시받는 부당한 차별, 직업 선택의 자유를 빼앗기는 인권침해 등에 초점이 맞춰지기보다 똑똑하고 뛰어난 사람이 그 능력을 펼치지 못한 억울함에 더 기울어 있다. 문학에서 연좌제는 중산층이거나 혹은 〈흐름 속에서〉처럼 가난한 학생이더라도 학업이 우수한 남성이 사회에서 제 뜻을 펼치지 못한 채 배제되고 그로 인한 개인의 고뇌를 드러내는 장치로 주로 다뤄진다. 대접받을 능력이 있음에도 마땅한 대우를 받지 못한 것에 대한 억울함이다. 〈흐름 속에서〉에 등장하는 하숙집 딸은 형편이 안 되어 열여섯 살인데도 학교에 다니지 못하지만, 가난한 집 여성이 학교에 다니지 못하는 문제는 딱히 '사회문제'가 아니다. 하지만 미국 유학이 좌절당한 남성보다 열여섯에 학교에 다니지 못하는 여성이 당시에 훨씬 더 보편적 존재가 아니었을까.

1960년대 소설에서 연좌제로 고통받는 인물을 주인공으로 다뤘다면 1970년대 후반에는 연좌제 피해 당사자의 목소리가 등장한다. 일제강점기나 분단 이전을 기억하지 않는 세대, 처음부터 남한 사람으로 정체성이 이루어진 1940년대생이 청년이 되어 목소리를 내기 시작한다. 이문열이 대표적이다. 1948년 생인 이문열의 초기작에는 주로 작가 자신이 겪은 정치적 억압이 담겨 있다. 이문열은 2022년 언론과의 인터뷰에서 어린 시절 기억을 다음과 같이 회고한다.

> "아버지가 월북한 뒤, 나는 끊임없이 우와 좌를 비교하며 살아야 했습니다. 장 보러 간 어머니가 갑자기 얼굴이 새파랗게 질려 돌아올 때가 종종 있었습니다. 경찰이 미행 붙었다는 걸 알아차린 거죠. 숱하게 이사도 다녔습니다. 우리 사정을 모르는

낯선 동네에서 한 2년 자유롭게 지내다 보면 경찰이 찾아왔죠. 1968년 주민등록법이 생기기 전까지는 그 잠깐의 자유를 누리려 2~3년씩 동네를 옮겨가며 지냈습니다. 어머니는 생이별한 남편을 마음 놓고 그리워하지도 못했습니다. '영감 다시 내려오면 우야노' 하고 맨날 걱정하셨죠. 식구들 전체가 간첩으로 몰릴 것 같았기 때문입니다."[•]

1979년 이문열의 장편소설 《사람의 아들》이 굉장한 성공을 거두었다. 1980년대에 나는 어느 집에서나 조세희의 《난장이가 쏘아 올린 작은 공》과 함께 이문열의 《사람의 아들》을 어른들의 책장에서 쉽게 찾을 수 있었다. 1980년대 최고의 베스트셀러 작가였던 이문열의 수많은 소설이 영화화되었다. 아버지는 스스로를 비슷한 연배인 이문열과 동일시하곤 했다. 경북 출신, 비슷한 또래, 부친의 정치적 위치, 연좌제 피해자 경험 등 아버지 입장에서 이문열은 충분히 감정이입되는 요소들을 갖추고 있었다. 작가로서 대단한 성공을 거둔 이문열이 노동계층에 관심을 기울이진 않았음에도 그런 것은 중요하지 않았다.

이문열의 초기작에서 아버지라는 인물들은 대부분 월북했거나 사살당했다. 특히 일제강점기에서 해방 후 분단까지의 정치적 상황 때문에 고통받는 한 가족의 이야기를 다룬 《영웅시대》는 자전적 이야기를 바탕으로 한다. 이 외에도 《변경》,《타오르는 추억》 등에서 같

[•] 구은서, 〈이문열, "마지막 작품으로 격동의 80년대 증언하는 대작 쓸 것"〉,《한국경제》, 2022년 5월 16일.

은 주제를 이어간다. 이문열과 비슷한 시기에 활동한 김원일도 마찬가지다. 월북한 아버지로 인해 김원일의 작품에서는 분단 상황, 그리고 아버지가 중요한 소재를 차지한다. 좌익 2세 작가들의 글에 '빨갱이' 아버지의 부재는 중요한 화두다. 이들이 모두 연좌제를 중요한 소재로 다루고 있지만 앞서 언급한 김동립, 김이석 세대와는 차이를 보인다. 1928년생 김동립, 1914년생 김이석이 4·19를 목격하고 반공 이데올로기로 인한 억압의 문제점을 지적하는 관점을 가졌다면, 연좌제 피해 당사자인 1942년생 김원일, 1948년생 이문열은 살아남은 가족들의 고난을 다룬다. 김동립과 김이석이 연좌제 피해자들의 좌절된 욕망이 사회체제에 대한 저항으로 승화되는 소설을 썼다면, 피해 당사자 세대는 구체적인 가족사의 고통은 더욱 잘 담아내지만 사회에 대한 저항은 사라진다. 한동안 문학의 세계에서 희미해진 연좌제는 1965년생 정지아의 《아버지의 해방일기》에서 다시 전면에 나타났다. 이번에는 부재한 빨갱이 아버지가 아니라 살아남아 가족과 함께한 아버지를 그림으로써 연좌제 서사에서 결을 달리한다.

김원일과 이문열 외에도 1941년생 이문구, 1947년생 김성동 등이 연좌제로 좌절된 현실의 통로를 문학에서 찾았다. 이들은 공통적으로 문학이 탈출구였다고 말한다. 문학이 탈출구가 될 수 없었던 사람들은 어떻게 살았을까.

1980년 사북항쟁을 배경으로 한 이옥수의 소설 《내 사랑, 사북》에는 연좌제 때문에 직업을 찾기 어려워 광산에 들어온 인물이 짧게 언급된다. 주인공인 수하네는 광산 사택에 살면서 다른 이웃들의 생활을 시시콜콜 알게 된다. 그중에서 순태 아빠는 연좌제 피해자라서 매일 술을 마시며 꼬인 인생을 한탄한다. 순태 아빠는 "서울 법대

를 나온 천재"임에도 부친의 빨치산 이력 때문에 출셋길이 막힌 인물이다.[*]

"광산촌에는 참 별의별 사연도 다 많아"라는 수하 엄마의 말처럼 다양한 사연을 가진 사람들이 일자리를 찾아 몰려든 곳이 광산이다. 순태 아빠처럼 연좌제 피해자라서 다른 일자리를 얻지 못해 광산에 왔듯이, 내 아버지도 마찬가지였다. 다만 순태 아빠는 '서울 법대를 나온 천재'지만 내 아버지는 전혀 대학을 다니지 않았다. 연좌제 피해자의 박탈된 직업 선택의 자유를 강조하는 방식이 '원래는 더 높은 곳에 있어야 마땅한 사람이 이렇게 굴러떨어졌다'로 서술되는 점은 광산을 소재로 한 소설에서도 예외가 아니다.

연좌제는 비시민화시키기이다. 국가와 정부는 권력 유지를 위해 비국민을 꾸준히 발명해낸다. 중산층 지식인 남성의 위치는 가장 안정적인 시민이다. 한편 노동계층과 여성은 원래 비시민이기에 이들의 시민되기 탈락에는 극적인 요소가 없다. 농부가 농부로 살아가고, 노동계층이 노동자로 살아가고, 여성이 여성으로 살아갈 뿐이다. 탈락된 자들은 원래 자리가 없었기에 그들의 고통과 상실은 사회문제가 되지 못했다. 다시 말해 자신의 이야기를 할 수 있는 일부 지식인 남성의 서사가 역사를 과잉 점유한다. 지식인 남성은 그 위치 때문에 희생자 서사를 가지기도 쉽다. 국가폭력의 피해자가 '중산층이 되지 못한 지식인 남성' 서사로 급격히 좁아진다. 이들은 문학으로 울분을 표출하며 사회에서 지적으로 망명한 지식인의 자리를 만들어갔다. 이데올로기의 피해자라는 위치는 저항하는 위치보다 안전하

[*] 이옥수, 《내 사랑, 사북》, 사계절, 2005, 113쪽.

다. 좌익 2세 작가들의 문학적 전성기는 연좌제가 공식적으로 폐지된, 그러나 전두환 독재정권이 자리 잡은 1980년대였다. 공식적으로는 연좌제에서 벗어났지만 여전히 독재정권하에 있을 때, 저항하지 않으면서도 억압받는 지식인의 위치를 점할 수 있기 때문이다.

7장

노조로 향하기

노조에 미쳐서

현실적으로 모든 가능성이 막혔다는 걸 깨달은 아버지는 그토록 벗어나려 했던 광산에서 자리 잡아야 한다는 걸 받아들였다. 그때 아버지가 눈을 돌린 세계는 노조였다. 처음에는 광산노동자의 열악하고 고된 삶을 벗어나려 했다면, 벗어날 수 없다는 걸 받아들인 후에는 그 분노를 자원으로 삼아 싸우기로 했다. 아버지가 할아버지 이야기를 역사 속에 위치시키듯이, "왜 노조에 들어갔어?"라는 나의 질문에도 첫마디는 "그때는 독재 시대잖아"로 시작한다. 구체적인 이유와 개인적 감정이나 동기보다는 거대한 역사 속에서 이유를 찾는다. 아버지는 "그때는 독재 시대니까. 무슨 말도 제대로 못하고. 내가 노조에 들어가서 뭘 해보려 했지. 그때 광산은 엉망이고"라고 말하지만 어머니는 조금 다른 방식으로 말한다. "주저앉았잖아. 자기가 그토록 떠나고 싶어했던 광산에 주저앉았잖아. 그러니까 그 울분을 노조로 풀어보려 한 거지." 아버지의 말과 어머니의 말은 비슷한 듯하지만 미묘하게 결이 다르다. 아버지는 자신의 개인적 좌절감은 언급하지 않은 채 독재정권이라는 사회에 대한 저항의 방식으로 노조를 택했다고 말하지만, 어머니는 아버지의 선택을 연좌제로 막힌 삶에 대한 개인의 울분에서 찾는다. "나한테 보내는 편지에도 온통 자기 고뇌뿐이었어. 첫 편지에 무슨 이어령이 어쩌고저쩌고. 그게 연애편지냐?"라고 말하는 어머니는 연좌제로 인해 좌절된 욕망을 해소하는 출구로 아버지가 노조를 택했다고 말한다. 어릴 때 어머니의 주장을 제대로 이해하지 못했던 나는 김이석과 김동립 소설 속의 인물들을 떠올리며 그 맥락을 어느 정도 이해했다.

개인적 동기와 사회적 동기가 명확하게 구별되긴 어렵다. 사실이 무엇이냐보다는 나는 어머니와 아버지가 각자 말하는 방식이 다르다는 점에 주목했다. 아버지는 대체로 자신의 분노와 선택 등을 사회적 흐름 속에서 말한다면, 어머니는 개인의 감정으로 범위를 좁히려 했다. 아버지는 '나'를 역사의 흐름 속에 놓는 것에 익숙하다면 어머니는 상대적으로 그렇지 않았다. 더구나 어머니는 노조 활동에 대한 불신이 있다. 이 모든 것을 고려해 그들의 말을 정리해보면, 아버지에게는 어머니의 말대로 '광산에 주저앉음'이 노동조합으로 향하게 만든 강한 동기였던 것으로 보인다. 아버지는 노동조합에 들어가면 그나마 말할 수 있는 공식적인 통로가 생긴다고 여겼다. 1975년에 연좌제 문제를 인식한 후 스물여덟 살의 아버지는 노조 대의원에 출마했다. 떨어졌다.

아버지를 광산에 취직시켜준 권씨는 아버지가 노동조합 대의원에 출마하려고 할 때 이를 만류했다. 이유는 바로 '할아버지 문제'였다. 전쟁 중에 남쪽으로 피난 와서 아버지 가족에게 신세를 진 인연으로 아버지를 챙겼던 권씨는 바로 그 인연 때문에 아버지가 노조에 들어가는 걸 제지했다. 그는 아버지의 고향인 울진에서 피난민으로 살던 시절 할아버지의 좌익 경력을 알았기 때문이다. 빨갱이 자식을 인간적으로 챙겨줄 수는 있었지만 빨갱이 자식이 노조에 들어가는 건 막아야 했다. 아무것도 할 수 없다는 생각에 노조에 들어가 뭐라도 하려 했지만 노조마저 빨갱이에게는 쉽게 문을 열지 않았다. 양양광업소 입구에는 "무찌르자 공산당 때려잡자 김일성"이 새겨진 돌이 1980년대에도 세워져 있었다. 경비 초소 근처에 세워져 있어서 가끔 아버지를 보러 광업소에 들어갈 때면 반드시 이 표지석을 보게 된다. 반공 표어는 어디에서나 볼 수 있었지만 광산은 국가 산업이기에 특히 반공 정신을 강조했다. 게다가 분단 이후 남한의 노동조합이 적극적으로 반공을 동반했다는 점을 감안하면 권씨가 아버지에게 노조에 들어오기를 만류한 이유는 충분히 이해할 수 있다.

광산을 떠날 수 없다는 걸 인식하면서 아버지는 광산 항외 보안 자격증을 땄다. 대한광업진흥공사°가 있는 태백 황지에서 시험을 봤다. 1970년대 후반 선광과에 다닐 때였다. 자격증을 가지면 감독을 할 수 있다. "그런데 누가 나를 감독을 시켜주나. (그래도) 이제 광산에 적응을 하려고 했지. 기왕 있는 거 기분 좋게, 적응하자. 그런데 그 적응이라는 게……" 아버지는 고개를 갸웃하며 말을 흐렸다. 아버지의 말줄임표를 어머니의 한숨 섞인 목소리가 채웠다. "말도 마. 그때 네 아빠 신경질은 이루 말도 못해." 필요한 자격증을 따면서 적응해

° 1967년 설립한 대한광업진흥공사는 2008년 한국광물자원공사가 되었다가 2021년부터 한국광해광업공단으로 통합되었다.

서 일해보자 생각했지만 아버지는 가슴 속의 분노와 억울함으로 매일 스스로를 괴롭히는 지경이었다. 회사 사보에 글을 기고했다. 광산 생활에 대한 글을 보내며 담당자에게 수정하지 말 것을 요구했다. 이 일이 나중에 회사 측에서 경계하는 인물이 되는 계기가 되었다. 아버지는 노무사 시험을 봤다. 1차에 합격했다. 2차 시험은 미처 못 봤다.

아버지는 계속 노조에 관심을 두었다. 연좌제라는 국가폭력의 피해자가 되어 비시민되기를 강요받아온 아버지에게는 광산 노동조합에 들어가 싸우는 것이 시민되기의 방법이었다. 군인이 되고 싶었던 아버지에게 직장이 전장이 된 셈이다. 또한 반복적으로 "그때는 말을 할 수 없던 시절"이라고 강조하는 아버지에게 노동조합은 '말하기의 장'이 될 수 있었다. 할아버지 사망신고가 되던 1978년, 아버지는 다시 노조 대의원에 출마해서 당선되었다. 서른한 살의 아버지는 가장 젊은 대의원이 되었다. 아버지의 본격적인 노조 활동이 시작되었다. "그때부터 니네 아빠가 집구석이 거꾸로 돌아가는지 똑바로 돌아가는지 밥을 먹는지 죽을 먹는지 모르고 노조에 미쳐서" 살았다고 어머니는 지금도 분개하며 말한다. 세월이 아무리 흘러도 어머니의 이 감정은 전혀 누그러지지 않는다.

"그때는 다 어용"

아버지는 싸우고 싶어서 노조에 들어갔다고 했지만 "그런데 그때는 다 어용"이었다는 말도 덧붙였다. 실제로 그때까지 한국의 많은 노동조합은 회사와 맞서 싸운다기보다 회사와 적당히 손을 잡은 어용 노조였다. 노동자들이 직접 투표로 뽑은 사람이 아니라 회사에서 지정한 사람이 위원장이 되었다. 그 당시 노조 위원장은 노동자를 대표해 싸우는 사람이 아니라 노동자 위에 군림하는 권력자였다. 이를 두고 '노동귀족'이라 일컬었다. 아버지는 당시 광산촌에서 노조가 어떤 영향력을 행사했는지 이야기했다.

"옛날에는 노조 지부장이 권력자였다고. 왜냐면 그 사람이 사장을 상대하니까. 그 사람이 사장한테 나쁜 말을 하면 그렇잖아. 그리고 박정희가 유신을 해서 선거를 없애버린 거야. 통일주체국민회의를 만들어서 대의원을 뽑는 거야. 통일주체국민회의. 그게 각 면 단위별로 투표할 수 있는 대의원을 뽑는다구. 광산 있는 동네 통일주체국민회의 대의원에 바로 그 노조 지부장이 나와서 당선이 돼. 그 동네 사람들이 다 그 사람한테 투표를 한 거지. 그러면 그 대의원이 나중에 대통령 선거를 하는 거야. 그러니까 엄청난 권력이지. 그때는 돈 많은 양조장 주인이 나와도 떨어져. 광산 종업원이 1,000명이 넘을 때인데, 부부가 다 투표를 한다고 생각해봐. 가족들까지 전부 광산 사람들이 똘똘 뭉쳐서 다 지부장을 대의원으로 뽑은 거야. 그때는 지부장이 각 리 단위에서 구직자들을 찾아 광업소에 취직시켜주고 그랬다니까. 그러니 동네 사람들한테 광업소 노조 지부장은 굉장한 힘이야. 오히려 광업소 소장보다 권력이 더 셌지. 소장은 검찰, 경찰을 상대하는 역할, 그런 걸 하지만 지부장은 직접 동네 사람들 상대하니까 사람들은 지부장을 최고로 여기지. 그때 지부장이 한국노총에서 상근 부위원장까지 했으니까 대단하지. 좋고 나쁘고를 떠나 일단 대단한 능력자야. 왜냐. 철광석은 석탄에 안 되잖아. 철광석인데도 노총에서 상근 부위원장까지 했다구. 그 사람은 이제 노총 위원장에도 도전할 수 있어. 그런데 그때 한국노총은 정부랑 안 싸우고 그래서 나중에 민노총[민주노총]이 나온 거야."•

노동자들은 노동조합 내부에서도 싸워야 했다. 1980년대 이전까지 문학에서 광산을 다룰 때 노동조합의 존재는 미미했다. 실제로 그 당시 광산 노조 대부분이 어용이었기 때문이다. 1980년 사북항쟁은 이런 배경에서 발생한 사건이다. 어용 노조에 대한 노동자들의 불만이 극도로 커진 상태에서 노동자들은 회사 측과 노조에 어용노조 지부장의 사퇴를 요구했다. 어용 노조가 대다수인 이런 흐름은 1980년대 후반까지 이어졌다. 1987년 민주화항쟁 이전 광산 노동조합의 복잡한 성격은 《활화산》에서 노무사 이윤백의 입을 통해 비교적 자세하게 설명된다. 놀랍게도 이 소설에서 이윤백을 통해 언급되는 인물들은 실명이다.

"광산에서 어용노조를 밀어내는 것은 쉽지 않은 일입니다. 광산에 노조가 만들어지게 된 시기는 대략 60년대 초인데, [중략] 그런 대표적 인물로는 한국노총의 위원장까지 지냈던 김규벽

•　1970년대 말에서 1980년 초까지 양양광업소 지부장은 한국노총의 광산노조 부위원장으로 서울에서 상근했다. 그런데 전국적으로 300개가 넘는 석탄 광산에 비하면 훨씬 규모가 작은, 국내 유일의 철광산이었던 양양광업소 지부장이 광산노조의 부위원장이 되는 것은 매우 이례적이었다.

을 비롯해 전 광산 노력 위원장 이성식, 80년 사북사태의 동원 탄좌 위원장 이재기 등을 꼽을 수 있죠."[*]

그렇다면 아버지는 어용 노조인 줄 뻔히 알면서 왜 노조에 들어가려 했을까. 노동운동을 하고 싶었던 것이 아니라 다른 방식의 권력 집단인 노동조합에 들어가고 싶었던 것일까. 아버지의 대답은 흥미로웠다. "그거라도 있으면, 들어가서 어떻게 해볼까 했지. 아예 없는 것보다는 어용이라도 있으니까 일단은 그 노조라는 틀 안에 들어가서 바꿔 보자, 그렇게 생각했어. 원칙대로." 비록 어용일지라도 노조 껍데기가 있으니 내용물을 바꿀 수 있다는 생각을 품었다. 아버지의 그 생각은 계획대로 잘 진행되었을까. 노조 활동을 시작한 지 얼마 지나지 않아 군부독재는 또 다른 군부독재로 바뀌었다. 1979년 10월 26일 박정희가 사망했고, 이어서 12·12 군사반란이 일어났다.

삼겹살과 5·17

아버지는 1980년 5월 16일 서울에서 처음 삼겹살을 먹었다. 삼겹살 처음 먹은 날짜를 기억하는 게 신기했는데, 이야기를 들어보니 그 날짜는 잊을 수 없는 날짜였다. 전국광산노동조합(광산노조) 총회 참석을 위해 서울에 갔다가 종로에서 지부장이 사주는 삼겹살을 먹었다. 아버지는 그날의 기억이 선명했다.

[*]　이인휘, 같은 책, 148쪽.

"전두환이 보안사령관인데 이제 국보위 위원장이 되기 전인가.
5월 17일에 광산노조** 총회가 영등포인가 여의도인가, 거기에
서 열릴 예정이었어. 한국노총에서 하는 거야. 그때는 산별노조
니까 우리가 전국광산노동조합 양양 철산 지부였어. 총회 하루
전날 5월 16일에 우리가 서울 올라갔지. 종로 3가 여관방에 있
었어. 세운상가 밑으로 대학생들이 엄청 모여서 전두환 물러가
라고 데모를 하고 난리더라고. 서울대 학생들이라고 했나. 여
관방에 있는데 지부장이 왔어. 양양광업소 지부장은 서울에 한
국노총에서 상근했거든. 여관으로 우리를 찾아와서 종로 3가
에 있는 고깃집에 데려갔어. 종로에 좋은 데가 많잖아. 좋아 보
이더라고. 거기서 삼겹살을 처음 먹었어. 그런데 그때는 삼겹살
이라 부르진 않았고, 그냥 돼지고기라고 했지. 나중에 보니 그
런 걸 삼겹살이라 하는 거야. 그때 생깻잎을 처음 먹어봤어. 돼
지고기를 생깻잎에 싸서 먹은 게 처음이야. 마늘 얹어서. 파절
이라는 게 나왔는데 그것도 거기서 처음 봤어. 돼지고기 맛있게
먹었지. 이야, 돼지고기를 이렇게 먹는구나. 그 전에는 돼지고
기를 그렇게 먹는 걸 못 봤거든. 나중에 양양에도 생겼어. 그런
식의 고깃집이. 양양에 와서 그집 삼겹살을 먹었지.
그날 그렇게 돼지고기 맛있게 먹고, 다음 날 5·17조치(5·17 비상
계엄 전국확대 조치)가 터져서 총회를 못 갔어. 총회고 뭐고 우린

**　　전국광산노동조합. 1949년 조합원 1만 3,900명으로 조직된 전국광산노동조합이 설립
되었고, 1953년 전국광산노동조합연맹으로 명칭이 변경되었다. 1961년 5월 군사정권에 의
해 강제 해산되었으나 같은 해 8월 전국광산노동조합(당시 조합원들은 이를 '광노연맹'으로
도 부른다)을 재조직했다.

다 돌아가야 했어. 17일에도 학생들이 거기서 데모를 하더라고. 나중에 알았는데 그전에 서울대 애들이 출동해서 서울역까지 왔었대. 그걸 나중에 역사에서 회군이란 표현을 쓰더라고. 서울역 회군.[*] 계속 갔어야 했는데. 그 5·17조치라는 게 제주도 포함 비상계엄을 때린 거야. 그 전에는 제주도를 제외하고 비상계엄이었는데. 이제 완전히 전국을 장악한 거지. 아, 전두환이 꼴두 보기 싫어. 79년 그 방송 지금도 기억나. 야전 잠바 입고, 그때 전두환이 검경군, 합동수사본부장이야. 그걸 발표했어. 김재규 수사. 그때부터 실권을 잡아가기 시작했어. 그런데 5·17조치 터지면서 이제 완전히 다 잡은 거지. 그 대회[노조 총회]는 그래서 어떻게 됐는지 모르겠어. 그때부터는 무슨 부정부패 척결을 한다 더라고. 뭐든 그렇잖아. 새로 권력을 잡으면 다 비리를 없앤다고 하잖아. 그래서 부정부패 척결을 한다고, 노조 비리 척결에 들어간다는 거야. 우리는 새마을 교육 가고 그랬는데,[**] 이제 우리 다 때려잡는다 그러더라고. 우리 돼지고기 사준 지부장이 바로 걸렸지. 광산노조 부위원장이잖아."

[*] 대학생들이 전두환 신군부 타도를 외치며 시위를 이어가다가 5월 15일 서울역에서 시위를 멈추기로 했다. 이를 서울역 회군이라 부른다. 아버지는 5월 16일과 17일 양일 동안 세운상가 근처에서 대학생들이 모여 시위하는 걸 봤다고 했다. 이미 학생들의 시위가 소강상태에 접어든 이후를 목격한 것으로 짐작한다.

[**] 정부 정책에 따라 새마을운동의 대표적 교육기관인 새마을운동 중앙연수원이 1972년 개원했다. 1972년부터 한국노총은 박정희 정권의 새마을운동을 적극 지지했고, 한국노총 산하 전국 노조지부에 새마을운동본부를 설치했다. 노조원을 비롯해 노동자들이 새마을 교육을 받도록 한 이 정책은 정부의 노동운동 통제 정책의 일환이다. 1979년 박정희의 사망으로 이 새마을운동이 사라지는 줄 알았으나 전두환 신군부는 이 새마을운동에 더 적극적이었다.

삼겹살을 처음 먹던 날의 기억을 꺼낼 때마다 아버지는 전두환 신군부의 계엄 사태를 언급했다. 새로운 독재가 과거의 독재를 대신했다.

정화조치

"5·17조치 나고 얼마 있다가 춘천에 조사받으러 갔어. 전두환이가 국보위 만들었을 때야. 사북사태가 나고 하니까, 국보위 만들고 삼…… 삼, 그 뭐야, (삼청교육대?) 응, 그 삼청교육대 만들고 그랬는데, 나한테 소환장이 와서 춘천에 갔어. 춘천 검찰청이었나."

1980년 5·17 계엄령 이후 8월에 최규하 대통령이 사임했고 9월 1일에전두환은 공식적으로 대통령이 되었다. 그해 5월과 9월 사이 신군부는 부정부패와 비리 척결이라는 명목으로 사회 구석구석을 '청소'했다. 1980년 8월 20일 노동조합정화지침(정화조치)이 내려지면서 '정화'라는 이름으로 노동조합 부수기가 본격적으로 진행되었다. 신군부는 삼청교육대를 만들고 10월에는 국가보위입법회의라는 입법기구도 만들었다. 그해 늦가을 아버지는 춘천에 조사를 받으러 갔는데 이 노동조합정화지침 때문이었다.

1980년 이전에는 노동조합이 산업별 노동조합 체제였다. 아버지의 말에서 알 수 있듯 양양광업소 노조는 전국광산노동조합 양양철산 지부로, 그때까지 양양광업소 노조 대표자는 '위원장'이 아니라 '지부장'이었다. 그러나 비상계엄령 이후 1980년 12월 노동법을 개악하면서 노조가 산별 체제에서 기업별 체제로 전환되었다. 신군부는

노동조합정화지침을 내려 부조리하고 부패한 노조 간부를 정리한다
는 명목으로 민주화나 농성을 주도한 노조 간부들을 축출했다. 이 정
화조치의 일환으로 양양광업소 노조원들이 소환되었고, 이들의 지
부장은 한국노총 상근 간부이기도 했으니 정확히 정화조치의 대상
이었다. 노조 대의원이었던 아버지를 비롯해 여러 사람들이 참고인
으로 조사받았다. 조사를 받고 대의원들은 다시 돌아왔지만 지부장
은 스스로 물러났다.[•] "여자 타자수가 우리가 말하는 속도로 타타타
타 치는 거야." 아버지는 40년이 훌쩍 지났는데도 마치 그 현장에서
타자기 소리에 휩싸인 사람처럼 말했다.

　　그때는 정보과 형사가 노조 회의에 참여하던 시절이다. 회의에
오는 형사에게 노조에서는 회의 참가비 명목으로 돈도 줬다. "옛날에
는 노조를 빨갱이짓을 하지 않나 의심하니까." 그렇게 형사들이 노조
회의 자리에 함께 앉아 있었다. "그 사람들이 뭐라고 말을 하진 않아.
그냥 가만히 듣고 있는 거야." 하지만 그 자리에 형사가 앉아 있는 것
만으로도 노조원들은 알아서 발언을 검열해야 했다. 아버지는 노조
를 원칙대로 꾸리려다가 오히려 노조에서 잘릴 뻔했다. 정보과 형사
와 공존하는 노조 안에서 '어용이지만 들어가서 바꿔보자'는 아버지
의 생각은 처음부터 현실적이지 않았다. 정화조치로 인해 노조는 더
욱 위축되었다. 전국적으로 노동조합 간부의 물갈이가 일어났다. 한
국노총 위원장을 비롯해 각 산별 노조 지부장들도 사퇴를 권고받았
다. 당시에 많은 노조가 어용 노조였지만 그만큼 민주 노조를 만들려

•　　당시 전두환 신군부에 의해 탄압받은 노조 간부는 최소 597명으로 조사되었다. 송은
정, 〈한국노총, 80년 신군부에 탄압받은 노조간부 597명〉, 《매일노동뉴스》, 2000년 9월 1일.

는 열망도 강했다. 민주 노조를 만들기 위해 투쟁하는 노동자들도 정화 대상이었다. 전두환 신군부는 노동조합정화지침과 함께 '3금'이라 불리는 세 가지 금지 정책을 펼쳤다. 복수노조 금지, 제3자 개입 금지, 정치 활동 금지이다. 이것은 사실상 노동조합을 무력화시키고 와해시키는 개악이었다.

게다가 기존의 산업별 노조를 기업별 노조로 만들면서 노조는 각 기업 안에 고립되고 연대가 약화되었다. 정화조치는 정부 주도의 노조 파괴 정책이었다. 노동자들은 연행되고, 구속되고, 심지어는 삼청교육대로도 보내졌다. 정화조치란 말 그대로 노동운동이라는 '불순한 것'을 깨끗하게 정화시키는, 곧 권력의 입장에서 불순해 보이는 노동운동을 없애버리는 것이다.

전두환이 이처럼 노조 파괴에 열을 올렸던 이유는 앞서 4월에 사북에서 벌어진 사북항쟁과도 관련 있다. 아버지의 말 속에 "사북사태 나고"가 나오는 이유도 5·17조치가 그 흐름 속에 있었기 때문이다. 1979년 12·12 군사반란과 1980년 5월 광주항쟁 사이에 4월 사북항쟁이 있었다. 광주항쟁이 '광주사태'로 불렸듯이 사북항쟁도 오랜 세월 '사북사태'였다. 당시 언론은 "유혈난동", "광부들의 집단 난동"이라는 제목으로 광부와 시민들의 항거를 폭동으로 알렸다. 사북 시민들은 폭도가 되었다.

사북항쟁은 1980년 4월 21일에서 24일까지 나흘간 벌어진 광산노동자와 그 가족들의 무력시위이다. 노동자들이 어용 노조 지부장 사퇴를 요구했으나 회사에서 이를 수용하지 않았고 공권력이 개입되도록 만들면서 상황이 폭력적으로 전개되었다. 이 과정에서 광산노동자가 경찰차에 치이는 사고가 발생해 21일부터 노동자와 가족을 포함해 6,000여 명이 사북을 점거해 시위를 벌였다. 광부들이 던진 돌에 맞아 경찰이 사망하는 극한 상황으로 치달았다.[*] 4월 24일, 나흘만에 노사정 합의로 시위가 마무리되는가 싶었지만 계엄사령부는 시위와 관련하여 200여 명의 시민을 연행했다. 신군부는 연행한 노동자와 시민에게 자백을 강요하며 고문했다. 수많은 사람이 수감되었을 뿐 아니라 오명을 쓰고 갖은 고통을 겪었다. 광산노동자와 그 가족들이 국가폭력의 희생자가 되었음에도 폭동이라는 오명으로 사북 지역민들에게 커다란 상처를 남겼다. 2005년이 되어서야 민주화운동으로 인정받았다. 항쟁 발발 25년이 지나서였다. 그 이후에도 폭동 주도자라는 누명을 쓴 이들은 국가폭력의 희생자로 무죄를 인정받기 위해 긴 시간 싸웠으며 여전히 진실 투쟁은 진행 중이다.[**]

사북항쟁은 어용 노조와 싸우던 노동자들의 투쟁이 얼마나 절박했는지, 반대로 어용 노조에 맞서는 노동자들을 공권력이 얼마나 무자비하게 진압했는지 알 수 있는 사건이다. 아버지는 '사북사태'를 언급했지만 이 사건을 정확하게 파악하고 있진 않았다. "그때는 언론

[*] 사북항쟁 당시 영월경찰서 소속 이덕수 순경이 광부들이 던진 돌에 맞아 사망했다. 2025년 4월 20일, 사북항쟁 45주년을 맞아 영화 〈1980 사북〉이 영월에서 상영되었다. 이 자리에서 사북항쟁 당시 광부 대표였던 이원갑 사북항쟁동지회 명예회장과 진압에 참여했던 경찰들이 처음으로 함께 손을 잡고 화해했다. 모두가 국가폭력의 피해자라는 입장이다.

[**] "춘천지법 원주지원 형사1부(이수웅 부장판사)는 13일 포고령 위반 등 혐의로 기소돼 처벌받은 고(故) 오항규(당시 48세)·진복규(당시 45세)·양규용(당시 41세)·박노연(당시 31세) 씨 등 4명에 대한 재심에서 무죄를 선고했다. 오씨는 2005년, 진씨는 1992년, 양씨는 2010년, 박씨는 2017년 각 사망했다. 사북항쟁 국가폭력 희생자인 당사자가 아닌 유족이 제기한 재심에서 무죄 선고는 이번이 처음이다." 김정호, 〈43년 만에 무죄… 사과받지 못한 채 스러져간 사북항쟁 피해자들 한 풀었다〉, 《강원도민일보》, 2023년 7월 13일.

검열이 있으니까, 뭘 제대로 알 수가 없었는데, 아무튼 광부들이 좋게 나오진 않았지."

노조에 자리하기

정화조치로 노조는 어수선했지만 아버지는 이 시기에 새로운 기대도 있었다. 아버지는 날마다 뜻이 맞는 동료들과 모였다. 아버지에게는 이 시점이 노조를 조금 바꿔볼 기회였다. "미쳤어, 미쳤어, 노조에 미쳤어. 매일 술 마시고, 내가 ○○이 낳아서 산모인데, 산모가 있는 방에 새벽에 전부 노조 인간들이 우리 집에 몰려온 거야. 선거 때문에. 내가 완전 햇산모야. 1월에. 옛날에 방 하나에 살았잖아. 우리 집에 전화가 없으니까 인간들이 그냥 막 몰려온 거야. 옛날에는 그냥 그렇게 막 몰려왔다구."

1981년 1월 17일에 막냇동생이 태어났으니 1월 말은 어머니가 정말 '햇산모'인 시기다. 아버지의 동료들은 며칠 뒤에 있을 노조 선거 때문에 몸조리 중인 산모가 있는 우리 집에 모였다. 신생아와 산모가 있는 단칸방에도 작업복 입은 '노조 인간들'이 우글거렸다. 태어난 자식보다 1월 말에 있을 선거 준비가 아버지에게는 더 중요했다. 그해에 아버지는 노조 총무부장이 되어 노조 활동에 더욱 많이 참여하게 되었고, 아버지가 노조에 깊숙이 들어갈수록 어머니는 진저리를 쳤다. 아버지는 왜 자기가 하는 일을 그토록 싫어하냐고 어머니를 들들 볶았다. 그해가 저물어갈 즈음 동생은 세상을 떠났다. 동생이 떠나는 날 아침이 선명한 영상으로 내게 남아 있다. 등장인물은 어머니, 외할머니, 외삼촌들, 동네 아주머니들이다. 아버지는 없다. 오랫동안 나는 그날 아침의 기억 속에 왜 아버지는 등장하지 않는지 궁금했다. 아버지는 그날 집에 들어오지 않았고 밤새 다른 노조원 집에 노조원들과 모여 있었다. 막냇삼촌이 동네를 돌아다니며 아버지를 찾아 자식의 부고를 전했다. "당신이 노조에 미쳐서 아 이름도 안 지어주고, 내가 옥편 찾아서 '승천할 승'을 이름에 넣었더니 이름 때문에 그렇게 간 거야!"

《양양철광산 문화사》에서 아버지의 이름은 1982년 노사협의회 위원 명단에 처음 등장한다. 35세의 젊은 이선권은 가장 밑에 위치한 '간사' 직위로 노사협의회 위원에 포함되었다. 서른일곱이던 1984년에 노조 지부장이 되었다. 3년마다 치르는 선거를 통해 아버지는 노조에서 한 단계씩 자리를 잡아가는 듯 보였다. 그러나 노조 지부장이 된 뒤에는 집과 노조 사이의 구별이 거의 사라졌다.

나는 너무나 많은 노동조합 용어를 밥상머리에서 들어야 했다. 임금 인상, 노사협의, 어용 노조, 투쟁, 단결, 점거, 단체협상 등. 전혀 과묵하지 않은 아버지가 집에 와서 시시콜콜 늘어놓는 모든 이야기가 광산과 노조 이야기였다. 아버지는 "속에 넣고 있는" 성격이 아니라 가족들에게 늘 자신의 고충을 깨알같이 말하는 사람이다. '모가지 치는' 사람과 '모가지 잘리는' 사람이 난무하는 대화다. 아버지가 쏟아내는 말의 대부분이 온갖 갈등 상황에 대한 분개였다. 모두 나쁜 사람들처럼 들렸다. 하지만 누구보다 아버지가 가장 열심히 불만을 표출한 사람은 함께 일하는 노조 위원장이었다. 지부장인 아버지는 위원장과 계속 싸웠다. "가다마이 입고" 출근하는 위원장이 거슬렸다. 싸움의 뒤끝은 우리 집에서 벌어졌다. 우리 집에 몰려와 방 안을 담배연기로 가득 채우며 작당하는 듯한 '작업복 입은 무리'들이 점점 늘어났다.

어릴 때 나에게 아버지란 '내 아버지'라기보다 '양양광업소 노조 사람'이었다. 노조 사람이 우리 집에 사는 것이다. 노조에 몰두했던 시절의 기억을 더듬으면 지금도 아버지는 목소리에 힘이 실린다. "그때는 그래도 싸우면 오히려 힘이 나. 사장이랑 마주 앉으면 내가 동등해지거든." 오랜 시간 노조에서 싸우느라 늘 '모가지'가 간당간당한 일상을 살아갔으면서도 아버지는 싸웠다는 사실에 자아존중감을 느꼈다. 마주 앉아 싸우는 관계, 정확히 말하면 '싸울 수 있는 관계'는 동등한 시민이라는 기분을 안겼다. 싸움의 결과와 무관하게 싸우고 있다는 것 그 자체, 함께하는 동료들이 있다는 사실에서 삶의 감각을 느꼈다. 이러한 아버지와 달리 어머니는 노조의 '노' 자도 듣기 싫다며 그 시절을 몸서리치게 기억한다.

어머니는 어느 날 건강하게 살이 찐 막내아들을 만났다. 깨어나보니 꿈이었다. 아무리 찾아도 아이가 없어 부엌 바닥에 주저앉아 통곡했다. 자식을 잃은 어머니는 '남은 자식'을 데리고 교회에 다녔다. 신경정신과 병원에도 갔다. 어머니는 종교와 의학 사이에서 스스로를 일으켜 세우려 했지만 종교도 의학도 어머니를 돕지는 못했다. 남편은 "노조에 미쳐서" 상실의 동반자가 되지 못했다. 오히려 아버지는 자신의 모든 불안정한 상황과 가정사의 고통 속에서 더욱 노조 활동에 매진했다. 아버지는 가정을 온전히 어머니에게 맡겼다. 내게 1980년대는 노조에 미친 아버지와 자식 상실로 우울한 어머니가 서로의 울분을 뒤섞으며 위태로운 2인 3각을 하는 시기였다. 아버지를 향한 어머니의 불만만큼이나 "왜 내가 하는 일을 그렇게 싫어해!"

라는 아버지의 신경질도 거셌다. 이들은 수시로 싸웠다. 고통 앞에서
종교도 의학도 도움이 되지 않았던 어머니는 "다 마음의 문제"라고
말하길 좋아한다. 결국 모든 것은 개인 의지의 문제가 된다. 세월이
흐른 지금도 "노조에 미쳐서" 가정에 무신경했다고 아버지를 나무라
는 어머니 목소리의 강도는 달라지지 않았다. 다만 지금은 이 말을
듣고 있는 아버지가 아무런 반박도 하지 않는다.

8장

여자들의 부업

인형 옷 만들기

1930년대생인 광업소의 한 간부가 부모님 결혼식에서 주례를 맡았다. 그는 서울의 한 대학에서 광산 관련 학과를 졸업했고 그의 부인은 대학에서 가정학과를 졸업한 1940년생이다. 그 집 막내아들이 나와 동갑이라 초등학교 입학식 때 둘이 나란히 서서 사진도 찍었다. 그 당시 양양에 사는 동안 내가 본 '대학 나온 여자'는 학교 선생님뿐이었다. 가정학과를 나온 그 간부 부인은 광업소 사택에 살면서 인형 옷 만드는 부업을 했다. 서울에서 일감을 받아와서 사택에 사는 여성들에게 나눠줬다. 어머니는 사택에 살지 않았으면서도 그 일에 참여하기 위해 나를 데리고 자주 사택을 찾았다. 간부들의 사택은 조금 더 좋았지만 집 안에 일감이 많아서 그랬는지 내 눈에 그 집은 늘 어수선해 보였다. "가정학과를 나왔다는데 집은 왜 맨날 저렇게 정신이 없는지 몰라"라고 아줌마들은 흉을 봤다.

내가 여섯 살 무렵부터 집에는 '부라더 미싱'이 있었다. 인형옷으로 만들어질 색색의 천이 방에 쌓여 있고, 화려한 스팽글과 레이스가 널려 있었으며, 칸막이가 있는 나무 상자 안에는 알록달록한 구슬이 가득했다. 어머니는 늘 그 재봉틀 앞에 앉아 발로는 발판을 열심히 밟고 손으로 천을 이리저리 움직이며 박음질을 했다. 장난감 가게에 가면 비싸서 감히 사달라고 할 수도 없는 반짝거리는 인형 드레스가 착착 완성되어 나왔다. 그 덕분에 나는 예쁜 인형 옷을 실컷 구경할 수 있었다. 어쩌다 잘못된 옷들은 내가 가질 수도 있었다.

나는 재봉틀에 앉아 일하는 어머니 옆에서 놀았고, 어머니가 자리를 비웠을 때도 그 구슬과 천 무더기 틈에서 레이스를 접고 구슬을 꿰며 놀았다. 한번은 레이스를 돌돌 말아 코에 넣었다가 빼지 못했다. 혼날까 봐 말도 못하고 있었는데 내 목소리가 이상해지고 한쪽 코에서 콧물이 흐르자 어머니가 알아채고 빼주었다. 또 한번은 구슬을 코에 넣었다가 빼지 못했고 다시 어른들이 빼주었다. 언젠가는 재봉틀 위에 어머니가 올려놓은 박카스를 몰래 마셨는데 곧장 다 토해내고 정신을 잃었다. 평소 어른들이 박카스 마시는 모습을 보고 호기심에 몰래 마셨는데 불행히도 그것은 박카스가 아니었다. 재봉틀에 윤활유로 쓰는 기름을 박카스 병에 넣어둔 것이었다. 토하느라 기운이 빠졌는지 나는 정신을 잃어서 그 후의 상황은 기억나지 않는다. 깨어나보니 할머니와 삼촌까지 나를 내려다보고 있었다. 얼마 지나 재봉틀이 집에서 사라졌다. 알고 보니 그 재봉틀은 원래부터 우리 것이 아니었고, 일하는 사람들에게 대여해주는 것이었다. 어느 날부터 그 간부 부인은 서울에서 더 이상 인형옷 만드는 일감을 가져오지 않았고 업체에서는 각 가정에 대여했던 재봉틀을 수거했다. 다행히 짜투리 천과 구슬 등 내가 가지고 놀던 예쁜 것들이 담긴 보물상자는 가져가지 않았다.

구멍가게

1983년 12월, 어머니는 시내에서 작은 옷가게를 인수했다. 우리 가족은 가게 뒤에 딸린 단칸방으로 이사했다. 인수받을 때 있었던 옷을 정리하느라 한 달 정도는 옷을 팔았다. 남은 옷을 정리하고 나서 어머니는 옷가게를 담배를 파는 구멍가게로 바꾸었다. 시내 한복판에서 담배를 팔고 가게 바로 앞에 공중전화가 있었기에 장사는 꽤 잘되었다. 그 대신 어머니는 쉴 틈이 없었다. 새벽 다섯 시에 일어나 문을 열고 밤 열두 시에 문을 닫았다. 어머니가 바쁠 때는 나도 담배를 팔고, 공중전화를 사용하기 위해 잔돈을 바꾸러 오는 손님들에게 잔돈을 바꿔줬다. 작은 가게지만 온갖 과자가 다 있었다. 사람이 자주 왔기 때문에 나는 금세 가게 안의 물건값을 다 외울 수 있었다. 나는 농협에 잔돈을 바꾸러 가는 심부름을 자주 다녔다. 여름에는 아이스크림 도매 가게에 가서 동생과 아이스크림 상자를 들고 왔다. 아이스크림 상자는 무겁기 때문에 그걸 가져오는 일이 가장 하기 싫었다. 그래도 심부름을 열심히 다니다가 아주 가끔은 조금 비싼 과자를 먹을 수도 있었다.

우리 가게 건너편 2층에는 '중앙다방'이 있었다. 다방 종업원들이 손님들의 심부름으로 담배를 사기 위해 자주 우리 가게에 들렀다. 우리 가게에서 올려다보면 2층 다방 창가에 앉아 있는 손님들이 보였다. 다방에 있던 남자들은 잠시 후에 우리 집으로 몰려왔다. '노조 인간들'이었다. 우리 집은 노조원들의 아지트처럼 쓰였다. 한겨울에도 아저씨들이 몰려와 단칸방을 가득 채우면 어머니와 우리 남매는 구멍가게에 있는 난로를 둘러싸고 앉아 어서 빨리 그들이 돌아가기만을 기다렸다.

1984년에 아버지가 노조 지부장이 되면서 작업복을 입고 현장에서 일하지 않게 되었다. 그때까지 선광과에서 갑을병으로 3교대를 해왔던 아버지는 현장을 떠나 노조 사무실에서 근무를 시작했다. 1980년대 초까지는 아버지가 가끔 낮에 집에서 잠을 자거나 오후 늦게 출근하던 모습, 할머니가 "아범이 오늘 몇 번이지?"라고 어머니에게 묻던 모습을 기억한다. 어느 순간부터 사람들이 아버지에게 '몇 번'이냐고 묻지 않았다. 더 이상 교대 근무를 하지 않았기 때문이다. 어머니는 아버지의 노조 활동에 대한 거의 모든 기억이 부정적이지만 딱 한 가지만 좋게 말했다. "노조 들어가서 그거 하나는 좋더라. 작업복 안 빨아도 되는 거." 선광과에서 돌을 부수는 조크라샤* 기계를 다뤘던 아버지의 작업복에는 기름때가 묻어 있었다. 펌프질을 하는 수도에서 두꺼운 작업복을 찬물로 손빨래하는 게 너무 힘들었다. 고무장갑도 없던 시절에는 겨울이면 뜨겁게 데운 물을 옆에 놓고 손을 한번씩 녹이며 빨래를 했다. 아버지가 노조 상근자가 되면서 기름때 묻은 작업복을 빨지 않는 게 어머니에게는 유일하게 좋은 일이었다.

시내에서 구멍가게를 하던 이 시기에 어머니는 나와 동생을 가끔 경양식 집에 보냈다. 그 집에서 밥을 먹는 날은 특별한 날이다. 우

리가 학교에서 상을 타오면 어머니는 '그리그리'^{**}에서 돈가스를 사 줬다. 하지만 어머니와 함께 그리그리에 간 적은 없다. 어머니는 가게에 있어야 했다. 아버지가 저녁에 정상적으로 퇴근했을 때 우리를 경양식집으로 데리고 갔다. 그러나 아버지와도 그리그리에서 함께 식사를 한 적은 없다. 아버지는 주문을 해주고 우리가 먹는 동안 기다렸다가 계산을 한 뒤 다시 집으로 데려왔을 뿐이다. 아버지는 '칼질'이 거북하다고, 서양 음식은 느끼하다며 먹지 않았다. 비싸서이기도 하겠으나 그 당시 아버지는 실제로 '서양' 음식에 대해 심리적 거부감이 있었다. 일상에서 영어를 섞어 쓰는 사람을 거북하게 여기듯이 서양 음식을 무척 싫어했다(돈가스가 서양 음식이 아니라는 사실은 중요하지 않다).

1985년에 우리 집에서 20미터 정도 거리에 미니슈퍼^{***}가 생기면서 잘되던 우리 가게에 손님이 줄었다. 100원짜리 과자를 사면 10원을 거슬러 주는 가게였다. 사람들은 모두 그곳으로 향했다. 아버지는 우리 가게 문 앞에 서서 미니슈퍼로 손님이 들어갈 때마다 "계속 들어간다. 또 들어간다"며 중얼거렸다. 미니슈퍼에서는 핫도그를 만들어 팔았다. 손가락만한 밀가루 소시지가 들어 있는 100원짜리 핫도그와 삶은 계란이 들어 있는 300원짜리 핫도그였다. 나도 핫도그를 사러 미니슈퍼에 가기 위해 "엄마 100원만"이라며 손을 내밀었다. 우리 집에는 담배를 사러 오는 손님과 공중전화에 넣을 20원이

**　　양양에서 최초로 생긴 경양식당.
***　　1980년대 중후반 구멍가게보다 조금 큰 규모로 '미니슈퍼' 혹은 '미니슈퍼마켓'이라는 간판을 단 가게들이 생겨났다. 일반 구멍가게보다 물건값을 10퍼센트 싸게 팔았다.

필요해 잔돈을 바꾸러 오는 손님들 덕분에 유지되긴 했지만 점점 손님이 줄었다. 그해 가을 구멍가게를 그만두고 전에 살던 집으로 돌아왔다. 단칸방이 아니라 마당 있는 우리 집이다.

뜨개질

미니슈퍼의 등장으로 구멍가게를 그만둔 줄 알았으나 그것 때문만은 아니었다. 전보다 가게에 손님이 줄어든 것은 사실이지만 구멍가게는 여전히 우리 가족의 중요한 수입원이었다. 알고 보니 장사를 그만두는 게 교육상 좋지 않겠느냐는 내 담임교사의 은근한 권유가 있었다. 국민학교 3학년 때였다. '사람은 왜 친절해야 하는가'라는 도덕 시험 문제에 내가 '돈을 벌기 위해서'라고 답을 한 게 화근이였다. 어머니가 손님들에게 친절한 모습을 보고 돈을 벌기 위해 사람은 친절해야 한다고 내가 인식했기 때문이라 선생님은 해석했다. 어머니는 충격을 받았고 그해 가을, 장사를 그만뒀다. 사람이 친절해야 할 이유로 '돈을 벌기 위해서'라고 답을 했던 아홉 살의 내가 무슨 생각을 했는지 지금으로서는 기억나지 않는다.

담임 선생님은 어머니를 찾아왔을 때 "꼭 이렇게 하지 않아도 살 수 있잖아요"라고 했다. 담임 선생님의 남편은 광산 감독이었다. 광업소의 사정을 아는 사람이라 노조 지부장이라면 먹고살만 할 텐데 굳이 노조 지부장 아내가 힘들게 새벽 다섯 시부터 밤 열두 시까지 구멍가게를 지키고 있을 이유가 없다고 생각한 것이다. 당시 광산에서 노조 지부장 정도면 그리 궁하지 않게 살 수 있었던 것은 사실이다. 그러나 아버지는 얼마 되지 않는 월급마저 온전히 가져오는 일이 없었다. "세상에, 결혼하고 처음에 네 아빠가 준 돈도 없으면서 가계부를 쓰라는 거야. 가계부 쓸 돈이 없는데 무슨 가계부 타령이야. 결혼식 사진 찾으러 갈 돈도 없었다고. 얼마 안 되는 패물도 다 팔았어."

순화해서 말하면 뜻이 맞는 동지들과 뭉치느라 활동비가 들어가는 것이고, 눈에 보이는 그대로를 말하면 "맨날 노조 인간들이랑 작당질하고 술 먹느라" 돈이 나갔다. 반찬도 변변찮은데 아버지를 찾아오는 사람은 많았고 어머니는 초라한 밥상이 창피스러웠다. "난 그 이후로 아지는 안 먹어." 손님 밥상에 생선이라도 올려놓기 위해 어머니는 가장 싼 아지*를 사왔다. 그나마 시장에 있는 할머니 부식 가게에서 나는 어머니가 적어준 식재료를 가져올 수 있었다. 아버지가 지부장이라 내게 좋은 건 딱 하나 있었다. 초겨울이 되면 커다랗고 하얀 케이크를 가져왔다. 지부장 생일이면 회사에서 케이크를 주었다.

이처럼 돈을 벌기 위해 집에서 인형 옷을 만들고 시내에서 구멍가게를 하다가 다시 어머니는 집안에서 뜨개질을 했다. 1980년 사북 항쟁을 배경으로 광산촌의 풍속을 그려낸 이옥수의 《내 사랑 사북》에서도 여성들은 홀치기나 수출용 뜨개질을 한다. 내가 살던 동네에도 뜨개질하는 여자들이 많았다. 뜨개 도안을 들고 찾아와 서로 모르는 것을 물어보고 시범을 보여줬다. 일감 나눠주는 대장 아주머니는 주기적으로 새로운 도안을 들고와서 설명해줬다. 어렵고 복잡해 보

---

* 전갱이를 이르는 일본 말.

었지만 아줌마들은 머리를 맞대고 어떻게든 완성해냈다. 가끔 한 코라도 틀리면 전부 다시 풀어야했다. 그럴 때면 나는 양팔을 벌리고 어머니가 실을 감을 수 있는 실패 역할을 했다. 수많은 니트가 만들어졌고 그 옷들은 모두 수출된다고 했지만 정확히 어디로 수출되는지는 모른다. 일본으로도 가고 다른 나라로도 간다고 했다. 뜨개질을 하던 그 여성들은 해외에 한 번도 나가본 적 없지만 그들 손에서 만들어진 다양한 니트는 열심히 해외로 나갔다. 예쁜 천과 레이스 대신 집에는 뜨개실이 늘 굴러다녔다. 어머니는 남은 실로 우리 옷을 뜨기도 했다. 바지가 작아지면 어머니는 뜨개실로 발목 토시를 떠서 드러나는 발목을 가려줬다. 나는 이제 뜨개실과 뜨개바늘을 가지고 놀았고 기본적인 안뜨기를 배웠다. 어머니가 쓰다 남은 진달래색 실로 내 인형에게 입힐 원피스를 떴다. 뜨개질을 하던 시절 어머니는 내게 수시로 외상 심부름을 시켰다. 집 앞에 '담배 가게'라 부르는 작은 식료품 가게에 가서 창피함을 무릅쓰고 "엄마가 달아놓으래요"를 겨우 말하고 라면이나 국수, 번개탄 등을 사왔다.

　어머니는 바쁜 와중에도 학교 어머니회에 열심히 참석했다. 나와 동생에게 이것저것 가르치기 위해 열정적이었다. 피아노 학원에서 발표회를 하게 되었을 때 나는 입을 드레스가 없었다. 한 번의 발표회를 위해 드레스를 구입하는 건 무리였다. 그렇다고 발표회에서 나를 빼고 싶지도 않았던 어머니는 직접 옷을 디자인해서 옷 수선 가게에 재단을 맡겼다. 일반적으로 피아노 발표회에서 입는 드레스가 아니라 평상복으로도 입을 수 있는 흰 블라우스와 검은 치마였다. 하늘거리는 흰 블라우스는 소매를 약간 풍성하게 하고 빨간 리본을 달았다. 같은 소재의 검은 치마는 2단으로 짧게 만들어서 열 살 아이가 평상시에도 입을 수 있는 모양이었다. 무대 위 조명을 받으면 얼추 그럴듯한 무대의상이 되었다. 대부분 다른 아이들은 화사한 색에 반짝거리는 스팽글과 레이스가 달린, 내가 인형 옷으로 많이 보던 길고 풍성한 드레스 자락을 끌고 나오는데 나만 흰 블라우스에 짧고 검은 치마를 단정하게 입었다. 그 옷은 가을 운동회 때 곤봉 체조용으로도 활용될 계획이었다. 위에는 흰색, 아래는 검은색을 입으라고 했기 때문에 어머니는 나름 옷 하나로 운동회와 피아노 발표회라는 전혀 다른 분위기를 모두 소화하도록 머리를 굴렸다. 피아노 발표회용으로는 수수하지만 운동회용으로는 화려한 옷이 만들어졌다.

나는 동네에서 정말로 가사만 하는 여성을 거의 본 적이 없다. 농사를 짓거나 시내에서 장사를 했다. 가게나 논밭이 없는 보통의 여성들은 대부분 집 안에서 부업을 했다. 조금 멋지게 다니는 여성들은 '보험 아줌마'였다. 어떤 아줌마는 군부대가 있던 춘천에 가서 미제 물건을 가져와 야매로 팔았다. 화장품, 코코아, 커피, 농축 주스 등을 가져왔고 어머니도 그 물건을 샀다. 아주 가끔 진한 오렌지 주스 농축액에 물을 타서 마신 적이 있는데 그 음료가 야매로 구입한 것이었다. 겉보기에 '집에서 살림하고 애 키우는' 여자들은 다들 집에서 부업을 했다. 우리 집 뒤에 2층 양옥집에 살던 아줌마는 부업을 하지 않았다. 동네 아줌마들과 많이 어울리지도 않았다. 그 집 남매와 우리 남매가 친했기에 어머니는 그 아줌마와 가까이 지냈다. 서울 갔다 왔다는 어느 날 어머니와 그 집에 놀러갔는데 아주머니의 머리카락이 하나도 없었다. 얼마 후 그 아줌마는 세상을 떠났다. 양옥집에 사는 부자 아줌마라서 부업을 안 하는 줄 알았는데 암환자여서 못했던 것이었다.

　　1986~1987년 즈음 어머니가 라디오에 보낸 사연이 방송된 적
있다. 〈안녕하세요 황인용 강부자입니다〉라는 KBS 라디오 방송이
었다. 한겨울이었다. 어머니는 자식들을 재우고 아버지를 기다리면
서 글을 썼다. 연탄을 아끼기 위해 공기 구멍을 많이 열지 말라고 잔
소리하는 아버지에게 쌓인 불만에서 시작된 글이다. 늘 늦게 들어오
고, 술을 마시고 귀가하는 날이 잦았던 아버지가 하루종일 아이들 돌
보며 부업까지 하는 어머니에게 연탄 한 장 아끼기 위해 잔소리하는
게 어머니는 몹시 듣기 싫었다. 한겨울 밤 늦은 시각 혼자 아버지를
기다릴 때 어머니는 조금이라도 추위를 피하기 위해 연탄 아궁이 옆
에서 글을 썼다. 시작은 연탄이지만 결혼 생활에 대한 전반적인 고충
등을 썼는데 정작 어머니는 그 방송을 듣지 못했다. 집으로 원고료와
가계부, 여성지 등이 상품으로 배달되어 알았다. 그리고 당시 인기
있는 신상품이었던 전기장판을 수령하라고 알려왔고 어머니는 그
전기장판을 서울에 있는 고모와 할머니가 찾아 쓰도록 했다.

9장

폭력과 배신,
억울함

"서러워 마라"

아버지는 "목소리 때문에 평생 손해"라는 말을 입에 달고 살았다. 목소리가 커서 화를 내거나 공격적인 태도로 상대방에게 오해를 받는다는 것이다. 아버지가 목소리가 큰 것은 사실이다. 거기에 더해 일하는 장소가 조용하지 않기 때문에 대부분의 광산 동료들도 목소리가 크다. 이들끼리 모여 있으면 모두가 큰 목소리로 말한다. 그중에서도 아버지는 목소리가 큰 편이라 목소리 때문에 자신이 더 오해를 받는다며 늘 억울해했다. 아버지에게 큰 목소리는 장단점이 있었다. 우렁찬 목소리는 분노를 결집시키기에는 좋았지만 자분자분 누군가를 설득하기에는 불리했다. 여성만이 아니라 노동자에게도 큰 목소리는 '손해'였던 것처럼 보인다. 다만 내가 수없이 보아온 '목소리 큰 아줌마들'이 상황에 따라서는 소곤소곤 말하기도 잘할 줄 알았던 것에 비하면 아버지는 목소리를 낮추려는 노력을 하지 않았다.

어느 날은 아버지가 피투성이가 되어 돌아왔다. 1984년이었다.

동생과 나는 잠이 든 늦은 시간 다친 아버지를 동료가 데려왔다. 다음 날 아침 어수선한 분위기 속에서 여기저기 피 묻은 옷과 다친 아버지를 보았다. 아버지의 손에는 흰 붕대가 감겨 있었다. 어머니가 외할머니에게 원통하게 말하는 걸 들었다. 좁은 단칸방에서 내가 보고 듣는 것을 막을 도리는 없었다. 아마 부모님은 그럴 여유조차 없었을 것이다. 그들이 겪는 일은 좁은 물리적 환경에서 자식들에게 고스란히 노출되어 있었다. 아버지의 직장 생활은 가정과 전혀 분리되지 않았고 아버지가 겪는 불안정한 상황을 우리는 수시로 목격해야 했다. 노조 활동에서는 회사 측과의 갈등만이 아니라 동료 간의 갈등도 극심했고 그 과정에서 폭력적인 일도 발생했다. 폭행은 우리 집 안방에서도 벌어졌다. 어느 날은 안방에 모인 아저씨 중 한 사람이 재떨이로 동료를 가격했다. 부모님은 머리에서 피가 철철 흐르는 아저씨와 함께 부랴부랴 택시를 타고 병원으로 갔다. 그때는 방과 거실이 분리되어 있어 적어도 방 안에서 벌어지는 사건을 직접 목격하지는 않을 수 있었다. 비명과 고성에 놀라 내가 방 안을 들여다보니 엉망이 된 공간에서 다른 아저씨들이 가해자를 붙들고 있었다.

아버지는 자주 술에 취해 들어왔다. 술에 취하면 끊임없이 노래를 불렀다. 주사가 노래 부르기인 건 그나마 다행이라고 해야 할까. 고운 노래도 한두 마디라는데 곱지도 않은 노래를 쉬지 않고 불렀다. 누워서 팔을 휘두르며 고래고래 소리쳐 불렀다. 어머니는 때로 우리를 데리고 밖으로 나가 아버지의 노래가 그칠 때까지 기다렸다. 1980년대 중반을 지나면서 아버지가 부르는 노래는 더욱 투쟁적인 성격으로 변했다.

나 태어나 이 강산에 노동자 되어 [중략] 아아, 다시 못올 흘러간 내 청춘. 작업복에 실려간 꽃다운 이 내 청춘. 아들아 내 딸들아 서러워 마라.[*]

'서러워 마라'는 당시에 이해하기 어려운 감정이었다. 아버지는 나를 바라보며 팔을 휘두르고 활기찬 표정으로 '서러워 마라'를 부른다. 무시무시한 가사가 담긴 노래를 일요일 낮에 술도 마시지 않은 맨정신으로도 열심히 불렀다. 카세트 테이프에서 우렁찬 목소리가 흘러나왔고 아버지는 반복해서 따라 불렀다. 물론 노동가만 부르는 건 아니다. 배호의 〈배신자〉도 아버지의 18번이었다. 어머니는 옆에서 혀를 찬다. "누가 그렇게 배신을 했을까. 응? 누가 그렇게 배신을 해서 맨날 〈배신자〉를 불러." 노래를 부르는 사이사이 아버지는 이렇게 외쳤다. "이선권이 월급 26만 원!!"[**] 1985년 광산노동자 4인 가족의 최저생계비는 54만 원이었지만 실제 탄광노동자들의 평균임금은 37만 9,000원이었다.[***] 이는 전체 노동자의 평균임금과 비슷하지만 노동 강도가 높고 재해 확률이 훨씬 더 높다는 점을 감안하면 낮은 임금이었다. 더구나 양양광업소는 탄광보다 더 적은 월급을 받았

[*] 김민기가 만든 〈늙은 군인의 노래〉는 1978년 양희은의 앨범에 수록되었는데 여러 형태로 변주되어 투쟁 현장에서 불렸다. "군인이 되어"는 "노동자 되어", "광부가 되어" 등으로 바뀌어 노동자들의 노동운동가로 활용되었다.

[**] 「85년도 표준모델 임금조사」에 따르면 사무직 평균임금은 대졸 4년 근속남자는 35만 5천8백원". 중앙일보, 〈사무직 대졸초임 27만6천원|대한상의 85년 임금실태 조사〉,《중앙일보》, 1986년 4월 21일.

[***] 박준성, 〈[박준성의 노동자역사] 탄광노동자들의 삶과 1980년 사북항쟁〉,《노동과세계》, 2023년 2월 24일.

다. 제조업이 성장하고 중산층이 늘어났지만 1980년대 광산노동자의 삶은 1970년대보다 더 나아지지 않았다.

어느 날 만취해서 우리 집에 온 어떤 아저씨는 자동차 사이드미러를 손에 쥐고 있었다. 집으로 오는 길가에 세워진 누군가의 승용차 사이드미러를 분질러뜨려서 가져온 것이다. 얼마 지나 이런 일이 또 일어났다. 동네 아줌마들은 도저히 안 되겠다는 생각에 경찰이 다녀갔다고 거짓말했다. 그 후로 그 아저씨가 남의 자동차 사이드미러를 뜯어오는 일이 없어졌다. 술김에 했다고 하지만 어쨌든 경찰이 찾아왔다는 말에 다시는 그렇게 하지 않은 걸 보면 단순히 술김에 했다고 보긴 어렵다. 내 집과 내 차를 가진 중산층이 생겨나는 시대였지만 어떤 노동자들은 일자리가 축소되면서 직장은 물론이요 거주하던 사택에서도 떠나야 할 판이었다. 그들은 술을 핑계로 집 앞에 세워진 누군가의 자가용에 분풀이를 했다.

출장

아버지는 서울과 울산으로 출장을 자주 다녔다. 어머니는 아버지가 출장을 가면 편했다. 집이 잠시 조용해진다. 그러나 나는 아버지가 출장에서 돌아오길 기다렸다. 아버지가 출장에서 돌아올 때면 평소에는 먹기 어려운 아이스크림이나 제과점 빵을 사왔기 때문이다. 너무 늦어서 아무것도 사오지 못할 때는 천 원짜리를 한두 장 주었다. 아버지는 주로 두부처럼 희고 반듯한 아이스크림이나 통에 들어 있는 떠먹는 아이스크림을 사왔다. 제과점에서 파는 투명한 별모양 플

라스틱 통에 담긴 별사탕도 자주 사왔는데 그 별사탕을 다 먹을 즈음
이면 아버지는 또 출장을 갔다.

　아버지는 출장에서 돌아오면 한바탕 사장 이름을 부르며 욕을
하고 주로 임금협상에 대한 이야기를 많이 했다. 수십 년이 지난 지
금도 내가 그 사장의 이름을 잊지 않을 정도로 아버지 입에서 멜로디
처럼 흘러나온 이야기다. 아버지는 서울에 다녀온 뒤 커다란 가방 안
에서 천 조각을 꺼내 다시 담곤 했는데, 그 천 조각에는 ‘투쟁’이나 ‘단
결’ 같은 글자가 붉고 검게 써 있었다. 붉은 글씨가 적힌 천이 멋있다
고 생각하며 가지고 놀았다.

　아버지가 서울에 다녀오는 건 내게 또 다른 면에서 재밌는 일
이었다. 평소와는 달리 일 이야기만 하는 건 아니기 때문이다. 서울
에서 어떤 영화가 개봉을 했고, 어디에 갔다가 어떤 가수를 보았다는
이야기도 했다. 김완선이라는 가수가 막 등장했는데 춤을 어마어마
하게 잘 춘다며 이제 티브이에 많이 나올 것 같다는 등 ‘서울 소식’을
물고 왔다. 어쩌다 여유가 생기면 잠깐 남대문시장에 들를 수 있다며
올 때 뭘 사다주면 좋겠냐고 전화가 오기도 했다. 아버지는 출장 갈
때마다 고모와 할머니를 찾아갔고 할머니가 챙겨주는 선물을 한보
따리 들고 왔다. ‘서울로 출장’ 가는 일은 뭔가 좋은 일처럼 보였다.

　어느 날은 뉴스에서 서울에서 벌어진 집회 장면이 나오는데 커
다란 깃발을 흔들며 걸어가는 아버지가 화면에 잡혔다. “아빠다!” 나
는 아버지가 티브이에 나온다고 어머니에게 소리쳤다. 서울에 가면
아버지가 저런 일을 하나 보다 생각했다. “텔레비전에 내가 나왔으
면 정말 좋겠네”라는 노래가 유행이었는데 아버지 얼굴을 텔레비전
에서 보다니, 아버지는 분명히 중요한 일을 한다고 생각했다. 깃발을

흔들며 앞에서 걸어가는 걸 보니 당시 내가 활동하던 국민학교 고적
대의 지휘자처럼 보였다.

1987년

나는 1987년 1월의 어느 날을 기억한다. 그날 아침 식사를 하는데 어
머니가 불길한 표정으로 아버지에게 지난밤 꿈 이야기를 했다. "당신
이 사다리를 올라가다가 떨어졌어." 뭔가 중요한 일을 앞두고 심상치
않은 분위기가 감지되었다. 아버지도 이미 불길한 예감이 드는 듯 어
머니의 말에 별로 동요하지 않았다. 그날 오후 집으로 걸려온 전화를
받다가 어머니는 울음을 터뜨렸다. "그러니까 내가 뭐라 그랬어! 나
가지 말랬잖아!" 수화기 너머에 있는 사람은 아버지였다. 전화를 끊
고도 어머니는 한참 흐느꼈고 좋지 않은 일이 벌어졌다는 사실을 알
아챈 나는 눈치를 보며 분위기가 달라지기만 기다렸다. 잠시 후에 어
머니가 뭔가 작정을 한 듯 말했다. "아빠가 억울한 일을 당했다. 그런
데 세상에는 아빠 같은 사람들이 너무 많아."

　　그날은 3년에 한 번 치르는 노조 선거가 있는 날이었다. 1987년
선거에서 아버지는 더 이상 노조에 남지 못했다. 아버지는 결국 노
조에서 퇴출되었다. 어용 노조라도 들어가서 바꿔보려 했다는 아버
지는 그렇게 10년이 채 안 되어 퇴출당했다. 1987년 1월 노동조합 선
거에서 아버지는 불신임되었다. 회사와 노조 위원장이 새로운 지부
장을 내세웠다. 배신은 덤으로 찾아왔다. 이 분위기를 이미 부모님은
감지했고 어머니는 아버지에게 이번 선거는 나가지 말라고 만류했

다. 노동자들이 직접 투표하는 직선제가 아니었기에 노조 간부를 뽑는 선거에서 회사의 개입이 가능했다. 아버지는 어용 노조에 자리하지도 못했고, 아버지의 뜻대로 어용 노조를 민주 노조로 바꾸지도 못했다. 10년 동안 숱한 싸움만 하며 피폐해졌고, 돈을 벌기는커녕 빚만 늘어갔다.

그해 자주 목격했던 문구와 들었던 목소리, 그러니까 '어용 노조 퇴출'과 '직선제'를 외치는 학생과 노동자 들의 목소리가 내 일상에 가까이 있었다. 1987년은 온통 선거 이야기였다. 대통령 선거뿐 아니라, 우리 집에서는 아버지의 선거 이야기도 계속됐다. 직선제는 눈만 뜨면 들을 수 있는 말이었다. 교실에서 국민학생인 아이들이 책상 위를 뛰어다니며 "대학생이 하면 대모(데모)고 우리가 하면 국모다!"라고 외치며 놀았다. 뉴스에서 보는 '독재정권 물러나라'와 대통령 직선제를 요구하는 대학생들의 목소리, 우리 집에서 듣는 직선제를 외치는 노동자들의 이야기가 겹치면서 나는 막연하게나마 이 목소리들의 의미를 이해해갔다.

1987년 다른 광산에서는 어떤 일들이 있었을까. 다행히 1980년대에는 여러 노동자신문과 노동문학이 번성했기에 나는 비슷한 상황에 처한 다른 노동자들의 목소리를 뒤늦게라도 찾을 수 있었다. 1987년 8월 30일 《노동자신문》에서 〈광산특보〉를 발간했다. 삼척탄좌, 오늘날 정선 고한읍 정암광업소의 사례가 소개되었다. 1면 제목은 "신문 보고 너무 억울, 며칠간 울어"이다. 삼척탄좌 정암광업소에서 어용 노조와 회사 측이 노동자 조직 와해를 시도한 사건이 담겼다. 제목 옆에 사진에는 의자에 앉아 있는 사람들이 보인다. "삼척탄좌 노동자들과 가족들의 질서정연한 파업농성 광경"이라는 설명

노동자신문

분단조국 43년 8월 30일

광산특보

발행처 : 민주헌법쟁취국민운동본부
노동자위원회
주소 : 서울 종로구 연지동 기독교회관708호
☎ 763-9563

"신문보고 너무 억울, 며칠간 울어"

삼척탄좌 정암광업소

어용노조와 회사측, 노동자조직 와해기도

중앙일보 등 없는 사실도 날조, 왜곡

삼척탄좌 노동자들과 가족들의 질서정연한 파업농성광경.

우리나라 두번째 규모의 민영탄광인 강원도 정선군 고한읍 삼척탄좌 정암광업소 노동자들은 지난 1차파업(8월 8일~11일)시 어용노조로 규탄받고 공식사퇴한 전노조대의원들이 노조민주화추진위원회(노민추) 파괴를 시도하고 1차파업 협상내용마저 회사측이 이행하지 않음에 따라 지난 8월 21일 다시 파업농성에 돌입 29일 현재 9일째 농성을 계속하고 있다.

구어용노조 재집권시도
민주노조건설 방해

노동자들은 지난 1차파업 때 기존노조가 노동자들의 요구를 대변하지 않는 어용노조임을 폭로하면서 그 대표성을 부인하고 임시대표부를 선출했다. 이를 통하여 도급제철폐, 보너스를 평균임금의 4백%인상 등을 내걸고 투쟁하여 김종호 노조지부장의 사퇴, 기본급 2%인상, 보너스 3백10%인상 등 16개항을 쟁취했다. 또 노동자들은 임시

대표부를 「노동조합민주화추진위원회」로 정식발족했다. 당시 회사측은 노민추를 노동자들의 공식대표기구로서 인정하고, 노민주가 새로운 민주노조를 탄생시킬 때까지 임시집행부 역할을 하는데 합의했다.

파업이 끝난 뒤 노민추는 즉각 기존어용노조의 비민주적인 규약을 개정하기 위한 작업에 착수, 규약을 민주적으로 개정하고 신규약에 의거 직선제를 거쳐 새 집행부를 구성하려했다.

그런데 1차파업 때 나타나지도 않았던 어용노조대의원 14명이 나타나 노민추의 합법성을 부정하면서 임시집행부로 자처하고, 또 전국광산노동조합연맹이 이를 비호하고 나서는 한편 회사측도 태도를 돌변, 노민추를 무시하려 들었다.

어용노조와 회사측 짝발 맞아

뿐만아니라 회사측은 1차파업 때 합의한 사항 중 모든 법정공휴일 유급처리조항을 정부가 정하

는 임시공휴일로 슬쩍 바꿔넣고, 구두로 약속한 24일 만근공수제 또한 백지화 했다.

이에 노민추는 21일 오후 4시 을방 출근자들에게 이 사실을 폭로하고 2차파업에 들어갔던 것이다.

그러자 회사측은 사택방송시설을 통해 이 파업을 노조내분으로 매도 선전하면서 노동자들의 참여를 막기 위해 21일~23일을 연휴공고까지 하고 마침내는 전혀 협상에 응하지 않다가 24일에는 사원을 통해 박우병 사장 명의로 노동자들을 기만하는 내용의 호소문을 뿌리고 무기한 휴업을 공고했다.

조직적이고 평화로운 파업

노동자들은 이에 굴하지 않고 노민추를 중심으로 회사본관 앞에서 농성을 계속하면서 ▲기본급 20%인상 ▲단가를 갑A 을A 두개로 조정할 것 ▲모든 법정공휴일 모두 유급처리 ▲월

24만근공수 ▲퇴직금누진제 실시 ▲휴가비 김장보조금 및 각 명절보너스(추석, 구정, 신정) 5만원 지급 ▲공무부 및 각 항내의 지원부서 정기승급실시 등을 요구조건으로 제시하고 있다.

관제언론 날조·왜곡 광분

노동자들은 농성을 하루 프로그램에 따라 노래, 구호제창, 토론, 휴식 등으로 진행하고 아침마다 주변청소를 할 뿐만아니라 방별로 돌아가며 취사를 담당해 질서유지에 만전을 기하고 있다.

그럼에도 불구하고 중앙일보, 조선일보, KBS 등 관제언론들은 사실자체를 왜곡하거나 전혀 없었던 사실을 날조 노동자들을 폭도로 매도하고 있다. 대표적으로 중앙일보의 권혁통기자는 8월 25일 석간에서 고한읍이 광부들의 난동으로 공포의 도가니로 빠졌다는 허무맹랑한 기사를 조작했다. 비를 피하여 본관으로 들어간 것을 점거로 표현하

《노동자신문》광산특보, 1987년 8월 30일
(민주헌법쟁취국민운동본부노동자위원회 생산, 한국기독교사회문제연구원 기증, 민주화운동기념사업회 제공).

고 심지어 서명하고 외상으로 구입한 쌀과 라면을 탈취로 교회에서 빌려온 버스를 차량탈취로 매도했다.

중앙일보 뿐만아니라 조선일보, 강원일보 기사내용 또한 노동자들의 요구나 농성의 근본원인에 대해서는 전혀 관심없이 회사측만을 두둔하는 기사만 싣고 있다. 노동자들은 자신들의 평화롭고 질서정연한 파업투쟁이 온갖 악의에 찬 날조·왜곡보도로 나오자 이에 경악하고 중앙일보 거부운동, 시청료 거부운동을 결의하는 등 관제언론을 집중 성토하었다.

협상 회사측 무성의로 결렬

한편 노동자 대표와 회사 대표와의 협상은 25일부터 시도되었으나 회사측이 회사밖을 협상장소로 계속 고집하여 이루어지지 않고 있다가 27일 노동자들의 양보로 관리직 아파트의 객실에서 1차 협상을 벌였으나 회사측이 단가조정은 9월 15일 이후로 연기하자는 등의 무성의한 태도로 인해 결렬됐다.

이에 노동자들은 실질권자인 유성연회장과의 협상을 요구하면서 요구가 관철될 때까지 투쟁할 것을 결의하였다.

삼척탄좌는 노동자 2700여명 연간생산량 157만톤(86') 1인당

삼척탄좌는 엄청난 수익 올려

일일생산량(OMS) 1.84t (비교: 석공 1.54 경동 1.4 동원1.81) 등 우리나라 두번째 규모의 민영탄광으로 연간 총매출액이 5700여억에 이르고 있다. 반면 인건비는 160억원에 불과해 기타 비용까지 감안하여도 회사는 엄청난 순이익을 내고 있다. 회장 유성연씨는 삼척탄좌 25년만에 13개 회사를 거느린 삼천리그룹의 총수가 되었다.

그러나 회사의 성장이면에는 지하 수천m 막장에서 탄먼지를 마셔가며 목숨을 걸고 일하는 노동자들의 피와 땀이 자리잡고 있다. 격심한 노동과 가장 위험한 광산 노동중에서도 특히 노동강도가 심한 삼척탄좌 노동자들은 무리한 생산강요에 늘 시달리면서도 재해발생시 치료보장도 제대로 받지 못하고 사택등 복지후생도 열악한 형편이다. 더구나

노동강도 타회사보다 월등히 높아

검수과정의 부조리등 도급제의 폐단은 너무 극심하여 이의 철폐를 강력히 요구하고 있다. 이번 파업의 한 원인인 구어용노조의 재집권시도에 노동자들이 반발하는 것도 구노조가 한일이란 조합비로 매월 총소득의 1%(4~5천원)를 거두어 고작 1년에 2번씩(노동절, 노조 창립일) 수건한장 돌리는 것외에는 한일이 없기 때문이다.

어용노조 그동안 노동자권리 외면

또한 가장 민주적이어야 할 노조규약마저 갖가지 노동자 통제장치만 가득하여 노동자들의 의사가 올바로 수용될 수 없었으며 6~7년된 노동자도 임시부라는 이유로 노조에 가입할 수 없도록 방치되어 있는 것을 비롯 노동자의 권익향상을 위한 실질적인 노력을 전혀 기울이지 않았다.

이번 삼척탄좌 노동자들의 파업투쟁은 광산노동자들의 저력과 희망을 보여주는 대표적인 사례로 그 귀추가 주목받고 있다.

**도급제 철폐하고
완전월급제 쟁취하자.
어용노조 몰아내고
민주노조 건설하자!**

왜 언론은 노동운동을 왜곡·날조 하는가?

7, 8월 들어 사회의 민주화물결이 노동현장에까지 파급됨에따라 노동자들의 인간다운 삶을 요구하는 목소리가 전국적으로 거세게 분출되고 있다.

그런데 노동자들의 움직임에대한 언론들의 기사는 '삼척탄좌 정암광업소' 파업기사에서 보듯이 노동자들의 정당한 움직임에 대하여 사실을 '왜곡', '날조' 해왔다.

실제로 정암광업소 광부들에 의하면 기자가 직접와서 취재해가지도 않은채 전혀 근거없이 사실을 날조하여 광부들을 '과격·난동·폭도'로 매도하고 있다고 한다. (26일자 중앙일보, 조선일보기사)

또한 이와같은 노동자들의 정당한 움직임에 대한 '사실날조' '왜곡' 뿐만 아니라 노동자들의 가장 최소한의 인간적 요구마저도 '불순'이니 '사회불안'이니 하면서 국민여론을 나쁘게하여 노동자들을 고립시키려하는 모습들이 신문 구석구석에서 발견된다. 왜 언론이 노동운동에 대하여 이렇게 적대하는 태도를 보이는가?

우선은, 현재의 언론사 자체가 거대한 재벌기업이거나 삼성재벌 이병철이 소유하고 있는 중앙일보에서 보듯이 재벌만이 언론사를 소유하고 있기 때문이다.

실제로 이병철 소유의 중앙일보는 7, 8월 들어 노동운동에 대해 가장 심한 왜곡·날조를 하는 신문으로 돌변하었던 것이다.

또한 이러한 언론의 태도는 재벌들만 살찌게하고, 옹호하는 권력의 아주심한 '언론통제' 때문이기도 하다.

작년에 한국일보 현직기자가 폭로한 것과 같이 언론사에는 정부기관의 기관원들이 살다시피하면서 '보도지침'이라는 지시사항을 내려보내 '기사의 내용과 크기'까지도 일일이 지시하고 있다고 한다.

이번에 최루탄에 의해 죽어간 거제도 옥포 대우조선 노동자 이석규동지의 죽음과 장례식에 대해 정부는 대우조선노동자들과 재야인사들을 '과격' '불순'이니하면서 노동자의 최소한의 인간적 요구마저 살인최루탄으로 억압하고는 언론으로 하여금 눈가리고 아웅하게 하였던 것이다.

권력과 재벌들은 우리 일천만 노동자들의 힘찬 단결, 나아가 사천만 민중의 굳센단결을 가장 두려워 하기에 '언론'을 동원하여 노동자의 정당한 생존권 요구를 탄압하고 노동자와 노동자, 노동자와 국민들을 이간시키고 분열시키는데 광분하고 있는 것이다.

따라서 권력과 재벌들의 기만술책을 깨부수고 우리의 빼앗긴 '인간답게 살' 권리를 되찾기 위한 정의로운 싸움을 승리로 이끌어야 한다. 그러기 위하여 일천만 노동자는 굳세게 단결하여 사천만 민중과 손에손을 잡고 힘차게 전진해야 할 것이다. 이것만이 '진짜 노동자의 언론 사천만의 언론'을 쟁취하고 이땅의 진정한 민주화를 앞당기는 길이다.

날조·왜곡 보도한 신문사의 기자들에게 항의전화 합시다.

중앙일보 사회부 권혁룡기자　751-5123
조선일보 사회부 임호영기자　735-7326
강원일보 서울지사　　　　　733-7228

민주노조건설이 이나라 민주화의 초석이 됩니다

이 있다. 기사는 민주 노조 건설을 시도하는 노동자들의 연대 모임인 '노조민주화추진위원회(노민추)'를 어용 노조가 파괴하려 한 정황을 밝히고 이에 따라 파업 중임을 알린다. 노민추에서 제시한 협상안은 회사 측에 수용되지 않았다. 예를 들면 어용 노조 지부장 사퇴, 도급제 철폐, 법정공휴일 유급화 등이다. 노동자들은 농성 중에도 청소와 질서유지에 만전을 기하고 있다고 강조한다. 그럼에도 《중앙일보》, 《조선일보》 등에서 날조와 왜곡으로 노동자들을 폭도로 매도한다는 내용이 이어진다. 2면에는 구체적으로 노동운동 왜곡, 날조를 비판한다. 언론이 노동자들의 파업을 '과격', '불순', '사회불안'을 조장한다고 전하고, 이런 언론 때문에 여론이 노동자들에게 부정적이라는 사실을 비판한다. 나아가 정부 기관원들이 '보도지침'을 통해 언론을 통제한다는 사실까지 알려준다. 기사 아래에는 《중앙일보》,《조선일보》,《강원일보》의 전화번호를 적어두어 시민들의 항의 전화를 독려한다. 오늘날에도 보수 언론에서 노동자들의 파업을 왜곡해 보도하는 경향은 과거와 크게 다르지 않다.

10장

속초항

철광석이 떠나는 항구

한동안 아버지는 집에서 별로 말이 없었다. 늘 열변을 토하며 "이선권이 모가지를 치려"는 사람들을 욕하던 아버지는 조용해졌다. 집으로 찾아오는 사람들도 사라졌다. 어머니는 아버지가 들고 다닐 만한 새로운 도시락 가방을 사왔고 아버지는 어머니가 싸준 도시락을 들고 출근하기 시작했다. 아버지는 속초로 간다고 했다. 아버지가 속초로 발령이 나면서 속초에도 양양광업소 사무실이 있다는 사실을 처음 알았다. 일찍 학교에 가는 날이면 걸어가는 길에 시외버스정류장에 서 있는 아버지를 보곤 했다. 평소라면 터미널 건너편에 세워진 광업소 통근버스에 올라 있을 아버지가 그 통근버스를 바라보며 터미널에서 속초 가는 버스를 기다렸다.

24시간 365일 가행되는 광산에 비하면 속초 사무실은 일이 적어 보였다. 공식적으로는 어쨌든 9시 출근, 6시 퇴근이었다. 아버지가 '진짜 회사원'으로 보였다. 그해 가을 추석에 긴 연휴가 있었다. 추석 연휴와 한글날이 이어지며 사흘 연휴를 맞이했다. 추석 전에는 국군의 날과 개천절까지 있어서 열흘 사이에 사흘 정도만 학교에 갔다. 아버지에게는 "그렇게 긴 연휴는 평생 처음"이었다. 휴가라는 개념이 별로 없었고, 주 5일제가 시행되기 전이었으며, 추석에도 명절 당일과 그다음 날만 휴일이던 시기라 많은 사람에게 처음 있는 긴 연휴였다. 아버지는 숙직을 위해 연휴 중 일부는 사무실에서 보내야 했지만 그 정도의 휴일도 인생에서 처음 있는 일이다. 어머니는 우리 남매를 데리고 아버지가 숙직을 마치고 퇴근하는 날 속초 사무실을 찾았다. 명절 음식을 바리바리 싸들고 아버지의 숙직실에서 함께 밥을 먹었다. 퇴근하는 아버지와 함께 근처 청초호에서 갯배를 탔다.

지금은 속초 갯배를 타려고 관광객들이 줄을 서서 기다린다. 중앙동과 아바이마을을 잇는 갯배는 속초 관광의 핫플레이스가 되었고 갯배에 오른 아이들은 줄을 당겨 배를 이동하는 체험을 한다. 지붕이 없던 낡은 목선은 이제 지붕도 있고 훨씬 안전하고 좋아 보이는 배로 바뀌었다. 더 이상 '아바이'는 없지만 아바이마을에는 오징어순대와 아바이순대를 파는 가게들이 즐비하다. 드라마 〈가을동화〉 촬영지였음을 알려주는 송혜교 사진과 동상까지 보인다.

아버지는 아바이마을 옆 동명항으로 출근했다. 속초항의 외항인 동명항에 양양광업소의 작은 출장소가 있었던 이유는 철광석을 배로 보내기 위해서다. 동명항이 건설되기 전에는 속초항에서 배가 떠났다. 속초항은 일제강점기 때 철광석 적출항이었다. 양양 장승리에서 채광된 철광석은 속초항을 통해 일본 야하타제철소[*]로 들어갔

---

[*] 일제는 속초역과 속초항을 통해 양양의 철광석은 물론이고 지역민들을 강제로 데려

다. 전쟁이 지속되면서 일본은 수탈 규모를 더 키우기 위해 군사기지
가 있는 원산항을 이용해 철광석을 가져갔다. 양양에서 원산까지 이
동하기 위해 양양역과 속초역**을 신설했다. 속초 동명동 450-195번
지에 있었던 속초역은 일제에 의해 1941년에 세워졌다. 그렇게 양양
의 철광석 수송을 목적으로 양양에서 원산까지 잇는 동해북부선 철
도가 만들어졌다. 분단과 한국전쟁으로 철도 운영은 중단되었고 양
양역과 속초역은 1967년 사라졌다. 역이 있었던 자리만 남았다.*** 양
양의 향토사학자 김양식은 젊은 시절 우연히 양양 송암리의 철도
흔적을 발견하고 추적하다가 광산과의 연결고리를 찾게 되었다고
했다.

일제강점기에 속초역을 통해 빼앗긴 것은 자원만이 아니다. 사
람도 이곳을 통해 강제로 끌려갔다. 양양 사람 손용암의 증언에 따

갔다. 일제강점기에 양양의 철광석을 가져갔던 야하타제철소는 수많은 식민지 조선인이 강
제동원된 기업이다. 청일전쟁 승리 후 일본이 청국에서 받은 전쟁 배상금으로 설립된 야하타
제철소는 그 시작부터가 전쟁이었다. 동시에 이 야하타제철소는 세계문화유산으로 등록된,
19세기 후반에서 20세기 초의 산업화를 증명하는 메이지 일본 산업혁명유산군(제철, 제강,
석탄, 조선 산업)에 포함된 기업 중 하나다. 근대화와 산업화가 제국주의 침략 전쟁과 매우 밀
착되었다는 증거다. 이 제철소에는 경상도, 전라도 지역민들이 강제동원되어 가혹한 노동에
시달리기도 했다. 일본은 나아가 사도광산도 2022년 1월 세계유산에 등재신청했다. '기술교
류를 통한 산업화'라는 말에는 자원 착취와 사람 착취가 말끔하게 지워진다. 일본은 현재도
이 착취의 역사를 명시하지 않은 채 산업유산에 대한 전시를 하는 등 기술 중심의 산업화 역
사를 쓰는 중이다. 강제징용된 산업전사는 버려졌으나 기술은 역사로 남는다.
**　속초역은 탄생부터 폐쇄까지 수난의 역사와 함께했다. 일제의 수탈을 위해 만들어진
속초역은 분단으로 인해 더는 이용될 수 없었다. 한국전쟁 중 국군이 점령했을 때는 화장장
으로 쓰였다. 수복 이후 1954년까지는 미군정 시기로 미군의 항만 사령부가 댄스홀 등으로
사용했다. 그 이후에는 학교로 이용되다가 20여 년간 벽돌 공장로 운영됐다. 1978년 속초역
은 완전히 사라졌다.
***　강릉에서 제진을 잇는 동해북부선이 2027년까지 신설될 예정이다.

르면 그는 1943년 11월 열다섯 나이에 속초역에서 경찰에 납치되어 사할린 탄광으로 강제동원되었다.* 대법원 배상판결 기준만 보더라도 미쓰비시와 일본 제철소에 끌려간 양양 사람들이 적지 않다. 그뿐만 아니라 광산이 있는 양양이 곧 강제동원지이기도 했다. 야하타제철소로 철광석을 보내던 양양 철광산은 당시 일본 기업에서 경영했다. 양양 철광산에는 강원도 사람만이 아니라 충청도 사람과 전라도 사람까지 끌려왔다. 이기영의 《광산촌》에서 충청도 사람 형규가 "생소한 광산에 일개 증용인부로 뽑혀" 왔듯이, 형규와 같은 인물들이 1940년대에 양양 철광산으로 강제동원되었다. 전쟁 막바지인 1945년에 이들은 군사훈련까지 받아야 했다.**

해방 후 전쟁과 분단을 거치며 원산까지 가는 길이 끊어지자 철광석은 다시 속초항을 통해 일본으로 수출되었다. 이번에는 일제에 의한 수탈이 아니라 남한의 손꼽히는 수출 품목이 되어 양양을 떠났다. 철광석은 1950~60년대 남한의 대표적인 수출 상품이었다. 1968년 박정희 정부 주도로 포항제철이 생긴 후에는 양양의 철광석이 포항제철로 옮겨졌다. 속초에 있는 양양광업소 사무실은 장승리에서 속초항으로 옮겨진 철광석을 다시 일본이나 포항제철로 보내는 일을 담당하기 위해 필요했다. 나중에는 외항으로 동명항이 새로 만들어졌고, 철광석은 그 후 동명항을 통해 포항으로 이동했다.

* 《사라지는 목소리들: 전쟁과 산업유산, 잊힌 희생자 이야기》(전시), 2023년 6월 8일 ~2023년 9월 8일. 1939년부터 1945년 사이에 강제동원된 조선인의 40퍼센트가 광산으로 끌려갔다.

** 엄경선, 〈우리지역 일제 강제동원 피해 이야기 (중): 양양군 민간인 피해자, 일본 규슈·홋카이도 강제 동원 많아〉,《설악신문》, 2023년 4월 11일.

철광석을 나르는 트럭

한편, 속초는 어머니의 고향이다. 어머니는 속초 영랑동에서 태어나 자랐다. 외할아버지는 평안도 안주에서 온 아바이다. 어머니 기억 속에 동네 상호에는 '평안'이 많았다. 오늘날 아바이마을로 알려진 동네에 함경도 사람들이 많았다면 어머니는 평안도 사람들이 모여 살던 동네에서 자랐다. 기차가 다니던 철로를 어머니는 기억한다. 외할아버지는 한국전쟁 때 피난 왔다가 북으로 돌아가지 못하고 속초에 정착한 실향민이다. 당시 많은 실향민이 그랬듯 나의 외할아버지도 며칠 후면 다시 고향에 돌아갈 줄 알았다. 휴전선에 막혀 돌아가지 못하자 통일이 되면 고향에 돌아가려고 속초에 거주했다. 할아버지 동생은 인민군으로 왔다가 거제포로수용소에 수감되었다. 전쟁 후 반공포로 석방 때 남한에 남은 할아버지의 동생은 남한에서 적응하지 못한 채 일찍 세상을 떠났다. 거제도 포로수용소에서 충격적인 일을 겪은 후유증 때문일 것이라 어머니는 짐작한다. 부모님은 가끔 '빨갱이 집안과 반공 집안이 결혼했다'는 농담을 하곤 했다.

속초에 살았던 피난민들은 같은 출신 지역 사람들이 모여 살며 친인척 같은 관계를 유지했고, 자식들이 결혼을 하더라도 같은 피난민들끼리 하기를 원했다. 장난처럼 어린 자식들의 예비 배우자를 정해두고 서로 사돈이라 칭했다. 그 때문인지 어머니는 자신의 고향을 속초가 아니라 평안도라고 인식한다. 가보지도 않은 북한 평안도를 고향으로 여긴다는 게 의아하지만 어머니에게 정서적으로, 문화적으로 고향이라는 느낌을 주는 장소는 물리적으로 거주한 속초가 아니라 문화적으로 경험한 평안도라는 세계이다. 어머니는 평안도 사람들이 시뻘건 음식을 안 좋아했다며 지금도 맑은 물김치에 밥을 말아 먹기를 좋아하고 평안도 사람들이 '박치기'라는 말을 많이 사용했다고 기억한다. 고향은 물리적 장소가 아니라 정서적 친밀감에 따라 발명된다.

어머니는 속초에서의 어린 시절을 풍요로웠던 때로 기억한다. 할아버지의 사업으로 여유 있는 생활을 했기 때문이다. 왕진 오는 의사에게 자전거를 사줬다거나 또래 아이들과는 다른 책가방을 들었던 이야기를 할 때 어머니 얼굴은 환해진다. 할아버지는 피난 올 때 당시로는 드물게 큰 트럭을 가지고 왔다. 이 트럭이 사업의 밑천이 되어 여러 조수를 두고 운송업을 시작했고 자동차 부품을 파는 '모터스'로 확장했다. 속초 미군부대를 통해 할아버지는 바나나, 버터, 케첩 등 당시로는 흔치 않은 먹거리를 가져왔다. 바나나를 처음 본 할머니는 가지 종류인 줄 알고 요리를 하려 했다. 어머니는 어릴 때 토마토 위에 버터와 섞은 으깬 감자를 올려 케첩을 뿌려 먹었다. '아지노모토'와 마가린은 흔하게 먹을 수 있었다.

1950년대에 트럭을 가지고 있었으니 할아버지의 사업은 그 일대에서 중요한 물류 역할을 했다. 광산에서 빼놓을 수 없는 업무가 운송이다. 할아버지의 트럭은 양양광업소에서 속초항까지 철광석을 나르던 바로 그 트럭이었다. 초창기 양양광업소는 운송 업무를 할 트럭을 갖추고 있지 않았고, 대신 트럭을 가진 외부 업체에 일을 맡겼다. 쉽게 말해 운송을 외주화했는데, 할아버지의 '모터스'가 그 외주 업체였다. 어머니와 결혼 후 아버지는 광업소에서 오래 일한 사람들에게 "자네 장인이 옛날에……"로 시작하는 이야기를 들으며 얼굴도 모르는 장인이 광산과 어떻게 연결되었는지 알게 되었다. 어머니는 어릴 때 트럭 조수석에 타고 광산 근처의 친척 집을 오갔다. 예쁜 원피스를 입은 무릎 위에는 친척집에 전해줄 고기가 놓여 있었다. 자동차 관련 사업을 일궈 나가던 할아버지는 병으로 일찍 돌아가셨다.

광산의 물류 역할을 했던 할아버지는 정작 돌아가시기 전에 할머니에게 '아이들을 광산 근처에서 키우지 말라'는 말을 남겼다. 할아버지는 광산을 통해 돈을 벌면서도 광산과 문화적으로 거리를 두려고 했다. 그러나 할아버지가 사망한 후 할머니는 홀로 네 아이를 키우기 위해 광산에 선광부로 들어갔다. 게다가 자신의 딸이 광산에 다니는 남자와 결혼하리라고 꿈에도 생각하지 않았을 것이다. 어머니에게 광산 다니는 남자와의 결혼은 마치 신분이 강등된 기분을 안겨줬다. 어머니는 지금도 여전히 "실력 있는 네 아빠가 먹고살기 위해 어쩔 수 없이 광산에 다녔을 뿐"이라고 강조한다.

감시

1987년, 어머니의 풍요로웠던 시절을 품은 속초에 아버지는 좌절과 분노를 품고 매일 오갔다. 아버지에게 "월급이 형편 없을 때"였다. 신문광고를 보고 주택관리사라는 직업을 처음 알게 되었고 시험 공부를 위한 책을 샀다. 이제 정말 광업소를 나올지도 모른다고 생각했다. 아버지를 속초로 보낸 것은 회사에서 나가라는 신호이기도 했다. 어쨌든 아버지는 광산을 그만두지 않고 꾸역꾸역 속초를 오갔다. 사람 하나 자르는 게 그리 어렵던 시절이 아니라면서 어떻게 아버지는 근근이 버텨왔을까.

“그래도 광업소가 오래되고 노조가 오래되어서 양양광업소는
사람을 함부로 자르진 않았어. 여론의 지탄을 받을 짓은 안 하
더라고. 노조를 끌어안으려고는 했지. 경영진이 그렇게까지 악
독하진 않았어.”

나는 아버지의 이 말이 흥미로웠다. 세월의 덧칠로 감정의 변화
가 드러나기 때문이다. 회사를 향해 철천지원수처럼 으르렁대던 그
당시 아버지와 달리 시간이 지나 지금의 아버지는 약간 ‘너그러워’졌
다. 더 악독하고, 노동자를 더 함부로 대하는 경우를 많이 경험하면
서 “경영진이 그렇게까지 악독하진 않았”다고 당시의 사측을 기억하
게 되었다. 과거의 기억은 현재에 의해 표백되기 마련이다.

그도 그럴 것이 당시 광산노동자들의 투쟁 기록에는 해고에 맞
선 투쟁이 많이 보인다. 1988년 4월 10일 《광산노동자신문》이 태백
에서 창간되었다. 창간호 3쪽은 광산노동자들의 부당해고 문제로 채
워졌다. 노조 직선제를 요구하며 파업하던 노동자들을 해고한 강원
탄광, 노동자를 위험으로 내모는 노동*을 거부하자 부당해고한 한보
탄광, 역시 파업한 노동자를 해고한 경동탄광, 삼척탄좌, 20여 명을
무더기로 해고한 동해탄광 등의 상황이 소개되었다. 회사는 파업에
참여한 노조 대의원이나 다른 직원들을 부당하게 해고하고, 해고 후
에는 사택에서 쫓아내기 위해 폭력을 가하고, 복직 투쟁을 하는 노동

* “노동자들에게 무리한 작업과 군대식 규율을 강요해 왔는데 지난해 9월 9일에는 굴진
선산부 백형근씨에게 자살 행위나 다름없는 마른 천공(물을 사용치 않고 굴착하는 것)을 강
요했다가 백씨가 이를 거부하자 해고시켰다.” 〈“한보탄광 해고자 탄압극심” 폭력으로 사택에
서 몰아내려〉,《광산노동자신문》 창간호, 1988년 4월 10일.

자를 폭행하는 등 각종 만행을 벌였다. 광산노동자들은 다수가 사택에 살았고 갑자기 부당하게 해고되면 직장만이 아니라 졸지에 주거지까지 빼앗기는 절박한 상황에 처한다. 가족들과 함께 말 그대로 길거리에 나앉는 상황으로 몰린다. 강제로 사택에서 몰아내는 과정에서 회사가 얼마나 노동자들을 무자비하게 대했는지 알 수 있다.

> "지난 3월 19일 새마을과장 허정무, 후생주임 김영춘 등 5명을 동원, 사택 아파트의 현관문과 모든 창문과 방문 28개를 강제로 뜯어갔다. 백씨 가족은 아직도 영하를 오르내리는 추위 속에서 바람 때문에 가스렌지조차 쓸 수 없는 상태에서 비참하게 살고 있다."**

3월의 태백은 여전히 겨울이다. 4월에도 눈이 내린다. 이런 날씨에 문과 창문을 모두 뜯어서 가족을 고통스럽게 만들 정도로 노동자 탄압은 잔인했다. 이렇게 악독한 회사에 비하면 양양광업소를 운영하는 회사는 아버지를 그저 조금 먼 곳으로 보냈을 뿐이니 상대적으로 "악독하지 않았"다고 기억할 만하다. 어쩌면 이것이 노동자를 비롯해 세상의 모든 약자들이 처한 모순된 감정일 것이다. 더 고통받고 있는 사람들을 보면서 권력의 횡포를 상대적으로 '이해'한다.

아버지는 속초로 가면서 노조와 물리적으로 멀어졌고 자연스럽게 노조원들과의 접촉도 어려워졌다. 3교대를 하는 광산노동자들의 근무 특성상 광업소 현장 바깥으로 발령이 나면 다른 노동자들과

** 같은 글.

부당해고 철회하라

회사측 온갖 불법·폭력자행
노동자들 굳게 맞서 투쟁

"강원탄광 법앞에도 안하무인"

태백시 철암동 강원탄광(대표이사 : 김지현 인원 1,800명, 연간 74만톤 생산)이 법을마저 무시한 채 안하무인으로 노동자를 탄압하고 있다. 강원탄광측은 지난해 8월 파업시 대표였던 이기만, 성완희, 양시준씨를 올해들어 모두 해고시켰다.

이것은 이씨등 파업대표 들이 파업시 현노조(위원장 김병두)가 직선제를 약속해 놓고 차일피일 미루자 이에 항의, 노조수임권 선거를 빠른 시일내에 요구하며 이들의 노조진출을 막기 위한 것이 명백하다. 결국 무능한 노조를 유지하기 위해 회사측이 발벗고 나선 것이다. 한편 강원탄광측은 2월 4일자로 "태백지역 인권선교위원회"에서 부당해고에 항의하는 공문을 보내자 2월 7일자로 보내온 답신에서 "우리는 노동부의 해고 적법유무 판정에 따르겠다. 그때까지 조용해 달라 그렇지 않을 경우 명예훼손과 제3자 개입을 들어 인권위원회를 고발 하겠다."고 밝혔다. 그런데 막상 3월에 노동부에서 이기만씨를 복직시키라고 판정하자 출근을 막고 합숙소에서 내쫓는 등 노동부 명령을 거부했으며 "맘대로 해봐라"고 하며 큰소리 치고 있다.

이에 위의 3인과 박유규, 김봉기, 윤승권씨등 부당 징계자들이 단합하여 "강원탄광 부당징계철회 특별위원회"를 결성하고 유인물 배포와 항의 집회 등을 주도하며 싸워나가고 있다. 정부, 노동부, 법원, 경찰 등 모든 권력기구가 사실상 강원산업회장과 같은 재벌과 군 부장성들이 쥐고 흔드는 것이 이 나라의 현실이니 강원탄광측이 노동부 명령을 우습게 여기는 것은 당연한 일이라 하겠다. 돈과 권력을 모두 가진 기업주들이 두려워하는 것은 오직 노동자들의 단결된 행동뿐이다. 강탄노동자들은 이 점을 명심하여 법률에만 의존하지 말고 스스로 단결해 싸워나가야 할 것이다.

"한보탄광 해고자 탄압극심"
폭력으로 사택에서 몰아내려

태백시 연화동 한보탄광(업주 : 정태능 인원 700명, 연간 35만톤 생산)은 법도 인륜도 무시한 부당행위를 일삼고 있다. 한보탄광은 국내 30대 재벌인 한보 그룹의 주력기업으로 회장은 개인소득이 국내 10여위를 오르내리는 갑부이다.

그러나 노동자에 대한 착취는 어느 탄광보다 극심하여 노동자에게 당연히 제공해야할 기계를 사용료까지 징수하고 있다. 점보를 쓸 경우는 일당의 20%, 별차와 전차는 10%를 공제하고 있다. 그나마 기계들도 산지가 3-5년된 것들로 이미 원가를 다 뽑았으면서도 이중으로 징수하고 있는 것이다.

또한 노동자들에게 무리한 작업과 군대식 규율을 강요해 왔는데 지난해 9월 9일에는 굴진 선산부 백형근씨에게 자살 행위나 다름없는 마른천공(물을 사용치 않고 굴착하는 것)을 강요했다가 백씨가 이를 거부하자 해고 시켰다.

백형근씨는 이에 불복 현재까지 싸우고 있는데 노동부에 진정한 결과 광산보안법 위반으로 정태능 대표가 2월에 기소되었다. 그러자 한보측은 법적으로 엄연히 종업원 자격이 있는 백씨를 내쫓기 위해 사택에서 나갈것을 강요해오다가 지난 3월 19일 새마을 과장 허정

무, 후생주임 김영춘 등 5명을 동원, 사택아파트의 현관문과 모든 창문과 방문 28개를 강제로 들어갔다. 백씨 가족은 아직도 영하를 오르내리는 추위속에서 바람때문에 가스렌지조차 쓸수 없는 상태에서 비참하게 살고 있다.

백씨는 주거침입, 비밀침해, 권리행사 방해, 특수 파괴 등의 죄목으로 회사측을 장성경찰서에 고발했으나 경찰은 차일피일 해결을 미루고 있으며 노조측도 이를 방관하고 있다.

한보탄광측의 법도인륜도 짓밟은 부당행위는 즉각 철회되어야 하며, 한보 노동자들은 이런 문제를 해결할 수 있는 것은 법과 경찰에 앞서 바로 자기 자신들임을 깨닫고 함께 싸워나가야 할 것이다.

"경동 해고자 복직투쟁 계속"
임금인상촉구 성명발표

3월 30일 도계읍 경동탄광(업주 : 손도익, 인원2,200명, 연간 72만톤 생산) 사택에 86년 경동 1,2차 파업시 노동자 대표였다가 해고당한 장봉철씨 명의의 유인물이 배포되었다. 장씨는 "한자리 숫자의 임금인상을 단호히 거부하며" 라는 내용의 유인물을 통해 1. 해고자 복직 2. 완전월급제 실시 3. 상여금 총 수독의 400%로 인상 4. 최저 생계비 60만원 보장 등을 요구했다. 또한 아직까지도 임금인상에 대한 아무런 계획도 세우지 않고 있는 노조(위원장 : 박진규)의 무능성을 비판하고 올해 임금인상은 최소한 노총에서 산정한 29.5% 이상이 관철 되어야 한다고 밝혔다. 동료를 위해 싸우다가 해고 당한지 1년이 넘도록 끈질기게 싸워나가는 장봉철씨의 정의감에 대해 많은 노동자들이 성원을 보내고 경동측의 부당성을 규탄하고 있다.

사설

석탄업 과연 불황인가?

석탄업계가 불황이라고 아우성이다. 석탄 수입이 85년이후 급증 84년 80만톤이던 것이 작년에는 440만톤이나 되어 불황을 가속화 시켰고 정부 지원도 대폭 줄었다는 것이다. 그 결과 88년 1월 현재 태백지역의 50여개 영세탄광이 임금과 세금, 의료보험 등 총 160억원을 체불 미납했다한다. (88년 1월 태백상공회의소). 그러나 올해 석탄수입은 160만톤으로 줄것이며 또 정부지원이 줄은 것은 사실이지만 석공에대한 지원이 줄었을뿐 민영지원은 늘어가고 있다. 따라서 영세탄광의 경영난을 전체광업의 불황으로 몰리는 것은 잘못인 것이다. 전체적으로 보았을때 석탄산업에 대한 자금지원은 순수지원금은 줄고 융자형태 지원이 점차 늘고 있다. 84년도에 1,233억원에 이르던 순수지원이 87년에는 1,044억원으로 줄었으며 반면에 융자액은 84년의 194억원에서 86년에는 277억원으로 늘어났다. 총지원액으로 보면 84년 1,427억원이던것이 86년에는 1,321억원으로 줄은 것이다. 그러나 이를 이유로 사업주들이 임금인상을 억제시키려는 것은 어불성설이다. 지원금 중 굴진 보조비는 점점 늘어나 84년에 108억원이던것이 86년에는 141억원으로 기계보조비는 84년에 76억이던것이 87년에는 120억원으로 늘어 났으며 보안시설비로도 28억에서 33억으로 늘어났다. 그 밖에도 생산장려금 29억, 탐사비 56억, 장학금 20억 등 중요한 부분의 지원은 점차 늘어났다. 총액이 일부 줄어든것은 석탄기금, 석공출자액, 광업진흥공사 출자액 등 민영과 상관없는 부분이 줄었기 때문이며 총지원액은 여전히 1,300억이 넘는 막대한 액수이다.

또, 석탄수입으로 팔지못한 탄이 누적됐다지만 87년의 경우 전체 석탄량의 95%는 이미 판매되었다 한다.(88년 광산노련 보고) 탄광업계가 어려운 것은 사실이지만 극히 영세한 탄광이외에는 임금지급에 아무런 문제도 없음을 보여주는 것이다. 그리고 같은 불황이라해도 공장과 탄광은 큰 차이가 나지 않는가? 석탄업이 호황이었을때는 동탄, 삼탄, 경동, 대성, 어룡, 강원 등 대탄광들이 탄광하나로 시작해서 기업을 확장, 오늘날에는 모두 10여개 계열회사를 거느린 재벌들이 되지 않았던가? 탄광은 이윤율이 매우 높기 때문에 약간의 어려움이 생겨봐야 막대했던 이윤이 줄어드는 것뿐 결코 임금을 못율릴 정도는 아닌 것이다. 물론 정부에서도 기간산업육성이란 측면에서 석탄 수입을 줄이고 지원을 더욱 늘려아 할 것이다. 재벌들이 노동자를 헐값에 부려서 만든 질나쁜 자동차, 전자제품을 덤핑으로 파는 댓가로 외국으로 부터 농산물, 광산물등 경제의 근간이 되는 상품을 교환 수입하는 것도 근본적으로 이나라를 외국에 종속시키려는 잘못된 정책이다. 우리나라 석탄질이 나빠져 어쩔수 없다는 것도 말이 안된다. 그렇다면 84년이전에도 오늘날 만큼 수입했어야 하지 않은가? 지난해에 국영인 석탄공사가 석탄수입을 통해 54억원이나 벌었다는 것은 있을수가 없는 일이다. 정부와 기업의 각성을 촉구한다.

"삼척탄좌 해고자 폭행"

지난 2월 27일 고한읍 삼척탄좌 (사장 : 박우병, 인원2,800명, 연 160만톤 생산) 해고자 마진수씨가 검수 계원 정복교외 3명의 관리직으로 부터 집단 폭행을 당해 전치2주의 상처를 입었다.

마씨는 작년 8월 삼탄 파업시 노동자 대표의 한사람으로써 정운환씨 등과 함께 평화적인 농성을 주도하다가 구사대와 경찰의 무자비한 진압으로 해산된 후 구속 됐다가 지난 1월에 석방되어 지금까지 복직투쟁을 벌여왔다. 그러자 파업당시 회사 측 구사대의 일원이던 관리직들이 아무런 이유없이 마씨를 집단테러 하며 "여기를 떠나지 않으면 죽이겠다."고 협박을 가한 것이다. 삼탄노동자들은 이에 대해 이 사건이 일개 말단 관리직들에 의해 독자적으로 벌어진 일이라고는 상상할 수 없으며 회사측의 배후 조종위에 계획적으로 벌어진 테러라고 주장하고 있다. 실제로 경찰은 명백히 구속감인 가해자 정복교등을 아직도 구속하지 않고 있어 노동자들의 의심을 확인해 주고 있다. 경찰과 삼탄측은 조속히 이번 테러 사건의 배후와 진상을 밝혀야 할 것이다.

"동해탄광 무더기 해고"
노조는 수수방관만

태백시 동해탄광(업주 : 장지영, 인원 500명 연간 15만톤 생산)에서 무더기 해고가 계속되고 있는데 노동자들로부터 불신임까지 받았던 노조는 이를 방관하고 있어 불만이 높아지고 있다.

동해탄광은 작년 7월의 1,2차 파업 이후 12월 하순에 노조대의원 우창호씨를 해고시킨것을 시작으로 2차로 이현근씨 등 8명, 3차로 시용대씨 등 3명, 4차로 양성용씨의 3명을 해고 시켰다. 또 박병철 외 5명도 해고를 예정했다가 보류하는 등 총 20여명이 해고 당했다. 이에 노동자들은 "동해개광 24년동안 이런 해고는 한번도 없었다."며 파업당시에는 간이라도 빼줄듯이 쩔쩔메다가 파업이 끝나고 나서 노동자들이 흩어지고 노조집행부(위원자 : 김기대)도 올바른 투쟁성이 없이 무능한 태도를 보이자 마음 놓고 보복해고를 자행하고 있다고 주장했다.

해고는 남의 문제가 아닙니다
오늘 단결하여 싸우지 않으면
내일 해고는 내문제가 됩니다.

《광산노동자신문》 창간호
(광산지역사회선교협의회 생산, 윤미애 기증, 민주화운동기념사업회 제공).

마주치기 어렵다. 동료들과 마주치기 어려워진 아버지는 밤늦게 술을 마시고 들어오는 일이 줄었다. 그런데도 안심할 수 없었는지 회사는 아버지를 감시했다. 함께 일하는 사무실에서 다른 직원에게 감시당하고 있다는 사실은 아버지도 나중에 알았다. 아버지가 여전히 노조원들과 접촉하는지, 누구와 통화하는지 같은 것을 감시했다. 연좌제로 감시받으며 살았지만 연좌제가 공식적으로 폐지된 후에는 노조 활동으로 감시받는 처지에 놓였다.

학교에서 돌아온 어느 날 오후 집에 혼자 있을 때였다. 작업복을 입은 한 아저씨가 찾아왔다. 구걸을 하러 오는 상이용사나 우체부, '계몽사 아저씨'° 외에 낮에 혼자 조용히 찾아오는 남자는 거의 없었다. 집에는 어른이 없는데 이 아저씨는 어머니가 올 때까지 기다린다며 문턱에 걸터앉아 기다렸다. 잠시 후 동네 아주머니가 어머니를 찾아왔다. 그때 이 아저씨는 재빨리 문 안쪽으로 몸을 숨겼다. 동네 아주머니와 이야기하는 내게 절대 티 내지 말라고 눈빛과 손으로 신호를 줬다. 영문을 알 수 없는 나는 집에 혼자 있는 것처럼 행동했다. 아주머니가 문 밖에서 나와 이야기하고 떠난 뒤 나는 아저씨에게 이제 나와도 된다고 알렸다. 그는 긴장감이 역력한 표정으로 내게 방금 다녀간 사람이 누구인지 물었다.

"그냥 동네 아줌마인데요."

"저 아줌마 광업소 사람 아니지?"

"아니에요."

"저 집 아저씨가 광업소 다니는 건 아니지?"

° 계몽사 도서 방문 판매원.

"아니에요. 저 집 아저씨 광업소 안 다녀요."

"내가 여기 왔다는 말은 절대 하면 안 된다."

그는 내게 신신당부를 했다. 어머니가 집에 돌아왔을 때 그는 어머니와 잠시 이야기를 나눈 후 떠났다. 나는 그의 행동이 웃기다고 생각했다. 그날 저녁 나는 아버지에게 그 아저씨가 누구인지, 왜 그렇게 다른 사람들 눈에 띄지 않으려고 하는지, 아버지와 그 사람은 만나면 안 되는 사이인지 등을 물어보았다. 물론 아버지가 내게 제대로 답해줄 리는 없었고, 괜히 그러는 것이라며 웃었을 뿐이다. 아버지가 광산에서 감시받고 있었기 때문에 벌어진 일이었다. 회사는 우리 집에 광산 사람들이 드나드는지 감시했고, 아버지와 접촉한 사실이 밝혀진 노동자들에게 불이익을 줄 수 있었다. 날마다 우리 집에 몰려오던 '노조 인간들'이 잠시 조용해진 이유였다. 37년 후에 '노조 인간들' 중 한 사람인 이인수를 만나 나는 이 사실을 확인했다. "그때 우리 아무도 못 갔어. 감시가 있으니까. 김학진 씨가 그래서 대단한 거야. 혼자 다녀왔더라고. 그런 사람이었어."

한동안 그렇게 '노조 인간들'의 발걸음이 잦아드는가 싶더니 1987년 상반기가 지나면서 서서히 다시 아저씨들이 우리 집에 몰려오기 시작했다. 내 눈에 이상하게 보였던 김학진 아저씨는 그 후에 자주 보게 되었다. 이 아저씨를 비롯해 다른 아저씨들이 급습하듯 한밤중에 몰려오거나 아버지가 없을 때도 우르르 집으로 몰려와 진을 치고 기다렸다. 이미 한잔 걸친 후 불콰한 얼굴로 몰려올 때도 있었다. 기다리다가 아버지를 만나지 못하고 가는 날도 있었다. 그들이 집에 머무는 동안 어머니가 그들을 계속 응대해야 했다. 그들 중 누군가가 어느 날은 나를 앉혀놓고 "아저씨가 블루칼라로 보이냐, 화이

트칼라로 보이냐"고 물었다. 그날 아저씨가 흰 셔츠를 안에 입고 있
어서 나는 "화이트칼라"라고 답했다. 영어로 그 정도 색깔은 안다고
생각해서 자신 있게 답했다. 아저씨들이 한바탕 웃었다. 대학생들의
시위와 전국적으로 일어나는 노동자대투쟁의 열기가 강원도 양양에
사는 국민학생에게까지 전해지던 1987년이었다. 노동자들은 "어용
노조 물러가라"며 노조 민주화를 외치고 대학생과 시민들은 "독재
타도"를 외쳤다. '민주화'는 온 국민의 거대한 염원처럼 여겨졌다. 아
버지는 속초 사무실에서 라디오를 통해 울산을 비롯해 다른 중공업
단지의 파업 소식을 들었다. 가끔 집으로 전화해 상황을 묻곤 했다.

11장

양양을 떠나기

"광산과 노조에서 너희를 분리시키려고"

1987년 즈음 양양광업소가 삼미 소속에서 대한철광으로 바뀌면서[*] 퇴직금이 나왔다. 통근버스는 주식회사 삼미에서 대한철광으로 이름을 바꿨다. 그해가 저물어갈 때 부모님은 양양을 떠날 준비를 했다. 이 퇴직금에 돈을 더 빌려서 이사를 하기로 했다. 아버지는 전화기를 붙들고 광산 동료들에게 돈을 빌리는 부탁을 했다. 어떤 사람은 이자 없이 빌려주겠다고 했다. 수화기를 든 채 아버지는 고마워서 머리를 숙이며 인사했다. 그때 이자 없이 빌려준 사람이 누구인지 나는 기억한다. 우리는 강릉으로 간다고 했다. 우리가 양양에서 살던 집에는 광산에 다니는 다른 가족이 들어왔다. 이렇게 목돈이 생겨서 강릉으로

---

[*] 양양철광은 한국전쟁 이후 국유화된 후 1955년 양양철광공사로 발족하고 1956년에 삼화철광주식회와와 합병 후 대한철광 양양광업소로 개칭한다. 1964년 대한철광주식회사가 인수했고, 1967년 삼미광업개발주식회사가 인수해 민영화되었다. 이후 1987년 대한철광개발주식회사 양양사업소로 이관되었다.

이사갈 수 있었지만 부모님은 훗날 전세로 집을 얻은 것을 후회했다. "그때는 우리가 바보, 천치였지. 부동산에 대한 개념이 없어서 지하 방에서 2,000만 원 주고 세들어 살았잖아. 빚을 지면 죽는 줄 알았어. 조금만 더 보태면 집을 사는데. 그때 몇 집이 같이 강릉으로 나왔어."

회사가 바뀌면서 목돈이 생긴 그 시기에 광업소 사람 중 일부가 우리처럼 강릉으로 이사 갔다. 같은 퇴직금을 받아 누구는 저렴한 땅을 사서 집을 짓거나 주택을 구입하는 데 보태었다. 대출을 받는 등 돈을 더 끌어와서 '내 집 마련'을 했다. 부모님은 감당할 수 있는 만큼 돈을 빌려 강릉에 전셋집을 얻었다. 어머니는 "계단 몇 개만 내려가면" 되는 집이라고 했다. 꼭대기에 주인이 살고 두 개 층을 우리가 전세로 사용하는 형식이었다. 아버지가 노조에서 쫓겨난 지 1년 후인 1988년 1월 31일 우리는 강릉으로 왔다. 아버지는 광산 사택에서 혼자 살기로 했고 주말에만 강릉 집으로 돌아왔다. 토요일 오후 3시 즈음이면 나는 동네 놀이터에서 아버지가 지나가길 기다리며 놀았다. 버스정류장에서 우리 집으로 가는 길에 반드시 놀이터를 지나기 때문이다.

나는 우리 가족이 강릉으로 이사한 이유가 전적으로 자식 교육 때문인 줄 알았다. 양양에서 공부를 잘하는 자식들을 강릉으로 유학 보내는 경우가 종종 있었다. 평소에 어머니가 동네에 어느 집 딸이 강릉 무슨 고등학교에 갔다는 이야기도 자주 했다. 어릴 때는 나를 중심으로 세계를 인식했기 때문이기도 하지만 자식 교육에 부모님이 많은 관심을 가졌기에 나는 강릉으로 이사를 가는 이유도 나의 진학과 관련되었다고 믿었다. 그도 어느 정도 사실이지만 나중에 알고 보니 꼭 그 이유 때문만은 아니었다.

내가 서른 후반이었던 어느 날 어머니는 "내가 너희들을 두 가지에서 멀리 두려고 얼마나 애썼는지 몰라"라고 고백했다. 어머니가 말한 '두 가지'는 '광산'과 '노조'였다. 어머니는 그것이 자식을 위해 좋다고 생각했다. "떠나고 싶었는데 마침 네가 중학교 갈 때도 되고"라고 말하는 어머니에게 나의 진학은 양양을 떠날 수 있는 좋은 명분이었다. 어머니는 나를 양양에서 중학교를 다니게 하고 싶지 않았다고 말했다. "양양은 바닥이 좁고, 이북이었다, 이남이었다, 그래서 지금도 싫어. 먹고살아야 하니까 광업소 생활을 했지." 노조라면 진저리를 치는 어머니는 단지 노조라는 것뿐만이 아니라 '광업소 노조'라서 더욱 불편해했다. 더불어 "이북이었다, 이남이었다" 했던 양양과도 선을 긋고 싶었다. 어머니가 표면적으로는 "애들 교육 때문에"라고 말하지만 그것이 실제로는 양양/광산/노조와 거리를 두기 위한 방편이었음을 알게 되었다. '애들 때문에'는 어머니의 위치에서 가장 좋은 말하기의 방식일 뿐이다. 어머니와 아버지 모두 늘 "너는 강릉 사람이지"라고 말하며 양양에 대한 기억을 단절시켰다. 내가 양양에 대해 물어보는 것도 썩 좋아하지 않으며 나의 기억을 모른 척한다. "너는 양양 잘 모르지. 어릴 때니까 기억이 안 나지"라고 말하며 은근히 망각을 권한다. 지금도 어머니는 "내가 그래도 젊은 나이에 머리가 돌아가서 너희를 데리고 강릉으로 나왔으니 얼마나 다행인 줄 모른다"고 자평한다. 그것은 어머니에게 인생에서 아주 잘한 결정이었다.

아버지도 마찬가지다. 울진에서 태어나 열두 살까지 살았다는 아버지는 스스로를 당연하다는 듯 "경상도 사람이지"라고 하면서, 양양에서 태어나 열두 살까지 살았던 나의 양양에 대한 기억은 외면한다. 경상도 억양이 전혀 없는 아버지는 '일마', '절마', '글마'라는 말을 고집스럽게 사용하고 '씨껐다', '딸 치우다'라는 말을 쓴다. 아버지의 방언에는 고의성이 있다. 어떤 습속은 절대 바꾸지 않음으로써 자신의 위치를 유지한다. 게다가 울진은 1962년 12월에 경상북도에 편입되었기에 아버지는 '강원도 울진군' 시절에 울진에서 태어나 살았다. 행정적으로 경상도 지역에서 거주한 적이 전혀 없음에도 아버지는 문화적으로 자신을 경상도 사람으로 여겼다. 아버지의 부모, 곧 나의 조부모가 만주에서 성장했음에도 경상도 정체성을 유지했듯이 아버지도 자신의 뿌리를 경상도에 둔다.

어머니가 강조한 '분리'는 어떤 의미일까. 우선 광산과의 분리란 무엇일까. 실제로 어머니는 학교에서 가정환경조사를 할 때 늘 아버지 직업을 '회사원'이라고 말했다. '양양광업소'가 아니라 '대한철광' 혹은 '주식회사 삼미'라는 점을 강조했다. 어머니에게 '회사원'은 광업소에서 직접 갱 안에 들어가는 육체노동자인 '광부'와 정확하게 선을 긋는 의미였다. 아버지는 1984년부터 사무직 노동자였으니 광부는 아니지만 그렇다고 삼미나 대한철광의 회사원이라고만 하는 건 어딘가 이상하다. 해마다 작성하는 가정환경조사에서 아버지는 '회사원', 어머니는 '가사'로 표기했다. 어머니는 가사노동만 하며 살지 않았지만 선택할 수 있는 선택지가 가사뿐이었다. 넓은 의미에서는 맞는 말이다. 그렇게 형식적으로는 회사원과 가정주부라는 평범한 중산층 가정이 된다. 가사만 하지 않는 동네 여자들은 모두 서류상 전업주부였다.

결혼하자마자 살 집이 없어 친척집에 세들어 살면서도 부모님은 광산 사택에 살지 알았다. 우리 집은 장승리에서 떨어진 양양 시내에 살았다. 우리는 왜 사택에 살지 않았냐고 물었을 때 아버지는

"네 엄마가 거기서 살겠니?"라고 말하고, 어머니는 "아빠가 혼자서는 살아도 우리 가족이랑은 안 살려고 했어"라고 말했다. 아버지는 어머니가 원치 않아서, 어머니는 아버지가 원치 않아서라고 말하지만 종합해보면 두 사람 모두 사택에 살고 싶지 않았다는 뜻이다.

사택은 "단결이 잘되고 모여서 김장도 같이하는" 좋은 분위기라고 하면서도 어머니는 "나는 그 사람들하고 잘 모르지"라고 선을 그었다. 어떤 면에서는 단결이 잘 되는 광산촌의 분위기와 어머니는 잘 동화되지 못했다. 어머니는 "군인 아파트처럼" 동일한 직업군의 사람들이 모여 사는 환경을 불편하게 여겼다. 남편의 직장 내 위치에 따라 아내들의 관계도 연결된다는 사실을 몹시 싫어했다. 어머니가 추구하던 광산과의 분리를 위해서는 사택에 살지 않는 게 첫 번째였다. 사택에 거주하면 '분리'는 불가능하다. "장 보러 갈 때도 우르르 같이 다니고, 그런 거 싫어"라고 말하는 어머니는 단지 열악한 주거환경만이 아니라 동일한 직장 사람들의 집단 거주 문화를 불편해했다. 장 보러 갈 때 같이 다니는 건 하루에 다니는 버스가 몇 대 없는 동네에서는 자연스러운 모습이다. 우리 가족이 부천의 한 빌라에 거주할 때도 빌라 건물 계단에 주민들이 앉아 도란도란 이야기를 나누거나 아예 의자를 꺼내놓고 앉아 있는 모습을 어머니는 마뜩잖아 했다. "저렇게 바깥에 쭉 앉아서, 보기 싫게" 어머니에게서는 묘하게 노동계층의 문화와 거리를 두려는 태도가 줄곧 읽혔다.

또 하나는 노조와의 분리다. 어머니는 평범한 기분일 때는 양양을 떠난 이유로 나의 진학 시기 때문이었다고 말하지만 기분이 좋지 않을 때는 "노조가 너무 싫어서"라고 말한다. 둘 중 어디에 더 무게가 실렸는지 정확히 알 수 없으나 양양을 떠난 이유가 노조와의 거리 두기와 무관하지는 않다는 건 확실하다. 어릴 때는 어머니가 노조를 그렇게까지 싫어하는 줄 몰랐다. '노조 인간들'이 우리 집에 득실거렸지만 어머니가 그들에게 싫은 내색을 한 적은 없다. 한밤중에도 어머니는 그들에게 항상 친절했기 때문이다.

어머니가 노조에 불만을 가졌던 이유는 실제로 우리 가족의 사생활을 빼앗겼기 때문이다. "가정이라는 게 없이" 노조의 아지트 역할을 하던 생활이 어머니에게는 지긋지긋했다. 개인 생활을 중요하게 여겼던 어머니는 아버지의 세계에서 가정을 지키려 했다. 하지만 노조에 대한 어머니의 경계심은 단지 사생활을 갖고 싶은 마음 때문만은 아니다. 오래된 두려움의 영향이 더 컸다. 어머니는 늘 "너희 할아버지 때문에"라고 했다. 연좌제 경험이 어머니에게 강하게 남았다. "너네 할아버지 문제도 있잖아." 연좌제가 없어졌음에도 어머니는 여전히 그 문제에서 자유롭지 못하다. 조금이라도 정치적 성향을 드러내면 '할아버지 문제'가 밝혀져 자식들도 정치적으로 피해를 입는 상황에 처할까 봐 몹시 조심했다. 지금은 그런 시대가 아니라고 아무리 말해도 오래전 지독하게 현실에서 겪은 사람의 뇌리에서는 쉽게 사라지지 않았다. 제도는 사라져도 권력은 보이지 않게 지배의 흔적을 남긴다. 어머니 입장에서 자식을 '노조와 분리'시키기는 거의 생존을 위한 사명과도 같았다.

어머니는 자식들이 사회에 관심을 가질까 봐 두려워했다. 아이들이 매일 '투쟁'을 외치는 노래를 듣고, 아버지 가방에서 나온 머리띠를 가지고 놀고, 피투성이가 되어 돌아오는 아버지를 목격하고, "블루칼라와 화이트칼라가 뭐냐?"라는 질문을 하는 상황이 불편했다. 이 모든 상황이 어머니에게는 '자식을 위해' 거리를 두고 벗어나야 하는 상황으로 읽혔다. 어머니는 특히 "너보다는 ○○이가 영향받을까 봐"라고 강조한다. 나보다는 남동생을 더 염려했다. 여자는 가정에 속해 있다면 남자는 사회와 연결된 존재로 인식하기 때문에 "나중에 신원조회 받을 일도 더 많고"라고 말하며 아들의 신원조회를 신경 썼다.

광산과의 분리가 자식의 중산층되기를 실현시키려는 부모의 계층이동 욕구 때문이라면 노조와의 분리는 연좌제 피해 경험 때문이다. 특히 후자의 경험은 더욱 이 분리 정책을 절박하게 필요로 했다. 연좌제 피해자로서의 경험이 '자식에게만큼은 절대' 이러한 피해를 대물림하면 안 된다는 절박함을 만들었다. 학생운동에 가담하는 대학생들이 겪는 부당한 폭력과 학대가 즐비했던 1980년대를 통과하며 '내 자식들은 대학에 가더라도 저런 일에 가담하지는 않게' 철저하게 정치적 거리를 둬야 한다는 마음이 깔려 있었다. 1986년 권인숙 성고문 사건, 1987년 박종철 고문치사 사건, 같은 해 여름 이한열 사망 사건 등은 아버지의 밥상머리 분노의 단골 메뉴 중 하나였고, 그러면 그럴수록 어머니는 자식들 눈에 '노조 인간들'을 보이지 않게 만들어야 한다는 마음을 더욱 굳혀갔다. 양양을 떠나야 했다.

"여기서는 말조심해야 해"

반공 이데올로기가 전 사회를 휘감고 있었으나 양양이라는 지역이 가진 특수성도 중요하다. 여기에서 우선 양양이 수복지역이라는 사실을 환기시킬 필요가 있다. 해방 후 북한이었다가 전쟁 후 남한이 된 수복지역 주민들은 이념 문제에 더욱 민감했다. 일제강점기 해방 이후부터 남한이 되기까지 양양 주민들이 겪은 상황을 그들의 구술을 통해 약간이나마 짐작해볼 수 있다.

사례1

해방 후 북한 공산당은 지주들의 논밭을 몰수하여 땅이 없는 농민에게 분배를 하는데 아버지는 광산에 다녀 농민이 아니므로 어머니가 친정에 다니며 농사일을 도운 것이 참작이 되어 논 서마지기인 약 600여 평을 분배받았다.[*]

사례2

상평인민학교도 인민군 대대가 주둔하여 양양 철광산에 있는 극장에 가서 공부를 하는데 매일 30리 길을 걸어가는데 너무 멀어 매일 지각이었다. 늦게 가면 자아비판을 해야 했다.[**]

사례3

이곳 양양의 철광산은 일본시대부터 한국에서 자철광이 제일 많이 나는 광산이라 일제가 철을 케어 원산으로 실어 날랐다. [중략] 상평리와 서선리 사이에는 매일 원산에서 오는 기차에 우마차와 인민군들 그리고 무기들을 하루가 멀다하게 실어 날랐

---

[*] 양양문화원부설 향토사연구소, 《6·25한국전쟁 시기 양양군민이 겪은 이야기》 II, 양양문화원, 2017, 287쪽.

[**] 양양문화원부설 향토사연구소, 같은 책, 150쪽.

다. [중략] 그때는 그런 상황이 어떤 일인지를 알지 못하였으나 6·25남침을 위해 준비하고 있었던 것이다.*

　양양은 일제강점기 이후 한국전쟁이 휴전되는 1953년까지 여러 차례 통치 주체가 바뀐 곳이다. 1945년 38선을 기준으로 미군정과 소련이 한반도를 분할통치하게 되면서 양양 북부는 소련이, 남부는 미군이 통치하게 된다. 그러다 1948년 북한 정권이 수립되자 양양 북부는 북한에, 남부는 남한에 속하게 된다. 광산이 있었던 장승리는 북한이었다. 지금은 서핑 장소로 유명한 잔교 해수욕장이 있는 양양 잔교리에는 '38평화휴양마을'이 있다. 과거의 분단으로 인한 단절과 상처를 역사적으로 남기기 위해 '평화마을'이라 이름 붙였지만 끔찍한 시간이 지나간 마을이다. 같은 마을에서 하루아침에 이웃은 물론이고 친척까지 남과 북으로 갈렸다. 심지어 한 집에서 방은 이남이 되고 부엌은 이북이 되는 어처구니없는 일까지 벌어졌다. 강릉과 양양 사이에 있는 38선 휴게소에 적힌 설명처럼 분단은 "12개의 강과 75개 이상의 샛강을 단절시켰고, 181개의 작은 우마차로, 104개의 지방도로, 15개의 전천후 도로, 8개의 상급고속도로, 6개의 남북간 철로를 단절"시켰다.**

　1950년 한국전쟁 발발 후에는 이 경계가 무너지고, 1953년 양양 전체가 남한으로 수복된다. 그러나 수복 후에도 한동안 미군정의 지배를 받다가 1954년 11월에야 남한으로 완전히 이양되었다. 가족들과 종종 나들이 가던 현산공원은 어릴 때 양양에서 내가 가장 좋

* 　양양문화원부설 향토사연구소, 같은 책, 182쪽.
** 　유혜준, 〈바다에 뛰어든 남자, 왜 그러지?〉,《오마이뉴스》, 2011년 4월 2일.

아하는 장소였다. 군청 근처 그리 높지 않은 언덕에 있는 현산공원은 봄에는 벚꽃이 가득하다. 그곳에 행정수복 기념탑이 있다. 1954년 11월 17일 군정 실시 3년 4개월만에 행정권이 군에서 이속되었기에 이를 기념하여 1955년 3월 현산공원에 탑을 세웠다.

양양뿐 아니라 철원, 고성, 속초, 인제 등 수복지역은 10년이 채 안 되는 시간 동안 여러 주체가 지역을 통치했던 곳이다. 이들 지역에서는 이웃이나 친인척 간에도 서로를 의심하고 고발하고 숨고 숨기는 일이 허다했다. 인민군이 왔을 때, 국군이 왔을 때 사람들의 처지는 순식간에 달라졌다. 수복지역에 살았던 주민들은 북한 정권에서 몇 년 살았다는 이유 때문에 빨갱이로 낙인찍히지 않기 위해 조심해야 했다. 나는 이 시절을 온전히 기억하는 1920~1930년대생 할머니들에게 "로스케***들 밥도 해주고, 인민군 밥도 해주고, 국군 밥도 해주고"라는 말을 듣곤 했다. 일제강점기, 해방 이후 소련군이 왔을 때, 분단으로 공산주의 치하에 있을 때, 한국전쟁으로 인민군과 국군이 왔다갔다 할 때, 휴전 후 미군정일 때…… 지배자들이 바뀔 때마다 이 지역 사람들이 어떤 상황에 놓였는지 막연하게나마 짐작할 수 있는 부분이다. 할머니들은 로스케가 커다란 빵을 둘둘 말아 가지고 다니다가 밤에는 베개로 쓰고 아침에 일어나면 다시 그 빵을 뜯어 먹었다며 상대적으로 편했다고 했다.

이경자의 《순이》****는 한국전쟁 직후 이처럼 혼란스러운 양양

*** 러시아인을 뜻하는 루스키(Русский)를 일본인들이 일본어로 음역하여 '로스케(露助)'로 불렀고 이는 곧 러시아인을 조롱하는 언어로 사용되었다. 일제강점기를 거치며 한국에서도 러시아인을 로스케라 부르곤 했다.

**** 이경자, 《순이》, 사계절, 2010.

의 모습을 여섯 살 순이의 시각에서 그린 소설이다. 1948년 양양에
서 나고 자란 이경자는 수복 직후 양양 주민들의 실상을 소설 형식을
빌려 세세하게 전달한다. 군인들에게 밥을 해주는 순이 할머니, 인민
군과 국군으로 나뉘는 할머니의 두 자식, 미군정 시기에 미제 물건을
얻어와 살림을 꾸리는 며느리, 빨갱이로 낙인찍힐 위험 때문에 차라
리 월북을 선택하는 이웃, 과거에 북한이었기에 북한 돈을 가지고 있
었을 뿐이지만 "이북 돈을 가지고 언제 쓸 수 있을까 구장에게 물어
봤다가"° 다음 날 잡혀가는 주민, 기미년 만세운동(3·1운동)이 일어났
던 공원(현산공원), 한때 "눈송이처럼 떨어지는 삐라"°° 등 당시 수복지
역의 풍속을 양양 사투리와 함께 어린아이의 눈으로 묘사했다. 아직
글을 모르는 순이가 선전물인 삐라를 주워 읽으며 글을 익혀가는 모
습으로 이 소설은 마무리되는데, "문자로 통하는 세계가 순이에게 새
로운 혼란을 불러올지 모른다는"°°° 암시를 준다. 이경자는 자신의
소설과 양양의 관계에 대해 다음과 같이 밝혔다.

"휴전 후 '수복지구'라는 특수 관리지역이 됐는데 이 지정학적
조건으로 만들어지는 역사적 경험이 소설가인 내게 중요한 소
재다. 이 문제를 지나치고 양양 출신이라고 말할 수는 없다. 양
양의 거칠지만 당당한 사회의식이 나로 하여금 문제의식을 가
진 작가로 키워냈다. 양양은 지역의 언어가 있다. 내 소설 중 아

°　　이경자, 같은 책, 106쪽.
°°　　이경자, 같은 책, 229쪽.
°°°　　이경자, 같은 책, 229쪽.

주 많은 작품이 양양을 무대로 쓰였고 그런 작품들은 '양양말'
로 표현됐다."[****]

그의 말대로 양양이 수복지역으로서 겪은 역사는 지역민들의
문화와 의식에 중요한 역향을 끼쳤다. 의심하고 의심받는 관계 속에
서 지역민들은 상처투성이가 되었다. 인민군이 왔을 때는 반동분자
로 몰린 사람들이 총살당했고 국군이 왔을 때는 빨갱이로 몰려 총살
당했다.

"○○리에서 옛날에 총살시켰잖아. 아무개 아빠가 총 맞은 채
로 기어왔어. 안 죽은 거야. 그래서 숨겨놨는데 쫓아왔더라고.
결국 죽었잖아."

1953년생인 나의 어머니는 할머니들에게 이런 이야기를 들으
며 자랐다. '수복지구라는 특수 관리지역'이라는 말은 지역민들에게
벌어진 잔혹한 일들을 포함한다. 사람들은 살기 위해서 이쪽에 맞추
고 저쪽에 맞춰야 했다. 누군가는 살기 위해서 이쪽을 고발하고 저쪽
을 고발했다. 오늘은 반동분자가, 내일은 빨갱이가 색출되었다. 이
웃은 물론이고 친척 간에도 순식간에 원수가 되었다. 제 부모가 빨
갱이가 되어 죽은 자식들이 있고 빨갱이를 고발한 사람의 자식들
도 있다. 자식들 간에도 원수가 되었다. 과거의 흔적은 쉽게 사라지

[****] 김여진, 〈이경자 소설가 "양양의 거칠지만 당당함이 오늘의 날 키워"〉, 《강원도민일
보》, 2020년 9월 10일.

지 않는다. 지금도 간혹 나이가 많은 사람들은 "자식들이 살아있으니까 여기에서는 말조심해야 해"라고 주의를 준다. "전쟁 끝나고는 손가락질만 하면 끌고 갔잖아. 국군이 와서는 빨갱이 앞잡이였다고 총살했어", "양양 사람들이 영악스러워. 살기 위해서 이북에 맞추고 이남에 맞추고 그래야 했잖아. 홀딱 벗겨놔도 30리는 간다 그래. 생존 능력이 강하다고", "지금도 앞잡이 자식이 있대, 반공 자식도 있고. 그 자식들은 자연스레 원수같이. 지금도 그런 이야기 함부로 하면 안 된다고".

어느 날 우리 가족과 삼촌까지 모두 모여서 남대천에 놀러 갔던 날이다. 추위가 풀리고 햇빛이 좋았다. 조금 늦게 오던 큰삼촌이 저쪽 강 건너편에서 소리를 지르며 팔을 휘저었다. "북한군이 내려온대!!" 서둘러서 짐을 챙겨 부랴부랴 집으로 향했다. 모두 티브이 앞에 앉았다. 미닫이문이 달린 흑백 티브이다. 북한 비행기가 날아온다는 속보를 들은 것이다. 그날은 이웅평이 귀순한 날이다. 지금 생각하면 "북한군이 내려온대!!"라고 소리치는 모습이나 그 말에 허겁지겁 보따리 싸서 집으로 돌아가는 상황이 우습기 짝이 없다. 이제는 웃으면서 말하지만 '이북이었다, 이남이었다' 했던 양양에서 그때 그 일은 당시에 전혀 웃기지 않았다.

양양하와이

한번 자라난 차별적 문화가 사라지기까지는 시간이 오래 걸린다. 1988년 강릉으로 이사 오면서 나는 낯선 말을 들었다. 피아노 학원 선생님이 내가 양양에서 이사왔다고 하자 "양양하와이구나!"라고 말했다. 나는 처음에 이 말을 듣고 '양양'과 '하와이'를 어떻게 연결시켜야 할지 감도 잡을 수 없었다. 당시에 하와이는 이국적인 장소의 대명사처럼 알려졌던 곳이라 막연히 기분 좋은 상상을 했다. 바나나, 파인애플, 더운 날씨, 머리에 꽃을 꽂은 여자들의 화려한 춤만 떠올랐다. 집에 돌아와 부모님께 이 말을 전하자 애한테 그런 소리를 했다고 마뜩잖아 하면서 양양하와이가 무슨 뜻인지 설명해줬다. 양양하와이는 과거에 지역에서 양양 사람들을 비하하던 표현이었다. 본토와 떨어져 있지만 미국의 마지막 주가 된 하와이처럼 뒤늦게 남한에 편입했다는 뜻이다. 1988년이면 휴전된 지 무려 35년이 지난 시점인데도 양양을 바라보는 시선에는 '진짜 남한이 아니'라는 배제의 시선이 깔려 있었다. 나는 양양을 떠남으로써 '양양 사람'의 정체성을 얻었다. 수복지역 사람들을 '진짜 시민'으로 보지 않는 시선을 나 역시 경험한 셈이다. '양양하와이'는 지금은 잊혀진 말이다(적어도 나는 그렇게 믿는다).

예전에는 강릉과 양양을 오갈 때 항상 주문진 근처 검문소에서 잠시 정차해야 했다. 헌병이 버스에 올라 "잠시 검문이 있겠습니다"라며 승객을 검문했다. 옷차림이 허름하고 면도를 말끔히 하지 않은 남성이라면 "잠시 신분증 좀 보여주시겠습니까?"라는 헌병의 요청을 받을 가능성이 높다. 이 검문소의 위치가 38선 근처로 양양과 명주군(시군 통합 이후 현재는 강릉)의 경계였다는 점을 새삼스레 떠올렸다. 어른들은 "양양 사람들은 홀딱 벗겨놔도 30리는 간다"는 말을 하곤 했다. 그만큼 지독하여 생존력이 강하다는 뜻이라고 한다. 일제강점기 시절 양양에서 일어난 만세시위를 두고 일제 군경이 비하한 표현에서 시작되었다고 알려졌다.[°] 그런데 훗날 양양 사람들을 비롯해 인근 지역 사람들이 양양 사람들을 '지독하고 영악스럽다'고 비난하기 위한 말로도 쓰였다. '양양하와이'라는 속어를 연구한 이한길은 "양양하와이란 단어의 의미를 역사적 맥락, 군사적 충돌, 당시의 사회적 긴장 속에서 그 의미"를 찾는다. "5년여의 인공생활, 다시 5년여의 전쟁과 점령지로서의 생활, 도합 10여 년의 생활은 이 시대의 양양 사람들의 의식을 완전히 황폐화시키기에 충분"했다며 양양하와이의 유래를 더 구체적으로 정리한다. "양양 사람들은 남쪽 사람들과 대화를 할 적에는 항상 말 한마디마다 조심을 하였다. 그러니 말이 느릿해질 수밖에 없었다. 이에 상대하던 남한 사람들은 양양 사람들을 가리켜 하와이라고 하였다. 마치 외국 사람이 한국말을 하는 것과 같았다고 비유했던 것"이다.[°°] 멀리서 보기에는 '다 비슷해' 보이지만 양양과 강릉은 가까운 지역임에도 미묘하게 말씨가 다르다. 지금도 나는 강원도 말을 '북한 말씨 같다'고 하는 사람들을 볼 때 웃기 어렵다.

양양에서 국민학교를 다닐 때 단체로 삐라를 주우러 다녔다. 주기적으로 학교에서는 아이들을 야산에 풀어놓고 삐라를 줍게 했다. 가끔 진짜 삐라를 주워오는 아이들이 있었다. 삐라를 주워 선생님에게 신고하면 작은 선물을 받았다. 어떤 아이들은 삐라를 주우러 다니다 돈을 줍는 경우도 있었으나 나는 삐라도 돈도 줍지 못했다. 학교 강당에서 반공 영화도 자주 보여주었다. 한번은 단체로 간첩 소지품 전시를 보러갔다. 간첩들이 휴대하는 가벼운 밥그릇과 수저, 양말, 수

[°]   이철, 〈양양의 잊혀진 역사를 찾아서〉, 《오마이뉴스》, 2005년 9월 19일.
[°°]   이한길, 〈한국전쟁 전후의 양양 고찰〉, 《강원문화연구》 제45집, 2022.

첩 등을 보았다. 강릉으로 이사한 후에는 한 번도 삐라를 주우러 다니지 않았다. 나는 1988년부터는 더 이상 삐라 줍는 일을 아이들에게 시키지 않은 줄 알았다. 시대가 변한 줄 알았는데 지역이 달라서였다. 38선 이북과 이남의 차이였다. 훗날 강원도 바깥의 친구들을 만나면서부터 삐라 줍기는 지역의 문제라는 걸 더 확실히 알게 되었다. 나와 동년배의 부산 친구들은 삐라를 주웠던 기억이 없었다. 해가 저무는 포구 구석에서 조용히 만나는 남녀를 흘깃 보고 '불륜'을 연상하기는커녕 "고정간첩 아니야?"라고 하던 어른들의 말도 분단국가에서 관계에 대한 의심이 일상이 된, 경계선에 위치한 지역민의 언어였다.

대물림의 고리를 끊기

광산과 노조에서 자식들을 분리시키겠다는 마음은 단지 어머니만의 뜻이 아니었다. 혼자서는 사택에 살아도 가족과 함께 사택에 살기 원치 않았던 아버지도 마찬가지였다. 모순이 여기에 있다. 노조에 미쳐 살았다는 아버지는 어머니의 '분리 정책'을 긍정적으로 여겼다. 사실은 아버지도 자식들은 가급적 노동계층에서 멀리 두려고 했다. "자식 농사가 최고"이며 "교육에 투자하는 게 제일"이라 믿는다. 그리고 이 역할을 잘 수행하는 어머니의 결정에 전적으로 따랐다.

실제로 태백 지역 광산촌을 경험한 전광용의 〈지층〉은 짧은 단편임에도 광산노동자들의 현실을 잘 보여준다. 〈지층〉의 칠봉은 "왜정 말엽에 아버지의 뒤를 이어 미성년 견습 탄부炭夫로 들어와서 해방과 육이오의 두 고비를 석탄굴 속에서 겪"었다. 아버지에 이어 그가 2대째 광산에서 일하고 있음을 알 수 있다. 그렇기에 칠봉은 박쥐같이 햇빛을 등지고 컴컴한 굴 속에서 대부분의 삶을 살아왔다. 일제강점기와 한국전쟁을 거치면서도 한 지역에서 2대째 같은 일을 하는 것으로 보아 칠봉은 윗대부터 이 지역에 살았을 가능성이 높다. 칠봉은 이미 광산에서 아버지를 잃었기에 그 위험을 모르지 않지만 이곳을 떠나지 못한다. 농사 지을 땅이 없는 사람들에게 광산 개발은 다른 지역으로 떠나지 않고도 먹고살 일자리를 제공해주었다. 혹은 권 노인처럼 터전이 없는 피난민이 생계를 위해 찾아오는 곳이다. 땅이 없는 자들이 땅을 캐어 먹고산다. 권 노인은 휴전선에 막혀 고향으로 돌아가지는 못해도 고향 사람들이 많다는 속초에라도 가고 싶지만, 광산에서 하루하루 버티다 보니 떠나지 못했다. 그러면서도 언젠가는 꼭 떠나리라 마음 먹는다.

〈지층〉에서 광산에 대한 지긋지긋함을 가장 강하게 드러내는 인물은 선탄부로 일하는 영희이다. "개돼지만도 못하게" 사는 것에 지쳤다. 젊은 여성이라 그에게 구애하는 남성이 많다. 칠봉과 선탄장의 감독인 강 주사 모두 영희에게 마음을 표하지만 영희는 광산을 떠나고 싶어한다. 칠봉은 결혼하면 광산 사택을 받을 수 있다는 말로 영희의 마음을 잡아보려 하지만 소용없다. 갱 안에 직접 들어가 위험한 일을 하는 칠봉보다 사정이 좋은 강 주사는 영희의 마음을 꿰뚫고 자신이 서울에 데려다주겠다고 유혹한다. 칠봉과 영희처럼 광산에서 2대째 일하고 있다는 것은 탈출해야 할 장소에서 탈출하지 못한 비참한 처지를 뜻한다. 칠봉은 아버지를 집어삼킨 "원수의 굴 속"으로 자신도 걸어들어갈 수 밖에 없는 상황이다. 이인휘의 《활화산》에서도 동일한 설정이 등장한다. 재욱은 자신의 아버지가 사고로 죽은 광산을 어떻게 해서든 벗어나려고 애썼으나 결국 서울에서 다시 돌아와 아버지처럼 살아간다.

다른 수단이 없는 노동계층의 자녀로 성장하는 사람들은 광산을 떠나 대도시에 가도 열악한 환경에 놓인 노동자로 살아갈 가능성이 높다. 타지에서 고생하다 결국 고향으로 돌아오곤 한다. 양양광업소에서 일했던 사람들의 증언에서 반복적으로 나오는 말은 돈을 모아 고향으로 다시 돌아가기에 성공하거나, 그렇지 못하면 2대째 일한다는 설명이다. 다시 말해, 광산은 그곳을 떠날 수 있을 때 성공한 삶이 된다.

대물림의 고리를 끊는 방법은 단지 돈을 모으는 것만으로는 부족하고 자식 교육에 관심을 가져야 한다. 노동계층에게 개천 용 신화는 절대적이었다. 자수성가라는 개념은 한 줄기 가능성의 빛이다. 현재의 굴욕과 고통을 견디게 해주는 막연한 희망이다. 개인의 노력과 의지로 고난을 극복할 수 있다는 믿음이 없다면 자신의 현실을 버틸 수 없기 때문이다. 강릉 정동진의 광산을 배경으로 한 소설 《그대 정동진에 가면》에서 농부, 광부의 자식 교육을 비교하는 학교 선생님의 말이 흥미롭다.

"광산 부모들은 자식에 대해 오직 한 가지 생각뿐이거든. 나는 지금 이 일을 해도 이다음 내 자식한테는 절대 이 일을 시키지 않겠다 하는 거 말이야. 그러니까 아무래도 학교와 선생들에 대한 태도가 다르지. 그 사람들한테 그 일을 하지 않는 방법은 공부밖에 없으니까 교육에 대한 생각도 다르고. 그렇지만 농촌 사람들은 자식이 자기보다 낫기를 바라는 건 똑같지만 무조건 이 일을 안 시키겠다 하는 건 아니거든. 많든 적든 땅들도 가지고 있고. 농사를 짓더라도 자기보다 낫고 크게 짓기를 바라는 거지.

바쁘기도 하겠지만 학부형회의를 해도 제일 참석하지 않는 데
가 거기야."•

　이처럼 다른 물려줄 자본이 없기에 광산촌 부모들은 교육을 통
해 대물림의 고리를 끊으려 한다. 시인 신은숙의 아버지는 15세에 양
양광업소에서 일하기 위해 강릉에서 양양으로 왔다. 양양 사람인 신
은숙의 어머니는 양양여중을 졸업했다. 이들은 모두 공부하고 싶었
으나 그 시절 많은 사람들이 그렇듯이 공부할 수 있는 여건이 되지
못했다. 신은숙의 어머니는 강릉사범학교에 가고 싶었다. 그들은 학
교를 다니기 어려웠지만 대신 자식들에 대한 교육열이 높았다. 아들
은 강릉에 있는 고등학교로 보내고 서울로 대학을 보냈다. 딸들은 서
울까지는 못 보내주겠다고 하면서고 "딸도 가르쳐야" 한다는 마음이
강했다. 딸들은 춘천에 있는 국립대학에 보냈다. 우리 집에서도 나의
부모는 종종 이렇게 말했다. "3대째에는 괜찮아질 거야. 우리가 고생
을 해야 애들 때는 괜찮아져. 우리까지야." 그러나 교육에 관심을 가
지는 마음이 반드시 그들이 원하는 결과로 이어지진 않는다.

　"노동자의 자녀들은 자녀만큼은 노동자가 되지 않기를 바라는
부모들의 간절한 바램을 저버리고, 도시의 공장 노동자가 되거
나 2대 광부로의 길을 가게 된다. 태백지역 고교생의 대학 진학
율은 지극히 낮다."••

• 　이순원, 《그대 정동진에 가면》, 북극곰, 2015, 55~56쪽.
•• 　안재성, 《타오르는 광산》, 돌베개, 1988, 52쪽.

12장

하숙촌

라스베가스[*]의 여자들

누군가가 사회적으로 기록이 남는 싸움을 하는 동안 누군가는 그 싸움이 지속될 수 있도록 세속적인 노동을 한다. 강릉에서 어머니는 하숙집을 얻었다. 우리 가족이 이사한 집은 일반적인 주택 형태가 아니다. 당시에 2,000만 원이라는 큰돈을 주고 세를 들어간 이유는 일반 가정집이 아닌 '돈이 나오는 집'이었기 때문이다.

　대학 근처에 새로운 주택단지가 만들어졌다. 사람들은 그 동네가 오래전 공동묘지였다고 했다. 새로 개발이 되면서 1980년대 중후반에 하숙을 목적으로 설계한 집들이 속속 생겼다. 기존의 하숙집들과는 달리 깔끔하게 빨간 벽돌로 지어진 2층집 혹은 3층집들이었다. 모두 당시로는 신식인 기름보일러가 설치된 집이다. 우리가 들어간

[*]　라스베가스의 규범 표기는 '라스베이거스'이나 여기서는 실제 통용됐던 입말을 살려 '라스베가스'로 표기한다.

집도 애초부터 하숙을 목적으로 지어진 3층집으로, 거실에 방 세 칸이 있는 3층을 제외하고 1, 2층은 작은 하숙방들로 이루어졌다. 여기서 1층은 반지하를 말한다. 우리 가족은 이 집의 1층과 2층을 전세로 얻었다. 1층의 하숙방 두 개에 우리 가족이 살면서 하숙을 치는 형태로 살았다. 1층(반지하)에 방이 여섯 개, 2층에 여덟 개였다.

중학교에 올라간 뒤 가정 시간에 집 도면을 그리는 숙제가 있었다. 각자 제 집을 그려오라고 했는데 나는 도저히 우리 집을 사실대로 그릴 수 없었다. 방 열네 개가 있는 집을 그리려면 우선 문과 창문을 그리는데 너무 많은 시간이 걸린다. 게다가 교과서에는 거실, 안방, 작은방 두 개에 욕실 하나가 있는 집이 표준적인 가정집의 형태처럼 소개되었으나 우리 집 상황은 전혀 딴판이었다. 특히 기역 자 형태의 복도가 있는 2층은 가정집이라기보다 드라마에서 가끔 보던 숙박업소 같았다. 나는 열네 칸의 방을 단 네 칸으로 줄여서 내 마음대로 우리 집 도면을 그렸다. 짐작컨대 다른 친구들도 제 집을 그대로 그리지는 않았을 것이다. 그때까지 내가 실제로 본 집의 형태 중 교과서에 실린 집과 가장 가까운 집은 아버지가 공무원이었던 친구네 벽돌집이었다. 집 밖에 화장실이 있는 집이 더 많았고, 아파트보다는 훨씬 더 다양한 형태의 주택에서 살았다. 슬레이트 지붕이 놓인 집, 단층 양옥집, 간혹 방이 둘인 임대아파트 등이었다.

우리는 반지하에 사는 세입자였지만 주택 형태가 변화하는 시기에 우리 집은 나름 기름보일러가 있는 붉은 벽돌집이었으니, 당시로는 부유해 보이는 외관이었다. 대학생들은 새로 만들어진 이 동네를 '라스베가스'라 불렀고 기존의 낡은 집들이 모인 동네는 '할렘'이라 불렀다. 라스베가스는 미국 어딘가에 있는 화려한 동네이며 할렘은 빈민가라고 했다. 24시간 대학생들로 북적이며 불이 꺼지지 않는 이 동네가 환락가인 라스베가스 같다고 했다. 할렘에서 하숙이나 자취를 하는 학생이 우리 집에 놀러올 때 보면 운동화에 진흙이 묻어 있었다. 나는 할렘을 진흙 같은 곳으로 이해했다. 미국에 가본 적도 없는 동네 사람들은 그렇게 라스베가스와 할렘을 알아갔다. 앞집 아줌마는 미국의 수도도 몰랐지만 미국에 라스베가스와 할렘이 있다는 건 알았다. 앞집 가족도 양양에서 온 사람들이라 어머니는 그집 아주머니와 가깝게 지냈다. 앞집 아저씨는 양양광업소에서 근무하다가 충청북도 음성에 있는 다른 광산으로 옮겼고 아주머니 혼자 강릉에서 하숙집을 열었다. 우리 집보다 먼저 강릉으로 이주했기에 처음에 어머니는 그 아주머니를 통해 정보를 전해 듣곤 했다. 어머니가 "우리는 바보, 천치"라고 말했듯이, 우리 집이 반지하에 전세로 들어올 때 그 집은 일찌기 땅을 사서 벽돌집을 지은 경우다.

어머니가 하숙집을 얻은 이유는 자식을 '끼고' 일할 수 있는 최적의 조건을 갖춘 노동이 바로 하숙이었기 때문이다. 하숙은 '집'이라는 장소에서 가사노동을 극단적으로 확대한 노동 형태였다. 당시 동네의 '하숙집 아줌마'들은 대부분 멋모르고 시작한 중노동에 아우성을 쳤지만 "그래도 애들 데리고 할 수 있는 일"이라는 이유로 하숙을 치는 30~40대 여성들이었다. 동네 아주머니 한 분은 버스 차장 출신인데 '안내양'이 사라지는 시기에 결혼을 하며 '하숙집 아줌마'로 직업 전환을 했다. 하숙집에 대한 낭만적 서사는 주로 하숙생들의 입장에서 흘러나오는 추억담이다. 십수 명의 밥을 삼시세끼 쉬는 날도 없이 해주느라 어머니는 코피를 쏟았다. '집 안'에서 가사노동의 연장으로 이루어지는 하숙은 비가시적 여성 노동의 한 사례다. 가장 많을 때는 하숙생이 열네 명이었다. 하숙비를 아끼기 위해 한 방에 두 명이 같이 사는 학생들도 있기 때문이다. 4인 가족 규모의 밥만 하던 어머니는 우리 가족까지 매일 20명 정도의 식사를 세 끼 준비하는 일이 얼마나 힘든 일인지 처음에는 짐작도 못 하고 하숙을 시작했다. 매일 하는 밥, 그저 더 많이 하면 되리라 생각했지만 숙련되기 전에는 혼자 감당하기 어려운 노동이었다. 집 안으로 뭐가 들어오는 것처럼 보이는 환각 증세가 나타날 정도로 상태가 심각해졌다. 쉬지 못하는 극한 노동 때문이었다.

어머니는 자식 상실 후 심리적 타격이 컸으나 쉬지 못하고 일하면서 육체적으로, 정신적으로 버티기 어려운 상태가 되어버렸다. 노동계층의 우울은 과소평가된다. 1980년대 후반, 스스로 정신과 병원을 찾기란 쉽지 않았다. "그때는 정신병원에 가면 이상한 취급을 할 때"였기 때문이다. 그럼에도 어머니는 상태가 점점 심각해지자 제 발로 신경정신과 병원을 찾았다. 그다음 서울에 있는 할머니에게 도움을 요청했다. 서울에서 할머니가 어머니를 돕기 위해 강릉으로 왔다. 할머니에게는 숙달된 노동이었다. 하지만 혼자서 살림이 어려운 고모를 서울에 두고 할머니도 장기간 우리 집에 있기 어려웠다. 그때도 할머니는 특유의 친화력을 발휘했다. 동네 구역예배에 참석해 교회 교인들과 금방 친분을 쌓아 어머니를 도울 수 있는 사람을 찾은 뒤 서울로 돌아갔다. 식당 일을 해봤던 나이 지긋한 여성이 한동안 우리 집에서 요리를 주도하며 어머니에게 대용량 음식 준비의 요령을 전수하고 떠났다.

자동차가 없었기 때문에 어머니는 보통 버스를 타고 강릉 중앙시장에 가서 장을 봤다. 나와 함께 갈 때도 많았다. 장을 보고 돌아오는 버스를 타기 전에 근처에 있는 '단골서점'*에 들렀다. 어머니의 책을 사고, "이제 중학생이 되었으니까 《제인에어》도 읽고 《테스》도 읽어야지", "너랑 비슷한 나이니까 《안네의 일기》를 읽어야지"라며 내가 읽을 책을 골라줬다. 나는 〈입영 열차 안에서〉와 〈마지막 콘서트〉 같은 가요나 〈저 높은 곳을 향하여〉처럼 대중적인 찬송가 피아노 피스 악보를 골랐다. 버스에서 내려 집에 가는 길에 두 손 무겁게 장을 봐오면서 그때 동네 어귀에 막 들어서던 한 임대아파트를 어머니는 부럽게 바라보았다. "저기에 들어가 살면 얼마나 좋을까." 라스베가스로 올 때 어머니가 미처 생각하지 못한 것이 있었다. 데모는 서울에 있는 학생들만 하는 게 아니었다. 주기적으로 학생들의 시위가 있었다. 최루탄에 눈물 콧물 흘리며 장을 보고 들어오면서 어머니는 신경질이 났다. "서울서 여기까지 공부하러 와서 데모질하는 것들." 노조 인간들 보기 싫어서 왔는데 이제는 데모질하는 학생들 때문에 눈물 콧물 흘린다며 투덜댔다. "그렇게 데모질을 하더니 어느 날은 하숙집에서 반찬 투정을 하는 거야."

하숙촌의 여자들은 밥 이야기만 했다. 점심과 저녁 사이에 약간 짬이 나면 동네 여자들이 허깨비처럼 집 밖을 나와 찬거리를 사러 가며 잠시 수다를 떤다. 그 시간이 그들의 유일한 휴식 시간이었다. "똥 누면서도 저녁에 뭐 먹을까, 낼 아침에 뭐 먹을까, 그 생각이야." 동네 여자들이 나누는 대화 속에는 항상 나오는 말이었다. "잠옷 한번 입어봤으면"이라고 말하며 깔깔 웃었다. 수시로 집을 들락거리는 하숙생들 틈에서 언제 갑자기 소란스러운 일이 벌어질지 알 수 없어 그들

---

* 1960년대에 생긴 강릉의 오래된 서점으로 현재는 사라졌다.

은 밤에 잘 때도 잠옷을 입지 못했다. 조지 오웰은《위건 부두로 가는 길》을 쓰기 위해 하숙집에 머물면서 하숙집을 하는 사람들이 대부분 제집 하숙인들을 미워한다는 걸 알게 된다. 절반은 진실이다. 하숙을 통해 돈을 벌기 때문에 하숙인 한 명 한 명이 귀하지만 하숙인들로 인해 개인의 공간과 시간이 모두 사라져버린 일상을 살아야 한다. 힘들지만 하숙인들과 인간적인 정이 쌓인다. 한편 그들 눈에 대학생들은 너무 한가해 보인다. 자신은 하숙을 치느라 뼈 빠지게 일하는데 대학생들은 부모 돈으로 술을 마시며 흥청망청 사는 것처럼 보인다. 그래서 '먹고대학생'이라고 뒤에서는 비하한다. 그들은 모여서 그렇게 갖은 푸념을 늘어놓다가 "그래도 애들 끼고 하기에 이만한 일이 어딨"냐며 노동을 긍정한 후 다시 저녁밥을 하기 위해 헤어졌다.

노조 때문에 "가정이라는 게 없이" 사는 게 힘들었던 어머니는 '노조 인간들'에게서 벗어났지만 대신 24시간 하숙생들이 득실거리는 공간에서 살아야 했다. 사생활은 계급적 산물이다. 소중하고 중요하지만 중산층만이 누릴 수 있는 개념이다. 노동계층은 자신의 시간과 공간을 최선을 다해 내놓아야 겨우 생계를 지탱한다. 한번은 제대 후 복학했는데 시기를 놓쳐 방을 구하지 못한 학생을 위해 동생 방을 내주었다. 군대 가기 전에 우리 집에서 하숙하던 학생이었다. 갈곳이 없자 우리 집에 찾아왔고 어머니는 외면하지 못했다. 열네 명의 하숙생을 찾는 전화는 시도때도 없이 울렸고 인터폰을 통해 나는 "○호실의 아무개 오빠 전화 왔어요"를 반복했다. 어머니는 혼자 있는 시간을 확보하기 위해 그야말로 발버둥을 쳤다. "나는 제발 혼자 있고 싶어. 혼자 있는 시간이 너무 너무 필요하다고!" 사생활 없이 우리 집에 외부인이 뒤섞여 사는 것은 양양에서나 강릉에서나 마찬가지지만 어머니는 하숙집을 훨씬 편하게 여겼다. 그 집에서는 어머니가 직접적으로 수입을 얻기 때문이다. 그 대신 "노조원들이 들이닥쳐서" 사생활이 없다는 어머니의 불만은 "하숙생들이 들이닥쳐서" 사생활이 없다는 나의 불만으로 바뀌었다.

하숙촌은 여름방학과 겨울방학이면 한산해진다. 하숙촌이 형성되기 전에 동네 원주민이었던 이장 할아버지는 방학 때 마을회관에 무료로 서당을 열고 아이들에게 한자를 가르쳤다. 젊어진 동네에서 이장 할아버지가 왕년에 글 좀 읽었던 실력 발휘를 할 수 있는 기회였다. 나는 무료 서당을 다녔다. 라스베가스 여자들이 한숨 돌리는 기간이며 나도 속이 후련해지는 계절이다. 집에 '객식구'가 없이 오직 가족만 있는 그 시간을 충분히 만끽해야 한다. 우리는 학생들이 떠난 방학이 되면 지상의 방에서 잠을 잤다. 짐을 두고 방학에도 방값을 지불하는 학생들도 있지만 짐을 빼고 학생이 나간 방도 많았다. 그 빈 방에서 방학 기간 우리가 생활할 수 있어서 좋긴 하지만 조금이라도 돈을 벌려면 방을 그냥 비워둘 수는 없었다. 그만큼 동네 사람들에게는 수입이 줄어드는 기간이다.

여름 피서철에는 경포 해변에서 미처 방을 잡지 못한 관광객들을 태운 택시가 우리 동네로 오곤 했다. 비교적 깨끗한 집들이 모여 있는 우리 동네는 그 즈음 사람들이 찾던 민박집을 대신하기에 제격이었다. 라스베가스의 여자들은 택시가 하차하는 장소에 모여서 손님들을 잡았다. 제집에 방이 없으면 다른 집에 손님을 소개했다. 피서철 극성수기에 약 2주 정도 잠깐 할 수 있는 민박이었다. 겨울에는 입시를 치르러 오는 수험생과 가족들을 위한 방이 필요하다. 그래 봤자 2~3일 머물다 가는 사람들이지만 그들을 손님으로 잡기 위해 여자들은 한겨울에 대학 정문과 후문에서 기다리고 있었다. 그들 중 합격한 학생은 합격증을 받으러 와서 하숙집을 찾기 위해 재방문한다. 그러니 입학시험을 보러 오는 학생과 학부모를 위해 뜨끈한 방과 식사를 준비해놓고 기다리는 일은 중요했다. 음식은 당연히 수험생을 위해 세심하게 고려해야 한다. 생각 없이 미역국을 준비했다가는 환불을 요구받을지 모른다. 중학교 때까지 공부 잘하던 아들이 전기*에 떨어져서 '여기까지' 왔다며 하소연하는 부모들의 이야기도 들어줘야 한다. 눈 쌓인 대관령을 구불구불 넘어오는데 '세상에 이런 데까지' 온다니 서러워서 울었다는 사람도 있었다. 내가 사는 지역으로 오는 게 누군가에게는 유배지에 오는 듯 서러운 일이었다. 우리 가족이 희망을 품고 돈을 빌려가며 도전하듯이 옮겨온 강릉이 그들에게는 서울에 있는 전기 대학에 떨어져서 오는 실패의 장소였다. 반면 양양이나 강릉 인근의 군 단위에서 오는 학생들은 상대적으로 도시에 '진출'한다는 기대에 들떠 있었다. 울릉도에서 온 학생은 아버지와 함께 육지로 나와 싱글벙글했다. 집에서 처음으로 대학 가는 아들을 울릉도에서 데리고 온 아저씨는 나중에 우리 집에서 아들이 하숙을 하게 되자 울릉도 호박엿을 한보따리 보냈다.

　　여학생 전용 하숙집은 '여학생 전용'이라고 대문에 붙여놓았다. 드물었기 때문이다. 남학생의 대학진학률이 더 높았고, 대학을 가더라도 여학생들은 집에서 가까운 곳에 다니는 경우가 더 많았으며, 다

---

*　당시에는 대학들이 전기와 후기로 나눠서 학생을 모집했다. 전기 모집에서 탈락한 학생들은 후기 모집에 지원할 수 있었다. 후기에만 학생을 모집하는 대학은 '후기 대학'이라고도 불렀다. 1997년 입시부터 전기와 후기 모집이 사라졌다.

른 지역으로 멀리 가더라도 하숙보다는 자취를 했다.** 자취방에는 여학생이나 집에서 생활비를 많이 못 받는 남학생들이 살았다. 여학생이 하숙집을 찾기가 얼마나 어려웠는지, 어느 해에는 정말 공주처럼 잘 꾸민 여학생과 동행한 부모가 찾아와서 제발 딸이 이 집에서 하숙하게 해달라고 간곡히 부탁하기도 했었다. 남은 방은 우리 식구가 살고 있던 반지하방뿐이었는데 그 방에 살게 해달라고 사정했다. 도저히 하숙방을 구하지 못하겠고, 자취는 시키고 싶지 않다며. 그 언니는 결국 우리 집에서 살게 되었다. 화장실과 샤워실이 공동이었기 때문에 불편함이 많았겠지만 하숙방을 구하기 어려웠던 언니는 남학생 틈에서 혼자 여자로 사는 그 불편함을 감수했다.

남학생들 간에 폭력적인 일도 많아 억척스러운 '하숙집 아줌마'들은 힘겹게 남학생들의 소란에 대처해야 하는 고충이 있었다. 게다가 남자 주인이 잘 안 보이는 집은 학생들이 만만히 보고 더욱 소란을 잘 피웠다. 어느 날 한밤중에 학생들이 우리 집 유리문을 깨고 쳐들어와 피를 뚝뚝 흘리며 아무개 나오라고 난리를 쳤다. 반상회에서 동네 남자들이 방범 순찰대를 꾸리는 안이 나왔고 실제로 시행되었다(우리 집의 집주인이 다행히 경찰이었다). 외지에서 온 대학생들을 통해 동네 사람들이 돈을 벌었지만 그 대학생들 때문에 주민들의 일상은 피곤했다. 어머니는 어느 날 남학생에게 구타당한 여학생을 데리고 병원에 갔다. 이 대학생들은 내가 보아온 노동자들보다 훨씬 거칠고 제

***

** 아들은 밥을 할 줄 모르고 딸은 밥을 해먹을 수 있다는 편견 때문에 많은 부모들이 아들에게는 하숙을, 딸에게는 자취를 하게 했다. 하숙집을 찾는 여학생의 수요보다 남학생의 수요가 더 많았고, 하숙집 주인들은 남학생과 여학생을 함께 두기를 꺼려했기에 많은 하숙집이 자연스럽게 남학생들의 집이 되었다.

멋대로였다. 물론 그들의 부모는 놀랍게도 우리 집에 제 아들을 데려올 때 하나같이 "우리 아들이 아무것도 몰라요"라고 했다.

아버지가 없는 평일과 아버지가 오는 토요일 저녁 하숙생들의 태도는 확연히 달랐다. 저녁에 우리끼리 티브이라도 보고 싶지만 평일에는 하숙생들이 티브이를 보기 위해 모여들었다. 가끔은 화투를 가져와 어머니에게 함께 화투를 치자고 했다. 누군가는 가발을 쓰고 장난감 총을 들고 나타나 어머니에게 들이대고 놀라는 어머니를 보며 박장대소했다. 이 모든 행동들은 아버지가 오는 주말에는 일어나지 않았다. 아버지가 있을 때는 식사 시간에도 조용했고, 식사 후에는 금방 방으로 돌아갔다.

대부분 서울에서 온 남자 대학생들과 그들의 부모가 지방의 '하숙집 아줌마'를 대하는 방식에서 지방 노동계층의 위치를 어렴풋하게나마 알아차릴 수 있었다. 이들은 지역 사투리를 두고 놀리는 일이 다반사였다. "아줌마 북한 사람 같아요!"라며 낄낄거렸다. 어떤 남학생은 어린 나를 '간나'라 불렀다가 내가 화를 내자 다시는 그렇게 부르지 않았다. 그는 화를 내는 나에게 "강원도 말로 여자애를 간나라고 하던데?"라며 능청스럽게 대꾸했다. 하지만 '간나'가 욕설로 쓰인다는 건 그도 알았다. 북한과 가까운 지리적 위치, 어떤 사람에게는 비슷하게 들리는 말투 등이 그들에게는 가벼운 농담거리였다. 내가 '양양하와이'가 되듯이 어머니는 '북한 사람'이 되었다.

"내 밥 먹은 애들"

드라마 〈응답하라 1994〉가 방영된 이후 '하숙의 추억'이 흘러 넘쳤다. 물론 하나같이 하숙생의 추억이다. 그중 얄궂은 시각도 있다.

> "주인 가족은 절대 하숙생들과 함께 식사하지 않았다. 주인네 밥상을 한 번이라도 본 적이 있는 사람이라면 왜 겸상을 하지 않는지 짐작할 수 있다."[*]

주인 가족이 하숙생과 함께 식사하지 않는 이유를 '주인네 밥상'에서 찾는 시각은 내게 새로웠다. 하숙생들이 먹는 음식과 달리 주인이 먹는 밥상이 더 좋다는 암시다. 나와는 완전히 반대의 기억이다. 맛있는 반찬은 하숙생들이 다 골라 먹고 나는 남은 것들을 먹었다. 게다가 주인 가족도 식사 시간만큼은 가족끼리 앉아서 보내고 싶다는 것, 그들도 사생활을 유지하고 싶어한다는 것을 생각하지 못한다는 걸 알 수 있는 발언이다. 하숙집은 영업장이면서 동시에 가정이다. 그러나 하숙생은 자신들이 돈을 지불했기에 영업장으로 여길 뿐 그곳이 누군가의 가정이라는 생각을 하지 못한다. 또한 하숙노동에 대한 몰인식에 기반한 짐작이다. 하숙집 가족들은 하숙생들이 식사하는 동안 한가하게 함께 식사하기 어렵다. 그들이 밥을 먹기 위해 누군가는 주방에서 계속 분주하게 일해야 한다.

[*] 김아리, "하숙집 밥, 로망과 현실 사이", 〈이대 앞 하숙집엔 이대생이 없더라~ 응답하라 '하숙의 추억'〉, 《한겨레》, 2013년 12월 4일.

하숙집은 사생활을 포기하고 돈을 버는 구조다. 밥이라도 가족끼리 먹으려고 애쓰지만 이조차 쉽지 않다. 그러려면 하숙생들 오기 전에 먹거나 하숙생들 식사가 끝난 후에 먹어야 한다. 대체로 하숙생들 식사가 끝난 후에 우리가 식사를 했는데, 그러다 보니 오히려 우리 가족이 먹을 음식이 떨어지기도 했다. 혈기왕성한 스무 살 언저리 남자들이 예고 없이 친구들을 데려오기라도 하면 우리가 먹을 밥까지 싹싹 먹고 갔다. 나는 '남은 찌끄러기'를 먹는다고 어느 날 어머니에게 불평했다가 혼이 났다. 그러나 그보다 가장 필요했던 것은 가족끼리 앉아서 편히 먹을 수 있는 시간의 확보였다. 밥시간이 되면 나는 하숙생들을 부르고 밥상으로 음식을 날랐다. 그들이 앉아서 먹기 시작하면 방으로 들어갔다. 식사가 끝나고도 자리를 뜨지 않고 티브이를 보며 이상아가 더 예쁘다, 이미연이 더 예쁘다를 논하는 학생들은 우리의 저녁 식사 시간을 늦췄다. 24시간 '남의 식구'와 어울려 사는 가정에서는 그 작은 밥상조차 편안히 누리기 어렵다. 밥에 묶인 삶이니 외식은 아예 불가능하다.

어머니는 골치 아팠던 일에 대해서는 기억이 흐릿해졌지만, 정확히는 기억하기 싫어서 의도적으로 망각했지만, 하숙하던 시절을 "그때 그래도 내가 돈 좀 만졌지"라고 흐뭇하게 기억한다. 어머니는 하숙을 하면서 돈이 좀 들어오자 여성지를 정기구독했다. 여성지 네 종이 배달되었다. 한 달 후에는 이 중 한 권만 소유하고 나머지 세 권을 반납하는 구독 방식이었다. 《여성동아》, 《여성중앙》, 《우먼센스》, 《주부생활》 등이었다. 박경리의 《토지》 전집을 구매하고 박완서, 남지심, 최명희 등의 책이 쌓여갔다. 아버지가 이문열이나 김성동의 소설에 감정이입했다면 어머니는 같은 시기에 드라마 〈절반의 실패〉

를 즐겨 보았다. 1989년 티브이에서 이경자의 동명 소설을 원작으로 한 드라마 〈절반의 실패〉가 옴니버스 형식으로 방영되었는데 어머니는 이 드라마를 아주 흥미롭게 보았다. 아버지는 서울에 출장 갔다가 영화 〈남부군〉을 봤다고 흥분해서 이야기했고 강릉에 개봉하자 식구들을 데리고 다 같이 극장에 갔다. 아버지는 신인배우 최진실의 연기에 반복적으로 감탄했다. 어느 날 어머니는 혼자 무용을 보고 왔다. 어머니가 들고 온 무용 카탈로그를 신기하게 구경했다. 서울에서 온 한국무용단이었다. 아버지는 출장 다녀올 때마다 서울의 극장가 소식을 전해오는 반면 어머니는 극단에 관심이 많았다. 강릉에 '사람들'이라는 극단이 있었고, 어머니를 통해 극단의 존재를 알게 되었다. 1992년 강릉 문예회관이 개관하면서 개관 기념 공연으로 어머니와 극단 '사람들'의 〈나릿가 사람들〉*을 보았다. 학교 연극반이 아닌 전문 극단의 연극을 그때 처음 보았다. 포구에서 사는 한 가족을 중심으로 한 우리 지역 사람들에 대한 이야기였다. 노인 분장을 한 배우의 모습이 어렴풋이 기억날 뿐 정확한 줄거리는 다 잊었다. 셰익스피어 작품의 대사를 외우며 즐겼던 내게 그저 우리 지역 이야기로 연극이 만들어질 수도 있다는 사실에 새로운 감각이 슬그머니 일어났던 기억만 남았다.

어머니는 동일한 직업군이 모여 있는 광산촌을 싫어했지만 대학생과 이들을 상대로 하숙하는 사람들이 모여 있는 하숙촌은 '좋았던 한 시설'로 떠올린다. 광산의 분위기와는 정반대로 '라스베가스'에서는 여자들의 목소리가 컸다. 월급 받는 남편보다 더 많은 돈을 만

---

* '나릿가'는 '나루'의 강원도 사투리로, 〈나릿가 사람들〉은 극단 '사람들'의 창작극이다.

지고, 십수 명의 젊은 학생들을 감당해야 하기에 억척스럽고 생활력 강한 여성들이 모인 장소였다. 남편의 직급에 따라 아내의 위치가 만들어지는 사택이 아니라 여성들이 경제활동을 주도적으로 쥐고 있는 분위기이다. 남편들의 직업은 공무원에서 백수까지 제각각이었다. "그때는 내가 옷도 사 입고, 너 피아노도 사주고, 책을 전집으로 사고, 전축도 사고"라며 돈 벌어서 생활비에 보태는 차원이 아니라 우리 집의 생활수준을 한 단계 높이는 데 기여했다는 자부심이 컸다. 어머니는 매일 엎드려서 주판을 튕기며 가계부를 썼다. 아버지가 사전을 버리지 못하는 것처럼 어머니는 주판을 버리지 못한다.⑤ "내가 이걸 어떻게 버리니." 그리고 "그때 내 밥 먹은 애들은 다 어떻게 살고 있으려나. 내 밥 먹은 애들은 다 잘 살 거야"라며 하숙생들의 안부를 궁금해한다. 어머니에게는 힘든 노동의 시간보다 '내 밥 먹은 애들'과의 인간적 관계, 베풀었던 기억, 자신이 번 돈으로 사고 싶은 것을 샀던 기억에 더 힘이 실렸다. 아무개들의 이름을 기억하며 이야기할 때 어머니는 표정이 밝아진다. 지금도 어머니가 가장 자주 이야기하는 '내 밥 먹은' 사람 중 한 사람은 태백의 광부 아들이다. "걔네 집이 너무 너무 어려워서" 어머니는 그에게 입주 가정교사 자리를 마련해줬다. 나는 그 학생이 어머니의 인심을 이용해서 너무 들러붙는다고 생각해 좋아하지 않았다. 그는 우리 집을 나간 뒤에도 찾아와 집에 갈 차비를 빌려갔다. 물론 갚지 않을 돈이다. 수시로 친구를 데려와 함께 밥 먹는 학생도 수도 없이 많았지만 "내가 먹인 공밥"이 다 헛되지 않다는 말을 빼놓지 않는다.

세 끼 밥해주던 하숙촌은 하숙집 아줌마들의 협의를 거쳐 두 끼 식사 제공으로 바뀌었고, 점차 자취촌이 되어가다가 개인 공간이 중요해지면서 원룸으로 개조되었다. 짓궂은 남학생들의 장난도 어머니에게는 세월이 지나 추억처럼 남았다. 어머니는 늘 자식을 위해 노조와의 '분리'를 강조했다지만 어머니 자신이 아버지의 일과 분리되려는 마음이 더 강했다. 강릉과 양양은 불과 한 시간 거리지만 이 분리를 통해 어머니는 자신의 생활을 지킬 수 있었다. "우리는 떨어져 살아야 좋대"라는 말을 자주 하며 아버지와 떨어져 지내는 것이 모두를 위해 좋은 일처럼 말했다.

어머니는 나의 고등학교 입학을 앞두고 운전면허를 땄다. 중고로 하얀 프라이드를 샀다. 자가용이 생겼다. 1992년이었다. 첫 야간 자율학습이 끝난 밤에 어머니는 학교 앞으로 나를 데리러 왔다. 차 안에는 첫 차를 몰고 나온 초보 운전자 하숙집 아줌마를 따라온 철없는 하숙생들이 이미 자리를 채우고 있었다. 하숙집 아줌마 차를 타고 밤마실을 나와 신이 난 그들은 "아줌마 햄버거 사줘요"라며 칭얼댔다. 돌아가는 길에 어머니는 첫 운행에 따라와줘서 고맙다고 패스트푸드점에 그들을 데려가 햄버거를 사줬다.

내가 고등학교 2학년일 때 "네가 하숙을 싫어해서"라며 어머니는 엘리베이터 없는 5층 아파트의 5층으로 이사했다. 주인 집도 없고 하숙생도 자취생도 없었다. 정말 우리 집이었다. 처음으로 교과서에서 봤던 '방 세 칸에 욕실 하나 있는 집'에서 '우리 식구만' 살게 되었다. 하숙생들이 다 먹길 기다렸다 먹지 않아도 되었다. 다른 식구 없이 우리 식구만 밥을 먹을 수 있는 온전한 가정집이었다. 방문을 꽁꽁 잠그고 자지 않아도 되었다. 거실에서 잠옷을 입고 마음껏 시간을 보낼 수도 있었다. 한밤중이나 새벽에 집을 두드리거나 전화가 오는 일도 사라졌다. 평화로운 가정이었다. 1993년, 아주 잠깐이었

다. 어머니도 인생에서 아주 잠깐 진짜 가사만 하는 전업주부로 살
았다.

13장

들불처럼 번지는 노동자대투쟁

그때 분위기

우리가 강릉에 사는 동안 아버지는 혼자 양양에 남아 속초로 출근했다. 주말에만 강릉으로 왔다. 1988년 초에 《동아일보》 해직 기자들이 신문을 만든다며 아버지는 주주 모집에 관심을 보였다. 집에는 《동아일보》가 배달되었는데 아버지는 《한겨레》가 창간하자마자 함께 구독하기 시작했다. 신문 두 개가 배달되었다. 나는 한자가 없고 가로쓰기인 《한겨레》를 보기 시작했다. 우리 집에는 늘 《동아일보》가 기본적으로 배달되어서 왜 《동아일보》를 구독하냐고 물어보면 아버지는 항상 "할아버지 때부터 보던 신문이야"라고 말했다. 아버지의 할아버지, 곧 나의 증조할아버지가 일제강점기때부터 보던 신문이라는 이유로 아버지는 《동아일보》 구독을 이어갔다. 제 아버지를 전혀 기억하지 못하는 아버지는 자신이 기억하는 할아버지가 구독했던 신문을 마치 자신과 연결된 의식의 탯줄처럼 여긴다.

1988년 6월 18일이었다. 대학은 종강을 하는 분위기라 학생들이 떠나 하숙집이 상대적으로 덜 분주해질 즈음이다. 어머니는 며칠 전부터 양양에 가서 집에 없었다. 아버지는 꽤 한참 전부터 집에 오지 않았다. 광산에 어떤 변화가 일어나고 있다는 눈치만 채고 있었다. 서울에서 온 할머니가 어머니 대신 우리를 돌보며 하숙생들 밥도 챙겼다. 학교에서 돌아온 18일 오후 할머니가 어머니에게서 걸려온 전화를 받았다. 아버지가 노조 위원장이 되었다고 했다. 속초로 쫓겨난 지 1년 반 만에 아버지는 노조 위원장으로 노조에 복귀했다. 아버지가 매일 욕하던 노조 위원장이 끝내 물러나고 광업소 노동자들이 새로운 사람을 뽑은 것이다. 1년 반 전만 해도 회사와 노조 위원장이 손을 잡고 아버지를 몰아냈는데, 어떻게 그 위원장을 노동자들이 다시 몰아낼 수 있었을까. 1987년에 아버지가 쫓겨난 것이 어떤 맥락이었는지 이해하기 위해 그 시절 어용 노조와 싸웠던 노동자들의 목소리를 찾아보았듯이, 나는 1988년 아버지가 다시 노조로 복귀할 수 있었던 힘이 무엇이었는지 찾아보았다. 우선《양양철광산의 문화사》에 아버지의 구술이 남아 있었다. 2010년 즈음 양양문화원에서 양양광업소에 대한 이야기를 책으로 정리한다고 해서 아버지가 관련 자료를 제공했다. 다시 몇 년 후 아버지는 구술 자료를 위해 인터뷰를 했다. 이 책에는 아버지가 "양양광산 노동조합의 산증인인 최후의 노동조합위원장"이라고 소개되었다.[*]

아버지의 구술 속에 당시 어용 노조가 물러나게 된 상황이 간단히 담겨 있었다. "전국적으로 들불처럼 번지는 노동자대투쟁의 소용돌이에" 양양광업소가 영향을 받았다고 말하는 부분이 눈에 띄었

---

[*]　양양문화원부설 향토사연구소,《양양철광산의 문화사》, 양양문화원, 2012, 348쪽.

다.◆◆ 아버지가 구술한 시점에서 십수 년 정도 지났을 때 나는 아버지에게 다시 물어보았다. 아버지의 대답은 달라지지 않았다. 여기저기에서 일어나는 노동자들의 투쟁이 양양광업소 노동자들에게 싸울 수 있는 힘을 준 것은 분명하다고 아버지는 굳게 믿었다. 서울, 울산, 인천 등을 비롯해 노동자들이 대규모로, 혹은 산발적으로 들고 일어나는 분위기는 노동자들로 하여금 억눌린 분노를 폭발시켰다. 같은 시기 강원도 탄광촌에서 활동한 소설가 안재성도 비슷한 맥락으로 말한다.

"85년에 선후배와 동료들을 규합해 태백과 사북, 고한 등의 탄광으로 갔다. 87년부터 88년 사이에 한국의 모든 도시들이 그랬듯이 거기서도 민주노조 운동이 일어났다. 유인물을 만들어 뿌리고, 탄광노동자를 묶어내는 일에 전력을 쏟았다. 그것들로 인해 수배도 됐고, '노동해방'을 외치며 분신한 탄부炭夫 성완희 기념사업회 사무국장을 맡아 동분서주하던 그때가 내 청춘의 황금시대였다."◆◆◆

1988년 4월 태백에서《광산노동자신문》이 창간되는 등 목소리가 들불처럼 터져 나왔다. 석탄 광산을 중심으로 운동이 조직되었다. 광산노동자를 위한 언론이 이 시기에 여럿 만들어졌고 사북항쟁 이

◆◆　　양양문화원부설 향토사연구소, 같은 책, 347쪽.
◆◆◆　　홍성식, 〈'김대중 내란 음모 사건' 수배자에서 소설가로〉,《오마이뉴스》, 2003년 7월 22일.

후 광산노동자들의 투쟁과 생활을 정리한 《타오르는 광산》°도 출간
되었다. 《광산노동자신문》 창간호에는 《타오르는 광산》과 볼리비아
광산촌의 광산노동자 아내들의 이야기를 다룬 《어머니들》°°이라는
책이 소개되었다. "남편이 광산 노동자인 부인들은 반드시 보아야 할
책입니다"라고 소개한다. 그 시기에 광산과 관련된 시 창작이 폭발적
으로 증가했다. 1988년에서 1991년 사이에만 200여 편의 광산 관련
시가 발표될 정도였다.

이러한 흐름 속에서 양양광업소에서도 노조 민주화를 열망하
는 목소리가 커졌다. 한편 정확히 같은 시기에 또 다른 광산노동자
는 분신했다. 노동자 성완희°°°는 자신이 사망하기 불과 한 달 전인
1988년 6월 2일 《한겨레》에 광산의 심각한 산재 문제를 알리는 글
을 싣기도 했다. 분신이라는 극단적인 선택을 하기 전에 광산의 사정
을 알리기 위해 애썼다.°°°° 성완희는 화염에 싸인 채 "부당해고 철회
하라", "인권탄압 중지하라", "광산쟁이도 인간이다. 인간답게 살아보

°   안재성, 《타오르는 광산》, 돌베개, 1988.
°°   도미틸라(구술)·모에마 바처(기록), 《어머니들》, 정순이 옮김, 한마당, 1986.
°°° 1959년 제천에서 태어난 성완희는 초등학교 졸업 후 서울 봉제 공장에서 일했다.
1986년 태백 탄광에 들어왔다. 1987년 태백에서도 노동자들의 파업이 벌어졌을 때 성완희는
노동자 대표가 되어 파업을 주도했다. 그다음 해에 그는 갱내에서 일하지 못하고 임금이 더
적은 경비직으로 전출되었다. 부당한 전직에 항의하고 투쟁하여 다시 복직되었다. 이때 그
의 복직을 위해 동료들이 적극적으로 연대하여 투쟁했다. 성완희의 이름이 언급된 소설로는
《새벽 출정》(방현석, 1989)이 있다.
°°°° 회사는 성완희의 복직 투쟁에 참여한 동료를 해고했고, 해고당한 노동자가 단식 투쟁
에 돌입했다. 자신의 복직을 위해 싸웠던 동료가 해고되자 이를 두고 볼 수 없었던 성완희는
이번에는 동료의 복직을 위해 투쟁했다. 그러나 동료의 단식이 8일째가 되어도 회사 측에서
이들의 요구를 무시하자 성완희는 노조 사무실을 점거하고 단식에 동참했다. 그때 구사대가
진입하였고 성완희는 몸에 휘발유를 뿌리고 불을 붙였다.

광산노동자신문

1988년 7월 20일
발행 : 광산지역 사회선교협의회
전 화 : 0395 – 53 – 0508

강원탄광 성완희열사 끝내 운명

7월21일 민주국민장으로 엄수 예정

전국 각계에서 애도의 행렬
광산지역 각 분향소마다 많은 노동자들 분향

온 몸이 불길에 휩싸인 속에서도 "광산쟁이도 인간이다. 인간답게 살아보자" "부당해고 철회하라" "인권탄압 중지하라" 외치고 병원에 실려가면서도 울부짖는 동료들에게 "강원탄광에 민주노조를 건설해주게" "나는 먼저간다 내가 먼저 가더라도 민주노조는 꼭 이룩해야 돼" 당부하던 강원탄광 성완희 열사가 분신 후 10일간의 사투끝에 지난 7월 8일 아침 7시 20분 원주기독병원에서 마침내 운명하였다. 고 성완희 열사는 지난 해 8월 동료 이기만과 함께 파업을 주동한후 회사측의 계속적인 탄압에 맞써 싸워왔으며 87년 12월과 2월 2차례에 걸쳐 부당해고를 당했었다. 그러나 열사의 굳센 투쟁과 동료들의 헌신적인 투쟁을 통해 모두 복직을 쟁취한 바 있다. 그러나 이기만 동료가 자신의 복직투쟁을 도와준 혐의로 2월1일 해고당하자 자신의 일보다도 더 열심히 복직투쟁을 전개해왔다. 그런데 노동부와 지방노동위원회의 거듭된 복직판정과 복직명령에도 불구하고 강원탄광측이 계속적인 불법, 부당 행위를 계속하고 복직자체를 거부하자 6월22일 이씨가 단식에 돌입하였고 열사는 강원탄광 우정회(회장:성완희) 회원들과 함께 복직투쟁에 참여하였다. 결국 단식 8일째이자 기만적인 노태우의 6.29선언 1주년인 6월 29일 강우회 회원 5명과 함께 어용노조사무실을점거하고 단식 농성에 들어갔다가 대의원 정대식등 어용노조간부들의 폭력만행에 맞서 열사는 분신하였던 것이다.

열사의 분신은 전 광산노동자들에게 큰 충격을 주었으며 열사의 운명후 많은 광산노동자들이 각 분향소를 찾아와 분향하고 있으며 전국의 각계 각층에서 애도의 행렬이 이어지고 있다.

순천·원주 뿐 아니라 서울 등지에서 강원탄광 규탄집회가 개최되고 각 민주단체에서 규탄성명이 발표되었다. 광산연맹에서도 지난 7월5일 성명을 발표하고 이 사건은 강원탄광의 반사회적 노동탄압과 당국의 방관적 자세로 인해 일어난 것으로 규정하면서 강원탄광의 공개사과와 모든 광산업주의 노동운동탄압중지를 요구하였다.

한편 각 노동운동단체와 인권단체는 고 성완희 노동열사 민주국민장 장례위원회를 구성하고 회사측과의 협상여부와 관계없이 장지를 태백으로 결정하고 7월 21일 장례식을 거행하기로 하였다. 영결식은 당일 오전 9시에 원주기독병원에서 거행되며 태백지역에 도착예정은 사북, 고한(오후 5시), 황지(오후 7시), 장성(7시 30분),철암 돌구지사택(오후 8시)로 일정이잡혔다.

고성완희 노동열사 민주국민장 장례위원회

장 례 위 원 장 : 문 익 환 목사
장례집행위원장 : 신 성 식 목사

고성완희 열사의 운명 8일째인 지난 7월 15일 고 성완희 노동열사 민주국민장 장례위원회가 발표되었다. 기자회견을 통해 발표된 장례위원회 구성은 다음과 같다.

고　　　　　문	계훈제 김대중 김영삼 박형규 지 선 최기식 함석헌등 (31명)
장 례 위 원 장	문익환
장 례 부 위 원 장	이창복 이부영 김상근 배일도 이영순 진 관 김상덕 홍금옹
지 　도 　위 　원	김동완 김창수 인명진 오충일 유승규 황재형 등 (260 여명)
장 　례 　위 　원	강원탄광 (1800여 노동자)
호　　　　　상	박상만
장례집행위원장	신성식 민성식
장례집행부위원장	윤창현 이병길 최 윤
대　　변　　인	김기봉

사설 성완희 열사의 죽음을 헛되이 말자

8만 광산노동자 여러분!

성완희 열사의 죽음은 결코 개인의 자살이 아닙니다. 모든 광산노동자의 인권과 권익을 위해 싸워온 정의로운 노동자에 대해 악덕기업주와 경찰, 어용노조가 하나가 되어 저지른 살인행위입니다. 우리가 이번 사건을 계기로 단결하여 싸워나가지 않는다면, 광산지역에서 어용노조를 물리치고 악덕기업주를 업단하지 못한다면 우리 광산노동자는 언제까지나 현재의 상태를 면할 수 없습니다.

생각해 보십시요. 우리는 어쩌면 성완희 열사의 죽음보다도 더 참담한 고통에 짓눌려 왔지 않습니까? 생명을 건 중노동에 저임금, 비인격적 멸시와 천대가 우리를 일상적으로 짓누루고 있지 않습니까? 회사의 감시와 위협,경찰의 위협을 이겨내고 싸워나가지 않는다면 우리의 권리는 영영 아무것도 이루지 못할것입니다. 아무것도 가진게 없는 우리 노동자와 부와 권력을 모두 거머진 사람과의 싸움에서 노동자가 손해볼것은 아무것도 없읍니다. 노동자의 단결과 투쟁은 멸시천대와 온갖 불평등을 청산하고 인간답게 살 수 있는 권리를 가져다 줍니다.

우리는 너무나 고귀한 동료를 잃었읍니다. 모든 동료와 가족으로부터 사랑받아온, 너무나 순결한 마음씨를 가진 젊은이를 잃었읍니다. 그런데 그들 잃게 된것은 회사와 어용노조 때문만은 아닙니다. 바로 강원탄광노동자들이, 전 광산노동자들이 당장의 작은 이해와 두려움에 눈이 어두워 함께 싸우지 못한 때문이기도 합니다. 저들은 그래서 마음놓고 우리의 동료를 마치 홀로 핀새싹 꺾듯 꺾어 버린 것입니다.

그러나 한가닥 새싹은 꺾어 낼 수 있을지라도, 들판의 잡초처럼 모질게 일어나는 우리 모두의 뜻을 꺾지는 못할 것입니다.

한점의 불꽃은 끌 수 있을지라도 들판에 타오르는 거대한 들불처럼 일어나는 우리 모두의 염원은 끄지 못할 것입니다.

8만 광산노동자여!
단결하라! 단결하라! 또, 단결하라!
성완희 열사의 죽음을 헛되이 말자!

자"라고 외쳤다. 그가 불이 붙은 채 뛰쳐나와 쓰러지면서도 외친 말은 "민주노조 좀… 건설해 주십시요"였다. 3도 화상을 입은 성완희는 열흘 후인 7월 8일 사망했다.[*]

문학에서 1920년대부터 광산노동자가 간접적으로라도 등장하는 것에 비하면 미술에서 광산노동자는 훨씬 뒤에 나타난다. 1982년부터 3년간 직접 태백에서 채탄노동자로 일했던 황재형은 1980년대 중반부터 광산노동자와 광산촌의 모습을 꾸준하게 재현했고 이를 전시를 통해 소개했다. 눈병이 심해져서 더 이상 광산노동자로 살기 어려워져 광산 일을 그만뒀지만 그는 태백을 비롯한 광산촌의 실상을 화가의 눈으로 관찰했다. 1988년 그가 그린 높이 360센티미터의 커다란 걸개그림은 그해 분신한 노동자 성완희를 추모한다.[**] 서울올림픽이 열리기 두 달 전이다. "담아두자면 목구멍까지 차올라 숨이 가빴던 그 두근거림. 털어놓자면 가슴이 터질 것 같던 그 쑥스러움. 못 견디게 티내고 싶지만 들키기는 싫었던 쌍팔년도의 그 설렘"[***] 속에는 결코 담기지 않는 역사다.

이처럼 1987~1988년 곳곳에서 노동자들의 목소리가 피가 되어 터져 나왔다. 1987년에 아버지가 노조에서 쫓겨난 후 여기에 불만을 품은 노동자들은 가만히 있지 않았다. 노동자들이 노동자 정체성을 강하게 인식하고 노동조합으로 연대하는 사회적 분위기였다. 어

---

[*] "탄광 노동자 성완희 열사 교육 웹진 〈성완희를 아시나요?〉", 〈전국민주노동조합총연맹 강원지역본부 웹페이지〉, https://gw.nodong.org/02_4/72.

[**] 황재형 작가의 해당 작품은 다음 기사를 통해 확인할 수 있다. 노형석, 〈뜯겨지고 압수당하던 시절⋯80년대 민중미술과의 재회〉, 《한겨레》, 2019년 11월 13일.

[***] tvN, 〈응답하라 1988〉 7화, 2015.

용 노조를 반드시 몰아내고 노조 민주화를 이루기로 결의한 노동자들이 위원장의 횡령과 각종 부패를 폭로할 준비를 했다.

그때 이 투쟁을 주도한 비상대책위원회의 상황은 《양양철광산의 문화사》에 간단하게나마 기록되어 있다. 비상대책위원회에 적힌 이름들을 하나하나 확인하는데 내게 모두 익숙하다. 한 명 한 명의 이름마다 얼굴이 떠올랐다. 모두 우리 집에 자주 몰려왔던 '노조 인간들'이다. 혼자 몰래 찾아와서 괜히 숨었던 아저씨 이름도 있었다. 그의 이상한 행동의 맥락이 무엇이었는지 30년도 더 지나 비로소 이해했다. 비상대책위원회에 이름이 남은 이들 중 반 이상은 고인이 되었다. 살아있는 사람 중에서 건강하게 대화할 수 있는 사람은 한 사람이었다. 이인수. 그를 만나야 했다.

"그때 생각하면 지금도 눈물 나"

2024년 4월, 나는 이인수에게 연락했다. 아버지와는 꾸준히 연락을 하지만 함부로 연락처를 요구해서 섣불리 만남을 시도할 수 없었다. 30여 년간 마주하지 못했던 사람과 나도 대화할 준비가 되어 있지 않았다. 이 책의 취재를 위해 아버지와 많은 대화를 이어갔고 아버지는 자연스럽게 어느 날 이인수의 연락처를 내게 전해줬다. 이인수에게 처음 전화했을 때 나를 어떻게 소개해야 할까 망설였다. 기우와 달리 그는 대번에 나를 기억했다. 나는 그가 일하는 영월에 찾아가기로 했다.

청량리에서 출발한 태백선 열차를 타고 제천을 지나 영월로 향했다. 제천역에는 시멘트를 운송하는 화물열차가 정차 중이었다. 한때 수많은 석탄을 운송했듯이 태백선은 여전히 자원을 나른다. 영월에 비교적 기차역이 일찍 만들어진 이유는 광산이 개발되었기 때문이다. 1955년 지어진 영월역은 1956년부터 영업을 시작했다. 영월에 1964년 화력발전소가 세워졌고, 1973년에는 영월역이 무연탄 도착 취급역이 되었다. 사람과 광물을 분주히 날랐으나 2007년부터 화물 운송은 중지되었고, 오가는 사람도 많이 줄었다. 역 앞에는 '문화도시 영월'을 홍보하는 커다란 글귀가 눈에 들어왔다. "석탄광산에서 문화 광산으로." 이 글귀에 양가적 감정이 들었다. 영월 역시 대표적인 폐광촌으로, 석탄 광산은 과거가 되었으니 앞으로 '문화 광산'이 되어야 할 것이다. 하지만 영월에선 석탄 광산이 아닌 다른 광산들이 여전히 운영되고 있다.

단종제를 시작한 날이라 영월 곳곳에 유명 트로트 가수 공연을 알리는 현수막이 나부꼈다. 햇빛이 뜨거운 날 고수부지에는 행사가 진행 중이라 음악 소리가 컸다. 영월은 오래전 억울하게 밀려난 어린 왕의 유배지이며 그 왕이 죽임을 당한 곳이다. 550년 만에 장례식을 치른 비운의 왕을 지역민들이 기억하기 위해 행사를 이어오고 있다.

단종제를 둘러본 뒤 영월역으로 돌아왔을 때 역 앞에서 왼쪽 어깨 밑에 '안전제일'이 붙은 작업복을 입고 기다리는 이인수의 모습을 한눈에 알아보았다. 광업소 소장이라고 들었는데 현장에서 일하는 차림이었다. 이인수, 1952년생. 30여 년 만에 보는데 인상은 예전 그대로였다. 일하는 곳이 노천 광산이라 그런지 그의 얼굴은 햇빛에 그을려서 까무잡잡했다. 일흔이 넘은 나이에도 건강해 보였다. 얼마만일까. 아버지와의 깊은 친분에 비하면 그는 장례식이나 결혼식 같은 대소사에도 통 나타나지 않았다. 축의금이나 조의금만 보냈고, 아버지와 주기적으로 전화통화를 했지만 대면하기는 어려웠다. 휴일이 적기 때문이다. 10여 년 전에 광산 사람 여럿이 어렵게 휴가를 내어 우리 집에 다녀간 적이 있다. 그때 색소폰을 배운다며 몇 곡 연주하고 갔다는 이야기만 들었다. 다가가서 인사를 하자 그는 나를 알아보고 깜짝 놀랐다. 내 손을 잡고 간단한 근황을 물은 뒤 그는 한동안 먹먹한 모습으로 말을 잇지 못한 채 잡은 손만 흔들었다. 그는 내 가족 외에도 돌아가신 나의 할머니들에 대한 기억을 꺼냈고, 삼촌, 고모에 대해서도 안부를 물었다. 삼촌은 잘 살고 있으며 고모는 얼마 전 돌아가셨다고 전했다. 이인수는 아버지와 고모가 "감시당하고 이러면서 성장했다"는 말도 꺼냈다. 그도 아버지의 연좌제 문제를 알고 있었다. 나도 이인수에게 내가 기억하는 아저씨들에 대해 물어보았다. "이제 다들 고인이 됐지. 아마 양양광업소 출신으로 지금까지 현직에 있는 사람은 나밖에 없을 거야. 내가 알기로는 이제 없어."

내 가족들에 대한 안부와 생사 확인이 이어지다가 그는 이내 1987년의 분노 속으로 생생하게 돌아갔다. 10대 여자아이가 흰머리를 품고 돌아왔다. 나의 나타남은 그에게 순식간에 1980년대를 배달했다. "87년, 88년 그때 생각하면 지금도 눈물 나. 우리 그때 다 울었어. 그리고 다짐을 했지."

이인수는 그때 아버지가 바다에 들어갔다고 했다. "그 추운 겨울에 바다에 혼자 들어간다는 건, 상상 못 했어 우리는. 아버지 끌어내고, 우리 울었어. 거기서 김학진하고 박열이하고 맹세를 했지." 나는 놀라지 않는 척하며 그의 말을 들었다. 이인수는 여전히 당시를 떠올리며 분개했다. 모함에 관여한 여러 사람들에 대한 분개였다. 그는 "뒤엎을 기회"를 노렸다. 빨리 들고일어나자는 동지들도 있었으나 이인수는 노조의 비리를 폭로할 수 있는 결정적 단서를 찾을 때까지 기다리는 게 낫다고 생각했다. 절차와 명분을 주의해서 챙기지 않으면 더 크게 실패할 수 있다는 우려 때문이었다. "겨울에 사택 뒷산에 올라가면 노조가 보여. 보면서 다짐했어. 언젠가 보자 했어."

1987년 전국적인 민주화항쟁과 노동자대투쟁의 분위기 속에서 양양광업소도 점점 들썩였다. 민주 노조를 지지하는 사람들이 아직은 세가 약했으나 양양 토박이 동료가 힘을 보태주면서 판세는 기울었다. "그게, 지역적인 게 좀 있어." 이인수는 조직에서 나름의 알력 다툼의 큰 줄기로 동향 사람들끼리 일종의 패거리 문화를 이룬 것과 관련 있다고 말했다. 또한 광산 내에서 가장 힘든 부서인 채광과 비채광 간의 기싸움 등을 설명했다. 나는 그의 말을 들으면서 아버지를 비롯해 아버지의 동지들은 대부분 양양 출신이 아니라는 사실을 비로소 인식했다. 광산에는 다른 지역에서 오직 광산이라는 일자리를 찾아온 사람이 많다. 그래서 같은 출신 지역 사람들끼리 향우회나 계모임 등을 만들어 나름 끈끈한 관계를 가진다. 이인수와 아버지의 동료들은 이 향우회나 계모임 등과도 거리를 둔 '골고루 모인 아웃사이더' 같은 사람들이었다. 이 아웃사이더들끼리 뭉쳤을 때는 힘이 약했으나 양양 토박이 사람들까지 힘을 보탰을 때 어용 노조를 뒤엎을 동력을 끌어올 수 있었다.

1988년 봄이었다. 이인수는 회계 담당 직원을 통해 회계장부를 입수했다. 위원장의 비리를 증명할 수 있었다. 노조 사무실을 점거하고 행동에 들어갔다. "강당에 싹 모아놓고 왜 노조를 불신임하는지 연설을 하는 거야. 그런데 말이 막 나오더라고. 사람들이 나한테 그래. 말을 어떻게 그렇게 잘하냐고." 스스로도 놀랄 정도로 그는 연설을 잘했다. 쌓였던 분노가 입 밖으로 말이 되어 술술 나왔다. "민주화. 그때는 민주화가 우선이었어. 임금보다 민주화"였다고 거듭 강조했다. 노조 민주화가 되지 않으면 어차피 임금 인상도 제대로 되지 않았다. 노조를 뒤엎고 나니까 한국노총에서 간부가 양양광업소로 찾아왔다. "임금 인상 1.2퍼센트 해가지고 와서 우리 보고 뭘 어쩌란 말이냐. 우리가 불신임하게 된 이유를 다 이야기했어. 우리를 설득하려고 하지 마. 우리를 설득하려고 하면 한노총을 탈퇴하겠다 그랬어. 광노연맹*은 한노총 소속이지." 그는 한국노총 간부에게 의사를 확실히 전달했다.

이인수가 투쟁을 주도하는 동안 "속초 경찰서에서 전경들이 낮에만 되면 여섯 명이" 그를 쫓아다녔다. "무전기를 들고. 우리가 화약을 사용하기 때문"이었다. 광산에는 '무기'가 많다. 특히 발파를 위한 화약은 가장 경계하는 무기다. 광석을 캐기 위해 필요한 화약을 노동자들이 혹시라도 집단행동의 도구로 이용할까 봐 신경을 곤두세운다. 한편 노동자들의 지지가 이어졌다. "사무실에 있던 애들까지 나만 가면 힘내라고. 걔네들도 노조가 잘못됐다는 걸 알고 있었어. 근데 그걸 터뜨리지 못했지." 누군가 주도적으로 나서자 여기저기에서 주먹을 들어 보이며 지지 의사를 보였다. 그렇지만 하루, 이틀, 시간이 흘러도 노조 위원장이 물러서지 않자 대의원들이 지쳐갔고 서로 조금씩 불신이 생길 조짐이 보였다. 이인수는 회사를 찾아가서 "내일

---

* 전국광산노동조합을 지칭하는 것이다. 이들의 입말에서는 '광노연맹'으로 자주 불린다.

아침에 강릉 엠비시MBC에 연락해서 우리가 파업을 한다는 걸 취재하게끔 하겠다"라고 엄포를 놓았다. 다음 날 아침에도 위원장이 항복하지 않으면 단식 투쟁을 하겠다고 선언했다. 그는 방송국 취재가 온다고 전단지를 만들어서 광산 전봇대 곳곳에 붙였다. 그러자 "회사에서 '제발 매스컴은 타지 않게 해달라', '노조 쟁의가 매스컴을 타면 은행에서 돈 빌리기 힘들다' 그러는 거야." 회사 측에서는 그렇게 이인수의 손을 들어줬다. 방송국에 정말 연락했느냐 물으니 "아니, 뻥이지"라는 답이 돌아왔다. 그는 방송국에 연락하지는 않았다. 사회 분위기도 심상치 않자 회사에서 한발 물러났다. 사회적으로 눈치가 보이는 것이다. 회사가 더는 자신을 보호해주기 어렵다는 사실을 알아차린 노조 위원장은 사임했다. 이인수는 사직서를 대의원들 앞에서 읽었다. 새로운 조직을 만들기로 했다. "그렇게 노조를 접수했어."

이인수가 주도적으로 어용 노조를 뒤엎고 나서 몇몇 직원들은 그에게 새로운 위원장이 되기를 제안했다. 그 분위기를 그대로 이끌고 가서 그가 새로운 노조 위원장이 되는 것도 괜찮아 보였다. 왜 직접 위원장이 되지 않고 아버지를 지지했는지 물었다. "그때 아버지는 속초에 있으니까, 종업원들이 나보고 나오라 이거야. 내가 될 수 있는 환경이야. 그런데 내가 만약 그랬으면 난 생존하지 못해. 그릇을 알아. 자기 그릇." 왜 스스로 과소평가를 하느냐 다시 물었으나 그는 여전히 자신의 그릇을 잘 안다는 말을 반복했다.

"나는 나의 장점이자 살아오면서 가장 잘했다고 생각하는 게 그거야. 내 밥그릇은 내가 안다. 내가 할 수 있는 일이 있고 못하는 게 있잖아. 일시적인 그 순간의 영광을 가지고, 나한테 이런 영광이 끝까지 올 것이다? 그건 아니잖아. 나는 그걸 알기 때문에. 그런 건 우리 마누라한테 많은 영향을 받았어. 그 사람이 서울 가서 공장 다니면서 고등학교 다니고 해서 아주 단단한 사람이야. 나보다 다섯 살 어리지만 내가 그걸 많이 받아들였지. 우리 마누라는 남하고의 약속을 꼭 지키거든. 너무 철저해서 처음에는 그게 난 싫었어. 그런데 시간이 지나니까 그게 큰 자산이야. 그래서 남하고 한 말은 어떻게든 지키려고 해."

이인수는 1987년 동지들과의 약속을 지키는 것이 중요했다. 자신이 위원장이 될 기회를 이용하지 않았다. 오히려 그랬기 때문에 아버지가 지금까지 자신을 신뢰하는 것이라 말했다. "1988년은 내 인생에서 위기도 될 수 있었고, 기회도 될 수 있었고. 아, 그건 이루 다 말할 수 없어."

어용 노조 위원장을 몰아내는데 앞장섰던 이들은 공식적으로 비상대책위원회라는 이름으로 활동했지만 그들끼리는 '5·16 동지회'라 불렀다. 이들이 노조를 점거한 날이 1988년 5월 16일이기 때문이다. 5·16 동지들은 1987년부터 계속 비밀리에 만나고 연락하며 뒤엎을 때를 보았다. 속초로 옮겨지면서 겉보기에 노조에서 멀어진 듯 보였던 아버지도 실은 은밀하게 계속 접촉 중이었다는 사실을 이인수를 통해 듣게 되었다. 아버지는 밤이 되면 광산 사택으로 향했다. 아무도 모르게 노조 대의원 집에서 만나 정보를 주고받았다.

나는 아버지와 이인수가 모두 여러 차례 '그때 사회 분위기'를 말하는 모습에 주목했다. '사회 분위기'가 싸우는 노동자들에게 '우리의 싸움이 옳다'는 용기를 주었다. 이인수는 "시기적으로 잘 택했고,

사회적으로, 세상을 다시 보는 시기랑 맞물려서, 그때 대통령도 직선제 했으니까 우리도 직선제 해야 하고"라며 그 당시 사회 분위기에 의미를 두었다. 싸워도 된다, 말해도 된다는 용기를 주는 '분위기'가 중요하다. 1987년 대통령 직선제를 요구하는 분위기는 노동조합에서도 직선제를 해야 온전한 노조 민주화가 이루어지는 것이라는 강한 명분을 제공했다. 또한 그들만의 고립된 싸움이 아니라 사회 전체적으로 노동자대투쟁이 벌어지는 시기라서 싸움을 이어갈 수 있었다. 내부의 분노는 외부의 역동성과 만나 분출했다. 고립된 개인의 분노가 연결되고 조직될 때 운동이 된다.

첫 민주 노조 위원장

비대위를 꾸린 지 한 달 후인 6월 18일 선거를 거쳐 아버지가 노조 위원장으로 당선되었다. 아버지는 노동자들이 스스로 뽑은 첫 노조 위원장이 되었다.

"연좌제도 없어졌으니까, 내가 위원장 되고 나서 나는 이제 걸릴 게 없어서 정보과 형사에게 돈 주는 관행을 없앴어. 거리낄 게 없어졌어. 안 주니까 달라는 식으로 말하더라고. 그래서 처음에 한 번은 주고 그다음에는 우리도 재정이 안 좋다고 하고 안 줬어. 그때는 그 정도도 과감한 행동이었어. 근데 돈 안 줘도 회의에 오긴 오더라. 불온한 발언을 할까 봐. 그런 시대였어."

지금 생각하면 고작 회의에 참여한 형사에게 돈 주는 관행을 없애는 정도인데, 그 정도도 과감한 시도였다. 연좌제도 없고, 노동자들이 직접 뽑은 사람이라 당당했다. "내 뒤에는 노동자들이 있으니까"를 반복적으로 말했다.

아버지는 전보다 술을 마시는 횟수가 줄었고 서러움과 분노를 터뜨리는 일도 줄었다. 아버지는 보궐선거로 당선된 위원장 임기를 마치고 1990년에 재선되었다. 1993년에는 3선이 되었다. 아버지는 여전히 사장을 욕하면서 회사를 다녔다. 광산은 규모가 점점 줄어들었고 그에 따라 노조 규모도 줄여야 했다. 아버지가 재선이 되는 동안 부위원장이 사라지고 지부장도 사라졌다. 노조가 작아지는 만큼 아버지가 이 사람 저 사람 욕하는 일도 줄어들고 1980년대처럼 방바닥을 치며 화를 쏟아내진 않았다. 나는 이것이 '나쁜' 사람들을 다 몰아냈기 때문이라 생각했다. 전투적인 1980년대보다 확실하게 좋아 보였다. 그러나 노동운동은 1988~1989년에 정점을 찍고 하강하기 시작했다. 노조 민주화 이후 싸움의 동력을 잃었고, 또한 더 강력한 세계가 기다리고 있었다. 세상은 변했다. 광산노조는 어렵게 노조 민주화를 이루어갔지만 광산이라는 산업이 사양길에 들어서서 점점 힘을 잃어가는 시기이기도 하다.

한편 이 시기에 노동자의 개념과 범주는 변하고 확장되었다. 중화학공업 노조의 힘이 커졌고 사무직 노동자들도 노동자 정체성으로 노조를 만들어갔다. 그리고 교사들도 노조를 만들었다. 전교조의 탄생은 교사라는 직업을 '노동자'로 볼 수 있는지를 두고 많은 사회적 논쟁을 불러왔다. 1989년에 발행된 《광산노동자신문》 제9호에는 "전교조를 보는 노동자의 눈"이라는 제목으로 "교사는 노동자다"라 광산노동형제 여러분!

며칠 전 주요 일간지에는 참교육실천을 위한 교사들의 노력을 방해하기 위하여 '구교대'라는 괴상한 이름의 단체를 만들려 한다는 소식이 실렸습니다. '구교대'라는 표현에는 구사대를 만들어 산업부문의 노동운동을 탄압했던 것과 똑같은 발상이 너무도 노골적으로 드러나 우리로 하여금 쓴 미소를 짓게 합니다.

노태우정권은 전교조를 탄압하기 위하여 핵심교사들을 구속시키는 한편, 자본가계급의 일부분은 참교육에 반대하는 학부모회를 만들어 교원노조운동을 방해하려고 합니다. 민주당은 전교조의 합법화에 대해서는 입도 벙긋하지 않고 단지 '실세인정' 운운하며 기회주의적인 모습을 보이는 한편, 평민당은 '단체행동권'을 인정하지 않는 등 일관되게 교사들의 편을 들고 있지 않습니다. 심지어 공화당의 김종필은 '교육과 같은 신성한 일을 노동자가 할 수 있는가?'라는 '망발'(노동자의 일은 천하다는 전제가 깔려 있기에)도 서슴치 않고 있습니다.

교사는 노동자다

파쇼권력과 자본가계급 그리고 보수 야당들은 자신들의 이익때문에 위와 같은 작태를 보인다고 하더라도, 우리 노동자들 중에도 '교사가 과연 노동자인가?'라는 질문에 '교사도 일을 하고 월급을 받으니 노동자는 노동자지'라고 하면서도 왠지 자신없어 하는 경우가 많습니다.

사회가 유지되기 위해서는 탄을 캐고, 옷을 재단하고, 용접을 하는 것과 같이 직접적으로 물건을 만드는 노동뿐만이 아니라, 이 물건들을 만드는 데 필요한 각종 지식과 기술을 습득한 인간을 만들어 내는 교사의 노동도 필요합니다. 더우기 대부분의 교사들은 노동자와 농민의 자녀이며 생계를 위해 팔 것이라고는 자신의 노동력뿐이기 때문에 사립학교의 교사들은 학교의 재단에, 공립학교의 교사들은 국가에 고용되어 있습니다. 교사와 우리 육체노동자의 차이는 우리가 주로 육체를 사용하여 생산에 기여한다면 교사들은 정신노동을 주로 사용하여 생산에 기여한다는 것입니다.

그런데 파쇼권력과 자본가계급은 이 차이를 과장하여 교사는 노동자가 아니라고 선전합니다. 그들은 광산노동자나 제조업노동자, 그리고 운수노동자나 교사 그리고 사무직 노동자들의 차이점만을 과장하여 이 모두가 하나의 노동자계급이라는 사실을 은폐시키려 하고 나아가 우리 노동자들의 의식을 단위사업장의 문제나 직업의식으로 한정시키려 합니다. 교사도 노동자라는 명백한 사실 앞에서 우리가 머뭇거리고 자신없어 하는 것은 파쇼권력과 자본가계급의 이데올로기가 그만큼 강하게 우리에게 침투되어 있음을 의미합니다.

이제 자본가계급의 이데올로기에서 벗어나 다음과 같이 외처봅시다. "전교조 운동은 파쇼권력에 의해 노동자계급의 대오에서 격리될 수 밖에 없었던 형제교사들이 노동자계급의 운동에 합류하려는 투쟁이다."

전교조를 보는 노동자의 눈

전교조 사수에 광산노동자가 앞장서야

교사의 역할은 단순히 생산에 필요한 지식과 기술을 다음 세대에 전달하는 것에 그치지 않습니다. 교사는 인류의 문화유산을 계승시키는 과정에서 사회와 역사를 보는 시각과 그 속에서 인간이 살아가야 할 길을 제시합니다. 교사가 파쇼권력과 자본가계급의 수중에 장악되어 있을 때에는 장차 노동자계급에 합류하게 될 학생들조차 파쇼권력과 자본가계급의 입장에서 사회와 역사를 바라보고 파쇼권력과 자본가계급의 이익에 봉사하는 방향으로 살아가기 쉽습니다. 그러나 교사가 파쇼권력과 자본가계급의 영향에서 벗어나 올바른 시각에서 참교육을 실천할 수 있게 될 때 많은 학생들은 노동자계급의 입장에서 사회와 역사를 보고 노동자계급과 전체 민중의 이익에 봉사하는 인생을 살아갈 수 있습니다. 노동자계급의 해방이 보다 앞당겨지기 위해서는 노동자계급의 입장이 골방에서 벗어나 '밝은 교실'에서 대규모로 퍼져가야 합니다. 이제까지 교실은 파쇼권력과 자본가계급의 이데올로기 선전장이었으나 이제부터는 노동자계급의 입장에서 전체민중과 전체 민족 나아가 전인류의 계속적 발전을 추구하고 이를 위해 토론하는 요람이 되도록 우리는 싸워야 합니다. 이 싸움에서 승리할 때, 노동자계급은 건전하고 튼튼한 다음 세대를 우리의 선진부대로 가질 수 있습니다. 그리고 전교조사수투쟁은 이 싸움의 출발점입니다.

그런데 노동자계급 중에서 가장 선진적인 산업노동자의 적극적 참여만이 전교조사수투쟁을 승리로 이끌 수 있습니다. 그것은 교원노조운동이 아직 경험이 부족하고 확고하고 일관되게 노동자계급의 입장에 서 있지도 못한 걸음마 단계에 불과하기 때문입니다. 우리 산업노동자가 전교조사수투쟁에 앞장 설 때 전교조는 앞으로 건설될 전노협의 일익을 담당하게 될 것입니다.

자 이제 다음과 같이 외처 봅시다.

"광산노동자가 앞장서서 전교조를 사수 하자"

"전교조를 사수하어 전노협건설 앞 당기자"

성완희열사 1주기 추모식 거행

성완희기념사업회는 지난 7월 8일 경기도 마석 모란공원 성열사 묘지에서 1주기 추모식을 가졌다.

이날 추모식에는 성기사 회원들을 비롯한 강원지역 민주인사 등 100여명이 참석한 가운데 엄숙히 진행되었다.

성완희열사는 제천에서 태어나 어릴 적에 부모님을 여의고 할아버지 슬하에서 자랐다. 국민학교를 졸업한 후 10여년을 서울에서 공장노동자로 살아오다가 86년에 강원탄광 채탄후산부로 입적했다. 일생을 오직 노동자로 살아온 열사는 피부로, 이 사회의 모순된 구조를 느끼고 있었다.

87년 대파업시 성열사는 강원탄광 파업지도부의 일원으로 누구보다도 열심히 선두에서 투쟁에 앞장섰고 상당한 성과를 거두는데 큰 역할을 담당했다. 그 후에 동료 노동자의 복직을 위해 유인물을 배포하다 회사 구사대에 의해 폭행을 당하는 고초를 겪기도 하는 등 수없이 고통을 당하기도 했다.

또한 성열사 자신이 두차례에 걸친 해고에 대해 투쟁으로써 복직을 관철시켜 내기도 하고 부당전직에 항의 원직복직을 쟁취해 내기도 하는 등 그야말로 투쟁으로 단련된 헌신적이고 투쟁적인 노동운동가였다. 현장조직활동에도 누구보다도 열심이었다. 87년 파업을 통해 서로 뜻이 맞는 동료들과 강원탄광 우호회(강우회)를 결성하여 회장으로 선출되는 등 동료들에 대한 신뢰성도 두터웠다. 그러다 88년 6월 29일 동료노동자의 부당해고에 항의하며 단식농성을 벌여오던중 회사 구사대들의 폭력에 맞서 온몸에 휘발유를 끼얹고 분신으로 항거·끈질긴 사투끝에 88년 7월 8일 원주기독병원에서 숨을 거두었다.

성열사의 1주기 추모식을 가지면서 회원들은 지난 1년동안 우리 회원들이 성열사의 뜻을 받들어 나름대로 열심히 노력했지만 아직 광산지역의 민주노조설을 이룩해 내지 못한 것에 대해 모두 엄숙히 반성하며 앞으로의 활동에 더욱 분발할 것을 성열사 묘지앞에 엄숙히 다짐했다. 잔잔한 이슬비가 내리는 가운데 진행된 마석 모란공원에서의 추모식은 전태일열사를 비롯한 박영진열사 등 먼저 가신 열사들의 노해방을 갈구하는 외침이 메아리쳐 추모식 참가자들의 가슴 속 깊이 스며들었다.

▲ 성완희 열사는 구사대 폭력에 맞서 온몸에 휘발유를 끼얹고 분신으로 항거, 88년 7월 8일 숨을 거두었다. 사진은 지난 7월 8일 마석 모란공원에 있었던 1주기 추모식 광경

성완희 기념사업회 상임위원장 원기준동지 구속

지난 7월 22일 성완희기념사업회 압수수색후 '국가보안법위반 및 제3자개입금지위반' 혐의로 전국에 지명수배 되었던 성기사 상임위원장 원기준동지가 8월 4일 서울 피카디리 극장앞에서 붙잡혀 구속되었다. 경찰은 원기준 상임위원장이 지난 5~6월 광산지역에서는 가장 조직적이고 체계있게 투쟁한 동원탄좌파업투쟁시 파업지도부 '동원탄좌노동조건개선추진위원회'의 요청으로 '민주노조란 무엇인가?' '도급제는 왜 철폐되어야 하는가'라는 강연을 하였다고하여 국가보안법과 제3자개입이란 악법을 적용해 전격 구속한 것이다. 그동안 원기준 상임위원장은 광산지역노동운동단체의 대표자로 전민련 중앙위원·강민련 중앙위원·전국노동운동단체협의회에 광산지역대표자로 각종 대외활동의 구심적 역할을 헌신적으로 전개해 왔으며, 또한 광산지역 각 사업장에 대한 교육활동도 활발하게 전개해 왔다. 현독재정권의 원기준 상임위원장에 대한 구속은 그동안 광산노동운동의 대내외적 구심이었던 민주적인 노동자들의 자주적인 조직인 성완희기념사업회에 대한 탄압이며, 곧 광산노동자들에 대한 탄압인 것이다.

이에 성기사 회원을 비롯한 각 사업장의 민주적인 노동자들은 원기준 상임위원장의 부당한 구속에 항의하며 앞으로 있을 법정투쟁에 대비 하기로 하였다.

경일탄광 운영권 조합에 위임

경일탄광노동자들은 8월 10일 9명의 조합원대표(노조위원장 포함)를 구성하여 '① 지금까지 회사에 누적된 모든 부채(사채, 공채 및 공과금)는 현 기업주가 책임진다. ② 차후 (8월 10일 이후)의 회사운영권은 조합에 위임한다'라고 기업주와 합의를 보았다.

이는 6월부터 임금이 체불되고, 미불된 퇴직금이 4,000만원에 이르자 지난 8월 5일부터 10일까지 작업거부를 한 결과이다.

노동자들에게 유리한 것처럼 보이는 이번 합의안도 기업주의 술책의 결과이다. 노조에 운영권을 위임한 것은 90년에 석합지정업체가 되기 위한 것(노조가 6개월간 운영해도 정상화(?)되지 않으면 석합지정업체가 된다)이며, 기업주에 제공될 석합에 따른 이득을 놓치지 않기 위해 광구권은 여전히 기업주가 갖고 있다.

《광산노동자신문》제9호

(성완희기념사업회 생산, 원기준 기증, 민주화운동기념사업회 제공).

고 정의하며 "광산노동자가 앞장서서 전교조를 사수하자"고 외친다. 그러나 광업이 사양산업이 되어가는 분위기에서 광산노동자들이 연대하는 목소리는 잘 들리지 않았다.

1989년 1월 1일 해외여행 자유화가 되었다. 한국노총에서 해외연수를 갈 기회가 생겼다. 당시에는 민주 노조를 세운 지 얼마 되지 않은 상황이라 아버지는 참여하지 않았다. 1992년 5월 아버지는 대만 광산노조에 부부 동반으로 초청을 받았다. 여권도 없던 어머니는 급하게 여권을 만들어서 아버지와 함께 처음으로 한국 바깥으로 나갔다. "길거리에 프라이드(자동차)가 그렇게 많더라고." 타이베이 외곽의 한 광산을 방문했는데 어머니는 문이 없는 화장실 이야기만 했다. 화장실에 문이 없어서 여자들끼리 서로 망을 봐주며 볼일을 봤다. 대만 광산노조로부터 융숭한 대접을 받고 돌아온 어머니는 그들이 춤을 추고 놀 줄 안다는 사실에 연신 놀라워했다. "우리는 놀 줄 모르는데 거기 여자들은 놀 줄 알더라고. 사람을 대접할 줄도 알아. 술도 잘 마셔. 밤마다 만찬이었어. 저녁이면 춤을 추고 돌아가는데 우리는 춤을 출 줄 모르잖아." 그해 8월 한국은 '중공'이라 부르던 중국과 수교를 맺었다. 아버지는 이제 중국에 갔다. 청도의 한 공장을 다녀왔다. 공장에서 여성 노동자들이 탁아소에 아이를 맡기고 출근하는 모습을 인상적으로 보았다. 광물을 실은 수많은 배가 오가는 항구가 있는 싱가포르에 가고, 세계에서 가장 많은 철광석이 매장된 호주에 갔다. 호주에서 저상버스를 보고 놀라워했으며 싱가포르에 다녀와서는 거리가 깨끗하다며 유독 좋아했다. 외국을 다니면서 아버지는 빵에 버터를 발라 먹기 시작했다.

아버지의 행보는 활발해졌으나 한국에서 광산은 쪼그라들고 있었다. 광산이 쪼그라드는 만큼이나 광산노조도 쪼그라들었다. 아버지가 1980년대보다 덜 싸우는 것처럼 보인 이유는 싸울 이유가 없어서가 아니라 광산도 노조도 점점 힘이 빠져서였다. 게다가 '이제는 그런 시대가 아니'라는 분위기 속에서 투쟁은 점점 낡게 보였다. 민주화가 되고, 자유화가 되고, 군부독재가 끝났으며, 문민정부의 시대가 되었다.

14장

언니들

미스 혹은 양

고모는 처음에 선광부로 광산에 들어갔지만 고모가 사범학교를 다녔다는 사실을 광업소에서 알게 되자 병원 서무 직원으로 자리를 옮겨줬다. 광산 병원은 인근에서는 제법 규모도 있으니 그곳에서 일하는 건 꽤 괜찮았다. 그러나 고모는 병원에서 행정업무를 하다가 사람들과 잘 맞지 않아 스스로 힘든 현장으로 다시 가겠다고 했다. "그 좋은 자리를 두고. 네 고모가 성질이 그렇잖아." 아버지는 한숨을 쉰다. 잘 참지 못하는 고모의 성격을 생각하면 이해가 되었다. 인간들 사이에서 일하느니 차라리 돌무더기 속에서 일하는 게 나을지도 몰랐다.

광산에는 현장의 선광부 외에도 사무직과 의료인 중에 젊은 여성이 포함되어 있었다. 광업소에서 상대적으로 소수인 사무직 여성 직원들은 부서가 달라도 서로 잘 알고 지냈다. 그때 고모가 알았던 사무실 여성 직원 중에는 '미스 쇳돌'이라 불리는 여성이 있었다. 미스 강원에 뽑힌 후 광업소에 취직한 여성이다. 미인대회 출신 여성도, 땅굴을 발견한 포상자도 광업소에 일자리를 얻는 걸 보면 "그때는 광업소가 최고", "남자든 여자든 그때는 다 광업소지", "공무원 아니면 광업소지"라는 어른들의 말이 과장은 아니었다는 걸 알 수 있다. 아버지처럼 연좌제로 다른 일자리를 찾지 못해 광산에 '주저앉은' 비국민과 땅굴을 발견한 포상으로 광산에 일자리를 얻는 '진정한' 국민이 뒤섞인 장소였다.

가끔 예방접종을 하기 위해, 3시 즈음 장승리로 향하는 통근버스에 어머니가 나를 태웠다. 버스에서 내리면 기다리고 있던 아버지가 나를 데리고 광업소 병원에 가서 예방접종을 맞췄다. 광산 병원에 가면 내가 '간호원 언니'라 불렀던 젊은 여성 간호사가 주사를 놔주었다. 주사를 맞은 후에는 아버지가 퇴근할 때까지 노조 사무실에서 기다렸다가 아버지와 함께 집으로 왔다. 그때 한 여성이 내게 요구르트를 줬다. 아버지가 '무슨 양'이라 부르고 나는 그를 '무슨 양 언니'라고 불렀다. 아버지가 일하는 노조 사무실 경리 직원이다. 여러 명의 무슨 양 언니들이 사무실을 거쳐갔다.

다른 이들이 여성 직원을 '미스 김'이라고 부를 때, 아버지는 그를 '김 양'이라고 불렀다. 영어를 섞어 쓰는 데 심한 거부감이 있었던 아버지는 그 당시 남자들이 '와이프'라는 말을 쓰기 시작한다며 집에서 흉을 봤다. 아버지는 노동계층 남성들이 '와이프'라는 말을 사용하는 것이 중산층을 흉내 내는 행태라고 여겼다. "와이프, 와이프, 듣기 싫게, 와이프는 무슨!" 자식이 시험에서 '올백'을 맞았다고 했더니 '올 애'라는 영어를 썼다고 어머니에게 그렇게 화를 냈다며 어머니는 지금도 분통을 터뜨린다. 철저하게 우리말을 고수하던 아버지는 요즘은 귀로 듣는 족족 외래어와 외국어를 따라한다.

　　광업소 사무실에서 일하는 여성이 주요 인물로 등장하는 광산촌 배경의 소설로는 현길언의 《회색도시》가 거의 유일하다. 안타깝게도 이 소설에서 광업소 소장의 비서 순애를 그리는 방식을 보면 여성 노동자에 대한 작가의 시각이 심각하게 비뚤어져 있음을 알 수 있다. 여성 노동자에 대한 남성들의 추잡한 성적 욕망이 저질스럽게 펼쳐지고, 순애가 서울 호텔 수준의 커피를 탄다며 커피맛에 대한 품평이 극의 흐름을 끊고 뜬금없이 등장하곤 한다. 사무직 여성의 노동에 대한 작가의 관심은 전무하다. 순애는 사실상 성적으로 착취당하는데, 이 소설의 세계관에서 성적 착취라는 개념은 존재하지 않기에 오히려 순애는 타락한 여성, 반성해야 하는 존재로 그려진다. 문학적으로 총제적 난국을 보여주는 이 소설은 집 밖에서 일하는 여성을 남성 유흥을 위한 대상으로 바라보는 고질적인 의식을 잘 드러낸다. 그래서 비서는 서울 호텔 수준의 커피맛을 내고 소장의 아내는 비서가 혹시 소장의 침실에 들어가지는 않을까 불안해하는 황당무계한 설정에 갇혀 있다(실제로 비서를 성적으로 착취한 21세기 남성 지자체장들의 머릿속이 어떤 수준이었는지 확인해주는 효과는 있다).

"말은 안 하지만 다 보고 있었지"

'미스 김' 혹은 '김 양'이라 불리는 이 여성들은 지역에서 고등학교를 졸업 후 취업했다. 타자를 칠 줄 알고 회계 업무를 볼 줄 아는 여성들이다. 보통 결혼과 함께 일을 그만두었다. R양 언니는 '언니들' 중에서 내가 가장 자주 보았던 직원이다. 그도 고등학교를 졸업하고 광업소에 취직해 오랫동안 노조 사무실에서 일했다. 결혼을 앞두고 언니는 광업소를 그만둔다고 했다. 그만두기 전에 강릉에 와서 우리 가족과 함께 커다란 고깃집에서 밥을 먹었다. 중학생 때였다. 내가 그때까지 가본 식당 중에서 가장 컸다. '가든'이라는 이름이 붙은 고깃집이 으리으리해 보여서 그날 나는 무척 신이 났었다. R양 언니는 우리 집에 와서 하룻밤 잤다. 마치 동생을 멀리 시집 보내고 이제 다시는 못 볼 사람처럼 부모님은 아쉬워했다. 결혼 선물로 어머니는 우리 집에도 없던 비싼 고가구를 선물했다. R양 언니는 그만두면서 제 친구 T양을 아버지에게 후임으로 소개했다. 그래봐야 20대 중후반의 여성인데 당시에는 마치 '노처녀'처럼 여겨졌다.

R양 언니를 유난히 부모님이 챙겨줬던 이유는 차차 알게 되었다. R은 노조 민주화 과정에서 함께했던 동지였다. 소장이나 다른 간부들이 있는 사무실에도 경리로 일하는 여성 직원들이 있었다. 《양양철광산의 문화사》에는 1982년 기준 경리계 직원이 6명으로 기록되어 있다. 경리직을 포함해 사무실에서 근무하는 사람들은 "강릉상고 출신 경리계통이 많았"[*]다고 하는데 내가 아는 언니들은 모두 양양여고 출신들이었다. 강릉상고는 남학교였다. 경리계에 강릉상고 출신 남성들과 양양여고 출신 여성들이 섞여 있었음을 짐작할 수 있다. 그러나 여성들은 결혼 후 다른 지역으로 이동하거나 연락이 끊겼는지 이 자료집에서도 당사자들의 목소리는 찾기 어렵다. 하지만 분명히 나를 비롯해 여러 사람이 기억하는 여성들이 있고, 고모를 통해 이야기를 들은 사무직 여성들도 많다. 아버지와 다른 노동자들의 기

---

[*]　양양문화원부설 향토사연구소, 같은 책, 2012, 321쪽.

억에도 사무직 여성들이 등장한다. 게다가 나는 1988년 비대위가 노조를 점거하고 노조 민주화를 이루는 과정에서 활약한 이 여성들의 이야기를 예상치 못하게 전해 들을 수 있었다.

기존의 노조 위원장, 지부장, 총무부장 등이 1988년에 어용 노조로 불신임을 받고 모두 자리를 떠나는 동안 노조에서 유일하게 자리를 지킨 인물은 R이었다. 어릴 때도 이 사실을 모르지 않았으나 나는 무의식 중에 이를 별로 중요하지 않게 넘겼다. 어용 노조 불신임-비대위-민주 노조라는 흐름에서 '사무실 여직원'이 어떤 주체적 역할을 했으리라는 생각을 미처 못했던 것이다. 투쟁과 무관한 사람이라 경리직은 바뀌지 않은 것이라고 나는 막연히 생각해왔다. 나의 무지와 선입견이었다. R은 노조 사무실에서 일하며 어용 노조를 민주 노조로 바꾸는 데 동참한 동지였다. 아버지와 이인수는 공통적으로 "R양은 이 모든 과정을 목격한 사람"이라며 "소리 없이 지지"했다고 말한다. R의 '목격'은 가장 구체적이고 확실한 증거를 제시하는 역할을 했다. 회계 업무를 하면서 노조 위원장의 부정을 누구보다 정확하게 숫자로 아는 사람이었다. R은 비대위 사람들과 조심스럽고도 가깝게 지내면서 다른 부서의 여성 경리 직원들과 정보를 공유했다. 서로 친했던 각 부서의 여성 경리 직원들이 협력해서 위원장의 부정한 정황이 담긴 회계 자료를 비대위에 제공했다. 그것이 노조 위원장의 비리 정황을 회사에 구체적으로 밝히는 결정적 증거 자료를 만드는 데 일조했다. 감시를 피하기 위해 이인수는 자신의 처제, 처제의 친구까지 연결해서 드러나지 않게 여성 직원들과 소통하며 일을 도모했다. "걔네들이 진짜 보통이 아니야. 겁이 없더라고."

노조 위원장이 물러난 후에 R은 비대위와 함께 일했다. "비대위

때 우리는 사무 업무를 잘 모르잖아. R이 업무를 분담해서 알려줬어. R이 좋은 일 많이 했어. 노동조합법에 나오는대로, 임시대의원 뽑고, 직선제로 선거 개편하면서 그걸 법으로 명시하고, 이런 일을 도와 줬지."

광산을 그만두고 결혼 후 R은 보험 설계사로 일했다. 이 여성들에 대한 이야기를 전해 들으며 나의 편견도 발견했다. 대학생도 아니며, 공장노동자도 아니며, 노동 현장에 있지만 사무직인 소수의 젊은 여성들이 1980년대 민주화 흐름 속에서 어떤 활동을 했는지 간과했다. 정작 내가 생각한 그 '아저씨들'은 "R이 좋은 일 많이 했지", "걔가 우리 편이었어", "걔가 입이 무거워. 말은 안 하지만 다 보고 있었지", "말은 안 하는데 판단을 하는 애였어"라며 동료의식을 가졌다. 한편으로는 자신의 생각이 있지만 말 없이, 조용하게 참여했던 여성들이 직장을 떠난 후에도 자신이 했던 일을 남성들에 비해 상대적으로 덜 말한다는 점도 확인할 수 있었다. 아버지는 1988년에 노조에 복귀한 뒤 조용히 중요한 활동을 했던 몇몇 경리 직원들에게 고맙다는 말을 전하러 찾아갔으나 일부는 이미 그만두었다. 아버지는 건너 건너서 '어디로 시집 갔대'라는 말을 전해 들었다.

밥상의 민주화

점심을 달라

민주화 흐름 속에서 직선제로 노조 위원장을 뽑고 어용 노조 간부들을 몰아내면서 드디어 노조 민주화의 기본 틀을 만들 수 있었다. 정보과 형사에게 돈 주던 관행을 끊어내고, 단체협약 정보를 투명하게 공개하고, 임금 인상이나 연말 상여금 인상을 비롯한 모든 과정에서 민주적 절차를 자리 잡게 했다. 또 이를 통해 회사가 노조 눈치를 보게 만드는 등 노조가 노조의 제 역할을 찾아갔다. "이전에는 그렇게 안 했거든. 직선제는 무서운 거야. 내 뒤에 노동자들이 있잖아. 회사가 함부로 못 한다고. 나는 직선제로 된 사람이니까, 나는 회사에 양보하지 않았어."

아마도 다른 시대를 살아온 탓인지 나는 솔직히 민주 노조의 성과를 들으면서도 뭔가 싱거웠다. 그렇게 어렵게 투쟁해서 직선제로 뽑힌 노조 위원장이 되었으니 "그래서 아빠는 뭘 했어? 뭔가 획기적인 거, 그런 거 없어?"라고 물어볼 때 나는 어떤 답이 듣고 싶었을까. 나는 아버지가 자신의 성과를 과시하기 위해서라도 어떤 확실한 변화를 줬다고 강조하진 않을까 생각했다. 그런데 아버지는 고개를 갸웃하더니 "뭔가 획기적인 건 없어. 꾸준하게 싸우는 거지"라는 다소 밋밋한 답을 했다.

아버지는 중식대를 얻어내기 위해 오래 협상한 이야기를 꺼냈다. 고작 중식대? '노조 인간들'과 뭉쳐 다니느라 집에도 안 들어오고 가정은 나 몰라라 했으면서, 노조 바꾸겠다고 그렇게 오랜 시간을 싸웠는데, 밥이라고? 시시하게 여겨지는 밥이지만 생각해보면 오늘날에도 여전히 노동조합에서 식비는 단체협약의 중요한 의제다. 밥은 결코 시시하지 않다. "민주화 이후 점심을 주는 추세였는데, 우리는 그게 안 되는 거야. 울산은 얼마나 잘되는데." 아버지는 울산에 자주 갔다. 울산에는 대한철광이 양양광업소와 함께 철광석을 채굴하던 울산광업소가 있었다. 아버지는 두 광업소의 위원장을 겸했고 울산에는 지부장이 상주했다. 울산광업소는 노천 광산으로 규모는 작지만 노동조건은 더 좋았다. 울산 지부장은 양양광업소에 다녀갈 때면 식사 문제를 해결하기 어려워 불평했다. 게다가 울산에 있는 현대자동차 공장 등 대규모 중공업 공장은 노동자 복지가 더 좋은 편이었다. 아버지는 울산 현대 공장과 광업소를 비교했다. 주변 분위기 때문인지 울산광업소는 노동자들의 식사 제공도 더 빨리 도입되었다. 광산노동자와 비교하면 중공업노동자들이 좋아 보였다. 점점 커져가는 중공업에 비해 '쪼그라드는' 광업에서 노동자들의 처우 개선은 쉽지 않았다. 광업에 대해 사회는 점점 무관심해졌다.

여러 차례 협상을 거쳐 노조는 중식대 지급을 얻어냈다. "그런데 그게 겨우 라면 두 개야." 출근하면 1인당 라면을 두 개씩 받았다. 한 달이면 1인당 라면 50개 정도 받는 꼴이다. 라면 한 봉지가 100~200원이던 시절이다. 하루 1인당 라면 두 개를 겨우 얻어낸 것에 아버지는 아쉬운 듯 웃었다. 당시 노동자들은 도시락과 함께 따뜻한 국물을 먹기 위해 갱내에서 라면을 끓여 먹곤 했다. 라면은 도시락과 함께 먹을 뜨거운 국물을 더해주는 정도의 역할을 했다.

아버지는 한 달에 한두 번씩 갱에 들어가 안전점검을 했다. 노조위원장으로서의 업무였다. 입갱과 퇴갱에 걸리는 시간이 있기에 노동자들은 밥을 먹기 위해 갱 밖으로 나오지 않고 갱 안에서 식사했다. 아버지는 식사 시간 한 시간 전에 들어간다. 막장까지 확인한 뒤 노동자들과 함께 갱 안에서 식사하고 이야기 듣는 시간을 가지는데 그때 휴게실에서 노동자들이 라면을 끓여줬다. 탄광에 비해 금속광은 공기가 심하게 탁하지 않고 온도도 일정한 편이다. 갱 안의 휴게소에서 노동자들은 라면을 끓여 도시락과 함께 먹었다. 휴게실에는 냉장고가 있어 그 안에 김치를 두고 꺼내 먹었다. 노동 후 갱 안에서 끓여 먹는 라면 맛은 좋을 수밖에 없다.

도시락 노동

"취학 전 어릴 때인데, 아버지 도시락 갖다 주던 기억이 나요. 그날 아버지가 도시락을 놓고 가서. 초소에서 아버지 이름 대니까 들여보내 주더라고요. 시커먼 곳에서 아버지가 걸어서 나왔는데, 아버지가 나한테 위험한 곳이니 얼른 가라 했어요." 장승리에 살았던 신은숙은 학교에 입학하기도 전인 어린 나이에 아버지가 놓고 간 도시락을 전하러 혼자 광업소 안에 들어갔던 기억을 떠올렸다. 광산에서 일하던 아버지를 생각하면 그는 그 도시락 전해주던 날이 떠오른다. 도시락은 광산노동자를 표현하는 대표적인 이미지이다. 태백 상장동에는 도시락을 먹는 광부의 얼굴이 크게 그려진 벽화가 있다. 서너 가지 반찬이 담긴 도시락 옆에는 큰 주전자가 놓여 있다.[6]

아버지는 아주 젊을 때를 제외하고는 항외에서 일했지만 항외 노동자도 출근할 때 도시락을 가져갔다. 광산 안에 식당이 없기 때문이다. "네 엄마가 밥을 잘 싸주니까 도시락 꺼내놓으면 항상 내 반찬에 젓가락이 몰렸다니까. 명란찜 이런 거. 얼마나 맛있어." 아버지의 회상 속에서도 40년 전 어머니가 싸준 도시락은 맛있었나 보다. 아버지는 어머니가 싸준 도식락 반찬이 항상 인기가 많았다며 불평 아닌 불평을 했다. 나는 내 도시락을 떠올렸다. 학교 급식이 도입되기 전이라 초중고 12년 동안 늘 도시락 가방을 들고 다녔다. 어머니는 같이 먹는 친구들도 충분히 반찬을 나눠 먹을 수 있도록 꽤 많은 양을 싸주었다. 아버지 도시락도 사정이 비슷했을 것이다. 동해안에 명태가 많이 잡히던 때라 우리는 명태와 명란을 자주 먹었다. 명란 넣은 계란찜, 계란말이, 멸치볶음, 양미리 조림 등이 흔한 도시락 반찬이었다. 명란찜은 아버지가 특히 좋아했지만 아버지의 동료들도 많이 좋아했는지 아버지 반찬을 많이들 먹었다고 한다.

아버지가 어머니가 싸준 도시락의 인기에 대해 이야기할 때, 도시락을 열심히 싸줬던 어머니는 이렇게 말했다. "어휴, 도시락이 그게 얼마나 골치 아픈지 알아? 국물 흐르면 안 되고, 식어도 괜찮은 걸로 싸야 하고!" 고기보다 해산물을 많이 먹던 시절, 그러고 보면 명란찜은 식어도 괜찮고 물기가 있는 음식이 아니었으니 도시락으로 참 좋은 반찬이었다. 담백하면서 든든하고 적당히 간이 있어 땀을 많이 흘린 뒤 먹으면 아주 입맛이 도는 음식이다.

"도시락 싸기 너무 힘들었어. 똑같은 걸 계속 쌀 수도 없잖아. 최인호가《어머니는 죽지 않는다》라는 책에 엄마가 음식 솜씨가 없어서 비린내 나는 생선을 통째로 싸준 이야기를 하잖아. 도시락 반찬으로 비린내 나는 생선은 진짜 피해야 하지. 그러니까 조림을 해서, 네 아빠는 살짝 말린 생선 좋아하잖아, 명태 살짝 말린 거, 이런 걸 조림을 하는 거야. 아주 옛날에는 동태도 없었어. 다 생태지. 아무튼 비린내 안 나는 생선 바짝 조려서 한 토막씩 쌌어. 오징어가 옛날에는 싸고 많이 났으니까 오징어 숙회나 볶음, 감자조림, 고추 날 때는 고추. 그때는 마늘이 쌌나 봐. 생마늘을 장에 찍어 먹는 게 반찬 하나 역할을 했어. 명태 아가미 넣은 깍두기 많이 먹었지. 주로 조림, 볶음으로 짭조름하게 해서 싸. 콩장 같은 거 많이 먹었어. 아휴, 일이야, 그게 아주. 최소한 김치 빼고도 두 가지 이상 싸야 하잖아. 나중에는 소세지가 나오면서 그거 계란에 부쳐서 쌌지. 거의 매일 장을 보러 다녔어. 장날에 가면 생파래나 지누아리*를 사와서 장아찌를 만들어. 그때 그건 집에서 거의 떨어지지 않았어. 베주머니에 지누아리를 한 주먹씩 넣어. 그리고 장 항아리 한쪽에 박아 두는 거야. 나중에 물이 배서 부드럽게 불어. 그걸 꺼내서 송송 썰어 마늘이랑 들기름 넣어 조물조물 무

---

* 지누아리는 바닷속에 사는 홍조식물로 동해안 북쪽 해안가에서 채취할 수 있다. 고성에서 동해까지 해녀들의 자맥질로 채취해 일상적으로 먹던 해초였으나 오늘날에는 귀해졌다.

치면 기가 막혀. 지금은 지누아리 구경도 못 해. 금값이지.”

아버지가 속초로 발령이 나면서 도시락은 꽤 골칫거리가 되었
다. 안정된 좌석이 있는 통근버스가 아니라 양양터미널에서 속초까
지 버스를 타고 이동하면서 도시락을 버스에서 얌전히 들고 있는 게
어려워졌다. 하루는 김치 국물이 가방에 흐르는 바람에 버스에서 김
치 냄새가 났다고 아버지는 어머니에게 신경질을 부렸다. 똑바로 들
고 다니지 않고 가방을 흔들면서 다니니까 김치가 든 병이 엎어져서
그런 거라고 어머니는 아버지를 타박했다. “얌전히 안 들고 다니고,
당신이 팔을 휘휘 저으면서 다니잖아!”

3교대를 하는 노동자들이 시간을 아껴 생산량을 늘리기 위해
일터에서 도시락을 먹으려면 누군가는 그 도시락을 싸야 한다. “간부
들이나 밥 먹을 데가 있지. 그 시절에 무슨 구내식당이 있는 것도 아
니고. 요즘 같지 않아.” 모순되게도 1960년대에 할머니는 광업소에서
밥을 했지만 그 밥을 먹는 사람들은 간부들이었다. 밥 짓는 노동계층
여성은 정작 자신과 같은 계층의 노동자를 위한 밥 짓기 노동으로는
돈을 벌기 어려웠다. 노동자의 밥은 주로 아내들의 무임노동으로 굴
러갔다. 광산노동자인 남편의 도시락을 싸는 한 아내가 “도시락 씻는
게 싫더라고. 탄가루 막 묻혀 오고”라고 말하며 일회용 그릇에 도시
락을 싸는 장면을 티브이에서 봤다.[*] 이 여성의 목소리를 들으며 일
회용품 사용을 비판하는 마음을 꺼내기는 어려웠다. 밥 위에 계란프

[*] KBS, “연탄재 함부로 차지 마라 광부들의 밥상”, 〈한국인의 밥상〉, 2013년 1월 10일
방송.

라이, 반찬으로는 두부 부침에 김치, 나물이 담긴 도시락이었다. 오늘날 광산은 대부분 구내식당에서 식사를 제공한다. 여성들의 도시락 싸는 노동이 그나마 줄었다.

요즘 '광부 도시락'은 하나의 관광 상품이다. 대만의 진과스에서 여행객들은 광부 도시락을 꼭 챙겨 먹는다. 한때 탄광이 있었던 경북 문경에도 광부 도시락을 파는 식당이 인기다. 광산노동자의 생활 중 유일하게 인기 있는 관광용 체험은 역시 먹는 것이다. 물론 아무리 그 도시락을 먹어도 광부의 식사를 체험하기는 불가능하다. 무엇을 먹느냐만큼 어떤 환경에서 먹느냐가 중요하기 때문이다. 관광 상품으로서의 광부 도시락을 보면 양가감정이 든다. 갱 안에서 밥 먹는 노동자를 본 적 없을 사람들의 관광용 밥상이 되어버린 광부 도시락. 나 역시 문경의 옛 광산촌에서 광부 도시락을 찾아 먹었다. 하얀 접시 위에 작고 까만 연탄 모양으로 만들어진 두부가 올라왔다. 기본 반찬에 김치찌개, 돼지고기 볶음을 곁들인 도시락이었다. 보자기에 싸여 나온 도시락을 풀어놓고 보니 꽤 그럴싸하다.

도시락만이 아니다. 광부의 노동은 잊혀도 광부를 주제로 한 먹거리는 꾸준히 상품화된다. 광부를 내세운 프랜차이즈 맥줏집까지 있다. '산업전사 세트' 메뉴에는 연탄불고기와 함께 산업전사들은 당시에 알지도 못했을 각종 요리가 섞여 있다. 폐광촌의 도시락 상품은 한 시절의 삶을 기억하는 방식이지만, 프랜차이즈 술집의 '산업전사 세트'는 오히려 산업전사의 입맛과는 무관해 보였다. 노동자들의 삶에 대한 기억을 상품화하는 자본의 입맛이다. 노동자들의 식사를 모른 채 추억이 되어버린 그때, 거기에서 노동자들이 '먹었다고 전해지는' 음식들이 지금, 여기에서 가공된다.

돼지고기

각종 분진을 흡입하는 광산노동자들의 식생활에는 '먼지 배출에 좋다'는 음식들이 항상 따라온다. 은광으로 유명한 볼리비아 포토시의 광산노동자들은 코카 잎을 씹고, 마테차와 바나나우유 등을 마시며 먼지 배출에 좋다고 믿는다. 한국의 광산노동자들 사이에서는 기름진 돼지고기가 그런 역할을 했다.

노조 민주화 이후 중식대 지급과 함께 돼지고기 지급도 확대했다. 광부의 먹거리에서 빠지지 않고 언급되는 게 돼지고기다. 흔히 탄광노동자들이 탄가루를 씻어내기 위해 돼지고기, 특히 삼겹살을 많이 먹었다고 알려졌다. 이를 이용해 요즘도 양돈협회에서 만든 〈돼지고기송〉이라는 노래 가사에 "축적된 공해물질을 체외로 밀어내지. 봄철 황사나 탄광의 진폐증 예방에 아주 좋아"라고 등장할 정도다. 그러나 삼겹살이 체내에 쌓인 중금속이나 공해물질을 체외로 배출하고 기관지를 씻어준다는 주장은 과학적 근거가 없다.

근거가 있든 없든 광산에서는 노동자들에게 돼지고기를 가끔 지급했다. 채광과 노동자들에게는 정기적으로 돼지고기를 나눠줬지만, 채광과의 모든 노동자들이 받을 수 있는 건 아니었다. 가장 위험한 일을 하는 채광공*만 받았다. 채광공은 광산노동의 최전선에 있는 노동자이다. 착암부라고도 부르는 이들은 착암 기술자이다. 가장 힘들고 위험한 일을 하는 데다 분진을 마실 확률도 높기 때문에 채광공에게는 한 달에 두 근씩 돼기고기를 지급했다. 고기를 받은 노동자들

---

* 탄광에서는 선산부에 해당한다.

은 집으로 고기를 들고갈 때도 있지만 가끔 광업소 근처에서 비계 많은 그 돼지고기를 동료들과 구워 먹었다. "주로 목욕탕 앞에 있는 육고점** 앞에서 구워 먹었지. 슬레이트 위에 구워 먹었는데 그때 그게 나쁜 줄도 모르고." 슬레이트의 석면이 유해물질인 걸 그 당시에는 몰랐다. 기름이 잘 빠지니까 슬레이트가 좋다고만 생각했다. 아버지는 돼지고기를 받지 않았기 때문에 상대적으로 고기를 구워 먹는 일이 적었다.

채광과에 있는 운반공, 지주공, 궤도부 등 다른 노동자들도 갱안에서 일하지만 돼지고기를 받지 못했다. 고기를 자주 못 먹던 시절에 돼지고기를 들고 집에 가면 어깨에 힘이 들어갔다. 다른 노동자들은 그걸 부러워했다. 노사 단체협약 때 돼지고기 지급 확대도 주요 안건이었다. 채광공만이 아니라 모든 현장 노동자에게 돼지고기 지급 확대하기. 갱내 노동자 외에도 갱외 노동자인 선광과 직원들에게까지 돼지고기가 지급되었다. 갱 바깥에서 일하는 선광과 노동자들도 분진 흡입의 위험에 노출되긴 마찬가지다. 처음에는 돌을 부수는 크라샤를 다루는 사람들에게만 돼지고기가 지급되다가 점차 모든 선광과 현장 노동자로 지급이 확대되었고, 사무실 직원을 제외한 모든 현장 노동자에게 돼지고기가 지급되도록 했다.

광산에서 암석을 분쇄하는 크라샤crusher는 크게 둘로 나뉘는데, 큰 돌을 부수는 기계는 '조크라샤jaw crusher', 다시 거기서 나온 작은 돌을 부수는 기계는 '콘크라샤cone crusher'라고 부른다. 아버지는 선광

<hr>

** 정확한 어원은 파악할 수 없으나 양양에서는 정육점을 육고점이라 했으며 지금도 사용하는 말이다.

과에 다닐 때 조크라샤를 다뤘다. 갱 밖의 선광과와 갱 안의 채광과 사이에는 위험 부담의 차이만큼이나 노동자 간의 위계도 존재했다. 힘든 일을 하는 만큼 노조에서도 채광과 출신들이 목소리 내기 더 쉬웠다. 돼지고기를 받느냐 받지 못하느냐는 이 위계를 보여주는 단적인 예다. 선광과 출신인 아버지는 돼지고기를 받지 못해 부러워하는 다른 노동자들에게 감정을 이입하기 쉬웠다. 정작 노조 위원장인 아버지는 사무직에 해당되니 돼지고기를 받아오지 않았고, 그 때문에 나는 돼지고기에 대한 특별한 기억이 없다.

아버지가 1980년 5월 16일에 ('돼지고기'라고 불렀던) 삼겹살을 처음 먹었다는 것을 통해 알 수 있듯이 광산노동자와 삼겹살의 관계는 생각보다 오래되지 않았다. 아버지는 "막걸리를 주로 마셨지. 주로 노가리 구워서 먹거나 그냥 쥐포, 뭐 그런 거 먹었어. 잘 먹으면 돼지고기를 구워 먹었"다고 했다. 돼지고기를 구워 먹는 날은 어쩌다 잘 먹는 날이다. 어머니는 1980년대 이전의 돼지고기에 대한 기억을 비교적 자세히 말했다. "옛날 고기, 너는 지금 보면 못 먹을 거야. 비계 많고, 껍질 두껍고, 털이 막 붙어 있어. 돼지고기는 옛날에는 김치 넣고 두루치기 해먹었어. 예전에는 흔하지도 않았지만 여름에 돼지고기를 잘못 먹으면 본전도 못 찾는다 그랬어. 냉장고가 집집마다 있질 않으니까 더운 계절에는 잘 안 먹었어. 김장 끝나면 그때부터 돼지고기를 좀 먹었어. 돼지고기에 두부를 많이 넣고 대파를 썰어 넣고 뻑뻑하게 찌개처럼 끓여. 고추장 풀어서. 돼지고기 두부찌개. 술 안주로도 되고. 양을 많이 먹어야 하니까, 두부나 감자, 김치를 넣어 푸짐하게 끓여서 별식으로 먹었어. 돼지나 소를 가끔 잡아. 동네에서 분배해서 싸게 먹어. 부위는 잘 모르고 그냥 한 덩이, 이런 식으로 나눠.

내장은 그 자리에서 손질을 해서 가마솥을 걸고 내장탕을 끓여. 간을 삶아서 술안주 해서 먹고. 남은 건 냉장고가 없으니까 처마 밑에 매달았어. [김주영이 쓴]《홍어》라는 소설을 보니까 전라도에서 홍어를 매달아놓던데 그거랑 비슷해."

태백에서 일했던 광산노동자도 "돼지 삼겹은 가끔 가다 먹지 그렇게 자주 못 먹었"다고 말하며, 광산촌의 또 다른 여성도 "삼겹은 많이 먹기 힘들고. 돼지껍질 양념구이"를 먹었다고 한다.[*] 대규모 축산 농가의 증가와 가정의 냉장고 보급이 보편화되기 전에 광산노동자들도 돼지고기를 구워 먹는 건 그리 흔하지 않았던 것으로 보인다. 그럼에도 광부와 돼지고기의 관계는 시간이 갈수록 더욱 널리 알려져서 음식에 대한 기억을 오히려 단순화했다. 1981년 일간지에 삼겹살에 대한 소개가 있다.

"삼겹살은 도시형 음식이었다. 1981년 4월 24일자 매일경제에 따르면, 도시 거주자의 83.3%가 삼겹살을 선호한 반면 농촌에서는 8% 정도로 낮았다. 1980년대 초반을 넘어가면서 삼겹살은 도시 노동자들에게 '소주와는 뗄 수 없는 안주'(1981년 9월 23일자 경향신문)가 된다."[**]

탄광노동자들이 삼겹살을 많이 구워 먹었다고 해도 그 시기는

[*]   EBS, "거친 삶의 위로 태백 광부 밥상", 〈요리비전〉, 2014년 2월 10일 방송.
[**]   박정배, 〈[박정배의 한식의 탄생] 여름엔 냉대받던 고기… IMF때부터 '국민肉'〉, 《조선일보》, 2014년 10월 8일.

광업의 번성기와는 일치하지 않는다. 1980년대 후반부터 광산은 본격적으로 줄어들기 시작했고, 삼겹살은 그 즈음 대중화되었다. 몇 번 아버지 동료들과 가족 동반으로 설악산 계곡에 가서 야영을 하며 고기를 구워 먹은 적은 있다. 1980년대 중후반이 되어서야 우리 집에 전기후라이팬이 생겼고 어쩌다 한번씩 집에서 고기를 구워 먹었다. 삼겹살이 국어사전에 등재된 시기는 1994년이다.

고기를 별로 안 먹었다는 어머니는 내 돌잔치 때 순대를 처음 먹었다. 어머니는 할머니가 직접 만든 순대를 먹어보고 순대가 맛있다는 생각을 했다.[*] 만주에서 오래 살았던 할머니는 순대와 만두를 잘 만들었다. 내 돌 때 할머니는 순대를 만들고 돼지머리를 샀다. 돼지머리가 비교적 저렴해서 많은 사람을 먹일 수 있는 고기였다. 할머니가 만든 그 순대는 나의 돌잔치를 위해 찾아온 아버지의 선광과 동료들을 위해 만든 음식이다. 돌잔치에 순대를 만들었다는 게 낯설지만 솜씨 좋은 할머니가 만들 수 있는 나름의 잔치음식이었다. 순대 이야기를 꺼내자 "아, 어머니가 만든 순대 먹고 싶다"고 아버지는 회상한다. "그날 선광과 사무실 사람들이 왔어. 현장 사람들은 교대근무하니까 못 오고. 사무실 사람들만 왔어. 너 입을 하얀 반코트를 사왔지." 작고 작은 내가 하얀 반코트를 입고 동생과 함께 서울의 어느

---

[*] 속초 출신인 어머니에게 어릴 때 아바이순대를 먹어본 적 없냐고 하자, 오히려 예전에는 아바이순대라는 말을 들어본 적 없다고 했다. 함경도 원산 출신의 소설가 이호철이 1986년 쓴 수필 《명사십리 해당화야》에서 '속초 아바이마을'이라는 명칭이 처음 쓰였다. 이 아바이마을에서 1999년도에 함경도 향토음식 축제를 열었는데 그때 이 아바이순대가 출품되어 처음 이름을 얻었다. 아바이순대라는 지역 음식은 실은 비교적 최근에 만들어졌고, 아바이마을이라는 명칭도 그리 오래되지 않았다.

여관 앞에 서 있는 사진이 어렴풋이 떠올랐다. [7]

광부 밥상이라는 소재

'광부의 밥상'은 대표적으로 열악한 노동자의 밥상으로 호명되며 미디어에 주기적으로 등장한다. 도시락에 관한 한 다큐멘터리 방송은 태백 광산노동자의 밥상을 보여준다.** "조건이 많이 좋아졌지요. 옛날에는 레일 위에서 그냥 판자 깔고 먹었죠." 여전히 갱 안에서 도시락을 먹지만 그는 레일 위에서 판자 깔고 먹던 과거보다는 정돈된 휴게실 안에서 도시락을 먹는 지금이 많이 좋아졌다고 말한다. 휴게실에는 검은 비닐봉지에 담긴 도시락이 벽에 걸려 있다. 도시락을 바닥에 두지 않고 높이 걸어두는 이유는 쥐 때문이다. 자재가 들어오는 틈에 쥐가 들어온다. 쥐가 도시락을 훔쳐 먹지 못하게 도시락을 벽에 걸어둔다. 그렇다고 쥐를 몰아내지도 않는다. 쥐는 붕괴를 미리 알아차리기 때문에 갱도 안에서 쥐를 발견해도 죽이지 않는다.

이 노동자들의 밥상을 다루는 방송 프로그램들의 동일한 형식을 발견한다. 고된 일을 하는 노동자 남성과 그 남성(남편)을 위해 건강하고 맛있는 음식을 지어내는 여성(아내)의 구도다. 여자들은 모여서 함께 음식을 만들고 남자들은 모여서 함께 먹고 마신다. 〈한국인의 밥상〉에선 태백의 광산에서 50년 가까이 일한 한 노동자의 밥상

** EBS, 〈다큐it - 도시락〉, 2020년 6월 11일 방송.

을 따라간다.° 여성은 능숙하게 양미리 숯불 구이와 소머리국과 소머리 수육을 만든다. 요즘 가정에서 소머리 수육을 만들 수 있는 사람이 얼마나 될까. 주방 환경도 가능하지 않다. 난도 높은 이 음식들은 남편을 위한 보양식으로 규정되고 아내는 고생하는 남편을 위해 주저없이 음식을 만드는 사람으로 그려진다. 상당한 시간을 들여야 하는 이 음식을 만드는 여성에게서 요리의 전문성을 보도록 이끌기보다 아내로서 남편에게 헌신하는 마음을 보도록 한다. "광부 아내의 음식은 평생 광부 남편을 향해 갔습니다"라는 목소리가 얹히며 밥 먹는 사람과 밥 해주는 사람을 선명하게 구별한다. "광부의 아내다 보니 돼지고기를 이용한 요리에는 일가견이 있습니다"라고 말하며 돼지고기 요리가 향하는 곳은 남편임을 알려준다. 가부장 사회의 가정에서 '가장'인 아버지의 입맛에 맞춰 밥상을 차리는 문화가 실재하는 것도 사실이지만, 미디어에서는 여기에 문제의식을 제기하기는커녕 오히려 이러한 문화를 재생산한다. 다만 '서러운' 여성을 보여줄 뿐이다. 일흔 살 여성은 "나 열아홉 살에 시집 와서 진짜 요거 한 점도 못 먹었어. 요런 거 몇 점 넣어가 멀거니 국 끓여놓면 새끼들 멕이고 서방 멕이고"라고 말하며 눈물을 닦는다. 혹시 내 어머니는 내 아버지에게 어떤 보양식(!)을 해주었을까 궁금했다.

"아빠한테? 나 그런 거 안 해줬어. 아플 때, 심리적으로, 자기가 광업소에 주저앉게 됐잖아. 자기가 싫은 곳에서 먹고살자니 일

° KBS, "연탄재 함부로 차지 마라 광부들의 밥상", 〈한국인의 밥상〉, 2013년 1월 10일 방송.

을 해야 하잖아. 잠을 못 자는 거야. 온화한 성격도 아니잖아. 너 낳고 잠을 못 자. 입이 다 파여. 그때 한약을 지어 먹였지. 부채질을 하면서 달이잖아. 그거 말고는 무슨 보양식 그런 거 없고, 몸이 아프지 않은 이상, 병이 들지 않은 이상…… 평소에 남편을 위해…… 글쎄, 그런 걸 잘 모르겠어. 보양식이라는 게 요즘에 많이 쓰지, 옛날엔 그런 말도 잘 안 써서 모르겠다. 그때는 가끔 사람들이 염소탕을 해먹고 할 수 있지. 그런데 그게 남편을 위해 하는 건 아니고, 동네에서 같이 나눠 먹거나 그랬지. 그런데 여자들은 그런 건 잘 안 먹었어.”

딱히 남편을 위한 보양식을 하는 건 아니지만 가끔 고기를 먹게 될 때 여자들은 잘 안 먹었다는 말이 흥미롭다. 폐광촌에서 옛 광부들의 희생과 서러움을 표현하기 위해 ‘힘들게 번 돈을 가족에게 가져다주고 자신은 남은 돈으로 값싼 고기와 소주로 배를 채웠다’는 식으로 서술하는 방식을 만날 수 있는데, 다분히 가부장적 시선이다. 노동자들의 궁한 식사에 시선을 두다가도 여지없이 내 눈에 들어오는 것은 남성들보다 더 먹을 기회가 없는 여성들의 위치이다. 집 밖에서 식사할 기회가 많은 남성들에게는 상대적으로 다양한 음식을 접할 기회가 더 많다. 아버지가 1980년에 처음 삼겹살을 먹었다면 어머니는 1980년대 중반이 지나서야 처음 삼겹살을 먹어봤다고 했다. 음식에 대한 어머니의 기억에는 남편을 위한 보양식이 아니라, 결혼을 해서 다른 지역에서 이주한 여성을 통해 새로운 조리법을 발견한 사례들이 엿보였다.

"그때는 고기를 싸서 먹고 그런 거 없었어. 네 아빠가 옛날에 서울 갔다 와서는 깻잎에 돼지고기를 싸먹었다고 하더라. 그때까지 난 그런 거 몰랐고. 그때 여기에서는 깻잎을 생으로 안 먹었어. 생깻잎을 재워 먹는 건 일상이었지. 옛날에는 밥솥에 쪄서 먹기도 했어. 경상도 아줌마한테 배운 게 있는데 거기는 또 소금물에 재우더라. 깻잎을 소금물에 넣어두면 노랗게 삭아. 겨울에 먹으면 맛있어. 고기? 별로 안 먹었지."

어쩌다 외식을 하면 주로 막국수나 회냉면을 먹으러 갔다. 양양은 먹거리가 많은 편이다. 연어가 돌아오는 남대천 하구와 해안가를 중심으로 마을이 형성된 양양에서는 해산물을 즐겨 먹었다. 홍게, 가자미, 명태, 오징어, 열갱이(열기), 명태 곤지국* 등을 일상적으로 먹었다. 장날에는 시장 상인 외에도 주변의 보따리 상인들이 몰려와 싱싱하고 저렴한 식품을 팔았다. 어머니는 수산포에서 남자가 배로 잡아오면 여자가 노점에서 파는 어물을 이용했다. 싱싱하고 쌌다. 이름 모를 잡고기 등을 주로 싸게 샀다. 겨울에는 도루묵, 양미리를 흔하게 먹었다.

여름에는 반두를 이용해 뚜거리**를 잡곤 했다. 뚜거리는 양양 남대천에 서식하는 민물고기다. 남대천에서 멀지 않은 곳에 살았던 우리는 가끔 삼촌들과 남대천에서 뚜거리를 잡아와 뚜거리탕을 끓여 먹었는데, 별미였다. 광산은 강과 멀지만 휴일에는 광산 사람들도 남대천에서 물고기를 잡곤 했다. 뚜거리탕은 양양의 향토음식이다. 추어탕이나 짱뚱어탕과 비슷한 음식이다. 육고기는 자주 먹지 않았다.

16장

땅속의 시간과 공간의 정치

"우리는 언제 해를 보냐!"

"옛날에는 3월 10일이 근로자의 날이었는데 내가 (위원장) 되고 나서 기념일을 5월 1일 노동절로 바꿨지. 그때는 '노동자'나 '노동절', 이런 말을 안 좋아해. 영국이나 프랑스, 독일, 북유럽 이런 데는 노동당도 있고 사회당도 있고, 집권도 하고 그러잖아. 그런데 우리는 노동이라 그러면 공산주의 생각하니까."

아버지는 자신이 노조 위원장이 되면서 3월 10일 '근로자의 날'에 진행되던 광업소 행사를 5월 1일 '노동절'로 바꾸었다고 주장했다. 확인해보니 실제로 1985년 자료사진에는 '근로자의 날 기념대회'인데 아버지가 노조 위원장이 되고 처음으로 맞이하는 1989년 노동절에는 '노동절 기념대회'가 열렸다. 정확히 말하면 아버지 개인이 바꾼 것이 아니라 민주 노조가 자리를 잡으면서 1989년부터 5월 1일 노동절이 제자리를 찾아가는 분위기였다. 1989년 노동절 기념대회 사진을 보다가 눈에 띄는 구호가 있었다. 연단 양쪽에 "44시간 노동제를 기필코 관철하자"와 "노동 3권 뿌리 내려 자유 민주 꽃피우자"라고 크게 쓰여 있었다. 1989년 3월 29일에 근로기준법이 개정되어 법정 근로시간은 44시간이 되었다. 그러나 5월 1일 노동절에 "44시간 노동제를 기필코 관철하자"라는 구호를 외치며 노동절 기념대회를 열었다. 10월 1일부터 적용하기로 되어 있는 44시간 노동제가 실제로 잘 적용되지 않았다. 게다가 광산의 시간은 복잡하다.

1980년대 중반 이후 광산은 점차 축소되는 중이었다. 석탄광의 경우 석유 사용량의 증가로 석탄산업합리화 정책이 시작되었고,* 철광의 경우 수입산 철광석의 영향을 받았다. 광산 회사는 규모를 줄여갔다. 그만큼 노조도 힘을 내기 어려웠다.

"근로조건을 향상시키는 게 아니라 저하되는 걸 막아야 했어. (약간 한숨 섞인 웃음을 지으며) 원래는 향상시켜야 하잖아. 그런데 광산이 쪼그라들 때거든. 1,000명이던 종업원이 800명, 700명, 내가 위원장일 때는 500까지 떨어졌어. 회사는 근로조건을 점점 더 나쁘게 만들어. 이제는 현상유지를 위해 싸워야 하는 상황이 됐어. 그때 회사가 폐석 팔아 운영했다고. 수입산이 막 들어오는데 어떡

* 1986년 이후 무연탄 수요 감소에 더해 국제유가 폭락으로 연탄 경쟁력이 저하되었다. 게다가 1987년부터 도시가스가 보급되었고 소득 수준 향상으로 가정에서 석유나 가스 등으로 연료가 교체되면서 석탄광의 경영 조건이 악화되었다. 정부에서는 1988년 '석탄산업합리화 방안'을 확정하여 1989년부터 석탄산업합리화 정책이 시행되었다. 비경제탄광을 폐광하고 경제성 있는 탄광만을 집중 육성하겠다는 취지로 합리화가 시행되면서 사실상 중소 탄광들은 폐광을 피하기 어려운 상황을 맞았다.

할 거야. 호주에서, 저기 남미 이런 데서 싸게 막 들어와. 이제 종업원도 400명, 300명 계속 떨어지고. 그런 회사를 상대로 해마다 임금 인상 꼬박꼬박 하면서 더 나빠지지 않게 하는데 너무 힘이 들어갔어. 위원장 되고 싸운 게 교대 근무 폐지야."

1990년대 들어 회사는 운영비를 줄이기 위해 밤에는 채굴을 멈추기로 했다. 광산노동자의 고된 노동을 상징하는 갑을병 3교대가 사라졌다. 그런데 당시 노동자들은 교대근무 폐지를 위해 싸운 게 아니라 폐지에 맞서 싸웠다. 낮에만 일하고, 이제 밤에는 다른 사람들처럼 집에서 잘 수 있게 되었다면 잘된 일이 아닌가. 24시간 채광하는 교대근무가 사라지고 낮에만 일하면 좋을 것 같지만 노동자들은 오히려 반대했다. 야간근무를 할 때는 그만큼 수당이 붙지만 주간근무만 하면 수당이 사라지니 그만큼 임금이 줄어든다. 임금 보전을 위해 노조는 회사와 협상했다. 주간 임금을 높여서 임금이 떨어지지는 않게 했다. 그래도 문제가 남았다. "그런데 안 되는 게 있었어. 내가 해결 못 하는 게 있었어. 햇빛, 그건 못 했지."

햇빛을 해결 못 했다니 무슨 말인가. 노동자들이 노조 사무실에 찾아와 "아침에 출근해서 퇴근할 때는 저녁인데 그럼 우리는 하루종일 햇빛도 못 보고 살지 않느냐"라고 따졌다. 그들은 이 상황을 반기지 않았다. "그때는 비타민 디D 이런 거는 잘 몰랐는데, 그런 거 몰라도 햇빛을 못 보는 게 문제라는 건 알지." 광산의 작업 장소가 땅속이라는 게 문제였다. 노동자들은 햇빛 볼 시간이 없다는 이유로 교대근무 폐지에 반대했다. 1주일씩 교대를 하면 그래도 2~3주에 한 번은 낮을 만나지만 낮 근무만 하면 늘 어둠 속에 있는 꼴이다.

"4시 넘어 퇴갱해서 바깥에 모여 있어. 거기서 10분 정도 걸어 오면 경비실 근처에 통근버스가 있어. 그게 5시에 출발해. 그럼 출발하기 전에 그때 잠깐 쉬면서 해를 좀 보는 거야. 지금 생각 하면 그건 문제가 있는 게 맞아."

법적으로 항내에 여섯 시간만 있어야 했기에 노동자들은 오후 4시 즈음 갱 밖으로 나왔다. 봄에서 초가을까지는 그 시간에 잠시 해를 볼 수 있었다. 임금 보전은 해줬다고 목소리에 힘을 주면서도 아버지는 "그런데 아무래도 햇빛 못 보는 게 좀 문제가 되지 않았을까?"라며 어딘가 찜찜한 마음을 감추지 못했다. 햇빛이 들지 않는 깊은 땅속이라는 공간은 광산노동의 특수성을 보여준다. 그렇기에 많은 광산 소재 소설이 첫 문장에서 공간을 표현하며 시작한다.

"오늘 밤 갱에서 총격전이 벌어졌다."[*]
"땅속 저 밑은 음침하다."[**]
"박쥐같이 햇빛을 등지고 살아온 칠봉이었다."[***]
"우리는 광부, 흙 속에 산다."[****]
"투-, 튀튀. 나는 땅김과 먼지와 석탄젓국에 젖은 '고막쥐' 같은 얼굴을 굴 밖으로 내밀며 크게 숨을 토했다."[*****]

[*]   제인 볼링, 《광산 탈출》, 이재경 옮김, 별숲, 2015.
[**]   김유정, 《봄봄: 김유정 단편전집》, 애플북스, 2014.
[***]   전광용, 〈지층〉, 같은 책.
[****]   윤대성, 《출세기》, 지만지드라마, 2019.
[*****]   한설야, 〈합숙소의 밤〉, 《과도기: 한설야 단편선》, 서경석 엮음, 문학과지성사, 2011.

햇빛이 없기에 갱 안은 밝고 안전한 장소가 아니라 어둡고 위험한 장소로 여겨질 수밖에 없다. 광산 소재 소설은 인물의 절박함과 어려운 처지를 알리기 위해 이 어둡고 위험한 장소를 묘사하며 시작하곤 한다. 광산노동의 특징은 계절, 날씨, 시간과 무관하게 일할 수 있다는 점이다. 한여름이나 한겨울에도 날씨의 영향을 받지 않는다는 점이 건설 현장보다 좋은 점으로 꼽힌다. 공간의 성격은 강하지만 시간에는 구애받지 않는 노동의 특성상 3교대를 하며 쉬지 않고 광물을 캐왔다. 시간과 상관없이 노동 현장이 굴러가지만 광부들 개개인에게 빛을 보는 시간은 중요했다. 돈으로도 해결 안 되는 햇빛. 비타민 디와 관련된 의학적 정보를 알지 못해도 밝은 빛을 오래 보지 못하면 기분이 우울하다고 느낀다. 흔히 광산노동자들은 '하늘이 두 개'라고 한다. 갱 안에서 고개를 들었을 때 보이는 꽉 막힌 동굴 천장, 밖에 나갔을 때 진짜 하늘. 진짜 보고 싶은 하늘과 그 하늘을 막고 있는 또 다른 하늘이 존재한다. 갱 안의 사고를 두고 광부 출신 시인 성희직은 "광부의 하늘이 무너졌다"라고 표현한다. 너무도 일상적이라 아무 생각도 없었던 '햇빛'이 노동자들에게는 투쟁해서 요구하고 협상해야 할 대상이었다.

철광만이 아니라 탄광도 같은 시기에 같은 문제를 겪었다. 이윤을 위해 안전보다 생산을 우선시하며 채탄량 증가를 위해 3교대를 하다가 역시 이윤을 위해 노동시간 단축을 시행한다.° 어느 쪽도 노동자의 입장이 반영되진 않았다.

°   광산노동자신문, 〈이것마저 빼앗길 수는 없다: 시간단축문제에 부쳐〉, 《광산노동자신문》 15호, 1990년 11월 7일.

햇빛을 볼 시간을 갖기 위해 항의하는 노동자들의 목소리에서 노동자들이 꾸준히 빼앗겨온 것은 그들의 시간이라는 사실을 확인한다. 노동자들의 시간은 자본의 시간으로 이전되어왔다. 시간은 돈이다. 누군가에게는 분명히 그렇다. (노동자의) 시간은 (사용자의) 돈이다. 자본은 노동자의 시간을 지배한다. 노동자들의 시간은 권력이 소유한 재화나 다름없다.

값싼 수입 철

풍요롭게 살고 있는 오늘날, 광물이 어디에서 오는지는 사람들의 관심사가 아니다. 우리 일상을 함께하는 철이 어느 땅에서 시작되었는지 알지 못한다. 한때 번성하던 광산은 왜 문을 닫게 될까. 양양광업소의 규모가 줄어든 가장 큰 이유는 수입산 철광석의 증가 때문이었다. 수입산 철광석의 증가로 이제는 직업 유지 자체가 어려워졌다. 국내 유일의 자철 광산이던 양양광업소도 수입 철에 의해 가격 경쟁에서 밀리자 기업 입장에서는 계속 채굴을 하느니 문을 닫는 게 나았다.

포항제철 50주년이었던 2023년에 전쟁기념관에서 포항제철 역사에 관한 기념 전시가 마련되었다. 나는 이 전시에서 포항제철에 납품된 철광석의 역사적 사실이 누락되어 있어 크게 놀랐다. 철광석 생산에 대해 아무런 정보가 없는 관람객이라면 마치 그동안 한국에서 생산한 철은 모두 호주에서 온 철광석으로 만들었다고 오해할 것이다. 이러한 누락은 기초 광물을 생산하는 수많은 노동자의 존재 자체를 완벽하게 지워버린다. "박정희 대통령과 철의 사나이들"이라는 제목에서 알 수 있듯이 이 전시는 박정희와 박태준에게 핀 조명을 비춘다. 박정희기념사업회에서 주최한 만큼 주인공이 박정희가 될 수밖에 없지만 국내 철광석 생산의 역사가 이렇게 지워진 것은 상당히 유감스러웠다. 포항제철 초기에는 국내 철광산에서 생산된 철광석이 적지 않게 납품되었다. 대한철광 양양광업소에서 생산한 철광석이 대표적이다. 포항제철이 설립된 1973년 국내 철광석 공급의 상황은 다음과 같다.

> "포항종합제철의 주원료광석인 철광석을 공급하고있는 대한철광 등 4개 철광석 납품회사에서는 정부가 내세운 국내자원의 최대한 활용방침에 따라 74년도엔 43만6천톤의 철광석을 포항제철에 공급키로 했다. 8일 대한광업회에 의하면 광업회와 대한철광 등 4개 철광석매광회사 및 포항제철측의 대표가 지난 3일 포항제철 본사에서 모임을 갖고 국내자원을 최우선적으로 활용한다는 정부방침에 호응하여 74년도에는 올해 납품계획 30만톤보다 13만6천톤을 늘린 43만6천톤을 공급하기로 매매쌍방간에 합의하고 이의 원활한 공급대책을 협의한 것으로 밝혀졌다."[*]

기사에서 밝혔듯이 "국내자원을 최우선적으로 활용"한다는 방침으로 포항제철을 시작했다. 1973년 1월 12일 연두 기자회견에서 박정희는 중화학공업화 선언을 발표했다. 그해 7월 포항제철 준공식이 열렸고, 이는 한국이 중화학공업 시대로 진입하는 거대한 상징이

[*] 매일경제, 〈대한등4개사 74년엔 43만6천톤〉, 《매일경제》, 1973년 8월 8일.

었다. 광화문 사거리에 포항제철 준공 기념을 알리는 아치가 만들어
졌고 철강은 곧 국력인 시대가 열렸다. 철강산업은 자동차, 기계, 조
선, 건설, 전자 등 전체 산업에 미치는 효과가 큰 기간산업이기에 정
부 차원에서 적극적으로 지원했다. 경공업에서 중화학공업으로 이
동하면서 철강산업이 중요해지자 한동안 국내 철광산도 풍요를 누
렸다. 그러나 점차 국내 철광석의 사정은 달라졌다. 시간이 갈수록
국내 철광석 생산 원가에 비해 수입 철광석이 더 저렴해졌다.

"80년대 들어 호주, 브라질 등지에서 대규모 철광이 발견되면
서 세계적으로 자원이 남아돌아 수출길이 위축, 국내 광산은 포
철의 지원을 받는 양양철광만 유일하게 남아 명맥을 유지해 오
고 있다."••

양양광업소가 폐광하기 2년 전인 1992년에 이미 "양양광업소
존폐 위기"라는 기사가 등장하는데, 여기서도 역시 원인으로 저렴한
수입산 철광석의 증가를 꼽는다. 1980년대에 호주와 브라질 등에서
대규모 철광산이 개발되었다. 광맥을 찾아서 개발된 지 얼마 안 된
광산일수록 생산 원가가 저렴하다. 시간이 지날수록 새로운 광맥을
찾아서 더 깊이 들어가야 하고 그럴수록 안전사고 위험은 커진다. 광
산은 시간이 지날수록 채굴에 들어가는 비용이 높아질 수밖에 없다.
제철 회사 입장에서는 국내산 철광석보다 더 저렴한 수입산 철광석

••　한국경제, 〈대한철광 양양광업소 경영난으로 존폐위기〉, 《한국경제》, 1992년 12월
29일.

을 이용하는 게 좋다. 국내 철강산업이 발전할수록 정작 철광산은 수입산에 밀리며 사양산업이 되어갔다. 중화학공업 중심의 산업기지가 건설될수록 광산촌은 쇠락의 길로 향했다.

석탄산업합리화

1989년 임옥상의 그림 〈우리 동네 사계절〉은 같은 장소의 사계절 모습을 담은 회화다. '봄'에는 이 그림의 오른쪽에 연탄 가게가 보인다. 여름부터는 연탄 가게 간판이 보이지 않는다.[*] 임옥상이 당시 연탄 수요와 석탄산업합리화 등에 대해 인지하고 이를 표현한 것인지는 알 수 없다. 그러나 1990년 임옥상이 그린 〈우리 시대의 풍경〉 연작에는 광부의 모습이 등장한다. 이 연작에는 노동운동을 하는 노동자의 모습이나 달동네 풍경, 개발로 깎여 나가는 산 등 도시화와 산업화 속에서 소외된 세계가 담겼다는 점을 감안하면 화가는 당시 광업의 흐름을 인지했을 가능성이 높다. 우연일 수 있지만 1989년은 '석탄산업합리화'라는 이름으로 석탄 광산의 축소가 본격적으로 일어나는 시기였다. 철광산이 수입 철광석에 밀려나기 시작했다면 이 시기 다수의 광산을 차지했던 석탄광의 가장 큰 문제는 석탄산업합리화였다. 그에 따라 연탄 공급은 줄었고 연탄 가격은 올랐다. 1980년대 후반부터 신도시 건설과 고층 아파트 건설이 증가했고, 점차 연탄 보일러가 기름 보일러로 바뀌었다. 자연스럽게 연탄 소비량이 줄었

[*]   강성원, 《임옥상》, 헥사곤, 2022, 352쪽 참조.

다. 〈우리 동네 사계절〉은 1989년 변두리 풍경에서 연탄 가게가 사라지는 모습을 절묘하게 포착했다.

1989년부터 시행한 '석탄산업합리화'란 공식적으로 말하면 '비경제탄광을 폐광하고 경제성 있는 탄광을 건전 육성'하겠다는 취지의 정책이다. '비경제탄광'과 '경제성 있는 탄광'이라는 구별로 폐광이 결정될 때 이 '경제'의 개념은 어디까지나 광산 회사의 '경제'이지 광업소에서 일하는 수많은 노동자의 '경제'는 고려되지 않았다. 항상 경제를 말할 때 국가와 기업의 경제를 말할 뿐 노동자 개개인의 경제 사정은 전혀 언급되지 않는다. 노동자만이 아니라 광산 주변의 상권도 큰 타격을 받는다. 정부에서는 석탄산업합리화를 시행하지만 광산을 중심으로 돌아가는 탄광촌에는 대안이 마련되지 않아 갑작스러운 시행이었다. 석탄산업합리화로 1980년대 후반부터 석탄광은 대폭 축소되었다. 1988년 전국 347개에 이르던 석탄광업소는 석탄산업합리화 시행 후 10년도 채 지나지 않은 1996년에 11개로 급감했다. 6만 8,500명이던 탄광노동자는 2000년에 들어서는 8,200명으로 줄어들었다. 강원도 탄광의 경우 1989년부터 1996년 사이에 171개 탄광 중 166개가 폐광했다. 무려 97퍼센트의 탄광이 문을 닫았다. 우리나라 최대 석탄 산지인 강원도의 1988년 탄광노동자의 수는 4만 3,831명이었는데, 1996년에는 9,280명으로 줄었다.°° 이렇게 한 산업이 정부 정책에 의해 극단적으로 감소했지만 그 수많은 노동자에 대한 '합리화'는 없었다. 석탄산업합리화 여파로 탄광촌인 강원도의 태

°°　정연수, "석탄산업합리화사업과 탄광촌의 몰락", 〈지역N문화〉, https://ncms.nculture.
org/coalmine/story/3618.

백시, 삼척시, 정선군, 영월군 등은 인구가 급감했고, 광산 마을에는 폐교와 폐가가 늘어났다. 공동체가 붕괴될 위기에 처했다. 경제성, 합리화, 건전성 등의 언어로 포장된 정책은 국가 경제를 위해서는 경제적이며 합리적이고 건전한 방향일지 모르나 개개인의 삶을 총제적으로 붕괴시키는 사건이 되었다. '합리화'는 노동자들의 언어가 아니다. 석탄산업합리화 정책이라는 이름은 어떠한 문제도 지시하지 않는다. 직장을 잃은 광부에게, 그의 가족들에게, 이들이 거주하던 마을에 어떤 일이 일어나는지 말해주지 않는다. '합리화'는 어떠한 부정적 의미도 드러내지 않는다.

석탄산업합리화 시행 이후 광산 지역과 관련이 있거나 광산노동자 출신 시인들은 이 정책을 비판하는 시를 내놓는다. 〈석탄산업 합리화사업〉(이원규, 1990), 〈석탄산업 합리화〉(성희직, 1991), 〈석탄산업 합리화〉(정연수, 1993), 〈석탄 합리화 그 된바람〉(김진광, 1996) 등 탄광이 문을 닫기 시작한 1989년 이후부터 꾸준히 '합리화'의 '된바람'을 맞은 광산노동자들의 분노, 억울함, 절규가 시가 되었다. 성희직은 이 '합리화'가 노동자들에게는 "선전포고", 즉 전쟁 선포처럼 여겨졌음을, 이원규는 그게 "합리적 사업이냐, 합리적 살인이냐"며 석탄산업합리화가 노동자들의 삶을 벼랑 끝으로 몰고 있음을 강조한다. 국가 정책에 따라 한때는 '산업역군'이라 불리던 이들이 어느 날 갑자기 합리화를 위해 폐기되어야 할 대상이 되었다.

석탄산업합리화는 한국만이 아니라 세계적인 흐름이었다. 영화 〈빌리 엘리어트〉는 1980년대 영국의 석탄산업합리화로 폐광에 직면한 광산촌의 모습을 보여준다. 실제로 영국 대처 정권 시절 석탄산업합리화로 1984년 3월 광부들의 전면 파업이 시작되었다. 파업에 참여한 광부들은 임금을 받지 못해 점점 생활고에 시달렸다. 이 파업은 1년 이상 지속되었다. 석탄은 영국의 근대화 과정에서 빼놓을 수 없는 자원이며, 영국이 산업혁명의 나라가 된 데 한몫을 한 광물이다. 그러나 에너지가 석탄에서 석유로 이동하면서 석탄을 캐는 탄광업은 사양산업이 되고 광부들은 더욱 설 자리가 없어졌다. 일자리의 탄생과 소멸은 자연현상이기보다 사회변화에 따른 정책과 문화의 영향이다. 광업은 자연에서 광물을 캐는 일이지만 이 광물을 경제적으로 활용하는 것은 자연현상이 아니라 인간의 문명이다. 석탄으로 일으킨 산업혁명이지만 그로 인해 많은 피해를 입었고, 이제 인류는 오늘날 지속 가능한 세계를 위해 석탄 사용을 줄이기로 했다. 다시 말해 광물의 쓸모는 문명의 과정에서 언제든지 가치가 달라진다.

17장

광산이 닫히다

소문과 희망

광산에는 항상 소문이 떠돈다. "광산이 이제 얼마 안 갈 것 같다는데?", "이제 철을 다 캐 먹었다고 하던데?", "아무개네도 다른 데 알아본다고 하던데?" 가끔 친척이나 동네 아주머니들이 하는 말들이었다. 광산이 언제 닫힐 것이라는 소문. 폐광은 불길한 소문이다. 소문의 증가와 소문이 현실이 되는 1980년대 후반부터 폐광과 관련한 문학이 증가했다. 1980년대를 통과하며 노동자들이 목소리 내는 통로가 늘어났고, 광산노동자들에게 관심을 가지는 작가들도 많아졌다. 광산 관련 시는 1980년대 후반부터 늘어나 1990년대가 되면 폭발적으로 증가한다. 폐광이 이어지던 2000년대 초까지 광산노동과, 질병, 석탄산업합리화, 폐광 등을 주제로 발표된 시가 수백 편에 이른다. 이때 여러 편의 시에서 광산 갱도가 자궁으로 은유되며 폐광을 불임이나 폐경기 여성으로 은유하는 모습을 발견할 수 있다. 채굴이 멈춘 광산 갱도를 더 이상 재생산이 가능하지 않은 여성의 몸에 빗대거나 남자가 찾지 않는 여성의 몸으로 은유했다.[*] 20세기가 되기 직전 폐광촌을 배경으로 하는 장편소설이 등장한다. 1999년 한강의 첫 장편소설 《검은 사슴》이다. 소설 속의 검은 사슴은 광부들 사이에서 작업 중에 마주친다는 소문이 도는 짐승으로 "평생에 단 한 번만이라도 하늘을 보는 것이 소원인 이놈은 바깥으로 나가는 길을 가르쳐 달라는 부탁"[**]을 한다고 알려졌다. 광산이 하나둘 닫히면서 활력을 잃고 광업이 과거가 되어가는 시기에 오히려 광산은 문학과 드라마 등에서 어둡고 쇠락해가는 분위기로 자주 재현되었다.

권유의 소설 〈탈출유예〉를 원작으로 한 1992년 티브이 단막극 〈이별연습〉[***]은 폐광을 앞둔 강원도 광산촌을 배경으로 시작한다. 마을에는 "폐광결정 결사반대", "없는 막장인생 막장끝에 몰지마라", "폐광조치 날벼락에 광산가족 다죽는다", "뼈빠지게 일시키고 나몰라라 웬말이냐"라는 글이 거칠게 적힌 현수막이 낡은 사택촌에 나부낀다. 광산촌을 빠져나오는 수철의 뒤에는 농성 중인 노동자들의 모습이 보인다. 투쟁하는 사람들을 뒤로하고 광산촌을 떠난 수철은 그보다 먼저 떠난 광산 동료가 있는 한 바닷가 마을의 레스토랑에 취직한다. 광산에서 함께 사고를 겪었던 동료 사이이다. 수철은 이 마을에서 광산 사고로 남편을 잃은 한 여자를 만난다. 이들은 모두 밑바닥 현실에서 간신히 벗어나기 위해 떠나고 떠난다. 이 드라마는 세

[*] 김이하는 "비어 버린 자궁"(〈불임기, 그 우울한〉, 1995), 송정한은 "사내들"의 "발길 끊어진" "자궁"(〈폐광〉, 1998)으로, 이수익은 "불임의 한 여자"(〈폐광〉, 2001), 박현수는 "폐경기"(〈아버지 까라마조프 1〉, 1998)로 폐광을 묘사한다.

[**] 한강, 《검은 사슴》, 문학동네, 2013, 244쪽.

[***] MBC, 〈이별연습〉(MBC 베스트극장), 1992.

사람의 삼각관계를 다루지만 그들 인생의 배경에는 모두 광산이 있다. 광산에서 죽고 다치고 살아남고 탈출한 인생들의 연대다. 폐광을 앞두고 이미 광산을 빠져나간 삶들은 다른 지역에 정착하기에도 고단해 보였다.

1990년대에 생산된 쇠락하거나 문 닫는 광산을 배경으로 하는 문학 및 대중문화 작품 가운데 가장 눈에 띄는 작품은 드라마 〈젊은이의 양지〉다. 이 드라마가 방영된 시점이 1995년이라는 점이 흥미롭다. 드라마는 1995년 5월에서 11월까지 방영되었는데, 드라마가 방영되기 직전인 1995년 3월에 3·3투쟁*이 있었다. 드라마의 1회부터 32회는 석탄산업합리화가 시작되기 직전인 1988년을 배경으로 한다. 33회부터 40회는 1991년, 41회부터 마지막회까지는 드라마 방영 시기인 1995년이 배경이다.

드라마에서 광산촌의 인물들은 모두 제자리를 찾아 사회에서 성공한다. 광산 사고로 아버지를 잃었던 청년들은 고향에서 가족과 자영업을 하고, 작가가 되며, 광산노동자는 폐광 후 권투 선수로 변신한다. 영화를 좋아하는 광산촌의 젊은 여성은 배우로 성공한다. 서울대 합격증을 들고 "나 이 동네 뜬다!"라며 환호했던 주인공 인범만이 서울에서 실패한 후 씁쓸하게 사북으로 돌아간다. 그의 '돌아오기'

---

* 정선의 탄광촌인 고한과 사북 주민들을 중심으로 1995년 2월 27일부터 '생존권 쟁취를 위한 주민 총궐기대회'가 시작되었다. 제2의 사북항쟁이 될지도 모른다는 말이 생길 정도로 노동자와 지역민들이 격렬히 투쟁하여 3월 3일 합의가 이루어졌다. 3·3투쟁이라 부르는 이 투쟁으로 '폐광지역 개발자원에 관한 특별법(폐특법)'이 제정되었다. 이 특별법에 따라 국내 유일의 내국인 출입 카지노인 강원랜드 하이원리조트가 폐광 대체산업으로 정선에 설립되었다.

는 윤리적 타락과 사회적 실패의 상징이다. 과거의 인간관계를 배신하고, 자신의 출신을 수치스러워하고, 결혼으로 신분 상승을 꿈꾸던 인범은 자신의 과오가 드러나면서 파혼당한다. 광산을 가장 부끄러워했던 인범이 윤리적으로 타락한 인물로 나오는 반면, 광산의 이야기로 세상에 목소리를 내는 '광부의 딸' 종희는 조연이지만 이 드라마에서 가장 빛나는 인물이다. 종희는 이 드라마의 실제 작가라고 볼 수 있다. 조소혜 작가가 사북 출신이다.

삼각관계가 얼핏 드라마의 주요 갈등처럼 보이지만 조금 떨어져서 보면 각각 영화감독과 소설가가 되는 석주와 종희가 이야기의 실제 주인공이나 다름없다. 이 드라마에서 가장 꿈이 반짝이는 인물, 사랑하는 사람과 연결되는 인물은 종희와 석주다. 차희의 동생 임종희는 《광부의 딸》이라는 소설로 화려하게 소설가 데뷔하고 인범의 친구인 부유한 하석주는 경영학 공부를 접고 미국에서 영화를 공부한 뒤 돌아온다. 하석주는 종희의 소설 《광부의 딸》을 영화로 만든다. 종희는 《광부의 딸》을 '젊은이의 양지'라는 새로운 제목으로 각색한 시나리오를 쓴다. 노동계층을 떠나 경영학 공부를 한 인재로 성장하는 인범이 산업화 시대의 야망을 품은 인물이라면, 제 이야기를 각각 소설과 영화로 만들어 창작자 되기를 꿈꾸는 인물들인 종희와 석주는 새로운 시대의 얼굴들이다. 1995년에 방영한 이 드라마는 이제 '산업화의 시대'가 '문화의 시대'로 변모했음을 보여준다. 경제성장의 시대를 지나 자신의 이야기를 만들어가는 시대가 되었다.

〈젊은이의 양지〉는 투쟁 없는 개인들의 성공 서사에 가깝지만, 광산촌을 배경으로 다양한 인물을 보여준다는 점에서 보기 드문 드라마였다. 사북이 드라마에서 중요한 장소적 배경이며 주요 인물들이 광산과 연결되어 있지만, 이 드라마의 제목이 '젊은이의 양지'인 이유를 알 수 있다. 광부라는 사람과 광산이라는 장소가 다양한 상상력을 오히려 차단할 수 있기 때문이다. 폐광촌이 과연 드라마처럼 '젊은이의 양지'로 거듭날 수 있을까. 광산노동자였던 윤재는 권투 챔피언이 되지만, 폐광촌의 노동자들은 또 다른 산업으로 이동하는 경우가 보편적이다.

"똑똑한 사람들은 다 떠났지"

양양광업소가 닫힐 것이라는 말은 1980년대에도 가끔씩 뜬 소문처럼 지나가곤 했다. '이제 철이 안 나온대', '광업소가 문 닫을 거래' 식의 소문은 늘 있었다. 광산이 문을 닫기 전에 먼저 떠날 수 있는 사람들은 떠나갔다. 나의 외삼촌도 광업소에 다녔다. 분석실°에 근무하다가 수려한 외모 때문인지 경비실로 차출되었다(경비실에 근무하던 사람들은 대체로 키가 크고 반듯한 인상에 근무 태도가 좋은 사람들이었다). 헌병 출신이었던 삼촌은 결혼 후 둘째 아이까지 생기자 더 안정적인 일자리를 찾았다. 1988년 울진에 원자력발전소가 생겼고, 삼촌네 가족은 그곳으로 옮겨갔다. '원자력'이라는 말은 대단히 현대적이고 첨단의 어떤 것처럼 들렸다. 양양광업소 경비실에 근무했던 삼촌은 울진 원자력발전소 청원경찰로 들어갔다. 어느 해 설날 우리는 모두 고속버스를 타고 울진에 있는 삼촌네 집으로 향했다. 회사 사택은 양양광업소 사

° 광업소에서 생산된 광물과 폐기된 광물의 시료를 채취하여 성분 분석을 하는 곳.

택과는 비교도 되지 않게 깨끗한 현대식 아파트였다. 놀이터도 있는 아파트 단지가 회사 사택이라니, 원자력은 역시 좋은 것이라 생각했다. 삼촌은 야간대학에 들어가 화학을 전공해 영월의 화력발전소에 입사했고, 그곳을 거쳐 강릉 안인에 있는 화력발전소에 정착했다. 역시 일찍 양양을 떠나길 잘한 걸로 보였다. 삼촌은 직장을 다니며 오랜 시간에 걸쳐 공부했고, 마흔이 다 되어 삼척에 있는 대학에서 졸업식을 했다. 그날, 할머니와 우리 가족까지 모두 찾아갔다. 아버지는 자신의 처남을 입이 마르도록 칭찬했다. "큰처남 정말 대단해." 삼촌의 노동이동에는 지역 간 이동, 산업 간 이동, 직업 간 이동이 모두 축약되어 있다. 삼촌은 이동과 동시에 안정적인 일자리를 얻으며 성장해갔다.

그 사이 양양광업소에는 폐광이 성큼 다가왔다. 아버지의 동지들도 하나둘 떠나기 시작했다. 광산이 아닌 다른 일자리를 찾아 수도권으로 떠나거나 새로운 광산을 찾아갔다. 민주 노조를 만드는 데 큰 힘을 보탰던 이인수도 1992년이 되자 양양을 떠났다. "내 인생도 있는데, 아이들도 커가고, 교섭위원으로 6~7년 (서울 본사로) 올라 다니면서 점점 폐광 위기가 오는 걸 알겠고. 오래 가지 못하겠다 생각했지. 나의 발전은 없는 거 같다, 여기가 객지인데 내가 잘못되면 도와줄 사람이 없지 않느냐"라는 생각이 들었다. 홍천 출신인 이인수에게 양양은 여전히 객지였다. "우리 손으로 뽑은 직선제 만들어놓고, 나의 임무는 끝났다. 떠날 때 이제는 내가 여기에 더 존재할 이유가 없고, (노조가) 잘되고 있"기에 그는 떠나기로 했다. "아버지하고 집행부랑 남애에서 술 먹으며 내가 그때 많이 울었어." 그는 정선으로 떠났다. 아버지와 10대부터 친구였던 박열도 용달차에 짐을 싣고 인천으로 떠났다. 아파트에 기술직으로 취직했다. 우리와 함께 양양에서 강릉으로 이주했던 그들이 강릉을 떠나면서 어머니도 허전해했다. 그나마 교류하던 광산 가족이 사라졌다. 어머니는 인천으로 떠난 '박열이 아줌마'가 강원도 막장을 그리워해서 가끔 막장을 보내줬다.

1994년에 들어서자 광산이 닫힐 것이라는 말은 더 이상 소문이 아니게 되었다. 수백 명의 실업자가 생길 것 같았다. 그 즈음 다른 지역의 금속 광산 노조 위원장이 양양광업소를 찾아와 양양광업소 노동자들의 이직 가능성을 문의했다. 그러나 먼 지역으로 옮기고 싶어 하는 사람들이 없어서 공식적으로 성사되지 못했다. 아버지는 다른 몇몇 직원들과 함께 혹시 노동자들을 이직시킬 수 있는지 알아보기 위해 봉화에 있는 금속광을 답사했다. 그곳으로 이직한 사람은 없었다. 아버지가 봉화에 다녀오자 오히려 직원들은 좋아하지 않았다. 무수한 폐광 소문 속에서도 1994년까지 양양광업소에 남아 있던 사람들은 대부분 양양을 떠나고 싶지 않은 사람들이었다.

"똑똑한 사람들은 다 떠났지." 폐광 전에 떠난 사람들을 세월이 흘러 다시 만났을 때 그들은 그렇게 말했다. 이인수는 내게 "경비하던 삼촌"은 잘 지내냐고 물으며 "그때 떠나길 잘했지. 외삼촌이 머리가 좋아. 광업소 있었으면 망가지고 말아"라고도 했다. 나는 뒤늦게 궁금해졌다. 그렇다면 아버지는 왜 폐광 때까지 광업소를 떠나지 않았을까. 동지도 친구도 처남도 다 떠나고, 젊은 시절 그토록 떠나려고 했던 광산인데 왜 정작 아버지는 폐광이 현실로 성큼성큼 다가오는 와중에 끝내 떠나지 않는 사람이 되었을까. 그때 아버지는 왜 떠나지 않았냐고 30년이 지나 물었을 때 아버지는 별다른 답을 하지 않았다. 젊은 시절 광산을 벗어나려고 했던 아버지는 어느새 광산이 아버지를 뱉어내기 전에 스스로 먼저 떠나기는 어려웠다고만 했다. 아버지에게 광산은 이제 떠나야 하는 직장이 아니라 "광산이 있어서 우리가 학교도 다니고 먹고살 수 있었던" 장소가 되었다. 노조 위원장으로서의 책임감 때문만은 아니다. 그렇게 비장한 이유가 아니었다. 쉰 살을 바라보는 나이가 되어가면서 아버지는 이제 다른 장소에서, 다른 일을 선뜻 시작하기 어려워했다. "할 줄 아는 게 없어서." 직업 선택의 자유를 박탈당했던 아버지는 20년 넘게 광산/노조에 몰두하며 살았고, 그사이 다른 직업을 생각조차 못하는 사람이 되었다.

"이제 다 같이 전사하는 거야"

아버지는 평소에는 광산 사택에서 혼자 지내다가 주말이면 꼬박꼬박 강릉으로 돌아왔지만 폐광 소식이 들린 이후로는 꽤 오랫동안 집에 들어오지 못했다. 아버지는 4월에 서울 본사에 다녀온 후 시간이 얼마 남지 않았음을 확인했다. 회사와의 협상으로는 가망이 없어 보였다. 양양광업소가 문을 닫는다고 언론에도 확정적으로 나오기 시작했다.[*] 노동자들은 뿔뿔이 흩어지는 것을 원치 않았다. "이제 투쟁만 남았다"고 생각했다. 시간이 얼마 없었다. 회사 간부에게 전화가 왔다. 노조 위원장은 회사 쪽으로 넘어오면 남을 수 있게 해주겠다는 제안이었다. "혼자 살 것인가, 다 같이 죽을 것인가의 문제인데, 갈등할 일이 없었어. 나는 어차피 혼자 못 사는 사람인데, 같이 죽어야지.

[*]　김진각, 〈대한철광양양광업소/올 61년만에 문닫는다〉, 《한국일보》, 1994년 4월 14일.

나는 혼자 살 재주도 없는 사람이고. 나 혼자 살면 내가 여기서 어떻게 얼굴 들고 돌아다녀? 내가 지금도 양양이고 강릉이고 다닐 수 있잖아. 고민할 게 없었어. 이제 다 같이 전사하는 거야." 1994년 그때, 아버지는 집에 오지 않고 뭘 했는지 찾아보았다.

> "李善權(이선권) 노조 위원장(48)은 『이곳 광부들의 평균연령이 45세이상으로 실직할 경우 마땅한 일자리를 찾기 어려운데다 지난 87년 회사 인수과정에서 새로 입사한 것으로 돼 있기 때문에 퇴직금이 전세방값도 안되는 1인당 6백여만원에 불과해 폐광이 되면 가족들과 함께 모두 길거리에 나앉아야할 처지』라며 『채광을 계속하든가, 아니면 실직에 따른 보상금 지급과 전업을 위한 교육훈련비지급등 생계대책을 마련해 줄것』을 호소했다."
>
> —《중앙일보》, 1994년 4월 24일

> "양양광업소 노조(위원장 이선권, 48)는 이유야 어찌됐든 종업원들에게 폐광에 대비해 다른 생계수단을 찾을 시간도 주지 않고 갑작스럽게 폐광을 결정한 것은 회사의 잘못이라며, 이에 대한 책임을 지고 퇴직금 외에 직업전환을 위한 교육훈련비와 구직활동비, 이사비, 생활정착금 등을 지급하라고 회사쪽에 요구하고 있다. 그러나 회사는 갑작스런 폐광결정에 대한 책임을 인정하면서도 직장을 잃고 거리로 내몰릴 종업원들에 대한 구체적 대책 마련에는 미지근한 태도를 보이고 있다."
>
> —《한겨레》, 1994년 4월 25일

"이달말 폐광 예정인 대한철광개발(주) 양양광업소가 폐광에 따른 종업원들의 생계대책을 둘러싸고 종업원들이 농성을 벌이는 등 마찰을 빚고 있다. 대한철광 노동조합 이선권 위원장 등 협상대표 4명은 회사 측의 성의 있는 협상을 요구하며 18일 오전 9시 30분쯤부터 소장실을 점거, 농성을 벌이고 있다. 또 채광원 60여명도 이날 오후 5시 채탄 작업이 끝난후에도 갱 밖에 나오지 않고 갱내에서 이틀째 농성을 벌이고 있다."[*]

— 《한국경제》, 1994년 5월 19일

1994년 봄 언론에는 양양광업소 폐광에 맞선 노동자들의 농성 소식이 전해졌다. 노조는 폐광 후 생계대책을 요구하며 회사와 싸웠다. 아버지는 폐광을 앞두고 두 달간 투쟁했고 당시 집에 돌아오지 못했다. 막연한 걱정에 휩싸였지만 그때 나는 고3 수험생이었고 적당히 모르려고 했다. 지역 뉴스에서 얼핏 아버지의 초췌한 모습을 보았다. 광산이 문을 닫는다고 이 집 아빠가 티브이에 나오던데 괜찮냐고 사람들이 물어왔다. 어머니는 그런 질문을 오히려 불편해했다.

기사에서 설명한 대로 광산노동자들은 "회사 측의 성의 있는 협상을 요구하며 18일 오전 9시 30분쯤부터 소장실을 점거, 농성을 벌이고" 있었다. 노조가 일관되게 요구한 것은 직업 전환을 위한 시간과 비용이었다. 노조원들이 땅 위에서 소장실을 점거하며 협상을 벌

---

[*] 사소하지만 《한국경제》의 기사에서 철광산에 대한 무지를 발견한다. 기사에는 '채탄' 작업이라고 되어 있지만 양양광업소는 탄광이 아니라 철광산이기 때문에 '채탄'이 아니라 '채광' 작업을 한다.

이는 동안 갱 안에서 일하는 노동자들은 땅속에서 밖으로 나오지 않고 농성을 이어갔다. 이들의 투쟁 방식은 '막장에 스스로를 가두기'였다. 아버지의 기억에는 "한 100명" 된다고 했지만 기사에는 60여 명이라고 나온다. 세월이 흐르면서 아버지가 당시 투쟁하던 노동자들을 더 많은 인원으로 기억할 수도 있고, 언론에 밝혀진 인원이 실제보다 적을 수도 있다. 정확한 숫자에 대한 기억에는 오류가 있을 수 있지만 싸웠던 감정은 그대로 몸에 남아 있었다. 폐광에 맞서 싸우던 기억을 더듬을 때 아버지는 그다지 어두워 보이지 않았다. 직장을 잃었음에도 직장을 잃었다는 사실보다 최선을 다해 싸웠다는 사실에 기억의 무게중심이 더 실렸다. "탄광에 비하면 사람들이 너무 순했어"라는 말을 여러 번 한다. 아버지는 팔을 번쩍 들며 폐광 때 남은 사람들 중에는 "이거 한번 안 해본" 사람들이 많았다며, 소위 팔뚝질 한번 할 줄 몰랐던 노동자들의 '순함'을 안타까워했다. "짧은 시간 의식화를 시켜야겠더라고. 일단 가장 머릿수도 많고, 가장 센 집단, 가장 위험한 일을 하는 사람들이 목소리도 가장 크거든. 채광과 사람들이 제일 거칠단 말야. 일단 채광과에 가서 노래부터 알려줬어." 아버지는 채광과 사무실에 가서 노동자들에게 노동운동가를 알려줬다.

'가장 세고 거친 집단'이라고 하는 채광과 노동자들은 갱 안에서 퇴근하지 않기로 결의했다. 폐광을 앞두고 더 이상 물러날 곳이 없는 노동자들은 그들에게 가장 일상적인 장소이자 가장 위험한 장소인 막장에 스스로를 가두는 것으로 강경한 의사를 표명했다. 광산노동자들은 고공 농성이 아니라 땅속으로 들어갔다. 집단행동을 준비한 노동자들은 장기간 견딜 수 있는 음식까지 준비해서 입갱했다. 협상을 시작하기 전에 노조는 항내에 들어가 상황을 살피고 노동자들의 안전 상태를 점검했다. 그후 아버지는 노조원 몇 명과 소장실을 점거하고 회사와의 협상을 시도했으나 회사는 계속 협상을 거부했다. 점거 며칠이 지나자 회사가 협상하겠다고 나왔다. 그러나 순순히 협상이 될 리 만무하다. 퇴직금 외에 직업 전환을 위한 지원과 이사 비용 등을 여전히 수용하지 않았다.

광산에서 일하던 40, 50대의 남성들이 갑자기 다른 일을 찾기란 어려웠다. 광산을 믿고 살아온 이들에게는 커다란 세계가 사라지는 것이다. 해당 지역 출신이라면 친인척도 있고 작은 농지라도 있을 수 있지만 오직 광산을 보고 이주해온 사람들은 광산이 문을 닫으면 그 지역에서 새로운 일을 찾기 어렵다. 게다가 사택에 살던 사람들은 주거마저 불안정해진다. 이사 비용과 직업 전환을 위한 지원금은 타당한 요구였다. 양양을 떠나고 싶지 않더라도 최소한 장승리를 떠날 수밖에 없기 때문이다.

게다가 '국내 유일의 자철 광산'은 수많은 석탄광처럼 뭉치기도 어려웠다. 아버지가 줄곧 "우리는 탄광만큼 힘이 없고", "석탄은 똘똘 뭉쳤잖아", "우리는 보조금도 못 받았고"라는 말을 해왔던 이유다. 연대할 수 있는 다른 철광산이 없었던 철광 입장에서는 석탄광이 그나마 힘이 있어 보였다. 광산의 다수를 차지하는 석탄 광산에 비하면 철광산의 폐광에 대해서는 정부 지원조차 없었다. 석탄광에 정부가 지원금을 주듯이 양양광업소에도 지원을 통해 폐광을 막거나 최소한 폐광 후의 대책 마련을 위한 시간이라도 벌 수 있길 요구했다.

"그 와중에 노동절 행사도 했어. 회사에서 그때도 빵을 주더라고. 그놈의 빵." 내가 먹었던 빵들의 기억이 떠올랐다. 2월 1일은 양양광업소 창립기념일이다. 나는 음력으로 지내는 아버지 생일보다

양양광업소 창립기념일을 더 잘 기억한다. 휴일이 드물었던 시절에 2월 1일에는 아버지가 출근하지 않을 때가 있었다. 우리가 강릉으로 이사간 날이 1월 31일인 이유도 그다음 날이 아버지가 쉬는 날이었기 때문이다. 창립기념일에는 회사에서 빵을 가져왔다. 그리고 노동절(근로자의 날)에도 단팥빵, 크림빵, 소보로 등 각종 빵을 잔뜩 먹을 수 있었다. 빵을 받으면 우리 집과 담이 붙어 있는 옆집에 사는 영희 언니에게 담벼락 너머로 빵을 나눠줬다. 그 노동절 빵이 생존권 투쟁을 하는 1994년 5월에도 지급되었다. 노동자들을 놀리는 빵처럼 보였다.

노동자들의 농성이 길어졌다. 아버지는 당시 회사의 전무가 협상을 회피하고 도망간 사실을 떠올렸다. 도망간 전무를 속초공항에서 노조원이 붙잡아 왔다. 협상이 난항을 겪으며 노조의 요구가 수용될 기미가 없자 아버지는 결국 협상 테이블에 올라가 드러누웠다. 그리고 이제부터 단식에 돌입하겠다고 선포했다. 그토록 벗어나려고 애썼던 광산에서 아버지는 이제 광산에서 물러나지 않으려고 버텼다. 아버지가 협상 테이블에 드러누워 단식을 하겠다고 나설 때 "내 뒤에는 노동자들이 있으니까" 버틸 수 있었다. 땅속에 수많은 노동자들이 위험하게 하루하루 견디고 있으니 땅 위의 협상단도 물러설 수 없었다. 아버지가 단식에 돌입하고 얼마 후 회사는 노조의 요구를 수용하기 시작했다. 항내에 있는 노동자들이 걱정되었기 때문이다. 이때 회사의 '걱정'이란 인간적 걱정이 아니라 어디까지나 회사 입장에서의 이기적 걱정이다. 언론에 알려지는 것을 두려워했다.

아버지는 한국노총의 노동절 기념대회[*]에 갔다. 양양광업소의 폐광 투쟁에 대한 이야기를 전했다. 1994년 5월에 결국 퇴직금에 약간의 보상금을 보태는 것으로 합의했다. 경비실 앞에 '폐광'이라고 써 붙였다. 그것이 공식적으로 아버지의 마지막 노조 활동이었다. 아버지에게 광산과 노조는 과거가 되었다. 단오 즈음이라 양양 현산문화제 축제가 열렸다. "투쟁 끝나고 우리는 이제 다 해고될 예정인데, 그때 현산문화제[**]를 하더라고. 축제 분위기인데, 회사 사람들이 거기서 막 웃고 떠드는 거야. 부아가 나서 냅다 노동가를 불러버렸지."

1994년 5월 30일에 1차로 광산노동자들은 해고 수순을 밟고 6월에 나머지 노동자들도 해고되었다. 아버지도 해고되었다. 당분간 광업소는 폐석으로 운영될 예정이었고, 이를 위해 일부 직원은 남았다. 1994년에 대부분의 노동자들은 해고되었고 양양광업소는 1995년 완전히 문을 닫았다. 광산으로 사람들이 모여들던 1960년대 중반 양양의 인구는 5만 명을 넘어섰으나, 양양광업소가 문을 닫은 1995년에는 2만 8,000여 명으로 급감했으며 현재까지 양양 인구는 이와 비슷하다.

"부인들이 다 나와 있었지"

노조가 회사와 최종 협상을 마치고 사무실을 나왔을 때 "기다리던 부

[*]　'94 세계 노동절 기념대회'로 근로자의 날이 35년 만에 5월 1일 노동절이 되었기에 한국노총에서 기념대회가 있었다.

[**]　1979년부터 시작한 양양의 향토 축제로 양양의 독립운동 기념일인 4월 4일 즈음 열리다가 점차 단오 전후로 개최되기 시작했다. 2016년부터는 양양문화제로 이름이 바뀌었다.

인들도 다 박수 쳤어"라는 아버지의 말에 나는 '부인들'에 대해 물었다. 부인들은 누구를 말하는가. "거기 부인들이 다 나와 있었지." 이 협상 주변에는 또 다른 인물들이 있는데 바로 노동자들의 가족이다. 대부분 아내다. 회사와 노조가 협상을 이어가는 동안 노동자들은 어두운 땅속에서 나오지 않고 버티고, 노동자들의 가족은 지상에서 시위를 했다. 당시 5월이니 다행히 많이 춥지는 않았고, 갑작스러운 붕괴 사고로 고립된 것이 아니라 노동자들이 먹거리까지 챙겨서 준비를 하고 들어갔지만, 어두운 땅속에서 햇빛도 보지 못하고 계속 머무는 것이 편안할 리는 없다. 게다가 가장 큰 걱정은 만약에 벌어질 사고다. 항내에서 노동자들이 나오지 않고 버티는 나날이 길어질수록 사고와 만날 가능성도 높아진다. 남성 노동자들이 막장에서 견디는 동안 이 노동자들의 아내들은 노조와 회사의 협상에 압력을 넣었다.

광산 투쟁의 특징은 광업소와 사택의 물리적 거리가 가까워 가족들(아내들)이 이 투쟁에 생각보다 깊게 관여한다는 점이다. 함께 장을 보고 김장하고 빨래하고 아이를 서로 봐주는 등 일상을 공유하기 때문에 사실상 공동 생활이나 다름없는 사택 생활에서 여성들은 남편의 직장에서 벌어지는 일을 쉽게 파악한다. 3교대를 하느라 만남이 엇갈리는 남성들이 오히려 아내들을 통해 정보를 듣기도 한다. 1980년 사북항쟁에서도 부인들은 적극적으로 참여했다.

아내들이 투쟁의 주체가 되는 사례는 광산 투쟁에서 어렵지 않게 찾을 수 있다. 1950년 미국 뉴멕시코주의 광산에서 노동자들의 파업을 금지시키자 노동자의 아내들이 시위를 주도했다. 15개월 동안 여성들이 경찰의 폭력에 맞서 버틴 끝에 회사는 노동자들의 요구를 수용했다. 이 사례는 1954년 〈대지의 소금Salt of the earth〉이라는 영화로 제작되었다. 1984년 영국 탄광노동자들이 폐광에 맞서 파업할 때도 노동자의 아내들이 큰 역할을 했다.

1980년대 실제 광산 투쟁을 참고한 이인휘의 소설 《활화산》에는 광산촌에서 집단행동을 할 때 광산노동자의 아내들이 참여하는 모습이 잘 담겨 있다. 노동문학이 다수 생산되던 1980년대 말의 분위기 속에서 최초의 광산노동 장편소설이라 불리는 《활화산》이 출간되었다. 광산이 개발된 초기인 1940년대에 발표된 이기영의 소설은 광산을 설명하고, 이 광산에 모여드는 노동자들의 모습과 농촌이 광산촌으로 변해가는 과정을 묘사하는 데 그친다. 반면 《활화산》은 광산이라는 산업보다 광산노동자의 생활과 이들의 집단투쟁에 더 무게를 둔다. 《활화산》을 최초의 광산노동 장편소설로 소개하는 이유다. 이기영 문학에서 광산노동자들은 글을 모르고 도덕적으로 타락해서 외부에서 온 지식인 남성에 의해 계몽되어야 할 대상이지만, 이인휘 문학에서 노동자들은 부당함에 맞서 스스로 목소리 내는 존재로 변모했다. 노동자들의 은밀한 모의, 전단지 돌리기, 이들을 견제하는 회사, 회사가 심은 프락치, 노동자와 연대하는 '학출' 등 투쟁을 둘러싼 여러 인물과 행동이 나오는 와중에 아내들의 입장도 빼놓지 않는다. 여성들은 남성 노동자들의 봉기를 돕는 존재라기보다 때로는 봉기를 적극적으로 부추기는 존재다. 집 안에서 남편에게 파업할 것을 추동하는 차원을 넘어 먼저 노조에 찾아가기까지 한다. 직장에 소속된 남편을 보호하기 위해 오히려 해고될 위험이 없는 '아내'의 위치에서 때로는 더 적극적으로 나선다. 〈대지의 소금〉에서 해고의 위험 때문에 남성들이 시위를 못 하는 반면 해고의 대상이 아닌 아내들이 시위를 주도한 것과 정확히 같은 맥락이다.

"광부들은 아무도 선뜻 나서지 못하고 있었다. 찍히기가 두려 웠고, 잡힐 것이 두려웠다. 광부들의 아내는 그 사실을 누구보 다 더 잘 알고 있었다. 그래서 광부들의 아내는 스스로가 먼저 도로 위에 누웠고, 누구보다 먼저 남편들의 분노를 대신해서 소 리치기 시작했다."[*]

《활화산》에서 묘사한 행동은 실제로 몸을 쓰는 남성 노동자의 아내들에게서 볼 수 있는 행동이다. 《사당동 더하기 25》에는 강제철 거 당시 여성들이 앞장서는 이유가 비슷하게 서술된다.[**] 몸으로 일 하는 남편은 몸이 상하면 안 되기 때문에 아내들이 몸으로 나선다. 공식적 노동자인 남성 가부장의 실직에 맞서 비공식 노동자인 여성 가족이 함께 참여하는 모습은 노동계층에게 그리 놀랍지 않다. 노동 자가 파업 중일 때 그들의 가족도 함께 싸움으로 들어간다. 아버지가 폐광 투쟁 당시 사택에 살던 여성들의 모습을 전하는 말도 이와 전혀 다르지 않았다.

"부인들이 난리야. 내가 투쟁 현장 왔다갔다 하는데 거기서 부 인들이 다 모여서 소리치고 노동가를 부르더라고. 그리고 나를 막 불러. 위원장님, 이거 어떡할 거예요! 나한테 막 뭐라 그래. 더

[*] 이인휘, 《활화산》 하, 세계, 1990, 109쪽.
[**] "사당동을 철거할 때 백골단이라고 불리는 강제 철거반원들이 나타나면 아주머니들 이 맨 앞에 나서서 몸싸움을 해서 이상하게 생각했는데 어떤 아주머니가 "우리 아저씨 몸 다 쳐서 일 못 나가면 큰일 나기 때문에 자기가 나왔다"는 얘기를 흔연하게 했다." 조은, 《사당동 더하기 25》, 또하나의문화, 2012, 85쪽.

싸워라 이거지. 나를 막 몰아치는 거지. 이제 이판사판이거든. 평소 조용하던 사람들도 이제는 체면이고 뭐고 없어.”

부인들이 노동가를 부르고 있었다는 점이 흥미로웠다. 사택이라는 집단 거주 환경에서 아내들은 빠르게 결집했다. 1992년까지 노조 대의원이었던 이인수는 사택의 가족들에게 노동가가 전해지게 된 과정을 들려주었다.

“노동조합에서 쌀장사를 했어. 그때는 정부미가 나왔잖아. 노조에서 그걸로 후생사업을 했어. 그거를 아버지가 맡아서 해. 그러니까 동네 아줌마들 하고 아버지가 안면이 있을 거 아냐. 동네 아줌마들이 다 알지. 쌀 사러 오니까. 그때 아버지가 밤만 되면 집으로 안 가고 우리 집으로 오고 그랬어. 우리 집에 와서 한잔 먹고 노동가를 부른 거지. ‘동지는 간 데 없고.’ 그때 아버지가 사택에 노동가를 전파시켰어. 그때 사택에 그런 문화가 싹튼 거야. 아버지 지부장 때. 사택에 쫙 퍼졌지. 몇 아줌마들이, 우리 마누라를 비롯해서 아줌마들이 지부장 지지하는 걸로 단결이 잘 돼서 저 사람 뽑으라고 남편들한테 그러고.” (이인수)

우리 가족이 지긋지긋하게 여겼던 술버릇, ‘술 먹고 집에 들어와 노래 부르기’가 사택에서는 ‘노동가를 통해 투쟁을 전파하기’로 받아들여졌다. 방음이 안 되는 사택의 구조상 아버지가 큰 목소리로 노래를 부르면 사택촌 전체에 울렸으리라 상상이 되어 웃기기도 하고 민망하기도 했다. 과정이야 어찌되었든 1980년대 말과 1990년대를 거치며 사택촌에서 많은 여성들이 노동가를 익혔다는 것을 알 수 있었다. 그들은 나중에 폐광 투쟁에서도 함께 소리치고 노래를 불렀다.

그렇다면 내 어머니는? 아버지는 다른 노동자들의 '부인들'이 투쟁에 참여하는 것을 자연스럽게 접하면서도 어머니가 그곳에 있어야 한다고 생각하진 않았다. 그렇기에 나는 양양 철광산 폐광 투쟁 당시 '부인들'의 존재에 대해 전혀 몰랐다. 아버지가 노조 위원장으로 두어 달 집에 오지 않고 투쟁할 때 내 어머니는 늘 우리와 강릉에 있었다.

아버지의 투쟁담에 등장하는 '부인들'의 존재는 나 개인에게 혼란을 안겼다. 그러던 중 사북항쟁 당시 여성들의 다양한 입장을 알게 되었다. 실제로 내 어머니처럼 직접적으로 참여하지 않은 여성의 역할에 대해서도 언급이 필요하다. 참여하지 않음으로써 가정을 지킨다고 생각하는 여성의 위치에 대해서다. 이 점이 여성이 가진 딜레마다. 적지 않은 여성들이 '어머니마저' 밖에서 투쟁에 참여했을 때 자식들의 위치가 더욱 취약해질 위험이 있다고 생각한다. 여성은 그 가치를 지키는 역할을 성실히 수행해야만 정상적인 어머니로 인정받는다. 다른 자원이 없는 여성에게 모범적인 어머니 되기는 중요한 가치다. 1980년 사북항쟁에서도 자식 때문에 참여하지 않은 여성의 목소리를 들어보면 집단생활이나 다름없는 지역에서 투쟁에 참여하지 않는 아내/어머니의 복잡한 입장이 있다.°

° 사북항쟁에 참여한 여성들은 크게 네 종류로 나눌 수 있다. 항쟁에 참여한 여성, 피해자가 된 여성, 가해자가 된 여성, 그리고 이 항쟁과 적극적으로 거리를 둔 여성. 장미현은 이 중 거리 두기를 선택한 여성들을 분석한다. "거리 두기를 선택할 수밖에 없었던 다른 이유는 배우자의 부재와 가부장적 구조에 의해 가사와 양육의 책임을 여성들이 지고 있어서였다.

모든 투쟁이 끝나고 어머니는 아버지를 데리러 양양광업소 사택에 갔다. 이제 아버지는 광산 사택에서 짐을 챙겨 떠나야 했다. "네 엄마가 프라이드 타고 나 데리러 왔어. 그때 나 보고 엄마가 펑펑 울었잖아. 내 꼴이 엉망이지 뭐. 그랬어. 그런 일이 있었어. 허허허." 30년 만에 들었다. 여전히 어머니는 당시 이야기를 일절 하지 않는다. 나도 캐묻지 않았다.

(중략) 미성년 자녀들에 대한 책임 때문에 참여 압력을 '회피'한 여성들도 존재했다. 사북항쟁의 대표적 주동자 중 한 명인 이원갑의 아내, 조순란은 평소에도 남편의 노조 활동 때문에 생계와 자녀양육을 홀로 책임졌다." 역사문제연구소 민중사반 사북팀, 《1980년 사북: 항쟁과 일상의 사회사》, 도서출판선인, 2021, 148쪽.

광산 이후의 삶

"당신 같으면, 죽을 만큼 부려먹다가 필요 없게
되었으니 아무런 대책 없이 쫓아내버린다면
어떻겠소."

·한강, 《검은 사슴》, 문학동네, 2017, 231쪽

1장

직업을 바꾸며

실직

1888년 '실업unemployment'이라는 단어가 영국 옥스퍼드 사전에 처음 등장한다. 2차 산업혁명이 본격적으로 시작된 시기였으며 대공황(1873~1896)의 시기이기도 했다. 임금노동자들이 일자리를 잃기 시작하는 사회적 현상이 생겨난다. 그렇게 '실업'은 사전에 자리를 차지했다.

1999년에 출간한 이순원의 《그대 정동진에 가면》은 폐광 후 짧은 시간 동안 극적으로 변한 정동진에 대한 지역민의 양가적 감정을 드러낸다. 주인공 석하가 정동진 광산촌을 떠났다가 잠시 돌아왔을 때 그사이 정동진은 광산을 완전히 잊는다. 그리고 폐광 후 유명한 관광지가 되어 주민들은 돈을 벌 수 있었지만, 몰려오는 관광객들로 인해 마을은 훼손된다. 게다가 과거의 기억을 묻어버린 채 개발 붐이 불자 수많은 사람의 삶이 잊혔다는 생각에 석하는 착잡해진다. 이 소설은 드물게 폐광 후 사람들의 삶을 언급한다. 고향에 남은 석하의 친구는 광산이 있던 시절에 살던 사람들은 다 떠났으며, 떠나지 못한 사람들은 바다로 나가 어부가 되거나 강릉 시내로 막일을 다닌다고 알려준다.

기록적인 폭염이 이어졌던 1994년 여름부터 아버지는 실직자가 되었다. 몇 달 동안 집에 돌아오지 않았던 아버지는 어느 날부터 매일 안방에 있었다. 여름이 지나고 어머니는 강릉 시내에 카페를 얻었다. 퇴직하면서 받은 돈은 480만 원이다. 어머니는 200만 원 보증금에 월세를 내는 카페를 인수해 운영하기 시작했다. 세련된 '커피숍'들이 많아지던 시기에 어머니가 인수한 카페는 상대적으로 옛날 인테리어를 유지한 곳이었다. 그래도 꽤 따뜻한 분위기였고 '사랑찾기'라는 사랑스러운 이름의 곳이었다. 한때 어머니가 하숙을 해서 돈을 좀 만질 때 구입했던 전축을 카페에 옮겨놓았다. 나는 주변에 "우리 엄마가 카페를 차렸다"고 떠들고 다녔다. 물론 아버지가 실업자가 되었다는 말은 하지 않았다. 카페를 시작한 이후 어머니는 밤 12시가 넘어야 집에 올 수 있었다. 어머니가 운전을 하는 덕분에 가능했다.

아버지는 양양에 일이 생겼다며 한동안 다시 양양에 머물렀다. 강릉에서도 뭔가 해보려는 듯 했지만 몇 달이 지나도 아버지는 여전히 '실업자'였다. 몇 군데 면접을 보러 다녔지만 역시 일자리를 구하지 못했다. 40대 후반에 기술이 없고, 퇴직할 때까지 20년 가까이 노조 활동을 한 사람이 취직할 곳을 찾기란 어려웠다. 해직된 전직 광산 노조 위원장이 갈 곳은 어디일까. 게다가 아버지는 젊을 때부터 노조 활동을 시작하면서 오히려 광산 내에서 다른 기술을 익히지 못한 노동자였다. 숙련된 기술이 없는 노동자는 쓸모가 없다.

그 사이에 나는 입시를 치렀는데 당시 '수험생 학부모'로 겨우내 나와 동행하던 사람은 아버지였다. 카페를 운영하는 어머니는 집과 일터를 비우기 어려웠다. 그렇게 밖에서 돈 버는 어머니와 자식 뒷바라지하는 아버지의 구도가 되었다. 입시를 관리하던 미술 학원에서 학생과 학부모들을 인솔해 한날한시에 강릉 고속버스터미널에서 버스를 타고 서울 동서울터미널로 향했다. 이때 학원 원장은 보호자로 나와 함께 동행하는 사람이 어머니가 아니라 아버지라는 사실을 다소 낯설어했다. 바꿔 말하면, 아버지 입장에서는 통념적 성역할에서 벗어나 몹시 튀어 보이는 그 상황을 견뎌야 했다. 속으로는 어땠는지 모르겠으나 아버지는 그 역할에 집중해서 나의 충실한 입시 매니저로 함께 다녔다. 그 시간을 거치며 나는 아버지에게 노동 혹은 일이란 무엇인가를 더 구체적으로 생각하게 되었다.

나는 입시를 치르는 한 달 동안 서울 삼선동 고모 집에서 구의동에 있는 미술 학원을 다녔다. 학원 선생님이 내게 집이 어디냐고 물어서 삼선동이라고 했다. 그는 "2호선 타고 금방 한번에 가겠구나"라고 했다. 나는 4호선으로 한 번 갈아탄다고 말했다. 그는 내 말을 이해하지 못했고, 나도 그의 말을 이해하지 못했다. 나는 삼성동이 있다는 걸 몰랐고, 그는 삼선동을 떠올리지 못했다. 나는 대학에 떨어져서 강릉으로 돌아와 재수를 했다. 아버지도 다시 강릉으로 돌아왔지만 여전히 일을 구하지 못했다.

1995년 여름, 아버지는 결국 서울로 떠났다. 떠나고 한 달 정도 지났을 때 아버지가 돈을 보냈다. 정확히 무슨 일을 하는지는 알지 못했다. 어머니에게 들으면 아버지가 세차를 한다는데 세차장에서 일하는 건 아니었다. 아파트 단지에서 주민들 차를 매일 닦는다고 했다. 그때 우리도 강릉의 아파트에 거주했다. 엘리베이터 없는 5층 아파트의 5층에 살았다. 아파트 단지 내에 차들이 주차되어 있지만 돈을 받고 매일 차를 닦으러 오는 사람들이 있다는 말은 듣도 보도 못했다. 아버지가 어디에서 세차를 한다는 것인지 잘 상상이 되지 않았다. 게다가 차를 매일 닦는다는 게 더욱 이해되지 않았다. 누가 차를 매일 닦지? 어머니는 서울은 공기가 나빠서 차가 금방 지저분해지는 모양이라고 했다.

그해 겨울 나는 다시 입시를 치르러 서울에 갔다. 아버지는 고모와 할머니가 함께 사는 삼선동 다가구 주택의 반지하에서 살았다. 1년 전 입시를 치르러 왔을 때 머물렀던 곳이다. 한 달 정도 다시 그 집에 머무르며 나는 아버지가 무슨 일을 하는지 그제야 알아갔다.

차를 닦다

아버지는 매일 새벽 5시 즈음 집을 나갔다. 반포의 한 아파트 단지로 출근해 주민들이 출근하기 전에 차를 닦아놓는다. 오전 9시 즈음 돌아와 할머니가 차려주는 아침 식사를 나와 함께 먹었다. 그렇게 아버지의 하루는 시작되었다. 지하주차장이 일반적이지 않았던 당시 서울의 아파트 단지에는 돈을 주고 매일 아침 세차를 맡기는 사람들이 있었다. '달세차' 혹은 '월세차'라 불렀다. 조금 더 편하게 깨끗한 자동차 외관을 유지하기 위해 돈을 쓰는 사람들이 있다는 사실에 우선 놀랐다. 그로 인해 정작 자동차가 없는 아버지는 생계를 위한 돈을 벌 수 있었다. 한겨울에도 매일 새벽 첫 마을버스와 첫 지하철을 타고 '출근 전 출근'을 했다. 이 노동자들은 누군가에게 청결과 편리함을 제공하는 노동을 하고 누군가의 출근 전에 사라진다. 이처럼 아버지의 서울 생활은 새벽 버스를 타고 출근하는 것으로 시작했다.

아버지는 강릉에서 도저히 일자리를 구하지 못해 처음 서울에 왔을 때 이런저런 일을 알아보면서 정수기 판매를 생각해봤다. 한창 정수기에 대한 관심이 높아질 때였다. 정수기 회사에서 하루 강의도 들었다. 정수기를 팔 자신이 없었다. 지하철을 타고 다니다 보니 물건 파는 사람들이 눈에 들어왔다. 불법으로 보여 자신이 없었다. 지하철 안에서 열심히 설명하며 물건을 파는 사람들이 대단해 보였다. 뭘 파는 건 잘하지 못하겠다는 생각이 들었다. 영업할 자신은 없었다.

아버지보다 먼저 광산을 떠나 서울에 와서 세차 일을 하던 친구 도준의 소개로 이런 일이 있다는 걸 알게 되었고, 그 친구가 하던 영업장을 물려받았다. 도준이 권리금을 받고 세차 영역을 판 것이다. 아버지가 퇴직금으로 받은 돈을 훨씬 웃도는 권리금이었다. 게다가 퇴직금의 일부는 어머니의 카페 보증금으로 들어갔고 1년 이상 아버지의 수입이 없었기에 우리 집 가계에서 도무지 돈이 나올 구멍이 없었다. 고모가 아버지에게 돈을 빌려줬다. 고모가 서울에 살고 있던 덕분에 이 모든 게 가능했다. 서울의 저소득층이었던 고모는 돈을 거의 쓰지 않는 삶을 살았다. 고모에게는 상당히 큰돈을 아버지에게 빌려줬고, 그 덕분에 아버지는 서울에서 다시 시작할 수 있었다.

아버지는 새벽의 세차노동으로 한 달에 170만~180만 원 정도를 벌었다. 1990년대 중반 임금을 생각하면 상당한 수입이었다. 물론 아르바이트생 월급도 나가고 권리금으로 들어간 돈이 상당했기 때문에 아버지가 메꿔야 할 돈도 많았다. 그때 고모는 더 이상 과외를 하지 않던 시기라 수입이 없었다. 아버지는 고모 집에 거주하고 고모의 돈을 빌린 대신 할머니와 고모의 생활비를 책임지는 방식으로 살게 된 것이다. 그리고 대학에 입학한 나의 학비까지 감당해야 했다. 나는 기숙사에 살면서 주말이면 고모 집에 가곤 했다.

세차노동을 할 때 아버지는 아르바이트를 두었다. 주로 20대 남성 대학생이었다. 새벽에 나와 찬물로 수많은 차를 시간에 맞춰 닦는 일이라 그런지 대개 오래 하지 못하고 그만두곤 했다. 이른 아침 시간을 지키는 게 중요한 일인데 젊은 아르바이트생들은 가끔 지각을 했다. 아버지는 세차할 주민을 많이 모집할수록 좋으니 꾸준히 홍보를 했다. 수금하는 것도 일이다. 차는 예민한 재산이다 보니 주민들은 조금이라도 마음에 안 들면 정기 세차를 끊어버렸다. 차에 흠집이 생기지는 않았는지 늘 세차하는 사람들을 의심하는 주민들을 상대하는 것도 힘든 일이었다. 몸이 힘든 것뿐만 아니라 주민들 비위를 맞추고 아르바이트 관리를 하는 게 더 아버지를 힘들게 했다.

가끔 남대문시장에 아버지와 함께 아르바이트생에게 줄 선물을 사러 갔다. 커다란 양말 가게에 들어가 나름 좋은 양말을 골랐다. 평소에 아버지는 사지 않는, 한 켤레 한 켤레 종이 상자에 낱개 포장된 양말. 명절이나 크리스마스 때마다 아버지는 아르바이트생에게 양말 같은 소소한 선물을 했는데 그 선물을 고를 때 내가 동행하고 포장해주기를 부탁했다. 내가 양말도 더 잘 고르고 포장도 더 예쁘게 할 것이라고 생각해서다. 한 번도 본 적 없는 그 노동자들을 위해 나는 양말을 고르고 몇 켤레씩 묶어 선물 포장을 했다. 아버지가 세차노동을 한 기간은 약 2년 정도로 별로 길지 않은 시간이었다.

한편 1996년 9월 강릉에 무장공비 침투 사건이 있었다. 잠수함을 타고 온 26명의 북한 특수요원이 강릉 일대에 침투했다. 이들을 수색하고 소탕하기까지 무려 49일이 걸렸다. 한국전쟁 이후 최대 군사작전으로 연인원 150만 명이 이 작전에 투입되었다. 이 기간 동안 강릉시는 안전을 위해 저녁이면 시민 모두가 귀가하도록 조치했다. 시민들은 일찍 귀가하라고 방송을 했다. 실제로 민간인 4명을 포함하여 총 18명이나 사망한 이 사건은 제2연평해전보다 훨씬 인명 피해가 컸다. 작전 기간이 길어지면서 강릉시 전체의 경제적 손실도 피할 수 없었다. 어머니는 카페를 일찍 닫아야 했다. 저녁에 장사를 할 수 없으니 수입이 줄어들었고 이 사건이 한 달 이상 장기화되면서 경제적으로 타격을 입었다. "저녁이면 죽은 도시처럼 공포스러운 나날"이었다고 기억한다. 그해 추석에 아버지와 나는 강릉에 가지 못했다. 도시 분위기가 어수선하니 우리가 오지 않는 게 좋겠다고 했다. 강원도는 이 사건으로 인한 강원도의 경제적 손실을 2,000억 원으로 추산한다. 훗날 강릉 친구들과 "여기서만, 우리들만 기억하는 사건"이라 회상했다.

주택관리사

폐광을 앞두고 아버지는 다른 동료들에게는 기술을 배우라고 권유했지만 정작 아버지 자신은 기술을 배우지 못했다. 퇴직 후에라도 기술을 배울 생각은 안 해봤냐고 했더니 "그쪽으로는 능력이 없어서"라고 했다. 어머니도 "그런 재주가 없어"라고 했다. 실제로 아버지는 고치는 사람이 아니라 망가뜨리는 사람이 되는 경우가 잦았고 우리 집에서 무언가를 고치거나 만드는 사람은 어머니이다. 아버지는 운전도 안 한다. 젊은 시절 광산에서 돌을 부수는 기계를 다뤘지만 그 외에 다른 기술을 갖추지 못했다. 어릴 때 겨울이면 아버지가 광산에서 썰매를 가져오곤 했는데, 아버지가 직접 만든 것이 아니었다. 광산에서 버려진 목재와 쇠붙이 등으로 다른 아저씨들이 만들어줬다. 많은 노동자들이 공예가이기도 했으나 아버지에게는 그런 면모가 없었다. 갑자기 쉰 살이 다 되어 기술을 배우기에는 스스로 적절하지 않다고 생각했던 모양이다. 어머니는 아버지가 "평생 월급쟁이 노릇"에서 벗어나지 못했는데 "할 줄 아는 게 없어서", "재주가 없어서"라고 했다. 그나마 시험을 봐서 자격증을 따고 사무실에서 정해진 일을 하는 월급쟁이가 아버지에게 가장 잘 맞는다고 생각했다. 재주가 없는 것이 사실이지만 내가 관찰한 아버지는 행정이나 관리에 관심이 많았고 기계보다 서류 만지는 일을 찾았다. 하지만 아버지가 동료들에게 기술을 권한 것은 단지 개인의 적성 때문만은 아니다. 아버지의 다른 동료들은 대부분 중졸이거나 고등학교 중퇴의 학력이다. 고등학교 졸업장 없이 진입할 수 있는 직업에는 한계가 있었기에 동료들에게 기술을 권한 것이다. 고졸인 아버지는 상대적으로 선택의 폭이 더 넓었다.

새벽 세차노동은 힘들었지만 아침 일찍 일하고 돌아오기 때문에 시간을 활용할 수 있었다. 2년간의 세차노동은 주택관리사 자격증을 얻을 때까지 돈을 벌기 위해 선택한 노동이다. 세차를 하는 동안 기온이 늘 영하에 머물기 마련인 겨울 새벽의 노동은 힘들었다. 첫 겨울이 지나 4월이 되자 아버지는 학원에 등록했다. 주택관리사 시험을 준비하기 위해서다. 서울에는 아파트가 정말 많았고 공동주택 관리를 전문적으로 하는 사람을 필요로 했다.

아버지는 주택관리사라는 직업이 있다는 걸 이미 1987년에 알았다. 그때는 아직 시험제도가 없을 때였지만 아파트가 늘면서 대단지 아파트 관리 인력에 대한 수요가 늘었다. 신문 광고를 보고 이런 직업이 있다는 걸 알게 된 아버지는 당시에 관련 책도 사두었다. 1987년은 아버지가 어용 노조에 쫓겨 속초로 전출당했던 해다. 그때 혹시 광업소를 나와야 할 상황이 올지도 모른다는 생각이 들었다. 1988년에 다시 노조에 복귀하면서 아버지는 주택관리사 준비를 할 일이 없어졌지만 폐광 후 다시 떠올렸다. 그 사이 주택관리사 수요가 급격하게 늘어났다. 1987년에 주택관리사 제도가 처음 도입되었고, 1989년부터 시행되다가 1994년에 건설부(국토교통부 전신)에서 주택관리사 자격증 소지자 채용 의무화 발표를 했다. 아버지가 폐광으로 광업소를 나왔던 시기이다. 새로운 제도는 새로운 직업을 만들었고 이 직업에 관심을 가지는 사람들이 늘어났다. 아버지도 그중 한 사람이었다.

새벽 세차를 하고 돌아와 아침 식사 후에 아버지는 학원에 갔고 집에 와서도 내내 공부했다. 아버지는 마흔아홉 살이었다. 이 나이에 집중해서 새로운 공부를 한다는 게 쉽지 않다는 걸 나도 이제 알게 되었다. 아버지는 학원을 계속 다니기에는 경제적으로 부담이 있어 종합반을 2개월만 다녔고, 회계원리만 따로 한 달을 들었다. 한창 노조 활동을 할 때 아버지는 일본에 다녀온 적이 있었고 일본 전자제품이 귀한 대접을 받던 시절 아이와 워크맨을 내게 사주었다. 이 워크맨으로 나는 고등학교 때 아침마다 〈굿모닝 팝스〉를 들으며 일어났다. 워크맨은 다시 아버지가 주택관리사 자격증 공부를 하는 용도로 쓰였다. 본격적으로 공부를 시작한 지 7개월이 지나 아버지는 시험을 봤고 합격했다. 1996년 11월에 시험을 보고 12월 30일에 발표가 났다. 그렇지만 곧장 취직이 되는 건 아니기에 아버지는 한겨울 새벽 출근을 계속했다. 나는 아르바이트생들을 위한 명절 선물 포장을 한 번 더 했다. 일정 규모 이상의 공동주택에만 적용되던 주택관리사 자격증 소시자 채용 의무가 1997년 1월 1일부터 모든 공동주택으로 확대되었다. 운이 따랐다. 할 줄 아는 게 없다고 했지만 다행히 아버지는 사양산업에서 굴러떨어지는 순간 새로운 직업을 알아보았다.

1997년 5월 1일 자로 아버지는 서울 성북구 돈암동의 한 아파트에서 일하기 시작했다. 아버지 나이 50세였다. 폐광 당시 47세였고, 1년간 무직으로 있다가 2년 동안 세차노동과 시험공부를 겸한 뒤 아버지가 할 수 있는 '월급쟁이'로 돌아갔다. 아버지가 일하기 전에는 아파트 관리를 전문적으로 하는 주택관리사라는 직업이 있다는 사실도 몰랐다. 그때까지 아파트에 살아본 적이 거의 없었고, 강릉에서 잠시 살았던 아파트는 5층짜리 작은 단지였기에 주택관리사가 근무하지도 않았다. 아파트도, 아파트 관리실도 거의 모르고 살던 나는 아버지가 하는 일이 정확히 무슨 일인지 몰랐다. 어쨌든 아파트 관리실에서 관리소장으로 일한다니 이제 안정적인 직업을 찾았나 보다 생각했을 뿐이었다.

고졸 이상이 소수였던 양양광업소에서 근무할 때와는 다르게 서울에서 주택관리사로 일하는 동안 아버지는 자주 '대학을 못 나온 것'의 어려움을 토로했다. 전공을 묻거나, 학번을 묻는 상황에 처했다. 50대 중반에 아버지는 조경 관련 자격증을 따는 등 공동주택 관리에 도움이 되는 자격증을 따기 위해 계속 공부했다. 아파트의 지하

주차장이 보편화되면서 조경이 중요해졌기 때문이다. 거실 한쪽 구석에 작은 상을 펴놓고 지우개 가루를 날리며 제도 공부를 했다.

그사이 아버지의 동료들도 서울과 수도권에 자리를 잡았다. 부천, 인천, 서울, 수원 등으로 이주해온 아버지의 동료들이 늘어나면서 그들은 모임을 만들었다. 모임의 이름은 '쇳돌'. 철광석으로 모인 이들이다. 아버지는 주택관리사로 자리 잡은 뒤에는 기술이 있는 옛 광산 동료들을 아파트 기술직으로 추천했다. 아버지에게 세차를 소개했던 도준과 아버지와 가장 가까웠던 박열도 아파트에 기술자로 취직했다. 박열과 도준은 같은 아파트에서 일했다. 같은 직장에서 교대 근무를 하는 도준과 박열은 동시에 쇳돌 모임에 참석할 수는 없었다. 2교대 근무를 하는 아파트 업무 특성상 그들은 같은 직장에서 일하지만 같은 시간에 근무하진 못했다. 두 사람은 10대 때부터 광산촌에서 함께 일했다. 중학교 졸업 후 광산 극장에서 함께 일하던 그들은 성인이 되어 광산에 취직했고 폐광을 앞두고 수도권으로 이주해 아파트 기술자로 일했다. 평생을 동지로 살았다. 광산에서 3교대 근무를 하며 땅속에서 일하던 노동자들은 이제 도시로 이주해 아파트 지하에서 2교대 근무를 했다.

어머니의 밥, 밥, 밥……

한편 1998년에 동생이 대학에 진학한 후 어머니도 서울로 오면서 뿔뿔이 흩어져 살던 우리 네 식구가 3년 만에 함께 살게 되었다. 집은 사당동의 한 다세대 주택이었다. 어머니가 하숙으로 돈 좀 만질 때 사주었던 내 피아노는 팔아버렸다. 방 2개가 있는 비좁은 집에서 월세를 내며 살아야 했다. 어머니는 서울에 오자마자 집 안에서 할 일거리를 찾았다. 종이 끈으로 장식용 신발을 만들었다. 도준의 아내를 통해 소개받은 일거리였다. 양양에서 인형 옷을 만들거나 뜨개질을 했듯이 어머니는 서울에서도 가내수공예로 일을 시작했다. 좁은 방 안에는 알록달록 다양한 색깔의 종이 끈 뭉치가 쌓여 있었다. 한 켤레에 20원 하는 이 장식용 신발을 하나라도 더 만들기 위해 마무리 리본을 묶는 일은 나와 아버지가 담당했다. 티브이를 보면서도 우리는 손에서 종이 끈을 놓지 않았다. 우리 집에 가득 쌓여 있는 그 종이 끈 신발을 어느 날 길거리에서 보았다. 그 안에는 방향제가 담겨 몇천 원에 팔리고 있었다.

종이 끈으로 신발을 만드는 일은 수입이 너무 적었다. 생활정보 신문인 《교차로》를 보고 어머니는 도시락 가게 일자리를 찾았다. 어머니의 일은 어디까지나 '아르바이트'로 불린다. 20세기의 '부업'이 21세기에는 '아르바이트'가 되었을 뿐이다. 어머니는 '여사님'이 되었다. 도시락 가게는 아침 일찍 영업을 시작하기 때문에 어머니는 이른 시간 집을 나섰다. 한겨울에 출근을 하다가 하루는 빙판에 뒤로 자빠졌다. 땅에 머리를 세게 부닥쳤다. 일어나 보니 다행히 어디 부러지거나 다치진 않은 듯해서 그대로 출근했다. 일하다가 머리가 아파 만져보니 뒤통수에 손바닥만한 피딱지가 생겼다. 그래도 병원에 갈 생각은 못 했다. 타박상일 뿐이라며 머리가 튼튼하다고 했다.

도시락 가게에서 일할 때 어머니는 가끔 팔던 도시락을 몇 개 사와서 우리랑 같이 먹었다. 나는 어머니가 일하는 매장에 한 번 찾아갔다. 기다렸다가 같이 퇴근하려고 했는데 철없는 짓이었다는 걸 뒤늦게 깨달았다. 좁은 매장에서 내가 어머니를 기다리는 건, 어머니만이 아니라 다른 '여사님'들에게도 신경 쓰이는 일이었다. 어머니는 쉰 살 즈음부터 '나이가 많은' 사람이 되어 점점 눈치가 보였다. 부천으로 이사한 후에는 백화점 식품 판매 일자리를 구했다. 여러 백화점을 돌아다니며 '여사님'들과 멸치도 팔고 김도 팔았다. 명동 쪽에 있는 백화점에는 일본인들이 와서 김을 많이 사간다며 간단한 일본어 인삿말을 외웠다. 어느 날 멸치 값 계산을 잘못해서 멸치 도둑으로 몰렸다며 어머니는 억울함에 어쩔 줄 몰랐다.

어머니는 하루 종일 먹을 걸 팔지만 정작 제때에 밥을 먹지 못했다. 부천에서 거의 두 시간 거리에 있는 백화점 식품 매장에서 일할 때는 늦게 집에 오곤 했다. 밤 10시 즈음 어머니는 가끔 전화를 했다. 배가 고파서 감자탕 한 그릇 먹고 들어가려는데 같이 먹지 않겠냐는 것이다. 늦은 시간 집 근처 24시간 감자탕 집에서 어머니와 밥을 먹곤 했다. 어머니는 지금도 혼자 식당에서 밥을 사먹지 못한다.

2장

스스로 위로하기

나만 겪는 일이 아니야

1997년 금융위기로 많은 사람들이 직장을 잃었다. 실직은 사회적 현상이었다. 여성들도 일자리를 잃기는 마찬가지였지만 사회는 '고개 숙인 아버지'를 더 자주 적극적으로 위로했다. 금융위기 직전인 1996년 김정현의 소설 《아버지》가 출간되었고 이 소설은 아버지를 위로하는 분위기 속에서 큰 관심을 모았다. 열심히 일만 하며 살다가 췌장암으로 시한부 인생이 된 중년 남성의 처지는 가부장에 대한 연민을 극적으로 자아냈다. 금융위기 이후인 2000년에는 조창인의 《가시고기》가 출간되었다. 금융위기 후 백혈병에 걸린 아들을 홀로 돌보다 자신이 간암으로 세상을 떠날 때까지 희생하는 아버지 이야기이다(아내는 자신의 꿈을 위해 가정을 떠난 이기적인 여성으로 그려진다). 1990년대 후반에서 2000년대 초반에 가족을 돌보다 희생하는 아버지 서사는 대중적인 인기였다. 경제위기에 맞물려 일자리를 잃고 힘겨워하는 많은 남성을 대중문화가 위로했다. 신파라는 비판에도 이 소설들은 영화화까지 되면서 커다란 공감대를 형성했다.

《가시고기》에 등장하는 아버지 정호연에게는 강원도 탄광촌에서 광부 생활을 했던 아버지가 있다. 이 아버지는 광산 사고로 다리를 잃어 실직했고 폭력을 일삼다가 수감되었다. 출소 후 재회한 아들 호연을 쥐약으로 살해하려다 실패하자 제 자식을 고아원에 버렸다. 다리 잃은 남성은 남성성의 상실을 의미한다. 주인공 호연은 남성성을 상실한 채 폭력만 남은 아버지에게 제대로 사랑과 돌봄을 받지 못한 인물이다. 자신의 부성 결핍은 더욱 부성애를 고취시킨다. 아버지에게 철저하게 버려졌던 아들인 호연은 제 아들을 살리기 위해 각막까지 판다. 자신은 의지할 아버지가 없으나 제 아들은 헌신적으로 돌보는 남성은 그야말로 광야에서 홀로 거친 세상에 맞서다 소멸하는 위대한 아버지로 보인다. 호연이 해병대를 제대했다는 설정처럼 남성성과 강한 부성애를 노골적으로 드러내는 소설이다.

내 아버지는 이런 소설들을 직접 읽지는 않았으나, 이런 이야기가 회자되는 사회 분위기는 인지했다. 뉴스에서는 도시락을 들고 출근하는 척 공원에 모인 남성들을 보여주며 그들의 쓸쓸한 뒷모습을 아련하게 담는다. 실직이 특정 회사의 문제가 아니라 전 사회적 문제가 되고 아버지/남성을 위로하는 문화 속에서 내 아버지도 위안을 얻었다. 1997년 금융위기보다 앞서 1994년에 실직한 아버지는 한창 우수수 해고가 벌어질 때 주택관리사로 막 자리를 잡았다. "미리 겪어서 다행"인 일이었다. 사오정ᵒ이라는 신조어가 생기고, 어차피 남자 나이 50이 되면 실직은 다들 겪는 일처럼 받아들여졌다. 미리 겪

ᵒ　평생직장의 개념이 무너지면서 45세 혹은 40~50세가 되면 정년이라는 뜻.

어서 쉰 살에 직업 전환을 할 수 있었다며 아버지는 다행이라 여겼다. 수많은 실직 동지 덕분에 '나만이 겪는 일'이 아니라는 위로를 얻었다. 직장을 잃었다는 사실을 말하는 것이 사회적으로 수치심을 덜 주게 되었다. 정년이 정해져 있지 않으니 "우리 나이에 주택관리사가 최고"라 했다.

2000년 즈음 어머니가 도시락 가게에서 처음 일을 시작할 때 동료들에게서 "아이엠에프IMF 사모님"이냐는 질문을 받았다. "그 사람들이 그렇게 말하더라고. 어머, 여사님은 아이엠에프 사모님인가 보다, 그러는 거야. 그래서 그게 뭐냐니까, '편히 살다가 아이엠에프가 터져서 갑자기 일자리를 찾아 나온 사모님'이래. 그러니까 내가 일을 못한다는 뜻으로 하는 말이지." 일터에서 능숙하지 않은 어머니의 모습이 노동계층이 아닌 '사모님'처럼 보였던 것이다. 동료들이 어머니가 일을 잘 못할 때 비꼬는 말이었기에 어머니는 이 말에 당혹스러워하면서도 한편으로는 안도하는 듯했다. 노동의 흔적이 드러나지 않는 몸, 고생하며 산 사람으로 보이지 않았다는 사실이 어머니 자신에게 주는 위로가 있었다. '고개 숙인 아버지'나 '아이엠에프 사모님'이나 모두 내 부모의 상황과 딱 맞아떨어지는 수사는 아니었다. 그럼에도 그런 말들은 이들에게 약간의 위로가 되는 표현이었다. 수많은 사람들이 굴러떨어지는 시기에 조금 더 일찍 굴러떨어진 사람으로서 '어차피 모두가 겪는 일'이라는 사실에 위안을 얻었다.

2000년대 어느 날, 아버지는 서울 지하철 안에서 산행 후 돌아오는 옛 광산 회사 대표를 우연히 만났다(나는 아직도 그 이름을 기억한다). 이제 더는 협상 테이블을 사이에 두고 싸울 필요가 없는 회사 대표와 노조 위원장이 우연히 조우해서 인사를 나눴다. 천만 명이 모여 있는 서울에서도 그렇게 누군가를 우연히 만난다.

서울 사람 되기

1980년대 중반의 어느 날 가족들과 양양 남대천을 지나가다가 강가에서 세차하는 사람들을 우연히 목격했다. 자가용이 흔하지 않던 시절이었다. '서울 놈들'이 자가용 끌고 와서 남대천에서 세차를 하는 모양이라고 못마땅하게 보던 부모님은 가까워지면서 그들을 알아봤다. 도준의 아내를 먼저 알아본 어머니가 "어머, 태영이 엄마 아니야?"라며 다가갔다. 부모님과 그들은 서로를 알아보며 반가워했다. 아버지가 "우린 또 서울 사람인 줄 알았지"라고 말하며 껄껄 웃자 도준의 아내는 턱을 치켜들고 "서울 사람 맞지"라고 답했다.

그들도 광업소에 다니다가 1980년대에 서울로 떠났는데, 스스로를 '서울 사람'으로 정체화했다. 자신들은 '서울 사람'인데 고향 사람들이 서울 사람으로 여겨주지 않아 서운한 태도였다. 그 당시 나에게 '서울 사람'은 여름에 해수욕장으로 피서를 오고 봄가을에는 설악산을 찾고 겨울에는 용평 스키장을 찾아오는 사람들이었다. 우리 가족은 물론이고 주변에서 스키장을 가는 사람은 전혀 본 적 없지만 뉴스에서는 겨울이면 용평 스키장을 찾는 인파를 보여줬다. 우리는 항상 여름이면 후진항 근처 해수욕장에 놀러갔었다. 그곳에 회사 천막이 있어서다. 모래사장 위에 커다란 천막이 그늘을 만들었고, 천막 위에는 '대한철광 양양광업소', 혹은 '㈜삼미 양양광업소'라고 적혀 있었다. 해수욕장을 찾은 양양광업소 직원 가족들은 회사 천막 아래에서 시간을 보냈다. 회사가 마련해준 작은 복지였다. 그때 버스를 타고 이고 지고 해수욕장에 가면 말씨가 다른 서울 사람들이 있었다.

도준이 아저씨 가족을 서울에서 다시 만났을 때, 내가 어릴 때 양양 남대천에서 본 '서울 사람 맞지!'의 모습은 보기 어려웠다. 그들은 우리가 사는 사당동의 다세대 주택 건너편에 살았다. 아저씨는 불안정한 노동을 했고, 아줌마는 집 안에서 종이 끈으로 장식용 신발을 만드는 일을 했다. 나는 가끔 어머니와 함께 그 집에 우리가 완성한 종이 끈 신발을 한 봉지씩 들고 찾아갔다. 완성한 개수를 알려주면 아줌마가 장부에 기록했다. 내가 어릴 때 '서울 갔다'는 사람들을 크고 나서 다시 만나면서 나는 새로운 사실을 발견했다. '서울 사람'으로 잘사는 것처럼 보였던 그들은 대부분 서울에서 근근이 먹고살았다. 게다가 그들은 '서울'에 갔다고 했지만, 실은 대개 부천이나 인천에 살았다. 수도권을 '서울'이라 말했다. 이들은 서울(부천이나 인천 등)에서 노동자로 살아갔다. 비교적 일찍 광산촌을 떠나 서울 갔다는 성함이 아저씨도 인천에 살고 있었다. 서울에 간 이후에도 성함이 아저씨는 가끔 양양에 오면 우리 집에 다녀갔고, 그때마다 바나나나 장난감 같은 선물을 가지고 왔다. 나는 그를 막연히 서울에서 돈 잘 버는 아저씨로 생각했다. 서울에 와서 아버지가 쉿돌 모임을 할 때 그들을 다시 보았다. 성함이 아저씨는 아파트 경비노동자로 일했고 그의 아내는 양말 공장에 다녔다. 쉿돌 모임을 하면 아줌마가 양말을 한 가득 가져와 나눠주었다.

우리 가족의 서울 생활도 순탄치 못했다. 사당동에서 오래 살지 못하고 우리는 부천으로 이주했다. '서울 생활'이라고 하지만 우리 가족도 대부분 부천과 인천에서 살았다. 서울에서는 작은 다세대 주택

의 월세도 감당하기 힘들었다. 서울의 주거 문제는 곤혹스럽고 고통
스러운 문제였다. 네 식구가 살기에는 좁은 집에서 가끔 동생이 외
박을 하면 나는 오히려 편했다. 이때부터 어머니는 "집이 강릉이야"
라고 말하길 좋아했다. 부천의 신축 빌라로 옮긴 후 주거 환경이 훨
씬 좋아져서 지하철을 타는 시간이 길어진 것은 감당할 수 있었다.
2002년이었다. 서울 사람이 아닌 나는 상대적으로 서울과 주변 도시
간의 관계에 대해 무지했다. 내가 아는 '강원도에서 올라온' 사람들이
부천과 인천에 살았기에 그저 익숙했다. 또한 지하철 노선도를 통해
서울과 수도권의 지리적 감각을 익혔던 나에게 부천은 지하철이 가
는 곳이라서 서울과 큰 경계가 없었다. 부천으로 이사간다는 말을 했
을 때, 당시 나와 같이 일하던 한 사람은 이렇게 말했다. "부천이, 예
전에 복사골이라고, 거기가 예전에는 복숭아밭이었어요. 아주 못 사
는 사람들이 살던 곳이죠." 그는 반포에 살았다. 양귀자의 《원미동 사
람들》의 '원미동'이 부천이라는 사실을, 그곳이 '서울에서 밀려난' 사
람들이 모이는 장소로 인식된다는 사실을 알아갔다. 폐광 이후 이직
과 이주의 고통을 담은 시에서 많이 등장하는 도시도 부천이었다.[*]

    나는 '집이 어디야?'라는 질문을 들을 때마다 '부천'이라고 답했
지만 "집이 원래 강릉"이라는 말도 빼먹지 않았다. 실제로 부모님은

---

[*]   "부천에 살고 있는 이모부처럼 공장에 다니면 되지만/ 아버지는 기술이 없어 그 짓
도 어렵다고 우겼다". 박세현, 〈폐광〉, 1991(정연수 편, 《한국 탄광시전집》 1, 2007, 푸른사상
수록).

"남은 식구들은 송아지 팔리듯/ 부천으로 옮겨 갔다". 정기복, 〈감꽃〉, 2004(정연수 편, 《한국
탄광시전집》 2, 2007, 푸른사상 수록).

"서울은 근처도 못 가보고 그저 안산으로, 수원으로, 부천으로/ 남들이 가지 않는 공단 언저리
를 기웃거리며". 정연수, 〈사북은 봄날〉, 2005(정연수 편, 같은 책 수록).

부천과 인천 등으로 거주지를 옮겨 다니면서도 강릉에 있던 '우리 집'을 팔지 않았다. 어차피 그 집을 판 돈으로는 서울에서 전셋집도 들어갈 수 없기 때문이지만, 더 근본적 이유가 있었다. 그 집마저 사라지면 정말 공중에 붕 떠버리는 떠돌이처럼 느껴지기 때문이었다. 불안정한 주거 환경 속에서도 부모님은 그래도 강릉에 집이 있다는 사실에 늘 마음을 기대었다. 돌아갈 곳이 있다는 것, 완전히 뿌리 뽑히지 않았다는 정서적 안정을 위해 '강릉 집'은 필요했다.

"우리는 공동체를 생각해"

내가 대학을 졸업한 2000년부터는 네 식구 모두가 어떻게 해서든 다들 돈을 벌고 살았다. 동생은 대학에 합격한 후 입학하기도 전에 곧장 과외를 해왔고, 나는 학원이나 전시장 아르바이트 등으로 각자 앞가림은 했지만 그래도 '집 문제'는 해결되지 않았다. 내 공간을 갖기 어려웠던 탓에 나는 젊은 시절 집 밖으로 자꾸 나가곤 했다. 극장으로 서점으로 미술관으로 도피했다. 한밤중 집을 빠져나와 거리를 배회하거나 술자리로 부르는 전화에 얼씨구나 달려 나갔다. 2000년대 초반에 온통 집 문제로 신경이 곤두선 탓인지 2003년 12월 내가 한 신문기사를 보고 혼자 끄적인 글에는 서울의 한 철거 현장에 대한 분노가 담겼다. '상도2동 159번지에 골리앗°'에 대해서다. 우리 가족이

<hr>

° 2002년 서울 동작구 상도2동 159번지 일대의 재개발로 강제철거가 이루어졌다. 이곳에 살던 주민들 중 세입자들은 갈 곳을 잃어 철거에 반대하며 '골리앗'이라 불리는 철탑 안에

살았던 사당동 집에서 멀지 않은 곳에서 벌어진 일이었다.

　　주거 불안정으로 우리 가족이 사당동의 다세대 주택을 전전하다 부천으로 갈 때 브랜드 아파트가 인기를 끌었다. 아버지가 서울 곳곳의 아파트에서 주택관리사로 일했지만 나는 아파트 공간에 대한 개념이 없었다. 아버지는 '캐슬'이나 '팰리스'에서 근무하고 좁은 집으로 퇴근했다. 점점 사람들의 언어 속에서 '서재', '드레스룸', '안방 화장실'과 같은 말이 들렸다. 내게는 비일상적인 언어였다. '서재'는 문학적 표현으로 자리 잡았고 '안방 화장실'이나 '드레스룸'은 사실상 내게 미지의 공간이었다. 알아듣는 언어지만 내가 사용할 일은 없는, 실질적인 공간에 대한 개념은 부족한 그런 언어였다. 옷도 방이 있고 책도 방이 있다니. 나는 돈을 벌며 공부하느라 휴학을 하며 띄엄띄엄 대학원을 다녔는데 그때 방 가운데 길고 낮은 문갑을 두어 공간을 나눈 뒤 한쪽은 부모님이 쓰고 다른 한쪽은 내가 썼다. 대체로 우리 집은 방이 너무 많거나 너무 없었다. 방이 너무 많을 때는 하숙생이나 민박 손님이 드나들었고, 방이 너무 없을 때는 한 방에서 모두 뒹굴었다.

　　어머니는 한때 택호로 불리는 여성들을 동경했다. 서울과 부천 등에서 뜨내기처럼 살 때 어머니는 어린 시절 고향에서 여자들에게 불리던 택호를 그리워했다. 내 기준에서는 소설이나 드라마에서나 보는 'OO댁'을 동경하는 어머니가 그저 옛날 사람처럼 보였다. 그런데 강릉으로 돌아간 후 어머니는 더 이상 택호를 가지고 싶은 마음이 사라졌다. 강릉으로 돌아가 더 이상 뜨내기 같은 삶이 아니게 되자

서 전기와 가스가 끊긴 상태로 장기간 농성을 이어갔다.

택호에 대한 동경은 자연스럽게 소멸했다. 여자들을 출신 지역에 따라 'OO댁'으로 부르는 것이 내 눈에는 낡아 보였으나 어머니에게는 오히려 지역 정체성으로 정서적 뿌리를 유지하는 수단이었다.

언젠가 나는 부모에게 스스로를 중산층으로 생각하는지 물었다. 두 사람은 입이라도 맞춘듯이 "그럼, 우리는 중산층이지"라고 했다. 전혀 고민하는 기색도 없이 당연하다는 듯 답을 해서 흥미로웠다. 이 질문을 할 때 나는 오히려 그들에게 부정적인 답변을 예상했다. 우리가 대화를 나누던 공간은 월세를 내는 서울의 한 빌라였다. 우리가 왜 중산층인지 묻자 "우리는 공동체를 생각해. 뭐 우리가 서울에 집 없어서 남들이 아니라면 말고"라고 답했다. 물질적으로 가진 게 없지만 도덕성으로 스스로를 위로한다. "만석꾼은 만 가지 걱정이 있는 거야." 이들이 좋아하는 말이다.

일상의 싸움

아버지는 서울에서 주택관리사로 자리 잡으면서 동료들 사이에서 안정되게 신뢰를 쌓아갔다. 아무런 인맥도, 학연도, 지연도 없다고 늘 아쉬워했지만 아버지는 어디를 가나 조직에서 두각을 드러내는 면이 있었다. 어떤 문제를 발견하면 가만히 있지 못하고 문제 제기에 앞장서며 사람을 끌어모아 조직화하는 습성이 몸에 배어 있었다. 주택관리사가 되어서도 아버지는 노동법상 주택관리사의 위치와 시험 제도 등의 문제를 개선하려는 의지를 드러냈고 동료들의 지지를 얻어 주택관리사협회에서 주류의 위치가 되었다. 아버지는 선거에 나갔고 주택관리사 서울시회 회장이 되었다. 재선도 되었다. 주택관리사 서울시회 회장이니 서울에 있는 수많은 아파트의 관리소장들과 연결되어 있었다. 아버지 머릿속에는 온통 공동주택 생각뿐이었다. 임기가 끝나자 이제는 전국 주택관리사협회장이 되겠다며 전국을 돌아다녔다. 어머니는 진저리를 쳤다. 다행히도 아버지는 전국 선거에서는 떨어졌다.

어느 날 부천의 우리 빌라 바로 옆에서 공사가 시작되었다. 빌라 세 동의 주민들은 아무런 공지도 받지 못한 채 이른 아침부터 저녁까지 공사소음은 물론이고 분진에 시달렸다. 우리 빌라 담벼락에 거의 붙어서 건물이 올라가는데 아무런 가림막조차 설치하지 않았다. 그러나 주민들 누구 하나 문제 제기하지 않았다. 아버지는 공사장 주변을 이리저리 살펴본 후 사진을 찍고 빌라 세 동의 주민들을 소집했다. 20여 가구의 주민 수십 명이 주차장에 모였다. 아버지는 주민들에게 공사 업체의 위법사항을 알리고, 공사 기간에 주민들이 입을 피해에 대해 보상을 요구해야 한다는 점 등을 설명했다. 한 사람이 나서자 몇 사람이 함께 목소리 내기 시작했다.

"없는 사람들 산다고 무시하는 거지. 그런데 여기에 관련 법을 잘 아는 주택관리사가 산다는 건 생각 못 했겠지!" 아버지는 분개했다. 주민들의 서명을 받았다. 동사무소에 민원을 넣었다. 건축 업체에 항의했다. 지역 국회의원을 만나러 갔다. "아주 시건방져!" 국회의원의 태도에 더욱 빈정이 상해 돌아왔다. 어머니는 윗집 할머니와 공사장 굴착기 앞에 앉아 공사 진행을 막았다. 일종의 연좌 농성이다. 어머니와 윗집 할머니는 강남에 있는 건축 회사에 찾아가 항의했다. 아버지는 부지런히 서류를 만들었다. 신고할 수 있는 곳에 다 신고 했다. 봄에 시작한 항의는 여름이 지나고 가을이 되자 마무리되었다. 가림막을 설치했고, 오전 8시 전에는 공사 소음을 내지 않기로 했다. 주민들에게는 세대당 동일한 보상금을 주기로 합의했다.

몇 달에 걸쳐 일어난 이 작은 분쟁을 보며 나는 여러 가지를 발견했다. 우선 다수의 주민들이 마땅히 요구해야 할 권리에 대해 잘 모른다. 누군가가 나서서 터뜨리면 소수는 인식하고 동참한다. 다수는 여전히 '바빠서' 직접 참여하지는 않는다. 하지만 보상금을 수령하라고 하자 모두가 재빠르게 달려와 사인했다. 부모님이 이 일로 여기저기 뛰어다닐 때 윗집 할머니와 다른 주민 한두 명을 제외하고는 누구도 함께하지 않았다. 가장 적극적으로 관심을 보였던 앞집 사람들은 알고 보니 엉뚱한 마음을 품었을 뿐이었다. 건축 회사와 잘 타협해서 자기만 한몫 챙기려는 꿍꿍이였다. 그러나 주민 모두에게 골고루 작은 보상금이 돌아가자 자신의 꿍꿍이를 방해한 부모님을 공격하기 시작했다. 흡사 과거의 어용 노조를 보는 듯했다. 탐욕스러운 앞집 사람들도 싫었지만 무엇보다 나는 무관심한 주민들이 미웠다. 어차피 스스로 제 권리를 찾지도 못하는 사람들을 위해 내 부모가 시간을 들여 발 벗고 나서서 문제를 해결하고 그들에게 골고루 보상금을 나눠줘야 하는 데 회의가 들었다. 싸울 때는 바쁘다던 사람들이 보상금 찾을 때는 빠르게 달려오는 모습이 특히 나를 씁쓸하게 만들었다. 게다가 딱히 고마워하지도 않는 듯했다.

건축 회사에서는 이 문제에 가장 앞장섰던 우리 집에 다른 집보다 두 배의 보상금을 책정했다. 당연하지 않은가. 아버지가 처음에 문제 제기를 하지 않았다면 그저 소음과 분진 속에서 아무 대책 없이 살았을 것이다. 그런데 나를 더 황당하게 만드는 일이 일어났다. 우리 집에 두 배로 책정된 보상금을 부모님이 거부했다. 그 대신 가장 고령자이면서 어머니와 함께 굴착기 앞에서 연좌 농성을 하고 멀리 있는 건축 회사에도 찾아가 항의했던 윗집 할머니에게 그 보상금이 돌아가도록 했다. 나는 길길이 날뛰었다. 윗집 할머니가 열심히 참여한 것은 맞지만 이건 모두 우리 집에서 처음 시작했기 때문에 가능했던 일이다. 서류 만드는 일은 아버지 혼자 다 했다. 낮에 돌아다니는 일은 어머니가 했다. 우리 집이 보상금을 더 받는 것은 당연한 일인데 그걸 왜 거절하냐고 난리를 쳤다. 그때 아버지가 내게 조용히 말했다.

"이런 싸움을 할 때 명심해야 할 게 있어. 절대로 내가 앞서 싸웠다고 더 보상받아야 한다고 생각하지마. 그게 바로 저 회사가 원하는 거야. 그렇게 해야 내가 자기들 말을 들으니까. 저들은 계속 돈으로 회유하려고 한다고. 게다가 내가 더 보상받으면 주민들이 나를 신뢰하지 않아. 절대로 그러면 안 돼. 그리고, 참여하지 않은 주민들 미워하지 마. 어딜 가나 다들 그래. 우리끼리 미워해서 분열되는 게 저 회사가 원하는 거야. 미워하지 마."

몇 푼 되지도 않는 보상금 던져주고 입을 막자는 술책을 그제야 인식했다. 더 앞서서 싸웠으니 더 보상받아야 한다는 나의 '당연한' 생각을 재고해보았다. 그래도 여전히 마음에 썩 들지는 않았다. 무관심한 사람들이 미워 보이는 건 어쩔 수 없었다. 하지만 꾸준히 이 일을 떠올린다. 어떤 싸움이든, 무관심한 사람들이 미워질 때마다 '우리끼리 미워해서 분열되는 게' 상대가 원하는 것이란 사실을 상기한다. 싸움에 참여하지 않는 사람들에 대해 미운 감정이 찾아오는 것까지는 내가 어쩔 수 없지만 입 밖으로 그 감정을 뱉지는 말아야겠다는 생각이 들었다. 분명히 그 감정을 알아보고 눈을 반짝일 사람들이 있을 테니까.

어머니는 이 일을 회상할 때 "네 아빠가 시켜서"라고 말한다. "다시는 그런 거 안 해"라는 말도 덧붙인다. 굴착기 앞에서 농성했던 경험은 마치 자신과 맞지 않는 일이었다는 식이다. 절대 자신의 의지가 아니라 아버지가 '시켜서' 어쩔 수 없이 한 일이라며 분명한 선을 긋는다. 어머니는 평소에 아버지가 '시켜서' 어떤 일을 하는 사람이 아니며, 오히려 아버지와 지겹게 싸우는 사람이지만 대외적으로는 '남편이 시켜서', '남편이 좋아해서', '남편이 싫어해서' 등으로 말하는 습관이 있다.

나의 쓸모를 증명하기

2023년 음력 설이 지나자 아버지에게 전화 한 통이 왔다. 무척 오랜만에 걸려온 전화인 듯 아버지는 반갑게 받으며 근황을 알렸다. 이제는 더 이상 아파트에 근무하지 않는다고 설명하는 것으로 보아 아버지가 주택관리사로 일할 때 알던 사람 같았다. 전화를 끊은 아버지에게 누구냐 물으니 "내 사부"라고 했다. 1997년 처음 주택관리사로 취직한 아파트에서 아버지에게 인수인계 해준 전임자였다. 30대 젊은이였던 '사부'가 환갑이 되는 세월 동안 띄엄띄엄이라도 아버지는 그와 여전히 연을 이어가고 있었다. 아버지의 인간관계는 쇳돌 모임과 함께 어느새 아파트도 중요한 축을 이루게 되었다.

아버지는 아파트 덕분에 먹고산다며 대도시의 빼곡한 아파트 단지를 보며 "아파트 이뻐"라고 말하다가 아파트 주민들에게 시달릴 때면 "아파트 인간들"이라며 욕을 했다. 한번은 입주민 대표의 폭력으로 틀니가 덜컥 빠져나오기도 했다. 틀니가 빠져나온 것을 들키지 않게 손으로 얼른 입을 막는 게 아버지가 취할 수 있는 최선이었다. 광산촌의 공동 주거 공간인 사택과 달리 아파트는 주민이 갑이다. 입주민들과 한 달에 한 번씩 회의를 하는 날이면 꼭 술을 마시고 들어왔다. 술에 취해 들어와 한바탕 속풀이를 해야 잠이 들었다. 주민들의 각종 민원에 신경이 곤두섰고, 장마철이나 태풍이 올 때면 비상근무를 했다.

서울의 여러 아파트에서 일하던 아버지는 어느 날 필름통을 가져왔다. 아버지가 일하는 아파트에 영화감독과 음악인 부부가 살았다. 주민 중에 영화감독이 있다는 걸 알게 되자 아버지는 그에게 영화 좋아하는 딸에게 주고 싶으니 필름 통 하나만 달라고 부탁했다. 그 감독의 영화를 본 적은 있지만 내가 딱히 관심 있는 감독은 아니었다. 그는 아버지가 살면서 유일하게 만나본 영화감독일 뿐이다. 그 필름 통은 내가 프랑스로, 미국으로, 그리고 다시 한국으로 돌아오면서 간단한 살림살이만 꾸리고 사는 동안 늘 함께했던 물건이다. 필름 통의 원래 주인인 감독의 이름도 기억에서 희미해졌다. 아버지는 2015년 8월 뇌경색으로 쓰러질 때까지 아파트에서 일했다. 68세였다. 이 나이에 이만큼 버는 게 어디냐며 70까지 현역으로 살겠다 호언장담했지만 그럴 수 없었다. 아버지는 18년간 서울 곳곳의 아파트를 돌아다니며 일했지만 우리 가족이 단 하루도 서울의 아파트에서 거주한 적은 없다.

아버지는 68세에 뇌경색으로 쓰러진 후 일을 그만두었지만 운 좋게 회복되자 6개월 후 다시 일을 찾았다. 아버지는 회복하고 나자 병실에 누워 있을 때와 마음이 달라졌다. 아버지는 서울 구석구석 건물을 돌아다니며 안전점검을 하는 일을 했다. 10개월씩 계약하는 일이다. 부지런히 이런저런 자격증을 따 둔 덕분에 일자리를 얻을 수 있었지만 1년에 10개월만 하고 두 달은 일이 없었다. 저렴하게 인력을 활용하고, 퇴직금을 주지 않기 위해 10개월씩 계약을 하는 것이다. 나이가 많은 사람들은 이것저것 가리지 않고, 그저 일자리를 준다는 것에 감읍했다. 게다가 쉬어본 적 없는 사람들에게 쉰다는 개념은 마치 자신의 자리를 상실한 것처럼 다가왔다. 오히려 일거리가 있어서 더 건강하다고 했다.

아버지의 칠순 생일에 이제 일을 그만두는 게 어떻겠냐고 말했다. 노트북이 들어간 무거운 가방을 지고 하루종일 걸어다니는 일이 체력적으로 힘에 부쳐 보였다. "일이 없는 게 너무 고통스러워." 그 말에 나는 더 이상 그만두라는 말을 하지 않았다. 자신의 쓸모를 '바깥일'에서 찾는 전통적인 남성성을 당연하게 여기는 아버지는 나이가 들어서도 집 밖에서 일해야 쓸모와 구실을 다한다고 믿는 사람이다. 아버지와 평생 날을 세우고 싸우는 어머니는 "네 아빠가 자기 관리, 가족에 대한 책임감, 그거 하나는 확실하지"라고 말한다. 아버지의 자기 관리는 주로 '자기(만) 관리'에 해당하지만, 그 관리 안에는 어떻게 해서든 밖에서 일하는 남성의 위치를 지속시켜야 한다는 강박이 보였다. 72세가 되어 정말 몸이 버티기 힘들자 아버지는 진짜로 일을 그만두었다. 25년 가까운 서울(부천, 인천) 생활을 정리하고 부모님은 강릉으로 돌아갔다.

강릉 집에서도 아버지는 집 안에 머물지 못한다. 남의 자투리땅을 빌려 농사를 지었다. 약을 안 치고 유기농을 한다며 공을 들였다. 어머니는 "네 발로 기어다니며" 농사를 짓는다고 아버지가 너무 과하게 애를 쓴다고 나무랐다. 77세 희수를 넘기고 허리 협착이 심해져서 농사도 줄였다. "쪼그리고 앉지, 네 발로 기어다니다가" 협착이 빨리 진행이 되었다고 어머니는 진단한다.

아버지는 일흔을 넘기면서 이런 말을 종종 했다. "내가 가만히 생각해보니까, 나는 이 집에서 지금 당장 없어져도 아무 문제가 없더라고. 내가 없어진다는 게 정말 이 집에서 더 이상 아무 문제도 만들지 않아. 그런데 네 엄마는 아니야. 지금 우리 집에 니 엄마가 없어지잖아, 그럼 다 마비야. 엄마가 없으면 큰일이더라고. 남자들은 나이가 들면 쓸모가 없어." 어머니는 아들네집 돌봄노동에 참여했기 때문이다. 집 밖에서 임금노동을 더 이상 할 수 없게 되었을 때 아버지는 자신의 '쓸모없음'을 느꼈고, 그 쓸모를 증명하기 위해 어떻게 해서든 집 밖의 일을 찾아 나섰다. 아버지는 이제 한 달에 29만 원을 받는 노인일자리에 의존한다. 집 밖에서 쓸모를 다하지 않으면 불안하다. 노인일자리는 '일하러 밖으로 나간다'는 기분을 안겨주었다. 한 달에 얼마 안 되는 돈이지만 국민연금이나 노령연금 외에 수입이 전무하고 재산도 없는 노인들에게 노인일자리는 꽤 인기다. 어느 날 집 앞에서 아버지는 우연히 옛날 양양광업소 동료와 마주쳤다. 그는 폐지 줍는 일을 했다.

서 있는 자리가 변하면

1994년 양양을 떠난 뒤 아버지는 한동안 양양을 거의 찾지 않았다. 가끔 가더라도 굳이 사람들을 만나지 않고 볼일만 보고 왔다. 아버지는 새로운 장소에 새로운 직업에 자신을 잘 뿌리내리는 데 집중했다. 서울과 부천, 인천에 거주하는 동료들과 꾸준히 만나왔지만 양양에 남은 사람들과는 연락을 거의 못 하고 살았다. "그때는 기억을 하고 말고 할 시간조차 없었어." 어머니는 말했다. 게다가 새로운 사람을 만나면 노조 혐오에서 자신을 지키기 위해 "옛날에 내가 뭐 했는지 티 내지 않았어"라고 아버지는 말했다. 이들은 모두 떠나온 장소와 지나간 시간을 돌아보고 말고 할 여력도 없었다.

2004년 민주노동당의 원내 진입에 아버지는 환호했다. 민주노총 위원장 출신의 노동운동가 단병호의 국회 진출을 반가워했다. 심지어는 비슷한 연배에 갸름한 얼굴형 때문에 가끔 '단병호와 닮았다'는 말을 들으면 아버지는 흐뭇해하곤 했다. 그러나 아버지는 노동조합에서 멀어진 세월이 쌓여갈수록 노동자들의 투쟁을 바라보는 시각도 조금씩 바뀌어갔다. 점차 '티 내지' 않던 태도는 체화되었고 그것이 진짜가 되었다. 젊은 시절 '비국민'이었던 아버지는 그렇게 '국민'이 되었다. 한때 열렬히 싸웠던 많은 사람들이 침묵을 택하는 경우를 보곤 했는데, 침묵으로 자신을 보호하다가 때로는 그 보호막이 끝내 내면의 정체성이 되어버리기도 한다.

아버지는 꾸준히 읽는 신문의 논조를 따라갔다. 교육평준화 정책이 하향평준화를 조장한다고 비판했다. 그래도 아버지는 꾸준히 진보 정당에 투표했다. 아버지가 우경화되었다고 말할 때마다 "내가 권영길을 세 번 찍었어"라고 아버지는 항변했다. 나는 오히려 투표 성향과 일상의 정치가 어떻게 불일치할 수 있는지 알게 되었다.

2009년 7월이었다. 프랑스에 있던 나는 2년 만에 한국에 잠깐 돌아왔다. 우리 가족은 부천의 한 LH아파트에 살고 있었다. 내가 한국을 떠나기 전에 살았던 빌라가 있던 동네가 재개발 구역이 된다는 소문에 사람들이 하나둘 떠나갔다. 우리 가족도 그 빌라를 팔고 LH 아파트로 이사했다. 그해 여름 쌍용차 투쟁°이 뉴스로 전해졌다. 아버지는 그들의 투쟁을 부정적으로 말했다. 15년 전 아버지도 그렇지 않았냐고 하자 그저 웃었다. 요즘은 노동자들이 많이 좋아졌다며, 우리 때와는 다르다고 한다. 나는 달라진 것은 아버지라고 했다. 나는 그때 한 달간 한국에 머물렀는데, 그 한 달 사이에 우리 가족은 다시 인천의 작은 빌라로 이사했다. 함께 이사를 하고 나는 다시 프랑스로 떠났다. 아버지의 생각이 조금씩 변하고 있음을 느꼈다.

페미니즘이 본격적으로 정치적 의제가 되는 시점부터 보수화되는 페미니스트가 있다. 한때는 스스로 여성주의자라고 하던 여성 중 '메갈리아'의 등장 이후 오히려 '요즘 젊은 여성들'을 향해 저들은 진정하지 않다고 비난하는 이들도 있었다. "우리 때와는 다르다"라는 익숙한 말이었다. 진보라는 이름이 현실 정치에 자연스럽게 들어오면 진보와 거리 두는 사람이 있다. 이념이 현실과 약간의 긴장관계를 유지할 때는 이념을 외치지만 정작 이념이 현실에 적용되려고 하면

°   2009년 상하이자동차가 쌍용자동차에 대한 경영권을 포기하고 대량해고를 예고했다. 2009년 5월 22일부터 8월 6일까지 쌍용자동차 노동조합원들은 대량해고에 반대하여 평택공장 점거 투쟁을 벌였다. 이 과정에서 경찰에 의해 노동자들이 폭력적으로 진압되었다. 13년이 지난 2022년 대법원은 쌍용차지부 파업 진압이 국가폭력임을 인정했다.

한 발짝 물러나 "아직은 시기상조"라 주장하는 얼굴을 본다. 그렇게 한때의 급진적 인물들은 보수화되고, "내가 해봐서 아는데"라는 대사를 읊는다. 저들은 이제 권력을 가졌고 진정하지 않다고 주장한다. 투쟁이 세대를 거듭하며 뒤에 오는 세대의 방식을 앞선 세대가 불편해하곤 한다. 아버지는 서서히 진보 정치를 비판했다. 더 좋은 방향으로 비판하는 것이 아니라 보수적 입장에서 비판한다. 그럼에도 아버지는 심상정이 언젠가 꼭 대통령이 되길 바랐다. 2017년 대선 당시 유세장에서 "사람을 완전히 끌어들여!"라며 심상정에게 환호했다. 연단에서 내려와 지나가는 심상정을 가까이에서 봤다며 "대통령 꼭 하세요!"라고 말하는 걸 미처 못 했다고 아쉬워했다.

진보 정당에 소신 투표를 하던 아버지는 언젠가부터 내가 정확히 파악하기 어려운 어떤 '미움'에 사로잡혔다. '위선자들'이 싫다며 점점 아버지는 그들을 혼낼 수 있는 반대 세력을 차라리 옹호하기에 이르렀다. 지향하는 가치를 따라가는 게 아니라 증오심이 판단의 기준이 되어버리면 사람이 얼마나 급격하게 다른 방향을 향할 수 있는지 아버지의 모습에서 보았다. 그러다 비상계엄이라는(윤석열의 12·3 비상계엄이라는) 충격적인 사태를 마주하고 다시 아버지는 혼란에 빠졌다. "그럴 줄 몰랐지." 내게는 많은 물음표가 생겼고, 어머니는 "네 아빠가 이상해졌어"라고 말한다.

     2부

주검 위에 쌓은 문명

"사회라는 기구는 그들 연소자를 사회의
거름으로 쓰고 있습니다."

·1970년 6월 전태일 일기, 전태일기념관

1장

광물은 캐도 시신은 캐지 않기

노동자의 주검

1897년 9월 10일 미국 펜실베니아주. 파업을 벌이는 비무장 광산노동자들을 치안대가 살해했다. 19명이 사망하고 36명이 부상당했다. 대부분 이주노동자였다. 살인자들은 모두 무죄 판결을 받았다. 이 학살을 계기로 대부분 이주노동자였던 광산노동자들이 미국광산노동자연합United Mine Workers of America, UMWA에 많이 가입했다. 1906년 3월 10일 프랑스에서 '쿠리에르 광산 대참사Catastrophe de Courrieres'라 불리는 20세기 최악의 광산 사고가 발생했다. 석탄 분진이 폭발하여 1,060명의 노동자가 사망했다. 1907년 12월 21일 칠레에서 최악의 파업 노동자 학살 사건이 발생했다. 파업 중이던 광부와 어린 자녀를 포함한 가족 등 2,000여 명을 군인들이 살해했다. 1914년 4월 20일 미국 콜로라도주. 광산노동자 1만 2,000명이 록펠러가 소유한 제철사를 상대로 파업을 벌였다. 록펠러는 노동자와 가족들을 사택에서 쫓아냈고 노동자들은 천막 생활을 시작했다. 군대가 동원되어 천막을 기관총으로 공격해 노동자들과 그의 가족들 66명이 사망했다(러들로 학살 사건). 법적 처벌을 받은 사람은 없다. 1921년 8월 25일 광부 1만 명이 군인들과 전투를 벌였다. 남북전쟁 이후 미국에서 최대 규모의 무장 투쟁이었다. 노동자와 지지자들이 살해되었다(블레어산 전투). 2012년 8월 16일 남아공에서 영국의 백금 회사 론민Lonmin이 운영하는 광산에서 임금 인상을 요구하며 파업하던 노동자들을 경찰이 폭력적으로 진압했다. 34명이 살해되었고 78명이 다쳤다. 아파르트헤이트가 폐지된 이후 남아공에서 벌어진 최악의 경찰 폭력이다. 2012년 12월 18일 시에라리온 다이아몬드 광산에서 노동조건 개선과 인종차별에 항의하며 광부들이 파업을 벌였으나 군대에 의해 2명이 살해되었다.° 2024년 9월 22일 이란 탄광 메탄가스 폭발로 51명이 사망했다. 문명은 노동자들의 주검 위에 세워졌다.

광산은 위험한 노동 현장 중에서도 죽음과 가까운 일터이며 장소의 특정상 시신 수습이 쉽지 않다. 사망 사고가 잦고 노동조합이 제 역할을 못했던 1970년대에 발표한 서동익의 소설 《갱》(1976)은 사고로 사람이 매몰되면서 이야기가 시작된다. 이때 사망자의 시신을 어떻게 할 것인지가 주요 갈등 요소다. 회사 측에서는 깊은 갱도에서 시신을 꺼내기 위해 들어가는 시간과 인력을 계산하느라 선뜻 구조 활동에 나서지 않는다. 시신을 확인하지 않았으니 정확히 따지면 사망했다는 확신도 없는데 어떻게 해서라도 살았을 때 구조하려고 하기보다 '어차피 죽었을 테니 그냥 묻는 게 이익'이라는 계산이다. 회

<hr>

° 《노동계급 세계사》(워킹클래스히스토리, 유강은 옮김, 오월의봄, 2023)에서 광산 사건을 중심으로 재구성했다.

사 측에서는 유족에게 적당한 보상금을 주고 시신 구조를 포기하기를 설득한다. "죽은 놈 하나 캐내기 위해 몇 며칠간 본광 노동력을 유출시켜? 그렇게 되면 연말 채탄 실적이 줄어들고, 정부 보조금마저 줄어"든다며 광업소 소장은 시신 구조에 반대한다. 시신 구조에 시간을 쓰느라 채굴을 멈추는 것이 회사에서는 더 손해이기 때문이다. "위자료만 주고 그대로 묻어버리자는 수작"에 노동자들은 분개한다. 유가족을 회유하는 회사의 악랄한 행각은 노동자와 유가족 간의 반목을 만들어 연대를 방해한다.[**] "소장은 시체를 묻을 경우와 캐낼 경우, 그 소요되는 경비를 곰곰이 생각하기 시작"[***]하는데 그나마 노조의 압력으로 갈등이라도 한다. "그까짓 시체 하나 캐낼려고 소나기처럼 몰리는 대도시의 연료 구입비를 딴 탄광촌으로 뺏길" 생각을 하면 "정말 그 자본의 손실은 졸지에 자식을 잃어버린 것만큼 가슴을 쓰라리게 만들었다".[****] 광물을 캐면 돈을 벌지만 사람을 캐면 돈이 들어간다. 끝내 시신을 수습하지 않는다. 노동자들은 광물을 캐다가 목숨을 잃지만 그 노동자들의 시신은 제대로 구조되지 못한다. 지속가능한 경제에 대한 관심은 인간의 목숨을 담보로 한다. '마이너miner'는 캐는 사람이건만 그들은 묻힌다.

이와 같은 모습은 오늘날 캐나다의 광산을 배경으로 한 영화 〈아이스 로드〉와 실제 사건을 바탕으로 한 희곡 《출세기》 등에서 동일하게 나타난다. 모두 사람을 꺼내는 것과 그냥 묻는 것 중에서 무

[**]   서동익, 《갱》, 도서출판 JMG, 1996, 29쪽.
[***]   서동익, 같은 책, 45쪽.
[****]   서동익, 같은 책, 48쪽.

엇이 더 비용이 덜 드는지 계산하는 회사의 모습을 보여준다. 어떻게 해서든 갇힌 사람들은 안에서 신호를 보내지만 산 사람의 신호를 회사에서는 반가워하지 않는다. '산업전사'라는 호명은 노동자들을 대우해주기 위해서가 아니라 전쟁터에서 이름 없이 쓰러지는 생명처럼 노동자들을 소비하기 위한 것처럼 보인다. 노동자들은 전쟁터처럼 찢겨진 동료의 몸을 목격해야 하고 생명을 위협하는 현장을 함께해온 동료를 상실한 충격에 시달린다. 나아가 그 죽음을 대하는 회사의 태도에서, 사람 목숨보다 이윤을 챙기는 모습에서 인간적 모멸감을 느낀다. 죽음마저도 방치되는 광산노동자들의 현실을 가장 압축적으로 표현한 시는 정현종의 〈석탄이 되겠습니다〉이다. 이 시에는 석탄만도 못한 취급을 받으니 만약 죽게 되면 차라리 막장에 묻어달라고, 그러면 석탄이 되겠다는 노동자들의 비참한 마음이 담겼다. "석탄을 캐내면서 / 우리는 묻힙니다. / 우리를 캐내는 사람은 아무도 없습니다."＊

　　양양 장승리 부근에는 쉰패랭이골이라 불렸던 마을이 있다. 점차 잊히는 마을 이름에는 이야기가 숨어 있다. 쉰패랭이골은 장승리의 탑동이라고도 불리는 골짜기 이름인데, 조선시대에 사람 쉰 명이 철광석을 캐러 굴 안에 들어갔다가 굴이 무너지는 바람에 모두 사망했다는 이야기가 전해진다. 그때 그들이 굴 밖에 벗어놓고 간 패랭이 모자가 쉰 개 정도 되었다고 해서 쉰패랭이골이라 이름 붙였다. 일제에 의해 본격적으로 광산이 개발되기 전에도 이 지역에 철광석을 캐는 사람들이 있었음을 짐작케 한다. 쉰패랭이라는 지명은 그런데 양

＊　　정현종, 〈석탄이 되겠습니다〉, 《한국 탄광시전집》 2, 정연수 편, 푸른사상, 2007.

양에만 있지 않다. 광맥이 발달한 영월과 봉화에도 비슷한 이야기가 전해진다. 광물을 캐는 갱 안에는 광물만 있지 않다. 수많은 사람들의 생명이 묻혀 있다.

증산보국增産保國

증산보국이라는 말이 있다. 나라에서 받은 은혜를 생산을 늘려 보답한다는 뜻이다. 많은 광산에서 이 '증산보국'이라는 구호를 사용했다. 석탄이 에너지원이던 시절에 석탄광에서는 물론이요 철광도 예외가 아니다. 철광석은 외화벌이에서 큰 위상을 차지하기에 '증산'은 나라를 이롭게 하는 일이었다. 광부들은 나라를 이롭게 하는 증산에 참여하는 산업역군이다. 채탄과 채광은 육체적으로 일이 힘들기도 하지만 개인별 책임량까지 있었다. 나라를 위한다는 명분으로 노동자들은 할당된 양을 채워야 했다. 광산의 높은 생산량은 광산노동자들이 책임량을 달성하며 밤낮 없이 3교대로 일한 대가다. 노동자들의 기억 속 1970년대는 사는 게 너무 어렵고 힘들었던 시기였지만 국가에게는 경제성장의 시기였다. 1970년에 수출 10억 달러를 달성했고 1977년에는 그 10배인 100억 달러를 넘어섰다. '수출진흥 글짓기 대회'를 개최하거나 노래로 캠페인을 벌이는 등 수출로 나라가 부자가 되면 우리 모두 잘산다는 선전에 정부가 공을 들이던 시기다. 1970년 사단법인 한국무역협회는 〈수출행진곡〉이라는 노래를 제작했다. 화니 시스터즈와 부루벨즈사중창단이 함께 부른 곡으로 "수출은 우리의 살 길"이라는 가사가 후렴구에서 반복된다.

　　그런데 이 '증산보국' 같은 개념은 비단 박정희 정권에서만 사용한 것은 아니다. 한국은 광업 초기부터 채굴량을 늘리기 위해 '증산주간'을 두어 광부들의 채굴 경쟁을 자극했다. 태평양전쟁 기간 식민 치하에서도 광부들을 '산업전사'라 호명했다. 이기영의 《광산촌》에서 형규는 "광부는 한갓 인부가 아니라 국가 사회를 위한 훌륭한 생산자라는 점"[*]을 생각하며 일이 힘든 줄 모른다고 한다. 이기영의 광산문학은 사람이 아니라 국가를 기준으로 노동자의 노동을 미화하고 찬양한다. 물론 1940년대 일제의 억압이 심한 상황에서 이기영은 적당히 검열을 통과할 수 있는 작품을 썼고, 광업에 대한 과학적 지식도 장황하게 나올 정도로 많은 연구를 한 흔적도 보인다. 그러나 이 점들을 감안하더라도 노동자가 아닌 지식인 시각에서 쓰인 생산문학의 한계는 드러난다. 농촌사회에서 산업사회로 이행하는 과정에서 농민과 노동자의 삶이 어떻게 으깨어지는지를 분석하기보다 국가를 위해 채굴량을 늘리면 노동자 스스로가 자부심을 얻게 되는 듯 왜곡한다. 〈수출행진곡〉에서도 "부강한 나라의 힘", "세계에 떨쳐보자 조국의 영광"이라는 가사는 조국의 영광이 노동자의 영광이며 나라의 부강이 곧 노동자의 부강인 듯 착시현상을 일으킨다. 생산문학으로 노동을 미화하는 1940년대 소설에서도, 수출만이 우리의 살 길이라 독려하는 1970년대 〈수출행진곡〉에서도 노동자 사람의 목소리는 담겨 있지 않다. 어디까지나 국가만 있을 뿐이다. 광산이 개광되어 증산과 폐광으로 이어지는 세월 동안 수많은 사람이 광물을 캐다 병들고 죽어갔다.

[*]　　이기영, 《광산촌》(한국근대장편소설대계), 태학사, 1988, 98쪽.

　　2024년 가을 동두천에 마지막 남은 성병관리소[**]가 철거될 위기에 처했을 때 나는 철거를 막는 발걸음 하나라도 보태고자 옛 성병관리소 건물을 찾아갔다. 그때 내가 동두천에서 어머니와 통화할 때 "네가 동두천 이야기하니 친구 하나 생각난다"라며 생각지 못한 이야기를 꺼냈다.

　　"친구 중에 그 양공주라는 거 하는 애가 있었어. 걔가 아주 이뻤어. 이쁘고 노래를 잘했어. 걔네 아버지가 옛날에 광업소 다녔지. 그러다가 관두고, 걔도 어딘가로 가서, 오랫동안 못 봤는데 어느 날 서울에서 친구들 모임에 걔가 나타났더라고. 그런데 세상에 그 이쁜 얼굴이 할머니가 돼서 온 거야. 고생을 얼마나 했는지. 머리가 다 빠지고. 노래방에 갔는데 〈무인도〉를 그렇게 쓰러지게 부르더라. 아주 쓰러지게 불러. 나중에 애들이 그래. 걔가 동두천에 가서 양공주 했다고. 나이가 드니까 그 일도 못 하고, 병이 들어 자기 언니 집에서 살았어. 그리고 한 10년 전인가. 걔가 죽었다고 연락이 왔어. 에휴, 장례식에는 안 갔어. 아들 하나 있었는데 아들은 진작에 미국에 있는 아빠한테 보냈다고 하더라. 분단이 만든 비극이지 뭐."

<hr>

[**]　성병관리소는 기지촌 성매매 여성들을 상대로 성병감염이 의심되거나 성병에 감염된 여성들을 강제수용하여 치료하던 기관이다. 동두천 성병관리소는 1973년 설립되어 1996년 폐쇄되었다. 1960년대 후반부터 전국에 기치촌 여성들을 관리하기 위한 성병관리소가 40여 개 설립되었으나 현재는 건물이 거의 사라졌으며 유일하게 동두천 성병관리소 건물이 남았다. 2024년 동두천시에서는 인근 소요산 관광 개발을 명목으로 해당 건물 철거를 추진했지만 역사를 지우지 말고 보존해야 한다는 시민단체들의 입장으로 논쟁이 진행 중이다.

아무런 기반 없이 생을 버티느라 사라지는 여자들의 삶 중 하나다. 미군 위안부 여성도 광산노동자도 한때는 '산업역군'이었다. 기지촌 여성들은 '달러벌이 산업역군'이라 부르며 국가가 여성의 몸을 돈벌이 수단으로 활용했다. 산업역군들은 산업으로서 쓸모를 다한 뒤에는 외면받는다. 국가 경제를 위해 소모된 뒤 잊혀지는 여성의 몸과 노동자의 몸이 겹쳐 보였다. '가진 게 몸뚱이'뿐인 사람들은 그 몸으로 돈을 벌다가 몸이 상하고, 몸이 망가져서 몸으로 돈을 벌 수 없게 된다. 풀숲에 가려진 옛 성병관리소를 철망 틈으로 바라보며, 방치되어 흉물 취급받는 옛 광산촌의 사택들을 떠올렸다. 이 장소와 이 건물들은 왜 문화유산이 되지 못하는가. 몸은 폐기되고 그 몸들이 드나들던 장소는 흉물로 취급받아 철거의 대상이 된다.

세월호 참사 10주년이 되는 2024년 4월, 소설가 김훈은 이 참사를 만들어낸 원인이 무엇인가 짚어보며 "목숨을 수탈해서 목표를 이루는 생산 방식"을 말한다. 언젠가 김훈은 일본에 가서 1930년대 징용된 조선인들이 희생된 구리 광산, 무연탄 광산을 답사하며 '순난자殉難者 위령비'를 보았다. 그는 '순난'이라는 두 글자를 보며 "목숨을 수탈해서 목표를 이루는 생산 방식과 건설 방식은 여러 공화국을 거치면서 전승"되었다는 생각을 한다.° 증산보국을 외치던 국가는 노동자들의 몸에는 보신을 해주지 않는다.

<hr>

° 　김훈, 〈[김훈 기고] 참사 10년…'세월호'는 지금도 기울어져 있다〉, 《한겨레》, 2024년 4월 1일.

"이미 다 죽어서"

1980년대 중반, 광산에서 사망 사고가 났을 때 지부장이던 아버지가 가족에게 전화하는 일을 난감해했던 기억이 어렴풋하게 남았다. 아버지가 노조 위원장으로 있던 1988년에서 1994년, 그 6년 동안에도 양양광업소에서는 사망 사고가 가끔 발생했다. 질병으로 인한 사망자를 제외하고 아버지는 그 기간의 사망자를 3명이라고 기억했다. 사망 사고 많기로 유명한 광산인데 아무리 석탄광보다는 사고가 적은 철광산이라 해도 6년 동안 3명이면 사고가 많이 줄어든 것처럼 느껴졌다. 이 기간의 사망 사고를 정확히 파악할 수 없어 아버지의 기억에 오류가 있을지도 모른다는 생각이 들었다. 예전보다는 많이 줄어든 것이 아니냐고 물었을 때 고개를 저으며 "글쎄, 대신 종업원도 예전보다 줄었으니까"라고 했다. 광산이 활황이던 시절에는 한 달에 여러 명씩 죽어 나갔다. 사망 사고가 줄었지만 종업원도 급격히 감소하는 시기였기에 '과거보다 사고가 줄었다'는 감각은 아버지에게 남아 있지 않았다. 세 명의 사망자 중에서 한 명은 나도 기억한다. 강릉으로 이사올 때 양양에서 우리가 살던 집을 광산 사람에게 팔았는데, 내가 살았던, 아직까지도 내 인생에서 가장 오래 거주했던 그 집에 살던 아저씨가 어느 날 광산 사고로 사망했다.

일하다가 크고 작게 다치는 일은 허다했지만 사고가 터지면 차원이 달랐다. 광산에서 사고가 나면 "병원에 가서 죽는 사람은 별로 없"고, "이미 다 죽어서" 나왔다. 금속광은 단단한 지반이라 사고 횟수는 탄광에 비해 적었으나, 한번 사고가 나면 대형 사고였다. 대부분 돌이 떨어지는 낙반 사고다. 1960년대 후반 어머니가 10대일 때 어머니의 친척 어른이 광산에서 사고로 죽었는데 역시 낙반 사고였다. 그때는 사람이 죽으면 무당이 굿을 했고, 집안 사람이 그렇게 사고로 죽은 후에 어른들이 굿을 했던 기억이 어머니에게 남았다. 나는 어머니의 친척이라길래 사고에 대해 더 자세히 물으려 했으나 아버지가 말을 가로막았다. 이제 그 이야기를 그만하자고 했다. 어머니도 입을 다물었다. 아버지가 자리를 뜨자 어머니가 내게 다가와 조용히 말했다. "네 아빠는 기억해. 나는 어릴 때라 그냥 어른들한테 말만 들었는데, 아빠는 그때 현장에 있었거든. 기억하기 싫어서 그래"라고 했다. 나는 더 이상 묻지 않았다. 다른 날 아버지는 이 사고에 대해 다시 말했다. "그 전화를 받은 사람이 나야." 그때 갱내 낙반 사고를 전하는 다급한 전화를 받은 사람이 다름 아닌 아버지였다. 1968년이다. 아버지가 군 입대 전 항내 사무실에서 일했던 시기다. 훗날 만나게 될 아내의 친척 사망 소식을 전화로 받은 것이다.

군대에 가기 전 갓 스물을 막 넘겼을 때 아버지는 이미 갱내 낙반 사고로 인한 끔찍한 죽음을 목격했다. 제대 후 다시 광산으로 돌아오고 싶지 않았을 마음이 이해가 되었다. "거긴 계속 죽지." 떠나고 싶었던 곳을 떠나지 못하고 다시 들어왔을 때 아버지는 갱내가 아니라 갱 밖에서만 일했다. 다른 이야기를 할 때와 다르게 사망 사고에 대해서 아버지는 별로 말하고 싶어하지 않았다. "머리가 다 깨져서", "몸이 다 깔려서" 나왔다는 말만 했다. 사고 목격자들은 모두 훼손된 몸을 목격한 충격을 전한다.

"살점이 다 떨어져서 창고에다가 쌓아놨는데 유족은 그걸 보여 달라고 했지만 그걸 어떻게 보여줘. 전부 다 산산조각이 나고 말았는데."[*]

사고 현장을 목격한 양양광업소 다른 노동자의 말이나 아버지의 말은 호러미스터리 장르에 속하는 소설에서의 묘사와 다를 바 없었다. "완전히 얼굴이 짓이겨지고… 온 몸의 뼈가 으스러지고… 사람의 모습을 유지하지 못한…", "암석에 깔려 인간의 원형을 잃은 시체"와 흡사하다.[**] 일터가 곧 호러이다.

그렇다면 사체 수습은 누가 할까. 갱도 안에 들어가 무너진 돌무더기 사이에서 길을 찾아 다시 공간을 만들고 사체의 위치를 추적해 사체를 갱도 바깥으로 끌어내기까지 모든 과정은 노동자들이 직접 했다. 광물을 캐던 광산노동자들은 동료를 '캔다'. 노동자들은 이 일을 맨 정신으로 할 수 없어 술을 마시고 들어가기도 했다. 음주 후 갱에 들어가는 것은 금지이지만 회사에서 이때만큼은 눈감아줬다. 한 노동자는 "가장 어려웠던 일은 죽은 사람 끌어 묻는 일"이었다고 고백한다. 사고를 함께 겪은 동료만이 아니라 사고를 수습한 동료들의 트라우마는 방치되었다. 광산노동자들의 음주 습관은 이러한 노동 환경과 무관하지 않다. 노동자들은 죽음을 목격하고, 죽음에 상처 입고, 죽음에 맞서고, 이 죽음에서 벗어나려 했다. 2022년 봉화 아연광산 매몰 사고에서도 광산노동자들이 생존자를 구조하기 위해 주야로 막힌 갱도를 뚫으며 구조 작업에 참여했다. 소방대원과 군인도 참여했으나 갱도를 아는 광산노동자가 함께해야만 한다.

[*]　양양문화원부설 향토사연구소, 《양양철광산의 문화사》, 양양문화원, 2012, 334쪽.
[**]　미쓰다 신조, 《검은 얼굴의 여우》, 현정수 옮김, 비채, 2019, 383쪽.

사망 사고가 났을 때 회사에서는 충분한 보상을 하지 않았다. 물론 사람이 죽은 데 대한 '충분한' 보상이란 애초에 존재하지 않는다. 그러나 회사에서는 최선을 다해 보상을 덜 해주려고 애썼다.

> "높은 사람은 저 사람들이 어떤 사람이며 배경이 있는 사람이 어떤 위치에 있는 사람인지 그걸 알아보고, 좀 높은 사람이면 보상을 좀 더 주고, 아무것도 아닌 사람은 그냥 적당히 보상해 주고 말았으며, 회사에서 선임한 변호사가 있어서 상대방과 말싸움 하다가 안 되면 조금 더 주더라도 그렇게 했어요."[*]

사고를 대하는 회사의 태도는 보상금만이 아니라 분노한 동료 노동자들을 대하는 방식에서도 나타난다. 노조에서 일하면서 아버지는 죽음에 대한 회사의 태도를 더 가까이에서 볼 수 있었다. 양양 광업소 노조 사무실 뒤에 시체실이 있었다. 장례식장이나 화장터가 아니고서는 시체실이 있는 직장이 또 있을까. 시체실 앞에는 쌀 주는 데가 있었으니 그곳은 산 자와 죽은 자가 교차하는 장소다. 사고가 나서 사람이 죽으면 노조는 시체실, 병원, 현장, 장례식을 오가지만 회사 측에서는 조문을 가지 않았다. 흥분한 유족과 노동자들을 상대하기 불편해서 장례식장을 찾지 않는다.

1980년대 중반 아버지가 지부장일 때도 역시 낙반 사고로 사람이 죽는 사고가 발생했다. 어쩌다 회사 사람이 문상을 왔는데 죽은 사람의 동료가 그에게 소리를 지르며 화를 냈다. 회사에서는 즉각 징

[*]   양양문화원부설 향토사연구소, 같은 책, 334쪽.

계 절차에 들어갔다. 회사 상사에게 욕을 했다고 정직 처분을 내리려 했다. "가만 있으면 그냥 아예 자르겠더라고." 회사에서는 대드는 사람을 본보기로 해고할 생각까지 했다. 지부장인 아버지는 징계위원회에 들어가 변론을 했다. 감봉 처분으로 끝났지만, 감봉도 억울하다. 함께 일하던 동료가 죽어서 그 장례식장에 온 회사 간부에게 욕을 하면 해고될 위기에 처한다. 그때 감봉으로 위기를 넘긴 영철이 아저씨는 이 사건 이후로 노조 민주화의 필요성을 절감했다. 1988년 영철이 아저씨는 직선제로 위원장을 뽑고나서 엉엉 울었다.

부친이 태백 장성광업소에서 일했던 김신애는 "아버지는 아무래도 항상 죽음과 밀접했기에" 정서적으로 불안정했다고 기억한다. 사고가 더 잦은 석탄광의 경우 1970년대에는 탄광 전체에서 한 해 230~250명이 사망했다. 광물을 캐면 캘수록 광부들은 더 어둡고 깊숙한 지하로 들어간다. 막장은 점점 깊어지고 광부들의 안전은 위협받는다. 석탄광은 10명 중 1명 꼴로 안전사고의 피해자가 되었다. 죽음 앞에서 삶을 갈구하느라 유난히 광산촌에는 미신이 많다. 미신의 번성은 책임지는 시스템이 부재하다는 방증이다.

조력자 아내, 금기의 대상인 여성

"아빠, 오늘도 무사히!" 어느 광산이든 갱 입구에 이런 글씨가 크게 적혀 있다. 아빠, 곧 가장으로서 힘든 일을 버티도록 기도한다. 노동자 안전에 대한 구조적 개선보다는 가부장 정서에 기댄 구호다. 정선을 비롯해 한때 광산촌에서 새마을운동의 일환으로 '아버지 출근 마중

나가기'를 학교에서 진행했다. 가족들의 기도와 응원으로 위험한 노동을 하는 아버지의 기를 살려주는 자본주의와 가부장제의 밀약이다. 기업의 안전 조치를 통해 산재 발생을 줄이기보다는 가족의 지지를 통해 남성 노동자들의 남성성을 채워주는 것으로 보상한다.

양양광업소에서 1980년대에 광산노동자의 아내였던 한 사람은 막장까지 견학을 갔던 기억을 떠올렸다. "애 맡겨두고 갔는데, 생각보다 넓고 좋더라고요." 양양광업소는 노동자의 아내들을 비롯한 가족들에게 정기적으로 광산 현장을 보여주었다. 흥미롭게도 이 견학 프로그램에 대한 반응이 다르게 나타났다. 과거에 양양광업소에서 일했던 남성 노동자는 "남편들이 이렇게 고생하니까, 와서 보고 함부로 돈 쓰지 말고 사치하지 말고 살아라, 이런 취지"라고 설명하지만, 그곳에 다녀온 여성은 "막상 와서 보면 생각보다는 괜찮아서 회사에서 가족들에게 안심하라고 보여주는 것"이라 여겼다. 이 견학 프로그램의 의도가 정확히 무엇이든, 각자 자신의 입장에서 해석했다.

광산촌에서 여성들은 남성 노동자의 조력자로 존재한다. 물론 광산촌만이 아니라 여성들은 부엌을 제외하고 어디에서나 남성의 조력자 되기를 권장받는다. 그러나 동일 직장에 다니는 남성 노동자 중심의 문화가 강한 광산촌에서 이러한 경향은 더욱 노골적으로 드러난다. 비슷한 시기 광산촌의 분위기를 엿볼 수 있는 자료를 보자. 광산 소식을 전하는 소식지 《막장의 빛》 7호를 보면 광산 재해를 "죽음의 노동"이라는 말로 다루는 한편 신문 뒷부분에는 소식지 발행처인 기독교광산지역사회개발복지회(이하 복지회) 소식이 실려 있다. 복지회 소식 중 하나는 사택촌에 주부교실이 개설되었다는 것이다.

"사택촌 주부들의 생활교양교육에 중점을 두고 소비절약, 자녀
교육, 가정생활 등에 관한 강의와 상담을 하고 있다."[*]

1986년부터 시작한 주부대학 5기 개학 소식도 있다. 주부대학
은 주부들을 위한 다양한 프로그램이 마련된 곳으로 뜨개질반, 공예
반, 합창반 등 주부들의 취미생활 강좌가 진행 중이다. 여성을 내조
잘하는 알뜰 주부로 길러내는 동시에 개인의 취미생활 기회도 만든
다. 아내들에게 강조하는 소비 절약 교육은 일상적인 일이다. 펑펑
쓸 정도로 풍족하지 않은 형편에도 절약은 주로 여성들의 몫이었다.
이 정도는 그다지 특별하지 않은 시대상이다. 광산촌에서 나오는 이
신문에는 아내 당사자들의 목소리도 담겨 있다. 가끔은 아내들의 고
달픈 생활이 기사화되어 실리기도 한다. 아내들이 고충을 나눌 수 있
는 사택촌의 좋은 모습이다.

"광부인 남편은 막장에서 탄을 캐고 아내는 어려운 생활여건을
헤치고 자녀교육, 남편 뒷바라지로 고달프다. 그들의 얘기를 들
으면서 우리는 깨달았다. 그네들은 소망을 캐고 있음을 [후략]"[**]

한편, 광산촌의 풍속을 기록한 여러 글에서는 광산촌에 얼마나
많은 색싯집, 방석집, 니나놋집, 요정, 기생집 등이 있었는지를 말하

[*] 기독교광산지역사회개발복지회, 〈복지회 소식〉, 《막장의 빛》 여름호(제7호), 1986년
6월 1일.
[**] 기독교광산지역사회개발복지회, 〈소망을 캐는 여인들〉, 《막장의 빛》 여름호, 1985년
6월 1일.

며 광산의 전성기를 증명한다. 돈이 풀리는 장소에는 여성들의 또 다른 노동이 있었다. 그 노동이 어떤 시각에서는 '인정人情'으로 읽힌다. 전성기의 광산은 남성 노동자를 내조하고 가정을 돌보며 생활을 책임지는 아내인 여성의 노동과 남성 노동자를 유흥으로 위로하는 여성의 노동이 공존하는 장소였다.

이처럼 남성의 조력자이며 위로하는 존재로 그려지는 여성들은 동시에 '재수없는' 존재다. 위험한 일을 하는 남성의 기분을 맞춰주는 역할도 여성의 몫이지만, 위험을 유발하는 존재도 마치 여성이라는 듯 여성을 금기의 대상으로 만든다. 갱도 안에 여성이 들어가는 것은 금기였다. 어촌에서 여자를 배에 오르지 못하게 하는 것과 마찬가지다. 이 금기는 21세기에도 여전했다. 2005년 당시 한나라당 대표였던 박근혜조차 여성이라 광산 갱도 방문에 어려움을 겪었다. 노동자들이 갱도에 여성이 들어가는 것을 불길하게 여기는 미신이 있다며 광업소에서는 막장에 박근혜 대표가 들어가는 것을 만류했다. 그럼에도 박근혜가 계속 '고집'을 부려서 끝내 막장까지 들어갔다.* 그 금기는 매우 자의적이라 전쟁 시기처럼 노동력이 부족할 때는 여성들도 갱내 채굴에 참여했다. 또한 견학에 참여했다는 여성들의 증언처럼 광산이 활성화되었을 때는 노동자의 가족들을 막장까지 견학시키기도 했다.

폐광 지역에 가면 옛 광산촌의 문화를 소개할 때 여성에 대한 이러한 금기 문화는 빠지지 않고 등장한다. 그런데 조금만 더 생각해보면 이런 금기가 비단 '과거에', '광산촌에만' 있던 특수성일까 의구

---

* 박민선, 〈朴대표 탄광 갱도 못들어갈뻔…〉, 《조선일보》, 2005년 1월 18일.

심이 든다. 여전히 '첫 손님이 여자면 재수없다'고 하는 상인이나 택시 기사가 있다. 여성을 둘러싼 이러한 모습은 비도시(비서울), 노동계층에서만 나타나는 모습은 아니다. 서울 한복판에서 남성의 얼굴만 가득한 지식인들의 토론회, 심포지엄과 같은 모임을 만나는 건 어려운 일이 아니다.

나는 노동계층의 문화가 더 성차별적이라고 보는 것을 경계한다. 마치 백인의 시각에서 흑인의 가부장제를 비판하고, 유럽인의 시각에서 아시아의 가부장제를 비판할 때 드러나는 묘한 우월감이 깔려 있기 때문이다. '유리천장'이라는 말이 있듯이 세련된 방식으로 감춰져 있을 뿐 여성은 고위층으로 올라갈수록 여전히 문화적 금기의 대상이다. 게다가 '방석집 논문 심사'라는 기가 막힌 일화나 이건희 성매매 의혹 동영상, 김학의 별장 성접대 사건은 어떠한가. 권력이 있는 사람들은 더욱 성을 은밀하고 체계적으로 착취한다. '요정 정치', '기생 회합' 등 남성 중심 정치의 한복판에서 '형님 정치'가 만개하는 동안 여성은 한국사회 어디에서든 여전히 정치적 비주류이다. 오늘날 '평범한' 회사원도 룸살롱에서 접대하고 영업한다. 여성에 대한 성적 우월감으로 남성에게 자부심을 주는 구조는 계층을 막론하고 이 사회에 뿌리가 깊다.

귀신이 되어

죽은 몸이 방치되는 현실에 대한 공포와 분노 때문에 광산 소재 문학이나 영화는 공포물로 나타난다. 사회파 추리소설이라 불리는 미쓰

다 신조의 《검은 얼굴의 여우》는 전쟁 직후 일본의 광산을 배경으로
한다. 조선인 강제 징용이라는 역사적 사실을 바탕으로 광산이라는
장소성을 한껏 활용해 연쇄살인 사건 이야기를 펼친다. 이 소설에서
전쟁터와 광산은 생사가 극단적으로 오가는 곳이라는 공통점 때문
에 꾸준히 비교된다. 동료 노동자의 죽음은 전쟁터에서 전우의 죽음
을 연상시킨다. 주인공에게 "전쟁 중의 일본 정부와 군부, 전쟁터로
내몰린 병사와 전쟁에 휘말린 국민, 그 관계가 탄광회사와 탄광부의
관계와 겹친 것"처럼 보인다.° 특히 깊은 갱도의 공포와 땅 위로 올라
오지 못한 몸이 제대로 애도받지 못해 혼령으로 떠돌 것이라는 노동
자들의 공포를 담아낸다. 제도적으로 애도받지 못하고 문화적으로
망각된 서러움은 귀신 이야기를 만들어내고 호러의 소재가 된다.

　　무엇보다 광산의 장소성은 많은 은유를 생산한다. "괴기라면 야
마의 땅속만큼 어울리는 장소가 없"고,°° "쩍 하고 입을 벌린 동굴로
들어간다고 생각하면… 마냥 밑으로 내려간다고 생각하면… 도무지
마음이 가라앉지 않는" 곳이 광산의 갱도이다.°°° "땅속은 죽은 자들
의 나라이며, 오래 머무를수록 자신도 죽은 사람에 가까워져"간다는
공포가 그곳을 떠나고 싶게 만든다.°°°° 소설과 영화에서 광산의 칠
흑 같은 갱도는 죽음의 장소이다. 지옥이나 전쟁터로 불리고 귀신이
나오거나 살인이 벌어지는 장소다. 영화 〈블러디 발렌타인〉에서 폐
광산은 공포 장르를 위한 최적의 장소로 쓰인다. 곡괭이는 살인 도구

°　　　미쓰다 신조, 같은 책, 196쪽.

°°　　미쓰다 신조, 같은 책, 125쪽.

°°°　미쓰다 신조, 같은 책, 100쪽.

°°°°　미쓰다 신조, 같은 책, 455쪽.

가 되며 광부의 마스크는 얼굴 없는 살인자로 공포심을 주는 역할을 한다. 노동의 장소와 도구를 이처럼 자극적인 공포물로 보여주는 불편한 재현은 실제로 광산에서 벌어지는 사고에 대한 제도적 무관심과 관련 있다.

광산 사고를 둘러싼 시대상을 풍자적으로 그린 희곡《출세기》에서 광산 소장이 광산에 갇힌 노동자를 구조하기를 망설이면서 항변하는 이유는 경제원칙이다. "내가 식인종인 줄 알아? 난 경제원칙, 최소한의 경비로 최대의 효과를 얻는 방법을 강구하자 그 말이야."[●●●●●] 소장의 발언은 얼떨결에 식인종임을 자백하는 꼴이다. 경제원칙이란 인간을 실제로 식인종으로 만든다. 노동자들은 자본에 잡아먹히고 땅속에서 억울한 귀신으로 갇혀 있다.

나는 문학이나 영화에서 광산이 귀신의 장소로 그려지는 것을 다소 불편하게 바라보다가 내가 들은 한 '귀신' 이야기가 떠올랐다. 할머니는 한국전쟁 후 1950년대 어느 시기에 '턱이 없는 남자'를 만난 경험담을 자주 이야기했다. 할머니의 이야기는 다시 아버지를 통해 반복되고 우리는 종종 이 '턱이 없는 남자'의 정체를 이리저리 해석하곤 했다. 우물에 물을 길으러 갔던 어느 날 할머니에게 키가 크고 호리호리하며 창백한 얼굴의 낯선 남자가 다가와 물 한 바가지만 달라고 청한다. 할머니는 바가지에 물을 떠서 남자에게 전했는데 남자가 물을 마시기 시작하자 물이 아래로 다 흘러내렸다는 것이다. 할머니가 남자에게 왜 물이 다 쏟아지냐고 묻자 남자는 이렇게 말했다. "해, 핵이 없어서." 이때 '핵'은 '택'을 발음한 것이며 '택'은 경상 방언으

●●●●● 윤대성,《출세기》, 지만지드라마, 2019, 22쪽.

로 턱을 뜻한다. 남자의 말을 듣고 그의 얼굴을 제대로 보니 입에서 물이 줄줄 흐르는 남자의 얼굴에는 턱이 없었다는 것이다. "할머니, 핵이 없는 남자 이야기 해줘요"라고 하면 할머니의 이야기가 시작되곤 했다. 젊은 시절 이 턱이 없는 남자를 만난 경험을 수십 년이 지난 후에도 할머니는 여러 차례 이야기했다. 턱이 없는 사람이 있을 수 있을까. 아버지는 아마도 그 당시 할머니가 힘들고 영양 상태도 좋지 않아 잠시 헛것을 보았으리라 짐작한다.

할머니가 만난 남자의 정체를 우리는 알 수 없다. 영양실조와 시대적 상황 속에서 극도의 정신적 고통으로 인해 할머니는 헛것을 보았을지도 모른다. 턱이 없는 남자가 실재했느냐보다는 할머니가 왜 그런 존재와 마주쳤을까 궁금했다. 실재이든 환상이든 할머니가 '보았고, 말을 나눴고, 기억한다'는 사실은 변치 않는다. 시기적으로 할머니가 전쟁 중에 수많은 시신과 접촉한 지 얼마 지나지 않았을 때다. '미아리고개의 시체들'은 할머니가 가장 자주 말하는 과거의 기억 중 하나였다. 한국전쟁 시기 네댓 살이었던 아버지에게 거의 유일한 전쟁의 기억은 피난길에 마주한 죽은 백마다. 죽은 몸, 훼손된 몸을 본 기억은 강렬하게 남는다. 전쟁 중 수많은 주검을 목격하고 그 주검과 접촉한 할머니의 경험은 쉬이 짐작하기 어렵다.

전쟁 중에 방치되고 훼손된 몸들처럼 광산 사고로 훼손된 몸들을 목격한 사람들에게 나타나는 트라우마가 존재한다. 오늘날에도 일터에서 동료의 절단, 추락, 끼임 등 산재 사고를 목격한 노동자들에게 불안장애가 나타나고 고용노동부는 이에 대한 심리치료 프로그램을 지원하지만 여전히 충분하지 않다. 과거에는 이런 트라우마에 대한 인식마저 부족했다. 충격적인 경험 후에 사회문화적으로 치유받지 못하고 애도할 기회도 상실한 개인들에게 귀신을 보는, 헛것을 보는 경험이 나타날 수 있다.

생환이 주는 감동

2022년 10월 26일 봉화군 아연 광산에서 매몰 사고로 광부 두 명이 갇혔다. 사흘 후인 10월 29일에 이태원 참사가 일어났다. 땅 위를 걸어가던 사람들이 압사를 당한 후, 땅속에 매몰된 사람들에 대한 걱정이 희미해질 때 즈음 극적인 소식이 들렸다. 11월 4일 밤 11시경에 기적적으로 두 사람은 비교적 양호한 상태로 구출되었다. 221시간 만이다. 두 사람 모두 제 발로 걸어 나왔다. 두 사람 중 신참으로 알려진 한 사람은 신원을 밝히지 않았으나, 베테랑 광부로 소개된 박정하는 '생환 광부'라는 이름으로 많은 방송에 출연했다. 마치 《출세기》의 현실을 보는 듯하다. '생환'이라는 말을 곱씹었다. 1967년 김창선의 생환*, 1993년 여종업의 생환,** 그리고 2022년 박정하의 생환은 긴 매몰 시간만큼이나 인간 승리의 감동을 준다. 2010년 칠레에서 700미터 지하 갱도에 69일간 매몰되었다가 극적으로 구조된 광부 33인은 한때 전 세계인의 관심을 받았다. 이때 광부 출신 시인은 극적으로 살아 나온 광부를 '인간 승리'로 칭송하는 언론의 표현이 과연

---

*　1967년 8월 22일 충남 청양군에 있는 구봉광산에서 갱도가 무너져 광부 김창선이 매몰되었으나 16일만인 9월 6일에 극적으로 구조되었다.

**　1993년 8월 13일 태백의 통보 광업소에서 갱도가 무너져 작업 중인 광부 6명이 매몰되었다. 5명이 숨지고 여종업만 91시간만에 구조되었다.

옳은 것인지 질문한다.[*]

이만희 감독의 〈생명〉은 1967년 충남 청양 구봉광산 사고에서 살아남은 김창선 광부의 실화를 바탕으로 만들어진 영화다. 윤대성의 희곡 《출세기》(1974)도 같은 사건을 다뤘다. 생존자 김창선의 유명세는 대중문화에서 매력적인 소재였다. 매몰되었다가 살아 돌아온 이들은 한동안 높은 관심을 받는다. 〈생명〉과 《출세기》는 모두 기록 경쟁을 하듯 매몰된 광부가 얼마나 오랜 시간 버티는지를 보도하는 데 혈안이 된 언론의 우스꽝스러운 모습을 보여준다.

박정하와 그의 동료가 갇혔던 이 광산은 2022년 8월 29일 갱도 붕괴로 두 명의 사상자가 이미 발생했던 곳이다. 두 달 만에 같은 광산에서 또다시 사고가 났다. 노동자들의 사망 사고는 매일 일어난다. 사망 사고는 오히려 잘 알려지지도 않을 뿐더러 알려진다 하더라도 더 이상 충격을 주지 않는다. 간혹 뉴스가 되는 사건이 있을 뿐이다. 게다가 광산에서 사람이 죽는 것은 전혀 극적이지 않다. 반면 열흘 만에 제 발로 걸어나오자 극적인 사건이 되었다. 죽은 자는 말하지 못해 죽음을 알릴 수도 없다. 살아 나온 사람은 '죽을 뻔했는데' 죽지 않았기에 예상을 깨는 존재가 된다.

왜 그가 죽을 위험에 처했는가에 대한 관심보다 그가 어떻게 살아남았는가에 관심이 더 크다. 그렇기에 박정하가 사흘간 동료와 나눠 마신 커피믹스 30개가 화두에 오른다. 언론은 김창선[**]과 박정하

---

[*]　"지옥에서, 저승에서 살아 나왔다며/ 다음 날 신문 제목은 '인간 승리 광부 여종업'/ 인간 승리라고?" 성희직, 〈지옥에서 돌아온사나이〉, 《광부의 하늘이 무너졌다》, 푸른사상, 2022.

[**]　본명이 김창선이지만 구조 당시 양창선으로 잘못 알려져서 양창선과 김창선이라는

의 생존 비결을 비교했다.[***] 박정하가 커피믹스로 견뎠다는 소식이 전해지자 병원에서도 커피믹스를 타는 사진을 내보냈다. 이철우 경북 지사는 퇴원하는 박정하에게 커피믹스를 선물했다. 이 사고는 해피엔딩으로 끝나는 희극처럼 보였다.

박정하와 비교되는 김창선은 구봉광산 125미터 지하에 16일 동안 갇혀 있다가 극적으로 구조되었다. 다행히 그는 지하에서 통신이 가능한 곳으로 대피했다. 지하에 갇힌 아버지와 통화하는 어린 딸의 모습이 언론에 실리고, 박정희는 비서관까지 보내 구출에 심혈을 기울이는 모습을 보였으며, 구출된 김씨를 헬기로 병원까지 이송했다. 대대적인 구출 작전 이후 구봉광산은 폐광했다. 사고 후 광산 측은 곧장 그를 구조하지 못했다. 안에 사람이 있다는 것을 알고도 그대로 며칠을 보내던 중 나흘째 되는 날 김창선이 지상으로 신호를 보내면서 그의 생존이 알려졌다. 생존자가 있다는 사실이 언론을 통해 알려지면서 미국에서도 관심을 보이자 생존자를 외면할 수 없게 되었다. 그의 구조 작업은 연일 생중계되었다. 매몰된 김창선의 구조 날짜가 하루하루 쌓여갈수록 그는 세계 최장 기록을 써갔다. 김창선이 매몰되어 있는 동안 한국은 물론 외신에서도 관심을 가졌다. 이런 관심은 매우 예외적인 경우다. 서바이벌 쇼처럼 느껴진다. 독재정권의 수많은 압제, 광산 회사의 부실한 안전 관리 등이 아니라 개인의 인간 승리 서사를 쓴다. 62킬로그램이었던 그의 몸은 16일이 지나

이름이 여전히 혼용된다.

[***]　　이윤주, 〈이것만 있으면 살았다… 1967년 양창선씨와 봉화 광부들의 생존법칙〉,《한국일보》, 2022년 11월 7일.

45킬로그램이 되었다. 이 사건 이후 박정희 정권은 광산 안전점검을 실시했다. 김창선은 2022년 92세로 별세했다. 한국전쟁에 참전한 해병대 출신이라 국립대전현충원에 안장되었다.

생환한 사람들은 극히 운이 좋았다. 김창선은 통신병 출신이었기에 극한 상황에서도 매몰된 통신선을 찾아 복구해 외부와 소통할 수 있었다. 박정하는 정선 동원탄좌에서 1980년대부터 20년 넘게 일하다 2004년 폐광 후 광산을 떠났으나, 다시 봉화의 아연 광산에 들어와 5년째 일해온 '채광 분야 베테랑'으로 소개되었다. 광부는 베테랑이 되어가지만 광산은 왜 계속 사고가 나는가. 국제노동기구ILO가 규정한 3대 위험 산업은 농업, 건설업, 그리고 광업이다. 개인기에 의존한 생환은 근본적인 안전사고를 예방하지 못한다. 이 사고 소식 앞에서 윤석열 당시 대통령은 "사고 발생 후 책임을 묻는 처벌 위주의 정책만으로는 소중한 생명의 희생을 막을 수 없다"라는 발언을 했다. 중대재해처벌법 개정을 정당화하기 위해서다. 주로 처벌 위주의 정책을 강조했던 그는 희한하게도 노동자들의 산재에 대해서는 처벌의 의미를 약화시켰다.

이처럼 사고를 막으려 노력하기보다는 사고를 극복한 사람을 추앙한다. 김창선이 한동안 미디어 세례를 받았듯이 박정하에게 다양한 관심이 쏟아졌다. '광부의 밥상'을 다룬 〈한국인의 밥상〉 회차(589회)는 "기적의 광부"라는 제목으로 박정하를 만나 그의 밥상을 보여줬다. 여기에 삼척탄좌 해고 광부 출신인 성희직 시인도 함께 출연했다. 박정하는 〈유 퀴즈 온 더 블럭(유퀴즈)〉에도 출연했다. 〈유퀴즈〉는 그를 "산업전사 광부 박정하"라고 소개하며 "190미터 지하에서 고립", "221시간 견뎌", "평균 14도의 기온" 등 얼마나 깊고 어둡고 추운 곳에서 오래 견뎠는지를 통해 그의 극적인 생환을 강조한다. 사고가 왜 발생했으며 앞으로 이 사고를 막기 위한 대책을 마련하는 데는 무관심한 채, 20년 넘은 경력을 가진 광부의 지혜와 끈기에만 감동한다. 하지만 정작 박정하는 "221시간 생환 말고, 갱도 안 16시간 '막장 노동' 살펴야죠"라고 말했다. 죽음의 문턱에서 살아나온 광부의 생환은 사람들에게 삶의 용기를 준다. 이 감동도 소중하지만 제도적 변화가 없다면 같은 사고는 계속 반복될 것이며 언제나 용기 있고 지혜로운 개인에게 목숨을 의탁해야 하는 상황에 처하고 말 것이다. 커피믹스는 매번 광부들을 구할 수 없다.[•] 그리고 극한의 상황에서 구사일생으로 살아나온 사람을 보면서 얻게 되는 감동과 희망은 누군가의 고통을 내 삶에 교훈을 주는 이야기 정도로 소비할 위험이 있다.

2023년 11월 7일 엑스X에서 한 광산 동영상을 발견했다. "광산 노동자들의 생존 투쟁The struggle for survival of mine workers"이라는 제목이 붙은 이 영상을 사람들이 감동적이라며 공유하고 있었다.[••] 콩고의 금광산의 상황을 담은 영상으로 2023년 3월 28일 시엔엔CNN에 공개되었던 자료다. 기사는 간단하다. "콩고민주공화국의 금광이 폭

[•] 사고 1년 후 2023년 박정하는 방송에서 "내과적인 치료는 3~4개월 후 다 회복"되었으나 당시 겪은 일로 인한 트라우마는 "1년이 지난 시점이지만 나아진 게 없이 정신과 치료를 계속" 받는 중이라고 밝혔다(서희동, "[미니인터뷰] 사고 후 1년…'기적의 생환' 박정하 광부를 만나다", 〈헬로tv뉴스〉, 2023년 10월 30일). 언론을 통해 말하면 문제 해결에 도움이 될까 싶어 그는 거절하지 않고 인터뷰에 응해왔다. 이 사고를 계기로 2023년 2월 2일 정부에서 '광산안전 종합대책'을 발표했다. 작업장 가까운 곳에 생존박스가 필요하고, 외부와 무선통신이 필요하다는 그의 의견이 반영되었다.

[••] CNN, 〈A group of miners were trapped in a gold mine. See how they escaped〉(영상), https://edition.cnn.com/videos/world/2023/03/28/congo-gold-mine-collapse-rescue-lon-orig.cnn.

우로 무너진 뒤 광부 몇 명이 갇혔습니다. 광부들이 잔해 속에서 나오는 순간을 보세요." 아홉 명의 광부가 두더지 굴 같은 구멍에서 한 명씩 튀어 나온다. 굴 밖에서는 그들의 동료가 맨손으로 미친듯이 흙을 파낸다. 나는 이 영상이 공유되는 유튜브를 따라갔다. 유튜브에서 가장 많은 공감을 얻은 댓글은 다음과 같다. "살아있다는 그 자체를 축복하는 그들의 모습이 정말 감동적입니다! love how they celebrate life and survival." 대체로 죽음의 문턱에서 살아 돌아온 광부들의 모습을 축하하며 그 생존 의지에 감탄한다. 동료를 구출하는 노동자에게 감동하고 살아 나오려는 의지와 용기에 박수를 보낸다. 극한직업에 종사하는 이들은 다른 사람들에게 삶의 의욕을 고취시키는 대상으로 타자화되곤 한다. '손발노동'을 하는 아프리카인들의 처절한 삶은 선진국 시민에게 위안을 준다. '불쌍해'라는 1차원적 반응부터 고난 속에서도 빛나는 삶의 의지를 칭송하며 '인생은 아름다워!'라고 외치기까지, 어떤 존재들의 고통은 다른 존재에게 교훈을 준다. 자신의 삶을 되돌아보게 하는 도구로서 타인의 고통을 바라본다.

위령제,
죽음을 사회적으로 기억하기

생환의 감동에 비하면 죽음은 덜 보이고 쉽게 잊힌다. 우리 곁에 있는 석탄과 철은 인간의 목숨과 맞바꿔온 것이다. 성희직은 〈탄광은 전쟁터다〉라는 시에서 프랑스, 중국, 일본, 튀르키예의 광산 사고과 함께 한국의 은성광업소 사고를 다룬다. 죽음의 숫자로 이루어진 시

이다. 광산노동자 출신이거나 광산촌과 관련이 있는 시인들의 시에
는 죽음과 사고에 대한 기록이 담기곤 한다. 문경의 광산을 시로 담
은 대표적인 시인은 서은하인데 그 자신이 광산 사고로 부친을 잃은
유족이다. 은성광업소가 있던 문경시 가은읍의 가은역을 담은 〈가
은역〉부터 대표작인 〈팽나무 풍경〉 등 탄광촌의 풍경을 담은 시를
2001년 여러 편 발표했다.

　　성희직과 서은하의 시에서 다뤘던 문경 은성광업소의 흔적을
찾아 2023년 10월 27일 문경에 도착했다. 사과축제 끝물이었다. 10월
27일은 문경에서 벌어진 한 참극을 상기시키는 날이다. 석탄공사 역
사상 최악의 광산 사고로 기록된 1979년 10월 27일 은성탄광 화재
사고로 44명의 광부들이 한꺼번에 사망했다. 박정희가 사망한 바로
다음 날이다. 대통령이 부하의 총격으로 사망하는 충격적인 사건이
발생한 다음 날이라 무려 44명의 노동자들이 굴 속에서 목숨을 잃었
지만 이 사고는 제대로 기억되지 못했다. 사고보다는 사건이 더 관심
을 받기 쉽고 노동자들의 떼죽음보다 대통령의 사망이 훨씬 충격적
으로 다가오기 때문이다. 갱내에서 컨베이어 벨트의 모터가 과열되
어 화재가 발생했고 갱내에 유독가스가 차면서 광부들은 꼼짝없이
죽고 말았다. 화재도 화재지만 유독가스 배출 시설이 미비해 더욱 사
고를 키웠다. 이 사고 관련 당시 신문기사를 보면 이러한 대형 사고
가 꽤 자주 발생했음을 알 수 있다.

　　“광부 43명이 한꺼번에 숨져 국내탄광사고 가운데 가장 많은
　　희생자를 낸 석공은성광업소 화재사고는 2년전인 77년11월
　　16일 석공장성광업소갱내화재사고(22명 사망)의 재판이나 다를

바 없어 그동안의 탄광사고예방대책이 헛구호에만 그쳐왔음을 나타냈다."[*]

1967년 김창선 구출로 광산 안전사고에 관심을 가진 듯했지만 실제로는 헛구호에만 그쳐왔음을 드러냈다. 이 사고는 실로 어마어마했는데 사고 당시 최소 126명이 해당 갱도에 갇혀 있었다. 10월 27일 사고 발생 후 10월 30일 기사에는 사망자가 43명이라 나오지만 최종적으로 44명이 사망했다. 갇혀 있던 노동자들 중 3분의 1 이상이 사망했다.

은성광업소가 있었던 문경시 가은읍에 들어서자 추모비가 보였다. 문경 가은읍에서는 매해 11월 1일에 합동위령제를 지낸다. 이 위령제는 1979년 사망한 44명 외에도 1994년 은성광업소가 폐광될 때까지 56년간 순직한 167명의 넋을 기리는 자리다. 11월 1일은 은성광업소 창립기념일이다.[8]

추모비와 위령제는 폐광 지역의 상징이다. 1995년 투쟁을 통해 '폐광지역 개발자원에 관한 특별법'을 끌어냈던 사북에서는 광산이 사라져가는 그해부터 광산을 기억하기 위해 '사북석탄문화위령제'라는 이름으로 문화제를 시작했다. 사람과 산업 모두를 애도하는 문화제다. 3회차인 1997년부터 사북석탄문화위령제는 '사북석탄문화제'가 되었다. 이 문화제 안에서 산업전사 위령제와 진혼굿은 지속된다.[9]

문경에 머물던 2023년 10월 28일, 나는 숙소에서 카자흐스탄 광산 매몰 사고 뉴스를 보았다. 갱내 화재로 32명이 사망하고 14명이 실종 상태였다. 지난 15년간 그 광산에서 100여 명이 숨졌다. 광산 운영권은 세계 2위의 철강 회사 아르셀로미탈이 가지고 있다. 2018년 태안 화력발전소에서 발생한 김용균 사망 사고에 대해 2023년 12월 7일 원청은 무죄라는 판결이 나왔다. 노동자들은 일하다가 계속 죽지만 회사는 책임지지 않는다. 2024년 1월 22일 울진군 금강송면 텅스텐 광산 갱도에서 굴착 작업 중 지하수가 쏟아져서 노동자가 1명이 다치고 1명이 숨졌다. 오래된 무책임과 함께 노동자의 몸으로 퇴적층을 이루었다.

죽음과 동료애,
"언제 사망할지 모르니까"

죽고 다치고, 그러면서도 제대로 보상받지 못하고, 오랜 질병에 시달리고, 사회적으로도 무시받는 광산노동자들의 설움과 분노를 오가는 발언 속에서도 모순된 목소리가 섞여 있다. "그래도 그때가 좋았지." 과거에 대한 향수는 대체로 보정된 기억이다. 고되지만 당시 공무원보다 돈은 더 벌었다거나, 그 덕분에 자식들 키우고 공부시켰다거나, 그때는 이 동네가 사람 살 만했다거나 하는 등의 기억을 꺼낸다. 개도 만 원짜리를 물고 다녔다는 흔한 말은 어느 광산촌에나 떠도는 말이다. 이들의 기억이 반드시 왜곡된 향수인 것은 아니다. 광산을 나온 후에는 병치레를 하거나 더욱 불안정적인 생활이 이어지는 경우가 많다. 이미 중년을 넘은 나이에 다른 일을 찾기란 쉽지 않다. 기술이 있다면 괜찮지만 기술이 없다면 재취업이 어렵다. 그러니 "그때가 좋았다"는 말이 나올 법도 하다. 직업 선택의 폭이 넓지 않은 이들에게 지역에 일자리가 있다는 것은 중요했다. "그래도 그게 있어서 우리가 다 먹고살았지." 아버지는 광산을 떠나지 못하고 '주저앉게' 되어 괴로워했던 젊은 시절은 잊은 듯이 지금은 "광산 덕분에 우리가 살았다"라고 말한다. 2023년 폐광한 화순광업소 노조 위원장의 말도 아버지의 말과 동일했다. 그래도 나를 받아줘서 일을 할 수 있었던 곳, 그 덕분에 우리 가족이 먹고살며 애들 키울 수 있었던 곳이다. 그렇기에 많은 노동자들이 고생스러웠던 과거를 '그래도 그때가 좋았지'라고 기억한다.

경제적 이유 외에 또 다른 중요한 이유가 있다. 인간관계다. 광산노동자들에게 '그때'는 고된 노동의 순간만이 아니라 함께했던 동료들과의 시간도 떠올리게 한다. 박정하는 "광부들은 특히 더 의리가 강하다"고 한 방송에서 말했다. 영국의 폐광 지역을 배경으로 한 켄 로치의 영화 〈나의 올드 오크〉에서 작고 검은 (마치 광물 같은) 강아지의 이름은 마라였다. 마라marra는 광산노동자들 사이에서 '친구'를 뜻하는 말이다. 노동자들의 기억 속 '그때 거기'에는 '동지들'이 함께 있었다. 폐광 후 노동자들의 이산diaspora이 필연적으로 발생하면서 그들은 상실한 과거의 관계를 추억한다. 추억 속에서 어떤 관계는 더욱 잊을 수 없는 상태에 놓인다.

2023년 7월 31일 폭염경보가 이어지던 날이었다. 아버지의 오랜 동지 이인수는 "날이 뜨거운데 '위원장님'은 별일이 없는지" 전화로 안부를 묻는다. 전화를 끊으며 아버지는 말한다. "참, 이런 사람 없어. 한결같아." 그날 뉴스에서는 폭염으로 숨진 온열질환 추정 사망자가 사흘 동안 10명이었다고 전했다. 대부분 밭이나 비닐하우스 등에서 일하던 70대 이상의 노인들이었다.

서로 다른 지역에 사는 데다 쉬는 날이 많지 않고 점차 나이가 들면서 장거리 여행이 여의치 않아 아버지와 이인수는 10여 년을 서로 만나지 못했다. 전화로만 꼬박꼬박 안부를 전했다. 광산을 떠나 뿔뿔이 흩어진 지 30여 년이 지났건만 이들의 관계는 한결같다. 특히 1987~1988년 노조 민주화 투쟁을 함께했던 이들과의 관계는 "내 형제보다 더" 끈끈하다.

아버지에 대한 이인수의 열렬한 감정 표현은 내게는 약간 놀라웠다. 그저 관계를 진득하게 유지하는 정도로 알았으나 그의 언어로 직접 들어보니 쉽게 짐작하기 어려운 동지애와 존경심, 사랑이 느껴졌다. "나는 지금도 위원장 생각하면 가슴이 벌렁벌렁해. 아버지의 숨소리나 말소리나 이런 걸 내가 다 아니까", "서로 죽으면 잊혀질까"라며 감정 표현을 하는 이인수는 여전히 1980년대에 함께 활동했던 노조 동지들을 열렬히 그리워한다. 홍천 출신인 그는 12년을 살았던 양양을 지금도 객지로 칭하고, 객지에서 의지할 데가 없을 때 노조 동지들에게 많이 의지했다. 1980년대에 그들이 공유한 분노, 절망, 공포, 긴장, 성취 그리고 휴식의 시간이 있었고 그 감정은 쉽게 잊혀지지 않았다. 물리적 이산이 발생하자 지난 과거의 그리움은 더욱 강해졌다.

"형제보다 더할 걸. 아버지, 박열이, 김학진이 죽은 최종철이에 대한 감정이. 5·16 조직을 하면서, 그때 당시에는 영원할 줄 알았지. 근데 그 조직도, 그 사람들도 아버지가 위원장에 들어서면서 제대로 된 노조가 들어서니까 점점 모이기가 힘들었어. 각자 갈 길로 가고. 지금도 우리 5·16회 사진이 있어. 내가 사진 보내줄게."

　　노조 활동을 했던 사람들이 투쟁의 기억을 공유했다면, 갱내에서 일했던 생산직 노동자들은 죽음의 위험을 공유하기 때문에 전쟁터의 전우 같은 감정을 느낀다. 형제애, 동료애, 전우애…… 무엇이라 부르든 이 노동자들 간에는 뭉치는 감정이 존재했다. 26년간 양양광업소 생산직으로 근무한 이중기는 "언제 사망할지 모르니깐" 갱내에 함께 들어간 사람들은 가끔 욱하다가도 "서로간에 아끼고 사랑해줘야" 했다며 식사 시간이 되면 라면을 끓여 서로 챙겨주고, 될 수 있으면 기분 나쁜 말은 안 하려 했다. 일이 끝나면 오늘 하루 무사함에 안도하며 함께 술을 마셨다. 그 감정은 "말도 못하지". 이중기의 말은 성희직의 시와 정확하게 일치했다. "도시락 밥 같이 먹고 소주잔을 주고받던/ 한 막장 동료의 억울한 주검 앞에서/ 분노보다 먼저 값싼 눈물이나 흘린다면/ 그는 광부가 아니다"[*]

　　죽음을 가까이 두고 함께 일하는 노동자들 사이에서 형성되는 감정은 흡사 전투를 함께 치르는 전우 같았다. 광산은 종종 전장으로 비유된다. 재래식 전쟁이 끔찍한 고통 속에서도 전우애로 서로를 위로했듯이 광산노동자들의 관계도 비슷하다. 전쟁의 경험이 전쟁터 바깥의 사람들에게 아무리 말해도 공유되기 어렵듯이 광산의 경험도 비슷하다. 지금은 고인이 되었으나 또 다른 전직 광산노동자 장영

---

[*] 　성희직, 〈진짜 광부는〉, 《광부의 하늘이 무너졌다》, 푸른사상, 2022.

준도 이중기와 삶의 경로가 비슷하다. 이들은 모두 베트남 참전 용사라서 폐광 후 월남전우회에서 상근자로 일했다. 우연이라기보다 자연스러운 경로처럼 보였다. 이들은 공통적으로 진짜 전쟁터와 '전장 같은' 광산을 경험했고, 폐광 후에는 같은 전쟁터를 경험한 전우들과 교류하며 남은 인생을 살았다.

이처럼 폐광 후 노동자들은 단지 직업 전환의 어려움만 겪는 게 아니다. 지역에 남은 사람이든, 떠난 사람이든 "그때가 좋았다"는 말에서 한 가지는 분명히 찾을 수 있었다. 힘든 시절에 고락을 함께했던 동지들에 대한 그리움이다. 광산을 통해 모였던 관계가 광산으로 인해 뿔뿔이 흩어지면서 오랜 시간 함께한 인간관계가 해체되고 살아온 지역을 떠나게 된다. 뿌리 뽑히는 경험이다. 그들은 다른 지역에 다른 직업으로 스스로를 다시 심어야 했다. 그 과정에서 누군가는 시들시들하게 말라가고 누군가는 잘 정착한다. "그때가 좋았다"는 말은 단지 과거에 대한 낭만적 기억이 아니다. 집단으로 함께했던 기억은 고통스러운 기억을 분배한다. 다른 제도적 안전 장치가 부족하고 외부 집단에게 존중받지 못할수록 동료들과의 끈끈한 관계에 의지한다. 폐광 후 30여 년이 지났지만 아버지에게 가장 가까운 사람은 여전히 옛날 "광업소 동지"다. 이제는 "다 죽어서" 몇 명 남지도 않았고 각각 강원도, 충청도, 경상도, 인천, 경기도 등으로 흩어져 있지만 꾸준히 안부를 전하며 관계를 이어간다. 어느덧 그 만남의 자리는 누군가의 장례식이 되었다. 흩어진 노동자들은 자주 만나기 어렵고 물리적 거리와 시간 속에서 과거의 관계를 보존하려고 애쓴다. 더구나 밀려나는 산업에서 일하는 노동자들은 함께했던 과거를 더욱 소중하게 기억한다.

노동자의 이주는 엘리트 지식인의 이주와는 다른 경험을 제공한다. 지식인의 이주는 뿌리 뽑히는 경험이 아니라 세계가 확장되는 경험이다. 구사할 수 있는 언어가 늘어나고 다양한 고급 문화를 체험하며 세계 시민으로의 위치를 다지게 한다. 한국의 엘리트는 자국 노동계층보다 서구의 지식인과 문화적으로 더 가깝다. 그들은 '동시대인'의 감각을 공유한다. 다른 자원이 있을수록 고향에 덜 집착한다. 학력 자본이 있는 사람들은 학교를 중심으로 관계를 형성한다. 대사관저에서 대학 동문회를 여는 관료가 있듯이 소위 명문대 출신들의 동창회와 동문회는 권력이 있는 사람들에게 흔한 모임이다. 다른 자원이 없는 이들에게는 출신 지역이 자원이 된다. 본인의 고향도 아닌 본관까지 거슬러 올라가며 제 부모의 고향으로 동질감을 얻기도 한다. 지역민들의 이동 경로를 추적하고 노동자들을 만나 이야기하면서 내가 기존에 지녔던 향우회에 대한 생각이 조금씩 바뀌어갔다. 향우회는 노동 디아스포라가 만들어낸 산물이다. 그뿐 아니라 지역에서 유난히 '국민학교 동창회'가 떠들썩하게 열리는 까닭도 달리 보게 되었다. 남녀공학인 데다 중학교부터는 진학률이 떨어지기에 장년 이상의 세대에게는 국민학교 동창회에 가장 많은 사람들이 모일 수 있어서다.

노동자의 이동은 꾸준히 한 사회의 보이지 않는 세계를 오가며 보이지 않게 문명사회를 받쳐 든다. 노동계층의 이주는 특정 산업에 의지하는 구조이다. 서비스직이 아닌 축산업, 어업, 농업, 건설업 등에서 일하는 이주노동자들은 현지인의 일상에서 잘 보이지 않는다. 이들은 보이지 않게 일하다가 쓸모가 다하면 돌아가야 한다. 그들은 현지인과 섞이기 어렵다. 외국인 지식인은 유치 대상이지만 외국인 노동자는 노동의 역할만 할 뿐 우리 사회에 뿌리 내리지 못하는 구조를 만든다. 행정적으로 불안정하다. 떠돌이 노동자로 만든다. 이들은 자신들이 도착한 나라에서 가장 위험하고 힘들며 더러운 노동을 하며 우아한 세계를 떠받치고 있다.

1932년 발표된 박화성의 단편소설 〈하수도공사〉는 목포에 하수도 공사를 위해 모인 노동자들이 1년 간의 공사가 끝나고 헤어질 즈음의 감정이 담겼다. "눈 날리고 꽃 피며 푸른 그늘 가을달이 번갈아 가고 오는 일 년 동안 동고동락하던 동무들의 우정을 떼기를 더 어려워"[*]하는 노동자들은 다시 만날 날을 약속한다. 근대 도시 목포의 하수도 공사를 위해 동원된 노동자들이 도시의 밑바닥을 만들고서 뿔뿔이 흩어지는 순간, 함께 '바닥'을 경험한 등료들과의 관계는 그렇게 뜯겨 나갔다. 이처럼 도시는 수많은 노동자의 이산으로 세워지고 유지된다. 그들은 과연 다시 만날 약속을 지킬 수 있었을까.

[*]   박화성, 〈하수도공사〉, 《홍수전후》, 푸른사상, 2009, 59쪽.

2장

노동의 몸

기침과 위장병

1991년. 아버지가 담배를 끊었다. 기관지가 안 좋고 잔기침이 많아진다며 담배를 끊기로 했다. 그때 아버지는 마흔네 살이었다. 어머니 말에 따르면 아버지는 이미 젊을 때도 여러 번 금연 시도를 해봤다고 한다. 아침에 '금연'이라고 쓴 종이를 벽에 붙이고 나갔다가 저녁이면 떼어내고 다시 피우기를 여러 번. 그래서 이번에는 과연 얼마나 갈까 싶었는데 그때 아버지는 한순간에 끊었다. "담배 끊어도 담배 안 피우는 사람처럼 폐가 다시 돌아오려면 15년이 걸린대. 나는 예순 살이 되면 담배 안 피운 사람과 같은 폐가 될 거야." 아버지는 주문을 외듯 매일 이렇게 말했다.

아버지는 담배를 끊으면서 1년 정도 가족들을 몹시 피곤하게 했다. 차라리 그냥 피웠으면 싶을 정도였다. 흡연 욕구와 싸우고, 이 욕구를 잠재우느라 자꾸 군것질을 하고, 그로 인해 살이 조금 찌자 살이 찌지 않기 위해 또 싸웠다. 지금도 그렇지만 아버지는 배가 나오거나 살이 찐 적이 없다. 살이 잘 안 찌는 편이기도 하지만 살찐 몸을 경계한다. 살찐 사람은 몸을 움직여 일하지 않으며 자기 관리를 하지 않는 게으른 사람이라 생각한다. 광업소에 다니던 아버지의 동료들도 대부분 살이 잘 찌지 않았다.

아버지는 금연에 적응하는 동안 사택의 텃밭에서 케일을 길렀다. 케일을 먹을 때면 나는 지금도 광산 사택을 떠올린다. 어느 날 처음 보는 초록색 두꺼운 잎을 가져왔고 그게 케일이라 했다. 사택에서 다른 사람들이 케일을 기르는 것을 보고 아버지도 기르기 시작했다. 케일이 가래를 삭이고 기관지와 폐에 좋다고 했다. 서울로 출장을 가는 날이면 합숙소에서 지내는 박열 아저씨에게 케일 관리를 부탁했다. 케일을 얼마나 꼼꼼하게 관리했는지 벌레 많기로 유명하다는 케일에 벌레 먹은 흔적도 거의 없었다. 마치 흡연 욕구를 벌레들을 잡으며 다 풀어버리겠다는 듯이 틈만 나면 케일에 붙어서 벌레를 잡았다. 그리고 녹즙기를 사서 아침마다 케일을 갈아 마셨다. 그렇게 유난을 떨면서 1년이 지났다. 담배 생각 안 나냐고 물었더니 평소에는 잘 참을 수 있는데 술자리에서 누군가 담배를 피우면 같이 피우고 싶어진다고 했다. 다시 몇 넌이 지났다. 여전히 담배 생각 없냐고 물으니 이제는 남이 피우는 냄새도 싫다고 했다. 잔기침이 확실하게 사라지고 몸이 달라진 느낌이 든다며 금연 전도사가 되었다. 지금은 인생에서 잘한 일 중 하나를 금연으로 꼽는다. "담배 피우는 인간들"을 싫어한다.

담배를 끊고 오랜 세월이 지났으니 예전보다 잔기침이 덜하겠지만 단지 담배만이 원인이었을까. 그 당시 아버지는 갱내에 들어가는 사람이 아니었지만 늘 광업소에 있으니 공기가 안 좋은 곳에서 생활했던 것이다. 직접 채광노동을 하지 않기에 아버지의 잔기침과 업무 환경을 연결지어 생각한 적은 없었다. 아버지는 담배 때문이라 생각하고 필사적으로 담배를 끊었다. 오늘날 미세먼지로 마스크를 쓰는 일상이 늘어난 사실을 떠올리면 광산의 공기 속에서 무방비로 근무하던 사무직 노동자들도 호흡기에 영향을 안 받았다고 보기 어렵다. 광산이 아니어도 분진이 많은 시멘트 공장 주변 주민들의 건강을 참고하면 광업소의 사무직 노동자들뿐 아니라 사택에 거주하던 주민들도 안 좋은 영향을 받았을 것으로 추정할 수 있다. 환경부에서 2007년과 2009년 두 차례에 걸쳐 '영월군 시멘트 공장 주변지역 주민에 대해 실시한 건강영향조사'를 실시한 결과 인근 주민과 초등학생들에게 알레르기 및 호흡기 질환 유병률이 높은 것으로 나타났다.[*] 환경부에서는 2023년부터 전국에 시멘트 공장 주변 지역 주민들의 건강을 다시 조사하는 중이다.

잔기침 외에도 내가 기억하는 젊은 시절 아버지는 항상 속이 안 좋았다. 밥상에 앉으면 오른손에 숟가락을 든 채 왼손으로 명치를 누르며 "이상하게 여기에 뭐가 탁 걸린 것 같다"며 괴로워했다. 명치 끝이 불편하다며 속초에 있는 병원에 가고 한의원에도 가봤지만 달라지는 게 없었다. 이런저런 방법을 강구했지만 차도가 없자 체질 검사라는 것도 했다. 아버지는 태양인이라 했다. 아버지를 통해 사상체질이란 걸 일찍 주워들었다. 그때 아버지는 30대 후반이었다. 어머니는 아버지의 예민한 성격 탓이라 했다. 뜻대로 인생이 풀리지 않고, 야

<hr>

[*]　환경건강연구부 환경역학과·인하대학교병원 산업의학과, 《영월군 시멘트공장 주변지역 주민건강영향조사 결과보고서》(보고서), 국립환경과학원, 2007.

망과 현실의 괴리감 속에서 스스로를 괴롭히다 보니 자꾸 몸이 상하는 것이라며 어머니는 다 '신경성'이라 했다. 어머니는 나중에 내게도 똑같이 말했다. 대체로 모든 문제를 개인의 문제로 환원시키는 경향이 있는 어머니에게는 "이러한 증상들은 다 마음에서 오는 병"이다. 어릴 때는 나도 예민한 성격 때문에 아버지가 위장병을 달고 산다고 생각했다. 게다가 음주도 잦았으니 위가 아플 법도 하다.

늘 속이 아프던 아버지는 오히려 쉰 살이 훨씬 넘은 후로는 명치 끝에 뭐가 걸린 것 같다는 말을 하지 않았다. 어머니 말대로 모든 게 마음에서 오는 병일지도 모른다. 그러나 교대 근무자 집단에서 위장질환이 많이 발생한다는 사실을 알게 되었을 때 나는 어릴 적 아버지의 모습을 떠올렸다. 아버지도 젊을 때는 선광과에서 일했기 때문에 3교대 혹은 2교대 근무를 했다. 교대 근무는 식사와 수면 시간이 불규칙해서 호르몬 분비를 교란시키고 불면증, 변비를 비롯해 위장질환이 발생할 가능성을 높인다. 시간이 한참 흐른 후 일흔이 넘어서야 아버지는 자신이 젊을 때 늘 위장이 불편했던 이유는 아무래도 야간근무 탓인 것 같다고 했다. 노동자들이 공동 창작한 시 〈지금은 비록 계란으로 바위를 치는 격이지만〉[**]에서는 여러 질병을 열거하는데 그중에는 위장병도 빠지지 않는다. 또한 광산노동자들의 생활이 비교적 잘 담긴 이인휘의 《활화산》에는 각종 사고와 사건 외에도 "유독 광부들이 위장병이 많은 것도 그런 탓"[***]이라며 균형이 깨진 노

[**]　　노동자 공동 창작(정선 광산노동자 9명의 이야기를 시 형식으로 정리), 〈지금은 비록 계란으로 바위를 치는 격이지만〉, 《실천문학》 9호, 1988.
[***]　　이인휘, 《활화산》 상, 세계, 1990, 185쪽.

동자들의 생활을 짚어낸다. 광산노동자 외에도 오늘날 3교대를 하는 모든 직종의 노동자들이 같은 문제를 겪는다. 노동자들은 생계를 유지하기 위해 자발적으로 생명에 위협을 주는 노동을 선택하는 상황에 놓인다. 광산은 20세기에 수많은 노동자를 죽음과 질병으로 몰아넣었다. 위험하고 힘든 일이라는 걸 잘 알면서도 노동계층의 많은 사람들이 광산으로 향했다.

보람에 산다

"이제 다 죽었어." 전·현직 광산노동자들을 만나며 내가 반복해서 듣는 말이다. 지식노동자와 육체노동자의 사회적 나이는 다르다. 연금 수령 정년을 2년 늦추겠다는 2023년 프랑스 연금 개혁안에 반대하는 시민들의 목소리 중에는 연금 개혁이 '저임금 육체노동자'에게 불리하다는 주장이 있었다. 64세로 연금 지급 나이가 연장되면 상대적으로 은퇴 나이가 이른 육체노동자들에게 더 불리해진다. 심지어 그들은 64세가 되기 전에 죽을 확률이 전문직 지식노동자들보다 더 높다. 이런 실질적 문제를 내버려둔 칭송의 언어는 무의미하다.

1985년 3월에 발간된 《막장의 빛》 봄호를 보면 당시 태백시청 공무원들이 가슴에 "광산근로자와 그 가족을 보살피자"라는 표어가 적힌 리본을 달고 다녔음을 알 수 있다. 광산노동자와 가족을 '보살핌'의 대상으로 여기는 따뜻한 마음은 전해지지만 광산에서 벌어지는 안전사고와 열악한 복지는 시민들의 보살핌으로 해결할 수 없다. 또한 도시 곳곳에는 "우리는 산업전사, 보람에 산다"라고 적혀 있었다. 글을 쓴 《막장의 빛》 발행인 이정규 목사는 이 "보람에 산다"는 말에 이의를 제기한다. 1984년 태백시의 조사다. 광산노동자들의 직업 만족도 조사에서 '만족한다'는 응답은 전체 응답자의 4퍼센트에 불과하다. 대다수가 만족하지 않는데 '보람에 산다'고 세뇌시키는 꼴이다. 응답자의 39퍼센트가 기회가 있으면 다른 직장으로 옮기고 싶다고 답했다. 8퍼센트는 당장 그만두고 싶다고 했다. 직업에 대한 불만 1순위는 41.1퍼센트가 위험하기 때문이라 답했다.

이 글에서 '보람'을 느끼지 못하는 노동자들이 보람을 느낄 수 있는 방법으로 이정규 목사는 "그들을 산업요원으로 알아주고 높이 평가해주"고, "관광도 하고 문화적인 행사도 하면서 기분이 상쾌한 일이 많도록" 하고, "생각할 줄 알고 판단할 줄 알고 선택할 줄 아는 뜻을 지닌 생활수준으로 향상시"키고, "생활철학을 갖게" 하여 결국 "문화운동과 종교운동과 생활운동을 통해서 자부심을 가지게 하고 희망을 가지게 하고 수고의 대가를 충분하게 누리도록 해주는 일이 광산근로자와 그 가족을 참으로 돌보는 일"이라고 정리한다.[*] 동의하고 좋은 말들이지만 중요한 문제가 빠져 있다. 아무리 높이 평가해주고, 기분이 상쾌한 일을 만들어 생활수준을 향상시키고, 생활철학을 갖게 해도 재해와 질병에 노출된 노동자들의 실질적인 문제는 건드리지 못한다.

'보람에 산다'라는 표현이 익숙하다. 코로나 감염병 대유행이 시작되던 2020년 의료진 응원 홍보활동이었던 보건복지부의 '덕분에 챌린지'가 떠오른다. 제대로 된 보상과 안전한 근무 환경이 아니라

---

[*] 이정규, 〈광산근로자와 그 가족을 보살피자〉, 《막장의 빛》 봄호, 1985년 3월 1일.

‘보람’이나 ‘덕분에’라는 말로 얼렁뚱땅 넘어간다. 악습을 청산하지 못한 채 근대화, 산업화가 되면서 하던 대로 계속 이어졌다. 2022년 윤석열 정부의 등장 이후 ‘산재 카르텔’이라는 말까지 듣게 되었다. ‘카르텔’이라 부르면 일하다 다친 몸을 권력으로 이용하여 부당하게 수급을 하거나 회사의 잘못이 아닌데도 고의적으로 회사에게 산재의 책임을 묻는다는 인상을 준다.

　　주디스 버틀러는 “노동자는 상해와 질병을 얻고 결국 노동자로서 불능 상태에 빠지게 된다. (중략) 노동을 함으로써 노동자는 살 만한 삶을 위한 환경을 갖추는 것이 아니라 오히려 죽음에 가깝게 다가가거나 혹은 죽는다는 것”을 직시한다.[*] 노동자는 자신의 건강을 위험하게 만드는 일을 함으로써 질병을 얻고 다친다. 몸을 써서 노동하지만 그로 인해 몸이 망가지고 노동이 불가능한 몸이 된다. 살기 위해 일하다가 끝내 죽게 된다. 아주 오랫동안 반복되어온 문제다. 기업은 노동자들을 폐기물처럼 처리하고 또 다른 노동자로 대체할 뿐이다.

우리는 산업폐기물이 아니다

1960년대 선광부 여성들의 사진과 영상을 들여다보다가 사진 속에서 의아한 점을 발견했다. 광석을 고르는 환경이 분진으로 가득할 텐데 노동자 아무도 마스크를 쓰지 않았다. 지금 보면 이상하지만 당시

[*]　　주디스 버틀러, 《지금은 대체 어떤 세계인가》, 김응산 옮김, 창비, 2023, 85쪽.

에는 노동자들의 보호 장비가 형편없었다. 갱 안에서 일하는 사람들조차 제대로 된 마스크가 없을 정도였다. 수십 년 동안 많은 노동자가 분진 흡입으로 진폐증과 규소폐증을 얻으면서도 제대로 치료받지 못했다.

2021년 가을이었다. 한 노무사가 아버지를 찾아왔다. 양양광업소에서 일했던 사람들을 찾아 산재 보상을 해준다고 했다. 어머니는 우연히 양양에 사는 친구에게 '누구누구가 진폐 보상을 받았다더라'는 이야기를 들었다. 폐광 후 그 지역을 떠났던 우리 가족은 처음 듣는 이야기였다. 노무사들이 과거 광업소 근무자들을 찾아다녔다. 세무소에 가면 옛날 광업소에서 일했던 사람들의 기록을 찾을 수 있어서 가능한 일이다. 아버지는 갱 안에 들어가 일했던 시간이 아주 오래전이기에 산재에 해당될 게 없다고 했지만 노무사가 워낙 적극적이었다. 무료로 해준다니 우선 검사를 받아보기로 했다. 노무사는 아버지를 원주에 있는 병원에 데려갔다. 광산노동자에게 해당되는 산재는 두 가지였다. 진폐증과 난청. 평소 아버지의 큰 목소리 때문에 난청을 의심했으나 아버지는 모두 정상 소견을 받았다. 당시 아버지는 74세였다. 마치 몸에 문제가 생기는 희소식을 기다려보기라도 하란듯이 노무사는 아버지가 78세까지 보상을 받을 수 있다는 사실을 알려줬다.

진폐증이란 '분진을 흡입하여 폐에 생기는 섬유증식성 변화를 주된 증상으로 하는 질병'이다. 미세한 먼지가 폐에 들어가 쌓여 폐가 굳는 질병으로 갱에 들어가서 각종 광물을 캐는 광산노동자 외에도 채석공, 시멘트 공장 노동자들에게 많이 발병한다. 폐렴, 폐농염, 진균성 폐감염 등 폐와 관련된 각종 합병증을 일으킨다. 특히 광산노동자와 진폐증의 상관관계는 이미 많이 알려졌는데 왜 이제 와서 진폐 보상을 해준다는 것일까. "다 죽었지"라는 말이 나오기 전에 진작 산재에 관심을 가졌다면 좋았을 텐데, 폐광으로 광업소를 떠난 지 30년이 지난 사람들까지 적극적으로 찾아내어 보상을 해준다는 게 의아했다. 산업재해를 인정받기 그토록 어려운 사회 아니던가. 산재는 크게 사고와 질병으로 분류하는데, 사고는 비교적 증명하기 쉽지만 질병은 관련성을 입증하기가 어렵다.

2023년 1월에 또 다른 노무사가 나타났다. 2월 1일 아버지는 동해의 한 산재병원에 입원해 1박 2일 동안 종합검진을 받았다. 입원실에는 아버지처럼 과거에 광산에서 일했던 사람들이 검사를 받기 위해 입원해 있었다. 아버지는 폐활량 측정을 하는데 잘 되지 않아 의사에게 여러 차례 혼났다. 마우스피스를 물고 후 불어야 하는데 잘 불지 못해 애를 먹었다. 혹시나 했으나 다행히 아버지는 아무 이상이 없었다.

노동부(현 고용노동부)는 2007년 11월부터 노사정 및 공익위원으로 구성된 '진폐제도 개선 협의회'를 운영했다. '진폐의 예방과 진폐 근로자의 보호 등에 관한 법률'이 2010년부터 시행되고 있었다. 지역을 떠나 뿔뿔이 흩어진 수많은 광산노동자 출신들은 오히려 이러한 사정을 잘 몰랐고, 노무사들이 옛 광산촌에 나타나 이들을 찾아내 알려주고 있었다. 모르는 정보를 알려주어 좋지만 간혹 불미스러운 일도 생긴다. 실제로 광산노동자들에게 접근하는 브로커들이 있어서다. 대부분의 전직 광산노동자들은 오히려 산재 보상을 받지도 못한 채 이미 세상을 떠났거나 다른 지역에 살아 관련 소식을 전해 듣지 못하는 경우가 많다. 2025년 기준 전국 16개 진폐 요양병원에서 진

   3부

폐 환자들이 치료받고 있다. 이런 제도를 만들기 위해 진폐 환자 당사자들의 길고 치열한 싸움이 있었다. 질병에도 관심 없고, 이 투쟁의 역사는 모른 채 그저 소문으로 "아무개가 보상을 얼마 받았다더라"가 들릴 뿐이다. 이 소문은 마치 보상금으로 한몫 잡은 듯한 인상이 추가되어 "그랬대"라는 말로 떠돈다.

광산노동자들의 산업재해 보상을 위한 투쟁은 석탄광 노동자들이 주도적으로 이끌었다. 2007년 재가 진폐 환자들이 강원랜드 앞에서 천막 농성을 했다. 집에서 치료받는 재가 환자들은 정부의 지원을 제대로 못 받았다. 대부분 60~70대 환자인 전직 광산노동자들이 단식까지 하면서 "우리는 산업폐기물이 아니다"라고 구호를 외쳤다. 이들의 요구 사항은 진폐 판정 체계의 개선과 생활비 지원, 폐렴을 합병증으로 인정하는 것 등이었다. 두 달 가까이 천막 농성을 벌이다 2007년 10월부터는 릴레이 단식 농성이 12월까지 두 달간 이어졌다. 당시 진폐재해자협회 주응환 회장은 "전쟁터 같은 막장에서 석탄을 캐낸 진폐 환자들"이 오늘날 한국의 성장에 어떤 공이 있는지 말하며 "어차피 죽을 목숨 연탄재만도 못한 취급을 받을 바에야 사생결단으로 투쟁하다 죽겠습니다"라고 각오를 보였다.[*] 정부가 관련 법령 개선 추진을 약속하면서 투쟁은 마무리되었다. 시인이며 광산노동자였던 성희직은 이 진폐 보상을 위한 투쟁의 투쟁위원장이었다. 그의 시 〈우리는 산업폐기물이 아니다〉와 〈우리들의 희망을 위하여〉는 몸무게 16킬로그램이 줄어드는 31일간의 단식 투쟁의 기록

---

[*] 김태완, 〈[태백·정선 현장취재] 끝나지 않은「막장人生」진폐환자 3만여 명의 오늘〉, 《월간조선》 2008년 1월호, 2008.

이다. 1989년에 이어 2007년 투쟁에서도 그는 손가락을 잘랐다. 재해로 남은 몸의 흔적을 인정받고 보상받기 위해 몸에 또 다른 재해를 남겼다. 그는 손가락 세 개의 끝을 잘랐다. 혈서로 쓴 피켓을 들고 싸웠다. 그는 단지斷指 투쟁에 대해 "절박한 몸짓을 해야만 반응이 옵니다. 2007년에도 삭발과 갱목 시위는 물론 30일 단식까지 해도 노동부에서 관심이 없었어요. 그때가 대선을 앞둔 시기라 선거가 끝나면 재가진폐재해자 연금 수령을 위해 그간 들인 노력이 물거품이 될 것 같아 단지라는 극단적 선택을 할 수밖에 없었어요"라고 말한다. 성희직은 1989년 유가협(전국민족민주유가족협의회) 쉼터에서 20일간 지냈다. 그때 전태일 열사의 어머니 이소선 선생을 비롯해 많은 열사 가족들을 만나 이야기를 나누면서 영향을 받았다고 전했다.°

<hr>

° 강성만, 〈지옥 체험한 '막장 정신'으로 진폐재해자 위해 싸웁니다〉, 《한겨레》, 2022년 2월 24일.

3장

광산문학에서의 재해

분노의 도화선이 되는 사고

개항 이후 본격적인 광산 개발로 근대문학에서 광산이나 광산노동자는 빈번하게 등장한다. 식민지 조선은 1939년 세계에서 여섯 번째 산금국이었다. 땅에서 소외된 농민이 땅을 파며 살아남으려 한다. 1934년 《조선중앙일보》 신춘문예 2등 당선작인 방인희의 단편 〈황금광시대〉도 논밭에서 금을 찾으려는 농민들의 이야기이다. 금광은 노다지로 상징되는 농민들의 희망이었다. 논밭이 광산이 되어 팔자를 바꾸려는 꿈을 꾸거나 금광에서 일하는 노동자는 금 한 조각이라도 훔치려고 목숨을 걸었다. 감시를 피하려고 어떤 사람은 상투 속에 금을 끼고 나오고, 어떤 사람은 항문에 금을 넣고 나왔다. 이와 같이 일확천금의 욕망이 황금광 열풍을 만들며 농촌사회를 어떻게 변화시켰는지 보여주는 작품이 1930~1940년대에 많이 생산되었다.

김유정의 금광 3부작인 단편 〈금 따는 콩밭〉, 〈노다지〉, 〈금〉 중에서 〈금 따는 콩밭〉에는 재해가 발생하지 않는데 그것은 아직 콩밭에서 금광을 발견하지 못했기 때문이다. 콩밭에서 금을 찾으려는 시도는 농사로 더는 생계를 잇기 어려워서 벌어진 일이다. 〈노다지〉에서는 폐광산에서 두 사람이 몰래 잠채를 하다가 동발이 무너지며 한 사람이 심각하게 다친다. 〈금〉은 금광에서 일하는 광부들이 금을 빼돌리는 '금 도둑'을 다루는데, 광산의 일상적 재해를 활용한 비극적 이야기이다. "사람 죽는 것은 도수장 소 죽음에 진배없이 예사"인 광산에서 한 노동자는 계획적으로 사고를 내서 자신의 다친 다리에 금을 숨겨 나온다. 선혈이 뚜렷한 다리에 새끼줄이 칭칭 감겨 있으니 평소에 몸수색을 철저하게 하는 감독도 의심하지 않았다. 이처럼 김유정 소설에서 가난한 이들은 금을 캐어 일확천금을 꿈꾸지만 비극만이 벌어진다. 1939년 발표한 이태준의 〈영월 영감〉도 끝내는 재해로 향한다. 광산문학에서 재해는 필수적인 요소다. 많은 광산소설이 사고로 인명 피해가 발생하면서 갈등이 시작된다. 일제강점기 금광 열풍이 불던 시대를 담은 김유정의 소설과 이태준의 소설에서 나타나는 재난은 광업의 위험보다는 금광을 발견해 일확천금을 꿈꾸는 개인의 무모함을 보여준다.

1958년 《사상계》를 통해 발표한 전광용의 단편 〈지층〉에 이르면 광산노동자가 처한 재해 위험, 재해를 목격한 자의 트라우마, 피해자 가족의 입장 등이 서러움과 분노의 언어로 버무려진다. 〈지층〉은 단편이지만 광산의 여러 주제를 압축적으로 다룬다. 특히 광산에서 벌어지는 사고로 광부가 희생되는 순간을 짧고 강렬하게 묘사했다. 폭파 사고로 잘리고 찢긴 신체, 이 신체를 손에 쥔 목격자의 충격을 전한다. "뭉클하고 밟히는 것", "기다란 토막", "피가 뛰어 푸득거리는", "찢어진 고깃덩어리", "찢기고 부서진 조각", "바스러진 머리 조

각" 등의 묘사로 처참한 사고 현장을 표현한다.[*]

　재해를 다루는 광산소설들이 대체로 사고를 통해 비극적으로 마무리되지만 1970년대 이후로는 조금 달라진다. 1970년대 이후부터 광산의 사고에 무책임한 회사, 이윤이 앞서 노동자들의 생명을 경시하는 반인권적 행태, 이에 저항하는 노동자들의 조직화된 움직임 등이 나타난다. 윤대성의 희곡 《출세기》(1974)가 실제 사건을 바탕으로 세태를 풍자한 희극이라면, 1976년 발표한 서동익의 《갱》은 시종일관 무겁다. 서동익은 중편소설인 《갱》으로 제11회 세대신인문학상을 수상하며 등단했다. 이때 《갱》에 대한 심사평을 보면 당시 광산노동을 고발하는 이 소설이 꽤 신선한 등장이었음을 짐작할 수 있다. 예심 심사평을 맡은 소설가 박태순은 "병영소설과 6·25 소설이 한 편도 없었다는 것이 기이"하다며 대신 사회를 분석하는 소설이 많아졌다고 밝힌다. 《갱》을 묵직한 고발 소설로 평가했고 이 소설의 흠으로는 사건에 치중하느라 인물을 제대로 구축하지 못했다는 점을 꼽는다. 또한 소설가 홍성원은 예심평에서 "소재면에서 우리를 압도"하고 있으며 "광부들의 전용어가 마구 튀어나오는" 것에서 현장감을 느꼈다는 소감을 전한다. 본심을 맡았던 평론가 유종호는 "제재에 있어서나 처리에 있어서나 단연 이색적"이었다고 평가했다. 사고와 시체 수습을 둘러싼 회사와 노동자들 간의 갈등에 초점을 맞춘 《갱》에 대한 평에서 공통적으로 소재의 매력을 꼽았다는 걸 알 수 있다.[**]

　1987년 민주화항쟁 이후 1990년에 출간된 이인휘의 《활화산》

---

[*]　　전광용, 〈지층〉, 《꺼삐딴 리: 전광용 단편선》, 문학과지성사, 2009, 69쪽.

[**]　서동익, 같은 책, 305~306쪽.

에는 사망 사고 이후 훨씬 더 조직적이고 전투적인 노동자들의 분노가 쏟아진다. 청소년 소설인 이옥수의《내 사랑 사북》역시 사고로 노동자가 사망하면서 노사 갈등이 폭발한다. 이처럼《갱》,《활화산》,《내 사랑 사북》에서 광산 사망 사고는 모두 노동자들의 분노가 조직화되어 집단행동을 하는 결정적 계기로 작용한다. 사회에서 노동자들의 투쟁의 강도가 높아질수록 문학의 등장인물들도 점차 조직적으로 목소리를 내는 인물들로 변모했다.

1980년대에 이르면 노동자신문과 문예지의 증가로 노동자들이 겪는 사고의 구체적 실상이 더 잘 알려졌다. 1988년에 전태일문학상까지 생기면서 노동문학이라는 장르가 자리 잡았다.《광산노동자신문》,《막장의 빛》처럼 강원도 지역을 기반으로 광산에 집중한 신문은 물론이고,《노동문학》,《노동해방문학》같은 노동 전문 문예지 등을 통해 시를 발표하는 노동자, 노동자의 목소리를 전하는 시인이 늘어났다. 전문적으로 글쓰기를 하지 않더라도 독자 투고 형식을 통해 평범한 노동자들이 목소리 낼 지면이 생겼다.《광산노동자신문》에 실린 독자 투고를 보자.

"강원 탄광에서 근무 중 지난해 11월 1일 사고를 당해 강원탄광 부속병원인 십자의원에서 요양중인 산재환자입니다. 제가 당한 억울한 사정을 호소할 데가 없어 광산노동자신문에 투고하게 되었습니다"로 시작한다. 사연인즉, 회사에서 산재 처리를 거부하며 '위장재해', '허위재해'로 몰아갔다. 그 바람에 그는 보상은커녕 월급조차 받지 못해 생계가 곤란한 지경이 되었다. 노동부에 진정해도 처리가 늦었다. 회사 측은 소송포기 각서를 쓰지 않으면 산재 처리를 해주지 않겠다고 협박하기에 이르렀다. 이를 거부하자 환자를 폭행했다. 그의 말에 따르면 이 병원에는 그와 같은 사정을 가진 환자들이 한둘이 아니다. 병원 시설도 열악하여 환자들이 난방이 되지 않는 병원에서 밤에 잠을 자기 어려워 잠은 집에서 자고 오는 경우도 있다. 그의 글은 "몸을 다친 것도 억울한데, 부실한 치료에 폭행까지 당하다니? 우리 산재환자들은 언제나 제대로 대우를 받을 수 있을까요?"로 마무리된다.[•]

〈인두지주〉:
비인간으로서의 노동자, 몸과 말

자본주의의 형성 초기부터 노동자와 이주는 밀접한 관계다. 1897년 7월 조선인 100여 명이 일본 사가현 조자 탄광에 취업했다. 최초의 도일 노동 사례이다. 우리의 노동이동사는 광산의 발달과 함께했다고 해도 과언이 아니다. 황금광 시대 직전인 1920년대 문학에서는 주로 만주나 일본 등으로 일자리를 찾아 나서는 하층민들의 실상을 볼 수 있다. 한설야의 〈합숙소의 밤〉(1927)에 만주에 있는 탄광노동자들의 일상이 담겼다면, 비슷한 시기에 발표한 계용묵의 〈인두지주〉(1928)는 일본으로 일자리를 찾으러 갔던 조선 하층민의 비참한 위치를 짐작케 한다. 자본주의 사회로 이행하게 되면서 조선 말부터 농민층 분해와 함께 임금노동자층의 형성이 함께 일어났다. 이 임금노동자들은 대체로 노동 빈민층이기도 하다. 개항 이후 가장 많은 비중을

[•] 이경선, 〈독자투고〉, 《광산노동자신문》 제7호, 1989년 4월 6일.

차지한 산업은 광업이었다. 광산 개발로 일확천금을 얻는 사람들도 있지만 정작 광업에 종사하는 노동자 다수는 노동 빈민이었다. 실제로 조선 말기 임금노동자 중 광산노동자가 노동 빈민의 가장 많은 비중을 차지한다.[•] 가난한 농민이 광업으로 향하는 구조였다.

한설야의 〈합숙소의 밤〉은 광산 일자리를 기다리는 만주의 합숙소 모습이다. 이 소설에 '쿠리'라는 어휘가 등장한다. 한국 근대문학에 '노동자'라는 어휘가 등장하는 시기에 '쿨리' 혹은 '쿠리'라는 말도 함께 쓰였다.[••] 농촌사회가 붕괴되면서 일자리를 찾아 전국을 떠도는 노동 빈민층이 늘어났듯이, 조국을 떠나 다른 나라로 이동하는 노동자도 증가했다. 일을 찾아 외국으로 이주하는 노동자는 말을 잃기 쉬운 위치다. 계용묵의 〈인두지주〉는 산업화 초기 식민지 하층계급의 말하지 못하는 위치를 은유적으로 잘 보여준 작품이다. 1928년 《조선지광》에 발표한 단편으로 하층계급 식민지 시민의 이중 억압이 드러난다.

일제강점기 조선인 소작농들이 일거리를 잃고 떠돌다가 일본에서 노동을 해보려 한다. 일본에 건너가긴 했지만 "말도 모르는 벙어리들에게" 일자리를 주는 곳은 없었다. 이들은 조선에서는 '벙어리'가 아니지만 식민제국인 일본에 건너가면 제국의 언어를 모르는 '벙어리'가 된다. 경수는 이리저리 떠돌며 고생하다 다시 조선으로 돌아오지만 그의 친구 창오는 붙잡혀서 유치장에 감금된다. 유치장에서

[•]   김양식, 〈개항기 한말 광산노동자연구〉, 《국사관논총》, 국사편찬위원회, 1997, 77쪽.

[••]   '쿨리(coolie)' 혹은 '쿠리'라는 말은 19세기 후반에 주로 중국과 인도 등 아시아에서 유럽으로 이주한 일용직 노동자들을 일컫는다. 어원은 남인도에서 사용하는 타밀어로 '고용'이라는 의미인 'kūli'에서 유래했다고 알려졌다.

창오는 광산에 가면 그래도 돈을 벌 수 있다는 정보를 듣고 유치장에서 풀려난 후 일본 광산에 들어간다. 하지만 광산은 오히려 말하지 못하는 노동자를 혹독하게 부려먹는다. 그곳에서 창오는 "석탄을 파내다가 그만 아랫도리를 치여" 하반신을 잃었다. 다리까지 잃은 그는 탄광 사고로 함께 "병신이 된" 동료와 돈을 벌 궁리를 하다 거미 탈을 쓰고 거미인간으로 공연을 하며 살아간다. 다리도 없는 몸으로 천신만고 끝에 고국에 돌아왔지만 창오는 여전히 노동할 자리를 찾지 못한다. 조국에 돌아와 언어를 되찾았지만 가진 게 몸뚱이뿐인 노동계층이 몸을 상실했으니 그는 노동할 수 없다. 노동자로 살아갈 수 없는 노동계층은 비인간되기를 선택한다. 결국 그는 산업박람회에서 다시 거미인간으로 공연한다. 그에게는 '주인'이 있다. 이 주인이 거미인간 공연을 통해 돈을 번다.

사람 얼굴에 거미 몸을 한 우스꽝스러운 모습을 보고 정말 거미인간이라 속아줄 사람이 있을까. 그러나 소설 속에서 사람들은 정말 창오의 모습을 신기하게 여긴다. "남양인도산 사람"이라 외치는 주인의 목소리는 이 거미인간을 그럴 듯하게 만든다. 그는 '거미'라 하지 않고 분명히 '사람'이라 외친다. 그러나 구경꾼들은 낯선 이국에서 온 '사람'을 사람 아닌 생명체로 본다. 조선인도 아닌, 일본인이나 중국인도 아닌, 상대적으로 먼 미지의 나라 '남양인도'에서 온 생명체다. 완전히 다른 존재로 보이기 위해 그는 자발적으로 말을 잃고 '혀가 없는 인간'이 된다.

일거리가 없어 지게를 지고 떠돌던 경수는 우연히 이 박람회를 구경하다가 얼굴을 보고 거미인간이 창오임을 알아본다. 그러나 거미인간에게 아무리 말을 붙여도 그는 대답하지 않는다. 대답할 수 없다. 그는 '남양인도산 사람 거미'이기 때문에 조선말을 몰라야 한다. 창오는 구경꾼이 없을 때 거미 탈을 벗어 거미인간이 아니라 인간 창오의 모습을 드러내어 비로소 말한다. 그는 경수에게 자신이 그간 겪었던 일을 털어놓는다.

창오가 거미인간이 되어 살아가는 모습은 자본주의 사회에서 노동자의 입 없음을 생각하게 만든다. 1920년대 산업박람회가 열리는 새로운 도시에서 식민지 조선의 하층민인 창오는 온전히 사람으로 존재하지 못한다. 그는 언어를 박탈당하고, 다리를 잃고, 끝내 동물이 되어 돈을 번다. 말하고 자유롭게 이동하는 인간이 아니라 다리가 잘려 주인에게 소속되어 침묵당한 채 박람회의 구경거리가 될 때만 돈을 벌 수 있다. 창오는 공식적으로 말할 수 없다. 창오는 사람 얼굴에 거미의 몸을 한 '혀가 없는 인간'이다. 그는 일본에서는 일본어를 모르는 이주노동자이며, 조선에 돌아와서는 우리말을 모르는 '남양인도산' 사람/동물이다. 사회에서 가장 하층민의 위치인 이주노동자는 곧 동물과 비슷한 위치에 있다.

자본주의와 함께 이주노동자는 늘어났다. 언어를 갖추지 못할수록 위험하고 더러운 저임금 노동 현장으로 향한다. 창오가 일본에서 광산에 가게 된 것은 일본어를 모르는 외국인 노동자였기 때문이다. 오늘날 한국에 오는 외국인 노동자들도 한국어 능력 시험 점수에 따라 취업하는 분야가 나뉜다. 자본은 끊임없이 노동자들의 혀를 자르려고 한다. 외국인 노동자는 지시를 알아들어야 하지만 목소리를 내어서는 안 된다. 그들은 탈출을 위한 말은 미처 배우지 못한 채 업무에 투입된다. 리튬전지가 폭발해 대형 참사를 부른 2024년 아리셀 화재 참사에서 23명이 사망하고 8명이 부상을 입었다. 사망자 23명

중 18명이 외국 국적자이다. 한국 내 이주노동 역사상 최악의 사건
으로 기록되었다. 이주노동자는 자국 언어로 안전 교육을 받기 어렵
다. 참사 후에도 통역이 필요했다. 강제징용된 조선인들이 일본어를
모를수록 목숨을 잃을 가능성이 높았던 사실을 떠올렸다. 오늘날 한
국 안에서 이주노동자가 겪는 고통과 소외는 100여 년 전 조선인들
이 일본과 중국 등에서 '쿨리'나 식민지인으로 겪었던 위치를 연상시
킨다.

허가 없는 인간

노동계급을 주인공으로 한 최초의 소설은 1885년 출간된 에밀 졸라
의 《제르미날》로 알려졌다. 《제르미날》은 프랑스 최초의 노동소설
로, 프랑스뿐만 아니라 문학사에서 노동자가 주인공인 노동계급 이
야기를 본격적으로 쓴 최초의 소설로 본다. 노동계급을 본격적으로
다룬 작품이 19세기 후반이라는 사실은 문학에서 말하는 자, 그 말이
들리는 자가 누구인가 질문하게 한다. 《제르미날》은 19세기 광산노
동자와 광산촌 사람들의 삶을 상세히 다뤘다. 주인공 에티엔 랑티에
는 해고되어 일자리를 찾아 떠돌다가 프랑스 북부의 한 탄광에 들어
간다. 광업은 산업사회 초기에 커다란 비중을 차지한 만큼 노동자를
주인공으로 한 최초의 소설에서 그 노동자는 '광산노동자'이다. "우
리 문명의 기반은, 체스터턴에게는 실례지만, 석탄이다"*라고 조지

---

* 　조지 오웰, 《위건 부두로 가는 길》, 이한중 옮김, 한겨레출판, 2010, 31쪽.

오웰이 정의한 것은 과장이 아니다. 대한민국 정부 수립 이후 최초의 공기업이 1950년 설립된 대한석탄공사라는 것에서도 근대화와 산업화에서 자원이 차지하는 비중이 얼마나 중요했는지 알 수 있다. 석탄뿐만이 아니라 광물을 지우고서는 인류의 문명을 이해할 수 없다.

19세기 말부터 유럽 문학과 미국 문학에서 광산을 배경으로 하거나 광산주가 등장하는 소설은 적지 않다. 소설에서 광산이 등장하는 방식을 살펴보면 광산 개발에서 폐광에 이르기까지의 사회상을 볼 수 있다. 미국의 골드러시를 배경으로 한 소설, 산업혁명의 중심지였던 영국에서 광산주를 주인공으로 한 소설 등은 꾸준히 있었다. 그러나 임금노동자로서 광부와 그들 가족의 삶을 구체적인 임금과 생활비까지 세세하게 밝히며 쓴 최초의 소설은 《제르미날》이다.

나쓰메 소세키는 1909년 만주를 여행하고 〈만한 이곳저곳〉이라는 기행문을 썼다. 이 글에서 소세키는 중국인과 조선인 노동자를 보게 되지만 그들과 대화하거나 교류하지는 않는다. 제국의 남성 지식인 눈에 비친 식민지 노동자들은 외관으로 묘사될 뿐이다. 소세키는 쿨리, 인력거꾼, 부두노동자, 갱부를 스쳐 지나가며 본다. 노동자의 몸과 노동하는 모습은 소세키에게 거리를 두고 바라보는 좋은 경치와도 같다. 그는 쿨리들이 건장하며 힘이 세기 때문에 보기만 해도 기분이 좋다고 한다. 열악하기로 유명한 광산노동자들의 사택은 소세키의 시선 속에서 도쿄 사람들에게 보여주고 싶을 정도로 아름다운 풍경으로 전환된다. 그의 글에서 노동자의 몸과 집은 낭만화된다. 소세키는 반복적으로 노동자들의 몸을 묘사하는데 근육질 몸에서 옛날 장수들의 몸을 상상한다.

"뭉게뭉게 피어나는 김 속에서 마치 청동과도 비슷한 강건한 근육질들이 땀에 젖어 빛을 발한다. [중략] 옛날 한신 주위에 몰려들었을 장수들은 바로 이런 쿨리들의 모습과 별반 다를 바가 없었을 것이다."[*]

이처럼 노동자의 몸을 건강하고 아름답게 보여주는 그의 글에서 노동자의 고통은 전혀 느껴시지 않는다. 그리고 "침묵과 규칙적인 반복 운동은 그들의 운명처럼" 보이며 "그들은 혀가 없는 인간과도 같이 묵묵히 일한다".[**] 무거운 짐을 지고 움직이는 노동자들이 서로 아무 말도 나누지 않는 모습은 그에게 '묵묵히' 일하는 모습일 뿐이다. 나쓰메 소세키가 표현한 대로 노동자들은 '혀가 없는 인간'으로 취급받았다. 노동자들은 침묵한 채 반복적으로 몸을 움직일 뿐이다. 그리고 이것은 '운명'처럼 보이기에 그들의 고된 노동은 마치 자연현상처럼 여겨진다. 그의 글에서 노동자는 그가 스케치하는 풍경의 일부이다. 소세키는 그 안에 들어가지 않는다. 조지 오웰이 《위건 부두로 가는 길》에서 광부의 삶에 잠시라도 들어가 그들과 대화를 나누고 조금이라도 체험하려 한 것과 다르다. 소세키에게 노동자는 다른 종류의 인간이다. 노동자의 땀을 소세키는 낭만적으로 바라본다. 훗날 소세키는 소설 《갱부》를 쓴다. 기행문에서 보여줬던 '스케치'보다는 노동자의 삶에 가까이 접근했다고 할 수 있으나, 광산노동에 대한 혐오와 두려움을 품은 도련님이 자멸의 방식으로 갱부가 되어 인생

[*] 나쓰메 소세키, 〈만한 이곳저곳〉, 《회상》, 노재명 옮김, 하늘연못, 2010, 291쪽.
[**] 나쓰메 소세키, 같은 책, 291쪽.

막장 경험을 하는 틀에서 크게 벗어나지 않는다. 다만 "먼저 소, 그다음이 말, 말 다음이 갱부의 순위"[*]라는 표현에서 그 당시 광산노동자가 얼마나 비참한 생활을 했는지 상상해볼 수 있다.

지식인들의 이러한 시각은 근대문학에서 어렵지 않게 찾아진다. 그들은 노동자를 '본다'. 노동자는 현실에서도 목소리 내기 어렵지만 문학에서도 노동자는 언제나 '혀가 없는 인간'이었다. 그렇다면 한국 문학에서 근대적 의미의 '노동자'는 언제 등장하는가. 1906년 이인직의 《혈의 누》에서 '노동자'라는 어휘가 처음 나왔다. 이때 노동자는 미국에서 본 '청인'이다. 지식인인 주인공이 외국인 미국에서 청인, 즉 중국계 이주노동자를 보는 것이 이 작품이 노동자와 조우하는 방식이다. 한국 문학에서 노동자는 이렇게 외부인으로 처음 등장한다.

소세키가 만주에서 쿨리를, 《혈의 누》의 주인공 옥련이 미국에서 청인을 보듯이, 육체노동으로 경제활동을 하는 임금노동자의 출현이 그 시기 지식인들에게 외국인처럼 타자화되고 대상화된 존재임을 알 수 있다. 소세키의 눈에 "혀가 없는 인간과도 같이" 보였듯이 이때 외국인/노동자는 목소리가 없다. 실제로 혀가 없을 리 없지만 그들을 대상화하기 때문에 혀의 존재를 무시한다. 지식인의 눈에 노동자는 타자였다. 그들의 말이 아니라 그들의 모습을 담았다.

최초의 근대 소설로 규정되는 이광수의 《무정》에서 주인공 형식은 기차 안에서 남루한 행색으로 맞은편에 잠든 "어떤 노동자 같은

<hr>

[*]   나쓰메 소세키, 《갱부》, 송태욱 옮김, 현암사, 2014, 88쪽.

소년"을 보고 "아마 어느 금광으로 가는지"라고 추정한다.[**] 그도 역시 노동자를 '본다'. 그가 이 소년과 대화하는 장면은 나오지 않으며 소설에서 이 소년에 대해 구체적으로 알 수 있는 정보는 어디에도 없다. 독자는 형식의 관점에 따라 소년을 바라볼 뿐이다. 흙 묻은 무명옷을 입고 오래 묵은 때가 보이는 외관상 고단한 삶을 살고 있을 것으로 짐작한다. 이러한 하층민 소년을 보며 금광으로 간다고 추정할 정도로 당시에 금광을 찾아가는 노동자들이 많은 시대였음을 알 수 있다.

노동자들은 일자리를 찾아 꾸준히 이동한다. 그들의 이동은 잘 보이지 않지만 항상 우리 주변에 있다. 또한 노동자들은 꾸준히 말한다. 독일로 이주한 광산노동자들은 현장에서 사용하던 나무 위에 한국어, 영어, 독일어로 글을 남겼다. 현지 교민들은 문예지를 출간하기도 했다. 노동자들이 혀가 없는 인간인 게 아니다. 역사가 노동자들의 목소리를 지속적으로 묵살할 뿐이다. 가장 사랑받는 노동자는 멸시를 숙명으로 받아들이며 침묵하는 노동자이다. '근면 성실'은 과로의 다른 말이며 '묵묵하게'는 목소리 없음을 말한다. 노동자가 연대하는 순간 이들은 귀족이 되거나 폭력배가 된다.

[**]   이광수, 《무정》, 민음사, 2010, 285쪽.

목소리들,
들을 수 있을 때 듣기

고통은 너무나도 뜨겁기에! 확신컨대,
간호사나 요리사, 세탁부 같은 평범한 사람들은
자신의 행동을 꾸미지 않는다.(중략)
타인으로부터 영향을 받은 이야기가 아니라
바로 자기 자신의 삶에서 뽑아낸 진짜 고통과
아픔을 들려준다.

·스베틀라나 알렉시예비치,
《전쟁은 여자의 얼굴을 하지 않았다》,
박은정 옮김, 문학동네, 2015, 19쪽

혀가 있는 인간, 목소리를 찾아갔다. 폐광 이후 살기 위해 그곳을 떠나야만 했던 수많은 사람들의 삶이 몹시도 궁금했다. 한편, 모두 떠나기만 하진 않았다. 누군가는 결코 떠나지 않고 살아간다. 떠나거나 떠나지 않거나, 나름의 이유와 사정이 있다. 광산은 닫혀도 삶은 계속된다. "다 죽었지"라고들 말하지만, 나는 동시에 "우리가 죽었다는 이야기는 너무 과장된 소문이다"*라는 문장을 떠올렸다. 사라지는 언어를 연구한 탐사 보고서인 《아무도 모르는 사이에 죽다》에는 다 죽었다는 말이 들릴 때 반드시 누군가는 남아 있다는 점을 상기시켜준다. 20세기 말 네팔의 소수민족 쿠순다족의 언어가 소멸되었다고 알려졌다. 그러나 네팔 정부의 노력으로 쿠순다어를 사용하는 화자를 2000년대 이후에도 하나둘 찾아냈다. 한 사람을 찾으면 그가 또 다른 사람을 연결해주고 그렇게 한 세계를 알려준다. 소멸하는 언어

<hr>

*　니컬러스 에번스, 《아무도 모르는 사이에 죽다》, 김기혁·호정은 옮김, 글항아리, 2012, 408쪽.

의 화자들을 찾아 나서는 언어 인류학자의 마음으로 목소리를 찾아 나섰다. 폐광 후 많은 질병과 싸우며 살아가는 사람, 여전히 광산노동자로 살고 있는 사람, 광산을 나와 다른 일을 하는 사람, 광산노동자의 가족이었던 사람 등을 만났다. 폐광 후 지역을 떠난 사람도 있고 남은 사람도 있으며 떠났다가 돌아온 사람도 있다. 비슷한 듯 다른 각각의 삶이 더 소멸하기 전에 '들을 수 있을 때 듣기'를 실천해야 한다.

광산이 적지 않았음에도 광산과 광산노동자의 삶은 피상적으로 알려졌다. 광산노동자는 비슷비슷한 이미지로 전해졌다. 광산노동자를 만난 적도 본 적도 없지만 모두가 아는 존재인 듯 했다. 달리 말하면, 안다고 생각해도 괜찮은 대상이다. 검은 얼굴과 곡괭이, 안전모, 장화 등의 이미지로 반복되기 때문이다. 광산노동자는 그저 막연하게 '막장 인생'으로 알려진 존재다.

제니퍼 M. 실바는 광산노동자들의 고통을 개인의 문제로 방치하지 않고 정치적 담론으로 만들기 위해 그들의 목소리를 수집했다. 실바가 이어간 작업처럼 지역 노동계층의 목소리를 통해 "개인적인 고생과 정치 사이에 어떻게 상상의 다리를 놓는지"° 이해할 필요가 있다. 막연하고 통념적인 짐작이 아니라 구체적이고 실제적인 목소리와 마주할 때 제대로 된 정치적 상상을 할 수 있다.

° 제니퍼 M. 실바, 《사라질 수 없는 사람들》, 성원 옮김, 문예출판사, 2022, 51쪽.

1장

이중기, 1943년생
"죽어도 여기서 죽지"

양양 출신.
양양광업소 26년 근무 –
폐광 후 월남전우회 상근.

"보청기 빼면 아무것도 못 들어."

많은 사람이 사라졌지만 1960년대부터 1994년 폐광 때까지 양양광업소에서 근무했던 사람을 만날 수 있었다. 양양에서 태어나 여든을 넘긴 나이에도 지금까지 양양을 떠나지 않고 살아온 이중기이다. 1994년에 퇴직할 때까지 광산 현장에서 26년을 꼬박 일했다. 퇴직할 때 그는 항장이었다. 항장은 광산에서 갱도 안의 현장을 책임지는 사람으로 보통은 갱장이라 하지만 양양에서는 항장이라 불렀다. 양양에서만 살아온 그는 양양과 광업소의 변천사를 생생하게 목격하고 경험한 산증인이다.

아버지는 폐광 후 양양을 떠나면서 따로 만나지는 못했지만 양양에 살고 있는 몇몇 사람들과 간간이 안부를 주고받았다. 오래전 아버지는 동서울버스터미널에서 이중기와 우연히 마주친 적이 있다. 이중기는 서울에 있는 병원에 다녀가는 길이었다. 그렇게 근황을 알아갔을 뿐이다. 다른 전·현직 광산노동자들을 만날 때와 달리 이중기를 만날 때는 부모님이 동행했다. 함께 가겠다는 부모님을 처음에는 말렸으나 갑작스럽게 그의 삶에 등장하는 것이 실례일 수 있다는 의견에 동의했다. 관계를 구축할 시간은 필수적이다. 이중기는 내가 어릴 때 만난 적이 없는 데다 고령이고 지병이 있어서 여러 차례 만나며 관계를 형성하기에는 무리였다. 누군가의 삶을 내 질문에 그저 답하는 대상으로 만들지 않으려면 고려해야 할 요소가 너무 많았다.

전화로 만남을 청했을 때 그는 흔쾌히 수락했고 나와 부모님은 그가 살고 있는 양양으로 향했다. 오래전 이중기의 집을 아버지는 기억했다. 이중기는 여전히 같은 집에 살고 있었다. 집으로 찾아가 모시고 나온 뒤 맛있는 식사를 대접하겠다는 계획으로 찾아갔으나 그의 집 앞에서 만나자마자 이 계획이 얼마나 어리석었는지 알게 되었다. 허리가 약간 굽은 채 천천히 걸어나온 이중기는 무릎 수술을 한 지 1주일이 채 안 되었다며 집 밖을 나가기 어렵다고 했다. 어쩔 수 없이 그의 집에 들어가자니 폐를 끼치는 것은 아닌지 조심스러웠다. 집 안으로 들어서자 그의 아내가 씩씩한 목소리로 우리를 맞았다. 아버지와 이중기는 다른 사람들의 안부를 물으며 생사 확인을 이어갔다. 그는 광업소 동료 중 떠난 사람들을 이야기했다. 누구는 폐렴으로 갑자기 죽고, 누구는 당뇨로 일찍 죽고, 그렇게 "다 죽었다"며 자기는 "우리 집사람이 잘 거둬 맥여가지고" 이렇게 잘 살아있다고 했다. 얼굴이 건강해 보였지만 그의 목소리와 발음이 알아듣기에 쉽지는 않았다. "보청기 빼면 아무것도 못 들어"라고 말하는 그는 청력을 잃은 지 오래되었다. 산재 인정은 2023년에 받았다. 폐광한 지 거의 30년이 지나서다.

아버지와 이중기가 대화를 이어가는 동안 나는 벽에 가득한 상패와 사진들을 구경했다. 집 안에는 라이온스 클럽 기념패들이 많았다. 이공계 연구실에서 일하는 듯 보이는 한 남자의 사진을 내가 물끄러미 바라보자 둘째 아들이라고 알려줬다. 베어링 만드는 기업에서 베어링 설계하는 일을 한다며 아들들이 잘 지낸다고 덧붙였다. 벽에는 시기별로 찍은 가족사진이 여러 개 걸려 있었다. 이중기의 얼굴이 나이 들어가는 만큼 그의 주변에 가족들이 늘어났다. 열 명의 3대가 함께 찍은 사진 속에서 가장 어린 손녀를 가리키며 말했다. 교대에서 장학금 받으며 공부한 후 최근에 학교 발령을 받았다며 "공부를 잘했어"라고 소개했다. 아들, 며느리, 손주, 조카 들의 직업을 소개하는데 그의 집안 사람들은 교직으로 많이 진출했다. 모두 열다섯 명이 교직에서 근무하다가 퇴직했거나 현재 근무 중이다. 직급도 평교사에서 교장까지 다양했다.

전쟁의 기억들

이중기의 부모님 고향은 이북 고성이다. 일제강점기 말에 부모님이 양양으로 이주하면서 이중기는 양양에서 태어났다. 당시에 그의 부모는 우차를 몰았다. 자동차가 없던 시절 우차를 가진 부모님은 그것을 밑천 삼아 원목 나르는 일을 하며 생계를 꾸렸다. 이중기는 한국전쟁 전에 북한이었던 시절의 양양을 기억했다. 그 시절 제 어머니와 할머니가 자주 다퉜다. 어머니는 먹고살기 위해 계속 뭔가를 심고, 할머니는 심으면 자꾸 빼앗아가니 심지 말라고 했다. 공산 정권하에서 사유재산을 가질 수 없었던 시기에 벌어진 가족 간의 일상적 다툼이었다. 들키면 자칫 위험해질 수도 있는데 사람들은 빼앗기지 않으러 땅에 이것저것 묻어놓고 먹었다.

그러다 "6·25 사변"이 터졌다. 이중기는 전쟁이 발발하기 전에 이미 북한에서 방공호를 파던 기억을 떠올렸다. 그때는 그게 뭔지 몰랐으나 나중에 돌이켜 보니 전쟁 준비였다. 전쟁이 발발하고 피난을 다니다가 그의 작은아버지 집은 "다 죽었다". 피난 가다가 죽고, 갔다오다가 죽고, 전염병이 돌아 또 죽었다. 인공 치하에서 먹을 것을 숨기기 위해 땅을 파던 마을 사람들은 이제 사람이 숨기 위해 뽕나무 밑에 굴을 팠다. "요 앞에 산에 굴이 두 개나 있었어. 함포사격을 하면 도망가야 하잖아. 뽕나무 밑에 다 파놨어." 우차가 있었던 그들 가족은 상대적으로 안전하게 피난 갈 수 있었다. 그들 가족은 모두 살았고 넷째는 피난 통에 낳아서 들어왔다. 다시 돌아온 양양은 더 이상 북한이 아니었다. 미군정의 시기였다. "사변 끝나고 [예전에 땅에 묻어놓은 것들을] 다 쑤셔서 찾았어. 미군들이." 양양 사람들에게는 휴전을 해도 계속 전쟁이 이어지는 것이나 다름없었다. 전쟁이 끝나고 여섯 명의 남매가 더 태어나면서 10남매가 되었다. 첫째 누나만 세상을 떠나고 지금도 나머지 9남매가 모두 살아있다.

국민학교 1학년을 다니다가 전쟁으로 학업이 끊겼던 이중기는 수복 이후 다시 학교에 들어갔다. 그런데 "먹고살 만한 사람들은 나이에 맞게 갔는데" 그렇지 않은 사람들은 다시 1학년으로 들어가게 했다. 북한 시절 학교를 다녔던 것이 인정되지 않았다. 그는 다시 1학년이 되어 두세 살 어린 친구들과 학교를 다녔다. 그는 꽤 억울했다. "세상을 아는 사람들은 함부로 '중기야', 이러지 않아."

이중기는 키가 컸고 양양에서 중고등학교를 다니면서 교내 배구선수로 뛸 정도로 운동을 잘했다. 학생회 활동도 열심히 하면서 활발하게 살았다. 동생이 일곱 명이나 있는 그는 고등학교를 졸업하고 곧장 '월남'에 갔다. 그가 양양을 떠나 가장 오래 체류한 장소는 전쟁터인 월남이다. 전쟁터에서 돌아와 당시에 다들 그렇듯이 공무원 시험을 준비했다. 그의 형은 이미 교사가 되어 타지로 나갔고 그는 양양에서 일반 공무원이나 경찰 시험을 볼 생각이었다.

광업소 훈련생

공무원 시험 준비를 하려는데 마침 양양광업소에서 훈련생을 모집했다. 동생들이 많았던 그는 광업소 월급이 공무원보다 더 좋다는 말에 당장 돈을 벌 수 있는 양양광업소에 입사했다. "양양에서는 공무원 아니면 광업소지." 1968년이었다. 양양광업소에서 딱 두 번 광산에 필요한 전문인력을 양성하기 위해 훈련생을 모집했는데, 그는 2기 훈련생에 지원했다.

훈련생이 되기 위해서는 우선 시험을 봐야 했다. 영어로 광산에 필요한 용어들을 이것저것 쓰도록 했다. 그는 합격해서 훈련생이 되었다. 채광공, 곧 착암부로 입사했다. 본격적으로 연수를 받았다. 광업과 관련한 책을 보며 공부하는데 다 영어였다. 들어보지도 못한 말이 많았다. 부지런히 연수를 받아 광업에 대한 기본적인 개념을 익히고 갱도에 들어갔다. 그런데 정작 현장에서는 작업과 관련해서 다 일본 말을 사용했다. 연수할 때 배웠던 말은 현장에서는 유통되지 않았다. 현장 선배들은 기계 이름도 일본어로 말했다. 하루 업무가 끝나면 일지를 써야 하는데 말을 알아듣지 못해 쓰기 힘들었다.

"기억나는 게 뭐냐면, 마개, 우리는 '프라그'라고 했는데, 일본어
는 '메꾸라'라고. 나는 프라그로 배웠는데 현장에 가니까 고참
들이 '야, 메꾸라 가져와' 그러는 거야. 메꾸라가 뭐냐고 물어보
니까, 메꾸라도 모르는 새끼가 뭐 하냐면서 면박을 줘."

당시 현장의 고참 중에는 "왜정 때부터" 광산에서 일했던 사람
도 있었다. 일제강점기 때부터 광산에서 일하며 일본인들의 언어로
현장을 익힌 사람들에 의해 노동자들의 언어가 전수되었지만, 현장
바깥에서는 광산학과를 나온 전문가들이 영어로 이론적 설명을 했
다. 공대를 나와 광산 관련 자격증을 갖춘 간부들과 자격증은 없지만
실제 광산의 생리를 몸으로 익힌 광부들 사이에서 그가 겪은 대표적
인 애로사항이 바로 언어였다. 언어뿐만이 아니라 채굴에 대한 이해
도 이론 공부를 한 공대 출신 간부들과 현장의 고참들 사이에는 괴리
가 있었다.[*] 이중기는 그 사이에서 적응과 조율을 이어갔다.

이중기는 훈련생으로 체계적 교육을 받고 들어갔지만 '남자들
의 세계'에서는 고참들의 힘이 상당했고, 업무 강도에 따라 위계가 뚜
렷했다. 채굴 현장의 최전선에 있는 착암부들이 밥 먹을 때 운반부들
은 곁에 오지도 못했다. 학창 시절 배구선수로 활약할 정도로 체격이
좋았던 이중기는 광산에 들어와서도 사내 배구팀에서 활동했다. '남
자들의 세계'에서 건장한 체격과 뛰어난 운동 실력은 그를 함부로 대
하지 못하도록 만들었다. 지금은 여러 차례의 수술과 오랜 투병으로

[*] 이중기는 간부들의 채굴 이론과 현장 노동자들의 채굴 방식 사이에 어떤 간극이 있었
는지 더 구체적으로 설명을 했지만 내가 그의 말을 알아듣고 이해하는 데 한계가 있었다.

몸이 쇠약해졌음에도 그는 자신이 젊은 시절 체력이 얼마나 강했는지를 강조할 때 목소리에 힘이 들어갔다.

1972년 즈음 광업소에서 자격증 없는 사람들을 선별하기 시작했다. 그 전까지는 자격증이 없이도 감독을 하는 게 가능했다. 감독이나 항장이 되기 위해 시험을 보도록 했고 사원에 해당하는 착암부였던 이중기도 이때 감독이 되는 시험을 봤다. 시험에는 광산 언어가 영어로 나왔다. 그는 어휘 공부와 채굴 관련 공학 지식 등을 공부했다. 훈련생으로 들어와 밑바닥부터 연수를 받았던 그는 시험을 봐서 자격증을 따고 이제 감독이 되었다. 이미 발파도 하고 현장 기술은 꽤 익힌 상태였다. "발파는 기본"이었다. 기존에 자격증 없이 감독이나 항장을 해왔던 사람들 중에는 스스로 그만두는 사람도 있었고, 일부는 시험에 응시했지만 대부분 떨어졌다. 항내에서 일하던 노동자 중 이중기 혼자 붙었다. 항외에서 일했던 사람 중에 한 사람이 붙어서 일반 사원급 노동자 중에는 두 사람이 감독으로 승진했다. 1972년을 기점으로 자격증을 갖추지 않은 감독들은 광업소에서 일하기 어려워졌다. 인맥으로 알음알음 자리를 봐주던 관행이 정리되어갔다. 이중기는 그렇게 착암부에서 시작해 감독이 되고, 주임이 되고, 현장에서 최고 책임자인 항장이 되었다. 광산에는 여러 항**이 있는데 양양광업소에는 네 개의 항이 있었다. 항장은 갱도 전체를 책임지는 위

** 대부분 구덩이 '갱(坑)'을 쓰는데 간혹 갱과 항이 혼용된다. 한자로는 '갱(坑)'으로 표기하면서도 '항'이라고 부르곤 하는데, 갱에서 토(土) 변이 빠진 '亢(목 항)'으로 읽는 게 아닐까 추정한다. 정확한 유래는 알 수 없으나 '항(亢)'이 중국어로는 '갱'으로도 발음된다. 보통 각각의 갱도 입구를 기준으로 현장을 '무슨갱' 혹은 '무슨항'이라 부른다. 양양광업소에는 도목항, 논화항, 양양항, 수항이 있었다.

치이고, 각 갱도 안에는 또 다시 여러 갈래의 갱도가 있으며 그 안에
주임과 감독 등이 있다. 1994년에 폐광 투쟁할 때 항을 책임지는 사
람으로서 이중기는 노동자들과 갱 밖으로 나오지 않겠다고 노조 위
원장에게 알려온 사람이었다.

"다들 그렇게 어렵지"

감독으로 일하던 어느 날 직원 한 명이 돈을 조금만 꿔달라고 했다.
이유도 묻지 않고 우선 빌려줬다. 버스에서 내리자 그 직원은 기다
리던 부인에게 그 빌린 돈을 주었다. 나중에 물어보니 당장 먹을 게
없어서였다. "그 당시에는 다들 그렇게 어렵지." 이중기의 아내는 결
혼 후 처음 받은 월급을 잊지 않았다. 1969년 결혼했을 당시 이중기
의 월급은 1만 1,000~1만 2,000원 정도였다. 그달 그달 채굴량과 근
무 날짜에 따라 약간씩 월급의 차이가 있었다. 그 당시 공무원 월급
과 비슷하거나 조금 많았다. 1만 1,000원 정도의 월급 중에서 무조건
1만 원은 서울에 있는 동생들에게 보냈다. 이중기의 아내는 시어머
니와 함께 농사일을 하며 먹거리를 따로 벌어야 했다.

"이 사람도 공무원 얼마든지 할 수 있는 사람인데 그때는 봉급
이 양양광업소가 공무원 저리 가라였지. 공무원 안 하고 그 굴 속에
가 일하니까 만날 마음이 조마조마한 거야. 다칠까 봐." 아내가 매일
가슴을 졸이던 어느 날 이중기는 현장에서 사고로 다쳤다. 겨우 서른
살이 되었을 때다. 서울에 있는 신촌 세브란스병원까지 가서 척추 수
술을 했다. 아직 어린 아이들을 시어머니에게 맡기고 아내는 병원에

서 남편을 돌봤다. 40일을 누워 있었다. 1970년대에는 사람들도 많이 죽었다. 죽고 다치는 동료들을 목격하며 일해야 했다. 이중기는 서른 살에 크게 다쳐 척추 수술을 한 후에도 여러 차례 병원을 찾았다. 몸이 이상하게 자꾸 추워서 서울에 갔다. 폐에 고름이 생겼다. 폐농양이다. 폐 반을 잘랐다. "허리 이만큼 잘라놨지." 또 40일을 누워 있었다. "그 후로 대중탕 안 가." 사람들이 자꾸 쳐다보는 게 부담스러웠다.

회사에서 돼지고기가 지급되는 날이면 가끔 동료들과 돼지고기를 구워 먹었다. "돼지고기는 슬레이트에 구워서. 매일 먹는 게 아니니까. 그게 얼마나 나쁜데. 그때는 몰랐지. 먼지 먹으면, 돼지고기 먹으면 좋다고 그래서 돼지고기 먹었지. 소고기는 비싸니까." 집에서도 가끔 돼지고기를 먹었다. "집집마다 다 돼지 키웠어. 가끔 돼지를 하나 잡는 거야. 몇 근씩 가져가고 나머지는 삶아서 같이 먹고. 그때는 그렇게 해주면 좋아했어." 노동자들은 광산에서 야근할 때 간식으로 계란을 많이 삶아 먹었다. "보통 10여 개씩 삶아서 나눠 먹고." 김치를 냉장고에 넣어 두고 라면을 자주 끓여 먹었다.

어쩌다 광업소 간부 부인이 양양 시내로 장 보러 가는 사원 부인들에게 심부름을 시킬 때가 있었다. 돼기고기 반 근만 사다 달라고 부탁하거나 소고기를 사다 달라고 한다. 노동자의 아내들은 육고점(정육점)에서 주는 대로 사왔다. 그런데 간부 부인이 보더니 수입 고기라고 지적했다. 한우인 줄 알았는데 수입산 젖소라고 했다. 당시 수입 고기를 많이 들여올 때였다.[*] 노동자나 그의 가족은 고기를 자주 못 먹으니 수입 고기인지, 젖소인지 알 수 없었다. "여기 다 수입 고기

---

[*] 소고기는 1976년부터 수입했다.

팔고, 젖소 고기 팔아도 모르는 거야. 한우라고 가지고 왔더니 간부 부인이 이거 수입 젖소라고. 우리가 뭐 소고기 먹어보나. 육고점에서 한우 잡았다 했는데. 우린 수입 고긴지 몰라."

양양을 떠나지 않기

폐광할 때 이중기는 50대 초반이었다. 항장으로 퇴직했다. 두 차례 실시했던 훈련생 제도를 통해 입사한 사람들 중에서 폐광할 때까지 남아 있었던 사람은 두 사람뿐이었다. 한 사람은 채광과 사무원이었으니 항내에서 일했던 사람 중에는 이중기 혼자였다. 26년간의 광산 생활 중 몇 차례 병원 신세를 지며 어려운 고비가 있었지만 1968년 입사한 그는 1995년 폐광 직전 노동자 대부분이 광산을 나왔던 1994년까지 양양광업소에서 일했다. 광산에서 차곡차곡 경험을 쌓았고 그는 태어나서 자란 양양을 떠날 생각도 없었다. 나와 만났을 때는 광산을 나온 지 정확히 30년이 지난 시점이었다. 그럼에도 이중기는 식탁 위에 손가락으로 그림을 그리며 안전하고 효율적으로 채굴하기 위한 굴진 방향과 각도 등을 설명하곤 했다. 같은 광산이어도 항마다 지형과 지반의 차이가 있어 채굴 방식을 달리했다. 지역에서 그에게 가끔 광업 관련해 자문을 구해오곤 했다.

　폐광 후 주변에 많은 동료들이 다른 광산을 찾아 양양을 떠나거나 아예 다른 직종을 찾았다. 아파트가 늘어나는 1990년대 중반 주로 아파트 경비원으로 취직했고, 시험을 봐서 주택관리사가 되는 사람들도 꽤 있었다. 사람들은 뿔뿔이 흩어졌다. 이중기는 아내에게 말했다. 자신은 아파트 경비원이든, 타광산이든 가지 않겠다고. "나는 죽어도 여기서 죽지". 그는 월남전우회(월남전참전자회)와 고엽제전우회에서 활동했다. 월남전우회 지회장을 하다가 고엽제전우회 지회장도 맡았다. 그의 막냇동생은 광업소에서 함께 일할 때 산소 용접을 배웠다. 그 기술을 바탕으로 그의 동생은 새시 회사에 들어가 지금까지 일한다. 퇴직 후 양양에 남은 사람들과 딱히 모임을 하지는 않았다. "누가 주관을 해야 하는데, 다들 먹고살기 힘드니까."

광산에서 차근차근 단계를 밟으며 기술과 이론적 지식을 익힌 만큼 그의 몸에 다양한 노동의 흔적이 남았다. 26년을 광산에서 일한 그의 몸은 폐광 후에 다른 일을 하기도 어려운 상태가 되었다. 겨우 쉰 살을 조금 넘었던 그에게 각종 질병이 기다리고 있었다. 암 수술만 세 번 했다. 아내가 고생을 많이 했다고 여러 번 말했다. 서울대병원에서 위암 수술을 하고 회복되었으나 대장암이 발병했다. 강남성모병원에서 대장암 수술을 했다. 항암 치료와 수술로 10여 넌 암투병을 했다. "항암 치료는 해본 사람이 알지, 몰라." 암 치료가 끝나가는가 싶었는데 간에 고름이 생겼다. 다행히 수술 없이 약물로 치료했다. 아내는 몸에 좋다는 음식을 찾아 열심히 "거둬 멕였"다. 개도 몇 마리 먹고, 오리도 많이 먹었다. 아내는 추어탕을 7년 동안 끓였다. 아내가 해주는 건 싫단 소리 안 하고 다 먹었다. 10년 동안 아침마다 사과를 하나씩 먹는다며, 그는 아내 덕분에 잘 먹어서 자신이 살아있다고 말한다. 무릎 수술도 몇 번을 했다. 이곳저곳 아프지 않은 몸이 없었음에도 "회사에서는 내가 최고"였다며 그는 광산에서 배구팀으로 활동할 때 얼마나 자신의 배구 실력이 좋았는지 재차 강조했다.

이중기는 청력을 완전히 잃었다. 항내에서 착암부로 일을 시작한 그는 셀 수 없이 많은 발파와 채굴 현장에 있었기에 귀가 서서히 망가져갔다. 보청기를 착용했을 때는 이미 폐광 후 한참 지난 다음이었다. 그는 산재에 대해서는 미처 생각하지 못했다. 관련 노무사를 만나게 되면서 뒤늦게 산재를 인정받았다. 2023년이었다. 춘천에서 검사하고, 의정부에서 또 검사를 받으며 재차 확인했다. 일할 때는 몰랐는데 광산 나와서 보니 난청인 동료들이 많았다는 걸 뒤늦게 알았다. 눈은 괜찮으냐 물으니 "아직까지는"이라 답했다.

"그냥 아내라고 해주세요"

이중기와 대화를 나누는 동안 그의 아내는 중간중간 말을 섞었다. 혹은 이중기의 말을 내가 금방 알아듣지 못할 때 또랑또랑한 목소리로 다시 설명해주곤 했다. 1945년생 아내도 양양 사람이다. "모든 게 아내 덕분"이라는 이중기의 말에 "저 양반이 그런 말 잘 안 해. 이젠 늙어서" 그런단다. 상대적으로 건강해 보이는 이중기 아내는 우리 대화에 자연스럽게 스며들었다. 그도 할 말이 많아 보였다. 그에게 쓰고 싶은 가명이 있느냐고 가볍게 물었다. "그냥, 아내. 아내가 좋네. 아내라고 해주세요."

시동생이 많아서 그들을 가르치느라 고생을 많이 했다. 겉보기에는 꼿꼿하고 건강해 보이지만 "저도 수술 다 했어. 난소에 이상이 있어서"라며 이런저런 질병으로 힘들었다고 했다. 젊을 때는 매일 술을 먹는 남편에게 뭐라고 말도 못 한 채 그렇게 살아야 하는 줄 알고 살았다. 시동생들과 아이들, 3교대로 일하는 남편의 도시락까지 준비하자면 다른 일은 하나도 할 수 없었다. 보릿짚 때고 콩짚 때면서 집에서 삼시 세끼 먹는 거 해결하는 것만으로도 벅찼다. "요즘은 다 밖에서 하지. 옛날에는 어디 그런가요? 다 집에서 하잖아요." 결혼식, 장례식 등 집안 대소사도 모두 집 안에서 해결할 때라 여자들의 일이 너무 많았다. 외지에 있는 형님네를 대신해 셋째인 이중기 집에서 모든 집안 대소사를 치러야 했다. 일이 많은데 보채니까 큰아이를 자꾸 때리게 되었다. "큰아이가 어릴 때 맞은 기억이 난다 그래서 너무 가슴이 아파요."

이중기 가족은 한동안 광산 사택에서 살았다. 시내까지 장을 보러 가기 위해 가끔 광석 실어 나르는 트럭을 얻어 타곤 했다. 원래는 안 태워주지만 버스를 놓치고 아이들과 함께 걸어가는 주민들을 보면 트럭 기사가 태워줬다.

"광업소랑 시내를 오가며 하나 업고 하나 붙들고, 여기 왔다 갔다 하면서 시어머니 밭일 도와주고. 어머니 고생하는 거 그냥 보질 못해서. 내가 그렇게 고생한 거 아니까 동서들이 '조카들 잘되는 것도 형님이 덕을 쌓아서 그렇다'고, 그런 소리 들을 때는 기분은 안 나쁘지. 어머니가 내 말이라면 다 통과였어요. 어느 정도였냐면, 명절 때 일하다가 동서들이 그릇을 깨면 저보고 깼다고 하라 그랬어요. 나는 그릇을 깨도 시어머니가 뭐라고 안 하거든. 그 정도로 시어머니가 저를 엄청 믿었거든요."

가족이 많아 고생했지만 그에게는 의지하고 믿을 사람도 가족이었다. 친구들도 이미 많이 세상을 떠났다. 형제계를 해서 1년에 두 번 만난다. "여름에 한 번, 겨울에 한 번. 한 달에 5만 원씩 회비를 모아서 펜션에서 만나요." 코로나 때는 못 모여서 아쉬웠다. 고생하며 시동생들 뒷바라지를 했지만 다행히도 시동생과 동서들이 그 공을 알아줘서 인생이 헛되지 않게 느껴진다. "동서들이랑 단합이 잘 돼요."

시원한 수박주스를 마시면서 그들과 편하게 이야기를 나누다 보니 식사 시간이 되었다. 그러나 밖에 나가서 식사하기 어렵다고 해서 난처했다. 얻어먹기만 해서 어떡하냐고 했더니 "옛날에 우리가 생사고락을 같이 한 사람들이라, 옛날 생각하면 괜찮아"라고 한다. 이중기의 아내는 나를 끌어안으며 다 잊혀지는 게 아쉽다고 했다. "장승리는 그냥 풀밭"이라며 전부 사라진 것을 안타까워했다.

"옛날 생각을 하니까 감회가 새롭"다며 이중기는 불편한 몸으로 일어나 내 어머니의 두 손을 꼬옥 잡고 먹먹한 표정으로 배웅을 했다. 이들을 처음 만났던 어머니는 강릉으로 돌아오는 길에 마지막 표정이 자꾸 생각난다며 아무래도 이중기가 무릎이 나으면 다시 양양에 찾아가야겠다고 했다. 어머니의 반응이 내게는 약간 흥미로웠다. 평소에 "나는 광산 사람들 모르지"라고 말하던 어머니는 진지하게 그들의 이야기를 듣는 시간을 경험하자 계속 그들의 말과 얼굴을 떠올렸다. "식사 대접을 꼭 해야겠다" 말하며 이중기의 다리가 회복되기만을 기다렸다.

2장

이인수, 1952년생
"광업은 내게 하늘이 준 직업"

홍천 출신.
철광산-석회석 광산-백운석 광산.
48년 동안 광업에 종사.

48년의 광업 인생

이중기가 양양광업소에서만 일했다면 이인수는 폐광 직전 양양을 떠나 꾸준히 다른 광산으로 이동했다. 70대에도 여전히 현직에 종사한다. 1980년대의 기억을 들려준 이인수가 아닌 현재 광업계에서 일하는 사람으로서 다시 이인수를 만났다. 그가 일하는 광산 현장을 방문해도 좋다는 허락을 받았다.

이인수의 차를 타고 함께 광산이 있는 영월 마차리로 이동하는 동안 그의 딸에게 전화가 왔다. 주야간 교대 근무를 하는 간호사이다. 안산에서 노인 전문 요양병원에서 근무한다. 이인수의 딸과 아들을 오래전에 본 적이 있으나 기억나지 않는다. 그들은 사택에 살면서 장승리에 있는 학교를 다녔기 때문에 평소에는 볼 일이 없었다. 1980년대 중반 어느 해 여름이었다. 당시 신문에 끼워 오는 광고지 중에는 텐트와 버너, 코펠 등 유혹적인 캠핑 장비 광고지가 많았다. 우리 가족도 캠핑 장비를 하나 장만했다. 광산에 다니는 다섯 가족이 각자의 캠핑 장비를 준비해 설악산 오색에서 2박 3일을 함께했다. 우리는 서로의 텐트를 비교하며 "저 집 것이 더 좋아 보인다", "저 집 텐트가 더 크다" 등등 이야기를 나눴다. 고기를 구워 먹고 계곡에서 물놀이를 하며 함께 시간을 보냈다. 그때 이인수의 가족들도 있었다. 나는 같이 캠핑했던 다른 가족들을 떠올리며 이인수에게 그들의 안부를 물었다. 그중 두 사람은 이미 고인이 되었다.

영월 시내를 벗어나 마차리에 들어서자 깔끔하게 정돈된 마을이 보였다.

"여기가 마차, 북면 면사무소. 옛날에 여기가 탄광이 활성화됐을 때는 개도 만 원짜리를 물고 다닌다는, 그곳이야. 정비를 했지. 정선에 카지노가 있잖아. 거기서 나온 수익금을 평창, 태백, 정선, 영월, 삼척까지 배분을 해서 이렇게 해준다고. 옛날에 영월 지역이 활성화되다 보니까 관공서들이 다 와 있어. 검찰청도 있고.° 다 있다고, 요 인근에. 영월이 깨끗하고 사람 살기가 괜찮아. 이렇게 정겨우면서 마음에 와닿는 곳이 있어야 되는데. 사택촌도 있고, 단독주택도 있고. 여기가 옛날에 대단했어. 양양 장승리 사택촌 있지? 그랬듯이 옛날에는 아주 활성화됐어."

그의 말대로 영월 마차는 한때 '대단했던' 곳이다. 1933년 강원도 최초의 탄광이 만들어진 곳이다. 폐광 후 지금은 강원도탄광문화촌으로 만들어 과거의 역사를 간신히 보존하고 있지만 "개도 만 원짜

° 춘천지방검찰청 영월지청을 말한다.

리를 물고 다닌다는" 흔적을 찾기는 어렵다. 그러나 허허벌판이 되어 버린 장승리의 사택촌에 비하면 마차리는 비교적 깔끔한 모습으로 광산 사택촌의 모습이 남아 있다.

홍천 출신인 이인수는 군대에 다녀온 후 1978년 스물여섯 살에 장승리에 왔다. 중학교까지만 다녔다는 그가 중학교 졸업 후 군대에 가기까지 어떻게 살아왔는지는 모른다. 그저 "나는 방만하게 살았다" 는 말만 했다. 중매로 만난 강릉 출신의 아내와 함께 장승리에 와서 양양광업소에서 일을 시작했다. 그는 양양광업소 출신으로 아직까 지 다른 광산에서 일하는 사람은 없을 것이라 했다. "여지껏 현직에 있는 사람은 많지 않을 거야. 다 돌아가시고, 은퇴하시고." 양양에서 철광산에 근무했던 그는 1992년 양양을 떠났다. "어떤 위기감도 느 꼈고, 회사가." 폐광의 위기를 느낀 그는 가족들과 새롭게 정착할 곳 을 찾아 강원도의 다른 광산으로 이주했다. 대기업 시멘트 회사가 소 유한 석회석 광산이었다. 대기업이 소유한 광산에서 이인수는 새로 운 사실을 발견했다.

"ㅎ시멘트에서 또 사건이 하나 벌어졌지. 나는 하청에서는 근 무 안 해봤잖아. 거기 가니까 하청 업체야. 국민연금, 고용보험 이게 아무것도 없어. 4대 보험이 하나도 없어. 야, 이거 안 되겠 다. 다시 거기서 노동조합을 결성했지. 그때 아버지하고 교신이 있었어. 아버지랑 상의했지. 아버지가 나한테 희망을 잃지 말고 끝까지 투쟁하라고 격려해줬어. 거기서 투쟁해서 4대 보험 만 들어놨지. 그런데 거긴 학자금도 없고, 보너스도 없고. 우리 애 들 대학까지 가르치려면 학자금이 나오는 데로 가야 되겠다, 아,

내가 더 머무를 곳은 아니구나. 10년 정도 근무하다가, 후생복
지가 좋은 ㄷ그룹이라고 ㄷ광업 감독으로 자리를 옮겼지.”

대기업 이름이 붙어 그래도 좀 괜찮은 줄 알았으나 실제로는 대
기업과 무관한 하청 업체였다. 이인수는 하청 구조에서 일하면서 하
청 업체의 근무 조건이 훨씬 열악하다는 것을 알게 되었다. 그래도
양양에서 노조 활동을 하며 익힌 방식이 있어서 그는 노조를 조직하
고 근무 조건 개선을 위해 애썼다. 광산의 복지는 좋지 않았으나 그
는 석회석 광산에서 일하며 새로운 채광 방식을 배웠다. 노천 광산은
지하광산의 갱도 채굴과는 다른 기술을 요구한다. “벤치컷bench cut
blasting, 이걸 많이 배웠지.”

양양 철광석 광산에서 14년, 1992년에 양양을 떠나 정선 인근의
석회석 광산에서 10여 년, 충북과 강원도의 석회석 광산에서 18년,
현재 백운석 광산에서 일한 5년의 시간까지 합치면 2025년 기준 그
는 48년째 광업에 종사하고 있다. 채굴 광물의 종류도 달라지고, 갱
내 채굴에서 노천 광산으로 이동하며 광업에 관한 전문적 지식과 기
술을 폭넓게 쌓아갔다. 경험이 풍부한 이인수는 광산을 운영하는 젊
은 경영인들에게 신뢰감을 주었다.

백운석 광산

아기자기한 마을을 지나자 산이 보였는데 그 산 뒤에 이인수가 근무
하는 백운석 광산이 있다. 점점 길이 좁아졌다. 옆에 보이는 산에 나

무들이 쓰러져 있었다. "여기가 우리 산. 올봄에 개발하려고 나무를 벌채를 한 거"라고 알려줬다. 나무들이 벌채된 산을 지나자 아예 초록색이 사라지고 흙이 드러난 산이 가까이에서 보이기 시작했다. 노천 광산이다. 광업소에 다다르자 소음이 들렸고 입구에는 세륜장이 있었다. 광산 현장을 나가는 자동차는 반드시 바퀴를 씻고 나가는 구조였다. 광산 바깥으로 조금이라도 분진이 날리지 않도록 하기 위해서다. 세륜장을 지나자 돌무더기들 근처에 작은 사무실이 하나 있었다. 화약 주임이 발파를 하러 나가고 사무실에는 사무 업무를 보는 여성 직원이 한 명 있었다. 직원이 20명이 채 안 되는 광산이지만 요즘에는 이 정도면 작은 광산이 아니다. 종업원이 10명 이하인 영세한 광산이 절반이 넘는다. "요즘은 기계화가 되어서 편해"라고 하는데, 그 편함의 기준은 물론 상대적이다.

노천 광산은 사무실에서 근무하는 사람도 소음을 피하기 어려워 보였다. 작은 사무실 근처에 파쇄 시설이 있었다. 크기와 색깔이 조금씩 다른 돌무더기가 언덕처럼 쌓여 있고 주변에는 분진이 가득했다. 나는 저절로 숨을 참았다. 크라샤가 자욱하게 분진을 만들어내며 소음 속에서 광석을 부수고 있었다. 골재가 나오는 거라고 알려줬다. 여러 돌무더기 중 하나는 골재로 나가는 상품이다. 그 옆에는 하얀 돌이 크기별로 쌓여 있다. 자갈처럼 작게 부서진 돌을 다시 모래처럼 만들어 쌓아놨다. 커다란 파쇄 시설들이 만들어내는 소음과 먼지 속에 검은색 모래 더미와 흰색 모래 더미가 있었다. 레미콘업계에 납품하는 골재는 시멘트랑 섞어서 건축할 때 쓴다. 먼지가 심해서 나는 저절로 손으로 코와 입을 막는 행동을 했다. "오늘 물차가 사고가 나서 정비 공장 가 있는 바람에 물을 못 뿌려서 그렇지, 물을 뿌려줘야 해." 하필 그날 물차가 없어서 뿌연 분진이 더욱 심했다.

사무실에 근무하는 한 과장에게 인사한 뒤 이인수와 나는 현장을 둘러보기로 했다. 노천 광산이라 땅속으로 들어가는 구조가 아니라 깎아놓은 산 위로 올라가야 한다. 주위를 둘러보니 지금은 폐광되어 유원지가 된 동해의 큰 석회석 광산처럼 산이 깎여 있었다. 온통 살구색 속을 드러낸 채 계단식으로 깎인 산의 경사면을 차를 타고 덜컹거리며 위태롭게 구불구불 올라갔다. "보고 가서 아버지한테 얘기해줘. 벤치컷으로 했잖아. 벤치 발파 공법으로 [백운석을] 생산하고 있지." 계단식으로 땅을 잘라놓는 것을 벤치컷이라 불렀다. 나선형으로 깎인 땅이 벤치처럼 계단을 이루며 파헤쳐져 있다. [10]

백운석을 돌로마이트dolomite라고 부르는 데서 짐작할 수 있듯이 이탈리아와 오스트리아 사이에 있는 알프스 산맥 자락인 돌로미테가 바로 백운암으로 이루어진 산이다. 거대한 백운암이 만들어낸 절경은 유네스코 세계자연유산으로 등재되었고 해마다 수많은 사람들이 트레킹 코스로 찾는 곳이다. 석회석류에 포함되는 백운석은 이처럼 상대적으로 지표에 드러나기 쉬워 노천 채굴이 가능하다. [11]

백운석은 다양하게 쓰이지만 그중에서도 유리 원료로 많이 쓰인다. 이 광산에서 채굴한 백운석은 빻아서 가루로 만든 뒤 다른 지역에 있는 유리공업 분야의 대기업에 납품한다. 채굴한 광석을 높은 온도에서 구운 뒤 분말로 만들어서 판매한다. 요즘은 브라운관이 많이 사라졌지만 과거에 브라운관의 주요 재료이기도 했다. "앞으로는 이 돌로마이트가 오히려 석회석보다 가치가 높을 거"라고 이인수는 짐작한다. 유리는 우리 일상 곳곳에 있으니 백운석과 무관하게 살아가는 사람은 없는 셈이다.

탄산, 마그네슘, 칼슘으로 구성된 백운석CaMg(Co₃)₂은 석회석과 함께 쓰이는 경우가 많다. 석회석과 마찬가지로 소성된 백운석은 제강에 사용되며 품질에 따라 시멘트에도 들어간다. 백운석에서 추출한 마그네슘은 비료와 약재에 쓰이며 색깔에 따라 장식용 돌은 물론이고 페인트와 종이의 원료로 쓰인다. 도예가 권순형이 스스로 개발한 백운석 색유로 작품을 마무리하는 것이 특징이듯이 백운석은 도자기에도 많이 활용되는 재료이다. 다시 말해 농업과 제약업, 건축은 물론 첨단산업에 이르기까지 백운석은 다양하게 쓰인다. 또한 백운석이 매장된 이 땅은 알칼리성이라서 포도를 재배하기에 좋아 영월에 광산들이 닫힌 후 포도 재배 농가가 자연스레 생겨났고 지역 와인도 생산한다.

구불구불 거친 길을 올라 광산 꼭대기에서 내려다보니 계단식으로 깎인 단면에 구멍이 난 곳이 보였다. 백운석이 매장된 곳에는 석회석 매장지처럼 굴이 만들어진다. 건너편에 나무가 울창한 초록색 산은 살구색을 드러낸 광산과 대비되었다. "산림복구 예치금을 1년에 얼마씩 광산 규모에 따라 예치를 해야 해. 그걸 예치 안 하면 광산을 할 수가 없어. 내가 왔을 때는 나무도 못 심고 허허벌판이었어." 광산은 채굴로 다 벗겨진 산을 회복시키기 위해 일정 금액을 정기적으로 예치해야 한다. 채굴로 훼손되는 자연 '덕분에' 우리는 편리하고 깨끗한 문명을 누린다. 이 노천 광산에서 백운석을 캐낸 뒤 다시 나무를 심어 초록색 산으로 만들려면 오랜 시간이 걸릴 것이다.

현장에서 내려와 그는 자동차를 세륜 시설 위에 세웠다. '세륜'이라고 붉은 글씨로 쓰인 입간판이 눈에 잘 띄었다. "바퀴를 닦고 나가야 도로가 깨끗하거든." 광산에서는 현장 바깥으로 먼지가 나가는 것에 민감했다. 민원이 발생할 수 있어서다. 사무실에 도착해 문을 열자 한 과장이 슬리퍼를 내준다. 사무실 안은 조금이라도 바깥의 먼지를 차단하겠다는 듯 신발은 입구에 벗어두고 모두 슬리퍼를 신고 들어가는 구조였다. 슬리퍼로 갈아 신고 깔끔한 회의실에 들어서자 한 과장이 음료 두 개를 가져왔다. 박카스와 오로나민. 오로나민을 마셨다. 회의실에는 채굴을 위한 광맥 지도와 자원개발 계획서가 펼쳐져 있었다.

채굴노동자에서 현장을 관리하는 소장으로

철광석, 석회석, 백운석 광산 등을 오갔고, 노천 광산과 지하 광산을 모두 경험한 이인수는 1970년대 말부터 현재까지 한국 광산의 채굴 방식의 변천 과정을 몸으로 익힌 광업 전문가이다. 그의 경험과 성실함이 광산 소유주들의 눈에 띄어 그는 광업소 하나를 책임지는 소장으로 근무하게 되었다. 충북의 한 지역에서 일할 때 석회석 광산의 한 젊은 간부에게 그의 경험이 큰 도움이 되었다. 광산 현장 노동자 정년이 예전에는 55세였다. 유입되는 노동자들도 줄어드는데 이인수 같은 경력자를 놓치고 싶지 않은 회사는 그가 환갑이 지나서도 계속 일하게 해주었다. 그러던 어느 날 회사에서는 다른 지역에서 개발 중인 광산을 아예 맡아보지 않겠냐고 제안했다. 그가 현재 일하는 백운석 광산이다.

"여길 오게 된 게, 여긴 자격이 없는 사람이 소장을 하고 있었

어. 중대재해법 때문에 자격이 없는 사람이 소장으로 있으면 큰
일 나잖아. 중대재해법 전에는 옛날에는 자격 없는 사람도 있
었어."

2022년부터 중대재해처벌법이 시행되면서 산업 현장의 안전
관리가 더욱 중요해졌다. 산업안전기사나 건설안전기사 자격증을
갖춘 사람을 관리자로 두어야 하기에 이인수처럼 자격증을 다 갖춘
사람으로 교체되었다. "나도 발파하지. 화약도 만지고. 우리는 자격
증이 있으니까 취급을 할 수 있지. 광산을 운영하려면 자격증을 가지
고 있어야 산을 개발하고 그러지. 그게 없으면 할 수가 없지." 일흔이
넘은 나이에도 이인수는 여전히 직접 발파 작업에 참여한다. 광산에
서는 위험한 작업이 많지만 그중에서도 가장 치밀하게 신경 써야 하
는 작업은 바로 발파 작업이다. 경험을 무시할 수 없기에 발파 작업
에는 현장 소장인 이인수의 철저한 관리가 필요하다. 광산의 핵심은
천공, 발파, 운반이라며 그중에서도 "젤 중요한 게 천공과 발파"라고
거듭 강조했다.

"적정량 화약이 들어가서 발파를 해야 효과를 낸다고. 화약은
폭발을 하니까 위험하지. 다 위험해. 광산에서는. 천공 작업하
는 것도 잘 뚫어야 비산도 멀리 안 가고, 우리가 요구하는 대로
채석량도 많이 나오고. 그러려면 장기간 해봐야 알거든. 처음에
몇 년 안 된 사람들은 잘 몰라. 내가 보고 '그 천공이 각도가 잘
못된 거 같은데' 하면 백발백중 맞아. 그 한두 구멍이 잘못돼서
펑 튀겨서 마을로 가서 피해를 입히는 거야. 사람을 다치게 한

다든지, 가옥을 다치게 한다든지, 짐승을 때려서 소를 잘못되게 한다든지. 그게 각도가 조금만 빗나가도 그렇게 위험해. 그걸 볼 수 있는 게 현장 소장들이야. 내가 할 수 있는 일이 그거.”

노천 광산이라 발파 작업에서 조금의 오류가 있어도 인근 민가로 발파석이 튈 수 있다. 광산에 들어오면서 가까운 곳에 민가를 보지 못했던 나는 처음에는 갸우뚱했다. 그런데 비산석은 생각보다 꽤 멀리 날아가기 때문에 신중해야 한다. 또한 인근 산에 사람이 있을 가능성도 생각해야 한다. 광산 주변에서는 조금이라도 소음이나 분진, 수질 오염 등이 보이면 민원이 발생할 수 있다. 현장 내부의 안전과 현장 바깥의 민원 발생을 모두 신경 써야 하는 이인수는 업무의 고충을 한참 털어놓았다.

“마을에 민원도 해결하러 다녀야지. 이 소장이라는 자리가 한시도 발을 뻗고 잘 수가 없어. 눈 감으면 다음 날 종업원들 안전하게 작업을 어디 시키고, 이런 고민해야 되고. 안전이 제일 중요하지. 안전이 제일 중요해. 내가 여기 소장으로 [2024년 기준] 3년째 근무하는데, 처음에 왔을 때는 안전에 대한 생각은 아주 제로야. 하이바도 안 쓰고 모자 하나, 등산 모자 뒤집어쓰고, 20년 동안 그렇게 해온 거야. 이걸 어떻게 바로잡을까. 단기간에 바로잡는 방법은 종업원하고 싸우는 수밖에 없어. 이 사람들이 20년 동안 그렇게 했기 때문에 쉽게 받아들이질 않아. 매일 아침에 10분간 안전 교육을 해. 보호구 착용하시고 일하십시오, 작업 장소에 가면 이상 유무를 확인하고 일하십시오, 덤프 주행

할 때 서행 운행하십시오, 비가 오면 낙석이 되니까, 어느 지점 낙석이 되니 조심하십시오, 어디가 나쁘면, 발견하면 빨리 사무실 연락해서 조치하고 일하십시오, 파쇄 장비는 기계 점검을 한 후에 기계를 가동하십시오, 절대 서두르지 마십시오, 파쇄장 늦게 들어온다고 책임 안 물을 테니 제대로 점검하고 일하십시오……. 그게 1년 걸렸어. 이제는 안전 조끼 입고, 하이바 쓰고, 안전화 신고. 그게 변했어. 안전 챙기면서 작업도 확장시켜서 생산이 제대로 나올 수 있게. 그게 3년 걸렸어. 정착이 됐어. 전무나 사장님 오시면은 나보고 '건강이 허락하는 날까지 계셔달라' 그러는데 나도 연연이 달라. 스트레스받는 게, 사람이 사람을 대하는 게 가장 힘들잖아. 내가 출타를 해도 늘 생각은 여기와 있는 거야. [직원들이] 안전하게 작업할까."

다른 무엇보다 이인수는 안전에 대한 염려를 놓지 못했다. 과거에 비해서는 나아졌지만 안전에 대한 인식은 늘 모자라다. "옛날에는 생산 다음이 안전, 지금은 안전 다음 생산. 예전에는 양이 우선. 지금은 질"이라고 말하지만 오늘날에도 안전이 생산보다 우위에 있는지는 확언하기 어렵다. 이인수는 생산량을 맞추면서도 안전해야 하고 종업원들 복지도 향상시킬 수 있는 길을 고민했다.

"요즘은 주5일제잖아. 여기는 토요일까지 일해야 해. 그래서 격주제로 하자. 그나마 내가 와서 종업원들은 토요일 격주제로 쉬게 만들었어. 호응이 좋아. 반씩 나눠서 일부가 쉬고. 회사가 볼 때는 토요일까지 일이 되니까. 우리 회사가 아직 종업원들에 대한 후생복지가 부족해. 회사랑 잘 얘기해서 개선이 될 수 있도록 해야지. 소장이 책임이 있잖아. 안전 이런 거. 여긴 노조가 없으니까. 내가 노조 운동 했던 사람이 그걸 외면할 수가 없잖아."

광산에는 점점 사람이 부족하다 보니 관리직인 이인수는 종업원들이 이직이나 퇴사하지 않고 가급적 오래 남아 일할 수 있는 환경을 만드는 데 공을 들였다. 사람 구하기가 어렵기 때문에 이인수는 직원들에게 당부한다. "사람이 채용 안 되면 그만큼 우리가 할 일도 더 많아지는 것이니, 동료가 새로 들어오면 불필요하게 평가하지 말라고" 신신당부한다. 요즘은 그래도 덜하지만 광산에서는 새로 들어온 동료에게 꽤 깐깐하게 굴곤 했다.

"작업은 기술자들이 하지만 작업 목표는 내가 정해줘. 지금 거의 60대야. 지금 광산에 50대 별로 없어. 여기에 50대 한 명이야. 50대면 젊은 거야. 이제 사람들이 안 와. 그나마 우리는 노천 광산이니까 좀 덜한데. 갱내 채굴하는 곳은 지금 일하는 종업원 외에는 새로 잘 안 들어와. 작업 지시는 내가 하지만, 나는 안전에 더 관심 가져야 하고 눈에 보이지 않는 그런 것들 관리해야 해. 광산에서 필요한 기술자를 이제 내가 배출시켜야 될 거 아냐. 부족해도 내가 데리고 가야 해. [노동자들이] 혼자가 아니야. 가족이 있잖아."

광산을 책임지는 그는 현장 기술직 노동자들만이 아니라 사무직 노동자와의 관계도 신경 써야 했다. 사무실의 유일한 여성 직원인한 과장을 그는 '가정주부'라고 표현했다. "우리 딸이 '아빠 출근하시면 커피 먹으면 커피잔 어떻게 하라고? 커피 타라 그러면 안 돼' 그러면서 말조심하라, 성희롱하지 마라 그래. 내가 마시면 다 내가 치워. 지금은 세월이 어느 땐데."

광산은 하늘이 준 직업

이인수는 양양광업소에 있을 때 갱내에서 근무를 하다가 허리를 다쳤다. 사원이었던 그는 더 이상 갱내에서 일하기 어려워졌다. 그런데 다행히 그는 보안 자격증을 갖고 있었다. 회사에서 산재 처리를 해주고 그를 승진시켜서 갱외에서 근무하는 선광과 감독으로 자리를 옮겨주었다. 보안 자격증을 가지고 있었던 게 큰 도움이 되었다. 선광과 감독으로 발령을 받고 보니 갱내와는 다른 기술이 눈에 들어왔다. 갱외에서 광석을 운반하고 분쇄하는 작업에 필요한 장비와 기술이다.

갱내에서 채굴한 광석은 페로다°에 실려 오는데 이 광석들을 컨베이어 벨트에 실어야 한다. 그 사이에는 "슈트, 호파에다 집어 넣어야" 하는 과정이 필요하다.°° 그런데 페로다 운전을 하는 노동자가 "밤 열 시가 되면 꺼떡꺼떡 졸며" 작업에 차질이 생기곤 했다. 그때까

°　　payloader. 규범 표기는 '페이로더'.
°°　　슈트(chute)와 호파(hopper, 규범 표기는 '호퍼')는 컨베이어 벨트에 적재하거나 컨베이어 경로를 따라 자재를 특정 목적지로 방향을 바꾸는 데 사용하는 기계이다.

지 이인수는 중장비 면허를 어떻게 따는지도 몰랐다. 졸음과 싸우며 일하는 노동자가 위태로워 보여서 페로다 조작법을 그에게 물어보았다. 그렇게 중장비 기술을 조금씩 배웠다. 노조에 들러서 이야기를 했더니 중장비 면허를 따는 게 좋겠다고 권해서 그는 필기 시험을 치르고 금방 페로다 면허를 취득했다. 그렇게 하나둘 중장비 면허를 얻기 시작한 그는 광업에서 필요한 거의 모든 기술 자격증을 갖췄다.

"내가 지금 벌어먹을 때, 내가 소장인데 중장비 면허가 있잖아. 직원들이 나한테 꼼짝 못 하지, 다 할 줄 아니까. 그래서 옛날에 노조 덕분에 그거 땄다니까, 중장비 면허를."

평생 한 가지 직업군에서 경력을 쌓고 세월의 변화에 적응하며 사람들과 융화되어 살아온 것에 대해 그는 꽤 자부심을 가졌다. 무엇보다 사람들과의 관계를 중요하게 생각했기 때문에 꾸준히 직장을 유지하며 살아왔다고 그는 믿는다.

"나는 내 위치를 잘 알아. 나는 대학도 못 나왔어. 중학교만 나왔어. 광산업계 골고루 있어봤잖아. 오로지 광산이 나한테는 하늘이 준 직업이다, 한 우물만 파자, 한눈 팔지 않고. 그렇게 광산에 필요한 거 나 나름대로 공부를 해서 자격증을 취득해놓으니까, 성실하게 하니까 도와주는 분이 많았어. 지금까지 우리 가족들 큰 문제 없이 살아왔으니까 나는 복 받은 사람 중 한 사람이다 생각해. 마누라하고 나하고 얼마나 더 살라나 모르겠지만 새롭게 태어난 손주들이 있으니까 조금 더 큰 걸 보고."

그는 자신의 '그릇'을 알고, 자신의 '위치'를 안다는 말을 여러 번 했다. 그러한 태도가 직장에서 신뢰를 쌓았다고 그는 믿었고, 평생 동안 광업에 종사하며 축적된 전문성은 그의 귀한 자산이나 다름없다.

"이게 나한테는 큰 재산이야. 그 재산이 모여서 현재까지 직장을 다니잖아. 사업장을 나한테 하나 맡겨주니까, 내가 광업계에 있으면서 보람을 느껴. 고생도 했지만, 대한철광에서 아버지와의 관계, ㅎ에서 노조 해서 4대 보험 만들어놓은 것, ㄷ으로 와서는 노조를 완전히 잊고 가족을 위해서 산 것. '이제부터는 언제까지 직장 생활 할 수 있을까' 이 생각만 하며 온 것이 여기까지 온 거지. 아버지 같은 분, 지금 회장님, 전무님이라든지 이런 사람들 만난 덕분이지. 그래서 지금도 여기 있고. 나하고 같은 또래 서울대, 한양대 자원공학과 나온, 그 당시 이런 사람들 이제는 다 집에 갔잖아. 더 좋은 자격증 갖고 있는 사람들도 다 집에 갔어. 현직에 남은 사람 없어. 나는 잡초 같지. 여기서 한 우물 파면서 짧은 지식이지만 내가 배웠던 걸 현장에 접목시켰어. 첫째 안전이지. 그다음 생산. 그리고 중요한 게 종업원들 화합이잖아. 그게 화합이 잘 안 이루어지면 안전사고도 많이 생기고 생산도 잘 안 나오고 그래. 경험해보니. 사람을 데리고 일을 해야 되잖아. 개성을 잘 파악해가지고, 채찍질도 하지만 격려가 더 많지."

사람과의 관계를 통해 힘든 일을 하면서도 견딜 수 있었던 그는 여전히 옛 동지들을 그리워했다. 이인수는 "우리 산업 동지들"이라는 말을 반복했다. 1988년을 회상하며 "동지는 간 데 없고"를 읊조리고, "우리 산업 동지들"을 망각한 사회에 울분을 토했다. "나 좀 봐봐" 하더니 그는 팔뚝질을 하며 "동지는 간 데 없고!"를 외쳤다. 어느새 눈가가 촉촉해지는 그에게 눈물의 근원은 결국 '동지'에 대한 그리움이었다. 그때, 거기에서, 함께 고통을 나눴다는 사실은 시간이 아무리 흘러도 그의 기억에서 사라지거나 흐릿해지지 않았다. 오히려 흩어져 살게 되면서 그리움이 더 커졌다.

> "이제 내 인생의 바람은 위원장이랑 내가 건강하게 얼굴 보면서 살고 싶다는 거. 강릉 가고 싶어. 내 주변에 있던 분들이 하나둘씩 세상을 떠났단 말이야. 그게 아쉬워. 한번 가봐야 되는데. 맨날 바쁘니까. 박열이는 손주 보느라 못 움직여."

아버지를 10년 정도 만나지 못한 이인수에게 나는 가장 최근 사진을 보여줬다. 사진을 본 이인수는 당황한 표정을 짓더니 버럭했다. "맨날 건강하다고 하더니 왜 늙었어!" 그는 금방 울어버릴 듯했다. 떠난 동지들에 대한 그리움만큼이나 1987~1988년 당시에 배신했던 사람들에 대한 원한 감정도 그에게는 여전했다. "칠십 평생 살아오면서 느끼는 건, 우유부단한 성격 가진 사람이 제일 위험해. 아예 나랑 생각이 다른 사람은 괜찮아. 그런데 색깔이 없는 사람. 여기 붙었다 저기 붙었다, 이런 사람이 제일 위험해. 왔다 갔다 하는 사람은 '내가 깊이 기댈 사람이 못 되네' 속으로는 그렇게 생각해."

"노동자의 노 자도 싹 잊었어"

양양에서 노조 활동에 매진했던 그는 어느 시점부터는 노조를 완전
히 잊었다. 거의 쉬지 않고 물 흐르듯 말하던 이인수는 노동조합이
어떤 의미였는지 묻자 몇 초간 생각을 했다. "노조…… 내 인생의 모
델이 될 수 있었지. 조직 생활을 하면서. 이렇게 조직을 해서 뭘 한다
는 걸 배웠지."

현재 일하는 광업소에는 노조가 없다. 예전처럼 사람이 많이 모
여 일하지 않고 장비로 일하기 때문에 꼭 필요한 사람만 채용한다.
점점 폐광하는 광산이 많기 때문에 사람이 적어서 노조도 만들어지
지 않는다. 그는 노조에 대한 복잡한 심사를 드러냈다. 1980년대의
기억을 더듬을 때는 여전히 노동자들을 착취하는 구조에 분개하지
만 그 감정은 과거를 벗어나지 않았다. '오늘날의 노조는 다르다'는
인식이 강했다.

"옛날에 화이트칼라라고 하던 사람들도 이제는 노동자가 되
었는데, 정작 우리는……. 요즘 대기업들은 주 4일 한다, 뭐 한
다 그러는데 우리는 여태 주 6일 하다가 이제 격주로 토요일 휴
무고. 한노총이고 민노총이고 다 마음에 안 들어. 같이 가야 하
잖아. 골고루 나눠야 하잖아. (잠시 침묵) 독재라고는 하는데, 그
래도 박정희, 전두환 때는 우리를 산업역군이라고 했거든. 지
금은……."

미래가 없는 산업에 종사하며 현재에서 소외당한 이들은 과거

의 영광을 그리워한다. 환경단체에 대해서도 불편한 마음을 드러냈다. 그는 말을 조심하면서도 지금은 광산노동자가 투명한 노동자가되어버린 현실에 서운함을 표했다. 사회가 진보하는 듯 보이고, 그 변화 속에서 노동자의 개념이 확장되어갈수록 광산노동자들은 잊혀지고 제대로 보상도 받지 못했다는 생각이 지배적이었다. 화이트칼라와 대기업 노동자들이 노동자의 위치를 점유한다는 생각에 한때 산업의 중심에 있었던 자신들은 오히려 정치적 관심에서 밀려났다는 감정을 품고 있었다. 2000년대 이후로 그는 스스로 노동조합과 거리를 두었다.

"ㄷ에 오면서는 노동자의 노 자도 싹 잊었어. 그걸 더 오래 하다가는 나의 발전도 없을 것이고, 그런 걸 버려야겠더라고. 가정을 위해서. 사람이 표로 인정을 받으면 표로 망해. 투표로 인정받으면 그 투표로 망가져. 노동조합이라는 조직 생활을 하면서그걸 느꼈으니까. 이제 ㄷ에 와서는 오직 내 아들 딸, 내가 얼마나 직장에 오래 있느냐 이런 것만 생각하고, 열심히 일했어. 열심히 일해서 회장님 표창도 받고, 열심히 일하는 사람이라고 인정을 받았지."

젊은 시절 노동조합에 열정적으로 투신했으나 세월이 흘러 민주화되고 문화의 시대가 되면서 그에게 노조 활동은 "나 개인에게는남는 게 없는" 활동이라는 생각이 들었다. 어느 순간부터 노조를 완전히 잊고 개인의 삶에 몰두해야겠다는 생각이 찾아왔다. 세상이 그들을 지워갈수록 그는 노조를 잊기로 했다. 조금 더 지나서는 직장 생활에 몰두하는 것에도 의구심이 들었다. 오직 자기 자신과 가족만 생각하며 살기로 했다.

> "자다가 생각하면 이거 직장 생활 하다가 내 인생 끝나는 거 아닌가, 그런 생각도 들고. 근데 어떤 사람들은 또 굉장히 부러워해. 직장이 있고, 아직 쌩쌩하지 않소, 부러워하는 사람도 있고. 그런데 53세 때, 이다음에 퇴직해서 뭘 할까 고민이 들었는데, 어느 방송에서 보니까 취미를 가져라, 그래. 서예든지 뭐든지. 나는 음악 콩나물 대가리도 모르고. 어느 날 종업원이 그래, 색소폰을 배워보래. 그게 17년째야. 일요일에 동호회 가서 잘 부르든 못 부르든 내가 하는 연주곡이 몇 개 되니까. 이런 어려운 직장에 다니지만 내가 할 수 있는 건 찾아서 하는 편이야. 내가 환경에 빨리빨리 잘 적응을 하니까. 살아가는 데 큰 도움이 되는 거 같아. 사람하고 관계를 잘해서."

다슬기국을 먹으며

이인수는 나의 취재에 적극적으로 도움을 주었다. "광산업계가 이렇게 어렵다, 광산에서 이런 바람이 있구나, 이런 게 사람들한테 잘 알려지면 좋겠어. 광산이 저기 어디 아프리카, 그런 데 있는 줄만 알잖아"라며 현재 가행 중인 광산의 비가시화에 안타까움을 표했다. 광산을 나와 저녁 식사를 위해 우리는 영월역 근처 식당에서 다슬기 해장국을 주문했다. '동강 다슬기'가 곳곳에서 보였다.

"다슬기는 다 동강에서 나오는 건가요?"

"에이 설마, 다슬기가 동강에 그렇게 많을까."

평소에 점심 식사는 광산 구내식당에서 한다. 5시에 퇴근하면 제천에 있는 집으로 향한다. 다슬기 해장국만으로는 부족하다고 생각했는지 이인수는 다슬기전도 주문했다. 먹고 남은 다슬기전은 포장했다. 다음에는 더 맛있는 걸 먹자고 한다. 다슬기 해장국을 처음 먹어본 나는 충분히 귀하고 맛있는 식사를 했다고 거듭 강조했지만 어쩐지 그는 만족스럽지 않아 보였다. 식사 중에 아내에게서 전화가 왔다. 다슬기국을 먹는다고 하자 왜 더 맛있는 걸 먹지 않느냐고 야단치는 목소리가 전화기 바깥으로 전해진다. 그는 거듭 다음에는 정말 맛있는 걸 먹자고 한다.

이인수는 "광산 그만두면 귀하고 폐하고 정밀검진해야" 한다며 "양양광업소 있을 때부터 이미 귀가 먹었고, 이제는 기차도 가고, 매미 소리도 나고 심각"하다고 전했다. 겉보기에는 건강해 보이는 70대였다. 지금은 각종 보호 장비가 있지만 과거에는 보호 장비 없이 일해서 많이 망가졌다. 그때는 나빠지는 줄도 모르고 일했다. 발파 작업을 오래하면서 생긴 증상이다. 나빠진 귀 때문에 목소리는 점점 커졌다. 귀마개를 하지만 시간이 갈수록 청력이 나빠지는 건 막을 도리가 없었다. 이인수는 술, 담배도 30년 전에 끊었다. 그렇게 하지 않으면 건강을 유지할 수 없다고 생각했다.

다슬기 해장국을 먹으며 그는 김학진의 소식을 들려주었다. "가평에서 아들이랑 막국숫집 한대. 곧잘 된대. 폐 수술을 했어. 산재 인정을 못 받은 모양이야. 그 소릴 듣고도 못 갔어. 마누라도 학진이 보러 가고 싶다 그래." 김학진은 양양광업소 폐광 후 울진의 채석장에서 일하다가 몸이 불편해지면서 다른 일을 하지 못했다. 폐 수술 후 강원도와 경기도의 접경 지대에서 막국수 식당을 한다.

나는 오랫동안 궁금했으나 물어볼 사람이 없어서 묻지 못했던 질문을 이인수에게 했다. 폐광 후 자살했던 사람에 대해서였다. "그 아저씨는 왜 그랬는지 혹시 아세요?" 이인수는 아는 대로 말을 해줬다. 왜 그랬는지, 어떻게 돌아가셨는지. 식당에서 일어서며 나는 그에게 아버지가 옛날에 들어갔다는 바다는 어디냐고 물었다. 그는 "낙산"이라고 답했다.

다음 날 출근하자마자 이인수는 내게 전화했다. 전날 아내와 나눈 대화를 전했다. "마누라가 그 얘기는 왜 안 해줬냐고 난리야." 인수의 아내가 꺼낸 기억은 노조에서 동지를 배신하고 어용 노조에 붙었던 사람에 대해서였다. 내게 말했던 '배신자들' 외에도 더 있었나 보다. 나중에 흐름이 바뀌자 용서를 빌며 1988년에 다시 민주화된 노조에 들어오려 했다는 사람들의 태세 전환이 어떠했는지 그들은 떠올렸다. 배신했던 사람들에 대한 감정은 잘 사라지지 않았다.

이인수를 만난 지 한 달 정도 지난 5월 31일 아침 7시 15분에 전화가 왔다. 그는 주로 이른 아침 출근길에 전화를 한다. 출근 후에 현장에서는 잘 통화하지 않는다. 모처럼 연휴를 챙겨서 그사이 베트남 다낭에 다녀왔다고 한다. 아들 부부, 딸, 손자들에 사돈까지 처음으로 간 8인 대식구의 여행이었다. 앞으로도 이런 시간이 또 언제 있겠냐며 여행 비용 1,200만 원을 모두 감당했다고, 아직도 자신이 '살아있음'을 뿌듯해했다. 바쁜 와중에도 그는 내가 방문할 수 있는 또 다른 광산을 소개했다. 한 석회석 광산에 현장 답사를 할 수 있다고 전해왔다.

'인수 아줌마' 김주영, 1957년생

스스로를 '방만한 사람'이라 일컫는 이인수의 긴 이야기 속에 종종 아내가 언급되었다. 이인수는 아내 덕분에 자기가 잘 살 수 있다며 한참 아내 이야기를 했었다. 이인수가 일하는 광산은 영월이지만 그는 제천에서 출퇴근한다. 나는 그가 거주하는 제천을 방문했다. 이인수의 아내를 만나기로 했다. 광산 사람들을 인터뷰하기 위해 대체로 내가 먼저 만남을 청하지만 그 반대의 경우도 있는데 이인수의 아내 김주영이 그렇다. "우리 마누라가 눈이 빠지게 기다리고 있어." 나 역시 무척 궁금했으나 선뜻 먼저 제안하지 못했다. 다행스럽게도 김주영이 나를 보고 싶어 했다. 내가 '인수 아줌마'라 부르던 사람이다.

이인수 부부는 30여 년 전 아이들이 초등학생일 때 이사 온 아파트에서 여전히 살고 있었다. 이제 아이들은 모두 독립했고 두 부부만 남았다. 이인수는 제천에 살면서 정선, 영월, 단양 등으로 출퇴근하는 삶을 20년 넘게 이어왔다. 이인수는 나를 아파트 근처 카페에 데려다주고 현장으로 돌아갔다. 카페로 들어온 이인수 아내 김주영은 나를 보자마자 "아이구, 똑같네"라고 했다. "저를 기억하세요?" 할머니 장례식 때 보고 못 봤다고 하는데, 나는 할머니 장례식 때 그를 본 기억이 나지 않았다. 워낙 많은 사람이 왔었기 때문에 그저 아줌마, 아저씨 중 한 사람이었을 것이다. 그는 우리 집안 할머니들의 안부를 물었다. 역시 누가 죽었고, 누구는 아직 살아있다는 대화가 한참 오갔다. 지금 생존해 있는 집안 최고령자는 1930년생 할머니인데 그분의 안부를 물었다. 그는 광산 주변에 살았던 사람들을 많이 기억했다.

김주영은 강릉 주문진 출신이다. 부친이 일찍 사망하여 중학교를 졸업한 뒤 서울에 있는 산업체 부설학교로 진학했다. 남영동 근처 봉제공장에서 일하다가 중매로 이인수를 만나 결혼 후 양양 광산촌으로 이주했다. 그는 내게 "글을 쓴다며?"라고 묻더니 소설을 좋아한다며 밝은 얼굴로 이야기했다. 요즘 소설은 잘 모르고 옛날 걸 좋아한다.

"박완서 제일 좋아해. 구효서, 이문열. 좌우가 갈라진 그런 거 좋아해. 책을 엄청 좋아해. 요즘에는 안 읽어요. 요즘은 음악 듣는데 발라드를 좋아해요. 발라드가 책으로 말하면 에세이 같은 느낌이잖아. 나는 그 가사가 너무 좋아. 시적이면서도 사실적인, 요즘 사람들은 사실적이야. 옛날처럼 돌려 말하지 않더라고. 성시경 노래가 좋아."

그는 자신이 좋아하는 것에 대해 말하기를 즐겼다. 운동을 하는 건 싫지만 운동 경기 보는 것을 상당히 좋아한다. 코로나 유행 초기에 스포츠 경기가 잘 안 열리면서 그는 한 트로트 오디션 방송을 재방송으로 보게 되었다. 그냥 틀어만 놓고 있던 어느 날 "깨를 볶고 있는데 노래가 나오더라고. 그걸 듣다가 깨를 다 태워버렸잖아. 그게 김호중. 그다음부터 맨날 〈고맙소〉만 듣는 거야. 팬이 됐어. 공연도 보러 가고."

그는 문학과 음악, 스포츠 경기에 대한 다양한 관심사를 술술 이야기했다. 남편과는 이런 이야기를 잘 하지 않는다. 나와 만나던 때는 여름이었는데 유로 축구에 정신이 팔렸다고 했다. 아프리카 축구도 챙겨 보고 테니스, 피격와 배구 등 웬만한 스포츠 경기는 다 보는데 권투만 안 좋아한다. 김주영은 자신이 좋아하는 것에 대해 물 흐르듯이 말을 이어나갔다.

"한창 고교 야구가 인기 있을 때 그때부터 좋아했어. 야간 고등학교 다닐 때 그때는 좀 초라했어. 미싱하는 데.° 용산, 노량진, 숙대 근처, 남영동 영화관 많이 갔어. 육군본부가 있는지 뭐가 있는지 그랬는데, 나다니는 건 안해. 음악 듣고, 책 보고 이런 거 원래 좋아했는데, 국어 선생님이 내가 야구를 좋아한다는 걸 알고, 나를 시험하느라고 야구 용어를 막 쓰는 거야. 그때는 야구를 좋아하는 여학생이 별로 없었어. 내가 다 알아들었지."

야구 덕분에 그는 국어 선생님과 더 가까워졌다. "책을 많이 읽으라 그러더라고, 국어 선생님이. 산문집이나 그런 거 많이 읽으라고. 법을 배우지 않아도 우리 생활이, 어떻게 살아야 하는지 다 나와 있다고. 그때는 돈이 없으니까 만화책이든 뭐든 많이 봤어. 아버지 돌아가셨을 때도 산에 올라가 만화책 봤어. 단편을 좋아해. 단점은 결말이 잘 안 나는 건데, 상상할 수 있어." 선생님 영향으로 성적도 좋아졌다. 특히 시조를 즐겨 읊었다. 수학이 가장 상위권이었고 외우는 게 많아서 세계사를 제일 싫어했다.

신문을 40년간 꾸준히 읽었다. 《한국일보》, 《중앙일보》, 《조선일보》를 주로 읽었으나 한 4, 5년 전부터 신문은 잘 안 본다. "종편이

° 낮에는 공장에서 일하고 밤에는 회사에서 운영하는 야학에서 공부하는 형태의 산업체 부설 학교.

생기니까 잘 안 봐." 책을 좋아하는 그는 집 근처 공공도서관을 다닌다. 요즘은 영화 보느라 상대적으로 덜 가지만 여전히 도서관으로 향하는 발걸음은 끊지 않았다. 영화는 주로 범죄 스릴러나 법정 드라마를 좋아한다. 스파이가 등장하는 이야기를 좋아하고 에스에프SF는 너무 환상적이라 오히려 안 본다. 그가 가장 좋아하는 영화는 〈쇼생크 탈출〉이다. "〈쇼생크 탈출〉을 얼마나 봤는지 몰라. 그건 지금도 나오면 다 봐."

1957년생인 그는 여전히 새벽밥 짓는 일상을 이어갔다. "벌써 밥하기도 싫고. 나는 늦잠도 자고 싶은데 5시 10분에는 일어나야 해. 5시 10분에 밥을 안쳐서 5시 40분에 (남편이) 밥을 먹어야 해. 그래서 일찍 잘 수밖에 없어. 나갈 생각을 안 해. 밤에는 나간 역사가 없어. 나는 밤이 무서워. 밤이 싫어. 사택에 살 때도 꼼짝 안 했어."

사택에 살 때 아버지가 많이 찾아갔었냐고 나는 어렵게 물어보았다. 그의 집보다는 다른 동료들 집에 더 많이 갔다며 아버지가 자주 들른 집들을 알려줬다. 듣다 보니 아버지는 골고루 돌아다니며 남의 집에서 밥을 많이 먹었다. 나는 아버지가 집에 잘 들어오지 않고 '노조에 미쳐서' 사는 동안 다른 집에서 밥을 많이 얻어먹은 사실을 알게 되어 민망하고 난처했다. 김주영은 오히려 이를 그 당시 사택에서의 자연스러운 문화처럼 이야기했다. "사택 아니면 갈 데가 어딨어. 사택에 다 모여 있으니까. 지금처럼 자가용이 있어 뭐가 있어. 차가 끊기면 어떡할 거야. 그럼 영준씨네서 자는 거야." 밥만 얻어먹은 게 아니라 심지어 아버지는 다른 사람들 사택에서 잠도 잤다. 민폐가 이만저만이 아니었다. 어머니도 이런 사실을 전혀 몰랐다.

"아버지가 [지부장 할 때] 쌀 장사 하면서 종업원 부인들에게 신임을 얻은 거야. 쌀 팔고 나면 노조 사람들이 점심을 먹어. 우리 집에서 점심을 먹곤 했는데 반찬값을 줬어. 집은 [사택에 안 살고] 나가 있는데 활동은 여기서 하니까 그럴 수밖에 없지."

여성들이 노조에 쌀을 사러 와서 정기적으로 대면하는 사람이 노조 지부장인 아버지였다. 남편을 거치지 않고도 노조 지부장과 직접 연결된 사택촌의 여성들은 광업소와 노조의 상황을 공유했다. 사택에 거주하는 여성들은 광업소에 소속감이 있었다는 사실을 거듭 확인했다. 또한 김주영은 주문진에서 아버지와 같은 국민학교를 다녔다는 사실을 강조했다. 물론 나이 차이가 있어서 함께 다닌 적이 없음에도 그저 같은 국민학교 출신이라는 사실에 아버지를 동향 사람으로 여겼다. 김주영에게 아버지는 '남편의 직장 동료'만이 아니라 '나의 국민학교 선배'라는 관계였다. 또 다른 여성도 자신의 출신 지역인 '경상도 사람'이라는 지역 정체성으로 아버지와 이어졌다. 양양 출신인 제 남편의 직장 동료라는 관계보다는 '나와 같은 고향인 경상도 사람 노조 지부장'으로 바라보았다. 그들은 사택촌이라는 장소의 성격 때문에 노조에서 '쌀을 사는' 일상적인 살림 활동에서 노조 지부장을 대면했고, 그곳에서 다른 여성들을 만났고, 함께 생각을 공유하며 일을 도모할 수 있었다. 많은 일을 경험하고 공유한 인수 아내는 1988년 상황에 대해서도 내게 전하고픈 이야기가 있었다. "아버지가 위원장이 되고 나니까 집행부에 서로 들어가려고 우리 집에 뭘 가져오고 그러더라고. 정치하고 똑같애. 하나의 작은 정치 집단이지."

3장

김기영, 1947년생
"고한의 산증인이죠"

충주 출신.
불안정한 막노동 – 규칙적인 광산 노동 – 자영업 –
광산 재입사(기계실) – 폐광 후 카지노 기계실 –
사회복지사·서예 강사·아마추어 연극인.

라미란은 어떻게
고한 금융권에서 날렸을까

1948년생 전태일은 대구에서 상경해 이곳저곳을 떠돌다 1966년부터 쌍문동에서 살았다. 쌍문동은 이 시기에 여러 지역에서 상경한 사람들이 모여들던 곳이다. 1988년을 배경으로 쌍문동 어느 골목에 사는 사람들의 삶을 다룬 〈응답하라 1988〉의 주요 인물들은 최소 20년은 이웃으로 살았다. 이들도 1960년대에 경남 삼천포, 강원도 정선, 전라도 등에서 상경해 정착한 사람들이다. 이 사람들 중 라미란은 강원도 정선 고한 출신이다.[●] 극중 라미란은 1943년생이다. 큰아들이 1965년생, 둘째 아들이 1971년생이니 미란은 최소한 1965년 이전에 쌍문동에 왔을 것으로 추정된다. 〈응답하라 1988〉 11화에서 이웃인 이일화가 "어쩌다가 이 쌍문동까지 굴러왔는지" 라미란에게 묻자 사

[●] 실제 배우 이름과 극중 이름이 동일하다.

랑 때문이라고 답한다. 라미란은 남편을 고한터미널에서 만났다. 미란은 고한에서 자신이 금융권에서 날렸다고 말한다. 극중에서 그는 국민학교를 졸업하고 열다섯 살 때부터 달러도 팔고 일본 사람들과 거래하며 금융계에서 활동했다고 전해진다.

고한에서 활동한 1943년생 라미란은 어디에서 국민학교를 나왔을까. 1952년에 만항 분교(현재 폐교)가 개교했으니 라미란은 고한에서 국민학교 입학을 하지 않았을 것이다. 라미란이 정선 사람이라면 정선읍에서 학교를 다녔거나 처음부터 정선 사람이 아니었을 수 있다. 다른 지역에서 국민학교를 졸업하고 1950년대 후반인 열다섯 살부터 고한에서 일수(금융계) 일을 했을 가능성이 가장 높다. 그렇다면 그는 왜 고한에서 활동했을까. 정선이 아니라 '고한'이라고 말한다. 단순히 배우 라미란이 실제로 고한 출신이라 참고했을 수 있다. 그러나 1950년대 후반부터 이 지역에서 탄광이 개발되면서 타 지역 사람들이 모이기 시작했다는 점을 감안하면 극중 라미란 역시 그 시기에 돈을 벌기 위해 고한에 간 것이 자연스럽다.

고한에는 삼척탄좌(삼탄) 정암광업소가 있었다. 오늘날 삼탄아트마인이라는 문화 시설로 바뀌었다. 1950년대부터 소규모로 탄광이 개발되다가 1962년 삼척탄좌가 설립되었다. 라미란이 고한에서 활동하던 시기는 탄광 개발 초기에 사람들이 모여 인구가 갑자기 늘어나던 시기이다. 그렇기에 미란은 고한에서 돈이 돌 때 일수놀이를 했던 사람으로 추정된다. 가상의 인물 라미란은 사랑 때문에 1960년대에 고한을 떠났지만 많은 노동자들이 광산이 있는 고한에 몰려들었다. 1973년 김기영이 이주한다.

"고한의 산증인이죠"

"선생님, 지금 정선이세요?"

"아니요."

"아, 그럼 지금 어디세요?"

"사북이에요."

"아! 네, 네."

나에게 정선은 사북읍, 고한읍, 정선읍 등을 모두 포함한 정선군을 일컫는 지명이지만 정선 사람들은 세심하게 구분해서 말했다. 그들에게 정선은 정선읍이다. 예를 들어 고한에서 내가 "여기 정선"이라고 말하면 고한 사람들은 "여기는 고한"이라고 나의 말을 정정해주곤 했다. 나는 속으로, '그러니까 고한이 정선인데', '고한이 정선에 속했는데' 생각했다. 어느 날 김기영에게 전화를 걸었을 때도 나는 습관적으로 "정선이세요?"라고 물었지만 그는 정선이 아니라 사북이라고 했다. 이처럼 처음에는 여러 번 헷갈렸으나 나도 점차 정선 사람들과 대화할 때 정선은 정선읍을 지칭할 때만 사용하기로 말하는 방식을 바꿔나갔다. 생각해보면 내가 아는 양양의 어른들도 그렇게 구별해서 말한다. 양양은 주로 양양읍을 일컫는다. 외부에서는 뭉뚱그려서 부르지만 내부에서는 구별되는 다른 지역이다.

김기영은 내게 먼저 '내 인생' 이야기를 꺼낸 사람이다. 2023년 고한에 극단 광부댁의 연극을 보러 갔을 때다. 고한고등학교 학생들을 대상으로 한 도박중독 예방에 관한 공연에서 그는 음향을 담당하는 스태프였다. 광부댁 대표와 이야기를 나눌 때 곁에 있던 그는 "저는 광부였어요. 삼탄에서 일했어요"라고 자신을 소개했다. "광부 출신으로 연극하는 사람 또 있나요?"라며 웃는 그는 "내 인생도 참 재밌어요"라고 덧붙였다. 그의 '재미있는 인생'이 궁금했다. 그는 내게 명함을 하나 건넸다. 명함에는 그의 현재 직업이 빼곡히 적혀 있었다. 서예 강사, 사회복지사, 웰다잉 강사 등.

음악인이며 연극 연출가인 김민기는 1980년대에 보령 탄광에서 일한 후 〈아빠 얼굴 예쁘네요〉라는 노래를 만들었다. 화가이지만 수년간 광산에서 일했던 황재형도 당시의 경험을 바탕으로 많은 그림을 제작했다. 이들은 본업이 예술이지만 광산노동으로 경제활동을 하고 다시 이를 창작에 녹여냈다. 하지만 김기영처럼 광부 출신으로 연극을 하는 사람은 찾기 어렵다. 물론 그는 전업 연극인은 아니다. 그러나 현재 그의 일상에서 연극은 중요한 부분을 차지한다. 고한고등학교에서 처음 김기영을 만난 후 꾸준히 광부댁의 공연에서 그를 스태프로, 배우로 만났다. 광부댁의 대표작인 〈탄광촌의 봄〉에서 그는 광부를 연기한다. 실제 광부였던 사람이 광부를 연기한다.

그렇게 가을, 겨울이 지나 해가 바뀌고 봄이 되어 다시 사계절이 지나는 동안 우리는 간단한 이야기들을 이어갔다. 그는 내 얼굴을 자꾸 까먹는다며 함께 사진을 찍어두기도 했다. 실제로 그는 처음 몇 달은 볼 때마다 내 얼굴을 몰라봤다. 김기영은 폐광 후 대학을 다닌 이야기, 사회복지사 자격증을 취득한 이야기 등을 내게 틈틈이 했다. 나의 아버지가 양양광업소에서 폐광 때까지 근무했다고 하자 그는 양양에 광산이 있었다는 건 몰랐다며 양양에는 노인대학에 웰다잉 강의하러 가본 적이 있을 뿐이라고 했다. 같은 강원도 안에서도 석탄광산에 있었던 사람들은 양양의 철광산을 거의 모른다.

매주 화요일은 광부댁이 사북의 정선도박문제회복센터에서 공연 연습을 하는 날이다. 광부댁이 연습하는 모습을 보기 위해 나는 연습 시간에 맞춰서 갔는데 어느 날 단원들이 조금씩 늦게 도착했다. 어버이날 전날이라 지역에서 어르신들을 위한 행사가 많았던 탓에 단원들이 다수 지각했다. 광부댁 단원들도 어르신이지만 건강한 어르신은 더 나이 많은 어르신들을 챙겼다. 어떤 단원은 노래를 부르고 왔다고 했으며 극단 대표와 다른 여성 단원들은 경로대학에서 어르신들을 위한 식사 봉사에 참여하느라 늦었다며 작업 조끼를 입은 모습으로 나타났다.

도박문제회복센터에 들어선 김기영도 오전에 노인일자리를 마치고 왔다. 무척 바빠 보였지만 시니어클럽에서 일할 수 있어서 매우 만족했다. 단원들의 단체 지각으로 연습 시간이 늦어지자 김기영과 나는 휴게실에서 오랜만에 긴 이야기를 나눌 수 있게 되었다. 대화하는 중에 강원대학교 일반대학원 중독재활학과 학생들이 견학을 와서 그는 학생들에게 센터 사무실을 안내했다. 어수선한 틈에 그는 내게 서울에서 어떻게 왔냐고 물었다. 기차를 타고 왔다고 하자 "(철도가) 원래 목적은 사람이 아니라 석탄 운반용으로 만든 건데"라며 그는 자연스럽게 제 인생에 대해 풀어놓았다. "내 또래들도 다 갔어"라고 말하며 껄껄 웃는 그는 50년 넘게 고한에서 살면서 고한의 흥망성쇠를 함께한 "고한의 산증인"이라 스스로 칭했다.

"노가다 일을 엄청 했죠"

1947년생 김기영은 이북 출신으로 한국전쟁 때 피난 나와 충청북도 충주에서 성장했다. 한국전쟁 때 미군이 준 바둑껌을 씹던 기억이 어렴풋하게 남았다. 평안도 맹산 출신인 그는 "양덕 맹산 흐르는 물은~"이라는 노래 못 들어봤냐고 내게 물었다. 6형제의 맏이인 그는 "열한 명이 졸업한 쪼그마한 학교. 아주 산골짜기에서" 국민학교를 마치고 그때부터 노동을 시작했다. 열다섯 살부터 집을 떠나 돌아다니며 일했다. "국토건설단 알아요?"[•] 1962년이었다. "그 사람들이랑 같이 일했어요. 노가다 일을 엄청 했죠." 김기영은 전국을 돌아다녔다. 소양댐 건설, 여수 호남정유 건설 등 대규모 토목 건설 현장에서 일했다. 공사판에 찾아가 무작정 일을 구하고 함바집에 머물면서 지냈다.

　김기영은 공사 현장에 다니면서 일기를 계속 썼다. 각종 건설 현장을 다니며 노동하는 삶이 힘드니까 "언젠가 내가 커서 경제적 여건이 되면 이걸 근거로 자서전을 쓴다는 생각으로 가능한 일기를 자세하게" 썼다. 열다섯 살부터 20대 중반까지 객지를 다니면서 힘든 노동 현장을 그는 기록해나갔다. 노트를 살 돈도 없었던 김기영은 공사 현장에서 구할 수 있는 시멘트 포대를 뜯어서 기록을 남겼다. 돈

[•]　박정희 정권에서 '전 국토의 유기적·효과적 개발과 만 28세 이상 병역미필자의 사회적 구제, 국토건설 사업의 수행'을 목적으로 1962년 2월 10일 국토건설단을 창단했다. 국토건설단은 국토개발 5개년 계획에서 다목적 수자원 개발 및 대간척 사업, 태백산 지역 종합개발 사업, 특정 지역의 종합개발 사업만이 아니라 천재지변 등에 대한 긴급복구 사업에도 투입되었다. 관련 법은 1962년 12월 폐지되었으나 그 이후에도 부랑아나 병역 미필자 등을 징집해서 노역에 동원해 실제로는 1970년대까지 지속되었다.

이 생기면 그때그때 노트를 사서 옮겨 적었다. 주로 현장에서 있었던 일들, 하숙집, 함바와의 관계 등 1960년대 노동 현장의 이야기다. 그의 노동 기록은 군대 가기 전에 집이 수해를 입으면서 모두 잃어버렸다. 1960년대 그의 기록이 남아 있다면 매우 진귀한 가치가 있을 것이다. 그는 수해로 사라진 일기에 대해 말할 때 많이 속상하고 안타까워했다. 기록을 물리적으로 남길 수 있다는 게 계급의 산물임을 알 수 있다. 불안정한 주거지에서 사는 사람들일수록 기록물을 남기기 어렵다.

그는 학교는 다니지 못했지만 책은 좋아했다. "충주에서 열세 살, 열네 살 때 그때는 집 앞 동네마다 무슨 문고가 있었어. 그런 데를 찾아다니면서 세계명작이란 책들을 엄청 찾아봤어. 책은 엄청 좋아했어." 그렇지만 학교를 다니지는 못했다. 아쉬우셨냐고 내가 물었을 때 그는 "아쉬운 게 아니라 한이지"라고 답했다. '아쉬움'으로 담을 수 없는 감정이었다. 그에게는 국민학교 졸업 후 열다섯 살부터 노동하며 학교를 더 이상 다니지 못한 것이 '한'이었다. 그는 이야기를 하다가 중간중간 "초등학교밖에 못 나왔으니까, 충주에서"라며 단절된 학업에 대한 한을 자주 표출했다. 전국을 돌아다니며 노가다 일을 했던 김기영은 스물다섯에 군대를 갔다. 이미 10년간 여러 현장을 다니며 많은 일을 겪고 많은 사람들을 만난 뒤였다. 군대에 갔다는 말을 하던 그는 한숨을 쉬고 어조는 약간 격앙되었다.

"군대 가서도 열받았던 게, 훈련소에 있을 때는 너나 나나 똑같은데. 속된 표현으로 나는 객지를 싸돌아다니다가 군대에 들어가니까, 발랑 까져가지고 군대를 들어갔어. 근데 어리한 것들이.

훈련받을 때는 어리했는데, 자대 배치를 받고 보니까 그 어리한 것들이 행정병으로 뽑혀 간 거야. 똑같은 국방의 의무를 하려고 갔는데, 어떤 놈은 부모 잘 만나서 군대 와서도 편한 행정직으로 있고, 못 배운 놈은 소총수 노릇이나 하고. 난 그 부분이 무지하게 열받았어. 그래서 배우지 못한 게 한이 맺혔어.”

배우지 못한 그의 한은 이처럼 시간이 지날수록 더욱 강해졌다. 실제로 어떤 능력과 기술이 있는지와는 별개로 학교를 나왔느냐 나오지 못했느냐에 따라 더 힘들고 거친 현장으로 내몰리는 현실에 그는 분개했다.

“하필이면 이 광산촌 골짜기에”

김기영은 군대 제대하고 1973년에 “오갈 데가 없어” 고한에 왔다. 정선 나전 출신 아내를 만나 결혼도 했다. 김기영은 고한에 정착해 삼척탄좌에 들어가 광산노동자 생활을 시작했다. 그 당시에는 달리 방법이 없어서 오긴 왔지만 “왜 허구많은 데 중에서 하필이면 이 광산촌 골짜기에 찾아왔을까” 속상해했다. 갱내 궤도부에서 일했다. 힘든 일이지만 그래도 여기저기 떠돌지 않고, 광산은 쉬는 날이 정해져 있고, 여덟 시간 근무를 하니까 그는 건설 현장보다 안정감을 느꼈다. “노가다는 열두 시간인데. 광산이 안정적으로 편했지. 겨울, 여름이 없잖아. 노가다는 겨울에 춥고 여름에 장마에, 날씨 때문에 일 못 하지.” 날씨에 영향을 받지 않고 일할 수 있다는 게 그는 좋았다. 월급도 규칙적이다. 책을 좋아하지만 책 살 돈도 없고 안정적인 주거 환경도 없었던 그는 노가다 일을 할 때는 책을 잘 사지 못했다. 책을 사기 시작한 건 규칙적인 월급이 들어오는 광산에서 일하면서부터다. "아파트가 좁아서 나전 어머니 집 옥상에 창고를 지어서 거기에 뒀어. 한 5,000권은 넘을 거예요."

돌아다니지 않는다는 점에서는 건설 현장보다는 안정감을 느꼈지만 위험한 광산 일을 너무 하기 싫어서 3년을 겨우 채우고 그만두었다. 고한 시장에서 아내와 술집을 했다. "내 이미지랑 안 어울리죠? 술 엄청 좋아해요"라며 웃는다. 그는 나이보다 젊고 건강해 보인다. 술장사를 20년 가까이 하면서 그때 돈도 벌었지만 "다시 완전히 그지"가 됐다. 빚도 생겼고 어떻게든 돈을 벌어야 했다. 너무 하기 싫어서 떠났던 광산에 그는 제 발로 다시 들어갔다. 1995년이었다. 1995년이면 이미 광산이 축소되던 시기라 들어가기 어려울 때다. 그는 아는 사람을 통해서 삼척탄좌에 재입사했다. 대신 이번에는 갱내가 아니라 갱외 기계실에서 일하는 자리였다. 자격증이 없어도 그때는 광산 기계실에 들어갈 수 있었다. 그는 삼척탄좌에 재입사할 때가 "내 인생에서 절벽이었어요. 그때는 부채도 많았"다며 월급 압류가 들어온 상태였다고 했다. 정확하게 6년 5개월을 일했고 근무 기간 내내 월급이 압류되었다. "그거 악착같이 다 갚았어." 장사를 하는 동안 빚을 지게 된 경위에 대해서는 말하지 않았다. 그는 '오갈 데 없어서' 처음 광산에 왔다가 겨우 벗어났지만 다시 인생이 '절벽'에 서게 되자 광산을 찾았다.

2001년에 삼척탄좌는 폐광했다. 폐광 후에 폐광대책비를 받았다. 그는 차라리 폐광이 조금만 더 늦었으면 근무 기간을 조금 더 채울 수 있었다며 아쉬워했다. 보상금에서 차이가 나기 때문이다. "연도 수가 올라갈수록 정부의 보상금과 퇴직금이 올라갈 때라, 3년만 더 있으면 좋겠는데, 아쉬웠죠. 다시 살 길을 찾아야 하니까." 그래도 그는 "근데 뭐 어쩔 수 없죠. 자연현상인데"라며 광산의 폐광을 '자연현상'으로 받아들였다. 광산에서 일한 기간은 그렇게 10년 정도이다. 광산 일이 힘들었지만 인생에서 가장 어려운 순간 재기할 수 있게 해준 것도 광산이었다.

"강원랜드가 내 인생에서 최고 황금기"

광산에 다니며 월급 압류로 빚을 청산한 그는 마이너스 경제에서 겨우 벗어났다. 폐광대책비로 김기영은 하나하나 다시 삶의 터전을 만들었다. 아파트 보증금을 마련했다. 그리고 "노가다판에서 일을 할래도 차가 있어야 되겠다"는 생각에 할부로 자동차를 샀다. 아내는 이미 1998년에 문을 연 강원랜드 직원식당 조리사로 취직한 상태였다. 김기영은 큰마음 먹고 서울에 갔다. 노량진에서 석 달 동안 공인중개사 공부를 했다. 1차 시험만 보고 그만두었다. 막상 해보니 잘 맞지 않았다. "거래하고 이런 거 나는 안 되겠더라고요."

그는 2002년 봄에 정선직업학교(한국산업인력공단 정선직업전문학교)에 바로 들어갔다. 직업학교는 북평면에 있다. 그는 하숙을 하면서 1년간 직업학교에서 직업 전환을 위한 재교육을 받았다. 기능사 자격증 다섯 개를 땄다. 보일러, 가스, 냉동기, 위험물, 배관 관련한 자격증을 닥치는 대로 땄다. 2003년 강원랜드에 메인 카지노가 개관할 때 자격증 많이 가진 사람을 직업학교에서 우선 추천해서 보내줬다. 그는 하이원 카지노의 보일러실에 기술직으로 취직했다. 56세였다. 광산 기계실에서 일할 때에 비하면 "근무 조건이 너무 좋으니까. 이게 전부 다 자동화 시스템이 되다 보니까 손에 기름칠할 일도 없고" 상대적으로 편하게 느껴졌다. 그런데 다른 문제가 생겼다. "컴퓨터를 배워야 하니까." 그는 조금씩 컴퓨터를 배웠다. 직업 전환을 잘하는 편으로 보인다고 하자 "그때그때 잽싸게" 했다며 "자격증은 잘 따는데 실무는 영……" 쉽지 않았다는 듯 웃었다. 그래도 광산에서 일할 때보다 노동 강도는 덜했고 시간이 많아졌다.

그는 56세에 강원랜드 근무를 시작해 68세까지 12년간 근무했다. 조리사로 근무하는 아내와 보일러실 기술직인 김기영은 맞벌이로 점차 경제적 안정을 찾아갔다. "애들은 다 끝나고, 부채 갚고" 나니 전보다 훨씬 마음이 편했다. 그 기간이 그의 인생에서 중요한 변화를 만들었다. 공부할 시간이 생겼고 그때 검정고시에 도전했다. 검정고시 준비할 당시를 떠올리던 그는 "또 열받았던 게"라며 분개하는 어조로 바꿔 말했다.

"기능사는 학력 상관이 없잖아요. 기사는 학력 제한이 있어요. 최하가 전문대 이상 나와야 해요. [기능사에서 기사가 될] 방법을 찾아보니까 실무 경력이 몇 년 이상이면 [학력 상관없이] 시험 볼 자격이 주어진다고 되어 있더라고요. 삼탄(삼척탄광) 본사에 편지를 보냈죠. 경력증명서를 보내달라고. 그거 제출해서 기사 시험을 봤지. 기능사 자격증만 가지고 있을래니 품위 유지가 좀…… 최소한 기사 자격증은 있어야 하지 않겠나 생각했죠. 보일러 자격증. 그런데 기사 자격증을 가졌어도 학력은 국졸인 거예요. 그때 이미 서예를 할 땐데. 서예한 지 한 40년이에요. 글씨가 아주 악필인데, 붓글씨를 쓰면 내 글씨체가 달라지지 않을까, 거기에다가 붓글씨를 하면 내 학력이 좀 캄푸라치°가 되지 않을까. 그런 목적도 있었어요. 아무리 상을 많이 받아도 학력은 여전히 초등학교밖에 안 되는 거예요. 책을 내가 아무리 많이 읽어도 중요한 건 졸업장이 없으니까. 그래서 검정고시를 시작했지. 58세에 시작해서 59세에 중학교, 고등학교를 다 마쳤어요. 그다음 해에 대학을 갔어요. 동해 한중대. 60에 대학을 간 거예요."

회복센터 휴게실에는 그가 쓴 커다란 붓글씨가 걸려있다. 천 번을 생각하면 유혹이 없다는 뜻의 '천려무혹千慮無惑'. 그는 아무리 기술을 익히고, 책을 읽고, 서예를 배우며 품위 있게 글씨를 쓰면서 교양과 실력을 갖춰나가려고 해도 현실에서 자신이 '국졸'에 갇혔다고 느꼈다. '캄푸라치'는 위장이라는 뜻이다. 한때 많이 쓰던 외래어였지만 요즘은 거의 듣지 못했다. 그는 제도교육을 많이 받지 못했어도 반듯한 글씨체와 지속적인 독서를 통해 자신의 교양과 지식을 '위장'할 수 있지 않을까 기대했다. 그러나 학교 졸업장이 없으면 증명되지 않았다. 달리 말하면, 진정한 '위장'은 졸업장으로 가능했다. 가까운 사람들조차 뒤에서는 '무식한 국졸'이라고 무시한다는 사실을 알고 충격

° 위장이나 속임수를 뜻하는 프랑스어 '카무플라주(camouflage)'의 일본식 발음이 한국에 들어와 '캄푸라치'가 되었다고 알려져 있다.

받았다. 그는 국졸로 멈춘 학력을 검정고시를 통해 중졸, 고졸로 바꿔나가고 내친 김에 대학에도 진학했다. 사회복지학과를 선택했다.

"대학을 졸업하는 것도 졸업하는 거지만, 또 하나는 내가 열심히 해야겠다는 목적이 생긴 거는 뭐냐면, 대부분 나이 먹은 사람이, 특히나 지방에서 대학에 간다는 건 그저 돈만 주고 그냥 졸업장이나 받는다, 이렇게 인식이 돼 있는데, 그래서 나는 그런 소리는 듣기 싫어서. 그럼 뭔가 결과물이 있어야 될 거 아니야. 그게 사회복지 1급이 목표였어. 졸업하자마자 시험 봐서 1급 바로 땄어. 그게 64세. 강원랜드가 내 인생에서 최고의 황금기였죠."

김기영은 퇴근하고 야간 수업을 들으러 사북에서 동해로 갔다. 같은 학교에 다니는 젊은 친구들과 카풀을 해서 다녔다. 그저 졸업장이 목적이 아니라는 걸 보여주기 위해 사회복지 1급 자격증을 목표로 했다. 학교를 졸업하고 강원랜드에서도 퇴사한 그는 노인복지에 관심을 가졌다. 사회복지 1급을 따면 사회복지 공부가 끝나는 줄 알았는데 막상 사회복지의 세계에 들어와보니 그게 시작이라는 걸 알게 되었다. 이화여대 평생교육원에 등록했다. "3년을 오르내렸어요. 버스 타고. 60대 후반에. 3년을 오르내리면서 웰다잉, 중독, 심리상담사 자격증을 땄어요."

자격증이 20개도 넘는다는 그는 자격증 따는 게 취미라며 껄껄 웃었다. 스마트폰 강사 자격증, 바리스타 자격증 등도 취득한 그는 "그냥 재미로 따는 거"라고 했다. 여러 가지 일을 하는 그에게 내가 계속 놀라는 반응을 보이자 "제대로 하는 건 하나도 없고"라며 또 깔깔 웃었다. 제대로 하는 건 없다고 했지만 사회복지사 자격을 갖춘 그는 노인대학에 가서 강의하고 담임도 했다. 코로나 대유행 이후로는 노인대학 강의 기회가 많이 사라져서 아쉬웠다.

"가끔 교실에서 공부하는 꿈을 꿨었어요"

그는 끊임없이 배웠다. 그럼에도 '못 배운 한'은 쉬이 사라지지 않았다. "그게 어느 정도였냐면, 내가 대학에 가기 전까지도 가끔 교실에서 공부하는 꿈을 꿨었어요. 너무 배우고 싶어서. 그런데 대학을 졸업하고 나니까 그런 꿈을 안 꾸더라고." 내 표정이 놀라움을 미처 감추질 못했다. 60대가 되어서도 교실에서 공부하는 꿈을 꾼다는 건 생각해보지 못했다. 감추지 못한 나의 놀라는 표정에 그는 "처음 듣는 이야기죠? 다른 사람들한테 안 들어봤?"이라고 하며 웃었다. 그는 대학을 졸업하고 일흔에 가까워져서야 교실에서 공부하는 꿈을 더 이상 꾸지 않게 되었다. 배움에 대한 열망이 이토록 강했던 그가 자식 교육에는 어땠는지 궁금했다. "애들은 공부에 관심이 없더라고."

그러다가 68세 즈음엔 색소폰을 배우기 시작했다. 2000년대 이후로 색소폰이 대중화되면서 관련 학원과 동호회가 급증했다. 악기 가격이 상대적으로 덜 비싸고 휴대성이 있으며 중년에 입문하기에도 괜찮은 색소폰은 취미를 가지고 싶은 중년 남성들에게 특히 인기였다. 악기에 관심이 없는 아버지도 그 즈음 색소폰이라는 악기의 이름을 알고 빈말처럼 "나도 한번 배워볼까?"라고 할 정도로 주변의 남성들이 색소폰을 많이 불기 시작했다. 이인수와 마찬가지로 김기영도 그 흐름 속에서 색소폰을 접했다.

이처럼 운동과 각종 기능 자격증만이 아니라 문화예술 활동도 열심히 하지만 그렇다고 딱히 표현하고 싶은 마음이 강한 건 아니다. "살다 보니까 자연스럽게" 그렇게 되었단다. 도박문제회복센터와 인연이 되어서 센터에서 서예 강사도 1년 했다. 그는 2020년 이후로 회복센터 회원이다. 단도박을 한 사람만 회복센터 회원이 될 수 있다. 그는 많이 잃지는 않았어도 예전에 도박을 좀 했었다고 슬쩍 말했다. "동네 사람들 많이 가죠. 주민은 한 달에 한 번만 갈 수 있어요. 근데 어딜 가나 편법이 있잖아. 주소 옮겨놓고. 난 그렇게까진 안 했지만" 어쨌든 도박을 한 건 사실이기에 현재 그는 자신을 '단도박'을 했다고 정의했다. 회복센터에 혜택이 많다며 그는 이곳에서 4개의 동아리에 참여한다. 파크골프, 걷기 모임, 미술, 서예 등 그는 "하루에 몇 탕씩" 뛰면서 넘치게 배우고 사람들을 만난다. 한때는 테니스장에서 살다시피 할 정도로 운동도 열심히 했지만 지금은 무릎 관절이 안 좋아져서 못한다. 등산도 30~40년 다니면서 대한민국에 거의 안 가본 산이 없다는 그는 백두대간 종주를 한 것이 뿌듯했다. 한 번에 하진 않았어도 나눠서 구간종주를 했다.

폐광 후 강원랜드에 재취업을 하고 검정고시를 통해 대학에 진학하고 사회복지를 공부하는 과정을 거치면서 김기영의 인간관계는 점차 바뀌어갔다. 주변에 광산 동료는 드물어졌다. 그의 말대로 "다 갔어"이기도 하지만 지역에 남아 있는 다른 사람들과도 교류가 줄었다. "60대에 대학이란 델 갔고. 그때부터 만나는 사람도 자연스럽게 바뀌더라고. 내가 달라진 건 아닌데, 생활이 이상하게 바뀌더라고. 내가 일부러 바뀔라고 한 게 아니라 환경이 바뀌면서" 같이 어울릴 기회가 사라졌다. 인간관계가 재편되었다. 그는 젊은 사람들과 시간을 더 많이 보내게 되었는데 그 관계에서 많은 활력을 얻었다. "정상적인 공부를 한 사람보다 얼마나 마이너스 요인이 될라나 모르지만, 늦게 공부를 한 게 플러스 요인이 된 게, 젊은 사람들과 같이 공부를 했잖아. 요즘 공부를 젊은 사람들과 같이 한 거야. 그게 굉장히 젊게 사는 거 중 하나지."

그는 60대에 공부를 했지만 '요즘 공부'를 하며 훨씬 젊은 사람들과 어울리다 보니 자신이 젊게 산다고 느껴졌다. 그러다 보니 "나이가 더 많은 사람들은 만나게 안 되"었다. 사회복지학과 동창회 모임을 1년에 네 번 가진다. 모두 사회복지사로 활동한다. 그가 제일 고령이다. 가장 젊은 사람과는 거의 40년 차이가 난다. 그들과 가끔 1박 2일로 여행도 간다. "나야 고맙지. 가끔은 내 나이를 의식 안 할 수가 없잖아. 혹시나 젊은 사람들이 불편하지나 않을까. 그런 거는 나이가 먹을수록 조심스럽지."

"출세하면 고향에 가지 말라 그랬어"

김기영은 한편으로는 지역에서 같은 지역 사람들보다 '외부 전문가'를 더 선호하는 분위기를 비판적으로 바라보았다. "노인대학 강사도 자기 동네 사람은 안 써요. 외부에서 데려와야지." 정작 김기영도 제가 사는 지역이 아닌 다른 지역의 노인대학에 강의를 갈 기회가 있었다. "옛말에 성공을 하면 자기 고향에 가지 말라 그랬어. 출세하면 고향에 가지 말라 그랬어." 나는 이 말을 곧장 알아듣지 못했다. 흔히 성공과 고향을 연결시키면 금의환향이란 말이 떠오르기 때문이다. 오히려 성공하면 고향에 가서 으스대는 사람들을 떠올리기가 쉬웠다. 내가 금방 이해하지 못하자 그는 부연 설명을 해줬다. "그 이유는 그 집안의 내력이나 성장 과정을 빠삭하게 알잖아. 사람이 나보다 잘나가고 잘나면 인정하고 싶지 않은 심리가 있잖아. 쟤네가 옛날에 어땠는데, 집안이 어땠는데 이러면서 인정하고 싶지 않은 심리가 있는 거야."

타인의 성장과 변화를 인정하지 않고 '저 사람이 옛날에 이랬는데, 저랬는데'라며 고정관념을 가지는 사람들의 습성에 대해 그는 담담히 말했다. 그 말을 듣고 나니 무슨 말인지 잘 이해가 되었다. 누군가의 현재를 인정하지 않기 위해 과거의 티끌을 잔뜩 불러서 현재에 끌어들이는 사람들이 있다. 가까운 사람에게서 그런 모습을 보면 서운하지 않느냐 물었다. "그러려니 하는 거지. 현실이라고 생각해야죠. 현실이 그렇다." 그는 '못 배운 한'을 말할 때만 빼고는 대체로 담담했다. 현실을 '그러려니' 받아들인다. 그가 젊은 시절에도 그랬는지는 알 수 없지만 현재의 김기영은 "[사람 마음이 그렇다는 건] 이론적으로도 책을 통해서 접하니까. 받아들일 건 받아들여야 되잖아"라고 평온하게 말한다. 심리학을 배운 게 그에게 많은 도움이 되었다.

문화예술협동조합인 극단 광부댁에는 2017년에 들어왔다. 우연히 광부댁 연극을 보고 관심을 갖게 되었지만 직접 무대에서 연기를 할 생각은 없었다. 연극은 한번도 생각하지 않은 일이다. 처음부터 배우로 들어오라고 했으면 안 들어갔을 것이다. 동아리 활동으로 알게 된 광부댁 단장과 상임이사가 스태프로 들어오라고 했다. 그때는 무대 장비가 간단한 몇 가지만 있었다. 막상 들어가서 보니까 배우가 부족해서 안 할 방법이 없었다. 들어가자마자 음향과 조명을 배우고 연기까지 하게 되었다. 〈탄광촌의 봄〉에서는 광부 역할을 맡았다. 광부댁 활동이 점점 동아리 차원을 넘어서면서 할 일이 많아졌다. 상임이사가 기획을 잘했다. "어떤 사업을 하려면 지원서 쓰고 그래야 하는데, 이사님이 그걸 하니까 지원하는 게 다 되더라고." 장비도 구입하고 소품도 사고 의상도 구입하면서 무대가 좋아졌다. 요즘도 그는 음향과 조명에 필요한 기술을 계속 배우고 있는 중이다.

나는 그에게 조심스러운 질문을 했다. 그는 비교적 솔직하게 말하는 편이라 강원랜드에 대해서는 어떤 마음인지 궁금했다. 왜냐면 나는 사북에 올 때마다 수많은 전당사와 '콤프 가능'[•]이 붙은 상점, 하이원에서 파우치를 옆구리에 끼고 초점 없는 눈빛으로 홀로 돌아다니는 남성들, 곳곳에 붙은 도박중독을 경고하는 문구들, 자살자들을 위한 종교 시설의 기도 모임 등을 접했다. 이 마을에서 도박이 미친 영향에 대해 오랫동안 이곳에 살아온 사람으로서 어떻게 생각하는지 궁금했다.

"강원랜드가 안 들어왔으면 죽은 동네가 됐지. 지역의 모든 환경이라든가 그게 천지개벽을 했지. 좋은 쪽으로 생각을 해요. 그로 인해 삶을 망친 사람들도 많지만 전반적으로는 좋게 생각해요. 강원랜드에서 지원을 받는 게 많죠. 이런 건물도 강원랜

[•] 콤프란 하이원 카지노에서 사용하는 포인트이다. 지역경제 활성화를 위해 이 포인트를 카지노 밖 사북읍에 있는 상점에서도 사용할 수 있도록 했다.

상점에 붙은 '콤프가맹점' 표시.

드에서 다 지원하니까 서로 윈윈하는 입장이지. '황금식당'이 나중에 '행복식당'이 되는 거. 그건 단도박을 위해 많이 하죠.°° 여기서 지원받아 가지고 만든 거예요. 여기는 또 자기네 실적이 되니까 좋고. 우리는 우리대로 도움을 받고, 장소 지원받고. 나는 강원랜드 근무할 때가 가장 보람 있는 시간이었어요. 강원랜드를 통해서 평생의 한이었던, 검정고시를 봐서 대학을 졸업했고, 60대는 내 인생에 가장 보람 있는 기간. 지금 70대는 내 인생에서 제일 행복한 시간."

°° 도박중독 예방을 위해 광부댁에서 만든 연극 〈사북오거리 황금식당〉을 말한다. 극중 식당 이름이 '황금식당'인데 이는 한탕주의나 물질만능주의를 상징한다. 도박으로 인한 많은 문제를 겪은 뒤 극중 '황금식당'이 '행복식당'으로 이름을 바꾸며 삶의 가치관을 바꾼다는 뜻이다. 도박으로 크게 한탕 벌어보려고 하는 마음을 경계하자는 의미로 만든 연극이다. 김기영은 이 작품에서 음향을 맡았다.

"지금은 터를 잘 잡았다 생각하지"

지역 주민들은 투쟁의 결과물인 카지노 강원랜드에 대해 양가적인 감정을 전한다. 정선, 태백, 영월 등에서는 '강원랜드 때문에'와 '강원랜드 덕분에'를 동시에 들을 수 있다. '강원랜드 덕분'에라는 김기영처럼 스스로 폐광 1세대라 칭하는 고한의 사진 작가 이혜진도 강원랜드의 지원을 강조했다.[•] 다른 어느 지역보다 사북은 노동자와 지역민이 강하게 뭉쳤다. 그들은 핵폐기장이라도 유치하자고 외칠 정도로 절박했다. 핵폐기장이라니, 이 사람들 너무 나가는 거 아닌가 어처구니없어 보이겠지만 누군가에게는 직업을 바꾸고 지역을 떠나는 건 그처럼 어려운 일이다. 이렇게 절박한 투쟁을 거쳐 카지노 유치가 결정되었다. 강원랜드 카지노는 1995년 3월 3일 합의의 결과다. 3·3 기념사업회가 만든 '뿌리관'에는 3·3 합의전문이 비석에 커다랗게 새겨졌다. 바로 옆에는 황토색 물이 흐른다. 오랜 세월의 흔적을 보여주듯 물가의 돌도 황토색으로 변해 있었다. 근처에는 폐갱도 입구가 남아 있다. 곡괭이질을 힘차게 하는 광부 조각상을 보노라면 김정원의 시가 예언처럼 떠오른다. "21세기가 오면 오직 관광지의 잔디밭

[•] "스스로 '폐광 1세대'라고 말하는 이혜진(29)씨는 강원 정선군 고한읍에 있는 단 하나의 사진관을 운영한다. '탄광의 흔적 속에서 피어나는 들꽃처럼'이란 들꽃사진관의 소개 문구는 이씨 자신을 묘사하는 듯하다. 정선군 사북읍에서 고등학교를 졸업한 이씨는 대구로 대학을 진학하면서 강원랜드에서 나오는 돈으로 급식, 학비, 장학금 지원을 받은 것이 특별한 혜택이었음을 깨닫게 됐다. 특히 고등학교 때 강원랜드에서 주최한 하이원 원정대로 해외연수를 다녀온 것은 인생의 큰 자산이었다." 윤창선, 〈'폐광1세대' 청년이 말하는 강원랜드와 나〉, 《서울신문》, 2022년 5월 3일.

안에서만/ 눈요기로 남아있을 20세기의 광부와 막장".°°

김기영은 강원랜드에 들어온 이후로 형편이 더 나아졌고 인생의 한도 풀었지만 광산촌이 잊혀가는 것에 대한 아쉬움이 없진 않다. 그 마음이 그를 광부댁 활동으로 이끌었다. 조금이라도 잊혀가는 역사를 전하고 싶어했다. "그냥 광산 문 닫고 그럼 금방 잊어버려"서 "이런 삶이 있었다는 걸 남기고 싶은 마음"으로 활동한다. 과거 삼척탄좌가 있었던 삼탄아트마인에서 1년간 해설사로도 활동했다. 광부댁의 상임이사 이경훈을 그때 만났다. 단장 김순심은 그 전부터 정선문화원 산악회 활동을 하면서 알았다. 정선문화원에서 1년에 한 번씩 유적지 답사를 가는데 단장이 부회장이었다. 그렇게 알게 된 그는 상임이사, 단장과 지역 아카데미에서 계속 함께 활동하며 지역의 역사를 전하는 일에 참여했다. "[단장님이] 머리가 엄청 좋은 분이야. 머리는 내가 제일 안 좋지. (웃음)"

1973년에 처음 고한에 왔을 때는 어쩌다가 이 광산촌 산골까지 왔을까 신세 한탄을 했다는 그는 50년이 지나 "지금은 터를 잘 잡았다 생각"한다. 그렇지만 "50년을 넘게 살았지만 여기가 고향이라는 생각은 안 들어요. 여기는 객지. 아무리 오래 살아도 객지." 그에게 고향은 여전히 충주다.

딱히 글을 쓰진 않지만 지금도 매일 일기를 쓴다는 그는 "시작을 못해서 그런데, 자서전을 쓰고" 싶은 마음은 여전하다. 웰다잉 공부하면서 기본적인 건 배웠지만 "워낙 기본이 안 되어 있어 그런지 문학적인 면이라든가 이런 거는 전혀 안 되고, 그냥 그날그날 하루

°°　김정원, 〈20세기의 탄광촌〉, 《한국탄광시전집》 1, 정연수 편, 푸른사상, 2007.

내 생활하는 거 기록하는 그 정도 수준"이다. "시작이 안 되네요. 일
단은 시작을 해야 되는데……"라고 말한다. 글을 쓴다는 것이 누군가
에게는 너무도 높은 장벽이다. '글'이라는 걸 기록이나 일기와는 다른
차원으로 접근한다.

여든을 목전에 둔 그에게 다른 계획은 없느냐 물으니 "지금도
의도적으로 노력을 해서 한 게 아니라 살다 보니까" 그렇게 되었을
뿐이라고 한다. 자기 자신에게 한계를 두지 않고 "다양하게, 잽싸게"
꾸준히 배우고 시도하면서 살아왔다. 요즘도 책을 손에서 놓지 않는
그는 병원에 입원한 한 살 많은 친구에게 《80세의 벽》이라는 책을 사
주었다. 일본 정신과 의사가 쓴 거라며 여든 살이 됐을 때 어떻게 살
아야 될까, 이런 내용이라고 알려줬다. "책을 안 좋아하면 사주지 못
하는데 그 친구도 책을 좋아하거든요." 책을 읽고 함께 나눌 수 있는
친구의 존재를 그는 반겼다. "젊을 때는 책 좋아하는 친구 없었죠. 지
역이 지역이니까. 여긴 광산촌이잖아요. 광산촌에서 그런 친구를 만
날 수가 없었죠."

김기영은 검사 출신이 대통령이 된 이후 검사들에 대한 책을 찾
아보았다. 임은정 검사가 쓴 《계속 가보겠습니다》를 읽었다. 검사들
이 하도 말이 많으니 궁금했다. "그 사람들 세계는 우리하고는 다르
잖아요. 우리는 알 수가 없잖아요. 그 사람들 사연은 어떤가, 그게 궁
금해서" 판사가 검사 감찰관으로 갔다가 검사들을 보고 쓴 책도 읽는
중이었다. 1주일 후, 연습 시간에 맞춰 다시 사북에 가려고 청량리역
으로 가는 중에 김기영에게서 전화가 왔다. 부처님 오신 날 준비 때
문에 광부댁이 연습을 쉰다고 알려줬다. 그러면서 책 이야기를 덧붙
였다. 《검찰의 심장부에서》를 다 읽었고, 지금 《말을 부수는 말》을 읽

기 시작했다고 전해왔다. 2024년 11월 김기영은 산에 다녀오다 넘어져 팔이 골절되었다. 깁스를 한 채로 남양주에 있는 고등학교에 도박중독 예방을 위한 〈사북오거리 황금식당〉 공연에 스태프로 다녀갔다.

900항 앞에서

2025년 3월 11일 김기영의 팔이 거의 낫고 최소한 도로 위의 얼음은 사라진 즈음 고한으로 향했다. 태백선을 타고 가다 "낙석 구간을 지나고 있어 서행합니다"라는 익숙한 방송이 들릴 때 고개를 왼쪽으로 돌리면 차창과 암벽이 마치 한뼘 거리로 가깝게 보인다. 이 높고 험한 지역에 들어서면 우뚝우뚝 솟은 산만큼이나 하늘도 잘 보인다. 3월 중순이지만 점점 주변이 하얗게 변해갔다. 얼마 전 내린 폭설의 흔적이 아직 사라지지 않은 채였다. 3월의 폭설이 제법 익숙하다는 걸 떠올릴 때 내가 '강원도 사람'이라고 문득 느끼곤 한다.

고한역에 내렸을 때 김기영이 기다리고 있었다. '노인일자리'를 마치고 왔다. 보자마자 나는 그의 왼쪽 손부터 잡았다. 다친 건 다 나았냐고 물으니 이제 괜찮다며 소매를 걷어 보여준다. 약간의 붓기가 남아 있긴 하지만 뼈도 잘 붙었고 가끔 물리치료만 받고 있다. 곤드레는 너무 흔하니까 오늘은 좀 색다른 걸 먹자며 그는 감자 옹심이를 권했다. 12시에 끝났는데 1시에 도착하는 나를 기다리느라 여태 식사를 못 한 게 마음에 걸렸다. "나는 배고픈 거 잘 몰라요. 그냥 먹어야 하니까 먹는 거지." 청량리에서 세 시간 기차를 타고 온 것만으로도 나는 배가 고파 대접 안에 깨까지 긁어 먹으며 감자 옹심이 한 그릇을 싹 비웠다. 그의 그릇에는 동그란 옹심이 몇 알이 그대로 남아 있었다. 그는 평생 위가 약해서 많이 먹질 못해 자연스럽게 소식을 하는 사람이 되었다. 소식하는 덕분에 여태 건강하게 일하는 것 같다며, 다만 나이 들면서 바람이 있다면 살이 좀 찌는 것이라고 한다.

1970~1980년대에는 사람이 빽빽하게 모여 있어 발 디딜 틈이 없었다는 고한시장 앞을 지나 우리는 정암아리센터로 향했다. 코로나 이후 멈췄던 서예 강의를 몇 년만에 다시 하게 되어 그는 꽤 설레는 모습이었다. 서예 강의를 할 강의실을 내게 보여주며 수강생 12명이 누구인지 궁금해했다. "이건 팔자예요. 팔자라는 게 무슨 말이냐면, 재주가 없는데도 계속 좋아하는 거죠. 제가 재주가 있었다면 서예를 40년이나 했는데 아주 손꼽히는 일인자가 되지 않았겠어요? 그런데 전혀 그렇진 않거든요. 그래도 계속 좋아해요."

김기영은 내가 오면 같이 가보고 싶은 곳이 있었다며, 1973년에 처음 고한에 와서 살던 집이 아직 남아 있어서 보여주고 싶다고 했다. 그가 50여 년 전에 살던 집으로 향했다. ⑫ 지금은 길도 찾아보기 힘든 산등성이 나무들 사이에 허름한 집이 보였다. 그 집에서 아내와 세 들어 살며 첫아이도 키웠다. 집에서 걸어서 광업소로 출근했다. 그의 출근길을 따라 우리는 광업소로 걸어갔다. 지금은 입구를 제대로 찾기도 어려웠다. 흰 눈에 덮혀 갱도 입구는 보이지 않았다. "나는 900항에 다녔어요. 1974년 18명이 한꺼번에 죽던 그날 나도 거기 있었어요." 그는 불쑥 18명이 한꺼번에 매몰되어 숨졌던 사고 이야기를 꺼냈다. "그때는 조금 면역이 생겼을 때라…… 광산 온 지 1년쯤 지나니까, 이제는 출근할 때 본 동료가 퇴근할 때는 죽어서 나올 수도 있다는 걸 알 만할 때지만……" 그는 "죽음에 대한 면역"이라 표현했다. 그 정도로 수시로 사람이 죽어 나갔다.

그는 궤도부에서 일했다. 그날도 갱도 안에서 레일을 수리하고 김기영은 막 밖으로 나왔다. 안에서 사고가 났다. 물통이 터져 붕괴되었다. 18명의 갑반 근무자가 있던 갱도였다. 6명이 붕괴 사고로 즉시 사망하고 12명이 좁은 공간에 갇히면서 질식으로 사망했다. 죽어가는 순간 벽에 흔적을 남겼다. 사고 소식에 가족들이 모두 900항 앞으로 모여들었다. "저기에 우리 집사람도 서 있었어요." 작은 다리 건너편을 가리켰다. "이쪽으로 사람들이 다 모여 있었고, 몇 날 며칠 그렇게. 저기가 예전에는 다 집들이 있었다고. 술집들 있고, 식당 있고, 집이 있었어요." 집은커녕 지금은 집이 있었다는 상상을 하기도 힘든 지형이었다. 산비탈 옆에 2차선 도로가 있을 뿐이다. 현재의 시간 속에서는 보이지 않는, 그의 기억의 눈에서만 보이는 사람과 집들이 속속 등장했다. "지금은 다 사라졌지. 그날 거기 있었던 사람들 중에, 여태 살아있는 사람이 이제는 거의 없을 거예요."

900항 앞에서 그는 한참 동안 자리를 떠나지 못했다. 근처 골프 연습장에 오는 차량들이 진입로를 방해하는 우리에게 경적을 울렸다. 김기영은 나를 알게 되고 겨울을 두 번 보내는 시간이 흘렀을 때에야 50년 전 사고 이야기를 처음 꺼냈다. "내가 50년이 지나 여기에 와서 이런 이야기를 하고 있을 줄 진짜 몰랐는데." [13]

해발 900미터 높이에 있어서 900항으로 불렸다. 1050항부터 탄을 캐며 내려왔다며 그는 저 꼭대기에도 가보자 했다. 꼭대기, 만항재다. 요즘 고한에는 많은 것이 사라지는 추세다. 농협도 사라지고 파출소도 사라졌다. 고한 사람들은 장을 보러 만항재를 넘어 태백 이

마트로 간다. "너무 불편해요." 만항재에서 차를 마시고 내려오는 길에 넓은 공터가 있었다. 초등학교가 있던 자리다. 한때는 오전반, 오후반으로 나뉠 정도로 학생이 많았던 학교지만 지금은 누군가의 기억 속에만 남아 있는 만항국민학교가 있던 자리다. 고한역에서 김기영과 헤어지며 다시 만날 약속을 했다. 내가 이곳을 오간 3년 사이에도 조금씩 변화가 생겼다. 고한역은 2025년 2월부터 발매 업무를 종료했다. 무인역이 되었다.

4장

김신애, 1984년생
"광부의 딸, 나를 찾아 돌아왔다"

> 태백 출신.
> 목포-서울-제주-태백-?
> 디자이너-문화예술 기획자.

귀향의 엘리트적 서사

위치에 따라 장소에 대한 기억은 다르다. 방문한 사람에게 보이는 것, 사는 사람에게 보이는 것, 떠난 사람에게 보이는 것, 다시 돌아온 사람에게 보이는 것이 다 다르다. 계층과 성별에 따라서도 한 장소를 기억하는 방식은 다르게 나타난다.

고향에 대한 애증, 수치스러운 그 세계와 단절하고픈 마음을 고백하며 노동계층 출신 지식인의 복잡한 감정을 잘 분석한 디디에 에리봉의 《랭스로 되돌아오다》는 커다란 반향을 일으켰다. 에리봉은 랭스에서는 게이로 살아가면서 수치심을 느꼈고 그곳을 떠나 대도시 파리로 가길 원했다. 랭스를 탈출하는 데 성공한 그는 파리에서는 자신의 계급적 출신에서 수치심을 느꼈다. 그는 자신의 출신 세계와 오랫동안 단절했다. 파리에서 게이 남성 지식인으로 살아가는 사람이 지역 노동계층 출신으로서 그동안 숨겨온 감정을 고백하는 글에 많은 사람들이 공감한다. 아니 에르노의 《부끄러움》, 《남자의 자리》,

《이브토로 돌아가다》도 노동계층 출신으로 그 지역을 탈출한 지식인의 솔직한 고백이 담겼다. 아니 에르노와 디디에 에리봉처럼 자신들의 출신 배경에 대한 수치심을 용기 있게 고백하는 부류가 있는가 하면,《힐빌리의 노래》로 잘 알려져 미국의 부통령이 된 J. D. 벤스처럼 어려운 환경을 극복한 개인의 성공 서사를 내세우는 부류가 있다.

아버지가 광부였던 데이비드 허버트 로렌스는 작가로 성공한 후 제 고향에 잠시 돌아가는데, 그의 시선에는 여전히 고향에 대한 혐오 감정과 낭만화가 동시에 드러난다.[*] 정확히 말하면 로렌스는 고향에 '방문'했을 뿐 결코 자신의 고향에 돌아가지 않았다. 에리봉이나 에르노도 물리적으로 다시 고향에 정착하는 되돌아가기를 한 것은 아니다. 그들의 되돌아가기는 자기 자신을 되돌아보는 행위였다. 이들은 모두 사회에서 성공한 후 자신의 계급적 출신에 대해 되돌아본다. 제 감정의 근원을 파헤치려고 하지 않은 로렌스와는 달리, 에르노와 에리봉이 남긴 계급적 수치심을 파헤친 자기기술지autoethnography는 중요한 시선이다. 많은 찬사에도 불구하고 나는 이들의 책을 망설임 없이 옹호하진 못한다. 여전히 그 지역에서 살아가는 사람들, 수많은 노동계층에게 이러한 자기기술지가 어떻게 읽힐지 궁금하다. 그래서 이런 책을 읽을 때 양가적 감정이 찾아온다. 공감하는 면이 있으나 쓰는 사람과 읽는 사람이 모두 적어도 현재는 노동자가 아닌 사람들이라는 점 때문이다. '지금 여기에' 사는 사람이 아니라 '그때 거기에' 살았던 사람들의 말이라는 점에서 한계를 느낀다. 수치심의 고백조차 지식인이 된 사람의 안전한 고백이다.

[*]   데이비드 허버트 로렌스,《귀향》, 오영진 옮김, 열화당, 2014.

다른 방식의 귀향을 말하고 싶다. 태백시의 탄탄파크 대표 김신애를 알게 되었다. 태백 출신인 그는 2018년 태백으로 '돌아왔다'. 되돌아가기의 다른 서사를 찾을 수 있다. 나와 처음 만났을 때는 그가 고향인 태백으로 돌아온 지 6년을 꼬박 채운 시점이었다.

물닭갈비를 먹으며

태백은 전성기에는 인구가 12만 명에 이르렀다. 광산이 한창이던 1981년 삼척군의 장성읍과 황지읍이 따로 분리되어 태백시가 되었다. 광산의 번창으로 시로 승격되며 만들어진 도시는 광산의 쇠락으로 시 승격 후 10년도 되지 않아 인구가 줄기 시작했다. 1987년에 인구는 12만 명대로 정점을 찍고 1990년부터 10만 명 아래로 떨어졌다. 인구가 급감해 2022년 시 단위로는 처음 3만 명대로 줄었다. 1995년에 개교한 태백의 유일한 대학이던 강원관광대학교는 2024년 신입생 모집을 포기하고 폐교했다. 관광에 많은 투자를 하지만 정작 지역의 관광대학교에 입학하는 학생이 사라졌다. 한때 태백에만 50여 개의 탄광이 있었으나 마지막까지 남았던 태백 장성광업소는 2024년 6월 폐광했다. 폐광 대책으로 태백시는 교정 시설을 유치하기로 했다.

태백에서 김신애를 처음 만난 날은 2024년 1월이었다. 1, 2월은 문화 기획자들이 잠시 시간을 낼 틈이 있는 계절이다. 태백터미널에 내려 택시를 타고 장성우체국으로 향했다. 버스터미널이 있는 황지에서 장성까지는 택시로 15분 정도 이동해야 한다. 놀랍게도 김신애는 운전을 하지 않았다. 운전면허증도 없었다. 지역에서 책방, 미술 전시 공간을 운영했고, 잡지도 출간하는 등 다양한 문화 활동을 하면서 이 모든 일을 대중교통으로 해결했다는 게 놀라웠다. "지방에서 차 없이는 힘들지"라는 말을 하고 살았는데 김신애는 차 없이 살고 있었다. 장성우체국으로 가는 길에 이중교를 지났다. 황지에서 장성에 가려면 꼭 지나게 되는 길이다. 장성 이중교는 1935년 석탄 수송을 위해 만들어진 다리이다. 2004년 국가등록문화재 111호로 지정되었다. 알록달록 등산복을 입은 사람들을 지나치며 택시 기사는 태백산 상고대가 얼마나 아름다운지 들려주었다. 눈 쌓인 1월 태백산의 상고대를 보기 위해 몰려오는 사람이 많다며 상고대를 가장 잘 보기 위해서는 일출 직전이 좋다고 했다. 장성 입구에 들어서자 근로복지공단 태백병원*이 보였다. 최초의 산재병원이다. 한때 이곳에 얼마나 큰 광산이 있었는지, 또 얼마나 많은 산재가 발생했는지 알 수 있다.

장성우체국 앞에서 김신애와 그의 반려견 누룽지를 함께 만났다. 누룽지를 잠시 아는 가게에 맡기고 우리는 밥을 먹으러 갔다. 뭘 먹겠냐고 묻는 김신애에게 나는 육고기만 빼고 괜찮다고 답했다. 나는 여기저기 돌아다니면서 먹거리를 많이 타협했다. 지난 몇 년간 멀리했던 육식을 하게 되는 일이 종종 있었다. 붉은 고기를 안 먹는 정도였을 뿐이다. 장성에는 물닭갈비가 맛있는데 어쩐지 내가 고기를 안 먹을 것 같았다며 김신애는 그럼 주꾸미는 어떻느냐고 한다. 나는 주꾸미보다는 물닭갈비를 먹기로 했다. 태백의 노동자들이 과거

---

* 2024년 3월부터는 요양병원이 되었다.

에 많이 먹던 음식으로 물닭갈비를 들어본 적이 있어서였다. 여러 사람이 나눠 먹기 위해 닭갈비에 물을 넣어 푸짐하게 끓여 먹었다고 한다. 돼지와 소를 먹기 힘들 때 상대적으로 구하기 쉬운 닭을 먹었다. 노동 강도가 높아 피곤하니까 매콤한 음식을 먹고 싶어 닭개장에서 발전된 음식이다. 경제 사정이 나아지면서 점차 국물이 줄어든 음식이 되었다. 노동자들의 음식은 대체로 저렴한 가격으로 많은 양의 음식을 나눠먹을 수 있도록 만들어지며 땀을 많이 흘리는 육체노동자들은 나트륨 함량이 높은 식사를 즐긴다.

식당에서 물닭갈비가 놓였을 때 전골 냄비 가득한 푸른 푸성귀가 시선을 끌었다. 냉이향이 향긋해서 맛있게 집어 먹었다. "지금 딱 좋을 때 오셨어요. 지금 냉이가 한창 맛있고 많이 들어가거든요." 그는 거의 매일 물닭갈비를 먹은 적도 있다고 말했다. 붉은 양념이 올라간 닭고기가 자작한 국물 안에서 익어갔다. 우동 사리나 라면 사리 등을 넣어 먹는 물닭갈비는 두 사람이 먹기에는 굉장이 많은 양이었다. 김신애는 자신에 대해 설명할 수 있는 것이 이 장소에 스며들어 있다고 한다. 예를 들면 물닭갈비도 그에게는 자신을 설명하는 음식 중 하나였다. 태백은 광산을 다룬 문학에서 사북만큼 많이 등장하는 지역이다. 혹시 읽어본 광산문학이 있는지 묻자 그는 "《검은 사슴》? 저는 그것만 알아요. 여기 사람들은 다 《검은 사슴》 이야기하더라고요." 한강의 소설 《검은 사슴》에 등장하는 가상의 도시 황곡은 태백의 황지를 떠올리게 한다.

식당의 남자 주인은 장성광업소에 근무 중이었다. 내가 방문했을 때는 광산이 닫히기 6개월 전이었다. 배부르게 물닭갈비를 먹은 우리는 태백경찰서 망루 위에 올랐다. 한국전쟁 당시 북한군을 경계하기 위해 지어진 망루다. 장성이 한눈에 내려다보였다. 김신애는 이 장소에서 전시를 기획했다. 나 같은 외지인을 여러 차례 데리고 다닌 김신애는 마치 여행 가이드처럼 장성 곳곳을 척척 안내했다. 1978년 전국에서 광산촌 최초로 만들어진 아파트형 사택인 화광아파트가 있던 자리, 태백의 가장 오래된 성당인 장성성당으로 돌아다니며 장성의 여러 모습을 보여줬다. 지붕이 낮은 집들 사이를 걷다가 장성막걸리 양조장을 방문해 막걸리를 구입했다. 김신애는 과거에 막걸리를 큰 통에 받아와서 마시던 이야기를 들려줬다. 전통 누룩으로 막걸리를 빚는 이 양조장은 80년 가까이 되었으니 장성광업소 역사만큼이나 길다. 이 막걸리를 마시던 수많은 사람들이 장성을 떠났다.

탈출하고 귀환하기,
"나를 찾아서 돌아왔다"

"위기청소년이었어요." 우리 둘 사이에 막걸리가 놓이고 전통 누룩으로 빚은 맛을 칭송할 때 그는 대뜸 이렇게 말했다. 김신애의 아버지는 장성광업소에서 근무한 광산노동자였다. 그의 아버지는 집에 와서 화를 참지 않았다. 일터의 극한 노동은 노동자의 감정을 극한으로 몰아갔고, 이 노동자는 가정에 와서 그 화를 풀었다. 김신애는 스스로를 위기청소년이었다고 정의했다. "친구들 가정환경이 다 비슷했어요." 김신애만이 아니라 친구들도 그처럼 가정에서 제대로 돌봄받지 못했다. 공부하라는 말은 전혀 들은 적 없다. 자식에 대한 신뢰와 존중 때문이 아니라 그냥 '방임'이었다고 김신애는 생각한다. 부모는 자식 교육에 무관심했다. 그는 집을 떠나야겠다는 생각이 강했다. 집을 떠나야 한다는 건 그 지역을 떠나야 한다는 뜻이었다. 모두가 비슷한 환경이었기에 그 장소를 떠나야 했다. 부모님은 그가 태어나 자란 곳에서 살아가길 원했지만 그는 목포에 있는 대학에 진학했다. "일곱 시간 걸렸어요. 한 번에 가지도 못해요." 가능한 집에서 멀리 있는 대학으로 갔고 자주 돌아오지 않았다. 그렇게 떠나고 싶었던 곳인데 흥미롭게 지금은 이곳을 파헤치면서 태백을 방문한 사람들에게 열심히 설명하고 태백의 이야기를 남기려고 애쓴다.

"사람들이 '태백을 위해서 일한다'고 할 때 불편해요. 저는 장성을 위해서도 일하지 않아요. 나를 위해서죠. 20대가 삶이 쓰레기 같았어요. 술을 맨날 먹고. 뭔지 모르겠어요. 그림을 못 그리게 된 상실감이 있었고. 붕 떠 있는 느낌, 땅에 발을 딛지 못하고 떠 있는 느낌으로 10년 정도 방황했어요. 돌아가고 싶진 않았고. 그런데 돌아와서 보니 나를 이해하는 데 지역만한 게 없는 거예요. 서른네 살에 왔어요. 그 즈음 서울에서 자리를 잡고 있었어요. 고시원에서 시작해서 자리를 잡아가는데도 공중에 떠 있는 느낌이었어요. 그러다 제주도 한 달 살이를 하고, 서울이 아니어도 된다는 걸 알게 된 거죠. 그걸 알려준 사람이 없었으니까. 서울에 가는 게, 그게 정답 같은 거잖아요. 거기서 경험해야 된다는 게. 그런데 그게 아니라는 걸 알게 됐어요."

그는 고향으로 다시 돌아온 것이 결국에는 자기 자신을 찾아온 것이라 말했다. 귀향이 아니라 귀아였다. 자신의 정체성을 찾는 과정이었다. "위기청소년"이었던 10대와 "쓰레기" 같았던 20대를 지나면서 그는 태백을 떠났고 돌아오지 않기 위해 목포, 서울, 안산, 제주, 동해 등 여러 도시를 전전했지만 끝내 돌아왔다. 부유하던 정체성이 그나마 발 디딜 수 있는 곳이 자신이 나고 자란 태백이었다. 그리고 그는 태백을 다시 생각해보게 되었다.

"떠나지 않으면 낙오자, 패배자가 되죠. 돌아와서 생각해보니까 선택지가 없어서 그런 것 같아요. 특히 여학생은. 선택해서 나갔다기보다는 밀려났다고 생각해요. 그러니까 좋은 사람으로 살 수가 없어요. 발이 떠다니는 느낌? 다시 돌아올 때는 나를 찾아서 돌아왔다고 생각해요. 제가 여기에서 문화예술 쪽으로 일하는 이유는 한 방향으로 가는 마을에서 자기 표현이 너무 어려워서예요. 그게 [표현할 수 있는 길이] 문화예술인 거 같아서. 그걸하고 싶고. 언젠가 또 떠날 텐데 그때는 밀려나지 않고 선택해서 나가고 싶어요."

다시 돌아온 그는 자신의 언어를 되찾으려는 시도들을 펼쳤다. 미술 작가들을 장성으로 불러들여 작은 비엔날레를 만들었다. 그 과정에서 예상치 못하게 사람들의 관심도 받기 시작했다. 자신의 지역에 대한 이야기를 펼쳐놓자 오히려 말할 수 있는 기회가 늘어났다.

"마음속으로 무슨 생각을 했냐면, 진짜를 해야겠구나. 서울에서는 인생을 가짜로 살았다고 생각해요. 여기 와서 서울에서보다 돈을 더 버는 것도 아니고, 삶이 편해진 것도 아니고, 이력에 더 도움되는 것도 아니고, 노가다 하고 있는데, 사람들이 관심을 보여요. 머리가 선명해졌어요. 진짜를 해야 하는구나. 외부 사람들이 보고 싶어하는 걸 하는 게 아니라. 내가 찾아서, 내 언어를 하는 게 좋다는 생각이 들었어요. 비엔날레 할 때 작가들이 우리 팀 보고 눈빛이 살아있다고 느꼈대요."

정신적 유전

"저는 정신적 유전이라는 게 있다고 생각해요." 김신애의 아버지는 영월 상동에서 태어나 자랐다. 아버지의 아버지는 부자에 외동아들이었으나 "노름에 정신이 팔려 개차반"이었고, 그의 아버지는 그런 환경에서 거칠게 자라났다. 어머니도 영월 출신이다. "엄마도 시골에서 태어나 도시에 나왔는데 자신을 어떻게 추스려야 하는지 모르는 상태"였다. 삶의 길잡이도 없고 모두 우왕좌왕하며 살다가 태백에 정착했다. "나는 그게 유전된 게 아닌가, 그렇게 생각해요. 내가 나를 어떻게 해야 할지 모르는 상태. 그게 우리에게도 전달된 거예요." 김신애는 자신이 젊은 시절 이리저리 방황했던 삶이 제 부모의 삶과 비슷하다고 여겼다. 이를 두고 그는 '유전'이라 표현했다. 그나마 김신애는 이리저리 다른 경험을 쌓아가며 삶을 조금씩 바꿔나갔지만 제 부모는 결혼-출산-육아로 이어지는 정상가족을 유지하며 살아가는 동안 자기 자신에 대해서는 정작 고민하지 못하고 살았던 것이 아닐까 그는 생각했다.

"엄마 아빠도 두 다리가 땅에 닿은 게 아니라 늘 허공에 떠 있었기 때문에 우리를 잘 돌보지 못했을 것이라 가정해요. 아버지 직장 때문에 태백에 왔고, 내가 여기서 태어나고, 어릴 때는 부모가 본 세상이 전부라고 생각하잖아요. 엄마 아빠도 자기가 본 세상이 그게 전부니까 가르쳐준 게 그거라고 생각이 들고요. 게다가 사실상 방임이었는데 여자애라고 집에는 꼭 있어야 했어요. 저는 고등학교 갈 때 버스를 처음 타봤어요. 늘 학교 옆에 집이 있었고. 고등학교는 버스를 탈 수밖에 없으니까. 장성여고를 나왔거든요. 그러니 제가 얼마나 촌년이에요."

그가 말한 '도시'는 태백 황지를 말한다. 대도시에 사는 사람들은 지금의 황지를 보면서 도시라고 생각하진 못하겠지만 한때 황지는 정말 도시였다. 지금은 '폐광', '폐교', '폐점' 등의 단어가 익숙한 폐광촌이지만, 한때는 백화점도 개점했던 곳이다. 1990년 3월 백화점이 개점하고 1995년에는 대학이 개교했으나 흥망성쇠의 시간은 매우 짧았다. 태백 뉴제일백화점이 문을 열 당시 영상을 보면 황지중학교 관악부 학생들이 옷을 차려입고 음악 선생님의 지휘에 맞춰 김원중의 〈바위섬〉을 연주한다. 영화 〈꽃 피는 봄이 오면〉*에서 소개된 광산촌 도계의 한 중학교 관악부가 연상되는 순간이다. 백화점 개점일에 중학교 관악부가 축하 연주를 하는 게 지금으로서는 이상해 보이

* 이 영화는 실제 도계중학교의 관악부 이야기를 바탕으로 한다. 이솔의 시 〈초대〉(2001)는 이 '도계중학교 관악부를 위한' 시다. 도계중학교 관악부는 활발히 활동하다가 폐광으로 위기에 처했으나 2026년 기준 여전히 활동 중이다.

지만 당시에 도시의 모든 관계가 긴밀하게 연결되었음을 짐작케 한다. 이 백화점의 운명은 백화점 개점일 영상에 달린 이 지역 출신들의 댓글로 알 수 있다. 얼마 지나지 않아 백화점은 문을 닫았고 모텔로 바뀌었다. 수많은 사람이 태백을 떠나는 흐름 속에서 김신애도 태백을 떠났다. 다시 돌아온 그는 지금 전보다 훨씬 건강해진 자신을 발견했다.

"지금은 엄청 건강해졌어요. 늘 우울증이 있었어요. 사람들 잘 못 만나고, 혼자 작업하고 그랬어요. 그런데 태백에 돌아와서 일 때문에 사람을 몇천 명을 만나니까 그럴 수가 없는 거예요. 문제를 받아들이는 게 어릴 때는 내 탓, 남 탓 했는데, 지금은 누구 탓하는 거 아니고 이걸 어떻게 바꿀까 생각하게 됐죠. 옛날에는 도망가고 싶었던 거 같아요. 지금은 제가 벗어나려고 했던 것과 화해했다기보다는 이해하게 되었어요. 아버지가 왜 그렇게 살았는지, 엄마가 왜 그렇게 살았는지 이해하지만, 감정은 그대로 있어요. 나는 그들을 이해하지만 그들은 나를 이해하지 않으니까. 아버지의 삶을 이해했지만, 아버지를 위한 이해가 아니라 내 감정을 해석하기 위한 이해예요. 내 삶이 왜 이런 방식으로 왔는지를 이해하게 된 거죠. 아버지를 용서하기 위한 건 아니고요. 나를 찾아 돌아왔고, 나를 해석하면서, 아버지와 사회와의 관계도 이해하게 됐어요."

태백에 돌아왔지만 그는 원가족과 함께 살진 않는다. 반려견 누룽지와 둘이 살고 있다. 이해하지만 용서하는 건 아니라는 말이 인상적이었다.

보이지 않는 문턱

김신애는 태백에서 '비엔날레'라는 이름으로 꼬박꼬박 미술 행사를 기획해오고 있다. 보이지 않은 어떤 문턱 때문에 어린 시절 문화적 경험이 없었던 그는 자신이 경험한 '문턱'을 지역의 청소년들이 덜 느끼기를 원한다.

"갤러리나 미술관을 제 발로 가본 적이 없거든요. 누가 데려가서 가봤어요. 무서워서. 가본 적이 없으니까. 어렸을 때 경험이 없으니까 그걸 할 수가 있어야죠. 어떻게 가야 하는지 모르니까. 모르는 식당 가면 어떻게 주문해야 하는지 모르는 것처럼요. 패스트푸드점 처음 갔을 때랑 비슷해요. 막상 가면 아무것도 아닌데. 스물일고여덟 살 때, 그때까지 전시를 보러 한 번도 가본 적 없어요. 서울에 갔는데 어쩌다 아는 교수님이랑 같이 갔는데, 그냥 들어가면 되는 건데. 문턱이 높은 게 있죠. 처음 갔던 갤러리가 금호[미술관]인데, 금호랑 그 주변을 쭉 돌았어요. 아무것도 아닌데. 그다음부터는 저 혼자 다녔어요. 이 쉬운 걸 어릴 때부터 경험했다면 하는 생각이 들었죠. 그래서 비엔날레 할 때 청소년 대상으로 도슨트 하고 그랬어요. 여기 아르티 만들기 전에 전시 공간이 없었거든요. 문화적 문턱을 낮춰서, 경험하게 하자, 생각했어요."

김신애는 '기억을 모으는 미술관 ART-TEA(아트티)'라는 이름으로 2018년 전시 공간을 만들었다. 과거에 저소득층 아동 학습 지원 시설이었던 꽃때말 공부방이 2016년 폐쇄되면서 한동안 유휴공간이었는데, 그 공간을 활용한 것이다. 그의 부모는 문화예술에 거의 관심이 없었다. 김신애가 그림 그리는 것도 고3 때 처음 알았다. "먹고사는 데 너무 바쁘니까" 그런 것까지 신경 쓰지 못했다. 김신애는 이 보이지 않는 문화적 문턱을 없애야겠다는 생각에 집중했다. 김신애는 디자이너로 직장 생활을 하면서 화가 작업실에서도 그림을 배우고 만화 작가에게서도 배웠다. 지금 그는 직접 미술 작가로 활동하지는 않지만 미술 작가들과 연결되어 태백에서 꾸준히 전시를 기획하고 글을 쓴다. 자신이 서울로 가는 것이 아니라 작가들을 태백으로 끌어들이는 활동이다.

김신애가 10대 때 미술을 하고 싶지만 할 수 없었다는 것. 익숙한 이야기다. 이것은 단지 소득의 문제가 아니라 삶에 대한 상상력의 문제다. 제 삶의 가능성에 대한 상상력을 말한다. "여기에 있으면 그 대화를 할 수 있는 사람이 별로 없어요." 그는 지금도 지역의 문화 다양성에 대해 비슷한 상황이라며 "문화예술 다양성에 대해, 그게 뭐고 그게 왜 중요한지 설명을 너무 해야 하는 거예요. 그 작업을 4, 5년 했어요."

다시 돌아왔을 때도 그는 고향에 자리 잡는 게 쉽지 않았다. '되돌아온 외지인'이다. 그가 기획한 전시를 보기 위해, 워크숍에 참여하기 위해 많은 사람들이 다녀갔다. 외부에서 온 문화예술인들과는 소통이 되지만 정작 자기가 하는 일을 지역 사람들에게 알리기 위해서 애를 써야 했다. 석 달을 닭갈비 식당에서 물닭갈비를 먹었다. "같은 음식점을 세 달, 네 달 가는 거예요. 그럼 저를 인지해요. 그다음은 낙지만, 그다음은 칼국수만. 맨날 가서 그렇게 눈도장 찍었어요."7년의 시간이 쌓여 현재 그는 동네 개 이름까지 안다.

"광산은, 함부로 건드릴 수 없어요"

그는 태백에서 미술 기획을 하면서 광산과 이 지역의 관계를 자연스럽게 다루긴 하지만 아직 조심스럽다. 미술 공간을 운영한 지 1년 됐을 때였다. 그 미술 공간은 광산 화약고 부근에 있는데, 가끔 술 먹은 남자가 주변을 배회했다. 그 남자와 조금씩 알게 되면서 대화를 나누었다. "하루는 그분이 울면서 올라와요. 동료가 죽은 거지. 저 사람 괜찮을까. 진폐 보상만이 아니라 정신적인 보상도 필요"하다는 생각이 들었다. 광산과 노동자들을 주제로 문화 기획을 해보려 생각했지만 알면 알수록 자신이 아직은 담아내기가 어렵다며 고개를 저었다.

> "진폐 환자 병원 있잖아요. 여기는 코로나 걸리면 다 죽는다 그랬죠. 그런데 산재와 연결된 작업은 아직도 못 해요. 조심스러워요. 내가 다 이해하지 못하고 대상화하는 게 싫어서 아직은 건드리지 않고, 주민자치위원장이 광부라서 같이 뭐 하자고 하면 하는 정도죠. 함부로 못 하겠더라고요."

그동안 김신애는 태백에서 다양한 문화 기획을 하면서 광산이라는 추상적인 세계를 많이 다뤘는데 더 구체적으로는 다루지 않았

다. 가까이에서 알면 알수록 사람들의 다양한 삶이 보였다. 그 다양
한 삶을 자칫 잘못 다뤘다가는 오히려 단순한 이미지의 반복만 만들
어내지 않을까 우려되어 망설이게 되었다.

"장성에 와서 보니 광부였던 분들 중에 자식들이 미국에 유학
가 있는 사람도 있는데, 이런 분들은 '내가 삶을 헛살지 않았다'
이런 느낌이죠. 영광스러운 삶이었고. 사람들마다 기억이 다 달
라요. 그래서 함부로 못 건드려요. 자식 농사 잘 지어서 뿌듯해
하는 분들이 있는데, 그럼 자식들이 여기 사는 사람은? 다 떠나
야 하나?"

이 다양한 목소리들을 어떻게 직조하느냐가 관건이다. 무언가
를 기록하고 말한다는 건 한편으로는 그 기록 바깥으로 어떤 세계를
밀어내기도 한다. 김신애는 그 부분의 조심스러움을 이야기했다.

"그 안에 옷을 만들던 사람은 어땠고, 고기 팔던 사람은 어땠고,
이런 옆집 아저씨들의 생활이 있죠. 그 안에 사람이, 다 똑같지
않잖아요. 꽁치 사러 가는 순간, 일상의 아저씨의 모습 이런 거.
특별한 게 아니고. 여기에 개방된 갱이 있어요. 들어가면 안 되
는데 막 들어갔어요. 비주얼이 끝내줘요. 어느 날 갱에서 누가
걸어나오는데, 닭갈비 사장님이더라고요. 그래서 광부라는 걸
알게 된 거죠. 거기서 만난 사장님이랑 닭갈빗집에서 만난 사장
님은 달랐어요. 아까 만난 개 산책시키는 아줌마 있죠? 그분 현
직 선탄부예요."

드라마 〈젊은이의 양지〉에서 작가로 성공한 등장인물 종희는 자신의 소설 제목을 '광부의 딸'에서 '젊은이의 양지'로 바꾼 이유를 이렇게 설명한다.

> "'광부의 딸'이라는 제목이 여러 인물들을 광부라는 특정 이미지 속에 가둬두는 듯한 느낌이 들어서요. 그 인물들이 좇는 각기 다른 꿈의 의미를 함축할 수 있는 단어로 음지의 반대 개념인 양지를 생각해냈구요."[*]

종희가 '광부의 딸'이라는 제목을 선택하지 않은 이유를 충분히 납득할 수 있다. 어떤 대상을 멀리서 보는 사람들일수록 그 대상을 하나의 이미지로 만들고 싶어한다. 어떤 집단을 일반화할 수 있는 면은 분명히 있다. 하지만 그 집단 안의 다름을 계속 탈락시키면 같은 이미지만 지루하게 반복 재생된다. 안전모를 쓰고 있는 순간도 있지만 안전모를 벗고 일상을 살아가는 순간도 있다. 그 삶 안에 다양한 개인, 그 개인의 관계, 취미와 같은 일상이 있다. 나는 계급을 강조하는 진보적인 사람들에게서 때로 누구보다 계급적 편견에 사로잡힌 사고를 발견할 때가 있다. 구체적 개인을 모를수록 계급과 취향에 대한 도식적 상상 안에 갇힌다. 김신애는 자신도 선입견이 있었음을 고백했다. "저는 기록에 뜻이 있거든요. 헐리기 전에 화광아파트를 본 게 다행이라 생각해요."

그가 말한 화광아파트는 광산촌 최초의 아파트 사택이다. 광산을

---

[*]　　KBS, 〈젊은이의 양지〉 56회, 1995.

건드리는 게 부담스럽다면서도 그는 광산노동자들의 사택인 화광아파트를 기록으로 남기려 했다. 1978년에 지어진 화광아파트는 2019년 철거를 시작하며 아파트 장례식도 개최했다. 그 정도로 이 아파트는 지역의 많은 이야기를 품고 있다. 화광아파트 25개 동은 2021년 완전히 철거되었고 그 자리에 LH임대아파트가 준공되었다. 김신애는 아파트가 헐리기 전에 기록하는 작업을 시작했다. 태백 사람이지만 그도 화광아파트 안에 들어가본 적은 없었다. 그는 막연히 생각했다. "화광아파트, 푸세식 화장실, 연탄보일러…… 가난한 사람이 살 것 같고, 막연히 그런 생각"을 품었다. 헐리기 전 화광아파트를 찾았을 때 몇 가구는 아직 거주 중이었다. 실제로 만나보니 그가 막연하게 품었던 이미지와 다르게 그 공간에서 잘 살고 있는 사람들이었다. "화광아파트 안 없어지면 계속 살 거라는 사람들을 보고, 그게 머리를 탁 쳤죠". 그는 스스로도 같은 지역에서 특정 집단의 사람들을 편견 속에서 바라보았음을 깨달았다.

강원랜드 이후

1976년생인 내가 1987년의 공기를 기억하듯이, 1984년생 김신애는 1995년 3·3투쟁 당시 지역의 분위기를 기억했다. 중앙로에 사람들이 가득 모였다. 정확히 뭔지 모르겠지만 그가 어린 시절 목격한 감정은 분노였다. 분노의 목소리가 지나간 뒤 정선 사북에는 '하이원', '강원랜드'라 부르는 리조트와 카지노가 들어섰다. 지금 시점에서 그는 양가적 감정이 든다. 가까운 지역에 카지노가 들어서면서 지역민들이 경제활동을 이어갈 수 있지만 도박중독으로 인한 우울한 이야기도 많이 접하기 때문이다. 게다가 태백에 돌아와 문화 기획을 위해 이런저런 지원 사업 공모에 많이 참여하면서 그는 자신이 받는 지원금이 강원랜드에서 많이 나온다는 걸 알게 되었다. 카지노 때문에 망가지는 사람들이 있는가 하면 카지노 덕분에 지원금을 받아 새로운 활동을 이어가는 사람들도 있다. 김신애는 지원금을 쓸 때 이 점을 인지해야겠다는 생각이 들었다.

정선 사북에 폐광 후 카지노를 유치했듯이 태백은 교정 시설 유치가 확정되었다. 황지동에 들어설 예정이다. 교정 시설이 들어서면 관련 공무원과 가족들의 이주가 있을 것이기에 지역에서는 인구 유입을 기대한다. 소위 기피 시설 혹은 혐오 시설이라 불리는 교도소, 화장터, 도축장, 소각장 등이 들어설 때면 지역민들 간에 의견이 분분하다. 이를 바라보는 외부의 시선도 복잡하다.

"근처에 제련소가 있어요. 거기 산이 썩어 있는 거예요. 제련소에서 나오는 연기 때문에. 주변 산들은 다 나무가 시커멓고. '정자, 난자 어떡할 거냐' 이런 현수막 걸려 있고. 여기 사는 애들은 제련소에 대해 어떤 생각을 할까 궁금했어요. 주민들이 사진 찍지 말라 그래요. [기피하고 싫어하지만] 이것 때문에 여기 사람들은 먹고사는 거고, 그런데 그게 자신들을 해치는 거고, 다른 자원이 없는 사람들은 이걸[기피 시설을] 받을 수밖에 없는 거네, 그런 생각이 들었어요. 너무 절벽에 있으니까. 외부에서 보고 뭐라고 할 게 아니라는 생각이죠. 그럼, 먹고살 거 어떻게 해줄 건데? 얼마나 절박하면 핵폐기장까지 [유치하려고] 도끼 들고 나가고 그랬겠어요."

특정 산업에 의지해서 만들어진 지역은 해당 산업이 사라지면 지역 자체가 소멸해버릴 위기에 처한다. 한때 많은 사람이 삶의 터전으로 삼아 이주하고 뿌리내렸던 장소에는 지난 시간만큼이나 이야기와 관계가 쌓였다. 12만 명이 넘던 인구가 3만 명대로 급격히 줄어드는 시간 속에는 절박한 몸부림들이 있었다.

폐광이 6개월도 채 남지 않았던 2024년 1월, 밤하늘에 별이 총총한 시간 청량리 가는 막차를 타기 위해 태백역으로 향했다. 이중교를 지나오면서 원래 고향은 경북 봉화라는 택시 기사에게 물었다. 이제 몇 달 후면 폐광인데 여기에 뭐가 생기면 좋겠냐고. "글쎄요. 뭔가 획기적인 게 들어오면 좋겠어요. 획기적인 거. 내 머리로는 잘 생각은 안 나는데, 그냥 좀 획기적인 게 들어오면 좋겠어요. 뻔한 관광지, 이런 거 말고요." 이어서 그는 이중교에 나타난 구렁이 이야기를 들려줬다. "구렁이가 목격되어 난리였는데, 그거 모르셨어요?"라고 되물었다.[*]

광산노동자의 노동이동 중에서 가장 대규모 이동은 독일로 간 광부들의 이동이다. 1963년부터 1977년까지 14년간 8,000여 명의 한국 노동자가 독일로 이주했다. 이들은 독일에 가기 전에 삼척 도계 광업소와 태백 장성광업소에서 1~2주간 기본적인 훈련을 받았다. 간

[*] 2022년 여름 태백 이중교 부근에서 8미터에 달하는 구렁이 목격담이 전해졌다. 구렁이는 멸종위기종이기도 하지만 2023년 공개된 사진 속 구렁이가 매우 커서 진위 논란이 있었다. 전문가들은 조작된 사진이 아니라 실재하는 구렁이라고 확인했다.

혹 그 과정에서 탈락하는 사람도 있었다. 이처럼 수많은 노동자가 다녀갔던 대표적인 석탄 광산인 장성광업소는 2024년 6월 공식적으로 폐광했다. 개광한 지 88년만이다. 88년 동안 그 일대에 수많은 지하 갱도를 만들며 석탄을 파냈다. 땅 위의 사람들은 그 석탄에 의지해 살아왔다. 장성광업소 폐광 전에 엠비시MBC 강원 영동 토론회에서 전직 광부 홍영식은 "올 것이 왔구나, 라는 생각"이 들었다고 말했다. 자원은 모두가 공유했지만 이 문제는 언제나 해당 지역민이 감당한다.[14]

폐광과 함께 지역 주민들과 석탄공사는 갱도에 물을 채우는 문제로 마찰을 겪는 중이다. 갱도 안에는 수많은 철제 시설이 있고 이를 그대로 둔 채로 물을 채우면 환경 훼손의 위험이 크다. 그뿐만이 아니다. 그동안 광업이 지역의 중요한 산업이었는데 이를 역사적으로 보존하지 않은 채 수몰시키는 방식에서 누군가는 삶이 통째로 수장되는 감정을 느낀다. 오십천, 한강과 낙동강의 발원지인 태백은 국내 최대 석탄 생산지였다. 강물은 마르지 않았으나 석탄 채굴을 멈추면서 이 지역은 소멸 위기에 처했다.

장성광업소가 폐광이 된 이후, 그해 가을에 태백에서 김신애를 다시 만났다. "이삿짐 차가 좀 더 많이 보여요." 2022년 8월 4만 명대가 붕괴된 이후 태백시는 다시 4만 명대 인구를 회복하려고 하지만 다달이 사람들은 태백을 떠나는 중이다. 김신애는 전시를 만드느라 분주했다. 2023년에 진행했던 비엔날레의 후속편 격인 전시가 장성의 한 공간에서 진행 중이었다. 태백의 아이들이 참여한 전시가 진행되는 공간은 한때 노래방이었던 장소다.[15] 사람들이 떠나면서 비어가는 공간에 그는 계속 이야기를 채웠다. 폐광의 여파 속에서도 삶은 지속되기 때문이다. 태백 출신 미술 작가 노윤하는 김신애의 기획으로 태백에서 개인전을 열었다. 노윤하는 대학 입학과 함께 태백을 떠났다가 다시 직장 생활을 하러 태백으로 되돌아온 적 있는, 현재는 미국에서 거주하는 작가다. '태백에 살지 않는 흔한 태백 사람'에 대한 이야기를 풀어놓은 전시였다. 노윤하는 1년에 한 번씩은 꼬박꼬박 고향인 태백으로 돌아왔다. 그의 사진과 영상 속에는 옛 광산촌의 흔적이 담겼다. 태백을 떠나는 사람들이 늘어나는 한편 되돌아오기의 서사는 계속 이어졌고 다양해졌다. 분주하고 활발하게 태백에서 활동하면서도 김신애는 여전히 어떤 기획을 누구와 어떻게 해나갈지에 대해 고민이 끊이지 않았다. "제가 여기 돌아온 지 이제 7년째인데, 아직도 어려워요."

5장

그리고 광부댁들

빨래터 수다를 증언과 연대의 목소리로

1980년대 탄광촌의 기억-
현재 도박중독 예방.

"정선아리랑 다 할 줄 알아요"

고령의 전·현직 광산노동자들을 만나 이야기할 때 아내들이 함께하
곤 했다. 그들은 대체로 사택에 살았던 적이 있기에 광산촌의 분위기
와 사람들의 관계를 아주 잘 알고 있었다. 남편이 미처 기억하지 못
하는 부분을 끄집어내기도 하는 등 말하기에 적극성을 보였다. 일상
의 풍속만이 아니라 누가 배신을 했고, 누가 누구에게 붙었다는 등
지역 내 권력관계 등도 꿰뚫고 있었다. 그와 동시에 그 시절 남편과
사는 게 얼마나 힘들었는지도 빼놓지 않고 말했다. "요즘 같으면 안
살아. 그때는 그렇게 살아야 하는 줄 알고 살았지"라는 말은 하나의
관용구처럼 흘러나왔다. 젊은 시절에는 다른 방식의 삶을 상상할 수
없었고, "그때는 겁도 많고", "무서웠고" 그래서 남들 사는 대로 살았
던 그들은 나이가 들면서 거침없이 목소리를 내었다. 나는 그들의 말
을 듣는 과정에서 내가 섣불리 예단했던 것들을 많이 걷어냈다. 광산
촌에 살면서 이들은 오히려 누구의 아내이기보다는 동료라는 정체

성이 더 강했다. 가끔 아버지에게 연락을 주는 아줌마들을 보면서 왜 어머니와 연락하지 않고 아버지에게 연락할까 궁금해하곤 했다. 사택에 살지 않았던 우리 가족과 교류가 없었던 광산촌의 여성들은 어머니를 모르기 때문에 아버지와 연락을 나눴다. 그들의 인간관계는 처음에는 남편을 통해 시작되었을지 모르지만 점차 남편과 무관하게 '광산'을 매개로 연결되었다. 정선에서 활동하는 극단 광부댁은 이런 관계를 방증하는 연극 활동 단체이다.

폐광촌은 어떻게 길을 찾아야 할까. 이 거대하고 난해한 질문 속에서 나는 감히 어떤 길을 제시할 수는 없다. 다만 정선 사북에서 활동하는 극단 광부댁의 연극을 봤을 때 나는 몹시 흥분했다. 문화창작소 광부댁 협동조합의 공연은 2023년 8월 사북석탄문화제에서 처음 보았다. 650거리*에 마련된 무대에서 〈탄광촌의 봄〉이라는 연극의 일부분을 공연했다. 동명 소설을 바탕으로 만들어진 연극 〈내사랑 사북〉을 보러 원주에 갔을 때도 광부댁의 단원들이 정선에서 함께 공연을 보러 왔었다. 1980년 사북항쟁이 배경인 연극을 보러 온 정선 사람들은 어떤 생각을 했을까. 그들이 통과한 시간과 장소를 연극으로 담은 작품을 관객이 되어 보러 왔다. 그들의 활동에 꾸준히 관심 갖다가 2023년 11월 광부댁의 또 다른 공연을 보기 위해 정선 고한읍으로 향했다. 그동안은 차를 가지고 갔으나 그때는 기차를 타고 고한으로 갔다. 고한역으로 가는 기차는 하루 네 번 서울 청량리

---

* 정선군 사북읍에 위치한 중심지이다. 해발 650미터에 위치하고 있어 650거리라고 부른다. 과거에는 동원탄좌의 사북광업소 갱구인 650갱구가 자리했다. 그 주변에 자연스럽게 650광장이 형성되고 인근에 사북시장을 비롯해 식당과 술집 등이 들어선 상권이 만들어졌다. 2004년 동원탄좌 폐광 후에는 이 거리에서 사북석탄문화제가 펼쳐진다.

에서 출발한다. 고한까지는 세 시간 정도 걸렸다. 정선 예미역을 지나자 창밖으로 알록달록 벽화가 그려진 안경다리와 사택촌이 보였다. 근처에는 한때 하루에 500여 명이 드나들었던 함백역이 있으나 2006년 폐역이 되었다. 예미역 근처에는 산업전사탑이 세워진 함백탄광기념공원이 있다. 함백광업소에서만 175명이 사망하고 6,500명이 다쳤다. 예미, 사북, 고한을 거치는 이 산업 철도를 통해 석탄이 이동했고 수많은 사람이 오갔다.

사북역을 거쳐 고한역에 내리자 작은 마을이 한눈에 들어왔다. 기차역 근처에 놓인 커다란 쓰레기통 안에는 살구색으로 변한 연탄이 가득 쌓여 있었다. 지역의 이미지를 위한 장식은 아닐까 약간의 의구심을 품었지만 그런 생각은 몇 분 만에 깨졌다. 길을 건너 마을 식당과 시장에 다다르는 순간 '실제로 사용하는' 연탄을 보았기 때문이다. 검은 연탄은 곳곳에 쌓여 있었다. 식당만이 아니라 알록달록 예쁜 꽃들이 가득한 꽃집 앞에도 시커먼 연탄이 쌓여 있었다.

정선과 태백 사이를 오갈 때 지금은 거의 사라진 연탄 공장 앞을 지나다녔다. 누군가에게 현재라는 시간과 일상적인 공간이 누군가에게는 '아직도 이런 곳이 있네'라며 시간여행을 온 듯한 향수를 불러일으키는 장소가 된다. "이거 사진 찍어도 되나요?" 나는 쌓여 있는 연탄을 찍고, 사진 찍는 나의 모습에 그들은 웃었다. 1988년 1월 30일에 양양에서 마지막으로 연탄을 갈았고, 그 후 연탄은 적어도 내가 사는 집에서는 사라졌다.

〈사북오거리 황금식당〉이라는 공연을 보기 위해 고한고등학교를 찾았다. 강당 안에는 학생들이 가득했다. 이 연극은 30분이 채 안 되는 짧은 콩트이다. 정선도박문제회복센터의 지원을 받아 제작된 공연으로, 강원랜드가 들어선 이후 지역사회의 심각한 문제인 도박 중독의 위험성을 알리기 위해 제작되었다. 카지노만이 아니라 청소년들의 인터넷 도박중독도 사회문제이기에 광부댁은 이 문제를 알리기 위해 고등학교에서 공연했다. 극중 주인공은 서울에서 사업하다가 강원랜드에서 도박을 한 후 중독에 빠졌고, 결국 가정과 일을 모두 잃어버린다. 생계를 위해 택시 운전을 하면서 강원랜드로 향하는 택시 승객에게서 자신의 과거를 본다. 극단 광부댁의 상임이사 이경훈이 역할을 맡았는데 실제 자신의 이야기가 반영되었다.[16]

공연이 끝나자 이경훈 상임이사가 내게 먼저 다가왔다. "서울서 오신 분이죠?" 그 전날 나는 고등학교에서 하는 이 연극을 일반 시민도 볼 수 있는지 문의하기 위해 광부댁의 공개된 번호로 전화를 걸었었다. 어디서 오냐고 묻길래 서울에서 간다고 답했다. 학생들 틈에서 그는 나를 대번에 알아봤고 단장 김순심과 함께 다가와 광부댁을 소개했다. 그날 나는 광부댁과 드디어 대화를 시작했다. 1년 이상 아는 사람 하나 없는 정선을 오가며 관찰하는 위치에서 드디어 나의 존재를 드러내고 관계를 맺는 방식으로 전환되는 순간이었다. 그 전에는 시민들이 모여 있는 장소에 뒤섞여 있었기에 나는 관찰자로 존재했을 뿐이다. 그러나 고등학교 강당에 들어서자 교복 입은 학생들 틈에서 외투를 입고 가방을 짊어진 중년 여자는 누가 봐도 외부인이었다. 나는 내 작업에 대해 알려줬고 그 후로 나는 그들에게 '서울서 온 분'으로 불렸다. 단장 김순심은 광부댁에 대한 간단한 자료를 내게 건네주며 "우리, 〈정선아리랑〉 다 할 줄 알아요"라고 자신감 있는 목소리로 말했다. 〈정선아리랑〉을 부를 줄 안다는 게 무슨 뜻인지는 차차 알아갔다.

서울의 봄과 탄광촌의 봄

2023년 11월 29일. 또 다시 극단 광부대의 공연을 보러 정선읍으로 향했다. 서울 동서울터미널에서 하루에 다섯 번 다니는 버스를 타고 2시간 30분 만에 정선터미널에 도착했다.° 눈이 날리고 있었다. 정선 군청이 있는 정선읍이지만 고요했다. 장날도 아닌 데다 눈이 날리는 초겨울 날씨 때문에 더욱 을씨년스럽게 느껴졌다. 터미널을 나와 읍 내 방향으로 조금 걸어가자 저 멀리 병원이 보였다. 높은 건물이 별로 없는 정선읍에서 언덕에 위치한 병원은 멀리서도 잘 보였다. 이 병원이 공연 장소이다.

그때 내게 급해 보이는 메시지가 도착했다. 메시지와 이메일 등을 확인해보니 1주일 전에 개봉한 영화 〈서울의 봄〉에 대한 한 언론의 인터뷰 요청이었다. 질문이 내게 도착한 순간이 참으로 절묘하다는 생각이 들었다. 극단 광부대의 연극 〈탄광촌의 봄〉을 보기 위해 정선에 막 도착한 시점에 영화 〈서울의 봄〉에 대한 질문지를 보고 있자니 이 상황 자체가 상징적으로 느껴졌다. 개봉 첫 주를 지나며 영화 〈서울의 봄〉은 극장으로 많은 관객을 모으고 있었다. 신문에는 〈서울의 봄〉을 바탕으로 과거의 군부독재에 빗대 동시대 한국정치를 비판하는 칼럼들이 속속 등장했고, 수많은 소셜미디어에서는 군사반란에 분노한 관람평들이 쏟아졌다. 어디에 있어도 〈서울의 봄〉에 대해 말하고 들을 수 있는 시기였다. 점점 눈발이 굵어지며 눈보라가 치는

° 2025년 10월 1일부터 7회로 늘어났다. 서울 강남고속버스터미널 간의 운행도 4회 신설되었다.

    4부

썰렁한 정선이 더욱 춥게 느껴졌다. 잠시 시간을 내어 인터뷰에 응할까 생각했지만 다른 일정으로 어려운 상황이라는 답을 보냈다. '정선에 와서' 〈서울의 봄〉에 대해 답을 하기 위해 시간을 쓰는 건 부적절하다고 판단했다. 연극 〈탄광촌의 봄〉은 근로복지공단 정선병원에서 진폐 환자들인 전직 광부들을 위한 위문 공연으로 진행될 예정이다. 잊혀진 '산업전사'들은 산재 환자가 되어 패잔병처럼 병원에 있다.

통상적으로 '서울의 봄'은 박정희가 사망한 1979년 10월 26일에서 광주항쟁이 일어난 1980년 5월 17일까지를 일컫는다. 박정희가 사망한 다음 날인 10월 27일 문경에서 44명의 광산노동자가 질식사한 사고와 1980년 4월 정선 사북에서 벌어진 계엄사령부의 폭력은 이 '서울의 봄' 속에서 벌어진 일이다. 근대 한국사회의 발전이 '한강의 기적'이듯이 박정희 사망 후 민주화에 대한 열망은 '서울의 봄'으로 표현된다. 산업역군이 잊혔듯이 전두환 신군부의 국가폭력으로 희생된 사북항쟁도 사북 바깥에서는 제대로 기억하지 않는다. 4월의 사북은 역사 속에서 오랫동안 누락되었다. 연극 〈탄광촌의 봄〉은 사북항쟁을 다룬다. 시민연극으로 춘천연극제에서 3년 연속 수상한 작품이라 단원들은 자부심이 있다.

곤드레밥으로 늦은 점심을 먹은 후 공연시간보다 일찍 병원에 도착했다. 병원 로비에서 연극을 보기 위해 환자복을 입는 사람들이 하나둘 모여들었다. 병원 의자는 객석으로 바뀌고 공연 안내 방송이 흘러나왔다. 환자들의 가족으로 보이는 사람들도 모였다. 광부댁 단원들이 적당한 위치에 무대를 간단히 설치했다. 한쪽에서는 단장이 환자들에게 박카스를 나눠준다. 병원 직원들과 의료진도 모여서 연극을 기다렸다. 한 젊은 남자 직원이 "우리 아버지도 진폐로 돌아가셨어요”라고 동료에게 하는 말이 바로 뒤에서 들렸다. “옛날에는 환갑도 안 돼서 다들 돌아가셨는데 지금은 많이 좋아졌죠.”

〈탄광촌의 봄〉은 “산업전사 여러분들의 삶을 연기합니다. 지역 문화유산이 되길 바라고 있습니다”라는 인사를 하며 시작했다. 5막으로 구성된 40분의 짧은 극이다. 이 연극은 액자식 구성으로, 세월이 지나 이미 중년이 넘은 한 여성이 과거에 사람들이 모였던 빨래터를 찾아 과거를 회상하며 관객들에게 옛날 이야기를 들려주는 형식이다. 그리고 이내 1980년대를 배경으로 빨래터에 모인 광부댁들이 등장한다. 사고로 허리를 쓰지 못하는 남편 이야기를 성적인 농담을 섞어 해학적으로 풀어낸다. 〈정선아리랑〉, 〈밀양아리랑〉, 〈닐리리야〉 등 민요를 넣어 관객들의 흥을 끌어올렸다. 관객과 무대가 분리된 연극이라기보다 마당극 형식에 가까웠다. ‘사케야마(선산부)’, ‘후키야마(후산부)’ 등의 광산 언어를 극 중간에 설명한다. 징 소리가 들리면 배우들은 정지 자세가 되고 한 사람이 마치 각주처럼 단어의 뜻을 설명한다. 2막으로 넘어가면 1막의 흥겨운 분위기와 달리 사북항쟁의 역사를 들려준다. 3막에서는 사북의 상징적인 장소인 650거리의 한 식당이 배경이 된다. ‘유고공 술집’에 광부와 술집 종업원이 등장해 다소 밝은 분위기 속에서 진행되는 듯 하지만 다시 4막에서는 광산 사고를 다룬다. 마지막 5막에 이르면 처음 시점인 현재로 돌아와 잘 살고 있는 자식들과 조우하는 광부댁들의 행복한 모습으로 극이 마무리된다. 광산촌 주민들의 일상과 언어, 막걸리에 돼지비계를 먹는 술집의 풍경, 다른 한쪽에서는 “어용 노조 물러가라”는 집회가 이어지고 ‘석탄합리화’에 대한 푸념을 늘어놓는 등 1980년대 석탄 광산의 모습을 압축적으로 담았다. [17]

간단한 무대장치와 비전문 배우들의 연기만을 놓고 보면 극의 완성도는 높지 않다. 그러나 〈탄광촌의 봄〉은 빨래터에 모인 광부댁들의 소소한 수다, 소위 '빨래터 수다'로 극을 연다는 점이 흥미롭다. 여자들이 모여서 동네 가십이나 떠드는 빨래터라는 장소는 소문의 장소이지 신뢰받는 목소리들의 장소로 여겨지지 않는다. 게다가 〈탄광촌의 봄〉은 이 빨래터에 전국의 모든 광부댁이 모였다는 설정이다. 빨래터를 역사적 발화의 장으로 만들고 광부댁의 회상으로 극을 구성하여 광산촌에 살았던 여성의 기억과 시점에 무게를 두었다. 병원에 모인 환자/관객은 깔깔 웃으며 때로는 고개를 끄덕이고 집중해서 보았다.

로비에 가득한 진폐 환자와 그 가족들을 뒤로하고 나는 막차를 타기 위해 조용히 병원을 나왔다. 까만 어둠 속에서 하얀 눈이 펑펑 내렸다. 병원에서 공용버스터미널까지 걸어가는 길에 아무도 없었다. 저녁 7시도 안 되었지만 적막이 한밤중처럼 느껴졌다. 동서울터미널로 향하는 저녁 7시 막차를 탔다. 28석 좌석에 승객은 나 혼자였다. 이대로 서울까지 혼자 가는 건 아닐까 싶을 즈음 평창에서 남자 한 명이 탔다. 동서울터미널에 도착할 때까지 승객은 우리 둘뿐이었다. "만일 그대가 밤의 어두움과 불빛의 따스함에 대해, 사람의 창의 애처로움에 대해 알고 싶다면, 강원도 산간지방의 그믐밤 국도를 달려보라"[*]는 말이 저절로 머릿속에 떠오르던 날이다. 하루 다섯 번 운행하는 동서울 - 정선 버스는 언제까지 유지될까.

[*] 한강, 《검은 사슴》, 문학동네, 2017, 282쪽.

전국의 모든 광부댁

극단 광부댁은 10여 명이 모여 〈정선아리랑〉을 배우는 동아리에서 시작했다. 지역에서 전승되는 민요를 배우던 그들은 정선에 대해 말하고 싶어졌다. 취미로 시작한 동아리는 점차 문화 활동을 기획하기 시작했다. 〈정선아리랑〉은 정선 사람들의 민중가요다. 오래된 민요가 지역민들에게 문화적 자부심과 뭉치는 힘을 주었다. 〈정선아리랑〉을 부르던 이들은 2017년 '광부댁'이라 이름 붙이고 광산 이야기를 전하는 연극 활동을 하기 시작했다. 광부댁에는 점차 광부들, 도박중독 회복자들이 모이며 극단 구성원이 다양해졌다. 아리랑 부르는 동아리에서 시작한 모임은 광산 이야기를 거쳐 현재는 도박중독 예방을 위한 시민연극 단체로 변모했다.

광부댁 단원들은 매주 화요일 오후에 모여서 연습한다. 젊은 60대도 몇 명 있으나 대부분이 70대이다.[18] 그들이 모여 있을 때 퍼지는 에너지는 상당하다. 한동안은 원주를 중심으로 활동하는 연극 연출가 권오현이 이들의 연습을 이끌었다. 이미 수도 없이 해본 공연인데도 리딩 연습을 이어갔다. "우리는 나이가 들어서 계속 연습 안 하면 또 까먹거든요"라며 깔깔 웃는다. 그 말은 사실이다. 리딩 연습조차 쉽지 않았다. 수차례 공연을 하고 춘천연극제에서 세 번이나 수상했던 작품인데도 단원들은 대사가 틀리는 것은 물론이요 서로 합이 맞지 않아 연출이 중간에 자주 개입해야 했다. 그래도 연습을 또 하고 또 하면서 익혀갔다. 게다가 수년간 공연이 이어지며 대본을 조금씩 수정하고 있었다. 단원들은 연습 중간에 〈정선아리랑〉을 부르는 등 딴짓을 하기도 했다. 어느 날은 한 단원이 오래전 〈전국노래자랑〉에서 받은 메달을 가져와 자랑했다. 동해시 승격 몇 주년 기념이었다며 아쉽게 대상은 못 받았다고 했다. 그러다가도 "우리의 80년대를 위하여!"라고 외치며 산만해졌던 분위기를 다시 잡았다. 그런데 지금 광부댁에는 정작 광부댁은 거의 없다. 어쩌다가 극단 이름이 광부댁이 되었을까.

"옛날에는, 초창기에는 광부 부인들이 있었어. 그분들이 나이가 많고, 본인 사정으로 관두게 됐어. 처음에는 사북광부댁으로 하려다가, 범위가 너무 좁아서 정선광부댁으로 할까 했다가, 그냥 모든 광부댁을 다 포함하자는 생각에 전국적 광부댁으로 했지."(김순심)

김순심 단장은 원주 출신으로 결혼을 하면서 정선에 왔다. 광부댁의 단장이며 처음부터 핵심 인물이었던 그도 '광부댁'이 아니다. 그의 옆집에 '광부댁'이 살았다. 처음 만났을 때 김 단장은 "나는 포부가 있어요"라며 광산촌 이야기로 영화를 만들고 싶다고 했었다. 연극을 만들기 이전에 그는 실은 '방송국댁'이라 불리며 영상과 가까운 일상을 살았다.

"나는 방송국댁이었어. 그런데 옆에 다 광부댁이었지. 살다 보니 그 사람들 생활을 훤히 보게 되고, 또 나나 광부댁이나 다 마찬가지야. 옆에서 산 사람들의 삶을 다 알잖아. 그 사람이 몇 시에 오는지, 시커멓게 돼서 오는지, 뻘겋게 돼서 오는지, 다 보고 있잖아요. 광부댁이나 유선방송댁이나 똑같애. 우린 '엠비시

MBC 집'이라 불렸어요. 여기에 삼척 엠비시가 그냥은 안 들어와요. 유선방송이 없으면.*”

전문 연극인이 아닌 그들은 가끔 연출가의 도움을 받기는 하지만 기본적으로 공동연출을 한다. 단원들은 하나같이 전용 연습관이 생기기를 간절히 소망한다. “광부댁 전용 극장이 없고, 전용 연습관도 없어요.” 정선도박문제회복센터와 사북복지관을 오가며 연습한다. 단장은 항상 바빴는데 그러면서도 “경로대학 밥을 해야 하는데”라며 연습 일정과 밥하는 일정이 겹치지 않게 하려고 달력을 살펴보았다. 여름에는 플리마켓을 열어야 한다며 틈틈이 준비했다.[18]

그들은 말한다. “우리의 삶을, 그리고 지역의 역사를 예술로 승화하려고 노력했던 노인네들의 열정이 지역유산으로 남아 〈정선아리랑〉처럼 유네스코에 등록되는 꿈도 꿔봅니다.” 하루는 서울로 돌아가는 내게 수리취떡을 쥐어주었다. 수리취는 정선에서 많이 나는 식물이라 떡으로도 만들어 먹는데, 보기에는 쑥떡과 흡사한 색깔이지만 더 쫄깃한 식감이 느껴진다. 강릉에서는 단오 때 먹는데 사북에서는 여름마다 치르는 위령제를 지낼 때도 놓이는 음식이다.

<hr>

* 과거에는 정선이나 태백처럼 산간 지역에는 지상파 방송국 자체 전파로는 방송이 잘 잡히는 않는 난시청 지역이 많았다. 지역에 중계유선방송이 보급되면서 공용 안테나를 통해 지상파 방송을 케이블로 가정에 전송했다.

고통의 연대, 기억의 연결,
이산이 연대가 될 때

현재 광부댁에는 광산노동과 무관한 단원이 더 많다. 상임이사를 비롯해 단원 중에는 과거에 강원랜드에서 도박중독으로 인생이 순탄치 않았던 사연을 가진 사람들이 있다. 정선 출신인 사람도 있지만 강원랜드에 왔다가 도박중독으로 떠나지 못한 채(돌아가지 못한 채) 정선에 남아 중독을 치료하다가 아예 활동가가 된 단원도 있다. 상임이사 이경훈은 1954년생으로 경주 출신이지만 서울에서 살았다. 도박중독 당사자였던 그는 어렵게 단도박을 했고 현재는 정선에서 광부댁 활동을 통해 열심히 도박중독의 위험을 알린다. 그외에도 정선 출신으로 단도박을 한 사람은 광부댁에 들어와 〈탄광촌의 봄〉에서 광부 역할로 참여하는 것은 물론이요 도박중독을 예방하는 연극에도 참여한다. 이들은 강원랜드의 명암을 모두 보여준다. 이 극단은 광부댁이라는 이름으로 사북항쟁의 역사에서 시작해 도박중독 문제를 다루며 정선 지역의 역사와 고통을 연극으로 이어간다. '광부댁'이라는 이름은 이렇게 지역에서 여러 방향으로 변화하고 진화하며 이야기를 쌓아가는 중이다.

대화는 종종 예상치 못한 방향으로 흘러간다. 그들과 대화 중 나는 단지 '시민연극'이라는 차원에서 세월호 유가족의 연극단인 4·16가족극단 노란리본[••]과 광부댁을 함께 언급했을 뿐이었다. 그때

마침 세월호 참사 10주년 공연이 진행 중이었기 때문이다. 그런데 예상치 못한 이야기를 들었다.

"그 사람들은 어떤 공연 해요? 우리가 만나고 싶었어. 만나려고 시도를 했는데, 어찌어찌하다가 아직 못 만났어. 세월호 때 정말, 전 국민이 다 울었지만, 그때 진짜 맨날 울었어. 88년, 89년 그때 얼마나 많은 사람들이 안산으로 갔는지 몰라. 안산에 우리 사람들 많아."

단장은 세월호 유가족들의 연극 공연에 많은 관심을 보였다. 광부대 사람들은 안산 사람들에게 깊은 연대감을 표현했다. 내가 미처 예상하지 못한 감정이었다. 단원들은 안산으로 이주한 출향 강원도민을 "우리 사람들"이라 칭하며 정선을 떠난 사람들과 여전히 과거를 바탕으로 연결된 정서를 품고 있었다. 그리고 그 감정은 정선을 떠난 사람들의 고통에까지 연결되고자 했다. 세월호 참사로 안산에 다수의 희생자와 유가족이 생긴 사건은 그들에게도 고통을 안겼다. 안산에는 강원도민 출신이 17만 명 정도 거주한다. 나는 그제서야 세월호 참사 희생자 중에 강원도민 출신이 있는지 찾아보았다. 실제로 강원도민 출신 재안산 주민의 자녀 22명과 교사 1명이 희생되었다. 고통이 이렇게 이어졌다.

"삼척 엠비시MBC 가서 얘기할 때 세월호 유가족 연극팀하고, 우리가 그리로 가고 저쪽이 여기로 오고 할라 그랬는데 연결이 안 됐어요. 그리고 그 동네 사람들이, 고한 사북에 있던 사람들이 그 동네야. 고잔1동. 탄광합리화[석탄산업합리화]되면서 폐광이 되고 사람들이 이주를 했잖아요. 5만 명 되던 주민이 5,000명으로 줄었으니 4만 5,000명 정도가 이주를 한 건데, 제일 많이 이주한 데가 안산이에요. 안산 고잔1동, 시화공단, 안산공단 그쪽으로 많이 이주했어. 여기서 삶의 터전을 잃어버렸으니까 새로운 일자리를 찾아서 엄청난 인원이 간 거죠. 그 사람들이, 우리가 여기 폐광될 때 유선방송 이전 신청하는 걸 끊어줬어. 하루에 몇 장씩 끊어줬어. 다 그리로 이사 가서. 그 지역에 연극 교류를 할라고 했었는데, 거기는 뭐 가지고 해요? 아후, 너무 많이 울었어 그때. 다 우울했었어 그때는. 여기서 살다 간 사람들이 거기 갔잖아. 그래서 그 회장을 만날라 했었지. 세월호 어머니들 연극팀[4·16가족극단 노란리본]이 사북에 오고, 사북에서 거기 가는 걸 할라 그랬는데 아직 못 이뤄졌지. 강원랜드랑《강원도민일보》랑 해서 탄광촌에 살던 광부들이랑 사람들을 초청하는 행사가 있어요. 해마다. 그때 우리 연극도 보여주고, 그걸 통해서 그쪽하고 교류를 해볼라고, 줄을 만들어볼라 그러는데 잘 안되더라고. 우리도 그걸 바라지. 왜냐면 광산에 살았던 사람들은 그걸 그리워하거든. 그래서 그 생각을 했던 거지.”

석탄산업합리화로 직장을 잃은 수많은 광산노동자들은 대도시의 새로운 갱도로 모여들었다. 태백선을 타고 강원도로 오는 인구가 줄어드는 시기 대도시에서는 지하철이 늘어났다. 서울, 인천, 부산, 그리고 안산 등으로 노동자들은 흩어졌다. 부산에는 1985년에 도시철도가 개통되었고 1988년에 안산선이 개통되었다.

"많은 실직 광부들이 1980년대 말 지하철 공사가 한창이던 부산과 서울, 인천 안산 등지로 이주하여 지하철 갱도 굴착 작업에 종사하였다. 특히 같은 탄광에 다니던 광부들이 동료들을 연결하여 지하철 한 공구에 동원탄좌 또는 삼척탄좌 하청 출신이 절반을 차지하는 경우도 생겼다. 특히 안산과 인천 등에는 동원탄좌 실직 광부들로 구성된 친목계가 생기는 등 집단이주현상이 나타나기도 하였다."[*]

노동자들이 새로운 직업을 찾아 이주하면서 서로 동료들을 소개해주다 보니 같은 직장에 예전 동료들이 함께 모이곤 한다. 아버지의 양양 동료들이 수도권으로 이주한 뒤 같은 아파트에서 기술자로 근무하는 것처럼 태백과 정선 노동자들도 서로 동료들의 일자리를 소개하며 안산으로 많이 이주했다. 그즈음 수도권 곳곳에 지역 향우회가 늘어났다. 재안산강원도민회는 1983년에 만들어졌으며 부천강원도민회는 1991년에 만들어졌다.

광산노동자의 기술은 광업계 바깥의 도로, 건설 등으로 스며들었다. 그들의 어둠 속 노동은 근대사회 이후 중요하지 않은 적이 없었다. 광산에서 석탄을 캐내어 증기기관차를 운행하고 그로 인해 대량 운송과 생산이 가능해졌다. 터널을 뚫는 기술은 지하에 배관을 만들도록 했으며 이것이 근대적인 위생 시스템을 만들었다. 나아가 지금의 지하에는 디지털 통신을 위한 광섬유 케이블이 매설되어 있으니 광물을 캐내는 노동에서 디지털 기술에 이르기까지 채굴 기술은

[*] 정선문화원, 《정선군 석탄 산업사 1948~2004》, 정선문화원, 2005, 328쪽.

중요한 역할을 해왔다.[**]

　세월호 참사 10주년을 맞아 2024년 5월 주말마다 안산에서 유가족들의 공연이 있었다. 연극을 보기 위해 나는 안산 상록수역에 내렸다. 내가 타고 온 전철이 지나가는 갱도는 1980년대에 강원도의 수많은 실직 광부들이 참여해 만든 것이다. 역을 빠져나오자마자 도로 건너편 왼쪽에 재안산강원도민회 체육대회를 공지한 현수막이 보였다. 체육대회는 어느덧 27회였다. 정선은 안산과 2017년 자매결연을 맺었고, 2022년 태백도 안산과 친선결연을 맺었다.

　광부댁 사람들이 세월호 유가족들의 연극을 본 적이 없기 때문에 나는 그들에게 연극의 내용을 간단히 전해줬다. 나는 어쩐지 정선과 안산 사이에서 내가 해야 할 일을 찾아야 할 것 같았다. 고통을 방치하지 않는 사람들은 함께 고통을 겪는 사람들이다. 그들이 말한 "우리의 80년대"는 '그때가 좋았다'는 추억담이 아니다. 국가폭력의 당사자, 그 폭력을 기억하는 사람들, 그 사람들의 기억을 전수받은 세대들, 다시 말해 고통의 역사를 기억하는 이들의 공동체였다. 광부댁 단원들이 안산의 세월호 유가족 연극 단체에 특히 더 관심을 가지는 이유이다.

우리 이야기

광부댁의 단원은 대부분 70대라 참여하는 단원이 점점 줄어드는 중

[**]　리처드 세넷, 《장인》, 김홍식 옮김, 아르테, 2021, 346쪽.

이다. 나이 들면서 몸이 힘드니 매주 연습에 참여하고 다른 지역으로 공연을 다니는 일이 결코 쉽지 않다. 떠나는 사람들의 속도에 비해 신입 단원은 늘지 않아 걱정이다. 2025년 봄에 안부를 물었을 때 그 사이 '나광부'라 불리던 단원이 그만두었다는 소식을 들었다. '우리 이야기'를 이어갈 단원이 줄어드는 게 요즘 광부댁 단원들의 고민이다. 광부댁 사람들은 공연 외에도 가끔 광부 사진 촬영을 위한 모델 활동을 한다. 작업복을 입고 안전모와 등을 착용하고 얼굴에 검댕을 묻힌 채 사진 작가 앞에서 포즈를 취한다. 모델료를 받으니 아르바이트가 되며 동료들과 함께 촬영하는 일이 재밌기도 하다.

광부댁은 무엇보다 '우리 이야기'를 만들어가려 한다. 사북항쟁이 있었던 그들의 1980년대부터 카지노가 주요 사업이 된 현재 도박 중독 문제에 이르기까지, 한 고장의 이야기를 연극으로 엮는다. 광산이 있었던 문경에 공연 갔을 때 해당 지역민들이 무척 기뻐했다며 단장은 "자기들 얘기잖아"라고 한다. 나는 내가 어릴 때 강릉에서 보았던 〈나릿가 사람들〉을 떠올렸다. 우리 지역의 이야기가 작품이 될 수도 있다는 경험은 어린 시절 작은 시선의 변화를 안겨줬다. 그리고 미술비평가 윌리엄 피버의 《광부화가들The Pitmen Painters》을 각색한 리 홀의 연극 〈광부화가들〉이 연상되었다.

〈빌리 엘리어트〉의 작가로도 잘 알려진 리 홀은 영국 뉴캐슬 출신으로, 광산을 배경으로 한 작품을 여럿 만들었다. 〈광부화가들〉은 화가가 된 광부 이야기이다. 1934년 영국의 광산촌인 애싱턴의 광산 노동자들은 노조에서 마련한 미술 감상 수업을 신청했다. 이 수업에 강의하러 온 라이언은 르네상스 미술처럼 제도권의 명화를 보여주기 시작한다. 그러나 그림을 바라보는 광부들의 반응은 시큰둥하다.

'천사 그림'이나 보려고 여기 오지 않았다며, 이 그림들이 어떤 의미인지 묻는다. 미술을 많이 접하지 않았던 광부들은 그들의 방식으로 의미를 묻고, 라이언은 뭔가 설명해보려 해도 광부들과 말이 잘 통하지 않는다. 라이언은 미술 감상 수업을 이내 포기하고 광부들에게 직접 그려보라고 제안한다. 그렇게 광부들은 자신들과 동떨어진 작품을 감상하는 게 아니라 스스로 표현할 기회를 가진다.

이들이 보여준 그림들은 자신들의 일상과 밀접했다. 좁고 어두운 갱 안에서 몸을 굽히고 노동하는 순간, 마을 풍경, 평범한 집 안의 모습 등을 보여줬다. 원근법에 맞지 않거나 인물의 해부학적 묘사가 틀리는 등 기술적으로 부족할지는 몰라도 그들만이 보여줄 수 있는 시각이 있었다. 특히 도구를 다루는 데 익숙한 광부는 목판화로 거칠게 노동의 순간을 담았다. 광부들의 그림에 매력을 느낀 라이언은 유명한 수집가 헬렌에게 이들의 그림을 보여준다. 헬렌은 작품의 가치를 보고 구입 의사를 밝히고 꾸준히 이들과 교류했다. 특히 올리버에게는 안정적인 후원 의사를 밝혀 전업 화가로의 기회를 열어주겠다고도 했다.

광부 화가들의 명성이 점점 높아져 전시회를 열고 다른 지역에서 초청도 받지만 이 광부 화가들은 자신들의 일터를 떠나려 하지 않는다. 화가만이 아니라 광부라는 정체성도 그들에게는 중요했다. 극중 올리버는 광산을 그만두고 전업 화가로 살 수 있도록 후원을 해주겠다는 헬렌의 제안에 망설이지만 결국 광산에 남는다. 늘 이곳에서 동료들과 함께 살아왔다는 점을 강조한다. "우리는 그룹"이라는 정체성을 놓지 않으려 했다.

올리버에게는 그 마을, 함께했던 동료를 떠난다는 게 삶에서 큰 상실이기 때문이다. 자신을 구성하는 데 그 장소와 동료가 중요한 위치를 차지했다. 올리버를 후원하겠다는 헬렌은 이 감정을 이해하지 못한다. 이 연극은 '애싱턴 그룹Ashington Group'이라 불리게 된 실제 광부 화가들의 이야기를 바탕으로 한다. 마지막 화가가 사망하는 1980년대 중반까지 그룹은 지속되었다. 현재 이들의 작품은 영국 우드혼박물관에서 소장 중이다.

6장

지금-여기의 광산

"요즘은 안전점검 나오는 사람들도 여자야"

광산은 시대의 요구에 따라 지속적으로 변해왔으나 광산 바깥의 사람들에게 광산에 대한 인식과 이미지는 너무 좁은 범위에 머물러 있다. 그 이미지와 인식은 과거의 석탄광에 한정되어 있기에 석탄광이 거의 닫힌 현재에도 여전히 많은 광산이 한국에 있다는 점을 간과한다. 현재도 우리는 땅을 파헤치며 살아간다. 각종 첨단장비를 이용하는 광산은 과거와는 환경이 많이 달라졌지만 여전히 곡괭이를 들고 암벽을 부수는 1980년대 이전의 채굴 방식으로 기억된다. 폐광에 대한 기억만을 추적하는 것에 머무르고 싶지 않았던 이유다. 현재진행 중인 세계를 누락할 수도 있어서다. 이인수를 만날 때 이미 백운석 광산을 방문했지만 노천과 갱도는 장소의 차이가 크기에 갱도 채굴을 하는 광산을 찾아가기로 했다.

국내에 300여 개의 광산이 가행 중이다. 광산은 크게 석탄/금속/비금속으로 분류한다. 현재 국내에 있는 광산 중에서 석회석만

100여 개이니 지금 이 시점에서 한국을 대표하는 광산은 석회석 광산이라 할 수 있다. 앞으로도 석회석 광산은 한국에서 오래 유지될 전망이다. 남한에 석회석 매장량이 적지 않고 석회석을 필요로 하는 곳이 많다. 우리 생활에서 정말 떼어놓을 수 없는 광물 중 하나이기에 내가 찾아갈 현장으로 석회석 광산을 선택했다.

나는 가행 중인 광산에 방문하기 위해 이인수에게 문의했다. 연륜 있는 광업 전문가의 도움으로 현장 답사를 할 수 있는 석회석 광산을 찾았다. "요즘은 산자부에서 안전점검 나오는 사람들도 여자야. 옛날에는 여자들 들어가는 거 꺼리는 그런 미신도 있었는데, 이제는 그런 편견을 안 가져도 돼. 이제는 다 옛날 이야기야"라며 나를 안심시켰다. 가행 중인 광산이기에 이 광산이 있는 지역과 해당 광업소의 이름, 내가 만난 광산 직원들과 관리자의 이름은 모두 가명이다. 우선 내가 방문한 지역의 이름을 석회시라고 하겠다.

마늘과 석회석

석회시의 기차역에 내려 광산에서 나온 직원 김석진을 기다렸다. 기차역 주변은 번화했고 도심에는 아파트를 비롯해 대형 마트나 영화관 등이 다 갖춰져 있다. 근무 중에 나를 데리러 바삐 나온 김석진의 차를 타고 현장으로 향했다. 주소를 알려주면 내가 알아서 찾아가겠다고 했으나 "네비에도 잘 안 나와요"라면서 데리러 오겠다고 했다. 광산은 보안 등의 문제로 지도에 잘 나오지 않는다. 광산에는 화약류가 있고 항상 안전에 유의해야 하기에 외부인 출입에 민감하다. 그뿐만이 아니다. "옛날에는 광산에 간판도 안 달았어요. 기자들이 들어오니까. 먼지가 왜 많냐 이러면서 환경 관련 기자들이 막 오니까." 그가 말한 '옛날'은 광업이 이미 사양산업이 된 1990년대 이후를 말한다. 폐광이 이어지던 1990년대 이후에 광산에서 일하는 사람들은 광산의 어려움을 취재하려는 언론보다 광산을 골칫덩어리로 바라보는 시선을 더 많이 접했다. 그들에게 '환경 관련 기자들'은 달갑지 않은 존재다. 광산의 노동을 취재하겠다고 했기에 상대적으로 내게는 경계심이 덜했던 것으로 보였다. 나는 전·현직 광산업계 종사자나 그들의 가족을 만났을 때 항상 나의 개인사, 곧 광산과 무관하지 않게 성장했다는 이야기로 말을 시작한다. 만나기 전에 유선으로 간단한 설명은 했지만 나와 광산과의 관계가 어떻게 시작되었는지 이야기하는 게 안전했다.

30년 넘게 석회시에 거주한 김석진은 30년 전 허허벌판이던 곳에 아파트가 들어서고 비포장도로가 포장도로로 바뀐 과정을 고스란히 목격했다. 차를 타고 조금 달리자 주변에 아파트가 점차 사라지고 6월의 풍경은 초록색으로 가득했다. 내 입에서 저절로 "좋다"는 소리가 나왔다. 이 초록색 풍경 속에서 마주 오는 차량들 중에는 커다란 덤프트럭이 많이 보였다. "우리 차들"이라고 김석진이 알려줬다. 석회석 광산에서 석회석을 싣고 나오는 트럭이었다.

도심을 벗어나 밭이 많이 보이자 김석진은 이 지역이 육쪽마늘이 유명하다고 알려준다. 지역의 광물과 농산물은 꽤 깊은 상관관계가 있다. 석회석 토양은 마늘 재배에 좋다. 한반도 중부지역에 석회암 퇴적층이 발달되어 있어 주로 충북과 강원도를 중심으로 석회석 광산이 개발되었다. 한반도 중부 내륙에 동굴이 많은 이유다. 전 세계에서 많은 사람들이 찾는 베트남 하롱베이의 동굴도 석회암 동굴이다.

광업소 인근에 다다르자 공장이 하나 보였다. 채굴된 광석을 부수는 분체 공장이다. 석회석을 완전히 빻아서 가루로 만드는 미세한 분체부터 주먹 정도 크기의 괴광까지 크기별로 광석을 부순다. 분체 공장을 지나 세륜장이 있었고 커다란 트럭들이 세륜장을 거쳐 밖으로 나간다. 길이 좁아졌고 광산에서 나오는 트럭들이 이동할 수 있게 우리는 중간에 잠시 차를 세우고 기다렸다. 광업소에 도착하자 입구 곳곳에는 안전, 안전이 눈에 띄게 적혀 있었다. 광산을 소유한 회사 이름이 보였다.

사무실 바깥 주차장에 직원들의 차량으로 보이는 다수의 승용차를 통해 직원이 적지 않다는 걸 짐작할 수 있었다. 실제로 사무실 문을 열었을 때 생각보다 많은 직원에 놀랐다. 나는 간식으로 먹을 낱개포장이 된 양갱을 들고 갔는데 내가 간식을 너무 적게 가져간 게 아닐까 염려가 되었다. 이 석회석 광산은 다른 광산에 비하면 시내와 그리 멀지 않았다. 직원들은 그 점을 장점으로 여긴다. 보통 광산에 취재 오는 사람은 별로 없는 편이지만 시내에서 멀지 않다는 장점 때문에 가끔 견학 오는 사람들이 있다. 관련 학과 학생이나 실습생, 거래처 등이다. 영월광업소와 마찬가지로 이 광산에서도 사무실에 들어갈 때는 신발을 벗어야 했다. 사무실 안은 조금이라도 바깥의 먼지가 들어오지 않도록 유의하는 듯 했다. 신발장 주변에는 손님용 장화가 크기별로 놓여 있고 맞은편에는 안전모들이 있었다. 소장실에 들어가자 김철수 소장이 나를 맞았다. 김석진이 박카스를 나눠주었으나 마시지는 않았다.

오늘날의 광산에는 '광산촌'이 형성되지 않는다. 과거처럼 다수의 노동자가 일하는 일터가 아니기에 사택이라는 게 없고, 직원들은 여러 곳에서 각자 흩어져 산다. 모두 각자 승용차로 이동하기에 통근버스도 필요 없다. 김 소장도 인근 다른 도시에서 출퇴근한다. 김 소장은 대학에서 관련 학과를 졸업 후 광산에 들어와 25년째 근무 중이다. 그는 해당 지역 광산의 역사에 대해 줄줄 읊었다. 1970년대부터 지금까지 어느 기업이 어디에서 어떤 광산을 키웠다가 1대가 사망한 후 2대 자식들에게 어떻게 나눠졌고, 어떻게 인수되었고, 어떤 기업이 사라졌는지 등 이 광산의 족보를 단숨에 정리했다. 김 소장의 아버지도 석탄 광산에서 일했다. 현재 진폐 환자로 집에서 요양 중이다.

현장감독인 최영수는 강원도 출신으로 대학 졸업 후 직장 생활을 하다가 30대에 광산업계에 발을 들여 어느새 20년 경력자가 되었다. 광산에서 일하는 사람 중에는 가족이 광업에 종사하는 사람이 있는 경우가 많은데 최 감독도 광산에서 오래 일한 삼촌의 권유로 이 세계를 찾아왔다. 항상 인력이 부족한 광산에 들어와서 자리 잡으면 오히려 직장을 잃을 위험 없이 오래 일할 수 있으리라 생각했다. 그는 우선 광산에서 가장 기본적인 중장비인 로다° 자격증부터 땄다. 한국광해관리공단에서 실시하는 광해 분야 국가기술자격 시험에 도전해 기사 자격증을 갖추고 광산에 들어왔다. 현장에서 직접 장비 운전하며 광석 나르는 일부터 시작해 채굴과 발파 모두 하게 되었다.

° 'loader'의 규범 표기는 '로더'이지만 이 책에서는 광산노동자들의 입말을 살려 '로다'로 표기한다.

지금은 석회석 광산의 전문가이며 갱도를 내 집처럼 드나들며 현장을 일부 책임지는 감독이다.

편의상 이 광산을 '복지광산'이라고 부르자. 광업계에서 복지가 좋은 편이라고 여러 차례 강조했기 때문이다. 복지광산에는 현재 갱내 노동자 17명, 갱외 노동자 7~8명이 일한다. 사무직인 총무팀에는 4~5명 정도 있다. 약 30명 안팎의 노동자들이 근무하는 곳이니 이 정도면 규모가 꽤 큰 광산이다. 여러 곳에 광업소를 두고 있는 에너지 회사에서 소유한 광산으로 복지만이 아니라 안전도 잘 갖춰졌다고 직원들은 강조했다.

생산 원가의 구조

석탄은 생산 원가보다도 낮은 가격으로 팔렸다. 탄광은 정부 보조금으로 운영되었다. 손실 부분을 정부가 지원해줘서 가능하다. 석회석도 국고 보조 사업이 있지만 판매를 보조하진 않는다. 광산 내 안전 시설을 보조하거나 현대화된 장비 구입비를 조금 보조해준다. 정부 보조 없이는 많은 한계가 있다.

제천, 삼척, 정선, 단양, 영월, 충주 등 우리나라의 중부 지역에 석회석 지대가 꽤 풍부하게 형성되어 있다. 석회석은 우리 일상 곳곳에서 쓰인다. 저품위 석회석은 시멘트 원료로 쓰이고 고품위는 제철이나 제강에 필요하다. 복지광산은 한 대기업에 이 고품위 석회석을 납품한다. 철광석과 함께 석회석, 코크스를 용광로에 넣으면 광석의 불순물이 분리되면서 철이 만들어진다. 석회석은 염기성을 가지고 있기에 정화, 정수 등에도 중요하게 쓰인다. 구제역 같은 전염병으로 동물들을 매장할 때도 석회는 소독 용도로 사용된다. 브라운관, 유리, 플라스틱 고형분에도 석회석은 필수적이고 칼슘을 추출해 비료와 제약에도 쓰인다. 색깔이 밝고 좋은 것들은 하얀색 종이나 페인트 등에 들어간다. 김석진은 사무실에 쌓인 에이포A4 용지를 흔들며 말했다. 내가 쓰는 책을 만들기 위한 종이에도 석회석이 들어간다고 볼 수 있다. 석회석은 원석이 아니라 가공해서 수출한다. 미국에 시멘트로 수출하거나 중국에 비료로 많이 수출한다. 각 용도에 맞게 크기를 만들기 위해 석회석 광산은 분주하게 채굴하고 분체 공장은 야간에도 돌아가지만 수익성이 크지 않다.

"금이나 은처럼 비싼 거 팔면 또 다른데, 석회석이라는 게 안타깝게도 골재 가격이랑 별 차이가 없어요. 고품위를 팔아도 별로 비싸지 않아요. 지금 한국에 좋은 품위는 많이 고갈되었지만 시멘트용은 아직도 많이 매장되어 있어요. 우리보다 고품위가 베트남, 중국, 일본에 있는데, 가져오는 데 유통 비용이 드니까 아직까지는 국내에서 버티고 있죠. 하롱베이가 거기 석회석인 거 알죠? 이 지역 동굴이 하롱베이랑 같은 그 석회석 동굴이에요. 석회석이 장기간에 물에 녹으니까 석회석 많은 지역에 동굴이 많이 생성이 되는 거죠. 그러니까 한 몇억 년 이렇게 지나면요. 중국이나 베트남에 석회석 많아요. 인프라가 안 되어서 지금까지는 그걸 항만까지 가져오는 게 어려웠는데 이제는 발달했거든요."

김 소장은 베트남이나 중국에서 교통이 발달하면서 항만에서 먼 곳에 있던 광산의 광물을 가져오기가 좋아진 상황에 대해 설명했다. 나는 하노이에서 하롱베이를 차로 오간 적이 있다. 나보다 10년 앞서 그 길을 오간 사람이 4시간 걸렸다고 했는데 나는 2시간 30분밖에 안 걸렸던 기억이 떠올랐다. 그만큼 베트남의 도로 상황이 지난 10년 사이에 많이 좋아졌다는 걸 알 수 있다. 국내 석회석은 앞으로 수입 석회석과의 가격 경쟁까지 대비해야 하는 상황이었다. 그래도 아직은 석회석 수요가 많아서 그의 말대로 '버티는' 상황이다. 게다가 복지광산은 여전히 고품위 석회석을 채굴한다. 하지만 광업은 구조상 채굴을 하면 할수록 땅속 깊이 들어가면서 생산 원가가 점점 상승할 수밖에 없기에 항상 새로 개광한 광산이 더 유리하다. 해외에서 새로 개광하면 저렴한 인건비를 바탕으로 국내보다 더 저렴한 석회석이 들어올 수 있다. 많은 광산이 그런 이유로 폐광했듯이 광산에는 항상 따르는 '운명'이다.

예를 들어 새로 광산이 열리면 갱도가 비교적 깊지 않기에 15톤 차가 막장에서 광물을 하루에 50회 나를 수 있다. 하지만 복지광산처럼 11단까지 갱도가 깊게 만들어진 광산은 그 깊숙한 곳에서부터 트럭이 올라오는 시간이 그만큼 더 걸린다. 현재는 트럭 1대당 하루 8번 정도 오간다. 차량 이동 시간이 길어지니 그만큼 원가가 올라간다. 물론 새로 생긴 광산이 유리하기만 하진 않다. 오래된 광산은 기존의 거래처들과의 관계를 유지하기 때문에 새로 생긴 광산이 이 관계를 뚫고 들어오기도 쉽지 않다. 그럼에도 광산은 오래될수록 점점 더 안전 비용이 늘어난다. 게다가 생산 원가가 오른다고 해서 판매 가격을 올릴 수도 없다. 광산의 생산 원가는 계속 오르지만 납품을 받는 기업에서는 점점 더 싼 가격을 찾는다.

> "우리가 납품을 하는데 남지 않아요. 광산은 혜택을 못 봐요. 납
> 품 받는 기업은 흑자 얘기할 때 납품하는 업체는 손해를 봐요.
> 거기 직원하고 우리하고 돈도 차이 나요. 우리는 대기업의 하도
> 급이죠. 자기들은 다 부자되면서 우리한테는 그렇게 안 주니까.
> 광산은 구조가 많이 남지 못하는 구조예요. 납품 단가를 쌀 수
> 매하듯이 하든가. 광산에서 일하면 보조금을 주든가. 매출 보전
> 을 위해 나라가 구입했으면 좋겠어요."

"광산에 사람이 부족한 게 아니라, 사람이 광산을 기피하죠"

광산은 여전히 주 5일 근무가 아니라 주 6일 근무를 한다. 복지광산
도 마찬가지다. 일부 사무실 직원만 격주로 쉰다. "노동법은 지킵니
다. 52시간은 지켜요. 발파하고 나면 오전 시간 다 가요. 기계가 잘 안
되면 발파만 하루 종일도 가요."◦

예전에는 사람의 직접적인 노동력 중심으로 채굴을 했다면 지
금은 기계를 많이 활용해서 일을 하니까 전보다 사람이 덜 필요하다.
예를 들어 천공을 할 때 과거에는 10명이 필요했다면 지금은 고가의

◦ 근로기준법 제50조에서는 주당 최대 근로시간을 40시간으로 규정한다. 다만 연장근
로를 포함하여 최대 52시간까지 근무할 수 있도록 한다.

장비를 운전하는 1명만 필요하다. 요즘은 다 장비로 일하기 때문에 1인이 일하지만 관리자가 수시로 점검한다는 점을 강조했다. 선광이나 기계 점검 등을 하는 데는 2인 1조로 일한다. "옛날처럼 광차를 민다거나 그런 게 없어요. 석회석은 광맥도 넓게 분포되어 있어 좁게 들어갈 이유가 없고요. 굴진, 채광 다 장비로 하니까."

광산에는 새로 유입되는 노동자가 줄어들고 있으며 점점 노동자의 나이도 많아진다. 김 소장이나 최 감독 모두 다른 지역에서 왔다. 가끔 지역민들 중 광산을 찾는 경우가 있긴 하다. 도시에서 다른 일을 하다가 나이 들어 고향에 돌아와 광산에 일자리를 찾아오긴 하지만 대부분 오래 가지 못한다. "사람을 못 구해요. 광산에 사람이 부족한 게 아니라, 사람이 광산을 기피하죠." 김 소장은 단지 노동 강도 때문이라기보다 저임금 때문에 광업이라는 직종을 사람들이 기피하는 현상에 답답함을 토로했다. "바깥에 편한 일이 많으니까. 여기만큼 버는 데가 널려 있으니까. 그러니까 기피하죠. 편의점에서 아르바이트 해도 시간당 만 원 받잖아요. 공장에서도 그렇게 많이 못 줘요."◦ 상대적으로 '편한' 일자리인 '바깥'에서도 최저임금을 받는데 깊은 땅속에서 위험을 감수하는 일자리인 광산업계의 임금 수준이 낮기 때문에 노동자들이 유입될 이유가 없다는 것이다. "장비가 현대화되어서 많이 개선이 되었는데도 인력난"은 여전하다. 같은 기술을 가지고 "건설 현장에서 일하면 먹고살 수 있는데 굳이 위험한 데 올 필요가 없죠. 광업계 전반이 인력난"이다. 이렇게 사람이 부족하다 보니 일각에서는 광업에도 외국인 노동자를 허용해야 한다고 목소리

◦　　내가 만났던 시점은 2024년 6월로 최저임금이 9,860원이었다.

높인다. 실제로 광업에도 외국인 노동자가 진입할 날이 머지 않았다. 그러나 이에 대해서 현장에서 일하는 사람들은 반신반의하는 목소리를 낸다.

> "조만간 E-9 비자[외국인 비전문 취업 비자]가 시행될 거 같아요.●● 그런데 하는 일에 제한은 있을 거예요. 광업은 많은 자격증을 요구해요. 기술 자격증만이 아니라 장비 자격증 필요하거든요. E-9 비자로 들어오는 사람은 자격증이 없다는 게 문제죠. 결국 단순 노동, 청소 같은 노동만 할 수 있어요. 들어와 몇 년은 지나야 제 역할을 하지 않을까 생각해요. 장비는 현대화됐는데 외국인 노동자가 그걸 따라갈 수 없어요. 무자격으로 일하다 문제가 발생하면 누가 책임지나요? 그리고 지금도 광업계 인건비가 높지 않아요. 외국인들은 최저시급 받기 때문에 [지금 한국인 노동자들과] 별로 차이가 없겠죠. 광업계가 워낙 저임금이라서요. [그래서 광산에서] 사람 못 구하잖아요."

광산에서는 중장비 다루는 기술이 중요한데 외국인 노동자들은 처음부터 그런 자격증을 갖출 수 없어서 현실적으로 한계가 있다. 게다가 "아무리 기술이 좋아져도 화약이 안 들어가면 안 되기 때문에" 가장 중요한 자격증은 발파 자격증이다. 발파 자격증은 현장에서

●● 광업계 인력난 해소를 위해 한국광업협회에서 외국인 비전문 취업 비자(E-9) 신규 허용 업종에 '광업'을 추가해 줄 것을 산업부와 고용노동부에 꾸준히 건의했다. 2024년 7월부터 광업에서 E-9 비자가 시행되었다. 내가 만났던 6월은 시행을 앞둔 시점이었다.

여러 명이 가지고 있다. 자격증이 없으면 화약류를 사용할 수가 없고 아예 화약 양수가 안 된다. 외국인 노동자 대부분은 비숙련 저임금 부문에서 일한다. 노동이동의 관점에서 외국인 노동자는 국내 비숙련 저임금 노동자를 대체할 수는 있지만 숙련 노동자를 대체하기는 어렵지 않겠냐고 한다. 게다가 워낙 저임금인 광업계에서 임금 절감의 효과를 보기 어렵다는 것이다. 이쯤되니 나는 조심스럽게 임금을 구체적으로 물어야 할 것 같았다.

"시멘트업계를 제외하고는 다 저임금이에요. 큰 회사일수록 높죠. 그나마 큰 회사에서 신입 대졸이 [장비 자격증 다 갖춰도] 4,000[만 원] 못 받아요. 현장에서 장비 타시는 분들도 대졸자 많아요. 경력이 있는 4~50대가 5~6,000[만 원] 받죠. 올리고는 있는데, [광산은] 경쟁 상대가 건설업계에요. 터널 굴진하는 분들과 [하는 일은] 똑같아요. 같은 일을 하는데 시간당 임금으로 따지면 [건설 쪽이] 급여가 높으니까 건설을 선호하죠. [건설업은] 단지 떠돌이 생활을 하는 게 단점이죠. 젊은 사람들은 결혼 자금 모으고 바짝 벌어야 하는데. 한번 건설로 들어가면 광산은 쳐다보지도 않아요. 먹여주고 재워주고 다 하니까. 여기는 점심밖에 안 주잖아요."

이 광산은 시멘트 회사를 제외하고 보면 업계에서 급여가 나쁘지 않은 편이라 그래도 젊은 사람들이 많은 편이다. 실제로 내가 현장에서 본 노동자들은 그렇게 나이가 많아 보이지 않았다. 김 소장은 건설업계의 일과 거의 비슷하다는 말을 여러 번 했다. 요구하는 자격증 조건이 비슷했다. 그런데 노동자들은 광산에서 일하다가 시멘트 업계로 이동하고, 다시 건설업계로 이동하곤 한다. 위험하기로 유명한 건설업계가 광산업계 노동자들에게는 '더 좋은 곳'이었다. 광산보다 건설 현장을 더 선호하는 이유는 단지 임금이 더 높아서만은 아니다. 광산이 "위험요인으로 봐서도 갱 안으로 들어가 일하니까" 더 위험하게 느껴지기 마련이다. 깊은 땅속으로 들어가는 광산의 공간은 노동자들에게 심리적으로 강한 장벽을 만든다. 때로는 광산의 깊은 어둠 속으로 들어가기를 거부하는 외부 업체 직원과의 옥신각신도 광산에서 심심치 않게 벌어진다.

> "어제도 외부 사람과 협의하느라고. 광석 꺼내려면 11단에서 덤프트럭들이 나르잖아요. 갱도 안에 [트럭 다니는 길을] 포장할 일이 있었어요. 25톤 레미콘이 들어와야 하는데 레미콘이 죽어도 못 들어가겠다 그래요. 무섭기도 하고, 돈 더 내라 요구하더라고. 갱 안에 들어갈 때는 돈을 더 주기도 하는데, 어떨 때는 돈 더 줘도 안 들어가겠다 해요."

공간이 주는 공포심은 광산에서 큰 문제 중 하나다. 광산에서 중요한 일 중 하나는 운송이다. 채굴한 광석을 갱도 깊은 곳에서 꺼내는 일부터 납품 업체로 나르는 일까지 모두 연결된다. 작은 광산에서는 주로 임대한 차량을 사용한다. 복지광산의 경우는 광업소 내부에서 움직이는 차들은 직영으로 운영하고 광산 밖으로 나가는 차들은 거의 외주를 준다. 내가 광산에 들어올 때 밖으로 나가던 트럭들은 외주 차량이다. 수백 미터 아래 갱도에도 큰 트럭이 다니기 위해서는 갱도 안 도로포장이 필요하다. 이 작업을 위해 외부 차량이 왔지만 막상 갱도 입구에서 들어가기를 거부하는 일이 벌어진다.

스마트마인? 무전이 중요해!

장비가 현대화되면서 오히려 노동자들이 홀로 따로 떨어져 일하기 때문에 노동자들의 통신 문제는 그만큼 더 중요해졌다. 예전에 비하면 그래도 통신 환경이 좋아진 편이다. 지금은 작업장 끝에서 사무실로 무전이 연결되어 있다. 갱내 통신 장비를 개선하는 데 비용이 많이 들기 때문에 정부에서 지원해준다.

"저쪽에서 광부가 갇혀 있다 나왔잖아. 그 사람이 갇혀 있다 나온 바람에 그때 광업계의 어두운 부분들이 많이 오픈이 됐죠."* 갱도에 갇힌 사람의 위치를 추적하기 위해 지상에서 도면을 펼쳐놓고 여기에 있을 것이다, 저기에 있을 것이다 짐작하는 과정에서 실제 갱도와 도면이 안 맞는 경우가 있다고 한다. 무엇보다 그동안 도면이 전산화되어 있지 않아 어려움이 있었다. "그때 도면 전산화랑 무전 이야기가 나왔죠." 스마트팜을 떠벌리지만 정작 농민들이 요구하는 양곡법 개정안을 거부하는 정부의 모습이 떠올랐다. 마찬가지로 정부에서는 스마트마이닝을 거론하며 로봇이나 자동운전 등을 말하지만 막상 현장에서는 첨단 로봇보다 기본적인 무전의 중요성을 재차

---

* 2022년 봉화 아연 광산에서 매몰 사고로 노동자 2명이 갇혔다가 생환된 사건을 말한다.

강조했다. 멀리 가는 저주파가 필요한데 그 중계기 하나 설치하는 데 1,500만 원에서 2,000만 원이 든다.

　　2022년 봉화 아연 광산에서 매몰 사고가 발생한 후 통신 문제는 더욱 절실해졌다. 복지광산을 소유한 기업에서는 복지광산만이 아니라 소유한 다른 광산에 약 2년에 걸쳐 무선통신 장비를 설치했다. 400헤르츠를 요청해서 승인받았다. 그 전까지는 생활 무전기로 전달하는 방식이었으나 생활 무전기는 갱내에서 많은 한계가 있었다. 노천 광산은 자동화가 쉽지만 갱내는 굴곡이 많고 암반 때문에 전파가 차단되어 40미터 간격으로 중계기가 필요하다. 현재 17명 갱내 직원은 모두 이 무전기를 휴대하고 근무한다. 갱도 안에 통신 시설이 갖춰져 멀리 떨어진 직원들끼리 더 편하고 쉽게 연락할 수 있게 되었다. 이것만으로도 엄청 좋아졌다고 강조한다. 통신 환경이 제일 중요하다며, 예전에는 사람 하나 찾으려면 감독이 차 끌고 갱도 안을 여기저기 찾아다녔다고 한다. 갱내 소통 문제를 해결하는 데에도 광업계는 이렇게 시간이 걸린다며 한숨을 쉬었다.

인식 개선의 필요

"광업계에서 일한다는 사람들을 일반인들이 볼 때 '막바지 인생', '인생 막장에 계신다', '불쌍하다' 이렇게 생각하고. 사실 건설 현장과 크게 다르지 않은데 인식이 너무 그래요. 자원공학과는 광산에 특화되어 있는데도 졸업생 중에 광산에 가는 애들이 없어요. 학교에 연락해봤는데 광산에서 일하고 싶어하는 사람 없어요. 그러니 누가 하고 싶겠어요." 광업계 혼자 노력해서 될 문제가 아니라 정부의 대책이 필요하다. "맨날 '동해물과 백두산이' 하면 얼굴 시커멓게 해서 불 켜고 있는 모습"만 보여준다며 답답함을 호소했다.

> "현대화된 모습도 보여주고 그래야지. 웅장하고 크고 멋있다 [하는 생각을 할 수 있게요]. 더럽고, 힘들고, 위험하다 생각하니까 저희는 마을 주민들에게는 미움받고요. 인식을 바꿔줬으면 좋겠어요. 큰 대형 장비로 깨끗하게 일해요. 옛날 이미지만 너무 부각되어 있어요."

광업계 인식 개선의 필요에 대해 나는 십분 공감한다. 특히 외적으로 재현되는 광산노동자의 이미지는 천편일률적이다. 예를 들어 손학규는 2006년 광부 체험을 하면서 시커먼 얼굴과 손으로 컵라면을 먹거나 광산노동자들과 함께 어울리는 사진을 남겼다. 흥미롭게도 손학규는 옆에 있는 '진짜' 광부보다 더 검은 칠을 한 얼굴이었다. 탄광노동자들이 검은 분진에 시달리는 것은 사실이지만 요즘은 손과 얼굴을 씻고 밥을 먹을 수 있음에도 관념 속의 광부를 재현하기 위해 그는 시커먼 얼굴로 밥을 먹는 정치적 퍼포먼스를 했다. 1980년대 이후의 광산은 전혀 대중에게 알려져 있지 않다. 오늘날 많은 사람들은 폐광촌에 마련된 과거의 광산 모습을 본다. 1980년대 탄광에서 집단의 기억은 멈춰버렸다. 경제성장과 기술 발전 속에서 과거가 되어버린 광업은 이처럼 현재의 광업을 보이지 않게 만든다.

또한 노동의 위계는 단지 임금의 차이에서만 발생하지 않는다. 사회적 인식은 중요하다. 노동자는 돈의 문제만이 아니라 인간으로서 존중받지 못한다는 점에서 울분이 쌓인다. 조지 오웰은 《위건 부두로 가는 길》에서 "나는 광부의 수입보다 벌이가 별로 낮지 않지만, 적어도 내 은행계좌에 그것을 신사답게 지급받아 원할 때 찾아 쓸 수 있다. 그리고 내 계좌가 바닥이 나도 은행 사람들은 여전히 그런대로 공손하다"라고 말하며 자신이 "부르주아라는 내 신분에 매달릴 특정한 권리"를 갖는 현실에 대해 솔직하게 말한다.[*] 직업에 대한 사회적 인식은 신분사회를 만든다. 노동계층의 사회적 위치는 단지 소득만으로 정의하기 어렵다.

광업계 사람들은 광업인에 대한 지원 대책에도 목소리 높였다. 광산에서 오래 일한 김석진은 순직한 사람들도 많은데 광산에 종사했던 사람들에게는 지원이 부족하다고 느꼈다. 진폐나 규폐는 탄광만의 문제가 아니다. 광물에 산화규소가 얼마나 있느냐에 달렸다며 여러 현장에서 생각보다 광범위하게 발생하는 질병이라고 호소했다. 광업에 대한 인식 개선과 노동자에 대한 지원을 거듭 강조하는 그들은 줄어들지 않는 근무 시간에 대해서도 답답한 마음을 드러냈다.

"요즘은 돈도 돈이지만 근무 환경이 중요해요. 내 시간 많이 찾잖아요. 우리는 아직도 주 6일 근무해요. 주 5일 근무는 광산에서는 아직 뜬구름이고. 많이 팔아야 하니까 많이 생산해야 하고. 직원들의 복지 수준 올리고, 쉴 수 있게 근로조건을 만들면 유입이 되지 않을까요?"

[*] 조지 오웰, 《위건 부두로 가는 길》, 이한중 옮김, 한겨레출판, 2010, 67쪽.

그들은 광업계의 어려움에 정부가 관심이 없다고 여긴다. "광산이 시장 자체가 작으니까. 그냥 없애면 되지, 수입하면 되지, 반도체 많이 팔면 되지, 그렇게 생각"하는 것이 답답하다. 마땅히 없어져도 되는 일을 하는 사람들이라는 인식은 그들이 현재 처한 노동의 어려움에 관심을 기울이지 않도록 만든다. 요즘은 예전처럼 교대 근무를 하진 않는다. 더구나 야간에 하려면 제약이 많다. 야간 관리 자격증이 별도로 필요하다. 두 배로 인원이 필요하니까 회사 측에서 특별히 이윤이 생기지 않기 때문에 교대 근무는 실시하지 않는다. 게다가 밤에는 조용해서 소리가 더 멀리 퍼지기 때문에 민원이 들어올 우려가 있어 소리가 큰 발파 작업을 할 수 없다. 그 대신 노동자들이 종종 연장근무를 한다. 전기요금이 많이 들어서 채굴한 광석을 부수는 분체공장을 전기요금이 저렴한 야간에 돌리기 위해서다. 가장 큰 광석을 부수는 조크라샤는 밤에 작업할 수 없고 작은 암석을 부수는 함마크라샤°는 가끔 밤에 가동한다. 광석 덩어리가 작을수록 부수는 소리도 작기 때문이다.

복지광산은 화력발전소에도 석회석을 납품한다. 석탄을 때면 황이 나오는데 석회석이 황을 잡는 역할을 한다. 석탄 화력발전에는 석회석도 필수적인 광물이다. 문재인 정부에서 석탄 발전소를 줄이는 정책을 마련하면서 석회석을 납품하는 물량이 줄어들었다. "환경 문제에서 저희는 약점"이 있다면서 시대가 변하고 있으니 정부 정책 자체는 이해한다는 말도 덧붙였다. 그렇게 정부, 환경단체 등 여러 사람들의 이해관계가 얽혀 있다. 분명히 필요한 자원을 만드는 일

° hammer crusher, 규범 표기는 '해머크러셔'.

을 하면서도 눈치 보는 위치에 있게 되니 그들은 할 말이 많았다. "석회석 원석을 우리가 쓰기 편한 상태로 만들려면 구워야 해요. 소석을 해야 해요. 불안정한 상태로 만들어야 자체적으로 안정을 취하려고 화학 반응을 일으키면서 우리가 필요한 상태가 되거든요. 석회석을 굽는데, 그 과정에서 탄소 배출이 발생하는 거죠. 석회석의 44퍼센트가 시오투CO_2." 탄소 배출을 줄이는 정책으로 관련 산업의 규모를 줄여가는 과정에서 해당 산업에 종사하는 사람에 대한 지원은 필요하지 않겠냐는 게 그들의 생각이다.

두두둥. 사무실에 앉아 있는데 먼 곳에서 울리는 어떤 굉음과 함께 바닥에서 묵직한 울림이 느껴졌다. 잠시 후 김 소장이 말한다. "방금 소리 났죠? 그게 발파 소리예요."

어둠이 아니라 암흑

무엇보다 안전이 중요한 일터이기에 현장 노동자들을 방해하지 않기 위해 작업 차량이 잠시 멈춰 있는 점심 시간에 갱내에 들어가기로 했다. 점심은 회사에서 주냐고 물었더니 "요즘 점심 안 주는 데도 있나요?"라고 오히려 내게 되물었다. 직원들은 점심시간이 되면 갱 밖에 나와서 식사했다. 식사는 도시락 업체에서 준비하고 직원들은 갱 밖의 휴게실에서 밥을 먹는다. "장비에 기름도 넣어야 하고, 장비 점검하려면 환한 데서 봐야 하고, 또 (노동자들도) 한 번 밖에 나와야 하고요." 1980년대에 중식대가 노조의 주요한 요구사항이었다는 점과 노동자들이 "우리는 언제 햇빛을 보냐"고 건의했던 일을 상기하니 격세지감을 느꼈다. 겨우 햇빛과 식사 제공일 뿐인데.

현장감독 두 명이 나와 동행했다. 소장이 내게 장화를 신으라며 방문객용 장화를 가리킨다. 가장 작은 장화를 골랐다. 안전모를 쓰고 마스크를 썼다. 내 머리가 결코 작지 않은데도 안전모가 조금 헐거웠다. 최 감독, 김 감독과 함께 트럭에 올라탔다. 운전석 옆에 초음파 가스 누출 탐지기가 놓여 있었다. '광산의 카나리아'는 초음파 탐지기가 되었다. "오전에 검사했어요." 매일 가스 누출 탐지기로 갱내 일산화탄소 농도를 측정한다. 갱내에는 다량의 중장비가 가동 중이고 발파를 하기 때문에 유해가스 농도가 올라갈 위험이 있다. 평균치 이상으로 올라가면 노동자들이 질식할 수 있기에 수시로 측정한다.

감독들은 아침에 작업 계획을 세워놓고 각자 역할을 분담한다. 혼자 따로 따로 떨어져서 일하니까 현장감독은 종업원들이 안전하게 일하는지 규칙적으로 순회한다. 특히 발파한 후에는 발파석을 제거하기 전에 주변의 다른 위험 요소들이 없는지 확인하고 작업해야 한다. 안전에 민감하기 때문에 작은 업무들도 정확하게 지시를 해줘야 한다.

갱도로 향하는데 안에서 페로다 차량이 나왔다. 점심 식사를 위해 직원들이 하나둘 나오고 있었다. 커다란 중장비를 다루는 사람들 중에는 꽤 젊어 보이는 사람들도 있었다. 외부의 빛이 걸쳐진 입구 쪽에서는 여전히 굴착기 한 대가 작업 중이었다. 내가 탄 트럭이 진입하기 위해 차 안에서 최 감독은 무전기로 신호를 보냈다. 굴착기는 후진하더니 한쪽으로 비켜선다. 커다란 중장비 차가 들어가 작업을 할 수 있을 정도로 갱도 입구는 넓었지만 차량 두 대가 동시에 움직일 수는 없었다. 처음에 나의 욕심으로 작업 중일 때 들어가는 게 좋지 않을까 했지만 점심시간에 들어오길 잘했다는 생각이 들었다.

넓은 갱도는 입구에서 30미터 정도 들어가자 이내 컴컴해졌다. 갱도 양쪽에는 작은 수로가 보였다. 차의 창문을 열고 갱도를 찬찬히 보는데 천장에서 물이 떨어졌다. 바닥에도 곳곳에 물이 고여 있었다. 석회석 광산은 물이 많이 생기기 때문에 수로를 만들어 그 물이 흐르게 했다. 장화가 필수인 이유다. 갱도 입구에서 보았던 굴착기는 그 수로를 손보는 작업 중이었다. 갱도에는 쌓인 폐석들을 굴착기로 치우는 작업을 할 수 있도록 중간에 가끔씩 여유 공간이 있었다. 입구에서 안으로 들어갈수록 공간이 넓어지고 천장도 더 높아졌다. 입구의 천장도 처음에는 지금보다 더 높았다. 그런데 시간이 흐르면서 갱 내에서 발생하는 물이 흐를 수 있도록 갱도 양쪽에 배수로를 만들었고, 그 배수로에서 퍼낸 흙이 쌓이면서 바닥이 점점 높아졌다. 바깥의 빛에서 완전히 멀어져 경사진 갱도를 향해 차가 방향을 틀자 최감독이 "석회석은 저기서부터"라고 알려준다. 그때부터는 완전히 암흑이었다. 차량 불빛에만 의지해 공간을 파악했다. 어릴 때 당숙의 손을 잡고 걸어가다가 포기했던 장승리의 큰 굴이 생각났다. 벽에는 드문드문 붉은색으로 화살표가 표시되어 있었다.[19]

경사진 깜깜한 길을 여러 번 구불구불 내려왔다. 어둠 속에 규칙적인 간격으로 작은 초록색과 붉은색 빛이 보였다. 현장에서 사용하는 무전기를 위한 중계기이다. 갱 안의 유일한 빛이었다. 이 빛이 보일 때마다 40미터를 이동했다는 걸 알 수 있었다. 나는 꽤 내려왔다고 생각했는데 최감독이 "이제 1단이네"라고 한다. 그때 속으로 깜짝 놀랐다. 차량 불빛에 잠깐 벽에 붙은 안내판이 보였다. 정말 1단이었다. 현재 이 광산은 11단까지 있다고 들었는데 겨우 1단이라니 본격적인 갱도는 지금부터 시작이었다. 1단이란 광산에서는 지하 1층에 해당한다. 지금까지 내가 들어갔던 관광으로 개발된 폐광산의 갱도는 지극히 표면이었다는 것을 알게 되었다.

갱도는 나선형 모양이었다. "여기가 석회석이 이렇게 발달된 겁니다. 밑으로 내려갈 수밖에 없는 거죠." 최 감독은 석회석 지층이 만들어진 모양에 따라 갱도가 만들어졌다고 설명했다. 석회석은 석탄만큼 깊이 매장되어 있지 않기에 비교적 광맥이 드러나는 노두露頭가 잘 보인다. 석탄은 들어가서 봐야 아는데 석회석은 상대적으로 매장 위치를 잘 파악할 수 있어 더 안전하다고 강조했다. 비교적 위쪽에 해당하는 1단과 2단에서는 일산화탄소가 나올 위험은 적다. 내가 어느 정도 깊이 내려왔는지 감도 잡히지 않을 즈음 어느덧 8단에서 9단 사이라고 알려줬다. 내려오는데 각 단마다 또 다른 갱도가 펼쳐져 있는 게 보였다. 우리가 내려온 길은 쉽게 말해 중앙도로이다. 각 단마다 중앙도로가 하나인 곳도 있고, 두 개인 데도 있다. 최 감독은 우리가 수직으로 250미터 정도 내려왔다고 알려줬다. 그때 어둠 속에 채굴 장비 하나가 세워져 있었다. 무려 12억이나 하는 고가의 장비다. 광산 장비는 굴삭기나 로다loader 정도만 국산이고 대부분 외국산이다. 스웨덴 장비 에피록Epiroc을 많이 쓰는데 가격이 상당하다.[20]

칠흑 같은 어둠 속을 구불구불 더 내려오자 드디어 마지막 층인 11단에 도착했다. 입구에서 거의 20분 정도 걸렸다. 막장이다. 발파 후 굴삭기가 정리하고 싣기 전의 광물이 쌓여 있다. 내가 오전에 들었던 발파 소리의 현장이었다. 갱도 입구에서 3.5킬로미터 거리이며 수직으로는 지하 300미터를 내려왔다. 제주도에서 잠수함을 타고 수심 40미터를 내려갈 때도 깊다고 느꼈는데 여기는 무려 300미터 아래였다. 갱도의 끝, 막장에 도착했을 때 나는 "막장에 왔구나. 진짜 마지막이구나"라고 중얼거렸다. 김석진은 "에잇!"이라며 얼른 내 말을 막았다. 순간적으로 나는 움찔 놀랐다. 김 감독은 "광산쟁이들은 여기가 안방이라고 생각하지." 내 입에서 나온 '마지막'이라는 말이 좋게 들리지 않았음을 눈치챘다. 수십 년 광산에서 일해온 그는 여전히 말 한마디 한마디를 조심하는 경향이 있었다.

갱도 안은 덥지도 춥지도 않았다. 바깥 날씨는 뜨겁던 6월 말이었지만 갱도의 온도는 13도 정도였고 계절과 상관 없이 늘 이 정도의 온도를 유지한다. 나는 막장까지 내려왔으니 가장 깊고 위험한 곳까지 왔다고 생각하던 중이었는데, 최 감독은 불쑥 "좋은 데만 보셨어요"라고 한다. 시커먼 암흑 속에서 지하 300미터 정도 내려와 조금 전 발파 후 부서져 내린 암석 옆에 서 있는데 '좋은 데'만 봤다고 한다. "저희들 얼마나 힘들게 일하는지, 얼마나 위험한지도 보셔야" 한다고 말하는 최 감독은 "한 단만 더 내려가면 돼요"라며 다시 차에 오른다. 여기가 막장이라고 했는데 한 단을 더 내려갈 수 있다니 언뜻 이해가 가지 않았다. 막장보다 더 막장인 곳이 있다는 말인가. 갱도에 머무르는 동안 나는 쭉 긴장 상태였다. 이제 올라가는 줄 알았는데 또 내려가야 한다니 갑자기 다리가 무거워졌다. 그렇다고 여기까지 와서 적당히 발을 뺄 수는 없었다. 갑시다.

나는 아무렇지 않은 척하며 막장에서 방향을 돌려 최영수를 따라 다른 갱도로 향했다. 지금까지 내려온 중앙도로는 최 감독이 말한 "좋은 데"에 해당한다. 중앙도로 중간에 다른 갱도로 갈라지는 길이 있었다. 다른 갱도에 들어섰을 때 나는 혼자 다니면 길을 잃을지도 모르겠다는 생각이 들었다. 내려오면서 봤던 붉은 화살표가 왜 필요한지 이해가 되었다. 매일 이 공간을 드나드는 직원들에게는 익숙하지만 가끔 찾아오는 외부 업체의 사람들은 혹시 길을 잃을 수 있으니 화살표로 표시를 해두었다. 막장에서 한 단을 더 내려가 최감독이 나를 데려간 곳은 천장이 다른 곳보다 조금 낮았다. 그는 천장에 불을 비추었다. 천장에 시멘트가 발라져 있었다. 무너질 위험이 있어서 시멘트로 보수를 한 것이다. 물이 질척이는 길을 걸어 또 다른 갱도에 들어서니 어둠 속에서 붉은 통이 보였다. 벽의 일부가 무너져서 출입을 통제한 곳이다. 붉은 통 안쪽으로는 들어가지 않았다. [22] 이곳까지 나를 안내하는 그들은 현재 광산의 음과 양을 가급적 모두 보여주기 위해 애를 썼다. '웅장하고 멋있는' 공간이면서 동시에 '무섭고 위험한' 공간이다. 폐광산을 관광 자원으로 활용할 때는 전자를 활용하지만 노동의 장소로서 광산이 가행되는 동안에는 후자가 중요하다.

"사람들이 광산이 이렇게 어렵구나 하는 걸 알았으면" 좋겠다는 마음에 김 감독과 최 감독은 내게 계속 광산의 현실에 대해 이야기했으나, 나는 그들의 말을 한 번에 이해하지 못하는 순간이 잦아 중간중간 말을 끊고 되물어야 했다. 광석이 일반 생활과 얼마나 밀접한지 모른다고 말하는 그들의 목소리에는 알려지지 않은 노동 현장을 전하고픈 간절한 마음이 느껴졌다. 넓은 갱도를 보며 김 감독은 여기는 문을 닫아도 관광지가 되지 않겠냐고 한다. "여름에는 시원하잖아, 겨울엔 따뜻하고." 수많은 광산들이 폐광 후에는 관광 자원이 되길 바란다.

갱도 안에서 이동하며 나는 그동안 암흑이 뭔지 몰랐다는 걸 깨달았다. 소설 《광산 탈출》에서 말한 대로 "땅속 어둠을 겪어보지 않은 사람은 진짜 어둠을 모른다"[*]는 말을 실감했다. 그동안 체험해보지 못한 공간 감각을 전해주었다. 이 깊고 깜깜한 공간에서 노동자들이 여기저기 혼자 뚝뚝 떨어져서 일한다.

나는 2000년대 초에 초등학생들을 인솔해 북한 땅굴에 견학을 다녀온 적이 있다(2호 땅굴이었는지, 3호 땅굴이었는지는 정확하게 기억나지 않는다). 땅굴은 광산 갱도보다 천정이 낮고 폭이 훨씬 좁았다. 단체 관람객들과 함께 이동했기에 특별히 공간의 성격을 느끼지 못했다. 그저 땅굴이 이렇게 생겼구나 생각했을 뿐이다. 문경과 광명에서 관광 자원으로 변신한 폐갱도도 방문했었다. 역시 방문객이 많아서인지 바깥보다 시원하다는 생각을 했을 뿐 공간이 뿜어내는 으스스한 분위기를 전혀 느끼지 않았다. 조명이 많았고 특히 광명의 경우는 거북할 정도로 휘황찬란했다. 그러나 관광객도, 그들을 위한 화려한 불빛도 없는, 노동의 장소로서의 갱도는 차원이 달랐다. 처음 광산으로 향할 때는 기념이자 기록으로 내 사진도 한 장 남기려 했다. 그러나 막상 현장에 들어서자 눈에 보이는 모든 것에 내가 이름을 물어봐야 했다. "이건 뭐라고 부르죠?" "저 건물은 뭔가요?" "저분들은 지금 뭘 하고 있는 거죠?" 그들의 업무를 방해하지 않으면서도 설명을 알아듣기 위해 소음 속에서 집중해야 했다. 그 와중에 나를 찍는다는 생각은 할 틈도 없었다. 백운석 광산, 석회석 광산 등의 현장을 다녀오면서 안전모를 쓰고 돌아다니는 내 모습을 찍은 사진이 하나도 없다는 걸 알고 나서, '현장에서 사진 하나 남겨야지'라는 생각이 얼마나 천진했는지 웃기고 부끄러웠다.

[*]　제인 볼링, 《광산 탈출》, 이재경 옮김, 별숲, 2015, 147쪽.

　　내려갈 때와 달리 올라올 때는 어쩐지 금방 올라가는 것처럼 느껴졌다. 갱도를 빠져나와 햇빛이 있는 밝은 곳으로 나오자 곳곳에 세워진 중장비와 차량을 점검 중인 직원들이 보였다. 커다란 35톤 트럭과 25톤 트럭들이 광석을 싣기 위해 들어왔다. 마인트럭과 원격조정이 되는 로다도 곧 들어올 거라고 최 감독은 알려줬다. 마인트럭이란 광석처럼 무거운 짐을 싣고도 경사가 심하거나 거친 도로를 이동할 수 있는 굴절식 덤프트럭이다. 트럭들을 살펴보다가 바퀴에 눈길이 갔다. 갱내에 들어가는 트럭의 바퀴들은 외부에서 일하는 다른 중장비와는 달리 타이어에 굵고 튼튼한 체인이 감겨 있었다. 발파할 때 떨어지는 발파석은 상당히 날카로운데, 이것이 타이어에 닿으면 망가질 수 있기에 단단한 체인을 감아둔다. 바퀴 하나에 감긴 체인 가격만 700만 원이다. ㉓ 타이어가 상할 정도로 발파석이 날카로운데, 그 돌이 사람에게 튀면 얼마나 크게 다칠까 싶었다. 용도를 파악하기 어려운 장비가 한쪽에 세워져 있었는데 화약 차였다. 점심시간이라 밖에 나와 있다.

　　갱도에서 나온 뒤 김 감독은 내게 여러 차례 들어가보니까 어땠냐고 물었다. 나는 제대로 답을 찾지 못해 얼버무렸다. “생각보다 무서웠어요”라는 말을 꺼내고 싶지 않았다. 김 소장은 “생각할 때는 그냥 밤이겠지, 그렇게 생각하는데 막상 들어가보면 밤이 아니에요. 암흑이죠.” 말을 안 해도 내 생각을 읽은 듯 김 소장이 먼저 공간에 대해 이야기했다. “일하다 보면 조용할 때가 있어요. 혼자 암흑 속에 있는데 조용하죠. 차라리 그냥 조용하면 괜찮은데, 갑자기 물 떨어지는 소리가 뚝 들려요. 그럼 그게 아주 기분이 이상한 거지. 그게 익숙해지면 괜찮은데, 적응이 안 되는 사람이 있어요. 그런 사람들은 일하기 힘들죠. 잘 보고 아무튼 잘 알려줘요."

산초 두부를 먹으며

가장 분주한 점심시간을 약간 피해 광산 주변에서 식사를 했다. 김 소장과 김 감독과 함께했다. 최 감독은 나와 점심시간을 보낸 탓인지 할 일이 많아서 현장에서 식사하기로 했다. 김 소장은 이 근처에서 제일 가까운 식당이라며 두부집으로 안내했다. 식당에 들어서자 낯선 향이 가득했다. 식당에 자리를 잡자 버너 위에 두부가 담긴 팬을 올려놓는다. 두부 위에 얹힌 녹색 기름이 뭐냐고 물으니 산초기름이라고 했다. 김 감독은 "산초기름이 잔기침에 좋아요. 감기 예방도 되고, 기관지에 좋거든요. 야산에 많아요"라며 이 근처에서 많이 먹는다고 했다. 산초는 주로 깊은 산에서 많이 자란다. 대부분 광산이 산지에 있다 보니 깊은 산골에서 많이 구할 수 있는 산초를 활용한 산초기름 두부구이를 즐겨 먹었다.

새로운 사람을 뽑는 게 항상 근심인 이들은 밥 먹으면서도 부족한 인력을 어떻게 채울까 고민한다. "나이가 많은 분들은 잘 안 그만둬요." 나이가 많을수록 이직이 어렵기 때문이다. 상대적으로 젊은 나이일수록 잘 그만둔다. 한번 자리가 비면 그 자리 채우는 데 오래 걸린다. 현장에서는 가끔 주먹다짐도 벌어졌다. 작업장에서 우두머리 노릇을 하는 사람이 생기곤 하는데 이런 분위기를 바꾸지 않으면 안 된다는 생각에 김 감독은 동료들과 잘 지내는 것이 우리 각자의 안전을 위해서도 얼마나 중요한지 꾸준히 강조해왔다.

　식사 중에도 이들은 새로 시추할 곳이 있는지 매장량은 얼마나 예상되는지 등에 대해 이야기를 나눴다. 그러다가 청력에 대해 언급한다. 귀가 점점 나빠진다는 말에 "귀는 어쩔 수가 없어요"라며 김 소장은 체념했다. 광산 현장에서 일한 사람들은 대부분 시간이 지날수록 난청이 심해진다. 1971년에 태백 광산노동자들을 대상으로 처음으로 건강검진이 실시되었다. 다수의 노동자들이 청력과 시력이 좋지 않았다. 나는 그들에게 눈은 괜찮냐 물으니 다들 눈은 괜찮다고 했다. 석탄광에서는 결막염과 각막염 등의 안질환도 자주 발생했지만 상대적으로 분진이 적은 비非석탄광은 안질환이 적다. 노조가 역할을 할 수는 없는지 물었으나 역시 노조는 없었다. 과거에는 있었으나 현재는 없다. 광산 규모가 점점 줄어들기 때문이다. 그러면서 대기업을 상대하려면 노조가 필요할 때도 있다고 가볍게 언급한다.

'없어질 직업'의
사람들

이 깊은 산간에 인구 십이만의 도시가
있었다는 것이 거짓말처럼 느껴졌다. 수많은
산에 구멍을 뚫어 철로를 만들고, 땅을 파헤쳐
광산을 개발하고, 각지에서 사람들이 모여들어
대처를 형성하고, 거기서 태어나도 죽고 병들고
사랑하고 이제 모두들 떠나 쇠락해가기까지의
몇십 년에 대하여 나는 생각했다.

•한강, 《검은 사슴》, 문학동네, 2017, 540쪽

1장

노동이동

애니 프루의 단편소설 〈경력〉은 한 가정의 노동 이력이다. 짧은 단편
소설 안에 3대에 걸쳐 어떻게 밥벌이를 바꾸며 삶을 이어가는지를
담았다. 극적인 사건도, 대단한 성취도 없이 이어지며 견디는 평범한
삶이다. 좋아질 뻔하다가 다시 나빠지고, 망하는 듯하다가 다시 일어
선다. 이 소설은 리랜드 리가 1947년 11월 17일 와이오밍주 코라에
서 태어나 첫 이주를 하는 상황을 설명하며 시작한다. 1950년대에 어
머니가 작은 목장을 상속받으면서 가족들은 그곳으로 이사하지만
안타깝게도 목장이 이 가족을 온전히 먹여살리지 못한다. 리랜드는
열일곱에 결혼해 학교를 그만두고 고속도로 가까운 주유소에서 일
자리를 구하지만 연방 고속도로가 근처에 건설되면서 주유소가 망
한다. 해외 파병 근무를 마치고 돌아온 리랜드는 방설 정비공, 정유
트럭 기사를 거쳐 아내와 함께 동네에 목장용품을 파는 상점을 연다.
동시에 아버지와 함께 돼지 농장도 운영한다. 하지만 동네 사람들은
가까운 상점에 오기보다 오히려 차를 몰고 시내로 나가 이것저것 구
경하기를 더 좋아한다. 상점은 망하고 돼지 농장도 망했다. 파산한

리랜드는 도로 건설 현장 노동자, 고기 냉장창고 노동자 등으로 먹고 살지만 경제가 악화된다는 뉴스가 나오고 결국 실직 상태가 된다. 리랜드는 미 대륙을 횡단하는 트럭 운전을 하다가 돌아와 다시 아버지와 돼지 농장에 도전한다. 그러다 빚을 지고 여기저기 전전하다 편의점을 겸한 주유소를 열면서 많은 차가 오가던 좋았던 옛 시절을 떠올린다. 한편 아내 로리는 학교 식당, 카페 주방, 예술가 작업실 청소 등으로 일하며 알뜰하게 돈을 모으지만 일만 하다가 유방암으로 사망한다. 해본 일 중에 그나마 고기를 잘 다루는 리랜드는 아들과 함께 주유소 건물을 임대해서 오토바이 수리점을 겸한 스테이크 식당으로 개조할 계획을 세운다. 그후 리랜드의 삶은 알 수 없다.

평범한 노동계층 가족이 먹고살기 위해 이리저리 생계수단을 바꾸며 살아가는 삶의 경력으로 채워진 소설이다. 리랜드의 아들은 "가족 중 처음으로 고등학교 졸업장을 따낸 사람"이라 다르게 살 줄 알았으나 그도 불안정한 삶에서 벗어나지 못한다. 이 가족은 꾸준히 이사를 하고 직업을 바꾸면서 망하고 다시 시작하기를 반복한다. 계층 상승에 딱히 성공하지도, 한 분야에서 전문성을 갖춘 장인이 되지도 않는다. "아무도 뉴스에 귀 기울일 시간은 없다"로 끝나듯이, 제 삶을 견디느라 세상 돌아가는 뉴스에 귀 기울일 시간도 마음의 여유도 없는 가족의 삶이다. 이들은 일이 망해서 고향을 떠났다가 다시 망해서 고향에 돌아오곤 한다. 그러는 와중에도 리랜드의 마음속에 사라지지 않는 한 가지는 연방 고속도로가 건설되기 전 '좋았던 옛 시절'이다. 망하는 현재를 버티게 만드는 힘은 좋았다고 기억하는 과거에서 나온다.

이처럼 사람들은 폐기되지 않고 어딘가로 이동한다. 애니 프루의 〈경력〉에서 리랜드 가족의 이동은 이론적으로 자발적 노동이동에 속한다. 폐광 후 지역을 떠나는 사람들의 이동도 수몰 지역민처럼 비자발적 이주는 아니기에 이론적으로는 자발적 노동이동이다. 그러나 사람들의 삶을 들여다보면 자발적 이동과 비자발적 이동은 말끔하게 구분되지 않는다. 소설 《갱》에는 석바우가 한 탄광으로 오게 된 경위가 잘 요약되어 있다.°

석바우는 태풍이라는 자연재해 때문에 삶의 터전을 잃었고 생계를 위한 노동이 필요해 어딘가로 떠나야 했다. 실제로 태풍 사라호로 경북 울진 주민들이 땅을 잃어 강원도 철원으로 이주한 까닭에 철원의 비무장지대에 '울진마을'이라 불리는 마을이 있다. 석바우는 이와 같은 정책에 의해 이주를 하지 않고 개인적으로 일을 찾아 떠돌아다니다가 한 탄광에 찾아왔다. 이런 사례는 자발적 이동이지만 자연재해로 집과 일자리를 잃지 않았다면 굳이 떠나지 않았을 사람들의 어쩔 수 없는 이동이다. 단편소설 〈지층〉에 등장하는, 경북 영주와 강원도 철암을 잇는 영암선을 타고 온 권 노인네 가족의 삶도 마찬가지다. 분단과 전쟁이라는 사회적 상황 때문에 고향 함경도를 떠났고 일자리를 찾아 떠돌다가 강원도의 탄광에 정착했다.

이처럼 물리적 장소와 직종을 바꾸며 꾸준히 삶을 살아내는 수많은 개인들의 이동은 개인적이라기보다 사회적 흐름 속에서 벌어진다. 개인의 노력과 의지로 삶의 방향을 바꿔보려고 하지만 비빌 언

° "남쪽 지방 드난꾼들이 그의 고향을 찾아와선, "하! 이 월성들도 물바다가 됐구나…." 하며 황량한 들판을 등지고 어디론가 돈을 벌러 떠나갔는데, 석바우도 그런 행렬에 끼어 영천, 안동, 의성, 영주를 거쳐 이곳 달송읍까지 오게 되었다." 서동익, 《갱》, 도서출판 JMG, 1996, 39쪽.

덕이 없는 이들은 지속적으로 발등에 불을 꺼야 하는 절박한 상황에 처해 장기적인 계획을 세우기 어렵다. 자연재해나 정치적 이유로 개인의 의사와 무관하게 이주를 하거나 산업의 변화 속에서 개개의 시민들은 먹고살기 위해 다른 일을 찾으며 꾸준히 버티는 삶을 이어간다.

2장

"어차피 없어질 직업"

사라지지 않는다

영화 〈꽃 피는 봄이 오면〉에서 칙칙한 광산에 다녀온 뒤 성장하는 도시의 주인공 현우의 모습은 문학에서 여러 방식으로 변주되었던 광산촌과 관계 맺는 비노동자 남성 인물의 연장선이다. 나쓰메 소세키의 《갱부》에서 광산은 현실에서 안정적인 자리를 찾지 못한 지식인 남성의 〈체험 삶의 현장〉이다. 미스터리 장르소설인 《검은 얼굴의 여우》에서는 전후 혼란한 시기에 역시 지식인 남성이 사회의 어두운 현장을 몸소 찾아가 고통스러운 역사를 밝혀낸다. 혹은 이기영의 《광산촌》과 《동천홍》처럼 애국심에 고취된 건전한 신념의 지식인 남성이 민중을 계몽하는 장소로 광산촌을 활용한다. 노동하는 지식인을 보여준다는 면에서 분명 의미 있지만 이 노동은 윤리적 체험을 제공하는 자족적인 노동에 그친다. 혹독한 육체노동으로 삶의 어둠을 경험한 지식인/예술가 남성은 일정 기간이 지나면 그곳을 떠난다. 그 자리에서 노동하는 사람들은 그대로 있지만 노동자들은 화자의 시선에서 사라진다.

사라지는 것들은 정말 사라지고 있을까. 2023년 6월 30일 전남 화순 탄광이 폐광했다. 실제 개발은 1934년부터 했지만 1905년에 등록된 광산으로, 등록 기준으로 보면 국내 1호 광산이다. 2024년 6월에 태백 장성광업소가, 2025년 6월에 삼척 도계광업소가 문을 닫았다. 폐광 즈음 언론에 자주 목소리를 내었던 화순 탄광의 마지막 노조 지부장인 손병진은 자신을 받아준 곳이 광산이었고, 그 덕분에 가족들이 먹고살았다고 말한다. 32년 3개월을 근무한 그는 "극한직업"이라고 하면서도 자부심이 있다. "산업전사"라며 가수가 와서 위문 공연까지 했었는데 이제는 "귀찮은 존재"가 된 것에 씁쓸함을 표했다.[*] 그의 말에는 광산노동자를 바라보는 시대의 변화가 고스란히 담겼다. 대비책을 강구해놓고 폐광을 시켰으면 좋았지 않겠냐고 아쉬움을 표하는 그의 말에서 기시감이 들었다. 2025년 도계광업소 폐광을 앞두고 역시 노동자와 지역민의 장기간 투쟁이 이어졌다. 그들은 갱도 내 투쟁까지 검토했다. 그들의 요구도 대체산업이었다. 30년 전 아버지의 모습과 정확히 겹쳤다. 아무것도 달라지지 않았다. 노동자들은 산업의 변화에 따라 그저 '전사'에서 '폐기물'로 이행할 뿐이었다. 사회가 발전한다고 하는데 어째서 노동자들은 30년 전이나 지금이나 똑같은 요구를 하는 것일까.

1994년, 아버지는 국내 유일의 철광석 광산에서 평생 일해오다 직장을 잃었다. 회사가 문을 닫으면서 직장과 직업을 동시에 잃었다.

---

[*] YTN, 〈국내 1호 탄광 화순광업소 폐광. 나는 마지막 광부다[뉴스퇴김]〉, https://www.youtube.com/watch?v=86u_9QTsniQ.

사양산업이기에 노동자들에게 같은 직종으로의 이직 가능성은 매우 적었다. 폐광 이후, 수많은 사람들이 새로운 삶을 찾아야 했다. 광산은 닫혀도 삶은 지속된다. 보이지 않는 직업, 더욱 보이지 않는 노동자. 이들은 원래 보이지 않았기에 이들이 일하던 장소의 사라짐도 보이지 않는다. 광산이 있다는 것도 몰랐던 사람들에게 광산이 사라진다는 것은 아무런 상실도 안기지 않는다. 단지 보이지 않았던 노동자들이 무관심 속에서 직장을 잃을 뿐이다.

양양광업소의 폐광은 모든 광산이 크고 작게 겪는 일이다. 광산업이 아닌 다른 일자리에서도 마찬가지다. 산업이 전환되는 과정에서 노동자 개개인의 일자리 전환은 보장되지 않는다. 단지 '없어질 직업'이기에 감수하면 될 일일까. 회사가 문을 닫을 때마다 노동자들이 반복적으로 마주하는 문제다. 광산촌이 폐광촌이 된다는 건 수익성이 떨어지는 장소가 되었다는 뜻이다. 자본의 기준에서 이윤이 나지 않는 동네가 되면 자본은 미련없이 그 장소를 버린다. 그 장소에 살았던 사람들이 이룬 공동체는 그렇게 붕괴된다. 모범산업전사 표창, 대통령 표창장, 대통령 하사품 등으로 추켜세우는 듯 했지만 사람은 끝내 소모품 취급을 받았다. 경제는 성장하고 국가의 위치는 바뀌건만 노동자들은 그저 대체될 뿐이다. 쓰고 버려지고 쓰고 버려지면서 다른 산업에서 같은 문제에 놓인다. 광산에서 다치거나 죽던 노동자들은 건설 현장에서 다치거나 죽는다. 죽고 다치며 일했던 일터의 환경 개선을 위해, 노동조건 개선을 위해, 인간다운 삶을 위해 투쟁하던 이들은 끝내는 일터의 사라짐을 막기 위해 투쟁하는 상황에 놓인다. 투쟁은 여기서 끝이 아니다. 일터를 떠났어도 일의 흔적은 몸에 남았다. 훗날 일부 노동자들은 재해 보상을 위해서도 싸워야 했다.

　　2019년 톨게이트 수납원들의 투쟁[*] 당시 이호승 청와대 경제수석은 톨게이트 수납원이 "없어질 직업"이라고 했다. 하이패스 도입으로 실제 고속도로 요금소 수납원은 사라지는 중이다. 마트 계산원처럼 사람이 하던 일자리를 점점 기계가 대체한다. 기술 발달과 산업의 변화에 따라 새로 생기는 일자리가 있다면 사라지는 일자리도 있기 마련이다. 언제나 직업의 종류는 꾸준히 생겨나고 사라져왔다. 인공지능이 인간의 직업을 대체할 가능성에 대해 논의가 분분하다. 어떤 직업이 사라질 것인가. 어떤 직업이 살아남을 것인가. 인공지능이 예술을 창작하는 게 가능한가. 사라질 직업에 대한 불안, 자신의 일이 기술에 의해 대체될 가능성에 대해 우려하는 목소리가 곳곳에서 들린다. 그러나 수많은 노동자들이 지금까지 그렇게 대체되어왔다. 노동자들은 진동벨이 되고, 키오스크가 되고, 계산기가 되고, 서빙 로봇이 되었다. 어떤 직군은 마땅히 기술로 대체되고 그 직종이 사라지는 것을 기술과 사회의 발전이자 역사적 진보로 받아들인다. 머리가 없다고 여겨지는 손과 발이 대체될 때는 발전이라 여긴다. 머리가 없는 존재이기에 이때 사라지는 이들의 목소리는 쉽게 소거당한다. 직업이 사라지는 게 문제가 아니라 그 직업 안의 사람을 돌보지 않는 게 문제다. 사양산업 속에 있는 사람들의 삶을 그렇게 외면해왔다.

　　이처럼 '없어질 직업'에 해당하는 사람들이 일을 잃어버리는 것은 상대적으로 불안한 담론을 만들지 않는다. 여성의 노동이, 이주민의 노동이, 수많은 저소득층의 노동이 그렇게 쓰고 버려지고, 쓰고 버려진다. 어떤 이들은 죽어도 충격적이지 않고, 처음부터 그러한 위

---

[*]　2019년 톨게이트 수납원들은 한국도로공사의 직접고용을 요구하며 217일간 투쟁했다.

험을 알면서도 스스로 선택한 길이라 여길 뿐이다. 경제를 위해서 인간의 삶과 생명이 희생되는 것을 무덤덤하게 받아들인다.' 석탄을 꺼내도 사람을 꺼내지 않는다'는 말은 여러 위험한 직종에 적용할 수 있다. 저임금 노동자들의 삶은 경제 발전을 위해서 폐기 가능한 삶이 된다. 그들의 일은 대체 가능해질수록 사회가 좋아진다는 방증으로 여기기 때문이다. 노동자는 대체될 위험, 폐기될 위험과 늘 만난다. 사람도 곧 자원으로 불린다. 인적 자원. 끝없이 지구의 자원을 캐듯이 국가는 노동력을 캐내어 필요한 만큼 쓴다. 자원이 되어버린 인간은 보이지 않고 들리지 않는다. 다만 소모될 뿐이다. '안전보다 생산'. '제철보국', '증산보국'. 자원이었던 사람이 몸담은 세계가 사양산업이 되면 사람은 폐기처분해야 할 귀찮은 골칫덩어리, 산업의 짐, 곧 산업폐기물이 된다. 광산노동자는 대표적인 산업폐기물이 되었다. 돌이 돈이 되는 동안 사람은 돌처럼 내팽개쳐졌다.

막장, 노동의 장소가
윤리적 비난의 언어로

광산이 닫히고 일터로서의 막장은 줄어드는데 일상의 언어에서 비하의 의미로 막장은 널리 퍼져나갔다. 2000년대 이후 '막장 드라마'라는 조어가 유행했다. 2009년 3월 3일 대한석탄공사 사장이었던 조관일은 언론사에 〈'막장'은 희망입니다〉라는 글을 보내 부정적 의미로 사용하는 '막장'이라는 언어를 우려하는 마음을 전했다. 여러 언론에서 이 호소문을 전달했다.

"광산에서 제일 안쪽에 있는 지하의 끝부분을 뜻하는 '막장'이
라는 말이 최근 좋지 않은 의미로 사용되고 있는데, 석탄공사
사장으로서 항의하지 않을 수 없다."

'막장 드라마', '막장 정치' 등 막장은 '막 나가는 것'이라는 의미로 익
숙하게 쓰인다. 막장은 비하의 언어다. 인생 막장이라고 할 때 막장
은 마지막까지 간, 인생을 막 살아서 망가질 대로 망가졌다는 의미
다. 노동자들은 사회에서 필수 광물을 생산하지만 보이지 않는 존재
로서 사회에서 배제된 기분을 느낀다. 열심히 일하며 살다 보니 어느
순간부터 환경을 망치는 주범처럼 여겨질 때, 자신들의 노동이 낮은
윤리적 평가를 받을 때 버려졌다는 감정을 갖게 된다. 이때 경제적
불평등은 곧 도덕적 불평등이 된다. 노동의 장소가 윤리적 비난의 장
소가 되는 것, 막장의 의미는 그렇게 탄생했다.

산업구조의 전환 과정에서 관련 산업에 종사하는 노동자가 소
외되고 지역의 상공인, 시민 등의 삶에 크고 작은 피해가 발생한다.
기후변화에 대응하기 위해 오늘날 탄소중립 사회로 변화하는 과정
에서도 누군가의 삶은 크게 흔들린다. 이러한 피해를 최소화하기 위
한 정책 방향이 정의로운 전환just transition이다. 개인이 그 피해를 감
당하는 것이 아니라 사회가 함께 나누고 고민해야 한다. 가능한 모두
에게 정의로운 전환이 되어야 하지 않을까.

이얼 프레스는 사회에 필요한 필수노동이지만 '도덕적으로 문
제 있다'고 취급하여 보이지 않게 숨기는 노동을 '더티 워크'라 정의

윤병효, 〈'막장' 단어 함부로 쓰지 말라〉, 《에너지타임즈》, 2009년 3월 4일.

했다. 그가 언급한 더티 워크를 수행하는 이들은 교도관, 전쟁에서 드론 조종사, 도살장 노동자, 석유 시추선 노동자이다. 사회 곳곳에 이런 노동이 숨어 있다. 내 손에 더러움을 묻히기 싫고 힘들고 어려운 일을 하고 싶지 않으나 반드시 필요한 노동일 경우 이 노동의 세계를 모르려고 한다. 빌딩마다 투명하게 존재하는 청소노동자, 도로 위를 질주하는 배달노동자도 이에 해당한다. 오늘날 그들이 없는 삶을 상상할 수 없지만 그들의 노동에 대해서는 알려고 하지 않는다. 윤리적 혼란 없이 육식을 즐기는 '선량한' 사람이 되려면 축산노동자에 대해 몰라야 한다. 그처럼 현대사회에서 배터리 없는 일상은 거의 불가능함에도 광산노동자의 삶에는 무관심하다. 그 무관심 속에서 사람들은 생물학적으로 사라진다기보다 인식 속에서 사라진다. 광산도 광산노동자도 '아이티IT 선진국 한국'에서는 '사라졌다'. 어딘가에서 누군가가 우리의 일상을 위한 광물을 캐다가 사라져도 아무것도 모른 채 살아간다. 오히려 광물을 캐는 노동자가 보이는 것에 놀라워한다. 유튜브에서 광산노동을 소개하는 영상 밑에는 이런 댓글이 달려 있다. "아직도 우리나라에 이런 곳이 있군요."

또한 직업 종사자가 사라지는 것이지 사람은 사라질 수 없다. 직업과 사람은 동일하지 않다. 산업의 변화에 대처하는 정부와 기업의 자세는 사라지는 직종만 바라볼 뿐 그 안에서 살아가는 사람을 보지 않는다. 버스벨, 안내 방송 등의 도입으로 점차 버스 안내양이란 직업이 사라져서 1989년을 마지막으로 더 이상 버스 안에서 안내양을 볼 수 없게 되었다. 그렇다고 수많은 노동자가 사라진 것이 아니다. 노동자들은 다른 직종으로 이동한다. 직종이 감소하거나 사라지는 것은 사회적 현상인데 그로 인해 다른 일자리를 찾거나 혹은 실직하게 될 때는 개인적으로 감수하게 된다. 해당 기업이나 정부 책임자는 간단히 "없어질 직업"이라고 말할 게 아니라 이 없어질 직업에 종사하는 사람들이 가급적 타격을 덜 받고 경제활동을 이어갈 수 있는 방안을 마련해야 한다. 지역은 산업 지형이 변할 때마다 타격받는다. 산업이 이동하고, 지역경제가 타격을 받고, 지역소멸을 말하고, 사양산업 등을 말하지만 직장을 잃은 무수히 많은 사람들의 삶은 금세 잊힌다. 사라지는 산업 속에서 사라지지 않은 사람들의 삶, 그리고 지역을 보고 싶다.

외국에서 광산을 경영하고 국내 광산노동자가 외국인으로 대체될 수 있다. 우리가 사용하는 생활용품 중에 광물과 무관한 것을 찾기 어렵다. 세계화는 자본 흐름의 세계화, 소비 활동의 세계화를 구축했지만 노동자는 분산되고 뭉치기 어려운 구조를 만들었다. 만국의 노동자는 단결하기 어렵다. 힘든 직종일수록 노동자들은 고령화되고 외국인화되었다. 외국어를 구사하는 고학력자들은 언어의 장벽을 하나하나 부수고 세계 속의 나를 구축하며 자본의 흐름을 따라가지만 노동계층 외국인은 자신이 노동하는 장소(외국)와 제 모국어 사이에서 단절된다. 외국인 노동자들은 언어 장벽으로 단결이 더 어렵다. 그들은 보이지 않는 바다에서, 들판에서, 축산 농장에서 일하며 사람들을 먹이며 문명의 바닥을 지탱한다.

정선 삼탄아트마인에서 본 갑옷 담당 종자가 떠오른다. 광산노동자를 과거 중세시대 '갑옷 담당 종자'에 비유했다. 기사의 갑옷을 담당하는 시종은 싸움으로 더러워진 갑옷을 세탁하고 손질해 기사에게 다시 입히는 일을 맡는다. 갑옷을 입은 채 대소변을 해결해야 했던 당시 상황에서 갑옷은 피와 흙으로 더러워질 뿐만 아니라 배설

물까지 뒤엉켜 있었다. 일류 문명을 탄생시킨 잔혹한 삼류 직업의 대표적인 예로 알려졌다. 외미내추는 지금까지 문명이 걸어온 방식이다. 북아메리카에서 기록으로 남은 최초의 파업은 1766년 7월 30일 멕시코에 있는 은광 광부들의 파업이다. 우리나라 노동자들의 최초의 파업은 19세기 개항 이후 부두노동자와 광산노동자들의 집단행위였다. 광부는 근대를 만들어낸 대표적인 노동자들이다.

3장

닫히는 광산, 열리는 광산

정동진, '성공적으로' 사라지다

2022년 여름, 정동진 근처에 갔던 부모님이 돌을 하나 주워왔다. 흔히 보는 돌과 다른 질감과 색깔이 눈에 들어와 주워왔다고 했다. 일반인은 인식하지 못하지만 광산에서 일했던 아버지는 이 돌을 보고 근처 광산의 흔적임을 알아차렸다. 이제 이런 돌을 알아보는 눈은 점점 사라질 것이다.

　한때는 많은 사람들의 삶이 달린 장소였지만 폐광 후에는 순식간에 낙후된 세계의 상징이 되었다. '쇠락', '흉물', '낙후'라는 단어가 빠지지 않고 등장한다. 사람이 모이던 장소는 떠나는 장소가 되었다. 대체로 광산촌은 지난 세기 산업화 과정에서 한 지역의 흥망성쇠를 집약적으로 보여준다. 자원을 나르기 위해 교통이 발달하다가 자원이 사라지면 사람도 빠져나가고 교통도 열악해지며 점점 더 사람들이 찾지 않게 된다. 떠나는 사람은 있어도 돌아오는 사람은 드물어진다. 그렇게 '낙후'된다. 수천 개의 광산이 그렇게 열렸다가 닫혔다. 폐광 지역들은 어떻게 살고 있을까. 태백, 정선, 보령, 문경처럼 박물관이나 기념관을 만들어 기억을 남기는 지역이 있는가 하면 한때 광산이 있었다는 사실을 성공적으로 지워버리는 지역도 있다. 가장 흔적이 남지 않고 획기적으로 변신한 장소는 정동진이 아닐까.

1980년대 후반 양양광업소를 떠났던 삼촌이 울진 원자력발전소와 영월 화력발전소를 거쳐 1990년대 초 강릉 안인 화력발전소로 돌아와 안정적으로 정착했을 때 근처에 광산이 있었다는 사실을 우리 가족들도 아무도 떠올리지 않았다. 화력발전소를 보면서도 그곳에 광산이 있었다는 사실은 적극적으로 잊혀졌다(석탄 광산 주변에는 대부분 화력발전소가 있다).

이순원의 소설 속에서 "아마 우리나라를 통틀어도 이렇게 작은 마을에 어촌과 광산과 농촌이 함께 어울려 있는 데가 없을 거"*라고 하듯이 정동진은 작은 마을이지만 길지 않은 시간 동안 역동적인 변화를 경험했다. 오늘날은 일출 명소로 알려져 새해 첫날 해돋이를 보기 위해 많은 사람이 몰리는 정동진이다. 해는 늘 떴지만 어느 순간부터 그 해를 보러 사람들이 몰려왔다. 바다와 가장 가까운 기차역으로 기네스북에 오른 정동진역은 관광지가 되기 전에는 고요한 간이역이었다. 그리고 고요해지기 전에는 한때 시끌시끌했던 시절도 있었다. 많은 이야기들이 지금은 사라지고 해돋이와 커다란 모래시계가 그 장소의 대표적인 상징이 되었다.

1955년에서 1991년까지 정동진에는 석탄 광산이 있었다. 강릉에서 동해로 향하는 기차를 타면 지금은 관광객들이 타고 내리는 작

---

* 이순원,《그대 정동진에 가면》, 북금곰, 2015, 51쪽.

은 역들을 지난다. 화력발전소가 있는 안인역을 지나고 사람들이 가장 많이 내리는 정동진역을 지나 조금 더 가면 창밖으로 보이는 마을이 산성우리이다. 작은 광산들이 있었던 마을은 멀리서 보면 그저 초록색으로 가득한 시골 마을처럼 보인다. 화전민이 살던 정동진 주변은 탄광이 개발되면서 정동진리, 산성우리, 심곡리에 강릉광업소와 옥계광업소 등이 있었다. 당시에는 주민 4,500명 중 80퍼센트가 광업에 종사했다고 하니 지금과는 전혀 다른 모습이라 짐작할 수 있다. 이 일대는 '정동탄광지구'라 불렸고 1962년에 지금의 정동진역이 생겼다. 기차를 타고 일자리를 찾아오는 광부들도 늘어났다. 석탄광이 있었기에 정동진 근처 안인에 화력발전소가 1973년에 설립되었다. 동해선에 안인역과 정동진역이 있는 까닭은 이처럼 석탄과 관련 있다. 30여 년간 석탄을 생산하던 광산이 1991년 폐광하자 사람들은 일자리를 찾아 다시 떠나갔다.

이 조용한 장소에 1993년 드라마 〈모래시계〉 촬영팀이 다녀갔다. 작은 소나무 하나에 배우의 이름이 붙었다. 1996년에 여객 운행이 중단되며 폐역이 되었던 정동진역은 다음 해인 1997년에 다시 재개되었다. 〈모래시계〉 촬영지이면서 정동이라는 위치 때문에 해돋이 관광지로의 명성이 점점 높아지더니 이 작은 마을을 찾는 사람들이 폭발적으로 증가했다. 더구나 새천년을 앞둔 1990년대 말부터 해돋이 관광이 늘어나면서 정동진은 더욱 각광받는 장소가 되었다. 폐광으로 폐역이 되었던 정동진역은 관광지가 되어 살아났다. 광산촌이 관광지로 변한 성공적인 사례다. 1992년에 3만 명이던 정동진역 이용객은 2000년에 76만 명에 달했다. 석탄과 광부를 나르던 기차는 관광객을 나른다. 주민들은 '버스가 안 올 정도로

찰촌[*]이었던 정동진에 천지가 개벽하는 변화'가 일어났다고 말했다. 그러자 광산의 흔적은 눈살을 찌푸리게 하는 골칫덩어리가 되었다.

> "연간 200만 명이 찾는 해돋이 명소인 강릉 정동진 진입로변에 폐광산 사택들이 방치되고 있어 생활환경을 해치고, 관광지 이미지까지 저해하고 있어 관리나 정비 대책마련이 시급하다. 18일 정동진 주민들에 따르면 강동면 산성우1리 속칭 오리동은 동해고속도로에서 정동진으로 통하는 길목이어서 차량 통행이 줄을 잇고 있는데도 길가에 폐광산 사택 20여 호가 관리의 손길이 미치지 않은 채 방치되고 있어 관광객들의 눈살을 찌푸리게 하고 있다."[**]

2021년 발행된 또 다른 기사는 방치된 폐광산 사택이 미관상 좋지 않은 문제와 주민들의 환경을 해친다는 점을 지적한다. 타당한 문제인데 이 기사의 제목이 눈에 들어온다. "정동진 흑역사?"라는 제목이다. 단순히 방치된 폐건물의 문제가 아니라 광산이 있었다는 '과거'가 지금의 관광 명소 정동진 위치에서 보면 흑역사처럼 여겨지는 것일까. 관광지로의 성공적 변신을 추구하면서 정동진의 36년간 광산의 기억은 그렇게 사라졌다. 정동진은 낭만의 장소이며 해돋이를 보는 새출발의 장소다. 그런 곳에 '폐광'의 흔적은 어울리지 않는다. 사

---

[*]   '깊은 시골'을 뜻하는 강원도 방언.

[**]   최동열, 〈강릉 정동진 폐광산 사택 장기 방치〉, 《강원도민일보》, 2003년 8월 19일.

람들이 떠나며 사택촌은 흉물이 되어갔다. 문화의 시대가 되면서 산업화의 현장은 그렇게 부끄럽고, 낙후한, 숨겨야 할 장소가 되었다. 양양과 마찬가지로 강릉에 대한 많은 이야기 중 광산의 역사는 등장하지 않는다.

강릉 출신인 소설가 이순원은 1991년 폐광 후 변해가는 정동진의 이야기를 소설《그대 정동진에 가면》으로 출간했다. 망각을 아쉬워하며 애도하는 마음은 해당 지역 출신 작가들의 글에서 찾아진다. 그 전에는 광산노동자들의 투쟁이나 광산촌의 생활을 보여주는 소설이 등장했다면 폐광이 늘어난 1990년대 중반 이후에는 폐광을 주제로 한 문학이 쓸쓸한 정조를 품고 나온다. 1999년에 출간된 이 소설에서 석하는 산에 올라간 기차 모양 조형물을 보며 혀를 찼지만 그것은 시작에 불과하다. 21세기를 맞이하며 배 모양 호텔인 '썬크루즈'가 만들어졌고, 거대한 모래시계가 정동진 해변에 세워졌다. 다 사라졌으니 오늘날 누가 강릉 정동진에서 광산의 흔적을 찾겠는가. 강릉은 해돋이 명소이며, 커피를 비롯해 많은 먹거리와 좋은 경치를 찾는 관광객의 발걸음이 북적이는 '관광지'이다. "저 많은 사람들 중 이곳이 모래시계나 해돋이의 명소로 소문나기보다 먼저 검은 탄광촌이었다는 것을 아는 사람은 과연 몇이나 될까"◦ 궁금해하는 석하의 마음은 작가 이순원의 마음이기도 하다.

◦　　이순원, 같은 책, 99쪽.

광명, 황금 동굴이 되다

대부분 광산이 사라져가면서 관광에 집중한다. 정동진이 해돋이 명소가 되고 영월은 동강 리프팅으로 알려졌다. 광명은 수도권에서 가장 성공한 폐광지로 꼽히는 곳이다. 이곳에는 가학광산이 있었던 광명동굴이 있다. 이 동굴은 해방 이후 수도권에서 가장 큰 광산이었다. 본래 시흥광산으로 불렸던 이 광산은 현재 광명동굴이 되었다. 연간 100만 명의 관광객이 찾는다. 철암을 배경으로 하는 영화 〈터널 3D〉의 촬영지는 광명동굴이다(이 영화에 대해서는 별로 말하고 싶지 않다. 안타까울 뿐이다).

꽤 넓은 주차장에 자리를 찾기 힘들다. 주차장 입구에는 "한국관광공사에서 선정한 한국 100대 관광지"라고 크게 써두었다. 주차장에서 동굴 입구까지 천천히 걸으면 10분 정도 걸린다. 야외에는 도시락을 싸와서 펼쳐놓고 소풍을 즐기는 사람들이 있었다. 동굴에 들어가지 전에는 입장료를 받지 않으니 시민들이 이용하기에 좋은 공원이었다. 가학산에 있는 가학광산이었지만 '가학'이라는 어감이 좋게 들리지 않아 '가학동굴'에서 '광명동굴'로 이름을 바꾸었다. '가학'의 어감이 좋지 않아서라고 하지만 실은 가학은 학이 많았다는 뜻으로 알려졌다. 누군가는 '배울 학學'이라고도 했다. 예전에 과거 시험을 보러 갈 때 한양에 진입하기 전 지나가는 길이었다고 한다.

갱도는 동굴로 불리며 가혹한 노동이 시작되던 공간이 아니라 환상적인 모험의 공간으로 탈바꿈했다. 들어서면 화려한 조명과 함께 미디어아트를 만날 수 있다. 바깥 온도와 무관하게 추위가 느껴진다. 1년 내내 12도가 유지된다. 5월이었지만 안에서 일하는 사람들은 모두 검은 패딩을 입고 있었다. 가끔 물이 머리 위로 떨어진다. 지금도 물이 흐른다. 광부들이 과거에 일하다가 이 물을 마셨다며 지금도 식수로 손색이 없다고 한다. 전반적으로 행운과 복, 희망 등이 이 동굴의 열쇳말이다. 광명동굴은 폐광지를 관광지로 바꾼 가장 성공한 사례다. 〈반지의 제왕〉 등 온갖 테마가 뒤섞여 있다. 식물과 어류가 산다. 아쿠아리움. 번쩍번쩍 금빛 앞에서 사람들은 사진을 열심히 찍고 소원을 담은 금빛 카드를 열심히 건다. 아이들이 즐거워하고 여기저기에서 사진을 찍느라 정신없다. 이곳이 탄광이나 철광이 아니라 금광이었기 때문에 부의 이미지를 만들기에 좋았다. 금은 보물이다. 석탄이 문명을 일으켰지만 석탄을 보물이라 하진 않는다. 뒷부분에 광산의 역사가 소개되고 광부들의 노동에 대해 잠깐 설명이 되긴 하지만 넓은 동굴에서 광산의 흔적은 비교적 잘 지워져 있다. 거대한 테마파크다. 금광 – 새우젓 저장고 – 와인 저장 창고로 공간은 변해왔다. 와인에 이르면 유럽 저택의 와인 창고처럼 보이기도 한다.

이 광산은 금광이라 암반이 단단해 상대적으로 안전하기에 관광을 위한 '동굴'로 개발할 수 있었다. 동굴은 자연이다. 광산은 자연이 아니라 인간이 자원을 캐기 위해 인위적으로 굴을 판 것이다. '광산'이나 '갱도', '폐광' 등의 어휘를 사용하지 않고 '동굴'이라 부르면서 마치 자연 공간 같은 이미지를 형성했다. "폐기의 수순을 밟는 순간부터 광산은 한낱 동굴이 된다"[*]가 정확히 생각나는 '동굴'이었다. 실제로 광명동굴 작명에는 한국동굴학회장의 조언이 있었다. 폴란드의 소금광산, 대만의 금광산 등을 방문하며 아이디어를 얻었다. 이

[*]   고경숙, 〈폐광을 거닐다〉, 《고양이와 집사와 봄》, 시산맥사, 2023.

사업을 추진한 지자체장은 자신의 성과로 자부심을 가지고 책을 출간하기도 했다.

황금색은 부와 권력의 상징이다. 태양을 닮은 색깔. 이기영의 《광산촌》에는 금과 은이 인간에게 귀한 광물이 된 이유로 태양과 달을 연상시키는 색깔에서 찾는다. "금을 보물이라고 장식품에 소용하기는 태양을 숭배하는 인간의 습성에서 시초했다는 것이다. 그들은 달빛과 같은 은이나 태양과 같은 금을 몸에 진이는 것을 다시 없는 자랑꺼리로 알았었다."[●●]시커먼 석탄은 누릴 수 없는 금과 은의 위상이 있다.

가학광산은 일제강점기에 개발되어 1972년 폐광되었다. 폐광 사유는 홍수다. 홍수로 광미가 주변 논밭을 덮으면서 주민들에게 피해보상을 해줘야 했다. 광미鑛尾는 광산에서 나온 오염된 쓰레기이다. 광미에는 중금속 성분이 있어서 논밭도 오염된다. 광산은 피해보상을 해줘야 하는 상황이 되자 문을 닫았다. 전국적으로 폐광지가 늘어나는 1990년대 후반부터 폐광지 활용에 대한 관심이 높아지면서 폐광된 가학광산도 2011년 시민에게 개방되었다.

동해,
거대한 테마파크가 된 노천 광산

어릴 때는 동해보다는 묵호라 불렀다. 1980년에 삼척군의 북평읍과

●●　이기영, 《광산촌》(한국근대장편소설대계), 태학사, 1988, 32쪽.

명주군 묵호읍을 합쳐 동해시가 되었으나 어른들은 묵호는 묵호로 부르고 북평은 북평이라 불렀다. 묵호항에는 오래전부터 석탄과 시멘트가 반출되었다. 무릉계곡이 유명하여 강릉 사람들이 여름에 많이 찾는 명소였음에도 나는 한 번도 가본 적이 없다. 동해시의 대표적인 해수욕장인 망상 해수욕장은 강릉이나 속초보다 사람이 덜하고 그만큼 깨끗한 곳이었지만 이제는 너무 많은 사람들에게 알려졌다. 또한 동해시의 대표적인 절경인 촛대바위도 예전에는 멀리서만 볼 수 있었으나 이제는 둘레길을 만들어서 바로 곁에서 볼 수 있다. 추암촛대바위와 그 일대는 비록 넓지는 않아도 한국에서 다소 이국적인 자연을 경험할 수 있다. 이것이 석회암 지대이기 때문이라는 생각은 물론 해본 적 없다. 이 아름다움을 보여주는 석회암 지대가 한편으로는 채굴의 땅이 되어 수많은 사람들을 진폐 질환자로 만들었다는 생각도 해보지 못했다. "삼척에 누구네가 어디 다닌대"라는 긍정적 의미의 말은 시간이 흐르면 "누구네가 폐 수술했대"라는 말로 바뀌었다.

강릉에서 버스를 타고 울진으로 가는 길에 동해와 삼척을 지날 때면 시멘트 공장을 보는 게 익숙했다. 아버지 고향인 울진에서 돌아올 때 버스 안에서 잠이 들었다가 창밖으로 시멘트 공장이 보이면 강원도에 들어섰음을 알곤 했다. 이 커다란 시멘트 공장을 돌아가게 만드는 석회석 광산이 동해시 삼화동에 있었으나 현재는 폐광이 되었다. 시멘트 회사인 쌍용양회가 1968년 동해에 문을 열면서 채광이 시작되어 2017년 폐광했으니 약 50년 동안 석회석을 캐던 노천 광산이었다. 넓은 광산 부지는 현재 무릉별유천지라는 거대한 테마파크가 되었다. 갱도 채굴을 하는 광산과 달리 노천 광산의 색다른 변화를 볼 수 있는 곳이다.

2023년 7월 30일, 무릉별유천지로 가는 길에 여전히 가동 중인 쌍용시멘트 공장이 보였다. 무릉별유천지에 도착하니 셔틀을 타고 다녀야 하는 넓은 공간이었다. 주차장의 규모부터 남달랐다. 이곳에서 채굴한 석회석이 시멘트가 되어 얼마나 많은 건물을 짓고 도로를 만드는 데 쓰였을까. 셔틀을 타고 본격적으로 테마파크 안에 들어서자 노천 광산이었던 곳이라 폐광산의 규모가 눈에 들어왔다. 석회석을 캐느라 파헤친 흔적이 보인다. 군데군데 보이는 호수의 초록색 물빛이 아름다웠다. 석회석을 채굴하고 나면 물이 고이는데 석회암에 들어있는 탄산칼슘이 물에 녹으면서 청록빛이 된다. 이 색이 환상적이라 그 자체로 볼거리가 되었다.

무릉별유천지에 들어가 가장 처음으로 관람하는 장소는 전시실이 된 쇄석장 건물이다. 건물 밖에는 전시용으로 커다란 덤프 트럭이 있었다. 쇄석장, 돌을 부수는 곳이다. 〈삼화 : 세 개의 빛〉이라는 전시가 마련되어 있었다. 노동자들의 작업복과 도구를 비롯해 시멘트 생산 과정이 요약되어 있었다. 관람객들 사이로 명찰을 목에 건 한 중년 남자가 보였다. 가만히 서서 사람들을 살피는 모습을 보니 해설사처럼 보여 다가갔다. 혹시 해설을 해주냐고 물으니 반색하며 안내했다. 본래의 모습을 완전히 없애지 않은 채 광산 시설을 그대로 활용한 건물이 인상적이었는데 해설사는 이 건물이 건축상을 수상했다고 알려줬다. 그는 채굴한 석회암이 시멘트가 되는 과정을 과학적으로 꽤 자세하게 설명해줬다. 이전에 이 광업소에서 일한 적이 있는지 물으니 그건 아니고 은퇴한 과학 교사였다. [24]

이제 겨우 쇄석장 건물을 둘러봤을 뿐인데 목이 말랐다. 폭염으로 노인들이 밭에서 사망했다는 뉴스가 들리던 날이었다. 광산의 규모는 굉장했다. 이 정도일 줄은 몰랐다. 쇄석장 가장 높은 곳으로 올라가자 카페가 있었으나 이미 사람이 미어터졌다. 그 많은 사람들이 모두 한 가지를 주문했다. 시멘트 아이스크림. 직원 서너 명은 반복적인 동작을 했다. 한 사람은 계속 우유를 뜨고 부었으며 한 사람은 계속 아이스크림을 내리고 한 사람은 계속 주문을 받았다. 가득한 사람들의 열기 속에서 아이스크림이 순식간에 녹아버리지 않을까 싶을 정도로 작은 공간에 사람들이 빽빽하게 모여 있었다. 아이스크림은 작은 플라스틱 삽 모양 숟가락과 함께 제공되었다. 시멘트 같은 색깔인 이 아이스크림은 흑임자 아이스크림이다.

야외를 돌아보려 했지만 7월 말 폭염 경보가 발생했던 때라 너무 뜨거워서 도망치듯 테마파크 밖으로 나갔다. 가장 가까운 곳에 있는 막국숫집을 찾았다. 다행히 한 번 입장하면 주차요금은 신경쓰지 않고 왔다갔다 할 수 있었다. 가장 가까운 곳에서 발견한 막국숫집 근처에는 진폐재해자협회 사무실이 있었다. 태백선과 영동선이 지나가는 지역에서 종종 발견할 수 있다.

다시 테마파크로 돌아와 가장 높은 곳에 마련된 전망대로 올라갔다. 걸어서는 갈 수 없고 역시 셔틀버스를 타야 한다. 넓은 야외 공간을 활용한 각종 놀이 시설이 마련되어 있었다. 루지 체험장을 찾는 사람들이 많았으나 루지는 강화도에서 한 번 타보고 다시는 안 타기로 했다. 전망대와는 다른 각도에서 광산을 볼 수 있는 스카이 글라이더가 있었으나 정말 다행스럽게도 그날 운영하지 않았다. 만약 운영을 했다면 타야 하는가 말아야 하는가 갈등했을 텐데 아예 갈등할 여지가 없었다. 곳곳에 무더기로 피어 있는 꽃들이 눈에 들어왔다.

7월이라 특히 보라색 라벤더가 가득했다.

　　다시 입구로 내려왔을 때 알파인 코스터에 줄을 선 사람들을 보았다. 가장 인기 있어 보였다. 알파인 코스터에 나도 줄을 섰다. 그러나 루지와 마찬가지로 두 번 다시는 알파인 코스터를 타기 위해 줄을 서지 않을 것이다. 루지의 100배 정도로 다시는 경험하고 싶지 않은 공포였다. 나는 추리나 스릴러물을 좋아하지만 내 몸의 스릴은 전혀 좋아하지 않는다. 안내 직원이 시속 40킬로미터라고 했지만 아무래도 거짓말처럼 느껴졌다. 내가 느끼는 감각으로는 시속 140킬로미터는 되는 듯했다. 과장이 아니다. 레일 밖으로 튕겨져 나가 저 나뭇가지 틈에 내가 꽂히는 건 아닐까 진심으로 공포스러웠다. 정신이 나간 채 알파인 코스터에서 내렸다. 어두운 땅속으로 들어가는 갱도가 아니라 하늘이 뻥 뚫린 노천 광산은 이처럼 다른 차원의 체험을 제공했다. 나에게는 힘들었지만 활동적인 체험을 즐기는 이들에게는 더 없이 좋은 공간일지도 모르겠다.

철암,
남겨야 하나, 부숴야 하나

정선 사북에서 고한을 거쳐 만항재로 향했다. 만항재 정상은 태백, 정선, 영월 세 지역이 모두 만나는 지점이다. 우리나라에서 가장 높은 곳에 위치한 도로라고 했다. 그래서인지 해발 1330미터인 만항재 꼭대기에는 사람들이 꽤 많았다. 작은 상점이 보여 따뜻한 음료라도 살까 해서 들어가니 안에는 컵라면을 먹는 사람들이 가득했다. 근처에는 300여 종의 야생화를 만날 수 있는 야생화 쉼터가 있어 그곳을 산책하는 사람들도 많았다. 만항재에서 구불구불한 길을 내려가면 태백이다. 한 타이어 광고는 만항재를 독일의 유명한 모토레이싱 서킷인 뉘르부르크링에 빗댔다. 자동차로 갈 수 있는 가장 높은 곳이라 '한국의 뉘르부르크링'이라 하지만 거친 길을 드라이브하고 싶은 사람들에게는 다소 짧게 느껴질 수 있다.

만항재는 석탄 광산으로 마을이 형성된 곳이다. 일제강점기에 근처 석탄 광산을 개발하면서부터 만항재 중턱에 만항마을이 생겼다. 석탄을 실은 차들이 다닐 수 있도록 길을 만들었다. 만항재에서 가까운 영월군 상동읍 쪽에는 서진광업소와 명신광업소가 있었고, 태백시 쪽으로는 풍전광업소가 있었다. 정선 만항마을에는 정선만이 아니라 영월, 태백의 광산에서 일하는 사람들이 모여들었다. 정선, 영월, 태백의 광업소 사람들이 이 길을 수도 없이 오갔을 것이다.《활화산》의 주인공은 정선에서 하숙하고 근무하며 태백의 본가를 오간다.

1953년 개교한 만항국민학교는 석탄산업이 번성하던 시기에 오전반, 오후반으로 나누어 수업해야 할 정도로 다니는 학생이 많았다. 석탄산업합리화 정책으로 탄광이 하나둘 문 닫게 되면서 학생 수가 줄어들었고 1998년에는 폐교되었다. 현재는 학교 건물이 모두 사라지고 자리만 남아 있다. 만항마을에 남아 있는 가구는 2025년 기준 40여 가구 정도다.

구불거리는 함백산 만항재를 넘어 태백으로 왔다. 추적추적 비가 내렸다. 태백산 국립공원 입구 근처에 큰 호텔이 몇 개 보였다. 국립공원 주차장 옆에는 태백석탄박물관이 있다. 솔직히 나는 큰 기대를 하지 않았다. 무엇이 남아 있을까. 석탄 광산에 대한 흔적을 볼 수 있겠지. 나의 이런 생각은 입장료 2,000원을 내고 박물관 로비에 들어서자마자 흔들렸다. 커다란 암석이 보였다. 첫 번째 전시실에 들어가자 본격적으로 광물에 대한 설명이 시작되었다. 이 박물관 이름이 '광산' 박물관이 아니라 '석탄' 박물관이라는 사실이 비로소 떠올랐다. 광물에 대해 심도 있게 정리되어 있었다. 태백석탄박물관에서 수많은 광석을 보면서 놀라움을 금치 못했다. 자원이 아닌 자연으로 존재하는 광석들은 경이로웠다. 반복과 질서, 화려한 색으로 구성된 광석은 그 자체로 강렬한 아름다움을 뿜어냈다. 다이아몬드만이 아니라 모든 광물이 아름다웠다. 인류는 아름다움을 파헤치고 살아왔다. 박물관 마지막에는 석탄빵을 비롯해 지역에서 만든 소품들을 팔고 있었다. 오늘날 폐광지에서는 각종 연탄빵과 석탄빵이 만들어지는데 역시 이곳에도 석탄빵이 있었다. 사북에는 연탄빵, 영월에는 석탄빵, 문경에는 연탄젤리가 있었다.

그렇지 않아도 높은 산에 둘러싸인 채 과거의 흔적을 고스란히 보존하는 동네에 비까지 내리니 다른 세계로 진입한 기분이 들었다. 시간 여행을 온 듯했다. 그리 멀지 않은 역사인데 마치 오랜 시간이 흐른 것만 같다. 거리 전체가 박물관처럼 보이는 까치발 건물에서 한 식당은 여전히 영업 중이었다. 까치발 건물은 한눈에 알아볼 수 있었다. 철암천을 따라 지어진 건물이 조금이라도 공간을 확장하기 위해 강가로 구조물이 나와있다. 마치 까치발을 세운 것처럼 건물을 지지하는 기둥이 세워져 있어 까치발 건물이라 불렸다.[25]

남겨야 하나, 부수어야 하나 논쟁하는 사이, 한국 근현대사의

철암탄광역사촌 앞 비석.

유구들이 무수히 사라져 갔다. 가까운 역사를 지우는 작업이 계속된다면, 다음 세대는 박물관의 이미지 자료나 뒤질 수밖에 없을 것이다. 이곳 철암 까치발 건물들은 근대 탄광 지역 생활사의 흔적으로 소중히 기억될 것이다.

2013. 12. 20.

—철암탄광역사촌 앞 비석의 비문

이곳은 정동진처럼 완전히 사라지지도, 광명처럼 변신하지도 않은 채 "남겨야 하나, 부수어야 하나"라는 고민을 고스란히 드러낸 채 남아 있었다. 까치발 건물 건너편에는 선탄장이 보였다. 철암역두 선탄장이다. 영화 〈인정사정 볼 것 없다〉 촬영지임을 알리는 포토존이 있었다. 이 선탄장은 2002년 등록문화재 21호로 지정되었다. 국내 최초 무연탄 선탄장으로 1935년 일제강점기에 만들어졌다.

보령,
꽃 피는 탄광마을

강원도를 벗어나 다른 지역의 광산촌/폐광촌을 찾아갔다. 2023년 4월 1일, 충청 지역 최대의 석탄 광산이 있었던 보령으로 향했다. 대천 해수욕장과 머드축제로 유명한 보령에 한때는 커다란 광산이 있었다. 보령에서는 1989년 영보광업소의 금풍탄광이 폐광된 이후 1995년 심원탄광을 끝으로 모두 48개의 광산이 문을 닫았다. 보령에서 석탄산업은 그렇게 막을 내렸다. 강원도 지역의 광물에 비해 질이 좋은 무연탄은 아니었지만 보령은 충청 지역 최대 광산촌이었다. 가수 김민기가 젊은 시절 보령에 있는 탄광에서 일한 적 있다.

성주산 휴양림을 먼저 들렀는데 벚꽃과 개나리, 목련이 만발했다. 더 일찍 모습을 드러낸 산수유는 이들의 화사함에 조금 덜 눈에 띈다. 봄꽃이 피는 시기가 점점 더 빨라지고 있다. 식목일을 3월로 옮겨야 한다는 말이 나온 지 꽤 되었다. 우리가 에너지를 쓰면 쓸수록 꽃들이 성큼성큼 다가오는 듯하다. 휴양림에서 내려오자마자 '꽃 피는 탄광마을'이라는 안내판이 보였다. 그저 봄날이라 꽃이 만발한 줄 알았으나 이 동네에 꽃이 많이 피는 모양이었다. 우연이지만 봄에 오길 잘했다는 생각이 들었다.

지붕이 낮은 주택들이 일렬로 늘어섰다. 폐탄으로 만든 조형물(안치수 작)이 세워져 있다. 한쪽 담벼락에는 커다란 광부의 얼굴을 벽화 조형물로 새겼다. 김용과 황혜진의 작품 〈광부의 미소〉다. 안전모를 쓴 채 환하게 웃는 시커먼 얼굴이다. [26] 같은 높이와 같은 길이의 집들이 일정한 간격으로 늘어섰다. 집의 모양새로 나는 한눈에 이 집들이 과거에 광산 사택이었음을 알아봤다. 사택 건물을 없애지 않고 조금씩 개·보수하며 유지하고 있었다. 슬레이트 지붕은 푸르고 붉은 양철이나 기와로 비교적 밝게 단장했다. 주변에는 미장원, 식당, 카페 등이 여전히 성업 중이다. 그래도 군데군데 사람의 손길에서 벗어난 지 오래되어 보이는 집이 보였다. 쓰레기와 각종 폐기물로 가득한 집은 사람이 살지 않는 것으로 보였다. 벽화가 눈에 띄는 벽화 마을이지만 정작 사람은 드물게 보였다. 날씨 덕분인지 다행스럽게도 아직은 활기가 있어 보였다. 1970~1980년대에 광산이 성업 중일 때는 광산노동자와 가족들이 밀집한 사택촌이었다. 폐광 전에는 더욱 활기찼을 것이다.

보령 성주면 폐광촌이라 불리는 성주8리다. 폐광촌이라는 말은 항상 과거를 가리킨다. 광산이었던 마을. 산업역군들이 모여 있던 활기찬 마을은 사양산업으로 밀려난 노동자들이 떠난 뒤 낙후된 곳이 되고 만다. 광물을 캐던 곳에서 더 이상 광물을 캐지 않으면 그곳은 환경적으로 오염된 곳이 된다. 폐광 이후 대체로 관광지가 되려 하지만 관광의 목적으로 그 장소를 보면 환경이 파괴된 곳으로 보인다. 많은 폐광촌이 어둡고 칙칙하고 낡은 느낌이 물씬 느껴지는 낙후된 이미지를 벗으려 한다. 이 마을을 알록달록하게 만든 이 벽화들은 2011년 마을 미술 프로그램 사업으로 설치된 공공미술이다.

이 탄광마을을 지나면 보령석탄박물관이 곧 나타난다. 1995년에 개관한 국내 최초의 석탄 박물관이다. 박물관 입구 양쪽 기둥에는 작은 광부 조형물이 있었다. 하나는 착암기를 들고 채굴 중인 광부의 모습이고, 다른 하나는 동료를 어깨에 들쳐 멘 광부상이다. 광산의 상징은 재해다. 박물관 주변에는 폐석을 진열해놓았다. 동발이 세워진 갱도 모양으로 만들어진 박물관은 관람객에게 마치 갱도 안으로 들어가는 듯한 느낌을 전해주었다. 석탄에 대한 기본적인 정보와 우리나라 석탄 광산의 역사 등을 정리해두었고 간단한 체험 시설을 갖추었다. 그리 크지 않은 박물관에 관람객은 별로 보이지 않았다. 그보다는 보령호 근처에 차량이 길게 늘어서 있었다.

보령호를 둘러싼 길은 봄에 꽃을 보러온 나들이객들로 붐볐다. 호수 위에는 태양광이 설치되어 호수 위를 덮고 있다. 근처에 이렇게 아름다운 길이 있을 줄 생각도 못 했는데 알고 보니 '벚꽃로드'로 유명한 길이 펼쳐졌다. 해마다 벚꽃축제가 열리는 이 마을은 '꽃 피는 탄광마을'이라는 이름에 걸맞게 화사한 봄꽃이 만개한다. 물론 인파로 가득한 벚꽃로드와 달리 근처 탄광마을은 썰렁하기 그지 없었다. 만발한 꽃처럼 한때는 사람들이 붐비었을 동네다. 광산은 닫혔어도 꽃은 때마다 핀다. 돌아오는 길에 보령 외곽의 한 사거리에는 양곡관리법 개정 촉구를 위해 "쌀값폭락 농촌파탄, 밥 한 공기 300원"이라는 글자가 곤포 사일리지 위에 또박또박 얹혀져 있었다.

정선,
기억은 문화가 되어

사북에는 2022년 10월에 처음 방문했다. 내가 사는 김포에서 출발해 정선으로 가는 길은 제천과 영월을 지난다. 강원도 사람이라면서 그제서야 사북에 가본 것도 스스로 놀랍지만 내가 정선 사람을 직접 대면한 적이 딱 한 번이라는 생각이 났다. 스무살 때 재수 학원에서 본 남학생. 그 아이가 사북에서 왔다고 했다. 그때는 드라마 〈젊은이의 양지〉 덕분에 그나마 주워들은 지명이었을 뿐이었다. 정선에는 '갈 일이 없었'다. 주로 강릉에서 출발해 강원도의 다른 지역을 지나쳐 서울로 간다. 강릉과 붙어 있는 동네지만 정선에는 놀러 가지도 않았다. 정선, 특히 사북이라 불리는 광산촌은 내 머릿속에서도 막연히 다른 나라처럼 대상화되어 있었다. 강원랜드가 들어선 후로는 어른들 사이에서 "누구네집 아빠가 강원랜드 갔다가 망가졌다"는 흉흉한 이야기만 들었을 뿐이었다.

오늘날 정선은 국내 최초이며 아직까지는 유일한 내국인 출입 카지노가 있는 지역이다. 사북 주민들은 1999년 제주도에 내국인 출입 카지노가 생길 '위기'에 처하자 '목숨 걸고' 반대에 나섰다. 내국인이 입장할 수 있는 카지노는 오직 사북에만 있어야 한다. 그 정도로 카지노 설립은 폐광 이후 대체산업으로 지역민들에게 중요했다. 카지노가 있는 호텔에서 숙박을 하려 했지만 굉장히 비싼 가격에 놀라 시내에 있는 모텔에 숙소를 잡았다. 주차 공간이 협소하여 직원이 대신 주차를 해줘야 하는 구조였다. 다음 날 모텔 바깥으로 나오자마자 낯선 상황에 처했다. 모텔 앞에 경찰차가 대기 중이었다. 잠시 후 모텔 안에서 두 명의 경찰이 한 남성을 붙들고 나와 경찰차에 태웠다. 영문을 알 수 없지만 이 도시에 처음 온 사람 눈에는 충분히 긴장감을 주었다. 게다가 주변은 온통 전당사다. 길에 주차된 한 버스에 걸린 현수막은 "카지노 자살자를 위한 추모기도회(카지노를 걱정하는 범종교인들의 모임)"를 알리고 있었고, "카지노 자살자 전원에게 카지노 피해금액을 전부 돌려 주십시오"라는 문구도 함께 있었다.

하이원 리조트는 리조트 바깥과는 전혀 다른 세상이다. 전당사와 수면방 등으로 가득한 시내와 달리 리조트 안에는 명품관과 비싼 식당들이 있다. 흔히 리조트에서 보이는 어린아이가 있는 가족 단위보다는 중년끼리 다니는 경우가 많고, 혼자 다니는 사람도 꽤 보였다. 손가방을 옆구리에 낀 중년들이 많이 오갔는데 특히 혼자 다니는 중장년 남성들은 리조트가 아니라 시내 어딘가에서 숙박하며 아침 일찍 리조트를 찾은 것으로 보였다. 입장료를 끊고 카지노 안에 들어갔을 때 코로나가 한창이었음에도 가득한 인파에 놀랐다. 다음 날 아침 다시 하이원 리조트에 방문했을 때도 이미 주차장은 거의 만차였다.

카지노가 있는 하이원 그랜드호텔 안에서 마침 전시가 진행 중이었다. 〈정선, 정암사: 자연과 사람의 기억〉이다. 정선을 담은 소품들이 전시되어 있었다. 정선 정암사 수마노탑 국보 승격 2주년 기념 회화전이다. 카지노 안의 북적이는 사람들에 비하면 이 '기억'을 보려는 사람은 별로 없었다. 정암사는 적멸보궁이 있는 사찰로 지역 사람들이 권하는 대표적인 문화유산이다. 정선을 드나들며 알게 된 이 절은 그 후 몇 차례 심란한 마음을 다스리려 방문하곤 했다. 전당사와 카지노와는 전혀 다른 공기가 흐르는 이 절의 존재가 귀하게 느껴졌다.

도시에 대한 암울한 인상을 받아 두 번째 발걸음을 떼기까지 시간이 조금 더 필요했다. 2023년 8월 4일 다시 정선을 찾았다. 한여름에 정선을 찾은 이유는 사북석탄문화제를 보기 위해서였다. 이 문화제에서 산업전사 위령제가 함께 열린다. 나는 축제 장소인 '650거리'를 찾는 일부터 쉽지 않았다. 네비게이션에 '650거리'는 나오지 않았다. '650거리'는 행정명이 아니라 지역 사람들이 부르는 거리 이름이다. 이 마을의 고도가 해발 650미터라 붙은 이름이다. 고한에는

'700M'라고 쓰인 커다란 비석이 있듯이 광산촌에는 높이를 알리는 숫자들을 어렵지 않게 볼 수 있다. 실제로 사람들은 '해발 몇 미터'로 그곳을 말하는 게 일상적이었다. 타 지역에서 온 나는 알 수가 없었다. '650부대찌개'라는 식당을 네비게이션에서 찾아 그쪽으로 향했다. 거리에 도착하니 축제를 찾은 인파로 주차 공간도 없었다. 떡과 과일 등으로 차려진 제사상을 앞에 두고 사람들이 제를 지냈다. 사북번영회 조끼를 입은 시민들이 행사를 진행했다. 제사가 끝난 뒤 사람들은 오고 가며 음식을 나눠 먹었다. 멀찌감치 떨어져 지켜보는 내게 한 여성이 손짓을 했다. 나를 향해 손짓을 하는 게 맞는지 몰라 두리번거렸는데 아무래도 나를 부르는 것 같아 "저요?"라고 하니 이리 오라고 부른다. 음식을 손으로 가리키며 먹으라고 한다. 팥시루떡을 집어 먹었다.

개회사가 시작되기 전에 여러 공연이 펼쳐졌다. 산업전사 위령제, 진혼굿에 이어 극단 광부댁의 짧은 공연이 이어졌다. [27][28] 한쪽에서는 각설이 공연이 있고 장터에서는 술과 각종 먹거리를 팔았다. 해발 650미터여도 8월 초의 폭염은 피하기 어려웠다. 날이 뜨거웠다. 지역 동아리인 '오픈 장구'의 신명 나는 무대 이후 본격적인 개막식이 펼쳐졌다. 쿵짝쿵짝 흥에 겨운 주민들은 본식이 시작되자 엄숙해졌다. 가장 분위기가 가라앉는 시간은 내빈 소개와 그 내빈들의 각종 축사가 이어질 때다. 어느 행사나 다 그렇지만 가장 늦게 와서 가장 빨리 자리를 뜨는 내빈들을 위해 이름표를 붙여 자리를 비워둔다. 의전 순서에 따라 내빈을 소개하고, 내빈들의 말씀이 이어진다. 개회사를 하고, 축사를 하고, 격려사를 하고, 격려사를 하고, 격려사를 한다. 직접 오지 못하면 대독도 가능하다. 몸이 그 자리에 없어도 목소리 내는 게 가능한 존재들이다. 축사든 격려사든 이 정치인들이 하는 말은 비슷하다. '최고'가 되길 원하고 너도나도 '규제 완화'를 외친다. 2018년 평창 동계 올림픽이 지나간 후 사북 주민들은 가리왕산 개발에 관심이 집중되어 있었다. 가리왕산 곤돌라 유치를 위해 투쟁했다. 동계 올림픽 당시 알파인 스키장을 만들기 위해 가리왕산이 심각하게 훼손되었지만 올림픽이 끝난 후에는 원형 복원을 하지 않고 방치했다. 복원을 주장하는 목소리와 올림픽 유산으로 남겨 개발하자는 의견이 계속 맞서는 중이다. 지역민들은 가리왕산을 국가 정원으로 만들어 전국 최대의 관광 도시가 되기를 기원했다. 폐광 지역을 위한 특별자치도 특례법을 기원했다. 개회사, 축사 모두 강원랜드 규제 완화를 강조했다. 'ESG 경영으로 친환경 리조트 건설'을 하겠다는 것이 강원랜드 대표의 마지막 연설이었다. 개발과 규제 완화가 모두의 염원처럼 들려서 심란했다.

개막식이 끝나고 반짝거리는 검은 무대의상을 입은 초대가수가 공연을 한다. 석탄문화제라 검은 옷을 입었다고 했다. 이 축제는 사흘 동안 진행되는데, 650거리는 시민들로 가득했다. 지역 동아리들이 바쁜 시기다. 폐광 지역이라 동발 자르기 이벤트와 연탄 만들기 체험 행사도 진행되었다. 동발은 갱도가 무너지지 않도록 세워두는 나무 기둥이다. 동발이 세워진 갱도는 과거 광산의 상징적인 모습으로, 동발을 만들기 위해 나무를 자르는 것은 광부들의 대표적인 노동 중 하나였다.

석탄문화제를 지켜보면서 나는 전당사와 카지노로 가득했던 암울한 첫인상에서 벗어났다. 도시의 풍경이 아니라 사람의 활동을 보았기 때문이다. 지역민들이 기억을 이어가기 위해 어떤 활동을 하는지 가장 잘 드러나는 지역이 사북-고한이었다. '도박중독'만이 아니라 그 도박중독에 맞서 가장 열심히 고민하고 행동하는 지역이기도 하다.

문경,
생태를 화두로

문경이라는 이름을 들으면 무엇이 떠오를까. 문경새재. 그리고 내게는 오미자와 사과다. 요즘은 사극에서 '문경'이라는 이름을 자주 발견한다. 그곳에 세트장이 있기 때문이다. 2023년 햇빛이 좋았던 가을날 문경을 찾았다. 도민체전이 있던 날이라 시내에 숙소가 거의 만실이었다. 간단히 짐을 풀고 저녁 식사를 하기 위해 주변 식당을 검색하다가 '약돌 돼지'나 '약돌 한우'라는 걸 발견했다. 약돌이 무엇인지 찾아보았다. 약돌 돼지란 간단히 말하면 문경시 가은읍 수예리에서 채굴한 거정석이란 광석에서 추출한 특정 성분을 먹인 돼지였다. '거정석'라 하지 않고 '약돌'이라 칭하여 약이 되는 돌처럼 느끼도록 했다는 것이다. 녹차 발효 사료를 먹였다는 녹돈과 마찬가지로 이 지역에서 대표적으로 생산하는 것이 무엇인지 알 수 있었다. 인간이 채굴을 통해 만들어내는 문화가 이토록 다양했다. 동물을 더 맛있게 먹기 위해 그 동물에게 '약이 되는' 광물을 먹인다.

거정석을 생산한다는 그 가은읍 수예리에서 조금만 북쪽으로 가면 왕릉리이다. 1979년 10월 27일 44명의 광부가 숨겼던 현장인 은성광업소가 있는 곳이다. 1938년에 개광한 은성갱도는 한국전쟁

     5부

으로 잠시 채굴을 멈추었다가 1950년 대한석탄공사가 설립되며 재개광했다. 1960년대가 전성기였고 1994년에 폐광한 이 광산은 전성기에는 한국 석탄 총생산량의 13퍼센트를 차지할 정도였다. 강원도의 탄광에 비하면 적은 양이지만 경북에서는 가장 큰 탄광이었다. 은성광업소에서 채굴한 석탄은 주로 철도용과 공업용으로 사용되었다. 광산이 활황이었을 시절에 인구가 16만 명이 넘었던 때도 있었지만 폐광 이후 급격히 줄어 문경은 현재 7만 명대를 유지하기 위해 애써야 할 정도다.

가은읍에 들어서자 커다란 위령비를 볼 수 있었다. 순직한 산업전사들의 이름을 새겨 넣고 그들의 넋을 기렸다. 56년간 166명이 사망했다. 읍내에는 광부를 주제로 하는 식당이 있어 이 식당에서 점심을 먹었다. 식당에 들어서자마자 온통 광부의 흔적이다. 식당 입구에는 동발을 세워 갱도처럼 연출했고, 장화와 안전모 등을 진열해두었다. 천정에는 연탄 모양의 조형물이 달려 있었다. 메뉴는 두 가지 중에서 고르게 되어 있는데 모두 광부들의 도시락을 재현한 음식이라고 한다. 물론 당시 광부들이 도시락에 돼지불고기를 자주 싸지는 않았으니 실제 광부들의 도시락보다는 훨씬 다양한 반찬이 있었다. 게다가 도시락을 재현한 것만으로는 어쩐지 부족하다고 느꼈는지 전까지 더해져서 상당히 배부른 음식이었다.

석탄광이 있던 마을에는 하나같이 기차역이 있다. 폐광 이후 2004년에 폐역이 된 가은역은 2017년 재개장을 했고 현재는 예쁜 카페가 되어 관광객이 북적거렸다. 사과잼을 비롯해 사과와 관련된 먹거리를 팔았다. 주변은 온통 관광객들로 가득했다. 견훤의 아버지 아자개 이름을 딴 아자개장터에는 흥겨운 공연이 이어졌으며 빵집에

선 아자개빵을 팔았다. 이 흥겨움 사이로 위령제를 알리는 현수막이 펄럭였다. 지금 이곳은 은성광업소라는 이름보다는 아자개마을로 불린다. 지역 막걸리와 맥주를 사러 오는 사람들로 붐볐다. 광산의 자취가 조금은 남아 연탄젤리를 파는 가게도 있었다.

1999년 광업소 부지에 문경석탄박물관이 개관했다. 박물관으로 들어가는 길에는 이중교가 있다. 문경 가은 이중교로 불리는 이 다리는 1950년대 초에 건설되어 1995년까지 석탄을 나르는 광차가 다녔다.[29] 국내에는 태백과 함께 문경 단 두 곳에만 남아 있다. 갱도 근처에는 사택촌을 재현했다. 광부들의 주거지만이 아니라 산아제한 등 1970년대 정책을 담은 포스터 등을 통해 당시의 풍속을 재현했다. 어떤 남자가 자신의 어린 아들에게 "아빠 어릴 때 이렇게 살았다"며 설명했다. 이곳의 사택은 과장급 이상이 거주하던 사택으로 일반 사원들과 달리 집집마다 화장실이 있다. 당시 쓰이던 구호인 "석탄증산 찬양하자"가 커다란 구조물에 새겨져 있다.

광명동굴처럼 갱도를 관광객에게 개방했다. 스크린으로 짧은 뮤지컬을 볼 수 있다. 2021년 현재와 같은 체험 시설로 새로 태어났다. 갱도 안에 미디어아트를 비롯해 여러 체험 시설을 만든 것은 광명과 비슷하지만 은성갱도는 광산이라는 주제에 집중했다. 광명동굴에서 생뚱맞은 귀신들이 나타나는 것과 달리 문경의 테마파크는 '은성갱'을 지우지 않고 이 장소가 석탄을 캐는 광산의 갱도였다는 정체성을 확실하게 유지한다. 갱도 깊이는 직선으로 800미터이며 총 길이는 400킬로미터이다. 갱도 안에는 광부들의 노동을 위치에 따라 재현해두었다. 걸어서 볼 수 있는 구간이 있고 거미 열차를 타고 들어가는 구간이 있다. 이곳이 다른 폐광지와 차별화된 점은 이 거미

열차를 타고 들어가면 보인다. 과거의 애환이나 희생만이 아니라 고생대부터 인류가 사용한 에너지의 변천사를 비교적 압축적으로 잘 소개하면서 미래의 모습까지 그려낸다. '문경에코월드'라는 이름에서 알 수 있듯이 환경과 생태를 화두로 삼았다.

광산 옆에는 촬영장이 있다. 드라마나 영화 촬영을 위해 만들어진 문경세재 오픈세트장도 하나의 관광지다. 많은 사람들이 곤돌라를 타고 위로 올라가 세트장을 구경한다. 이 세트장은 폐광 후 문경시가 관광과 농업에 치중하면서 2000년에 만들어졌다. 오미자, 사과와 함께 오픈세트장은 문경의 대표적인 관광 상품이다.

은성광업소에는 다른 곳에서는 보지 못했던 그 지역 광부들의 노래가 있었다. 한국전쟁 후 은성탄광을 재건하면서 광부들이 불렀던 노동요이다.

새재를 싸고 도는 영강을 따라
천만길 땅속 깊이 뻗은 탄줄기
저쪽산 이 골짝에 넘쳐 흐르는
건설의 노랫소리 들려나온다
씩씩한 은성의 용사들아
무궁화 이 동산의 꽃송이 되어보세

—〈은성의 노래〉

도계,
반복되는 폐광 투쟁

2025년 6월 22일 도계로 가기 위해 영동선 기차를 탔다. 대한석탄공사 도계광업소가 폐광을 1주일 앞둔 시점이었다. 강원도 동해에서 경북 영주까지 이어지는 영동선 기차는 태백선과 마찬가지로 옛 광산촌을 지나간다. 가장 험한 구간이라 알려진 영동선 구간은 높은 산과 산 사이를 지나간다. 드문드문 멋진 암벽이 드러난 마을을 구불구불 지나가면 도계역이다.

도계광업소는 1936년 개발되었으니 거의 90년 가까이 석탄을 채굴하던 광산이다. 도계광업소의 폐광과 함께 대한민국 첫 공기업인 대한석탄공사도 문을 닫았다. 석탄공사 설립 이후부터 도계광업소의 생산량은 4,300만 톤에 다다른다. 이는 석탄공사 75년 역사 총 생산량의 22퍼센트를 차지할 정도다. 폐광을 앞두고 2024년 12월부터 주민들과 노동자들이 투쟁해왔다. 대책을 마련하고 차근차근 폐광하지 않고 꼭 이렇게 대체산업을 요구하는 투쟁이 반복된다. 그동안 투쟁위원회에서 삭발, 단식 등이 이어졌고 정부청사와 한국개발연구원KDI이 있는 세종시로 원정 투쟁도 갔다. 중앙에서는 폐광을 하는지 투쟁을 하는지도 모른다. 강원도 지역 뉴스 외에는 이 사안을 크게 다루지 않았다. 폐광에 대한 일상적 무관심에 2024년 12월에 터진 비상계엄이라는 특수 상황이 겹쳐서다.

도계역 주변은 대체산업을 요구하는 깃발과 현수막으로 가득했다. 도계역 앞에서 6개월 가까이 농성을 이어가던 주민과 노동자들은 석탄공사 도계광업소 본관 주차장으로 농성장을 옮겼다. 도계역 근처 도계전두시장은 휴일처럼 문 닫은 가게들이 즐비했다. 해발 고도가 높고 산에 둘러싸인 이곳의 지형을 말해주듯이 시장은 약간 의 내리막길과 오르막길이 있는 경사진 모습이었다. 사북시장을 떠오르게 했다. 그러나 사북과는 달리 시장을 걷고 있는 사람은 오직 나뿐이었고 문을 연 가게가 없었다. 고스톱을 치는 몇 사람 외에는 거의 보이지 않았다. 빈 상가 앞에 앉아 있던 노인이 내게 대뜸 "아이고, 고맙소"라고 외치길래 무슨 말인가 싶어 가던 길을 멈추고 돌아보았다. "사람 구경을 못하는데 이렇게 사람을 보니 반갑소"라고 말한다. 오늘이 휴일이냐 물었더니 원래 늘 이렇게 닫혀 있다고 한다.

"언제부터 이렇게 사람이 없었지요?"

"여기는 벌써부터 그래요. 만날 이래요."

휴일이 아니라 대부분의 상점이 문을 닫거나 아예 점포를 내놓은 상태였다. 배달하는 몇몇 가게 외에는 문을 닫은 지 오래 되었다고 한다. 장사가 잘되기를 기원하며 오래전에 붙여놓았을 빛바랜 부적이 눈에 들어왔다. 30 심심해서 그냥 나왔다는 한 노점상에게 꽈리고추를 사면서 몇 가지 물었더니 역시 "고맙소"라는 말이 돌아왔다. 뉴스에서 보는 '지역상권 붕괴'라는 말에 미처 담을 수 없는 감정들이다.

석탄공사 본관 앞 농성장 안에는 몇 사람이 자리를 지키고 있었다. 농성 천막 건너편에는 퍼포먼스로 사용했던 관이 놓여 있었다. 사진을 찍으며 인사하자 조끼를 입은 노동자들이 그늘로 나를 안내했다. 역시 말이 고팠던 사람들처럼 술술 말을 풀어놓았다. 그리고 내게 박카스를 줬다. 사양했지만 시원한 거 마시라고 권하길래 받아서 가방에 넣었다. "관심 가져주는 것만으로도 고맙죠"라며 그들은 세종까지 갔던 원정 투쟁 사진들을 보여주었다. 그저 내 발로 돌아다니는 것뿐인데 가는 곳마다 다들 나한테 고맙다고 한다. 전성기 때 5만 명이던 읍내 인구가 1만 명도 안 되는 정도가 됐다. 다들 떠나는 장소지만 현재 싸우는 이들은 "그래도 우리 애들 키우면서 여기 살아야" 한다며 떠나고 싶지 않은 마음을 드러냈다. 현재 도계광업소 폐광 대체산업으로 주민들이 추진하는 것은 크게 두 가지였다. 중입자 가속기 암 치료센터와 내국인 면세점이다. 예비타당성조사 결과를 기다리는 중인데 어떻게 될지 모르겠다고 했다. 광산이 있었던 지대라 공장이 들어오기도 어렵고 산으로 둘러싸인 마을에서 대체산업이 쉽지 않다며, 면세점과 암 치료센터가 가장 적절하다고 했다. 문득 주변의 산이 좋아 보여 이런 곳에서 초록색 산을 보면 머리가 맑아질 것 같다고 하니 "우리는 맨날 봐서 전라도같이 탁 트인 데나 저기 바닷가"가 좋다는 농담도 덧붙였다. "탄핵 때문에 밀렸는데, 이제는 트럼프가 이란 공격해서 또 밀리겠죠? 우리는 맨날 밀려요." 그날은 트럼프의 이란 공격이 온통 뉴스를 뒤덮은 날이었다. [31]

기차 시간에 맞춰 돌아가기 위해 짧은 시간에 효과적으로 둘러보려고 급히 택시를 탔다. 마을을 그저 한 바퀴만 돌아달라고 했다. 운이 좋게도 도계가 고향이며 택시비가 500원이던 시절부터 택시를 몰았던 기사를 만났다. 그는 마치 여행 가이드처럼 자연스럽게 나를 안내했다. 내가 역 근처 식당에서 밥을 먹는 걸 봤다고 했다. 거리에 오가는 사람이 워낙 없으니 외지인인 내가 상당히 눈에 띄었던 것이다. 강원대학교 삼척캠퍼스 기숙사 근처로 가자 그나마 사람들이 오가는 상점들이 있었다. 종강을 해서인지 트렁크를 끌고 기숙사를 나오는 학생들이 드문드문 보였다. 그가 나를 태우고 간 곳은 막 폐쇄

된 사택이었다. 출입금지 테이프가 쳐져 있었으나 일부 구역은 사람
이 떠난 지 얼마 되지 않아 바로 앞을 지나갈 수 있었다. 지붕이 낮은
집들이 길게 붙어 있는 이 사택은 아버지가 1994년까지 지냈던 양양
광업소 사택보다는 좋아 보였지만 여전히 열악한 주거환경을 여실
히 드러냈다.[32] 사택 단지를 돌다 보니 비교적 새 건물이 보였다. 화
장실이다. 공중화장실은 많이 개조된 모습이었다. '안방 화장실'이라
는 언어가 누군가에게는 일상적이지만 이 수많은 가구가 집집마다
화장실이 없이 최근까지도 공중화장실을 써왔다.[33] 사람이 모두 떠
난 마을에 살구나무는 개의치 않고 열매를 맺어서 살구가 가득 달려
있었다. "살구다"라고 했을 뿐인데 갑자기 기사가 차를 멈추고 살구
나무에 매달려 살구를 여러 개 따주었다. 이곳에 살던 그 많은 사람
들은 어디로 이주했을까.

텅 빈 주거지를 지나며 택시 기사는 "여기가 옛날에"로 시작하
는 익숙한 말들을 꺼내었다. 그 '옛날'은 대체로 1995년 즈음에서 멈
춘다. 번영의 시기에서 내려오기 시작한 시점이다. "석탄산업합리화
이후" 광업이 사양산업이 되었지만, "예전에는 여기 술집에 아가씨를
일고여덟 명씩 두었는데", "개도 만 원짜리를 물고 다닌다고 했는데",
"일은 힘들어도 봉급이 적진 않았다"는 회상이 이어졌다. "봉급날에
는 술집 외상값 갚으면서 내려오느라 집에 가져다주는 게 별로 없어
서 엄마들은 손에 쥐는 게 없다고 했어요"라는 말도 덧붙였다.

1980년대 풍경이 그대로 이어진 마을을 지나 그는 전혀 다른 외
관을 가진 유리 게스트하우스를 보여줬다. 가파른 언덕 위에 새로 지
은 말끔한 건물들이 있었다. 역시 과거에 사택촌이었던 동네를 개조
한 것이다. 사택의 흔적을 완전히 없애지도 않으면서 새로운 시설로

깔끔하게 재탄생한 모습을 보여주며 그는 열심히 홍보를 했다. 언덕을 내려와 그가 "여기를 좀 보세요"라며 차를 멈춘 곳은 폐쇄를 앞두고 이미 정리된 갱도 앞이었다. 수많은 광부들이 드나들던, 그리고 많은 사람들의 삶을 따뜻하게 만들어주던 석탄이 실려 나오던 그 갱도다. 영화 〈꽃피는 봄이 오면〉에서 현우가 관악부 학생들과 이 갱도 앞에서 퇴갱하는 노동자들을 위해 〈위풍당당 행진곡〉을 연주했다.

도계에서 다시 강릉으로 향하는 기차를 탈 때 내 머릿속에 가장 인상적으로 남은 것은 천 살이 넘은 천연기념물 나무였다. 수많은 사람들을 치료했을 도계병원 근처에는 긴잎느티나무가 있는 공원이 있었다. 그 공원 앞에 잠시 정차하고 기사는 내게 나무를 소개했다. 천 년 동안 이 마을에서 벌어진 모든 일들의 목격자인 나무. 검은 분진을 인간들과 함께 들이마셨을 나무. 깨끗한 산소를 내주었을 나무. 많은 사람들의 소원을 들었을 나무. 산업의 흥망성쇠는 이토록 짧지만 나무는 지속되었다.

철강왕을 만들어낸
붉은 땅

미국의 미네소타에 거주할 때 "미네소타의 그랜드캐니언이라 불리는 곳이 있습니다"라는 말을 들었다. 대평원에 걸쳐 있는 미네소타에 어떻게 그랜드캐니언 같은 거대한 협곡이 있다는 것인지 잘 상상이 되지 않았다. 알고 보니 영화 〈노스 컨츄리〉의 배경이기도 했던 철광산이 있는 곳이다. 미네소타의 철광산을 찾아갔다. 그때는 광산에 관한 글을 쓸 계획이 없었는데도 '광산'의 흔적은 늘 자석처럼 나를 끌어당겼다.

미네소타의 북쪽 히빙Hibbing과 치좀Chisholm 두 마을에 걸쳐 광산이 있었다. 메사비 철산맥Mesabi Range이라 불리는 미네소타 북동부에 위치한 광산 지역으로, 철광석이 대량으로 매장된 길쭉한 지형을 따라 형성되어 있다. 노천 광산이기에 광산을 가장 잘 내려다볼 수 있는 마인 뷰mine view를 만들어놓고 방문객들이 풍경을 볼 수 있도록 했다. 그곳에서 내려다보면 파헤쳐진 땅 위를 오가는 커다란 마인트럭들이 보인다. 벤치컷으로 깎여나간 속살이 드러난 땅의 모습은 흡사 협곡처럼 보였다. 노천 광산이라 붉은 흙을 드러낸 모습이 마치 작은 그랜드캐니언처럼 보여서 그런 별명이 붙은 것이다. 자연의 침식작용으로 만들어진 협곡이 아니라 인위적으로 파헤쳐진 붉은 땅이 광활하게 펼쳐져 있었다.[34] 그 땅에서 얼마나 많은 철광석이 채굴되었는지 막연하게나마 느낄 수 있다. 간간히 단체 여행객들이 '미네소타의 그랜드캐니언'을 보기 위해 이 광산을 방문한다. 인간에게 필요한 광물을 내어준 땅은 지층의 아름다운 색깔로 이제는 풍경이 되어 사람들을 맞이한다. 갱도가 있는 광산이 폐광 후에 '동굴'이 된다면 노천 광산은 '협곡'이 된다. 문명을 위해 모든 것을 내주고 황폐해진 자연은 그제서야 인간에게 자연의 이름으로 불린다.

치좀에는 5월 말에서 9월 초까지 약 3개월 정도만 문을 여는 광산 박물관이 있어 이 지역에 한때 광산이 번창했음을 알려준다. 내가 갔을 때는 4월이라 안타깝게 박물관 안에 들어갈 수 없었다. 박물관 앞에 있는 거인처럼 커다란 광부 조형물을 올려다보았다. 조용하고 작은 이 마을은 메사비 철산맥의 한가운데에 위치하여 한때 '철산맥

의 심장The Heart of the Iron Range'이라고 불렸다. 오대호 중에서도 커다
란 호수인 슈피리어호를 따라 만들어진 메사비 철산맥은 미국 철강
산업의 핵심적인 발판이었다. 1866년에 처음 채굴이 시작된 이곳은
그 유명한 철강왕 앤드루 카네기를 만들어낸 철산맥이다. 유난히 붉
어 보이는 흙은 이 땅이 얼마나 많은 철분을 함유했는지 보여주었다.
내가 기억하는 양양 장승리 철광산은 자철석magnetite 매장지였기에
짙은 회색과 검은색 돌무더기가 쌓여 있었다면, 적철석hematite이 매
장된 미네소타의 철광산은 검붉은색에 가까웠다. 적철석은 자철석
보다 순도가 높은 철광석이다.

　　광활한 붉은 땅을 보며 근대 자본주의는 땅을 체계적으로 자기
체제 속으로 복속시키는 일과 함께 시작됐다고 말한 루이스 멈퍼드
의 주장을 떠올렸다. 이 땅에 많은 노동자들이 일자리를 찾아왔으며,
이 땅에서 목숨을 잃었다. 반면 이 땅 덕분에 누군가는 철강왕이 될
수 있었다. 이 철광산은 미국의 대표적인 제철 회사 유에스스틸U. S.
Steel에서 소유했던 곳이다. 20세기 미네소타의 대표적인 산업이었던
철광 산업은 20세기 중반을 넘기며 쇠락했다. 여전히 채굴을 하지만
기계화가 된 노천 광산에는 예전처럼 많은 노동자를 필요로 하지 않
는다. 미국의 제철 산업에서 중요한 역할을 한 장소지만 노동자들이
떠난 현재는 조용하기 그지 없다. 점심 먹을 식당을 찾느라 거리를
걷는 내가 눈에 띄는 낯선 존재처럼 여겨길 정도로 조용했다. [35]

　　'금속metal'이라는 단어는 그리스어 '메탈레우에인metalleuein'에서
유래했다. 메탈레우에인은 '채굴하다'는 뜻이다. 곧 금속은 그 어원부
터 채굴의 의미를 담고 있다. 인간이 채굴을 통해서 얻어낸 자원이기
때문이다. 그 자원으로 인류는 많은 문명을 만들었다. 석탄과 철의

합작으로 인류는 짧은 시간 획기적인 변화를 이루었다. 강철은 높은 빌딩, 자동차, 비행기 등의 산업을 발전시키는 데 커다란 영향을 끼쳤다. 시대마다 주요 광물의 종류를 조금씩 달리하며 인류는 꾸준히 채굴에 의지해왔다.

조지 오웰은 "서구 세계의 신진대사에서 석탄 광부보다 중요한 존재는 땅을 일구는 농부밖에 없다"[*]고 했다. 이기영의 소설에서 농업과 광업이 꾸준히 비교되듯이 인간이 살아가기 위해 필요한 많은 것이 땅에서 나온다. "그들이 없으면 지상의 세계도 없다. 아이스크림을 먹는 것에서 대서양을 건너는 것, 빵 굽는 것에서 소설을 쓰는 것까지, 모든 게 석탄과 직간접적으로 연관을 맺고"[**] 있다는 오웰의 말은 과장이 아니다. 석탄이든 철이든 땅에서 직접 광물을 캐는 사람들의 노동 없이 우리가 누리는 문명은 불가능하다. 철, 석탄, 석유, 희토류 등으로 인류의 문명이 필요로 하는 광물은 시대마다 다른 모습을 하지만 이 광물을 직접 캐는 노동자가 존재한다는 사실은 변하지 않는다. 광산노동자는 꾸준히 없어져왔고 선진국일수록 '없어질 직업'에 해당된다. 그러나 선진국일수록 없어지는 이 직업이 여전히 아프리카, 남미, 아시아에는 존재한다는 점에 주의해야 한다. 그리고 그 광물은 선진국으로 향한다.

2015년 영국은 마지막 광산을 폐쇄했다. 나아가 2025년까지 석탄 화력발전을 폐기한다는 계획까지 발표했다. 2018년 독일에서는 마지막 흑탄 광산이 폐쇄되었다. 150년 이상 독일에서 중요한 산업

---

[*]   조지 오웰, 《위건 부두로 가는 길》, 이한중 옮김, 한겨레출판, 2010, 31쪽.
[**]   조지 오웰, 같은 책, 47쪽.

을 차지해왔던 흑탄 광산도 그렇게 수명을 다했다. 여전히 화석연료에 많이 의지하는 편이지만 수입 흑탄이 더 저렴하기 때문이다. 게다가 탄소중립 국가가 되기 위해 장기적으로는 모든 석탄 사용을 중단할 계획이다. 이처럼 선진국일수록 차근차근 탈석탄을 향해 나아간다. 화석연료 사용을 줄여야 기후위기를 조금이라도 늦출 수 있다.

채굴은 멈추지 않는다

베를린을 중심으로 활동하는 뉴질랜드 출신의 미술 작가 사이먼 데니Simon Denny는 첨단산업의 보이지 않는 뒷면을 작품으로 제작한다. 예를 들어 2019년 〈채굴〉이라는 전시에는 광산 채굴 현장을 재현해놓았다. 그는 왜 21세기에 채굴과 광산을 담아낼까. 채굴이라는 어휘는 전보다 훨씬 폭넓게 쓰인다. 오늘날은 비트코인을 '채굴'하는 사람을 '코인광부'라 부른다. 가상공간에 광산이 만들어졌다. 어떤 사람에게 채굴은 코인과 데이터를 연상시킬 것이다. 실제 비트코인 채굴에는 상당한 전기가 필요하고 여전히 화석연료에 의존하는 편이다. 탄소 배출을 줄인다고 하지만 한쪽에서는 우주 광산을 개발하는 데 관심을 보인다. 지구를 넘어 우주는 인간에게 무한한 채굴의 세계다. 영화 〈아바타〉가 언젠가 현실이 될지도 모르겠다.

기후위기에 대응해 화석연료 사용을 줄이고, 그에 따라 광산들이 폐쇄되는 절차는 응당 필요한 절차로 보인다. 그런데 기후와 환경을 위해 어떤 국가의 광산은 닫히지만 어떤 국가의 광산은 활발하게 열린다. 친환경을 위해 각광받는 광물이 생겨나고 중국이나 아프리카에서 희토류나 리튬 광산을 열심히 개발 중이다. "우크라이나 전쟁으로 아프리카 광산이 뜬다", "아프리카 자원부국과 핵심 광물 협력 모색", "중, 리튬 등 핵심 광물 이미 장악, 일은 아프리카에 42조 투자", "아프리카 광물에 쏠리는 관심", "중, 남미 아프리카 광산 눈독"…… 쉽게 찾을 수 있는 기사들이다. 독일과 영국 등에서 '마지막 광산 폐쇄' 소식을 전하는 것과는 대비되는 현상이다. 남미와 아프리카에서는 북반구의 많은 나라들이 앞다투어 광산에 투자하며 자원을 확보하려고 한다. 현재 한국 철광석의 99퍼센트는 수입산이다. 호주산과 브라질산이 대부분이다. 국내에 철광산은 정선 신예미광산이 유일하다. 대한석탄공사에 속한 삼척 도계에 있는 석탄광이 2025년 문을 닫으면서 석탄광은 도계에 있는 민영 탄광인 경동탄광만 남게 되었다. 경동탄광도 2027년 폐광 예정이니 석탄광은 국내에서 곧 사라질 것이다. 그러나 해외에서 부지런히 새로운 광산이 열린다. 철광석의 새로운 매장지를 찾는 일은 여전히 중요하게 진행 중이고 브라질과 아프리카, 호주 등은 철강 회사들이 채굴권을 두고 경쟁하는 땅이다. 막장은 사라지지 않는다. 다만 보이지 않을 뿐이다.

　남아프리카공화국에서 자란 제인 볼링의 소설 《광산 탈출》은 오늘날 아프리카의 광산에서 얼마나 위험천만한 일이 벌어지는지 보여준다. 여전히 아동 노동에 기대어 위험하고 불법적인 채굴이 이어지는 현실을 담은 소설로, 갱에서 총격전이 벌어졌다는 문장으로 시작한다. 무슨 일이 벌어진 걸까.

　스와질란드 출신인 열여덟 살의 레길레는 4년 전 인신매매로 남아공에 왔다. 처음 2년간은 돈 한 푼 받지 못한 채 광산에서 일했다. 4년이 지나며 그는 광산에서 일하는 노동자 중 나름 경력자가 되었다. 레길레처럼 인신매매로 팔려오는 아동 노동자들이 이 광산에 새로 들어온다. 레길레는 이 아이들을 감독한다. 레길레는 어둡고 위험한 광산에서 일하며 받은 돈을 집으로 보낸다. 그의 고향에서는 그가 인신매매로 남아공에 왔다는 사실도, 그가 위험한 폐광의 갱도에서 금을 캐는 광부로 일한다는 사실도 모른다. 이 광산은 공식적으로는 폐광되었다. 폐광된 광산의 갱에 불법으로 들어와 채굴을 하는 조직인 신디케이트가 있고, 이 불법 채굴에 인신매매로 동원된 아동 노동자들이 있다. 갱에서 벌어진 총격전은 불법 채굴을 하는 신디케이트들 간에 종종 일어나는 폭력적 다툼이다.

이렇게 위험한 광산에서 레길레는 탈출할 수 있을까. 레길레는 탈출 의지를 상실했다. 이곳에서 4년가량 일한 레길레는 고작 열여덟 살이지만 갱이 무너지거나, 유독가스를 마시거나, 총에 맞아 언제든 자신이 죽을 수 있다고 생각한다. 그래서 벗어날 희망을 잃고 오직 살아있는 동안 열심히 돈을 벌어 집에 보낼 생각만 한다. 그런데 새로 갱에 들어온 모잠비크 꼬마 타이바는 이 어두컴컴한 굴 속에서 탈출의 희망을 포기하지 않는다. 처음에는 이런 타이바를 제정신으로 여기지 않던 레길레도 점점 이 희망에 스며든다. 이들은 과연 탈출할 수 있을까. 공식적으로 18세 미만 아동 노동은 금지되어 있지만 현실에서는 전 세계 아동 10명 중 1명이 노동 현장에 동원된다. 레길레와 같은 아이들이 목숨을 걸고 광산에서 일한다.

우리가 사용하는 모든 물질과 문명에는 보이지 않는 인간들의 피와 땀이 스며들어 있다. 붉고 검은 흙이 정말 인간의 피로 보인다. 광물 탐사 인공지능의 활용도 점점 현실로 다가온다. 감정이 없어 파업하지 않는 인공지능은 어쩌면 완벽한 노동자일지도 모르겠다. 그런데 이 인공지능 훈련에는 상당한 양의 전기와 물이 필요하다. 인공지능이 소비하는 에너지는 어디에서 오는가. 아무리 첨단을 말해도 핵심 광물을 채굴하는 노동은 여전히 인간의 손을 떠나지 못했다.

4장

함께 가지 못하는
정치

아버지가 부르던 투쟁가 속에서 "아들아, 내 딸들아, 서러워 마라"라는 가사를 어릴 때 좋아하지 않았다. 서러워한 적 없는데 아들과 딸을 호명하며 서러운 감정 속으로 끌어들이는 게 의아해서다. 대체로 이 '막장 인생들'은 서러운 존재로 그려진다. 그러나 아무리 위험한 일을 하는 노동자라 하더라도 그저 서럽기만 하진 않다. 비단 광산노동자만이 아니라 모든 노동이 그렇다. 벗어나야 한다는 생각과 그래도 이 노동이 나와 가족을 먹여살린다는 생각이 뒤얽혀 있다. 대접받지 못해 서러울 때도 있지만 마냥 서럽기만 한 존재는 아니다. 들이받고 싸울 때도 있다. 또한 '막장 인생'이라 비하받는 데 분노하면서 막상 그들도 다른 존재를 비하한다. 복합적인 위치다. 민중의 복잡성. 순진하거나 순수하게 낭만화되는 민중, 혹은 계층 상승 욕구로 야망에 불타는 민중, 어리석고 무지한 민중, 피해자인 민중으로 정리되지 않는다. 이 모든 것이 복잡하게 뒤섞인 여러 얼굴의 민중이다.

　나는 사회적 약자와 소수자가 '서러운' 존재로 그려지는 걸 늘 경계해왔다. 여성이 서럽게 재현되고, 장애인이 서럽게 재현되고, 노동자가 서럽게 재현되는 것은 어딘가 찜찜함을 남긴다. 내가 왜 이 서러움이라는 표현을 경계할까 생각해보니 서러움에는 상대적으로 저항성이 적어서다. 서러움보다는 부정의에 대한 분노가 이들의 감정에 대한 더 정확한 표현이지 않을까.

서러움을 넘어선 상상력이 필요하다. 사회적 약자가 분노를 표출하기보다 서러운 존재로 재현될 때 기득권은 더 안전하다. 예를 들어 여성들이 서러움을 표현할 때 가부장제는 그다지 불편하지 않다. 한맺힌 '우리 어머니'나 서러운 '딸' 혹은 '며느리' 등은 오히려 가부장제와 공존한다. 희생이 곧 역할이기에 서럽다고 하면서도 자신처럼 희생하지 않는 사람에게 분개한다. 물론 1980년대는 이 서러움을 기반으로 노동자 정체성을 가지고 자신들의 언어를 만들어가던 시기였다. 서러움이 서러움에서 멈추지 않고 이 서러움을 공격의 무기로 전환시키면 사정이 달라진다. 이 감정을 기반으로 연대할 때 투쟁이 가능해진다. 그렇기에 서러움에 저항적 힘이 내재되어 있는 것은 사실이지만 이 감정은 한계도 명확하다. '덕분에'와 같은 말로 대응해버리고 구체적인 문제는 회피할 수 있다. 또한 '나의 서러움'을 바탕으로 분노하지만 '타인의 서러움'에 대한 공감과 연대로 확장되는지는 별개의 문제다. 막연한 서러움보다는 정확한 고통의 실체와 부당함을 직시할 필요가 있다.

사회의 많은 고통들이 연결되지 못한 채 방치되어 있다. 방치된 고통은 어떻게 변화하는가. 개인의 고통은 정치적이고 제도적으로 발생하지만 무책임한 정치는 이 사회적 고통의 결과를 사적으로 감당하도록 방치한다. 희생하는 노동자라는 감정이 방치되었을 때 나타나는 양상은 꽤 복잡하다. 시대의 변화 속에서 밀려났다는 생각과 동시에 밀려나지 않으려는 마음, 과거에 옳았던 나와 현재에 부정당하는 나 사이를 오가며 '요즘 세상이 잘못 가고 있다'로 향한다.

현재 광산에서 일하는 이들이 대기업은 돈을 벌지만 그 대기업에 원료를 납품하는 광산은 돈을 벌지 못하는 현실에 대한 분노를 표현한다. 그러나 이 분노는 때로 "복지수혜자와 같은 희생하지 않고 보상받는 것으로 인식되는 사람들과 급진적인 학생들"과 같은 사람들을 향한다.[*] 광산에서 오래 일해온 사람들 중에는 실업급여 제도가 광산처럼 어려운 직종을 노동자들이 기피하게 만든다고 믿는다. 힘들고 위험한 일을 하느니 실업급여 받으면서 일을 안 하기로 선택하는 사람들이 늘어난다는 식이다. 이들의 생각이 사실은 아니지만 잭 바바렛이 정리한 대로 노동자들이 갖는 분노의 감정을 정확하게 읽을 수 있었다. 또한 리처드 세넷과 조너선 코브가 말한 대로 이러한 복지를 "희생에 대한 계약조건을 위배"[**]하는 행위라고 받아들였다. 계급 문제 앞에서 이들의 분노는 엉뚱한 방향으로 향하곤 했다. 실업급여 외에 최저임금제에 대해서도 그들은 적당히 박탈감을 느꼈다. 심지어 어떤 사람은 사회적 참사 희생자에 대한 관심 앞에서도 양가적 감정을 드러냈다. 이는 제니퍼 M. 실바의 분석처럼 "자신들의 필요와 희생이 인정받지 못할까 봐 다른 사람들의 고통을 부정하기도"하는 모습과 정확히 일치한다.[***] 고통을 개별적으로 지닌 채 고립되어 살아온 이들은 자신들의 희생과 고통이 소외되는 데 비해 다른 희생자들만 주목을 받는다고 여겨 억울한 감정을 느낀다.

[*]　잭 바바렛, 《감정의 거시사회학》, 박형신 옮김, 일신사, 2007, 136쪽.

[**]　리처드 세넷·조너선 코브, 《계급의 숨은 상처》, 김병순 옮김, 문예출판사, 2025, 182쪽.

[***]　제니퍼 M. 실바, 《사라질 수 없는 사람들》, 성원 옮김, 문예출판사, 2022, 318쪽.

또한 '진보'의 시간이 그들의 현재를 버려두고 간다는 생각에 차라리 모두가 적당히 힘들었던 과거를 더 인정이 있던 세상으로 여기며 그리워한다. "그때가 좋았지." 오늘날 교양 있는 사람들은 물질적인 빈곤에서 벗어나자 물건보다 경험을 사라는 우아한 조언들을 한다. 경험은 시간을 쓸 수 있어야 가능하다. 주 6일 근무를 하는 노동자들의 시간은 고려되지 않는다. 시간을 소비하는 방식은 사회적 계급과 정체성에서 자유롭지 못하다. 내가 접한 광산노동자들은 함께 가지 않고 자신들을 내버려두고 세상이 진보한다는 감정을 드러냈다. 전직 노동자들에게 "그때가 좋았지"가 있다면, 현직 노동자들에게는 냉소가 보였다. 주 4일제나 주 3일제를 논하는 진보 정치는 주 6일제가 보편인 그들에게 소외감을 주었다. 물리적으로 노동의 장소는 바뀌지만 노동의 시간은 마치 '장기 80년대'를 살고 있는 것처럼 보인다. 제도 정치가 광산노동자들에게 관심이 없다 보니 노동자들도 정치에 점점 무관심해졌고 오히려 불신이 쌓였다. 문화자본을 드러내는 데 조심성이 없는 사람들, 때로 '진보'나 '좌파'로 분류되기도 하는 사람들의 무신경함은 어떤 사람들을 쉽게 '옛날 사람들'로 만들어버린다. 동시대를 살지만 광산노동자들은 마치 과거에나 존재하는 것처럼 여겨지면서 자신들이 동시대인으로 존중받지 못한다는 감정을 갖는다. 그런 감정 속에서 한때 뭔가를 해보려 했던 사람들도 '어차피 해봤더니 안 되더라', '정부는 반도체나 인공지능에나 관심 있지'와 같은 냉소를 품게 된다. 결국에는 '나와 가족' 중심으로 살아야겠다는 마음을 먹는다. "안전모를 쓴 보수주의자"[****]의 탄생이다. 대기업 노조는 그들에게 기득권이다. 중

<hr>

[****]　리처드 세넷·조너선 코브, 같은 책, 196쪽.

산층 중심의 담론에서 철저하게 소외된 광업계 노동자들은 '우리가 여기 있다'는 것만이라도 제발 알아줬으면 했다.

자크 랑시에르는 착취당하는 이들이 겪는 가장 근본적인 부정의로 "시간성 분배의 부정의"를 꼽았다. 시간이 있다는 점에서 능동적 인간으로 불리는 자들의 시간과 시간이 없기에 수동적으로 보이의 자들의 시간은 동일하지 않다. 시간은 정치를 구성하는 핵심 요소다. 시간과 영토 모두 정치적 경계가 생성되는 데 영향을 준다. 시간적 경계는 권리가 차등 부여된 여러 집단으로 국민을 나눈다. 정치학자 엘리자베스 F. 코헨은 "권리를 획득하거나 박탈당할 때 시간이 교환수단이 되는 정치적 거래 시스템을 시간의 정치경제학"이라 정의하고, 한 사회의 정치 체제가 얼마나 평등한가는 국민의 시간을 어떻게 다루는지에 달렸다고 주장했다.[•] 노동자들의 건강을 위협하는 야간노동이나 초과근무조차 기업의 이윤과 소비자의 편의보다 우선순위에서 밀리곤 한다. 이처럼 시간을 제대로 인정받지 못하는 집단이 겪는 고통은 순간적이지 않고 지속적으로 발생한다.

모든 사람이 물리적으로 같은 장소에 살 수는 없지만, 같은 시대를 살 수는 있다. 그러나 차별이 심할수록 다른 계층 사이에서 '동시대인'의 감각이 형성되기 어렵다. 빈부격차는 이처럼 시대격차를 생산한다. 사회적 위계에 따라 시간은 차등적으로 부여되며 또한 서울과 지역 간에는 다른 시대가 형성된다. 노동자들을 비롯해 사회적 소수자들은 동시대를 살아가는 시민으로 여겨지지 않는다. 그래서

<hr>

선진국 반열에 들어선 한국에 광산이 있다는 걸 알게 되면 평범한 사람들도 '아직도 이런 곳이 있다'는 사실에 놀란다.[**] 정치는 노동자들을 다른 장소와 다른 시간에 살도록 적극적으로 방치함으로써 문화적으로 밀어낸다. 이처럼 정치가 모든 사람의 시간을 동등하게 대우하지 않음으로써 구조적 불평등을 의도적으로 강화한다. 시간적 불평등은 기본적인 인권 침해 중 하나다.

리처드 세넷과 조너선 코브는 1970년대에 미국 노동자들의 감정을 연구했다. 그들이 정리한 미국 노동자들의 "자기 자신을 내주고 배은망덕으로 보답받는 이야기", "자신들이 사회에서 받는 대가가 은혜를 모르는 배은망덕, 즉 그들의 희생을 인정하고 존중해달라는 요구에 대한 거부"라는 감정은 정확히 21세기 한국의 전·현직 광산노동자들이 느끼는 박탈감이다.[***] 광물이 우리 생활 곳곳에 스며들어 에너지를 만들고 각종 도구를 만들며 우리를 더 편하게 만들었지만 그 장소에서 일하던 노동자들은 쓸모를 다하면 쉽게 잊힌다. 대부분의 사람들은 저렴한 고기와 저렴한 에너지를 원하지만 축산업과 광업에서 일하는 노동자들의 열악한 환경과 저임금에 대해서는 알지 못한다. 게다가 없어질 직업군에서 일하는 노동자들을 방치함으로써 사실상 사회구조적으로 보이지 않게 만들어버린다. 없어질 직업이라면 사회적인 문제이니 오히려 없어질 직업군에서 일하는 노동자들에 대

[**]　윤석열 전 대통령은 2021년 대선 후보 시절 안동대학교에서 학생들과의 간담회 중 "기업이 기술로 먹고살지 손발노동을 해서 되는 게 하나도 없다"라고 말하며 "아프리카나 하는 것"이라고 했다. 이재훈, 〈"손발 노동"은 아프리카나 하는 것 윤석열 안동대 발언 깊게 들여다보니〉, 《한겨레》, 2021년 9월 18일.
[***]　리처드 세넷·조너선 코브, 같은 책, 182쪽.

해 정치가 관여해야 한다. 얼마나 많은 사람을 어둠 속에 방치했는가. 망각과 외면 속에 방치된 수많은 영혼들이 "검은 얼굴의 여우"로, "검은 사슴"으로 변해버렸다. 남은 동료들은 이 영혼을 달래고 위로하는 위령제를 이어간다.

정치는 "산업예비군들이 좋았던 시절을 그리워하게 방치"[*]으로써 노동자들의 시간을 계속 거꾸로 돌린다. 그때가 좋았지. 그러나 내가 만난 사람들의 정치적 성향은 꽤 다양했다. 실업급여에 냉소하는 사람들도 있지만 지원금을 통해 직업 전환에 도움을 받은 사람은 다르게 생각했다. 석탄광의 경우 노동자들의 요구로 폐광할 때 약간의 폐광대책비를 정부에서 지원받았다. 대책 없이 내몰리는 와중에 이 작은 지원금은 그나마 도움이 되었다. 게다가 감정이 고립되지 않으면 그들도 계속 연대의 가능성을 품었다. '그때'를 뚫고 나올 수 있는 창의적인 연대 활동의 가능성을 극단 광부댁에서 보았다. 광부댁의 활동은 '그때, 여기'에서 '지금, 여기'로 이어진다. 그리고 '전국의 모든 광부댁'이라는 의미를 담았다는 이름처럼 '여기'는 사북과 정선을 넘어 확장된다. '광부댁'이라는 이름으로 모여서 지나간 고통과 희생의 역사를 오늘날의 고통까지 연결하며 연대해온 이들은 세월호 참사 희생자들과도 연대하고 싶어했다. 고립되지 않은 연대 활동이 만들어낸 힘에서 우리는 다른 정치적 상상을 할 수 있다.

고통의 정치를 연구한 제니퍼 M. 실바는 같은 고통을 겪은 사람들 간의 의지와 연대에서 정치의 가능성을 생각한다. 실바가 말한 "고

[*]   제니퍼 M. 실바, 같은 책, 316쪽.

통을 정치적 동원의 지렛대로 삼기"[**]의 가능성에 대해 생각한다. 동일한 고통과 이야기, 물리적 장소에 기반한 작은 공동체가 또 다른 고통과 연대하고 다른 지역의 다른 사람들과 목소리를 조각보처럼 이을 가능성을 보여줬다.

[**]　　제니퍼 M. 실바, 같은 책, 335쪽.

5장

부고들:
다들 일찍 죽었어

최종철, 1955년생

양양 사람인 종철이 아저씨는 폐광 후 양양을 떠나지 않았다. 광산에서 페로다를 운전했다. 중장비 면허가 있었던 종철은 건설 사업을 시작했다. 건설업으로 돈도 좀 벌었다. 얼마 지나지 않아 췌장암이 발병했다. 투병 중이라는 소식에 부모님이 병문안을 가려했으나 차일피일 시간이 미뤄졌다. 드디어 병문안을 가는 도중 부모님은 부고를 들었다. "병문안을 가던 길이 장례식장으로 가는 길이 됐잖아!"라며 어머니는 더 일찍 찾아보지 못한 것을 안타까워했다.

종철이 아저씨는 의식이 떠나가기 전까지 '위원장님'을 찾았다. 아버지는 그 말에 한동안 마음이 좋지 않았고 일부러 그 당시를 생각하지 않으려고 애썼다. 나는 아버지에게 왜 조금 더 일찍 아저씨를 찾아가지 않았는지 물었다. "그때 내가 어디 멀리 갈 수가 없었잖아. 사는 게 그렇잖아. 그렇게 금방 갈 줄 몰랐고." 아버지는 아버지대로 서울에서 새롭게 일자리를 구하고 정착하기 위해 너무도 힘들고 바뻔 시간들을 보낼 때였다고 항변했다. 종철이 아저씨는 5·16 동지 중 가장 먼저 떠났다. 이인수는 지금도 당시의 슬픔을 떠올린다. 폐광 후 최종철이 일찍 세상을 뜨고 그 후로는 동지를 하나하나 잃어가는 시간을 겪어야 했다.

"종철이는 말이 없잖아. 처음에 대의원 할 때 그 친구를 적으로 봤지, 우리가. 그런데 완전히 우리 쪽이었어. 협조를 많이 했어. 노조에서 총무부장을 했지. 폐광하고도 해마다 종철이가 나를 양양으로 초청을 했어. 같이 술도 먹고, 밤에 같이 잠자면서 옛날 애기하고. 애기는 맨날 그 애기야. 1980년대 노조 뒤엎을 때. 나중에 병이 걸려서…… 운명하기 1주일 전에 마지막으로 강릉 아산병원에 갔는데, 내 손을 딱 잡더라고. 나 이제 안 되겠다, 그게 마지막이야. 그 뒤로 집에 왔는데 4월 29일인가 오후 여섯 시 즈음 운명했다고 아들이 나한테 전화가 왔어. 그때 낙심 많이 했어. 동지인데. 아, 그때 진짜 슬픔이 크더라고. 굉장히 컸어."

전홍수, 1946년생

양양 출신이다. 광업소 경비실에서 근무했다. 키가 크고 눈에 쌍꺼풀이 있는 진한 인상을 가진 아저씨는 항상 술을 마신 것처럼 코와 볼이 발그레했다. 실제로 아저씨는 술을 자주, 많이 마셨다. 홍수 아저씨의 아들 영대는 국민학교 때 내내 같은 반이었다. 영대는 남자아이 중 내가 가장 친하게 지냈던 아이였다. 양양 시내에 있는 유일한 경양식 식당 '그리그리'에서 영대의 생일 파티가 열리던 날 나는 비싼 자동 필통을 선물로 들고 갔다. 경양식 식당에서 파티를 하니까 어쩐지 생일 선물도 비싼 걸 들고 가야 할 것 같았는지 어머니가 자동 필통을 챙겨줬다. 영대 어머니는 시내에서 미장원을 했다. 어머니는 가끔 그곳에서 머리를 했고 나도 어머니를 따라 종종 갔다. 미장원이 잘되어서 영대네는 제법 괜찮게 살았다. 홍수 아저씨는 폐광 후 다른 직업을 갖지 않았다. 얼마 지나지 않아 금방 돌아가셨다. 50대였다. 당뇨가 있었다. "아저씨는 왜 그렇게 일찍 돌아가셨지?" 내가 물으면 다들 이렇게 말했다. "술 때문이지 뭐. 술을 그렇게 마시니까. 술을 좀 마셨어?" 이인수와 아버지는 모두 "전홍수가 정말 많이 도와줬는데", "고마운 사람"이라고 말한다.

최영순, 1953년생

2022년 9월 1일 어머니는 '경태 엄마'라 부르고 나는 '박열이 아줌마'라 부르던 아줌마의 부고가 전해졌다. 부모님이 부랴부랴 강릉에서 인천으로 향했다. 아저씨가 아파트에서 밤샘 근무 중이었기에 아줌마는 집에 혼자 있었다. 밤에 아저씨가 전화를 했는데 받지 않자 아들에게 연락해 집에 가보라고 했다. 아들이 도착했을 때는 이미 아줌마가 사망한 후였다. 몇 넌 전 뇌 수술을 했는데 코로나에 감염된 후 그 후유증으로 갑자기 사망한 것 같다고 한다. 아무도 곁에 없을 때 홀로 세상을 떠났다. 큰아들이 곧 결혼할 여성까지 만나본 후라고 한다. 장례식이 끝나자마자 아들은 베트남에 갔다. 결혼이주 여성과 만나기로 되어 있었다. 내가 어릴 때 오빠라 부르고, 몇 번 계곡이나 냇가에 함께 놀러 가기도 했다. 둘째 아들은 이미 결혼이주 여성과 가정을 이루었다.

박열이 아줌마는 광산 사람들 중 어머니가 가장 가까이 지냈던 사람이다. 1988년 우리가 강릉으로 올 때 몇 집이 함께 강릉으로 나왔다. 그 집도 함께 강릉으로 왔다. 작고 성격이 조용한 아줌마는 강릉에 와서 공장에 취직했다. 주문진 가는 길에 유명 브랜드 양복 공장이 있었다. 당시 그 일대 여성들이 이 양복 공장에 출근했다. 아줌마들의 말에 따르면 그 공장에 다니면서 아줌마가 굉장히 시달려서 적응을 못 했다고 한다. 아줌마들은 "신경병을 얻었다"고 말한다. 아마도 우울증을 말하는 것으로 보인다. 어머니는 그 집에 가끔 위문차 방문했다. 그러나 아줌마의 상태는 좋아지지 않았고 사람을 만나기를 어려워했다. 폐광을 앞두고 박열이 아저씨네는 인천으로 이주했다. 아줌마는 인천에 온 뒤에 소파 공장에 다녔다. 어느 날 머리가 너무 아파 병원에 가니 뇌출혈이었고 뇌 수술을 했다. 더는 집 밖에서 일하지 못했다. 아줌마가 강원도 막장을 좋아해서 인천으로 이사 간 후에도 어머니는 가끔 강원도 막장을 보내줬다. '경태 엄마', '박열이 아줌마'라 부르며 살았는데 정작 그 아줌마의 이름은 아무도 몰랐다. 장례식장에서 처음 이름을 보았다. 어머니와 아버지 모두 아줌마의 이름을 기억하지 못했다.

장영준, 1948년생

2023년 3월 13일 영준이 아저씨의 부고가 전해졌다. 영준이 아저씨는 13년간 뇌졸중으로 말도 못 한 채 지내다가 돌아가셨다. 양양 출신인 아저씨는 아버지와 어릴 때부터 친구였다. 양양에서 태어나 양양에서 광산을 다니며 살다가 폐광이 되자 해병대 출신인 아저씨는 해병대전우회 사무실에서 상근자로 일했다. 영준이 아저씨는 베트남 전쟁 참전 용사이며 고엽제 피해자다. 고엽제전우회에서도 일했다. 해병대, 베트남, 광산이 영준이 아저씨의 삶에 굵직하게 남았다. 참전 용사로서의 자부심만큼이나 고엽제 후유증도 남았고, 광산에서는 산업전사라 했으나 폐광 후로는 전사도 용사도 아닌 실직자였을 뿐이다. 해병대전우회 사무실에서 일하다가 뇌졸중이 발생한 이후 침대와 휠체어에서만 지냈다. 눈물과는 거리가 먼 태도로 살았지만 언어 기능을 상실한 아저씨는 병문안을 오는 사람들을 보면 울기만 했다. 그렇게 13년을 지냈다. 아저씨는 베트남전 참전 용사라 국립현충원에 묻혔다.

영준이 아저씨에게는 외동딸 은지가 있다. 은지는 나보다 한참 어려서 내가 중학생일 때 네댓 살 정도였다. 은지가 언젠가 우리 집에서 며칠 지낸 적 있다. 어린아이가 귀여워서 우리 집에 있는 동안 은지와 잘 지냈었다. 은지는 두 팔을 올려 둥근 원을 만든 채 발레리나처럼 뱅글뱅글 돌았다. 실제로 발레리나 흉내를 내는 것이라며 어른이 되면 상트페테르부르크에 가겠다고 했다. 나는 상트페테르부르크라는 도시 이름도, 그곳이 발레로 유명하다는 것도 그때 처음 알았다. 사택에 살던 은지는 어디에서 들었을까. 어린아이의 발음으로 듣는 '상트페테르부르크'와 두 팔을 올리고 뱅글뱅글 돌던 모습을 우리 가족들이 모두 귀여워했다. 은지는 발레와 아무 상관없이 살고 있다. 러시아에 가본 적도 없으며 수원에서 아이 둘을 낳고 평범하게 산다. 그때 은지가 왜 우리 집에서 지냈는지 뒤늦게 알았다. 은지 어머니가 강릉에서 수술을 해서였다. 수술 후 입원한 동안 아이를 맡길 곳이 없어 영준이 아저씨가 은지를 강릉에 있는 우리 집에 맡긴 것이었다.

황정순, 1953년생

2008년 가을, 파리의 공중전화 부스에서 소식을 들었다. 어머니가 지치고 신경질적인 목소리로 말했다. "난 정순이가 죽어서 지금 아무것도 생각하고 싶지 않아!" 정순 아줌마는 매일 우리 집에 전화를 걸던 어머니의 가까운 친구다. 서울 쌍문동에 살아서 쌍문동 아줌마라고도 불렀다. 너무 자주 전화해서 귀찮을 정도였지만 정이 많은 사람이었다. 아줌마가 사망하기 1년 전 갑작스럽게 산에서 남편이 돌연사했다. 그 충격으로 아줌마는 미친듯이 간호 봉사를 다녔다. 간호사로 일하다가 두 아이를 기르면서 일을 그만두었던 아줌마는 50대가 되어 다시 간호 봉사를 다니다가 갑자기 삶을 마감했다. 300명 예방접종을 하고 와서 쓰러졌다. 뇌출혈이었다.

정순 아줌마는 광산촌의 한 술집 딸이다. 아버지 없이 자란 정순 아줌마네는 '색싯집'을 했다. 사람들은 그 아줌마를 술집 이름인 '무슨 집 딸'이라 불렀다. 정순 아줌마는 자신을 따라다니는 '무슨 집'

이라는 말을 너무도 싫어했다. 수많은 남성들의 글 속에서 노동자들을 위로하며 삶의 애환을 달래는 장소로 그려지는 광산촌의 술집들. 그러나 그 술집 딸은 필사적으로 그곳을 벗어나려 했고, 자신을 그 술집과 연결 지어 기억하는 고향 사람들과 단절하기 위해 애썼다. 정순 아줌마는 양양을 떠나 간호학과를 나온 뒤 당시 그 일대에서는 규모가 제법 있는 광산 병원에 간호사로 취직했다. 산아제한 정책에 따라 여자들에게 무료로 루프를 끼워주는 일도 했다. '무슨 집 딸'로 불리는 게 끔찍하게 싫었던 아줌마는 광산 병원을 떠나 서울에 갔다. 고향 사람이 아닌, 고향과 아무 상관 없는 사람을 만나고 싶어했던 아줌마는 정말 양양과 아무 상관 없는 서울의 교사와 결혼했다. 치매를 앓던 시어머니를 모실 때 집 밖으로 나가는 버릇이 있는 시어머니의 발과 제 발을 묶어놓고 자기도 했다.

정순 아줌마는 고향을 떠난 뒤 고향 사람들과 거의 단절했지만 어머니와는 절친하게 지냈다. 어머니가 광산촌 사람이 아니며, 광산 이야기를 잘 하지 않고 '나는 잘 모르지'라는 관점을 고수하기 때문이다. 아버지는 정순 아줌마를 '황 간호사'라 불렀다. 쌍문동에서 부부 동반으로 내 부모님과 만나는 걸 좋아했다. 쌍문동에 있는 순댓국집에서 순댓국을 먹고 쌍문동에 있는 노래방에서 노래를 불렀다. 어머니 말에 따르면 아줌마는 서울에서 쌍문동이 제일 좋은 줄 알고 살다가 갔다. 매일 울리던 전화벨은 아줌마가 갑자기 쓰러지기 전날에도 울렸다. 어머니는 하필 그날 그 전화를 받지 못했다. 어머니는 그 전화를 받았으면 정순이가 죽지 않았을 수도 있다며 한동안 괴로워했다. 노후에는 남편 고향에 가서 살고 싶다 했지만 남편의 고향에서 노후를 보내지는 못했고 남편과 함께 묻혔다.

6장

살아가는 사람들

외할머니, 외할아버지, 할머니, 고모, 아버지, 외삼촌은 인생에서 잠깐 혹은 오랜 시간 광산과 연결되어 있었다. 이제 거의 세상을 떠났다. 사촌동생의 결혼식으로 오랜만에 먼 친척들까지 만났던 날이다. 아버지와 오랜만에 만난 당숙은 주변인들의 안부를 묻는다. 공무원으로 은퇴한 당숙은 군대 가기 전 잠깐 광업소에서 급사로 일했다. 광산이 있는 동네에서는 한 두달이라도 잠깐씩 광산을 거쳐가는 사람들이 많다.

"아무개는 뭐하니?"
"가는 벌써 죽었어."
"아무개는?" "가가 죽은 지 언젠데."
"이제는 우리 가는 일만 남았어."
"그럼, 가는 일만 남았지."

아버지와 당숙이 나누는 대화다. 예식장을 나와 주차장으로 가는 길에 모여서 담배를 피우는 한 무리의 남자들이 있었다. 아버지와 당숙은 "저기 광산 사람들이네"라고 알아봤다.

박열, 1948년생

아버지와 가장 가까운 친구다. 아저씨는 중학교를 졸업한 뒤 고등학교에 진학하지 못하고 일자리를 구했다. 광산이 번창하던 시절에는 마을에 극장도 있었다. 열이 아저씨는 중학교 졸업 후 극장에서 영사기 돌리는 일을 했다. 그러다가 성인이 되자 광산에 들어왔다. 갱내 수리부에서 일했다. 수리부는 갱내에서 여러 가지 보수와 수리를 하기 때문에 용접 기술을 비롯해 목공 등 각종 기술을 배운다. 1990년대에 노동절이면 대통령상을 받는 노동자들이 있었다. 열이 아저씨는 이 상을 받은 적이 있다. 말이 없고 술은 거의 마시지 않는다. 폐광 후에는 서울의 아파트 기계실에서 일했다. 나이가 들어 경비로 일하고 있으며 요즘은 아줌마가 세상을 떠난 후 손주들도 돌보느라 바쁘다.

이홍준, 1945년생

홍준이 아저씨의 아버지는 광산에서 이발소를 했다. 제천에서 광산이 있는 양양으로 일자리를 찾아온 경우다. 홍준은 책 읽기를 좋아했다. 광산에서는 용접 기술자였다. 홍준의 형은 광산에서 감독이었다.

홍준은 폐광 전에 양양을 떠나 건설 현장의 크레인 기술자로 일했다. 그러던 어느 날 높은 크레인 위에서 아래에 있는 사람을 보지 못해 인명 사고를 내고 말았다. 그 후로 더는 크레인 위에 오르지 못했다. 일을 그만뒀다. 고향인 제천으로 돌아갔다. 인수 아저씨와는 광산에서 일했던 기간이 겹치지 않아 서로 모른다.

김성함, 1947년생

아버지와 동창으로 "모든 면에서 나와 비교가 안 되는" 똑똑한 친구였다고 아버지는 기억한다. 공부와 운동 모두 잘했고 학생들 앞에서 연설을 잘했기 때문에 학생회 활동에서도 두각을 드러낼 정도로 적극적인 성격이었다. 심지어 (나는 나이 든 아저씨의 모습만 기억하지만) 인물까지 좋았다고 어른들은 이구동성으로 칭송했다. 고등학교에 진학했지만 가정 형편상 계속 학교를 다니기 어려워 휴학했다. 광산에서 잡일을 했다. 2년간 학교를 쉬었다가 복학했지만 결국 다시 그만뒀다. 고등학교 중퇴 후 또 광산에 들어왔다. 갱내 수리부에서 일했다. 광산이 폐광되기 전, 이미 1980년대 중반에 일찍 양양을 떠났다. 가끔 양양에 들르면 우리 집을 찾아와 바나나나 장난감을 사주곤 했다. 어릴 때는 서울에서 온 성함이 아저씨가 돈을 잘 쓰는 재미있는 사람인 줄만 알았다. 허풍을 떠는 성격이라 돈을 잘 쓰긴 했지만 아저씨가 돈을 많이 버는 건 아니라는 사실은 나중에 알았다. 아저씨는 아파트 기계실에서 일하다가 지금은 경비원으로 일한다.

김학진, 1948년생

경상도 출신이라고 특별히 아버지에게 의리를 지켰다. 김학진은 채
광과 운반공으로 일했다. 말이 없고 감정 표현이 거의 없다. 술을 많
이 마시고 다른 사람들은 그를 "독고다이"라고 평했다. 1987년에 아
버지가 회사의 감시를 받고 있어 누구도 우리 집을 찾아오지 못할 때
혼자 몰래 찾아왔던 사람이다. 그로 인해 나는 그를 기억하지만 그는
나를 기억하지 못했다. 폐광 후 고향인 울진으로 돌아가 채석장에서
한동안 일했다. 폐에 질병이 생겨 오래 하지 못했다. 폐 수술을 했으
나 산재 보상은 받지 못했다. 가평에서 아들과 함께 닭갈비와 막국수
를 파는 식당을 한다.

서장희, 1953년생

광업소 통근버스를 몰던 아저씨다. 인상이 좋은 장희 아저씨는
1980~1990년대에 인기 있던 아나운서를 닮아 어릴 때 나는 "황인용
닮은 아저씨"라 부르곤 했다. 장승리에 갈 일이 있으면 통근버스가
출발하는 시간에 장희 아저씨에게 가서 "우리 아빠가 아무개인데요,
우리 아빠한테 가려고요"라고 말하면 태워줬다. 폐광 후 아저씨는 농
사를 지으며 용달차로 이삿짐 일을 병행하며 살았다. 아저씨와 가깝
게 지내는 1930년생 친척 할머니를 통해 가끔 소식을 전해 듣는다.
할머니는 아저씨 차를 가끔 얻어타고 시내에 나간다. 아저씨는 처음
에는 광석 나르는 트럭을 몰다가 통근버스 기사로 옮겼다. 사람을 잘

챙겨서 직원들에게 인기가 많았다. 3교대를 하는 특성상 생활이 불규칙한 광산노동자들이 제때 일어나지 못해 버스 시간을 놓치는 일이 간혹 있었는데, 아저씨는 누가 탔는지 안 탔는지를 확인하며 정류소가 아닌 곳이라도 광업소 직원들을 챙겨서 태웠다.

최 도준, 1948년생

도준이 아저씨의 아버지는 광산 감독이었다. 사람들은 '최 감독 아들'이라 불렀다. 아저씨는 고등학교를 중퇴하고 광산촌의 극장에서 영사 기사를 했다. 학교 다니기를 싫어했다. 박열이 아저씨와 같은 시기에 일했다. 당시 영사 기사는 방송도 겸했다. "여기는 대철회관 선전실입니다. 오늘 상영할 영화는……" 두 사람 모두 목소리가 좋았다. 박열이 아저씨와 도준이 아저씨가 일했던 광산촌의 극장은 화재로 사라졌다.

도준은 학교 다니기를 싫어했듯이 직장 생활도 싫어해서 광산을 다니다가 그만두었다. 도준은 1980년대에 양양을 떠났다. 서울에서 자기 사업을 해보겠다고 했지만 잘 되지 않았다. 나중에는 아파트에서 기술자로 일했다. 젊은 시절 광산촌 극장에서 함께 일했듯이 박열이 아저씨와 같은 아파트에서 교대 근무를 했다. 지금은 아파트 일도 그만뒀다. 공부 잘하는 큰아들이 교수가 되어 늘 자랑했다.

그리고……

68세가 되었을 때 어머니는 "내가 이렇게 살다가 갈 수는 없어!"라며
방통대에 등록했다. 내가 이 책을 쓰는 동안 어머니는 방통대 국문
학과 4년을 마쳤다. 나이가 많아서 이제는 안 되겠지만 도서관 사서
가 되고 싶다고 했다. 다행히 노인일자리의 일환으로 어머니는 도서
관에서 하루에 3시간씩 일하게 되었다. 도서관을 찾은 어린이들에게
"도서관 할머니"로 불린다. 어머니는 노인일자리를 통해 경제적으로
큰 도움을 받는다. 젊은 시절 충무로로 가출은 못했지만 한때 강릉
의 중심지였던 강릉독립예술극장 신영에서 시니어 할인으로 영화를
보고 포스터를 모으는 게 즐거움이다. 아버지와 함께 동네 고양이들
을 돌보고 이제는 메르타 할머니°가 어머니의 롤모델이라고 주장한
다. 싸움질하는 영화 싫다고 하지만 여성 킬러가 나오는 영화를 좋아
한다.

　　아버지는 한 달에 열 번 노인일자리에 나가고 손바닥만한 텃밭
일에 숭고할 정도로 매진한다. 좁은 텃밭에서 아버지에게 필수 작물
인 들깨, 고추, 팥을 꼭 기른다. 여름에는 옥수수와 감자를, 가을이면
주렁주렁 달린 고구마를 캐어 들고 서 있는 사진을 보내온다. 늦가을
이면 감 150개를 깎아 주렁주렁 매달아 놓고 곶감이 되기를 기다린
다. 마당에는 고양이 급식소를 만들고 남의 집 고양이 사료까지 주문
해준다. 동네에서 유일하게 컴퓨터로 문서 작업이 가능한 아버지는
노인회 업무를 보고 동네 사람들의 인터넷 구매를 대신해준다. 문서

°　　카타리나 잉엘만순드베리의 소설 '메르타 할머니' 시리즈의 주인공.

작업 때문에 태양광 반대파와 태양광 찬성파가 모두 집에 찾아온다. 이런 일에 관여해서 집에 사람들이 시도때도 없이 몰려온다며 어머니는 비명을 지른다. 아버지는 저녁이면 엑셀에 농사일지를 쓴다. 몇 년 동안 쓴 농사일지에 무엇이 담겼는지는 아직 보지 못했다. 그리고 잠들 때까지 서부영화를 본다. 집 밖에서 일하고 집 안에서 존 웨인 영화를 보는 게 큰 낙이다. 어머니는 "싸움질하는 영화"라고 고개를 돌린다.

다시 장승리에서

다 사라졌다고 했지만 나는 광산촌의 이야기를 찾아 다니면서 장승리를 기억하는 시인 신은숙을 만났고, 우리는 연결된 기억을 나누었다. 기억하고 이야기 나누는 사람이 있다면 역사는 쉽게 사라지지 않는다. 우리는 양양 남대천의 뚜거리를 기억하며 양양초등학교의 교목인 히말라야시다를 기억한다. "철 든 동네"를 기억하는 신은숙은 제 아버지가 지은 집도 사라지고 터만 남았음을 아쉬워했다. 시인의 아버지도 철광산을 찾아 열다섯 나이에 강릉에서 양양으로 이주해 장승리에 자리했다. 그의 아버지와 작은아버지 모두 철광산에서 일했다. 광산이 인원을 줄여갔던 1980년대 후반에 시인의 아버지는 양양광업소를 그만두고 건설업으로 옮겨 목수로 일했다. 60대 중반이었던 2003년 폐암 말기 진단을 받고 7개월만에 사망했다. 그때는 산재에 대해서는 생각해보지 못했다. 신은숙은 장승리의 기억을 시와 그림으로 남긴다. "지금 가니 폐석장도 없고. 이걸 어떻게 기억하면 좋을까. 양양 철광산 다 몰라요. 그게 너무 안타까워서." 그는 가끔 홀로 장승리를 찾아갔다. 나는 그의 시를 찾아 그와 연결되었다. 다 죽기 전에, 말하고 기억을 나눈다면 사라지는 존재들은 이어질 것이다.

2023년 7월 말. 폭염으로 뜨거웠다. 나는 장승리로 떠났다. 양양의 서쪽, 서선리와 장승리의 갈림길에서 장승리 방향으로 향했다. 주변에 점점 집이 보이지 않는다. 장승리 마을에 들어서자 '장승리'라는 커다란 조형물이 예쁘게 세워져 있다. 저 멀리 집들이 보였다. 조금 더 지나가자 포장도로가 끝났다. 차를 세우고 비포장도로를 걸었다. 사택이 있어야 할 자리에 사택은 보이지 않았다. 오래전에 철거되었다. 흔적도 없다. 나의 서류상 출생지인 아버지와 고모, 할머니가 한 시절 살았던 장승리의 집은 사라졌다.

한여름이라 풀이 무성해서 온통 푸르렀다. 깨끗하고 조용하며 평화로워 보였다. 풀숲에는 방치된 건물 하나가 보였다. 열녀각이다. 열녀각은 전혀 관리되지 않은 채 수풀 속에 폐가처럼 놓여 있었다. 열녀각을 지나면 노조 사무실이 있었지만 지금은 아무것도 없었다. 수풀만 무성했다. 여기가 한때 많은 사람들이 드나들며 싸우고 점거하고 버티던 장소였다는 걸 알아낼 단서는 단 하나도 남아 있지 않았다. 높이 자란 풀을 보며 나는 이곳이 내가 기억하는 곳이 맞는지 장담할 수 없어 아버지에게 물어보고서야 확인할 수 있었다. 열녀각은 열녀 귀신이라도 튀어나올 것 같았다. 평산 신씨 여성은 범에게 물려간 남편을 찾아내 시신을 안치하고 그 시신 옆에서 자결했다고 알려졌다. 광산이 있을 때는 많은 사람들이 오가면서 이 열녀각도 관리가 되었으나 폐광 후에는 사람의 발길이 끊기면서 열녀각도 풀숲에 뒤덮였다. 시대를 잘못 만나 남편 따라 죽어야만 했던 열녀들과 산업의 도구로만 쓰이고 잊힌 노동자들이 겹쳐 보였다. '유령마을'로 불리는 미국의 19세기 광산촌들이 생각난다. 골드러시 시절에 번영했던 미국 서부의 금광산 마을은 폐광 후에는 유령마을이 되었다. 실제로 원통한 유령들이 떠돌 것만 같다.

조금 더 걸어가자 이 조용한 마을에 어울리지 않게 저 멀리서 기계음이 들렸다. 비포장도로를 200미터 정도 걸어가자 광산이 보였다. 옛날 양양광업소는 없어졌으나 얼마 전 다른 광물 회사에서 채굴을 시작했다. 2010년 재개광해서 중국으로 수출하는 광석을 채굴한다. 폐석이 쌓여 있고 큰 트럭 한 대가 서선리로 이어지는 큰 굴을 지나갔다. 사람은 거의 보이지 않았다. 광산이 사라졌지만 사라지지도 않은 상태다. 내가 기억하는 작은 다리와 그 아래 흐르는 물은 달라진 게 없다. 언젠가 아버지와 함께 지나가다가 그 물에서 목욕하는 아저씨들을 보았는데, 아버지가 내게 보지 말라고 해서 눈을 돌린 적이 있다. 사택에 살던 남자들은 가끔 그 개울에서 몸을 씻었다. 트럭이 굴을 빠져나간 뒤 나는 경비초소를 지나 굴로 들어섰다. 어릴 때는 참 무서웠던 굴이다. 초소 앞을 지키던 경비원들도 없고 통근버스를 기다리는 노동자들도 없다. 사라진 양양광업소를 기억하기 위해 주민들은 2011년에 철광산문화제를 시작했으나 지속되지 못했다. "철 든 동네"는 그렇게 잊혀져갔다.

장승리를 나와 양양 시내로 향했다. 양양광업소로 향하던 통근버스가 늘 세워져 있던 옛 양양시외버스터미널 건너편의 모습은 거의 달라진 게 없다. 커다란 나무가 있고 작은 상점도 그대로다. 다만 어른이 된 내 눈에 커다란 나무는 덜 커 보였고 작은 상점이 더 작아 보일 뿐이다. 그사이 버스터미널이 이전하여 터미널 주변의 식당들은 많이 폐점한 상태였다. 내가 1987년까지 다녔던 양양초등학교도 그대로다. 내가 다닐 때 전교생 수는 1,000명가량 되었다. 그때 양

폐광 후 노조 사무실, 분석실, 서류 창고(김양식 제공).

폐광 후 건물(1층 목욕탕, 2층 당구장·이발소)(김양식 제공).

양 인구가 4만 명이 넘었다. 남한의 인구가 4,000만 명을 넘었을 때다. 지금은 양양 전체에 초등학생 수가 1,000명이 안 된다. 양양은 강원도 내에서도 인구가 작은 편해 속해 2025년 기준 2만 8,000명 정도이다. 지역의 인구는 줄었지만 대한민국 전체 인구는 5,000만이 넘는다. 많은 사람들이 떠나갔지만 양양초등학교에는 여전히 예전에 설송나무라 불렀던 히말라야시다가 버티고 있었다. "세월 지날수록 짙어가는 초록은 시간을 삼킨 블랙홀의 아가리다."•

외할머니가 오래 일했던 양양시장은 1986년에 지어진 그대로, 오히려 더 예쁘게 정비된 모습이지만 사람은 1980년대만큼 오가지 않는다. 마트가 생긴 이후로 예전만큼 사람들이 오가지 않지만 그래도 장날에는 여전히 북적이며 중국인 관광객들도 찾아온다. 4일과 9일이 장날인데 아주 어릴 때 너무도 많은 인파 속에서 어머니의 손을 놓쳐 짧은 시간 극한 공포 속에서 울었던 기억이 남아 있다. 1986년에 시장 상가가 지어질 때는 요즘으로 말하면 주상복합 건물로 최고의 신식이었다. 1층은 상가이며 2, 3층은 상인들이 거주하는 아파트로 재단장되어 할머니가 3층에 살았었다. 그 3층에서 1층에 있는 할머니 가게까지 어머니가 해준 밥을 여러 번 날랐다. 이렇게 건물이 만들어지기 전에 시장은 열악했다. 화장실도 없던 옛날 시장 상인들은 자신의 점포 구석에 요강을 하나씩 두고 장사를 했다. 시장에 어머니가 가끔 나를 할머니에게 맡기고 가면 할머니와 딸딸이 국수를 시켜 먹었다. 지금은 사라져서 이 음식을 기억하는 사람도 찾기 힘들다. 기계에서 면이 나올 때 '딸딸딸' 소리가 난다고 딸딸이 국수

•   신은숙, 〈히말라야시다〉, 《모란이 가면 작약이 온다》, 파란, 2020.

폐광 후 도목항(김양식 제공).

장승리 마을(김양식 제공).

라 불렀다. 집 밖에서 밥을 자주 먹던 시절이 아니라서 짜장면 같은 별미였다. 채소가 섞이고 국물이 자작하게 있는 적당히 새콤달콤한 국수다. 빨리 나오고 저렴한 음식이라 시장 상인들이 점심 때 자주 시켜 먹었다. 딸딸이 국수는 양양을 떠난 뒤에는 한 번도 먹어보지도 들어보지도 못했다. 지금은 그 국수의 흔적을 찾을 수 없다. 인천 화평동 냉면 거리에서 나는 비슷한 맛을 느꼈다.

내가 살았던 집으로 향했다. 1979년 4월부터 1988년 1월 31일까지 살았던 집이다. 1월 31일 아침에 대문을 열고 나온 뒤 한 번도 다시 들어가보지 못한 그 집을 대문 밖에서 기웃거렸다. 실은 2015년에도 그 집 앞에서 남몰래 기웃거렸다. 마당의 반을 덮었던 포도 넝쿨은 흔적이 없었다. 내 기억 속의 집보다 훨씬 작았다. 이렇게 지붕이 낮고 작은 집이었구나. 닫힌 대문 너머로 까치발을 세우고 마당 안을 들여다보았다. 이렇게 마당이 작았나. 당혹스러울 정도로 작은 집을 바라보았다. 그 작은 집에서 우리 가족만 살지도 않았다. 외할머니와 외삼촌들도 살았고, 그들이 따로 살면서부터 바깥에 있는 방 하나는 줄곧 세를 놓았다. 1980년대 중반, 월세 2만 원을 내고 그 방에 살았던 은영이네 가족은 어디에 살고 있을까. 마당 위로 덮개가 생겼다. 제비 집이 없다는 걸 알 수 있었다. 처마 밑에 제비 집 두 개가 있었다. 해마다 우리 집으로 돌아왔던 제비들은 어디로 갔을까. 신발 놓는 곳에 제비 똥이 떨어져서 신발이 오염되지 않게 잘 세워두어야 했다. 포도 넝쿨과 두 개의 배나무, 장미와 작약, 라일락 나무가 있던 마당에 더 이상 어떤 나무도 보이지 않았다. 그 집에서 나는 어느 해 매일매일 작약을 관찰했다. 학교 숙제로 쓰던 관찰일지였지만 매일 관찰하다 보니 정말 작약을 좋아하게 되었다. 작약 옆에는 옥잠

화가 있었다. 지금도 옥잠화를 보면 이 집이 자동 연상된다. 제비도 꽃과 나무도 사라진 집이지만 누군가가 살고 있어 다행이었다. 그러나 2023년 여름 다시 이 집을 찾았을 때는 사람의 손길이 멈춘 지 오래된 폐가로 변해 있었다. 이제는 사람도 살지 않는다. 대문에는 오랫동안 쌓인 우편물이 뭉쳐 있었다. 앞집은 이미 철거된 지 오래인 듯 풀이 무성하게 자라 과거에 집이 있었다는 걸 알아차리기도 어려웠다. 그 집에 살던 아저씨도 광업소에 다녔다. 고인이 된 지 30년도 넘었는데 아직도 그 아저씨의 이름이 기억난다. 36.1 36.2

주변이 모두 변하는데 이 집이 그대로 남아 있는 게 신기했다. 아마도 옆집과 붙어 있는 구조라서 동시에 두 집을 함께 허물어야 하기 때문이 아닐까 짐작되었다. 옆집 아저씨, 우근이 아저씨는 공사장에서 일했다. 지금 생각하면 우근이 아저씨도 그리 많은 나이는 아니었을 텐데 마르고 얼굴빛이 짙은 아저씨는 치아가 건강해 보이지 않았다. 우리 집 지붕을 새로 얹는다거나 부엌을 새로 붙인다거나 할 때 일을 맡았다. 어릴 때 어머니가 나를 집에 혼자 두고 장을 보러 갔을 때 잠에서 깬 내가 울고불고 난리를 쳤다. 그때 대문이 잠겨 있어 옆집에 사는 우근이 아저씨가 담을 넘어와서 나를 달래주고 어머니가 올 때까지 돌봐줬다. 그 담장에 라일락 나무가 기대어 있었다. 무심히 담장을 넘어가는 향기로운 라일락 나뭇가지처럼 그 집 영희 언니네와 우리 집은 담장을 사이에 두고 이것저것 먹을 것들을 나누었다. 노동절 빵도 그 담장으로 영희 언니에게 넘겨주었다.

언뜻 보기에 지역은 느리게 흘러가는 듯하다. 도시에서 멀어질수록 평균 연령이 높고, 정치적으로 보수적이고, 과거의 생활양식을 유지하는 경향이 강하다. 그러나 찬찬히 들여다보면 지역은 시대 변화에 민감하다. 세계의 산업 지형 변화의 영향은 지역이 크게 받는다. 새롭게 커다란 시설이 들어왔다가 한순간에 사라진다. 지역은 전혀 정체된 장소가 아니다. 밀물처럼 사람이 몰려들다가 썰물처럼 빠진다. 그 밀물과 썰물 사이에서 수많은 생명이 영향을 받는다. 정부 정책에 따라 산과 강이 달라진다. 올림픽이 열리고, 엑스포가 열리기 위해 수백 년 된 나무가 사라지고 동물들의 서식지가 사라진다. 화려한 국제 행사 뒤에 황폐해진 자연은 오롯이 지역이 감당하는 애물단지가 된다. 조선소가 들어오고 조선소가 사라진다. 광산이 생겼다가 광산이 사라진다. 일자리를 찾아 사람들이 몰려왔다가 일자리가 사라져서 사람들이 떠나간다. 기후위기의 영향을 받아 작물의 이동을 체감하는 장소도 지역이다. 쓰레기 매립지, 핵폐기물장, 비행장, 태양광, 사드처럼 꾸준히 외부에서 이 장소를 찾아온다. 그럴 때마다 지역은 한 번씩 관심을 받는다. 찬성하거나 반대하거나, 어느 쪽이든 지역민은 이기적이거나 한심하다는 시선을 받곤 한다. 핵폐기장까지 유치하다니, 정말 한심하다. 핵폐기장을 거부하다니, 지역 이기주의다. 주목을 끄는 사안에만 반짝 관심을 얻지만 그 전에도 그 후에도 그곳에서 사람이 살며 일상이 이어지고 싸움이 계속된다. 지역 소멸은 조용하게 벌어지지 않는다.

"다 죽었어." "흔적도 없어." 내가 옛 양양광업소 사람들을 만나 이야기를 나누면서 가장 많이 들은 말이다. 그리고 잊혀져간 사람들의 안부를 서로 물었다. 아무개는 살아있나? 벌써 죽었지. 아무개는 아직 살아있어. 그 집 부인이 죽었대. 그 집 아저씨가 죽었대. 무수한 생사 확인이 이어졌다. 내가 옛 사람들을 하나둘 찾아나섰을 때 대부분 나를 환대했다. 그들은 떠난 사람을 떠올렸고, 아직 살아있는 사람들의 안부를 나눴고, 나를 만난 뒤 그들끼리 오랜만에 연락을 주고받거나 식사를 나눴다. 이중기의 집에서 인터뷰를 마치고 나올 때 그의 아내가 나를 꼬옥 안았던 그 마음을 계속 떠올렸다. 그들은 혀가 없는 사람들이 아니다. 수해로 상실한 김기영의 '노동 일기'처럼, 노동자들의 목소리는 사라지기 쉬운 취약한 구조 속에 놓여 있다. 서울 중심, 중산층의 목소리가 과잉대표되는 동안 어떤 목소리들은 밀려나고 사라졌다. 목소리 내지 않았던 적이 없으나 꾸준히 그들의 목소리는 철거되었다. 굵직한 역사 속에서 가지치기 된 잔가지 같은 이야기들을 함부로 버리고 싶지 않다.

사라지는 사람들, 사라지는 직업들, 최종적으로는 사라지는 세계들. 그러나 광업은 사라지는 세계가 아니다. 점점 보이지 않는 세계일 뿐이다. 우리 생활에 배터리는 점점 늘어났다. 땅속의 광물은 여전히 인간에게 많이 사용된다. 자본주의는 채굴에서 벗어난 적이 없다. 또한 광산이 없어져도 또 다른 막장이 만들어진다. "철 든 동네였지만 철 없어진 지 오래인 장승리"[*]에서 여전히 채굴의 소리가 들린다.

---

[*] 신은숙, 〈장승리〉, 《모란이 가면 작약이 온다》, 파란, 2020.

아래로부터,
변두리에서,
경계선의 역사

말과 기억을 활자화하기까지

나는 왜 광산에 대해
말하기로 했는가

나는 왜 이 글을 쓰기로 했을까. 본격적인 행동은 아버지가 말한 "이제는 다 죽었어"에서 시작했다. 쉽게 설명하기 어렵지만 "다 죽었다"라는 말을 들었을 때 지체하지 말고 목소리를 기록해야겠다고 생각했다. 항상 그렇듯이 나는 알기 때문에 쓰는 게 아니다. 알고자 하는, 알아내고자 하는 마음 때문에 쓴다.

"요즘 누가 광산에 관심이 있겠어요"라는 말을 하며 이 작업을 이어갔다. 실제로 거의 대부분 관심이 없었다. 광산의 존재 자체에 대한 무지함과 무관심은 특별하지 않다. 혹여 광산이 있다는 걸 안다고 해도 모든 사람이 탄광을 말했다. 현재 대한민국에 300여 개의 광산이 가행 중이다. 2022년 기준 가행 광산은 328개이다.[°] 채굴에서

[°] 2022년 기준 328개 가행 광산 중 석탄광이 4개, 금속광이 16개, 비금속광이 308개이

자유로운 사람은 없다. 모두가 누군가의 채굴노동 덕분에 문명을 누리고 살아간다.

내 아버지는 오랫동안 광업소에서 노조 활동을 해왔다. 아버지는 직선제로 뽑힌 첫 노조 위원장이며 양양광업소의 마지막 노조 위원장이었다. 양양광업소 폐광 기사에 언급된 '노조 위원장 이선권' 이름 옆의 괄호 안에 48이라는 숫자가 시선을 머물게 한다. 내가 그 나이가 되어보니 당시 아버지가 참 젊었다는 사실을 새삼스레 깨달았다. 광산노동자 출신이며 노조 활동가인 아버지의 직업은 나 개인의 삶에서는 익숙하지만 그 위치가 사회적으로는 종종 '문제'가 된다는 것을 알아갔다. 드물게 가깝다고 생각하는 사람들에게 이런 이야기를 해본 적 있으나 안타깝게도 좋은 기억으로 남아 있지 않다. 정치적 성향이나 지식의 정도와도 무관했다. 모르는 것을 이미 아는 사람들이 세상에 정말 많다는 사실을 발견했을 뿐이다.

모르는 것을 이미 아는 사람들에게 둘러싸인 삶 속에서 광산은 내게 항상 미뤄진 숙제처럼 남아 있었다. 부모님의 '거리 두기' 때문에 나는 광산을 잘 알지 못하지만 마음 놓고 모를 수도 없었다. 어정쩡하게 마음에 걸려 있었다. 특히 아버지가 노조에서 쫓겨났다가 복귀했던 1987년에서 1988년에 양양광업소 노조에서 정확히 무슨 일이 있었는지, 1994년 폐광할 때는 무슨 일이 있었는지 알아야겠다고 마음먹은 지 너무 오랜 시간이 지났다. 게다가 광산은 일상에서 멀어지는데 2000년대 이후 '막장'이라는 언어는 오히려 더욱 일상에 파고들었다. 문을 닫는 광산 소식을 신문기사를 통해 읽을 때마다 미뤄진

다. 이 중 2025년까지 대한석탄공사의 석탄광 3개가 폐광했다.

숙제가 이자처럼 불어나는 기분이었다. 희미한 목격자는 구체적인 기록자로 성장해야 한다는 숙제를 스스로에게 부여했으나 시작하기 어려웠다.

그러던 중 내게 전단지 한 장이 계시처럼 나타났다. 2017년 11월이었다. 당시 나는 미국 노스다코타에 거주 중이었다. 차 유리에 꽂힌 에이포A4 크기의 전단지에는 이렇게 적혀 있었다.

차에 눈과 얼음을 치워주고 차를 따뜻하게 데워주겠습니다.
당신의 차가 고통받고 있으니 우리가 도와주겠습니다!
1달러를 내면, 차에 덮힌 눈을 치워주고 차를 따뜻하게 미리 데워주겠습니다!
2달러를 내면, 여기에 더해 캠퍼스 내에 원하는 곳으로 차를 미리 가져다줍니다!
11월 8일 수요일, 11 : 30 a.m.~12 : 30 p.m. 언제든 전화나 문자로 문의하세요.
701-500-○○○○
601-549-○○○○
727-337-○○○○
701-822-○○○○
잊지 마세요. 내일 눈이 옵니다.

전단지 아래에는 차 유리에 덮힌 눈을 긁어내는 사진이 첨부되어 있었다. 겨울이면 차에 붙은 얼음을 긁어내는 게 일상인 그 지역의 단면을 잘 표현한 장면이다. 전단을 들여다보며 매서운 날씨에 남의 차에 낀 얼음을 제거하고 미리 히터를 틀어 따뜻하게 데우고 있는 사람의 모습을 떠올렸다. 부지런히 움직여도 1시간에 10대 정도 작업할 수 있지 않을까. 그는 추위 속에서 1시간 동안 10달러를 겨우 벌 것이다. 당시 최저임금보다는 조금 높았다.

노스다코타는 오일 붐으로 젊은 남성 노동자들이 많이 유입되었던 곳이다. 19세기에 미 서부 금광을 찾아 캘리포니아에 사람들이 모여들던 골드러시처럼 2010년대 노스다코타에 사람들이 모여드는 현상을 '블랙 골드러시'라고 부를 정도였다. 자원이 있는 곳에는 자본이 없는 사람들이 모인다. 그러나 갑작스러운 유가 하락으로 2015년 한 해에만 노스다코타에서 1만 개 정도의 일자리가 줄었다. 자원은 노동자들을 모여들게 하지만 언제든지 노동자들의 자리를 잃게 만든다. 역사적으로 광물에 의존하는 지역은 항상 그렇게 사람들이 밀물처럼 모여들다가 썰물처럼 빠져나갔다. 노동은 이주를 동반한다. 일자리를 찾기 위해 이동하고 일자리를 잃어서 이동한다. 차를 닦고 데워주겠다며 전단지를 돌리는 사람이 누구인지 나는 정확히 모른다. 그러나 일자리가 필요한 누군가라는 것은 확실하다.

내가 이 전단지 한 장에 '집착'한 이유는 석유가 나는 장소, 곧 지역경제가 자원에 의존하는 장소라는 점과 차를 닦는 노동이라는 요소에 개인적 연결 고리가 있었기 때문이다. 인과관계가 확인되지 않은 두 가지가 나의 개인적 연결 고리 때문에 내게 여러 생각과 기억을 깨웠다. 그리고 2021년 고모가 돌아가시면서 나는 또 다른 종이 한 장을 유심히 들여다보았다. 나의 출생지가 '장승리'로 기록된 제적등본을 들여다보며 다시 2017년 내게 도달했던 전단지 한 장을 떠올렸다.

　더 늦기 전에 숙제를 마쳐야 한다는 생각에 광산을 향해 발을 떼었다. 폐광 이후 살기 위해 그곳을 떠나야만 했던 수많은 사람들의 삶이 몹시도 궁금했다. 양양, 동해, 강릉, 정선, 태백, 영월, 보령, 삼척, 문경, 제천 등을 수시로 오갔다. 내 부모가 그토록 '분리'시키려 했던 물리적 장소이며 문화 속으로 찾아갔다. 그러나 내가 광산촌 혹은 폐광촌으로 가면 갈수록, 그곳에서 사람들을 만나면 만날수록, 나의 무지만 발견할 뿐이었다. 처음에는 폐광 후 노동자들의 이동을 다룰 생각이었다. 그런데 폐광 후 지역을 옮기거나 직업을 전환하는 과정은 애초에 이들이 어디에서 왔는가와 무관하지 않았다. 점점 들어가다 보니 이들이 어떻게 광산으로 들어왔는지를 언급하지 않을 수 없게 되었다. 다루어야 할 이야기의 규모가 점점 커졌다.

　이 책에서는 양양 철광산에 집중하기로 했다. 각종 언론과 향토 연구 자료, 관련 논문과 단행본 등 공식적으로 검증된 자료와 밝혀진 사실 외에 관련 인물의 구술에도 중요한 비중을 두었다. 이 구술에는 개인에게 머문 기억, 허풍, 전해져오는 말들, 소문, 꿈 등이 녹아 있다. 여러 사람의 말을 밝혀진 사실들과 대조하며 확인하거나 각각의 말들을 맞춰보며 검증했다. 나아가 시대를 반영한 문학이나 대중문화 등을 총체적으로 함께 다루었다. 기록 - 기억 - 재현의 삼각관계를 통해 각각의 빈 곳을 채우고 또 검증할 수 있지 않을까 생각했다. 책의 구성에 대해서는 보통 서두에서 밝히지만 뒤에 배치한 이유는 독자들이 가급적 이 책의 전개 방식을 모른 채 읽어나가는 게 더 좋겠다고 생각해서다.

　'폐광'이라는 간단한 어휘 속에 담을 수 없는 노동자들의 삶의 시간과 두께가 있다. 책의 도입부에서 밝혔듯이 애니 프루의 단편소설 〈경력〉이 문학으로 한 인물의 노동이동사를 썼다면 이 책은 자문화기술지 형식으로 지역 광산촌 노동자들의 노동이동사를 기록했다. 〈경력〉은 짧은 소설 한 편을 통해 개인의 노동이동사가 굵직한 사회사와 어떻게 연동하는지 보여주어 이 책의 주요한 화두인 '노동이동'을 풀어내는 데 영감을 주었다. 단편소설의 흐름을 자문화기술지 형식으로 변환하는 과정에서 영향을 받은 책은 리처드 호가트의 《교양의 효용》이다. 노동계급 출신으로 관습적인 분석에서 벗어나 영국의 노동자계급의 문화를 분석한 리처드 호가트의 《교양의 효용》은 오래전부터 내게 강한 동기를 불러일으켰다. '노동자계급의 삶과 문화에 대한 연구'인 《교양의 효용》은 1957년에 영국에 출간된 이래 문화연구의 고전으로 평가받는다. 나는 노동계층의 문화라는 넓은 범위보다는 광산이라는 산업과 연관된 노동계층과 지역의 문화, 노동자들의 이주와 발화로 범위를 좁혔다. 노동계층 문화는 훨씬 더 방대한 개념이기에 이 책에서 전부 다룰 수 없다.

책을 쓰던 중 중요한 사회과학 서적이 마침 번역 출간되었다. 제니퍼 M. 실바의 《사라질 수 없는 사람들》이다. 실바는 미국의 한 탄광촌 사람들의 목소리를 통해 또 다른 정치를 상상한다. 현재 광산촌 노동계층의 목소리를 찾아간다는 점에서 반가웠고, 다른 장소지만 동시대 노동계층의 언어에서 비슷한 지점을 발견했다.

많은 질문들이 이 책을 쓰게 만들었다. 모든 '정상' 범주에서 벗어났던 고모의 삶을 돌아보다 광산을 들여다보게 되었고, 폐광 후 노동자들은 어디로 가는가라는 현실적인 질문에서 출발해 내가 품고 있던 여러 질문으로 뻗어나갔다. 아버지는 어떻게 노조로 향하게 되었을까부터 왜 지금은 진보적인 담론에 시큰둥한 사람이 되었는지에 대해서, 집 밖의 투쟁에서는 동지가 되는 여성들조차 왜 집 안에서는 수발드는 사람이 되는 게 자연스러운 문화가 되었는가에 이르기까지 우리 사회의 많은 모순에 대한 의문들이다. 이 의문들을 내가 풀어가는 게 목적이라기보다는 도마 위에 올려놓고자 했다. 자본주의 사회에서 노동자는 노동자를 사랑할 수 있는가. 가부장제 문화 속에서 인간은 여자를 정말 사랑할 줄 아는가.

할아버지의 좌익 경력과 아버지의 연좌제 피해 경험, 광산에서의 오랜 노조 활동 등으로 이어지는 가족사와 나의 수복지역 경험 등이 어떤 집단을 대표하기 어렵기에 지역/노동계층에 대한 기록으로 볼 수 없다는 지적이 있을 수 있다. 실제로 노동자계급을 연구한 호가트는 노동운동에 참여한 사람들이 노동계층을 대표하기 어렵기에 그들을 제외한다고 밝혔다. 그러나 식민지 이후 분단과 전쟁, 군부독재가 이어져온 남한의 상황은 호가트가 분석한 20세 초 영국과는 정치적, 문화적 배경이 다르다. 남한에서 우리 가족과 같은 사례는 생각보다 특별하지 않다.

말의 전수

1부는 내 가족의 이야기에 바탕을 두었다. 제대로 기억하지 않는, 주목하지 않는, 폐광된 수많은 지역 광업소 중의 한 광업소일 뿐이며, 그 광업소의 수많은 노동자 중 한 사람과 그의 가족의 노동사를 기록하고자 했다. 내가 전수받은 이야기, 내가 목격한 사실들, 내가 들어야 하는 목소리들을 정리했다. 방식의 차이가 있을 뿐 사람들은 어떤 식으로든 말을 한다. 광산촌 사람들의 노동이동에 대해 써야겠다고 마음먹은 뒤 나는 우선 할머니에서 아버지와 고모로 이어지는 이야기들을 떠올렸다. 다행히도 나의 원가족들은 말하기를 좋아하는 이들이라 꾸준히 이야기를 들려줬다. 실상 이러한 말하기는 우리 가족만의 특징은 아니다. 오히려 수많은 평범한 사람들이 기회가 주어진다면 제 인생에 대해 말하고 싶어한다.

할머니가 훌륭한 이야기꾼이었고, 고모와 아버지가 시끄럽게 싸우는 사람들이었다면, 어머니는 뒤에서 한풀이하는 유형이다. 겉보기에는 아버지와 고모가 '문제를 일으키는' 사람들처럼 보이고 어머니가 가장 무난해 보인다. 어머니는 어디에서도 문제를 일으키지 않는다. 그러나 가족으로서 친밀한 관계에 있을 때 이 무난해 보이는 사람의 한풀이형 말하기가 오히려 문제적이다. 아버지는 놀랍도록 원한의 감정이 없었지만 어머니에게는 풀리지 않은 감정들이 원한의 형태로 꼬여 있었다. '뒤에서 말하기'는 아무리 말해도 해소되지 않는 감정의 찌꺼기를 남긴다.

고모가 돌아가신 후 아버지는 자신이 어머니와 누나에게 전수받은 말들을 총정리라도 하듯이 내게 다시 열심히 전했다. 2022년 강릉에서 어머니 생일을 위해 만났을 때다. 아버지는 이미 내가 수없이 들은 이야기들을 반복했는데 그중에는 처음 듣는 이야기도 있었다. 그러더니 "이제 너에게 다 이야기했다"며 후련해했다. 같은 이야기를 남동생에게도 전했다며 "아마 너는 또 다르게 생각할 테니까"라고 말했다. 아버지는 기억을 해석하는 자의 위치에 대해서 다행히도 잘 인지하고 있었다.

아버지의 부재 속에서 성장한 내 아버지는 제 어머니와 누나의 말을 유산으로 물려받았고, 그들의 말 속에서 제 아버지를 그려갔다. 나는 여러 사람의 기억을 그렇게 전수받았다. 오랜 시간 말이 거듭되며 할머니와 고모, 아버지의 기억 중에서 분명한 사실들은 살아남았다. 서로가 의구심을 품거나 충돌하는 기억도 있다. 평생 제 아버지를 원망한 고모와 달리 아버지는 제 아버지를 추상적으로 옹호했다. 기억하는 사람의 위치에 따라 감정이 다르게 형성되었다. 이 다른 감정은 말하기의 방식도 달리했다. 징검다리처럼 이어지는 세월의 기억들을 연결하며 빈 곳을 찾아다녔다. 전수받은 말들을 시대 속에서 확인하며 맞춰보았다. 그렇게 기억이 교차하면서 빈 곳이 메워지고 틀린 기억들이 수정되었다. 그럼에도 확인되지 않는 빈 곳은 그대로 남겨두었다.

기억하기

아래로부터의 역사는 피지배층의 기억과 기록에 무게중심을 둔다. 제도가 망각하고 권력이 누락한 역사를 복원하는 방식이다. 기억이 가진 취약함에도 불구하고 권력이 없는 사람들의 목소리에서 기억은 중요한 자원이다. 복원과 수정을 통해 기억을 정교하게 파헤칠 때 사실들은 살아남는다. 그럼에도 기억의 신빙성에 대해 질문하게 만든다. 회고는 증언이 될 수 있는가. 기억은 증명될 수 있는가. 기억은 왜곡되고 진술은 윤색될 위험을 늘 안고 있다. 나는 인간의 기억을 종종 의심한다. 평소 나는 독자로서 의심이 많아 자전적 이야기를 온전히 신뢰하는 편이 아니다. 사실을 기억한다기보다 시간이 지나면서 자신의 해석이 개입된 채 왜곡된 기억을 갖기 쉽다. 내 기억도 예외가 아닐 것이다.

'목소리 소설novels of voices'을 쓴 스베틀라나 알렉시예비치는 수많은 사람들의 목소리를 담으면서 이에 대한 고민도 함께 담았다. 회상이 "새로운 과거의 탄생"이 될 수 있으며, 과거를 말하면서 사람들은 이야기를 뜯어 고치며 새롭게 써내려간다며 "이 순간을 경계"해야 한다고 강조한다. 나는 사람들의 말을 들으며 정확하게 그런 고민 앞에 놓였다. 심지어는 내게 자신의 기억을 들려주는 사람들만이 아니라 바로 나 자신에게도 적용되는 문제였다. 1980년대로 접어들면서 자료와 타인의 구술이 아닌 나의 기억이 개입된다. 이 책을 쓸 때 가장 커다란 갈등은 그 지점이었다. 내 기억이 등장한다는 것은 그 당시 나의 시점만이 아니라 현재 나의 해석과 판단도 함께 흡수된다는 뜻이다. 예리한 독자들은 1980년대 이후를 서술하는 방식에서 문체의 변화를 발견할 수 있을 것이다. 이를 막아보려 했지만 그것이 오히려 인위적이라는 생각이 들었다. 불가능한 일이었다. 그 당시의 시각을 왜곡하지 않으면서 현재의 해석과 판단도 병렬식으로 배치했다.

1부와 2부는 내 가족의 노동이동사 중심이다. 1부가 광산을 중심으로 펼쳐진다면 2부는 폐광 이후 직업 전환의 과정을 담았다. 왜곡과 윤색을 경계하느라 원고를 오랫동안 묵혀놓고 내 말과 내 기억을 검증하는 절차를 거쳐야 했다. 내가 기억하는 것이 맞는지, 내 기억 속에서 누락된 것은 무엇인지, 내 기억이 왜곡되진 않았는지 알기 위해 수시로 "엄마, 우리 옛날에 말이야……"라고 말을 꺼내면 어머니는 "무슨 또 뚱딴지 같은 소리야!"라며 펄쩍 뛰었다. "또 옛날 얘기야?

너 자꾸 옛날 얘기 물어봐서 환장하겠다!" 나와 어머니 사이의 일상적인 모습이다. 내가 오해당하고 싶지 않듯이, 제대로 말하지 못하고 떠난 사람들을 오해하는 실수를 저지르지 않으려니 무척 예민하게 따져야 했다. 나의 부모는 내가 너무 많은 것들을 기억하고 있어서 오히려 당혹스러워할 때도 있었다. 그들이 잊고 있던 사실이 나의 기억으로 재소환되었고 그때 그 기억을 너무 후벼 파지 않도록 나도 조심해야만 했다.

같은 사건을 두고 서로 다르게 기억하거나, 한쪽이 기억하는 내용을 다른 한쪽은 전혀 기억하지 못하는 경우도 있다. 예를 들어 아버지와 이인수의 기억을 맞춰보면 대부분 아귀가 잘 맞았으나 몇 가지는 어긋났다. 아버지는 광업소 사람들이 너무 양순해서 더 격렬한 투쟁이 어려웠다고 기억하지만 이인수는 노동자들이 전혀 순하지 않았다고 말한다. 이런 경우는 각자의 기준에 따라 다르게 기억이 자리 잡는다. 이러한 주관적 기준 때문에 발생하는 기억의 차이가 있는가 하면, 사실관계가 전혀 다른 기억도 있었다. 이인수는 폐광되기 전에 아버지가 회사 측에 다른 석회석 광산을 사두고 직원들을 이직시킬 것을 제안했다고 했으나 아버지는 그런 적이 없다고 했다. 어느 쪽이 맞는 말인지 지금으로서는 확인할 수 없기에 본문에 넣지 않았다.

또한 시간이 흐르면 주름처럼 겹쳐진 기억들이 시간대를 착각하도록 만들기도 한다. 오래전 미술 작가 구술 작업에 참여할 때다. 당시 80대 후반이었던 화가는 한국전쟁 시절 라면 먹은 이야기를 해서 듣는 사람들을 당혹스럽게 만들었다. 라면은 1960년대에 나왔으니 한국전쟁 때는 라면이 아직 없었다고 했지만 그는 한국전쟁 때 분명히 라면을 먹었다고 말했다. 이런 기억들은 왜곡이기에 그대로 받아쓰면 안 되지만, 한편으로는 이러한 왜곡을 잘 해석할 필요가 있다. 궁핍과 배고픔이 이어지는 시대를 살아온 사람들은 전쟁의 뒤끝이 계속 이어진다고 감각하기에 세월이 흐르면 그 시절을 모두 전쟁 기간으로 기억할 수 있다. 이처럼 나는 사람들의 기억을 '존중하면서 동시에 검증' 해야 하는 입장이었다.

3부는 몸에 대해 서술했다. 노동으로 인한 질병과 죽음에 할애했다. 노동이동사라는 개념으로 광산에 대해 쓰겠다고 했을 때 내 말을 처음 들은 사람은 '노동이동사'의 '사史'를 '죽을 사死'로 이해했다. 마냥 웃을 수만은 없는 것이 그만큼 노동 현장에서 많은 사람들이 죽어가기 때문이다. 당사자들의 표현과 기억에는 개개인의 몸에서 나타나는 반응이나 질병 등이 구체적으로 드러난다. 전직 광산노동자들은 질병에 대한 기억은 감정 표현까지 담아내는가 하면("항암 안 해본 사람은 몰라") 사고로 인한 기억은 상대적으로 잘 말하지 않았다. '이 표현하지 않음'이 표현이다.

듣기

3부까지만으로 책을 완성할 수 있었으나 그것이 나에게는 충분하지 않았다. 자전적 이야기에 대한 평소의 경계심이 나 자신에게 적용되었을 때 난관에 봉착했다. 내가 아무리 거리를 둔다고 해도 분명히 실패하는 지점이 있을 것이란 생각을 지울 수 없었다. 게다가 나는 부모님과 대화를 나누면 나눌수록 그들이 얼마나 광산과 자식을 분리하려고 했는지 알게 되었다. 그래서 다른 목소리를 찾아야 했다. 양양광업소 출신으로 양양에 남은 사람, 양양을 떠난 사람, 직업을 바꾼 사람, 직업을 이어가는 사람을 다양하게 담으려 했다. 양양 철광산 폐광 후 이미 30년이 지났기에 많은 사람들이 세상을 떠났고, 지역을 떠난 사람들을 다시 찾기가 쉽지 않았다. 몇몇 사람들과 부모님이 연결되어 있었으나 아는 사이에서는 오히려 조심스러워했다. 다행히 이 작업을 시작한 지 3년 정도 지났을 때 아버지는 옛 광업소 동지들에게 내가 하는 일에 대해 말하기 시작했다. 그렇게 한 사람이 연결되자 하나둘 연결이 이어졌다. 고령에 이르렀고 생존자가 많지 않지만 의미 있는 목소리를 낼 수 있는 사람들을 만났다. 그렇게 4부를 지어갔다. 4부는 각각 다른 지역에서 다른 위치에 있는 사람들을 만나 그들의 목소리를 중심으로 구성했다. 양양 철광산 노동자들 외에 석탄 광산에서 일했던 노동자와 가족 등의 인터뷰를 더해 다양한 입장을 전달했다. 석탄 광산과 비석탄 광산의 폐광 대책은 다르게 전개되었고, 그에 따라 노동자들의 삶의 경로도 조금씩 차이가 있기 때문이다. 아는 사람 하나 없는 폐광산 지역에 무작정 찾아가서 시간을 보내며 점차 관계를 맺는 게 가능할까 스스로 의구심과 두려움이 있었다. 그러나 정선과 태백처럼 자주 방문한 지역에서는 점차 관계가 생겼고 자연스럽게 이야기를 들을 수 있었다. 대부분 자신의 실명을 사용해도 된다고 했지만 나는 몇 사람을 제외하고는 거의 가명을 사용했다.

고령의 전직 광산노동자와 만남을 시도할 때 생각지도 못한 걸림돌들이 툭툭 튀어나왔다. 예를 들어 내가 "폐광 후 사람들의 삶에 대한 조사 중인데"라고 말하면 아버지는 '조사'라는 말에 민감하게 반응했다. 오해할 수 있으니 옛날 광산 사람들을 만났을 때 쓰지 말라고 권했다. 아버지는 ‘조사’라는 말을 들었을 때 관찰과 연구의 개념이 아니라 취조를 떠올렸다. ‘리서치research’가 아니라 ‘인베스티게이션investigation’이 그들이 즉각적으로 떠올리는 개념이었다. 조사를 받으러 불려다닌 경험이 그들에게 더 가까우니 당연하다. 이처럼 어휘 하나에 대한 이해가 달랐다. ‘양양하와이’에 대한 내용이 들어 있다고 말하면 부모님 모두 “그런 말은 쓰지 마!”라고 한다. 이들은 내가 양양 사람을 비하하는 목적 그대로 사용할 것이라고 받아들였다. 나는 양양하와이가 언급되는 맥락을 다시 설명하고 이해시켜야 했다. 이들은 미처 읽어보기도 전에 방어막부터 쳤다. 그 감정을 무시할 수 없기에 나는 불필요한 오해를 막아내기 위해 맥락을 길고 길게 설명해야 했으며 그들이 상황을 이해하고 수용할 수 있을 때까지 기다리는 시간이 필요했다.

다른 사람들이 자유롭게 말하고 “나는 다 오픈”, “감출 게 없다”, “그럼, 써도 되지”, “그건 작가님 마음대로”라는 태도를 보여준 것에 비하면 내 부모는 내게 많은 말을 하면서도 그 이야기가 내 밖으로 나가려고 하면 제동을 걸어 다시 점검했다. 특히 어머니의 경우는 “쓰지 마”, “어디 가서 말하지 마”, “이런 말은 하면 안 돼”라는 말을 자주 했다. 실제로 나는 매우 사소한 것인데 어머니의 과도한 불안을 배려해서 삭제한 것이 있음을 밝힌다. 늘 “내 인생을 책으로 쓰면”이라고 말하지만 막상 그 말이 활자화되는 것을 두려워했다.

또한 어머니는 내가 아버지와 대화를 나눌 때 옛날 이야기를 듣기 싫다며 종종 대화를 방해했다. 아버지와의 대화를 방해하면서도 어머니는 툭툭 끼어들어 자신의 기억을 꺼냈다. 말하기 싫다고 하면서도 때로는 먼저 "재밌는 이야기 해줄까?"라면서 술술 어떤 이야기를 꺼낸다. 어머니는 수시로 '말하고 싶어'와 '말하기 싫어' 사이를 오갔다. "너는 진실을 몰라. 모르는 게 좋아"와 "너는 진짜 진실을 캐내야 해"라는 전혀 다른 이야기를 한다. 이처럼 어머니의 종잡을 수 없는 감정 속에서 거르고 걸러낸 말들을 남겼다.

듣는 과정에서 자칫하면 '타인의 기억을 채굴'하는 행동을 할 위험이 있다. 그런 면에서 김숨의 《듣기 시간》은 듣는 자의 윤리를 명확하게 드러낸다. 화자는 인터뷰를 위해 찾아간 위안부 피해자가 아무 말도 하지 않을 때 말하기를 재촉하지 않는다. 고통스러운 기억을 굳이 되살리도록 해야 하는지, 그것은 과연 누굴 위한 증언인지 되묻는다. 어떤 삶은 적당한 망각이 생명줄이다. 망각 덕분에 버티는 삶을 함부로 파헤치지 않는 것도 필요했다. 침묵으로 말하기도 하나의 방식임을 존중해야 한다.

사람들의 말을 듣고, 대화하며, 기록해나갈 때 나는 꽤 위험한 순간을 내 자신에게서 발견했다. 그들의 말을 들으며 공감한 나머지 종종 나의 서사가 튀어나와 듣는 입장이 아니라 말하는 입장이 되려는 유혹에 빠지곤 했다. 나와 동일한 경험이나 감정이 등장하는 순간, 처음에는 공감에서 시작된 나의 반응이 어느 순간에는 나의 이야기를 하는 장이 되어버린다. 심지어는 '그들의 목소리를 바탕으로 한 나의 서사'를 작성하고 있음을 문득 깨달았다. 예를 들어 수해로 귀한 일기를 상실한 김기영의 이야기를 들을 때면 우리 가족이 잃어버린 많은 삶의 기록들이 떠올랐다. 내가 글을 쓰는 위치에서 내 목소리를 완전히 삭제할 수는 없으나 타인의 서사 위에 내 목소리를 덮어씌우는 행동은 절대적으로 지양해야 한다. 퇴고를 거듭하며 거리 두는 시간이 지나고서야 내 목소리를 벗겨냈다.

또한 내가 알고 들은 이야기와 사실들을 모두 쓸 수는 없었다. 사람들의 말 속에는 필연적으로 타인이 거론될 수밖에 없는데 그들의 소재를 모두 파악할 수도 없거니와 파악한다고 해도 일일이 허락을 구할 수 없기 때문이다. 해당 인물이 사망했을 경우 내가 함부로 쓰기 어려웠다. 개인 신상이 드러나지 않는 선에서 제한적으로 언급할 수밖에 없었다. 그렇다고 부정적인 내용이 누락된 '아름다운' 이야기를 남길 생각은 처음부터 없었던 터라 어떻게 기록을 남길지 고심했다. 다행스럽게 양양문화원에서 발간한 자료집인 《양양철광산의 문화사》에는 향토 연구자들의 수고 덕분에 당시의 좋지 않은 문화들까지 기록되어 있었다. 자료집을 인용하거나 익명으로 구술자를 밝히지 않고 기록하는 방식을 택했다. 지역에서 오랜 시간 함께 살아가는 사람들의 일상을 보호하는 일은 중요하기 때문이다.

현장을 찾아서

현재 300개 이상의 가행 광산이 존재한다는 점을 감안하면 폐광을 다루는 것에서 멈출 수는 없었다. 폐광 후 노동자들의 이동만 다루면 광산에 대한 인식을 1990년대에 멈추는 데 일조할 수 있다. 지금 현재 수많은 가행 광산을 과거로 만들어버릴 위험이 있었다. 광산에 대한 대중적 기억은 1990년대에 폐광한 광산에서 멈춰 있다. 일부 관광지로 변모한 폐광촌의 기록과 재현된 모습을 통해 과거의 광산은 오히려 대중에게 더 많이 노출되었다. 집단의 기억을 과거에 멈추도록 하는 것은 현재를 왜곡할 수 있다는 생각에 현재의 광산에 대한 최소한의 기록은 남기기로 했다. 현재 일하는 사람들의 신상 보호를 위해 광산의 위치를 밝히지 않았고, 직원들의 이름도 모두 가명으로 처리했다. 가행 광산 방문에는 현직에 있는 이인수가 중요한 역할을 했다. 4부 마지막의 목소리는 가행 광산의 현직 노동자들에게 할애했다.

4부가 목소리라면 5부에는 장소 스케치를 담았다. 5부에서 '없어질 직업'에 대한 무관심을 비판적으로 다루기 때문에 없어진, 혹은 없어질 폐광지를 조금이라도 소개하고자 했다. 양양 철광산을 중심으로 다루지만 내가 방문한 수많은 폐광산 지역들을 이 책에 어떻게 녹여낼지가 계속 고민이었다. 내가 갔던 장소는 강원도 양양, 강릉, 동해, 영월, 정선, 태백, 삼척, 충남 보령, 경북 문경, 경기도 광명 등이다. 박물관이 세워지고 새로운 테마파크로 변신한 곳이 있는가 하면 쇠락의 흔적이 고스란히 남은 채 아직 새로운 것이 없는 지역도 있고 전혀 흔적을 찾을 수 없는 장소도 있었다. 각각의 폐광촌에 대한 기록을 하였으나 인상을 기록하는 수준에서 벗어나지 못할 위험 때문에 책에 넣을지 말지 마지막까지 고민했다. 그렇다고 각각의 마을을 모두 심층 취재하기에는 물리적 한계가 있으며 너무 방대해졌다. 고민 끝에 부분적인 인상에 불과할지라도 소개하는 편이 낫다고 생각했다. 곳곳에 폐광지가 얼마나 많은지 인식할 수 있다는 생각이 들어서다. 강릉, 동해, 광명, 보령, 정선, 태백, 문경을 간단히라도 소개했다. 이 지역들은 폐광 이후 각각 성격이 다르게 '변신'한 곳이다. 스페인의 빌바오는 과거에 철광산과 제철소로 유명했던 지역이지만 철광 산업이 쇠퇴하면서 낙후되었다. 이 도시를 다시 살린 것은 빌바오

구겐하임 미술관이다. 지금은 세계적인 관광지가 되어 폐산업 시설을 잘 활용한 대표적 사례로 자주 언급된다. 모두가 빌바오가 되기를 바라지만 모든 지역이 빌바오가 되지는 못한다. 그러나 나름의 고민을 안고 분투하는 현장을 스케치로라도 남기고자 했다. 마지막으로 폐광 투쟁이 진행 중인 삼척 도계를 찾아갔다.

전·현직 광산노동자들을 만나기 전에 나름 관련 책들을 읽고 준비를 했지만 그래도 어려운 부분은 현장에서 사용하는 언어였다. 고령의 전직 광산노동자들을 만났을 때는 일본식 광산 용어를 섞어 쓰는 그들의 언어가 나를 어렵게 만들었다면, 현재 가행 광산에서는 다양한 장비에 대한 설명을 알아듣는 데 한계가 있었다. 광산에서 20년 이상 일한 사람들과 대화할 때 그들의 자연스럽고 일상적인 언어가 내게는 상당히 낯설었다. 광물과 장비에 대한 전문적인 용어는 물론이요 일터의 환경에 대해서도 나의 경험 부족으로 인해 알아듣기 벅찼다. 기록 후에 따로 찾아보면서 뜻을 이해하고, 재차 확인해야 했다. 기계에 대한 최소한의 이해를 갖춰야겠다는 생각이 점점 들었고 초고를 마쳤을 때 중장비 자격증에 도전했다. 가장 초보적인 수준이긴 하지만 몸으로 최소한의 언어를 익혀야 했다.

예술에서 광산 재현

이 책의 처음부터 끝까지 예술 작품에서의 광산 재현이 속속 등장한다. 광산과 관련한 대중문화와 예술 작품들을 통해 노동의 재현 방식과 노동자에 대한 인식을 찾아보았다. 문학은 중요한 자료이며 형식이다. 광산 관련 시는 방대하지만 다행히 탄광에 한에서는 탄광문학 연구자인 정연수가 엮은 시집이 있어 자료로 많은 도움을 받았다. 문학 외에도 광산과 관련된 많은 영화, 미술, 연극 등을 포괄적으로 다뤘다.

인생의 밑바닥이라는 뜻으로 '막장 인생'이라는 표현을 처음 들은 게 언제였을까. 어릴 때는 들어보지 못했다. 성인이 되어 이 말을 처음 들었을 때 나는 속으로 약간 충격을 받았다. '막장 인생'이라는 표현에는 그 대상을 힘들고 서러운 입장으로 그리는 것을 넘어 비참하게 여기는 태도, 심지어는 도덕적 지탄까지 담겨 있기 때문이다. 어떻게 재현되고 있는가는 윤리적이면서 정치적인 문제다. 흔히 광산과 광산노동자에 대한 서사는 죽음, 질병, 서러움 등으로 표현된다. 광산이 위험하고 실제로 다치고 죽는 노동자들이 많으며 진폐나 규폐처럼 오랜 세월 시달리는 질병과 밀접하기에 이런 서사가 틀린 것은 아니다. 그러나 이 '막장 인생'의 역동성과 구체적 목소리가 소거된 채 고통과 서러움만 나열되기 일쑤다. 고통은 평면화되고 고통의 주체들은 잊혀진다. 어쩌다 그들은 생사가 오가는 현장에서 살아남거나 고통 속에서도 힘겨운 노동을 버티면서 삶의 의욕을 고취시키는 교훈적 타자로 등장할 뿐이다.

시대와 장소, 인물들을 잘 그려낸 작품들이 많았으나 어떤 면에서는 구태의연하다. 내가 보아온 대중문화에서의 광산은 몰개성적이고 평면적이었다. 광산 노조 위원장과 광산주의 갈등이 나온다기에 찾아본 한 드라마는 시대 고증부터 맞지 않았다. 대중문화에서 재현되는 광산에는 어떤 전형성이 있다. 노동자의 외형을 묘사한다. 드라마 장르라면 검은 탄가루 묻은 얼굴은 필수다. 감정적으로는 서러운 노동자와 이 남성 노동자의 안전에 가슴 졸이며 '바가지를 긁는' 아내의 모습이 기본이다. 공포나 스릴러 장르라면 마스크를 쓴 모습에 도구를 들고 있으며 죽어서 갱도 안의 귀신으로 등장한다. 이렇게 드라마나 영화에서 반복적인 이미지가 생산되고 그것이 하나의 전형적 이미지로 굳어지며 다시 이 이미지를 재생산한다. 그 과정에서 정작 재현된 인물들의 다양한 목소리는 소거된다. 실재와 멀어진 재현의 모사본들만 증식한다. 게다가 일상 언어나 시에서 광산과 관련된 은유가 현실 인식을 방해한다. 현실에서는 십수억의 첨단 장비가 동원되는데 은유 속에서는 광부의 도구로 삽과 곡괭이를 떠올리는 것에 멈춰 있다. 때로는 낭만적으로 찬양하다가 불쌍한 연민의 대상이 된다. 나는 노동자에 대한 찬양도 연민도 경계한다. 찬양과 연민은 언제든지 멸시과 혐오의 얼굴로 바뀔 수 있다.

사회적 약자는 서사보다 이미지로 존재한다. 그들이 알고 있는 것에 대해 사회는 무지하다. 그들은 주체적으로 '아는' 존재가 아니라 수동적으로 '알려지는' 존재다. 추앙도 이미지로 하고 모욕도 이미지로 한다. 뭉뚱그려진 이미지로 반복 재현되는 대상이 아니라 비슷하면서도 각기 다른 결을 가진 다양한 인간들의 모습이 존재한다. 대면해보지 않은 집단을 영화나 소설 속의 재현으로만 접하며 이해하는 데는 많은 한계가 따른다. 목소리가 잘 들리지 않는 집단일수록 재현과 실재 사이에서 진실이 탈락되기 쉽다.

조사를 이어나가며 광산과 관련된 문학과 대중문화들을 정리해갔지만 최종적으로 나는 그 원고들은 이 책에서 많이 누락시켰다. 너무 많은 이야기를 하려다 독자들의 집중을 흐트린다는 생각이 들어서다. 그 대신 현재의 예술 활동인 극단 광부댁에 집중했다. 정선을 기반으로 활동하는 극단 광부대과의 만남은 '고통을 통과한 아름다움' 찾기를 포기하지 말아야 하는 이유를 내게 다시 한 번 확인시켜줬다. 국가폭력에 대항한 사북항쟁을 함께 경험했던 집단의 기억이 한 장소에 남아 있고, 세대를 거듭하며 지역민들은 지역이 맞이하는 새로운 문제에 맞서는 방안을 강구했다. 점차 관련 연구와 문학, 연극 등이 만들어지고 있지만 여전히 사북항쟁에 대한 인식은 부족하다. 광부대의 활동은 광산촌만의 역사가 아니라 우리 사회 곳곳의 고통과 연결될 수 있다.

나의 위치와 한계

아버지가 20년 넘게 광업소에서 근무했지만 내 친구 중에 부모가 광업소에 있었던 사람이 단 한 명도 없다는 것은 이상함을 넘어 소름끼치는 일이었다. 분리되어 있는 줄도 모르고 분리 속에서 우리는 살아간다. 다행히 사택에 살았던 사람들을 만나 이야기를 전해 들을 수 있었으나 내가 직접 사택에 거주하지 않았기에 사택촌에 대한 기억에는 한계가 있었다. 아버지가 혼자 사택에 살 때 놀러 갔지만 말 그대로 '놀러' 가는 것이기에 그곳에 거주하며 그곳에서 학교를 다닌 사람들만큼 생생하게 알기는 어렵다. 나의 부모는 지금도 자식들이 광산과 분리되어 광산을 모르고 성장한 것을 다행스럽고 잘한 일이라 확신한다. 이 부분에 대해서는 내가 함부로 판단하지 않기로 했다. 그들의 울타리 덕분에 비교적 안전하게 성장한 후 당신들이 내게 만든 울타리는 사실 틀렸다고 말하기도 어렵다. 그들이 만들었던 울타리를 함부로 판단하지는 않지만 적어도 그 사실을 분명하게 인식할 필요는 있다.

그들의 노동 덕분에 그들이 원했던 계층이동에 어느 정도 성공했지만 나는 나와 연결된 세계를 망각하지 않으려는 긴장 상태를 유지했다. "이들은 자신의 원 계급에서 정신적으로 빠져나올 수 있을 만큼 똑똑하기는 하지만, 그에 따른 모든 문제들을 뛰어넘을 만큼 정신적 혹은 감성적으로 준비된 사람은 아닌 것이다"°라는 문장은 나의 상태를 잘 설명해주었다. 그리고 정확하게는, 내가 "정신적으로 빠져나올 수" 없다는 사실을 인식했다. 한때 나는 정작 내가 성장한 계층의 사람들이 즐기지 못하는 예술에 참여한다는 점에서 늘 부유하는 기분이었다. 내게 피아노를 사주었고, 피아노를 치라고 잔소리했지만 정작 어머니는 피아노를 칠 줄 모르고 클래식 음악을 딱히 즐기지 않는 것과 마찬가지다.

그렇다고 노동계층에게 문화적 욕구가 없는 것은 전혀 아니다. 2004년 예술의전당에서 열린 집단신명퍼포먼스 〈타오〉는 내가 부모님과 유일하게 예술의전당에서 함께 본 공연이다. 무대 위에서 관객이 함께 참여하는 순간이 있는데 아버지는 그때 무대 위에 올라가 신나게 참여했다. 무척 좋아했다. 이들이 즐기고 참여할 수 있는 예술이 없었다는 생각이 들었다. 아버지의 다른 친구와 어머니의 친구까지 초대했다. 양양 출신 사람들이었다. 모두 예술의전당에 처음 온 이 사람들은 이날 무척 흥겹게 공연을 즐겼다. 이들의 문화적 욕구에 사회는 무관심하다. 정확히는 노동계층의 문화적 욕구를 외면함으

<hr>

° 리처드 호킨스, 《교양의 효용》, 이규탁 옮김, 오월의봄, 2016, 454쪽.

로써 사회는 구별을 만들어내려 한다. 때로 "트로트 극혐" 같은 말을 부주의하게 뱉는 것만큼이나 시혜적인 관점으로 노동계층에게 고급 예술을 '전파'하려는 의지도 부적절해 보인다. 미술관이나 공연장의 체험도 중요하지만 미술관 바깥과 공연장 바깥에 존재하는 예술을 편견 없이 발견하고 인식할 수 있는 태도와 감각이 필요하다.

나는 아주 운명적으로 고등학교에 입학하자마자 "학원에 다니지 않아도 미대에 갈 수 있다"며 실험적인 시도를 했던 젊은 미술 교사를 만났다. 그는 학원에 다니기 어려운 학생들과 이미 미대에 진학한 선배들을 연결해주었다. 미술 선생님의 노력으로 학교 미술실을 개방해준 덕분에 나를 비롯해서 몇몇 학생들이 학원비 부담을 덜고 그림을 배울 수 있었다. 나중에 미술실이 폐쇄되면서 고3 때부터는 결국 학원을 다녀야 하긴 했다. 그러나 '나도 내가 하고 싶은 걸 할 수 있다'는 경험은 중요했다. 누군가는 인생의 다양한 선택지를 상상할 수 있는 행운이 행운인 줄 모르듯이, 어떤 계층은 좌절이 숙명이라 좌절이 좌절인 줄도 모르고 살아간다. 나는 이 미술 선생님 덕분에 용기를 낼 수 있었다. 그러나 그런 운명적 만남은 정말 운이 좋은 경우다. 태백에서 김신애를 만났을 때 그의 말에 빠르고 깊게 공감할 수밖에 없었다.

광산 현장이나 투쟁 현장을 찾아갔을 때 내 앞에 박카스가 놓일 때마다 속이 미식거렸다. 어릴 적 박카스 병에 든 재봉틀 윤활유를 잘못 먹은 후 박카스를 마실 수 없게 된 내게 박카스가 작정을 하고 달려드는 것 같았다. 나와 박카스 사이의 이 난처한 관계만큼이나 나는 어정쩡하고 부유하는 존재가 되었다. 이 '부유하는' 위치를 부정하지 않는 게 나을 것 같다. 서류상 나의 출생지가 장승리지만 그것이

나의 실제 출생지가 아니듯이, 그렇게 걸쳐진 존재이다. 계급 종단자가 해야 할 일에 대하여 생각한다. '광산에 대해 말하기'는 내 삶의 물음표를 사회적 열쇠로 풀어가는 작업이었다. 개인의 이야기는 사회와 연동한다. 역사를 바라보는 방식은 다양하다. '아래로부터의 역사'라는 기준으로 내 주변을 들여다볼 때 그들이 항상 옳지는 않다. 그러나 그들의 소란스러움이 권력을 견제한다. 이 소란스러운 목소리에서 멀어지지 않는 것, 이것이 부모보다 계층 상승한 자식이 처한 부유하는 위치라고 생각한다. 나는 나의 문화생활을 부모와 공유하기 어렵다. 이 간극은 한편으로 나의 숙제이며 정치적이고 윤리적인 질문을 던진다.

많은 지식인이 서구의 지식인과 소통하지만 자국의 지역/노동계층과 소통하지 않는다. 정확히는 자국의 지역/노동계층과 같은 언어를 사용하지 않는다. 한국사회의 문제를 미국이나 유럽의 석학에게 문의할 수 있는 실력 있는 한국의 지식인들은 정작 자국 노동자의 언어에 무관심하다. 몰라도 되기 때문이다. 지식인들은 계층적으로 편협하게 살아도 '글로벌'해질 수 있는 문화권력을 가졌다.

또한 자신이 진보적인 좌파라고 생각하는 문화적 엘리트들이 노동계층의 문화를 단순하게 짐작하며 예단하는 모습을 볼 때 나는 오만한 무지성을 느꼈다. 진보와 보수로 세상을 구별하는 도식은 오히려 알아가기를 방해한다. 더 이상 알려고 하지 않은 채 이미 아는 존재라고 생각하고 예단한다. 문화적 취향과 계층은 상관관계가 있지만 두루뭉술하게 집단으로 바라보기만 해서는 아무것도 새로울게 없다. 개개인의 삶을 미세하게 들여다보면 취향과 계층의 관계를 단순하게 파악하기 어렵다. 게다가 너무도 많은 담론이 지독하게 서울 중심이며 엘리트의 시각에 갇혀 있다.

계급 사다리를 성공적으로 올라 자신의 출신 계급을 이탈한 사람들 중에는 종종 더 적극적으로 자신이 지나온 세계와 단절하는 경우가 있다. 혹은 과거의 정체성을 자원으로 삼아 연대보다는 출세를 위한 개인사로 활용한다. 나는 항상 나와 비슷한 사람을 만나고 싶어 했다. 말을 알아듣는 사람. 말을 알아듣는 사람을 만난다는 것은 결코 작은 소망이 아니라 거대하고 원대한 포부나 다름없다는 것을 점차 깨달아갔다. 살아갈수록 내가 배워야 할 말은 늘어났지만 여전히 나는 내 말을 알아듣는 사람을 갈구한다.

애도와 안부 묻기

싸우는 사람들이 특별하지 않고, 오히려 우리 일상의 평범한 얼굴 속에 이미 투쟁과 저항의 역사가 흐른다는 사실을 강조하고 싶었다. 특별하게 싸우는 사람이 아니라 누구나 싸우는 사람이 될 수 있다는 것. 또한 이 싸움은 완벽하지 않고 모순과 뒤엉킨 채 일상을 살아가는 얼굴들이라는 것. 평범한, 싸우는 사람들이 지탱해온 역사의 일부를 기록하고자 했다. 혀가 없다고 취급받은 사람들의 말을 듣고 그 목소리를 정리하는 작업이었다. "그저 평범한 삶을 살다가 거대한 사건의 깊은 서사 속으로, 거대한 역사의 소용돌이 속으로 휩쓸려 들어간 작은 사람의 역사"●는 여전히 부족하다.

●　스베틀라나 알렉시예비치, 《전쟁은 여자의 얼굴을 하지 않았다》, 박은정 옮김, 문학동

　　4년간 광산을 찾아다니고, 전·현직 광산노동자를 만나면서 나는 자연스럽게 서울과 사회의 주요 담론에서 멀어지는 기분을 느꼈다. 문화적 중심지와 제도권 담론에서 멀어지면 멀어질수록 주변화된다는 불안에서 자유롭지 못했다. 이 작업을 하는 지난 몇 년간, 과장을 보태자면 모두가 우주를 바라보고 있는데 홀로 땅굴을 파고 들어가는 기분이었다. 땅 위에서는 화려한 일들이 일어나는데 나는 땅속에 처박혀 있는 '기분'이 드는 내 자신에 대해 생각해보았다. 나의 이 소외감과 불안감은 경쟁과 능력주의에서 자유롭지 않다는 방증이다. 주변을 말하지만 정작 내 자신의 주변화에 불안감을 느끼는 모순을 오롯이 경험한 시간이었다.

　　불안을 견디며 원고를 거의 마무리할 즈음 나는 알아차렸다. 지난 몇 년간 내가 옛 사람들을 만나고 다니며 과거를 상기시킨 일이 의도치 않게 애도와 안부 묻기가 되었다는 사실을 말이다. 나조차 인식하지 못하는 사이 '자료조사'로 시작한 일이 또 다른 연결을 만들었다. 내가 만난 사람들은 우선 고인이 된 사람들에 대해 이야기하고, 아직 생존한 사람들의 안부를 묻거나 알려주었다. 그들을 찾아가 지난 삶을 물어보는 행위 자체가 그들에게는 안부 인사였다. 혹여라도 실례가 될까 싶어 조심스럽게 접촉했으나 오히려 대부분의 사람들이 "우리가 그렇게 살았다는 걸 잘 말해주세요"라고 내게 부탁했다. 그들은 각자 할 말이 많았으며 이야기를 무척 잘했다. 들어주는 사람이 없었을 뿐이다. 내가 떠난 뒤에 그들끼리 오랜만에 안부를 나누거나 식사를 하기도 했으며 그 사실을 내게 전해주었다. 아버지와 이인

네, 2015, 90쪽.

수도 10여 년 만에 만났다. "이번에 보면 마지막일지도" 모른다며 이인수 부부가 강릉을 찾았다. 어머니는 "네가 휘젓고 다녀서" 가라앉았던 기억을 다시 불러일으킨다면서도 사람들의 안부를 궁금해하고 만나려 했다. 나 역시 책을 쓰기 위해 여러 사람을 만나 직접 이야기를 듣고 현장을 찾아다니면서 선입견과 편견을 깨뜨리는 경험을 했다.

책의 한계를 극복하기 위해 애썼지만 모자란 면이 있으리라 생각한다. 두려움을 안고 글을 바깥으로 내보낸다. 아무것도 하지 않는 것보다는 수정할 기회라도 만드는 것이 낫다고 생각한다. 혹여 부족한 부분이 있더라도 여기에서 끝나지 않고 계속 알아가고 고쳐갈 생각이다. 이 책에 미처 담지 못한 다른 화두들을 품고 고통에 대한 안부 묻기는 계속될 것이다.

혹시라도 이 책을 읽고 내가 아버지와 무척 친하다고 생각하는 독자들이 있을까 싶어 과민반응을 보이자면, 별로 그렇지 않다. 게다가 젊은 시절 나는 아버지와 많이 다투었다. 아름다운 세상은 싸움이 없는 세상이 아니라 싸울 수 있는 세상이다. 싸울 수 없는 관계가 비극이다.

원고를 거의 마칠 즈음 놀라운 일이 벌어졌다. 2024년 12월 3일의 비상계엄이라는 내란이다. 이에 맞서는 시민들의 투쟁은 더욱 놀라웠다. 투쟁은 더욱 질긴 아름다움으로 변모했다. 부정당한 존재들의 말이 쏟아지는 자리였다. 특히 12월 22일 밤부터 23일 저녁까지, 농민과 시민(다수의 젊은 여성)의 연대로 남태령을 뚫던 순간은 실화를 바탕으로 광산노동자들과 성소수자들의 연대를 담은 영화 〈런던 프라이드〉를 연상시켰다. 더 나은 방식으로 지금, 여기는 '들불처럼 일어나는 그때 그 분위기'를 만들어가는 중일지 모른다. 우리가 끝내 연대의 가치에 대해 회의하거나 냉소하지 않아야 하는 이유다. 약자성은 경쟁하는 것이 아니다. 약자성을 경쟁하면 고립되지만 연대하면 끝없이 연결되어 쉽게 끊어지지 않는다. 아래로부터의 역사는 보이지 않는 익명 속에서 그렇게 계속 쓰여지는 중이다.

쇳돌은 인간에게 감사하지 않겠지만 땅속의 쇳돌에게 미안하고 감사한다. 《쇳돌》은 정말 많은 사람의 도움으로 완성될 수 있었다. 우선 긴 시간을 함께한 이 책의 편집자 도서출판 동녘의 이정신에게 진심으로 고마움을 전한다. 나의 첫 책을 기획했던 편집자로 십수 년간 이어진 인연 덕분에 이 책을 함께할 수 있었다. 《쇳돌》에는 지역 방언과 광산 용어들이 뒤섞여 있기에 편집에 어려움이 많았음에도 꼼꼼하게 확인해준 덕분에 원고의 틈새를 채울 수 있었다. 매우 개인적인 이야기에서 출발해 거대한 서사로 뻗어나가는 책을 쓰는 과정에서 나는 편집자에게 속풀이 수준으로 떠들어대던 순간도 있었다. 출판 편집자와 저자가 관계를 쌓아가면서 만들어낼 수 있는 책이 있다. 그런 점에서 이 책의 주제와도 연결 지어 말하자면 출판계가 더 건강해져서 지금보다 이직률이 낮아지고 노동조합도 늘어나면 좋겠다.

책을 쓰는 데 누구보다 큰 도움을 준 이들은 나의 부모님이다. 정확히는 그들의 인생이다. 아버지 이선권과 어머니 서명복. 그들의 삶이 이 책을 쓸 수 있는 가장 기본적인 뼈대를 제공한 셈이다. 그들의 노동에 감사하고, 무엇보다 항상 나에게 많은 이야기를 들려주는 이야기꾼이라서 더욱 반가운 인연이다. 여든이 되어서도 지역 공동체에서 손을 놓지 않는 아버지는 아마 계속 그렇게 살 것이며 평생 그것이 못마땅한 어머니도 계속 그렇게 살 것이다. 동시에 나는 지금까지 그래왔듯이 아마 앞으로도 그들과 투닥일 것이다. 그러나 그토록 '광산과의 분리'를 원했던 어머니는 나와 함께 도계의 폐광 투쟁 천막 안에서 노동자들의 이야기를 들었다. 어머니를 통해 나는 '사람의 얼굴을 직접 보고 직접 목소리를 들을 때' 미치는 힘이 크다는 것을 또 한 번 확인할 수 있었다. 어머니는 도계에 직접 다녀온 후 앞으로 폐광 후 어떤 대체산업이 들어설지 궁금해했으며, 도서관에서 "제목에 탄광이 들어가서" 빌렸다며 소설 《우물과 탄광》을 빌려왔다.

이인수 소장님에게는 그 마음 씀씀이를 어찌 다 보답해드려야 할지 모를 정도로 넘치는 도움을 받았다. 몇 차례의 인터뷰 외에도 정말 귀한 도움을 주셨다. 이인수 소장님의 적극적인 도움 덕분에 작업이 막힐 때마다 실마리를 풀 수 있었다. 사모님과의 만남은 특히 사택과 여성들의 생활을 이해하는 데 많은 도움을 주었다. 내게 스스럼없이 이야기를 들려주어 감사했고 그 이야기들을 통해 나의 선입견이 깨지는 경험을 했다. 또한 외부인이 광산 내부를 체험하기 쉽지 않은데 이인수 소장님의 도움으로 가행 광산에 들어갈 수 있었다. 여기에서 광산의 이름을 밝힐 수 없지만 선뜻 나의 방문을 수락한 해당 광산의 소장님과 감독님들에게도 깊은 감사의 마음을 전한다. 민감한 광산 현장에서 그들은 시간을 내어 최선을 다해 내게 알려주려 했다.

책을 쓰는 동안 뜻깊은 인연을 만들 수 있었다. 언제나 환대하는 마음으로 내게 이야기를 들려주고 나를 믿어준 많은 사람들 덕분에 내가 작업을 이어갈 수 있었다. 정선의 김기영 선생님, 태백의 김신애 대표님, 양양의 이중기 선생님과 사모님의 열린 마음은 내게 정말 감동을 주었다. 전혀 알지 못했던 사람과 오직 '광산'이라는 화두로 만나 생각을 나누고 제 삶의 이야기를 진솔하게 들려준다는 것은 그들을 만나기 전에는 상상하지 못했다. 편견 없이 나를 맞아준 많은 사람들이 있어 귀한 목소리들을 전할 기회를 얻었다. 사북번영회는 바쁜 와중에도 사진을 제공해주었다. 또한 무더운 여름 도계역 광장에서 생존 투쟁을 하던 심진철 부회장님과 노동자들에게도 인사를 남기고 싶다. 무턱대고 찾아간 낯선 이에게 귀한 시간을 내주어 현실을 알려주었다.

장승리에 대한 시를 발견하며 알게 된 신은숙 시인은 전혀 모르는 내게 친근감 있게 이야기를 들려주었다. 그의 글과 그림 속에 장승리의 흔적이 있어서 반가웠다. 동일한 장소에 대한 기억을 공유하며 우리는 전화기를 붙들고 시간 가는 줄 모르고 수다를 떨었다. 광산과 관련한 작업을 하며 내게 정보를 나눠준 오세린 미술 작가는 나를 덜 외롭게 했다. 예술적 상상력은 항상 나에게 몰입감을 준다. 정선의 문화예술협동조합 광부댁은 정말 귀한 만남이다. 김순심 단장님과 이경훈 상임이사님을 비롯한 모든 단원 분들께 감사하다. 서로 알게 된 지 2년 정도 지났을 때 내게 단원으로 들어오라는 농담을 건네기도 했다. 단원이 될 수는 없겠지만 내게는 격한 환영의 인사처럼 들려서 정말 기뻤다. 광부댁의 열정과 성실함 덕분에 지역에서 '우리 이야기'를 계속 만들고 알리는 활동을 하는 다양한 예술 활동의 가치에 대해 더 깊은 고민을 할 수 있었다. 나는 광부댁을 계속 응원하고 지금처럼 그들의 공연을 추적할 생각이다.

양양광업소에 대한 자료를 찾으면서 양양문화원의 도움은 무엇보다 소중했다. 지역의 사라지는 것들을 기록으로 남기기 위해 애써주신 양양문화원의 많은 분들에게도 감사의 마음을 전한다. 양양문화원의 자료들을 보면서 지역 향토사 연구가 우리에게 얼마가 귀하고 값진지 절실하게 느낄 수 있었다. 그 자료집을 바탕으로 나는 이미 고인이 되신 많은 분들의 목소리도 이 책을 통해 전할 수 있었다. 특히 양양의 향토사학자 김양식 선생님은 양양 철광산이 폐광 후 완전히 사라지기 전에 귀한 사진을 남겼다. 선뜻 사진을 제공해주셔서 사라진 양양광업소의 흔적을 조금이나마 독자들에게 전달할 수 있었다.

탄광문학 연구의 최고 권위자인 정연수 선생님이 무려 1931년부터 2006년까지 220명의 1,000편 가까운 시를 엮어《한국 탄광시전집》을 만들어준 덕분에 나는 편하게 그 시들을 읽을 수 있었다. 정연수 선생님의 노고가 없었다면 나는 그 규모조차 파악이 안 되는 흩어진 탄광시를 찾기 위해 훨씬 더 많은 시간을 들여야 했을 것이다. 각자의 자리에서 조사하고 기록하며 수집하는 일을 꾸준히 하는 일이 얼마나 귀한지 알 수 있었다. 꿋꿋하게 지역에서 사라지는 문화를 붙들고 정리하며 후대에 남기려는 성실하고 조용한 연구자들 덕분에 우리는 문화의 다양한 결을 유지할 수 있다.

이 모든 과정은 오직 신뢰 속에서 가능했다. 낯선 사람과 이렇게 스스럼 없이 이야기를 나눌 수 있고 도움을 주고받을 수 있구나, 라는 경험은 책을 쓰는 내내 도착했다. 중장비 선생님, 여러 지역을 오가며 그동안 만났던 택시 기사님들을 비롯해 식당 사장님들과 직원 등 한 분 한 분 내게는 소중하지 않은 만남이 없었다. 모두의 목소리가 귀했다. 나 개인에 대해 아무런 편견 없이 이야기를 공유해준 것에 무한히 감사드린다. 한 사람 한 사람 만날 때마다 나는 한 걸음씩 나아갈 수 있었다. 혼자서는 절대 쓸 수 없었을 것이다. 많은 사람들의 간절한 목소리가 모여서 책이 만들어질 수 있었다. 또한 기록에 늦은 시간이란 없다는 걸 다시금 확인했다. 지금이라도, 나라도, 이거라도 할 수 있는 일을 해야 한다.

늘 나의 안전한 귀가 되어준 배우자 최동걸에게 진심을 담아 사랑과 고마움을 전한다. 지난 5년 간 천 번, 만 번 광산 이야기를 들어줬다. 지구상에서 내 말을 가장 잘 알아듣는 생명체인 그는 이 작업을 누구보다 가장 가까이에서 지켜보며 응원해준 사람이다. 그리고 이제는 이 세상에 없는 많은 사람들을 떠올린다. 양양시장에서 형제상회라는 부식가게를 했던 외할머니 이동춘, 정말 보고 싶어요. 마지막으로, 할머니 권순희, 고모 이정순, 감시 없는 세상에서 마음껏 자유로우시길 바라요! 순직한 노동자들을 애도하며 모든 채굴노동자의 노동에 머리 숙여 존경의 마음을 표합니다.

지역 자료집

- 양양문화원부설 향토사연구소,《6·25한국전쟁 시기 양양군민이 겪은 이야기》II, 양양문화원, 2017
- 양양문화원부설 향토사연구소,《동해북부선종착지 양양역》, 양양문화원, 2020
- 양양문화원부설 향토사연구소,《양양철광산의 문화사》, 양양문화원, 2012
- 양양문화원부설 향토사연구소,《한국전쟁시기 양양군의 군정 통치에 대한 고찰》, 양양문화원, 2015
- 정선문화원,《정선군 석탄 산업사 1948~2004》, 정선문화원, 2005

문학

한국 소설

- 강경애,《인간문제》, 문학사상사, 2006
- 계용묵,《계용묵 작품선집》, 에세이퍼블리싱, 2017
- 김유정,《봄봄 : 김유정 단편전집》, 애플북스, 2014
- 박화성,《홍수전후》, 푸른사상, 2009
- 방현석,《새벽출정: 80년대 대표 노동소설선》, 도서출판 녹두, 1990
- 서동익,《갱》, 도서출판 JMG, 1996
- 신은숙,《굳세어라 의기양양》, 북인, 2024
- 안재성,《파업》, 사회평론, 2009
- 윤대성,《출세기》, 지만지드라마, 2019

– 이경자, 《순이》, 사계절, 2010

– 이광수, 《무정》, 민음사, 2010

– 이기영, 《광산촌》(한국근대장편소설대계), 태학사, 1988

– 이기영, 《동천홍》(한국근대장편소설대계), 태학사, 1988

– 이기영, 《고향》, 푸른사상, 2012

– 이순원, 《그대 정동진에 가면》, 북금곰, 2015

– 이옥수, 《내 사랑 사북》, 사계절, 2005

– 이인직, 《혈의누》, 권영민 엮음, 문학과지성사, 2007

– 이인휘, 《활화산》 상·하, 세계, 1990

– 이태준, 《이태준 전집 2: 돌다리 외》, 소명출판, 2015

– 장지아, 《아버지의 해방일지》, 창비, 2022

– 전광용, 《꺼삐딴 리: 전광용 단편선》, 문학과지성사, 2009

– 조남현, 《그들의 문학과 생애, 이기영》, 한길사, 2008

– 조세희, 《침묵의 뿌리》, 열화당, 1985

– 한강, 《검은 사슴》, 문학동네, 2017

– 한설야, 《과도기: 한설야 단편선》, 서경석 엮음, 문학과지성사, 2011

– 현길언, 《회색도시》, 고려원, 1993

한국 시

– 맹문재, 《사북 골목에서》, 푸른사상, 2020

– 사북민주항쟁동지회, 《광부들은 힘이 세다》, 푸른사상, 2020

– 성희직, 《광부의 하늘이 무너졌다》, 푸른사상, 2022

– 신은숙, 《모란이 가면 작약이 온다》, 파란, 2020

– 정연수 편, 《한국 탄광시 전집》 1, 푸른사상, 2007

– 정연수 편, 《한국 탄광시 전집》 2, 푸른사상, 2007

해외 문학

– 나쓰메 소세키, 《갱부》, 송태욱 옮김, 현암사, 2014

– 나쓰메 소세키, 《회상》, 노재명 옮김, 하늘연못, 2010

– 데이비드 허버트 로렌스, 《귀향》, 오영진 옮김, 열화당, 2014

– 마쓰다 신조, 《검은 얼굴의 여우》, 현정수 옮김, 비채, 2019

- 아니 에르노, 《남자의 자리》, 신유진 옮김, 1984BOOKS, 2022
- 아니 에르노, 《부끄러움》, 이재룡 옮김, 비채, 2019
- 아니 에르노, 《세월》, 신유진 옮김, 1984BOOKS, 2022
- 아니 에르노, 《이브토로 돌아가다》, 정혜용 옮김, 사람의집, 2023
- 애니 프루, 《브로크백마운틴》, f, 2017
- 에밀 졸라, 《제르미날》 1·2, 강충권 옮김, 민음사, 2022
- 제인 볼링, 《광산 탈출》, 이재경 옮김, 별숲, 2015
- 조지 오웰, 《위건 부두로 가는 길》, 이한중 옮김, 한겨레출판, 2010

단행본

- 가라타니 고진, 《근대문학의 종언》, 조영일 옮김, 도서출판b, 2006
- 강성원, 《임옥상》, 헥사곤, 2022
- 건국대학교 아시아콘텐츠연구소, 《대한제국, 식민지 조선의 철도 여행 안내》, 김선희 엮음/옮김, 소명출판, 2023
- 경향신문 젠더기획팀, 《우리가 명함이 없지 일을 안 했냐》, 휴머니스트, 2022
- 구해근, 《한국 노동계급의 형성》, 신광영 옮김, 창비, 2002
- 국토지리정보원, 《대한민국 국가지도집》 2권, 국토교통부, 2016
- 김경일, 《민중은 이야기한다》, 성균관대학교출판부, 2024
- 김재용 외, 《민중의 시대》, 빨간소금, 2023
- 니컬러스 에번스, 《아무도 모르는 사이에 죽다》, 김기혁·호정은 옮김, 글항아리, 2012
- 디디에 에리봉, 《랭스로 되돌아가다》, 이상길 옮김, 문학과지성사, 2021
- 리처드 세넷, 《장인》, 김홍식 옮김, 아르테, 2021
- 리처드 세넷·조너선 코브, 《계급의 숨은 상처》, 김병순 옮김, 문예출판사, 2025
- 리처드 호킨스, 《교양의 효용》, 이규탁 옮김, 오월의봄, 2016
- 문학사와 비평 연구회, 《1970년대 문학연구》, 예하, 1994
- 송병건, 《경제사·세계화와 세계 경제의 역사》(3판), 해남, 2019
- 송병건, 《산업재해의 탄생》, 해남, 2015
- 스베틀라나 알렉시예비치, 《전쟁은 여자의 얼굴을 하지 않았다》, 박은정 옮김, 문학동네, 2015
- 스티븐 L. 사스, 《물질과 문명》, 배상규 옮김, 위즈덤하우스, 2021
- 안드레아스 말름, 《화석 자본》, 위대현 옮김, 두번째테제, 2023
- 안재성, 《타오르는 광산》, 돌베개, 1988

− 에드 콘웨이, 《물질의 세계》, 이종인 옮김, 인플루엔셜, 2024

− 엘리자베스 F. 코헨, 《정치는 어떻게 시간을 통제하는가》, 최이현 옮김, 바다출판사, 2019

− 역사문제연구소 민중사반 사북팀, 《1980년 사북: 여성의 탄광살이와 항쟁 참여》, 이명득·장분옥·조순란, 이옥남 구술, 도서출판선인, 2020

− 역사문제연구소 민중사반 사북팀, 《1980년 사북: 항쟁과 그 이후의 삶》, 윤병천·최돈혁·이정근 구술, 도서출판선인, 2020

− 역사문제연구소 민중사반 사북팀, 《1980년 사북: 항쟁의 발발과 명예회복 과정》, 이원갑·신경·황인오 구술, 도서출판선인, 2020

− 역사문제연구소 민중사반 사북팀, 《1980년 사북: 항쟁과 일상의 사회사》, 도서출판선인, 2021

− 역사학연구소 엮음, 《노동자, 자기 역사를 말하다》, 서해문집, 2005

− 워킹클래스히스토리, 《노동계급세계사》, 유강은 옮김, 오월의봄, 2023

− 유영갑, 《성완희》, 민주화운동기념사업회, 2003

− 이남희, 《민중만들기》, 유리·이경희 옮김, 후마니타스, 2015

− 이얼 프레스, 《더티 워크》, 오윤성 옮김, 한겨레출판, 2023

− 이정인·이태섭, 《한국광업사》, STN, 2021

− 임송자, 《한국의 노동조합과 노동운동의 역사》, 도서출판선인, 2016

− 자크 랑시에르, 《모던 타임스: 예술과 정치에서 시간성에 관한 시론》, 양창렬 옮김, 현실문화A, 2018

− 자크 랑시에르, 《프롤레타리아의 밤》, 안준범 옮김, 문학동네, 2021

− 장국종·리태영, 《조선광업사》, 사회과학출판사, 2010

− 잭 바바렛, 《감정의 거시사회학》, 박형신 옮김, 일신사, 2007

− 전봉관, 《황금광 시대》, 살림, 2005

− 전석담, 《민중조선사》, 범우사, 1989

− 정연수, 《탄광촌 풍속 이야기》, 북코리아, 2010

− 정연수, 《한국 탄광사 : 광부의 절규》, 북코리아, 2022

− 제니퍼 M. 실바, 《사라질 수 없는 사람들》, 성원 옮김, 문예출판사, 2022

− 조은, 《사당동 더하기 25》, 또하나의문화, 2012

− 주디스 버틀러, 《지금은 대체 어떤 세계인가》, 김응산 옮김, 창비, 2023

− 한국광해광업공단 자원정보팀, 《광업요람》, 한국광해광업공단, 2023

− 한국광해광업공단 자원정보팀, 《광업요람》, 한국광해광업공단, 2015

- 한모니까,《한국전쟁과 수복지구》, 푸른역사, 2017
- 황인욱·박다영·한정원,《사북항쟁과 국가폭력》, 지식공작소, 2021

보고서

- 환경건강연구부 환경역학과·인하대학교병원 산업의학과,《영월군 시멘트공장 주변지역주민건강영향조사 결과보고서》, 국립환경과학원, 2007
- 진실·화해를 위한 과거사정리위원회,《울진 부역 혐의 희생사건 조사 보고서》, 진실·화해를 위한 과거사정리위원회, 2008
- 한국민주주의연구소,《지역민주화운동사 편찬을 위한 기초조사사업 최종보고서: 태백·정선》, 민주화운동기념사업회, 2005
- 이종연 외,《예비타당성조사 보고서, 폐광지역 관광자원화 사업》, 한국개발연구원KDI, 2014
- 강원랜드 사회공헌재단,《탄광문화유산 학술세미나 자료집》, 강원랜드 사회공헌재단, (사)탄광지역활성화센터, 2025

논문

- 김근호,〈전광용 소설에 나타난 공간성과 국민국가의 공간주권〉,《현대소설연구》제76권, 2019, 89~115쪽
- 김명훈,〈'87년 체제'와 지연된 전향의 완수: 1980~90년대 김원일, 이문구, 이문열 소설의 변화를 중심으로〉,《상허학보》제60권, 2020, 219~264쪽
- 김세림,〈1980년대 광산사고 후 강원도 민영탄좌의 '화해' 과정과 탄광 노동자의 선택〉,《사학연구》제144호, 2021, 479~513쪽
- 김양식,〈개항기 한말 광산 노동자 연구〉,《국사관논총》제77집, 국사편찬위원회, 1997
- 김연수,〈강원지역 문학공간에 대한 연구: 문학공간 사북·고한의 특성을 중심으로〉, 석사학위논문, 단국대학교 대학원, 2015
- 김은재·김성천,〈연좌제 피해자들의 국가폭력 경험에 대한 사례연구: 끝없는 도망자로 살아남기〉,《비판사회정책》제51호, 2016, 244~291쪽
- 박능후·배미원,〈근로빈곤층 노동이동 결정요인 분석〉,《보건사회연구》제29권 제2호, 2009, 151~185쪽
- 박연숙,〈《광부화가들》과 경험으로서의 예술: 존 듀이(John Dewey) 철학의 경험 개념에 근거하여〉,《인문과학연구》제41호, 2014, 323~342쪽
- 박진빈,〈캘리포니아 유령도시는 광산 개발 시대를 어떻게 기억하는가?〉,《역사비평》제141호, 2022, 137~169쪽
- 박철한,〈사북 항쟁 연구: 일상, 공간, 저항〉, 석사학위논문, 서강대학교 대학원, 2002

- 송은영, 〈1970~80년대 민중의 외연과 내연:《뿌리깊은나무》의 외톨박이 시리즈와《민중 자서전》시리즈를 중심으로〉,《동악어문학》제90집, 2023, 282~315쪽

- 신열, 〈우리나라 폐광지역의 지역재생 성과분석: 7개 폐광지역 시군을 대상으로〉,《GRI 연구논총》제14권 제3호, 2012, 77~102쪽

- 신진숙, 〈탄광서사를 통해 본 산업 폐허와 기억의 정치〉,《문화역사지리》제30권 제3호, 2018, 74~91쪽

- 신현아, 〈중공업 가족의 서사적 재현과 지역적 삶의 양식: 지역, 노동, 가족의 다중 스케일과 젠더 지리를 중심으로〉, 박사학위논문, 동아대학교 대학원, 2023

- 안남일, 〈《광업조선(鑛業朝鮮)》소재 문예물 연구〉,《한국학연구》제47호, 2013, 161~187쪽

- 안미영, 〈4·19 직후《사상계》의 민주화 담론과 소설에 제기된 연좌제 문제: 김동립의 〈連帶者〉와 김이석의 〈흐름 속에서〉를 중심으로〉,《현대소설연구》제43호, 2010, 315~345쪽

- 안태정, 〈일제하 노동운동 연구의 현황과 과제〉,《한국사론》제26책, 1996

- 예지숙, 〈민중 개념의 재구성: 생태환경적 인식을 중심으로〉,《사회와이론》제48집, 2024, 141~164쪽

- 오연희, 〈한국 근대소설에서 무능력자의 형상화 양상과 그 의미: 1910년대와 1920년대 대표 소설의 비교를 중심으로〉,《비평문학》제52호, 2014, 257~280쪽

- 오자은, 〈'살'과 '이념': 중산층 남성 성장서사의 무의식: 김원일의 《노을》을 중심으로〉,《한국문학연구》제59호, 2019, 217~260쪽

- 유인혁, 〈자연, 노동, 투기: 채만식의《금의 정열》에 나타난 자연의 개발과 승부사적 주체〉,《현대문학의 연구》제67권, 2019, 47~81쪽

- 이미나, 〈1930년대 '금광열'과 문학적 형상화 연구:《광업조선》소재 작품을 중심으로〉,《겨레어문학》제55호, 2015, 109~141쪽

- 이원동, 〈이기영의 생산소설 연구: 〈동천홍〉, 〈광산촌〉을 중심으로〉,《어문학》제85호, 2004, 393~416쪽

- 이철호, 〈중산층과 연좌제: 이문열 초기 단편을 중심으로〉,《한국현대문학회 학술발표회 자료집》, 2014, 415~422쪽

- 이한길, 〈한국전쟁 전후의 양양 고찰〉,《강원문화연구》제45집, 2022, 179~208쪽

- 장상철, 〈1970년대 '민중' 개념의 재등장〉,《경제와사회》제74호, 2007, 114~138쪽

- 정연수, 〈시에 나타난 정동진의 장소성 고찰〉,《언어와 교육》, 언어와교육간행위원회, 2012

- 정연수, 〈탄광시의 현실인식과 미학적 특성 연구〉, 박사학위논문, 강릉대학교 대학원, 2008

- 정종현, 〈1940년대 전반기 이기영 소설의 제국적 주체성 연구: 동천홍, 광산촌, 생활의

윤리, 쳐너지를 중심으로〉,《한국근대문학연구》제13호, 2006, 121~152쪽

— 조유리, 〈소설과 함께 보는 한국 노동자운동 역사②: 1970년대 노동소설:《객지》에서
《공장의 불빛》까지, 1970년대 노동문학〉,《사회진보연대》제171호, 2020, 143~182쪽

— 조형래, 〈"혀가 없는 인간"의 노동: 1900-1910년대 한일 문학에 나타난 조선인의 (임금)노
동 관련 표상 및 의미 고찰〉,《한민족문화연구》제63권 제63호, 2018, 69~110쪽

— 최강민, 〈광산과 광부 소재 소설에 나타난 재난의 서사와 질병: 1920~1970년대 단편·중
편소설을 중심으로〉,《어문론집》제68권, 2016, 229~258쪽

기타 자료

— 《광산노동자신문》, 창간호(1988년 4월 발행)~제18호(1991년 5월 발행)

— 《노동자신문》, 창간호(1987년 7월)~제12호(1990년 1월)

— 《막장의 빛》, 창간호(1984년 겨울호)~제57호(1999년)

아카이브

— 4·19혁명디지털아카이브, http://www.1960419.com/.

— 민주화운동기념사업회 오픈아카이브, https://www.kdemo.or.kr/acdmc/historical/open-
ArchiveIntro.do.

— 지역N문화, https://www.nculture.org/man/main.do.

전시

— 〈노윤하 개인전 : 흔한 태백 사람〉, 기억을 모으는 미술관 아트티 하장성, 2024

— 〈말 이전의 혀 The Tongue Before Words〉(K-Arts 미술원 창작스튜디오 9기 입주작가 결과보고전),
한예종 미술원 석관 캠퍼스, 2025

— 〈박정희와 철의 사나이들〉, 박정희대통령기념재단과 경상북도, 전쟁기념사업회 공동 기
획, 전쟁기념관, 2023

— 〈사라지는 목소리들: 석탄과 철에 은폐된 역사 그리고 희생자의 이야기〉, 국립일제강제
동원역사관 기획, 전쟁기념관, 2023

— 〈삼화: 세 개의 빛〉, 동해 무릉별유천지 쇄석장, 2023

— 〈역경을 딛고 우뚝 선 조선인, 자이니치, 다시 재일동포〉, 한국이민사박물관, 2023

— 〈창동레지던시 입주 연구자 기획 프로젝트: 무인공장〉, 창동레지던시, 2025

— 〈한국현대도자공예 : 영원의 지금에서 늘 새로운〉, 국립현대미술관 과천관, 2024~2025

— 〈황재형: 회천回天〉, 국립현대미술관, 2021

박물관

- 남해파독전시관
- 문경석탄박물관
- 보령석탄박물관
- 부평역사박물관
- 속초시립박물관
- 전태일기념관
- 뿌리관(정선)
- 삼탄아트마인(정선)
- 태백석탄박물관

연극

- 〈광부화가들〉, 이상우 번역·연출, 두산아트센터, 2022
- 〈내 사랑 사북〉, 권오현 각색·연출, 치악예술관, 2023
- 〈말을 버린 사내〉, 이미경 작·구태환 연출, 서강대학교 메리홀 대극장, 2024
- 〈산재일기〉, 이철 작·연출, 아르코 예술극장 소극장, 2023
- 〈진달래 장의사〉, 상지윤 작·이호영 연출, 미마지아트센터 물빛극장, 2023
- 〈탄광촌의 봄〉, 문화예술협동조합 광부대, 상시 공연
- 〈황금오거리 식당〉, 문화예술협동조합 광부대, 상시 공연

텔레비전 방송

- 〈대한뉴스〉 329호, 1961년 9월 1일
- EBS, 〈다큐it도시락〉, 2020년 6월 11일 방송
- EBS, "거친 삶의 위로 태백 광부 밥상", 〈요리비전〉, 2014년 2월 10일 방송
- KBS, "고맙습니다! 당신에게 온기를 전합니다", 〈한국인의 밥상〉, 2022년 12월 29일 방송
- KBS, "연탄재 함부로 차지 마라 광부들의 밥상", 〈한국인의 밥상〉, 2013년 1월 10일 방송
- KBS, "동쪽 마을 등불, 강릉 정동진", 〈지명수배〉, 2020년 11월 25일 방송
- KBS강원, "구름도 쉬어 가는 마을 영월 주문리", 〈지명수배〉, 2023년 10월 7일 방송
- tvN, 〈유 퀴즈 온 더 블록〉, 2022년 12월 7일 방송

텔레비전 드라마

- KBS, 〈젊은이의 양지〉, 1995

- MBC, 〈에덴의 동쪽〉, 2008
- MBC, 〈이별연습〉(MBC 베스트극장), 1992
- tvN, 〈응답하라 1988〉, 2015

영화

- 니키 카로, 〈노스 컨츄리〉, 2005
- 류장하, 〈꽃 피는 봄이 오면〉, 2004
- 매튜 워처스, 〈런던 프라이드〉, 2014
- 박봉남, 〈1980 사북〉, 2024
- 에드워드 즈윅, 〈블러드 다이아몬드〉, 2006
- 이만희, 〈생명〉, 1969
- 조너선 헨슬레이, 〈아이스 로드〉, 2021
- 켄 로치, 〈나의 올드 오크〉, 2023
- 패트릭 루시에, 〈블러디 발렌타인〉, 2009
- 허버트 J. 비버먼, 〈대지의 소금Salt of the Earth〉, 1954